国家卫生健康委员会“十三五”规划教材
全　国　高　等　学　校　教　材
供基础、临床、预防、口腔医学类专业用

全科医学概论

Introduction to General Practice

第5版

主　审　祝墙珠
主　编　于晓松　路孝琴
副主编　胡传来　江孙芳　王永晨　王　敏

人民卫生出版社
People's Medical Publishing House

图书在版编目(CIP)数据

全科医学概论 / 于晓松，路孝琴主编. —5 版. —北京：人民卫生出版社，2018

全国高等学校五年制本科临床医学专业第九轮规划教材

ISBN 978-7-117-26683-3

Ⅰ. ①全… Ⅱ. ①于… ②路… Ⅲ. ①家庭医学－高等学校－教材 Ⅳ. ①R499

中国版本图书馆 CIP 数据核字(2018)第 166037 号

全科医学概论

第 5 版

主　　编：于晓松　路孝琴

出版发行：人民卫生出版社（中继线 010-59780011）

地　　址：北京市朝阳区潘家园南里 19 号

邮　　编：100021

E - mail：pmph @ pmph.com

购书热线：010-59787592　010-59787584　010-65264830

印　　刷：三河市潮河印业有限公司

经　　销：新华书店

开　　本：850 × 1168　1/16　　印张：20　　插页：8

字　　数：592 千字

版　　次：2001 年 9 月第 1 版　　2018 年 9 月第 5 版

2023 年 11 月第 5 版第 10 次印刷（总第 39 次印刷）

标准书号：ISBN 978-7-117-26683-3

定　　价：55.00 元

编　委

以姓氏笔画为序

于晓松（中国医科大学附属第一医院）
马中富（中山大学附属第一医院）
王　爽（中国医科大学附属第一医院）
王　敏（山东大学齐鲁医院）
王永晨（哈尔滨医科大学附属第二医院）
王朝晖（华中科技大学同济医学院附属协和医院）
方力争（浙江大学附属邵逸夫医院）
占伊扬（南京医科大学第一附属医院）
向小军（中南大学湘雅二医院）
江孙芳（复旦大学附属中山医院）
肖　雪（遵义医科大学附属医院）
何　颖（海南医学院第一附属医院）
迟春花（北京大学第一医院）
陈丽芬（首都医科大学宣武医院）
范竹萍（上海交通大学医学院附属仁济医院）
胡传来（安徽医科大学附属阜阳医院）
黄　莹（昆明医科大学）
焦明丽（哈尔滨医科大学）
路孝琴（首都医科大学）

学术秘书

祁慧萌（中国医科大学附属第一医院）

融合教材阅读使用说明

融合教材介绍：本套教材以融合教材形式出版，即融合纸书内容与数字服务的教材，每本教材均配有特色的数字内容，读者阅读纸书的同时可以通过扫描书中二维码阅读线上数字内容。

《全科医学概论》(第5版)融合教材配有以下数字资源：

教学课件　案例　视频　自测试卷　英文名词读音

❶ 扫描教材封底圆形图标中的二维码，打开激活平台。

❷ 注册或使用已有人卫账号登录，输入刮开的激活码。

❸ 下载"人卫图书增值"APP，也可登录zengzhi.ipmph.com浏览。

❹ 使用APP"扫码"功能，扫描教材中二维码可快速查看数字内容。

配套教材(共计56种)

全套教材书目

读者信息反馈方式

欢迎登录"人卫e教"平台官网"medu.pmph.com"，在首页注册登录后，即可通过输入书名、书号或主编姓名等关键字，查询我社已出版教材，并可对该教材进行读者反馈、图书纠错、撰写书评以及分享资源等。

序　言

党的十九大报告明确提出，实施健康中国战略。没有合格医疗人才，就没有全民健康。推进健康中国建设要把培养好医药卫生人才作为重要基础工程。我们必须以习近平新时代中国特色社会主义思想为指引，按照十九大报告要求，把教育事业放在优先发展的位置，加快实现教育现代化，办好人民满意的医学教育，培养大批优秀的医药卫生人才。

着眼于面向 2030 年医学教育改革与健康中国建设，2017 年 7 月，教育部、国家卫生和计划生育委员会、国家中医药管理局联合召开了全国医学教育改革发展工作会议。之后，国务院办公厅颁布了《国务院办公厅关于深化医教协同进一步推进医学教育改革与发展的意见》（国办发〔2017〕63 号）。这次改革聚焦健康中国战略，突出问题导向，系统谋划发展，医教协同推进，以“服务需求、提高质量”为核心，确定了“两更加、一基本”的改革目标，即：到 2030 年，具有中国特色的标准化、规范化医学人才培养体系更加健全，医学教育改革与发展的政策环境更加完善，医学人才队伍基本满足健康中国建设需要，绘就了今后一个时期医学教育改革发展的宏伟蓝图，作出了具有全局性、战略性、引领性的重大改革部署。

教材是学校教育教学的基本依据，是解决培养什么样的人、如何培养人以及为谁培养人这一根本问题的重要载体，直接关系到党的教育方针的有效落实和教育目标的全面实现。要培养高素质的优秀医药卫生人才，必须出版高质量、高水平的优秀精品教材。一直以来，教育部高度重视医学教材编制工作，要求以教材建设为抓手，大力推动医学课程和教学方法改革。

改革开放四十年来，具有中国特色的全国高等学校五年制本科临床医学专业规划教材经历了九轮传承、创新和发展。在教育部、国家卫生和计划生育委员会的共同推动下，以裘法祖、吴阶平、吴孟超、陈灏珠等院士为代表的我国几代著名院士、专家、医学家、教育家，以高度的责任感和敬业精神参与了本套教材的创建和每一轮教材的修订工作。教材从无到有、从少到多、从多到精，不断丰富、完善与创新，逐步形成了课程门类齐全、学科系统优化、内容衔接合理、结构体系科学的立体化优秀精品教材格局，创建了中国特色医学教育教材建设模式，推动了我国高等医学本科教育的改革和发展，走出了一条适合中国医学教育和卫生健康事业发展实际的中国特色医药学教材建设发展道路。

在深化医教协同、进一步推进医学教育改革与发展的时代要求与背景下，我们启动了第九轮全国高等学校五年制本科临床医学专业规划教材的修订工作。教材修订过程中，坚持以习近平新时代中国特色社会主义思想为指引，贯彻党的十九大精神，落实“优先发展教育事业”“实施健康中国战略”及“落实立德树人根本任务，发展素质教育”的战略部署要求，更加突出医德教育与人文素质教育，将医德教育贯穿于医学教育全过程，同时强调“多临床、早临床、反复临床”的理念，强化临床实践教学，着力培养医德高尚、医术精湛的临床医生。

我们高兴地看到，这套教材在编写宗旨上，不忘医学教育人才培养的初心，坚持质量第一、立德树人；在编写内容上，牢牢把握医学教育改革发展新形势和新要求，坚持与时俱进、力求创新；在编写形式上，聚力“互联网 +”医学教育的数字化创新发展，充分运用 AR、VR、人工智能等新技术，在传统纸质教材的基础上融合实操性更强的数字内容，推动传统课堂教学迈向数字教学与移动学习的新时代。为进一步加强医学生临床实践能力培养，整套教材还配有相应的实践指导教材，内容丰富，图文并茂，具有较强的科学性和实践指导价值。

我们希望，这套教材的修订出版，能够进一步启发和指导高校不断深化医学教育改革，推进医教协同，为培养高质量医学人才、服务人民群众健康乃至推动健康中国建设作出积极贡献。

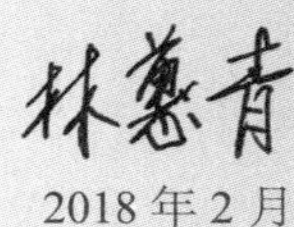

2018 年 2 月

全国高等学校五年制本科临床医学专业
第九轮　规划教材修订说明

全国高等学校五年制本科临床医学专业国家卫生健康委员会规划教材自1978年第一轮出版至今已有40年的历史。几十年来，在教育部、国家卫生健康委员会的领导和支持下，以裘法祖、吴阶平、吴孟超、陈灏珠等院士为代表的我国几代德高望重、有丰富的临床和教学经验、有高度责任感和敬业精神的国内外著名院士、专家、医学家、教育家参与了本套教材的创建和每一轮教材的修订工作，使我国的五年制本科临床医学教材从无到有，从少到多，从多到精，不断丰富、完善与创新，形成了课程门类齐全、学科系统优化、内容衔接合理、结构体系科学的由规划教材、配套教材、网络增值服务、数字出版等组成的立体化教材格局。这套教材为我国千百万医学生的培养和成才提供了根本保障，为我国培养了一代又一代高水平、高素质的合格医学人才，为推动我国医疗卫生事业的改革和发展做出了历史性巨大贡献，并通过教材的创新建设和高质量发展，推动了我国高等医学本科教育的改革和发展，促进了我国医药学相关学科或领域的教材建设和教育发展，走出了一条适合中国医药学教育和卫生事业发展实际的具有中国特色医药学教材建设和发展的道路，创建了中国特色医药学教育教材建设模式。老一辈医学教育家和科学家们亲切地称这套教材是中国医学教育的“干细胞”教材。

本套第九轮教材修订启动之时，正是我国进一步深化医教协同之际，更是我国医疗卫生体制改革和医学教育改革全方位深入推进之时。在全国医学教育改革发展工作会议上，李克强总理亲自批示“人才是卫生与健康事业的第一资源，医教协同推进医学教育改革发展，对于加强医学人才队伍建设、更好保障人民群众健康具有重要意义”，并着重强调，要办好人民满意的医学教育，加大改革创新力度，奋力推动建设健康中国。

教材建设是事关未来的战略工程、基础工程，教材体现国家意志。人民卫生出版社紧紧抓住医学教育综合改革的历史发展机遇期，以全国高等学校五年制本科临床医学专业第九轮规划教材全面启动为契机，以规划教材创新建设，全面推进国家级规划教材建设工作，服务于医改和教改。第九轮教材的修订原则，是积极贯彻落实国务院办公厅关于深化医教协同、进一步推进医学教育改革与发展的意见，努力优化人才培养结构，坚持以需求为导向，构建发展以“5+3”模式为主体的临床医学人才培养体系；强化临床实践教学，切实落实好“早临床、多临床、反复临床”的要求，提高医学生的临床实践能力。

在全国医学教育综合改革精神鼓舞下和老一辈医学家奉献精神的感召下，全国一大批临床教学、科研、医疗第一线的中青年专家、学者、教授继承和发扬了老一辈的优秀传统，以严谨治学的科学态度和无私奉献的敬业精神，积极参与第九轮教材的修订和建设工作，紧密结合五年制临床医学专业培养目标、高等医学教育教学改革的需要和医药卫生行业人才的需求，借鉴国内外医学教育教学的经验和成果，不断创新编写思路和编写模式，不断完善表达形式和内容，不断提升编写水平和质量，已逐渐将每一部教材打造成了学科精品教材，使第九轮全套教材更加成熟、完善和科学，从而构建了适合以“5+3”为主体的医学教育综合改革需要、满足卓越临床医师培养需求的教材体系和优化、系统、科学、经典的五年制本科临床医学专业课程体系。

其修订和编写特点如下：

1．教材编写修订工作是在国家卫生健康委员会、教育部的领导和支持下，由全国高等医药教材建设研究学组规划，临床医学专业教材评审委员会审定，院士专家把关，全国各医学院校知名专家教授编写，人民卫生出版社高质量出版。

2．教材编写修订工作是根据教育部培养目标、国家卫生健康委员会行业要求、社会用人需求，在全国进行科学调研的基础上，借鉴国内外医学人才培养模式和教材建设经验，充分研究论证本专业人才素质要求、学科体系构成、课程体系设计和教材体系规划后，科学进行的。

3．在教材修订工作中，进一步贯彻党的十九大精神，将"落实立德树人根本任务，发展素质教育"的战略部署要求，贯穿教材编写全过程。全套教材在专业内容中渗透医学人文的温度与情怀，通过案例与病例融合基础与临床相关知识，通过总结和汲取前八轮教材的编写经验与成果，充分体现教材的科学性、权威性、代表性和适用性。

4．教材编写修订工作着力进行课程体系的优化改革和教材体系的建设创新——科学整合课程、淡化学科意识、实现整体优化、注重系统科学、保证点面结合。继续坚持"三基、五性、三特定"的教材编写原则，以确保教材质量。

5．为配合教学改革的需要，减轻学生负担，精炼文字压缩字数，注重提高内容质量。根据学科需要，继续沿用大 16 开国际开本、双色或彩色印刷，充分拓展侧边留白的笔记和展示功能，提升学生阅读的体验性与学习的便利性。

6．为满足教学资源的多样化，实现教材系列化、立体化建设，进一步丰富了理论教材中的数字资源内容与类型，创新在教材移动端融入 AR、VR、人工智能等新技术，为课堂学习带来身临其境的感受；每种教材均配有 2 套模拟试卷，线上实时答题与判卷，帮助学生复习和巩固重点知识。同时，根据实际需求进一步优化了实验指导与习题集类配套教材的品种，方便老师教学和学生自主学习。

第九轮教材共有 53 种，均为**国家卫生健康委员会"十三五"规划教材**。全套教材将于 2018 年 6 月出版发行，数字内容也将同步上线。教育部副部长林蕙青同志亲自为本套教材撰写序言，并对通过修订教材启发和指导高校不断深化医学教育改革、进一步推进医教协同，为培养高质量医学人才、服务人民群众健康乃至推动健康中国建设寄予厚望。希望全国广大院校在使用过程中能够多提供宝贵意见，反馈使用信息，以逐步修改和完善教材内容，提高教材质量，为第十轮教材的修订工作建言献策。

全国高等学校五年制本科临床医学专业第九轮规划教材
教材目录

序号	书名	版次	主编	副主编
1.	医用高等数学	第7版	秦　侠　吕　丹	李　林　王桂杰　刘春扬
2.	医学物理学	第9版	王　磊　冀　敏	李晓春　吴　杰
3.	基础化学	第9版	李雪华　陈朝军	尚京川　刘　君　籍雪平
4.	有机化学	第9版	陆　阳	罗美明　李柱来　李发胜
5.	医学生物学	第9版	傅松滨	杨保胜　邱广蓉
6.	系统解剖学	第9版	丁文龙　刘学政	孙晋浩　李洪鹏　欧阳宏伟　阿地力江·伊明
7.	局部解剖学	第9版	崔慧先　李瑞锡	张绍祥　钱亦华　张雅芳　张卫光
8.	组织学与胚胎学	第9版	李继承　曾园山	周　莉　周国民　邵淑娟
9.	生物化学与分子生物学	第9版	周春燕　药立波	方定志　汤其群　高国全　吕社民
10.	生理学	第9版	王庭槐	罗自强　沈霖霖　管又飞　武宇明
11.	医学微生物学	第9版	李　凡　徐志凯	黄　敏　郭晓奎　彭宜红
12.	人体寄生虫学	第9版	诸欣平　苏　川	吴忠道　李朝品　刘文琪　程彦斌
13.	医学免疫学	第7版	曹雪涛	姚　智　熊思东　司传平　于益芝
14.	病理学	第9版	步　宏　李一雷	来茂德　王娅兰　王国平　陶仪声
15.	病理生理学	第9版	王建枝　钱睿哲	吴立玲　孙连坤　李文斌　姜志胜
16.	药理学	第9版	杨宝峰　陈建国	臧伟进　魏敏杰
17.	医学心理学	第7版	姚树桥　杨艳杰	潘　芳　汤艳清　张　宁
18.	法医学	第7版	王保捷　侯一平	丛　斌　沈忆文　陈　腾
19.	诊断学	第9版	万学红　卢雪峰	刘成玉　胡申江　杨　炯　周汉建
20.	医学影像学	第8版	徐　克　龚启勇　韩　萍	于春水　王　滨　文　戈　高剑波　王绍武
21.	内科学	第9版	葛均波　徐永健　王　辰	唐承薇　肖海鹏　王建安　曾小峰
22.	外科学	第9版	陈孝平　汪建平　赵继宗	秦新裕　刘玉村　张英泽　李宗芳
23.	妇产科学	第9版	谢　幸　孔北华　段　涛	林仲秋　狄　文　马　丁　曹云霞　漆洪波
24.	儿科学	第9版	王卫平　孙　锟　常立文	申昆玲　李　秋　杜立中　母得志
25.	神经病学	第8版	贾建平　陈生弟	崔丽英　王　伟　谢　鹏　罗本燕　楚　兰
26.	精神病学	第8版	郝　伟　陆　林	李　涛　刘金同　赵旭东　王高华
27.	传染病学	第9版	李兰娟　任　红	高志良　宁　琴　李用国

序号	书名	版次	主编	副主编
28.	眼科学	第9版	杨培增　范先群	孙兴怀　刘奕志　赵桂秋　原慧萍
29.	耳鼻咽喉头颈外科学	第9版	孙　虹　张　罗	迟放鲁　刘　争　刘世喜　文卫平
30.	口腔科学	第9版	张志愿	周学东　郭传瑸　程　斌
31.	皮肤性病学	第9版	张学军　郑　捷	陆洪光　高兴华　何　黎　崔　勇
32.	核医学	第9版	王荣福　安　锐	李亚明　李　林　田　梅　石洪成
33.	流行病学	第9版	沈洪兵　齐秀英	叶冬青　许能锋　赵亚双
34.	卫生学	第9版	朱启星	牛　侨　吴小南　张正东　姚应水
35.	预防医学	第7版	傅　华	段广才　黄国伟　王培玉　洪　峰
36.	中医学	第9版	陈金水	范　恒　徐　巍　金　红　李　锋
37.	医学计算机应用	第6版	袁同山　阳小华	卜宪庚　张筠莉　时松和　娄　岩
38.	体育	第6版	裴海泓	程　鹏　孙　晓
39.	医学细胞生物学	第6版	陈誉华　陈志南	刘　佳　范礼斌　朱海英
40.	医学遗传学	第7版	左　伋	顾鸣敏　张咸宁　韩　骅
41.	临床药理学	第6版	李　俊	刘克辛　袁　洪　杜智敏　闫素英
42.	医学统计学	第7版	李　康　贺　佳	杨土保　马　骏　王　彤
43.	医学伦理学	第5版	王明旭　赵明杰	边　林　曹永福
44.	临床流行病学与循证医学	第5版	刘续宝　孙业桓	时景璞　王小钦　徐佩茹
45.	康复医学	第6版	黄晓琳　燕铁斌	王宁华　岳寿伟　吴　毅　敖丽娟
46.	医学文献检索与论文写作	第5版	郭继军	马　路　张　帆　胡德华　韩玲革
47.	卫生法	第5版	汪建荣	田　侃　王安富
48.	医学导论	第5版	马建辉　闻德亮	曹德品　董　健　郭永松
49.	全科医学概论	第5版	于晓松　路孝琴	胡传来　江孙芳　王永晨　王　敏
50.	麻醉学	第4版	李文志　姚尚龙	郭曲练　邓小明　喻　田
51.	急诊与灾难医学	第3版	沈　洪　刘中民	周荣斌　于凯江　何　庆
52.	医患沟通	第2版	王锦帆　尹　梅	唐宏宇　陈卫昌　康德智　张瑞宏
53.	肿瘤学概论	第2版	赫　捷	张清媛　李　薇　周云峰　王伟林　刘云鹏　赵新汉

第七届全国高等学校五年制本科临床医学专业教材评审委员会名单

顾　　问

吴孟超　王德炳　刘德培　刘允怡

主任委员

陈灏珠　钟南山　杨宝峰

副主任委员（以姓氏笔画为序）

王　辰　王卫平　丛　斌　冯友梅　李兰娟　步　宏
汪建平　张志愿　陈孝平　陈志南　陈国强　郑树森
郎景和　赵玉沛　赵继宗　柯　杨　桂永浩　曹雪涛
葛均波　赫　捷

委　　员（以姓氏笔画为序）

马存根　王　滨　王省良　文历阳　孔北华　邓小明
白　波　吕　帆　刘吉成　刘学政　李　凡　李玉林
吴在德　吴肇汉　何延政　余艳红　沈洪兵　陆再英
赵　杰　赵劲民　胡翊群　南登崑　药立波　柏树令
闻德亮　姜志胜　姚　智　曹云霞　崔慧先　曾因明
颜　虹

主审简介

祝墡珠

女，复旦大学上海医学院全科医学系教授，现任 WONCA 亚太区常委、独立委员。

《中华全科医师杂志》总编，中华医学会全科医学分会名誉主任委员，国家全科医学师资培训示范基地学术委员会主任，中国医师协会全科医生教育培训专家委员会副主任，国家卫生和计划生育委员会全科医生培训“十三五”规划教材评审委员会主任委员，国家卫生健康委员会基层卫生培训“十三五”规划教材评审委员会主任委员，海峡两岸医药卫生交流协会全科医学专业委员会主任委员，高等教育上海市级教学成果特等奖、教育部教学成果二等奖（第一完成人），上海市住院医师规范化培训杰出贡献奖、宝钢教育基金优秀教师特等奖。

主编简介

于晓松

男，教授，主任医师，博士生导师。1983 年毕业于中国医科大学儿科系，1991 年获医学硕士学位，2009 年聘为博士生导师，2013 年晋升为二级教授，享受国务院政府特殊津贴。曾留学美国宾夕法尼亚大学医学院和华盛顿大学医学院。现任中国医科大学副校长、中国医科大学附属第一医院全科医学科主任；中华医学会全科医学分会主任委员、辽宁省医学会全科医学分会主任委员、辽宁省全科医学教育中心主任。从事全科医学与健康管理、医学教育与评价的教学和研究工作，多年为本科生主讲“全科医学概论”课程。先后承担或参加国家、省部级科研和教学课题 10 余项，获资助经费近千万元。多次获得国家、省部级教学与科技进步奖。2015 年获“第七届国家卫生计生委突出贡献中青年专家”称号。近年来发表学术论文 60 余篇，主编学术专著 6 部；培养博士、硕士研究生 50 余名。

路孝琴

女，教授，全科医学博士研究生导师。现任首都医科大学全科医学与继续教育学院常务院长，全科医学基础与管理学系主任。1989 年毕业于首都医科大学临床医学专业；自 1992 年开始从事全科医学教学和研究工作至今。2004 年获流行病与卫生统计硕士学位，2010 年全科医学博士毕业；曾主持多项省市级及以上课题研究，获国家教育部教育教学成果奖二等奖 1 项、中华医学科技奖三等奖 1 项、北京市教育教学成果奖一等奖 1 项。主编、副主编全科医学教材 11 部；发表第一作者和责任作者研究论文 40 余篇。为教育部精品资源共享课“全科医学概论”课程负责人。兼任教育部全科医学教学指导委员会秘书长、中国医师协会全科医师分会副会长，中华医学会全科医学分会常委，《中国全科医学》杂志编委、《中华全科医师杂志》编委、*Family Medicine and Community Health* 杂志编委。

副主编简介

胡传来

男，医学博士，教授。《全科医学概论》第1～3版编委、第4版副主编。现任安徽医科大学附属阜阳医院副院长。1985年大学本科毕业后就职于安徽省立医院，从事内科医师工作。1991年中国预防医学科学院研究生毕业，在安徽医科大学从事预防医学和全科医学教学至今。科研方面主要开展基于人群的环境与健康领域科学研究，曾主持国家自然科学基金面上项目2项和“863”计划1项。在SCI期刊源和国内主流学术期刊发表论文百余篇，主编、副主编和参编国家规划教材十余部，以第二完成人获中华预防医学科技二等奖1项，以第一完成人获安徽省教学成果奖二等奖（2012）和其他省级教学成果奖一、二等奖多项。主讲的“全科医学概论”和“营养与食品卫生学”为省级精品课程。曾任教育部全科医学教学指导委员会委员（2012—2017），《全科医生练习题集》第1～2版主编。兼任安徽省社区卫生协会副会长、中国营养学会常务理事、安徽省营养学会理事长，《中华疾病控制》和《中华全科医学》等5本杂志编委。

江孙芳

女，复旦大学附属中山医院全科主任医师，副主任，硕士生导师。中华医学会全科医学分会副主任委员；上海市医学会全科医学分会主任委员；上海市医师协会全科分会副会长；海峡两岸医药卫生交流协会全科医学专业委员会常委；《中华全科医师杂志》和《中国全科医学》杂志编委。上海市公共卫生（全科医学）优秀学科带头人，作为项目主要成员荣获2011年上海市医学奖三等奖，2013年高等教育国家级教学成果奖二等奖，2014年高等教育上海市级教学成果特等奖。主编和参编多部全科医学本科生、住院医师规范化培训以及家庭医生培训教材；承担上海市科委、卫生局等多项科研课题，在SCI和国内核心期刊发表论文50余篇。

王永晨

男，主任医师、教授，硕士研究生导师，哈尔滨医科大学附属第二医院党委书记、全科医学教研室主任、全科医疗科主任。兼职：国家卫生标准委员会医疗服务标准专业委员会委员、中国医院协会疾病与健康专业委员会副主任委员、中华医学会全科医学分会常务委员、黑龙江省医学会全科医学分会主任委员、黑龙江省医师协会全科医学专业委员会主任委员。

从事医教研及管理工作 27 年，主要研究方向为全科医生培养及慢性病管理。主持国家自然科学基金、中国疾病预防控制中心重大专项子课题、省自然科学基金、省科技公关等课题 10 余项，发表 SCI 收录及国家核心期刊论文 30 余篇，主编、参编人民卫生出版社规划教材 7 部，曾获黑龙江省科技进步二等奖、黑龙江省“五一”劳动奖章，享受省政府特殊津贴专家。

王敏

女，医学博士，山东大学教授，博士研究生导师；山东大学齐鲁医院全科医学科、老年消化科主任医师；全科医学科副主任，全科医学教研室副主任；中华医学会全科医学分会副秘书长；山东省医学会全科医学分会副主任委员；美国心脏病学会 AHA 导师；*World Journal of Gastroenterology* 及《山东大学学报(医学版)》审稿人。

致力于全科医学临床及教育培训工作 10 余年，主持国家自然基金等项目，发表 SCI 及中华医学会系列杂志论文 20 余篇；副主编住院医师规范化培训规划教材、全科医生培训“十三五”规划教材《全科医学》及高等医学院校规划教材《全科医学概论》3 部。获“山东大学齐鲁医院十佳住院医师规范化培训指导老师”“山东大学齐鲁医院十佳医师”“山东省卫生保健行业先进个人”等称号。

主审按语

全科医学是一门临床二级学科，早在20世纪五六十年代即被欧美发达国家所重视。目前，全球范围内已明确全科医学的学科定位及全科医生在医疗体系中的重要作用。世界卫生组织和世界家庭医生组织在一份合作文件中指出："任何国家的医疗卫生系统若不是以接受过良好训练的全科医生为基础，注定要付出高昂的代价。"我国于20世纪80年代后期引进全科医学概念，高等医学院校的本科生全科医学教育也逐步得到重视。第一本高等医学院校本科全科医学教材《全科医学概论》，于1991年9月由人民卫生出版社出版。30多年来，我国全科医学学科建设和全科医生培养都有了长足的发展。截至目前，经过多种渠道培养的全科医生已达25.2万人，但距离新时代全科医生培养的目标要求，即"到2020年，城乡每万名居民拥有2～3名合格的全科医生，到2030年，城乡每万名居民拥有5名合格的全科医生"，仍有相当差距。因此，全科医学的教育培训工作任重道远。

建立、健全全科医生培养制度，全科医学的院校教育是基础。目前，我国绝大多数高等医学院校已面向本科生开设了"全科医学概论"课程，并已或准备列入必修课程计划。为更好地适应新时代全科医学教育培训的需要，人民卫生出版社启动了该教材第5版的修订工作。此次修订工作由于晓松教授和路孝琴教授主持，两位教授在充分调研和讨论的基础上，设计了编写思路，对全书的各个章节进行了修订和补充，大致保持了第4版教材的框架结构与字数，保留了前4版教材的精华，优化了全科医学基础理论和基本知识内容，创新了全科医疗实践篇。该版教材对全科医学的基础理论、基本概念作了充分的论述；同时，根据新时期基层全科医生岗位的职责要求，从疾病的概述、临床表现、诊断与治疗及基层管理四个方面介绍了常见慢性病（包括精神障碍）、社区急症的全科医学处理以及重点人群的全科医疗服务等，使医学生能够较为深入地了解全科医疗服务的模式、全科医生的工作内容与方式及全科医学的应用价值，进而激发医学生从事全科医疗工作的兴趣。

但愿本书能为我国全科医学的持续发展做出贡献！

祝墡珠

2018年5月

前　言

2017 年 10 月，习近平总书记在党的十九大报告中指出人民健康是民族昌盛和国家富强的重要标志。新时代提出实施健康中国战略，提高保障和改善民生水平，实现全面建成小康社会的目标，"加强基层医疗卫生服务体系和全科医生队伍建设"是重要的举措之一。2018 年 2 月，国务院办公厅印发《关于改革完善全科医生培养与使用激励机制的意见（国办发〔2018〕3 号）》，强调全科医生是居民健康和控制医疗费用支出的"守门人"，在基本医疗卫生服务中发挥着重要作用。加快培养大批合格的全科医生，对于加强基层医疗卫生服务体系建设、推进家庭医生签约服务、建立分级诊疗制度、维护和增进人民群众健康具有重要意义。

面向本科生开设《全科医学概论》必修课是全科医生培养的重要组成部分，也是全科医学教育的基础。根据新时代卫生和健康工作方针，第 5 版教材以问题和需求为导向，立足基本国情，借鉴国际经验，在传承和发扬前 4 版教材精华（精髓）的基础上实现了创新和发展。第 5 版教材在原国家卫生计生委指导下，在各校推荐的基础上，经人民卫生出版社批准，聘请第 4 版教材主编祝墡珠教授为主审，并汇集了 19 位国内权威全科医学专家学者编写了本教材。教材的主要读者对象是医学院校在校的本科生，旨在传播全科医学理念，使医学生熟悉以人为中心、体现全人照顾的全科医疗服务模式，了解基层医疗卫生体系的功能以及全科医生的工作内容和方法，并将加强学生医患沟通能力、团队合作能力、健康教育能力、社区预防保健能力等方面的培养融入教学全过程之中，激发医学生从事全科医学专业的兴趣，为其将来成为全科医师、或作为专科医师与全科医师进行合作打好基础。本书也可以作为全科住院医师规范化培训学员等人员学习全科医学基础理论、基本知识与技能的教材。

为贯彻落实新时期国家"关于建立健全适应行业特点的全科医生培养制度"的相关文件精神，做好全科院校教育与毕业后教育的有机衔接，本教材在编写前进行了充分的调研和研讨，设计了第 5 版教材的编写思路，核心内容是坚持本科生教材"三基""五性""三特定"的原则要求，适应本科生教育教学目标，充分体现本学科特色，体现各版教材的延续性，反映新时期学科发展现状和方向，突出《全科医学概论》课程的重点难点。因此，第 5 版教材保留和优化了第 4 版全科医学的基本理论。对于常见健康问题的全科医学处理，根据新时期基层全科医生的工作职责、内容、方式等要求进行了创新，基本统一相关疾病的编写模式，从概述、临床表现、诊断与治疗和基层管理四个方面进行介绍，强调了全科病人管理的理念。

与其他专科相比，全科医学在我国仍然是一门发展中的学科。限于学识和经验的局限性，本版教材仍会有许多不足之处。希望使用本教材的各位师生及各位专家予以批评指正。

第 5 版教材不仅汇集了众多编者的智慧与经验，也融入了编写秘书等工作人员的辛勤工作。在此对大家的通力协作和积极配合表示衷心感谢！并特别感谢主审祝墡珠教授的指导和支持！

于晓松

2018 年 5 月

目　　录

第一篇　全科医学基本理论

本书测试卷

第一篇

全科医学基本理论

第一章　全科医学概述

学习提要

- 20世纪后期产生的全科医学有其悠久的历史渊源，更有鲜明的时代特征。
- 全科医学是一个临床二级学科，它指导着全科医生的全科医疗实践。
- 全科医生身兼医生、教育者、沟通者、管理者、守门人和组织协调者等数种角色，应具备特殊的专业素质，并需要经过严格的专业训练。
- 全科医疗与专科医疗、全科医学与社会医学、社区医学、替代医学既有联系又有区别。
- 全科医学是整合医学的枢纽，全科医生是整合医学的协调员。

全科医学（general practice）又称家庭医学（family medicine），是临床医学的二级学科。全科医生是身兼医生、教育者、咨询者、健康监护人、卫生服务协调者、居民健康“守门人”等数种角色的综合程度较高的医学人才，主要在基层承担预防保健、常见病多发病诊疗和转诊、病人康复和慢性病管理、健康管理等一体化服务。全科医学符合时代发展的需要，开展全科医疗有利于提高基层医务人员的基本素质，改善医德医风，提高医疗服务水平和质量；有利于合理地使用卫生资源，降低医疗费用，充分满足社区居民的卫生服务需求。因而全科医学受到各国政府和医学界的高度重视并得以不断发展。在我国，为建立并完善分级诊疗模式，形成科学有序就医格局，提高人民健康水平，进一步保障和改善民生，实现健康中国战略目标，更需要发展全科医学。

第一节　全科医学的产生与发展

一、全科医学产生基础

古代的医生在中国被称为“郎中”，在西方被称为“healer”，即“医治者”，那时医生并不分科。这些古代医生运用朴素的自然哲学医学理论，以及对病人的细致观察，采用各种治疗手段（包括药物、针灸、按摩、放血等）帮助病人从病理不平衡状态恢复到身体与精神的平衡状态。当然，伴随着科学和技术的进步，医学对疾病的病因和发病机制的认知水平不断提高，定位精确、技术先进的现代医学应运而生。

百年来近代医学的发展，使人们对于疾病和人体有了更为精确的、深入的了解。1857年巴斯德发现细菌是许多疾病的病因；1863年孟德尔著名的豌豆试验，开创了遗传学的研究；1895年伦琴发现X射线；1940年青霉素开始应用于疾病的治疗。詹姆斯·沃森和弗朗西斯·克里克提出DNA双螺旋结构已成为生物学自达尔文以来最重要的发现，其影响深及21世纪。在此基础上，医学技术迅猛发展，许多严重的感染如败血症、细菌性心内膜炎等都可被治愈，恶性肿瘤可以被切除，器官可以移植。现代医学的发展使人类的预期寿命大大延长。

第二次世界大战后，借助于近代医学科学的成就，各临床医学专科迅猛发展，专科医生和亚专科医生数量剧增，而全科医生数量骤减。人们发现医疗卫生服务被割裂为各个专科服务的片段，缺乏能提供连续性、综合性的医疗服务的医生。同时，在现代医学高度发展的今天，仍然有许多的疾病无法治愈，很多病痛无法解除。当人们发现现代医学仍有其方法与应用上的局限性，全科医学个体化的基本医疗照顾重新得到重视和发展。然而，获得重生的全科医学并非回到古代医学中，而是建立在现代医学科学、医学心理学、社会医学和行为医学等科学的基础之上的新的学科。

现代全科医学的崛起，是与人口迅速增长与老龄化、疾病谱和死因谱的变化、医学模式转变、医疗费用快速上涨等密切相关的。

（一）人口迅速增长与老龄化

随着各国的社会经济条件普遍改变，加之公共卫生事业迅速发展，促进了人类的长寿和人口数量的激增。人口老龄化问题逐渐成为当今全球性的一个社会问题。国际公认的人口老龄化标准是60岁以上人口超过总人口10%，或65岁以上人口超过总人口7%。许多国家65岁及以上人口所占的比例日趋增大，许多发达国家在20世纪50年代进入了老龄化社会。我国在2000年已正式宣告进入老龄化社会。截至2015年，我国60岁及以上人口已达2.22亿，占总人口的16.15%。

人口老龄化给社会造成了巨大的压力。一方面社会劳动人口比例下降，老年人抚养比例明显增大，使社会的经济负担加重；另一方面进入老年后，其生理功能衰退，慢性退行性疾病越来越多，行为能力减退，社会地位和家庭结构以及心理、精神方面的变化，使老年人的生活质量全面下降，“长寿”和“健康”成为两个相互矛盾的目标。而高度专科化的生物医学模式因其医疗服务的狭窄性、片段性和费用昂贵，加剧了这一矛盾。怎样帮助老年人全面提高生活质量，使其得以安度晚年，成为自20世纪60年代以来各国公众和医学界共同关注的热门话题。

（二）疾病谱与死因谱的变化

20世纪40年代，由于抗生素的成功研制，拯救了许多严重感染的病人，给人类带来了巨大希望。由此开始，千百年来影响人类健康的传染病得到控制。传染病和营养不良症在疾病谱与死因谱的顺位逐渐下降，而慢性退行性病、与生活方式及行为有关的疾病等却逐渐成为影响人类健康的主要因素。与20世纪80年代的死因谱对照，心脑血管病、恶性肿瘤和意外死亡已成为世界各国共同的前几位死因。疾病谱的变化向现代医学及医疗服务系统提出了新的要求，这些要求包括：服务时间要求长期而连续；服务内容要求生物、心理、社会、环境全方位；服务地点要求以家庭和社区为主；服务类型要求综合性的照顾（包括医疗、预防、康复、保健、教育、咨询等干预）重于单独医疗干预；服务方式要求医患双方共同协商，强调病人本身主动和自觉地参与，而不仅仅是被动地遵从医嘱。

（三）医学模式的转变

所谓医学模式，是指医学整体上的思维方式或方法，即以何种方式解释和处理医学问题。医学模式受到不同历史时期的科学、技术、哲学和生产方式等方面的影响，人类历史上经历了多种不同的医学模式，如古代的神灵主义医学模式、自然哲学医学模式、近代的机械论医学模式以及现代的生物医学模式、生物-心理-社会医学模式。

生物医学模式是把人作为生物体进行解剖分析，致力于寻找每一种疾病特定的病因和病理生理变化，并研究相应的生物学治疗方法。生物医学模式在特定的历史阶段对防治疾病、维护人类健康作出了巨大贡献。而且一直是医学界占统治地位的思维方式，也是大多数专科医生观察处理其领域问题的基本方法。但生物医学模式无法解释某些疾病的心理社会因素，以及疾病造成的种种身心不适，无法解释生物学与行为科学的相关性，更无法解决慢性病病人的心身疾患和生活质量降低等问题。随着疾病谱的变化和病因病程的多样化，生物医学模式的片面性和局限性也日益显现。自19世纪末以来，随着预防医学、流行病学、行为科学、心身医学、免疫学、医学哲学等领域的发展，系统论的思维逐渐被接受，终于导致了新的医学模式的产生。

生物-心理-社会医学模式的概念是由美国医生G. L. Engle于1977年首先提出的，是一种多因多果、立体网络式的系统论思维方式。它认为人的生命是一个开放系统，通过与周围环境的相互作用以及系统内部的调控能力决定健康状况。因此，生物医学仍是这一模式的基本内容之一，但其还原方法却被整合到系统论的框架中，与整体方法协调使用。无论是医学的科学特征、医生的诊疗模式或医疗保健事业的组织形式，都将根据新的模式进行调整，使之适应医学模式转变的需要。

（四）医疗费用的快速上涨

20 世纪 60 年代，各国都面临医疗费用的快速增长问题，其主要原因为高技术医学的发展和人口老龄化。高技术医学的发展使医疗投入急剧增长，而对改善人类总体健康状况却收效甚微，即成本的投入与其实际效果 / 效益相距甚远。有资料表明，85% 以上的卫生资源消耗在 15% 的危重病人治疗上，而仅有 15% 的资源用于大多数人的基本医疗和公共卫生服务。这种资源的不合理配置，不仅使政府不堪重负，也使公众十分不满。因此，人们迫切要求改变现行医疗服务模式，合理利用有限的医疗卫生资源，使其得到及时、方便、价廉服务。

以社区为基础的正三角形（又称金字塔形）医疗保健体系是目前世界公认的理想的保健体系。其宽大的底部是可以被群众广泛利用的、立足于社区、提供基本医疗保健和公共卫生服务的基层医疗服务机构，如全科医疗诊所与社区卫生服务中心；中部是二级医疗服务机构，如医院、慢性病院、护理院和其他能处理需要住院的常见问题的医疗保健机构；顶部是利用高技术处理疑难危重问题的少数三级综合和专科医院。医师人力有一半以上在基层从事社区卫生服务，体现了在卫生资源分配上对社区的倾斜；而所有民众的首诊医疗保健都应在基层解决，体现了卫生资源利用对社区的重视。

这种正三角形医疗保健体系意味着不同级别医疗保健机构功能的分化：即不同级别的医疗保健机构各司其职，大医院集中于疑难危重问题的解决和高技术的研究，并作为基层医疗的学术与继续医学教育的后盾；基层机构则全力投入社区人群的基本医疗保健工作。在医疗保健系统中充分发挥基层医疗和居民健康“守门人”的作用，以较低的医疗费用、有限的卫生资源取得较为理想的居民健康效果。

二、全科医学发展简史

在很久以前，医学基本不分科，那时候的医生大多都是通科医生。到 20 世纪上半叶医学的专科化发展后，人们开始熟悉内外妇儿的分科方式。随着医学的专科化发展，医生们对于疑难急症的诊治能力越来越强，然而医生在将各种疾病攻克的同时，忽视了病人本身的需求，病人不能在诊疗过程中得到应有关怀与关注。现代“全科医生”在这样的情况下应运而生，全科医生（家庭医生）也开始逐步组织成立自己的学术组织。

近代全科医学发展可分为下列三个阶段：

（一）近代的通科医生

全科医学是在通科医疗的基础上发展起来的。18 世纪欧洲向北美大陆的“移民”中，部分医生也迁移到了美洲，然而为数甚少的医生无法满足大量移民的医疗需求，医生不得不打破原有的行业界限，从事内科医生、外科医生、药剂师等多样工作，以各种可能的方式服务于病人。此时通科型的医生在 18 世纪的美洲诞生了。

19 世纪初，英国的 *Lancet* 杂志首次将这类具有多种技能的医生称为“通科医生”（general practitioner，GP），医学生毕业后若通过了内科医疗、药物、外科及接生技术的考试，可获得“通科医生”的开业资格。由于这一名称首先于 19 世纪在欧洲（英国）使用，所以说，通科医生诞生于 18 世纪的美洲，而命名于 19 世纪的欧洲。

在 19 世纪，80% 左右的医生都是通科医生。这些医生在社区开业，为居民及家庭提供周到细致的照顾，照料全家成员的疾患，他们是社区民众亲密的朋友、照顾者和咨询者，在社会上备受尊敬。

（二）医学专科化与通科医疗的衰落

19 世纪基础医学的大发展奠定了现代医学的科学基础，新技术的使用和发展导致了临床医疗实践的分化。1910 年在美国，A. Flexner 对 Johns Hopkins 医学院的报告中肯定了该校将临床医疗、教学和科研融为一体的新型教育模式。此后欧美各医学院校便按照不同专业的要求重新组织教学，医疗开始趋向于专科化，医学科学研究逐渐在以医院为主体的临床医疗中占据了中心位置，从此医学

便开始了意义深远的专科化进程。专科医疗服务模式的成功，大大提高了医院专科化和医学科研机构的发展，而诊治手段的高科技化，更使专科医疗服务达到了空前的繁荣。

20 世纪以来，科学技术的进步促使医学迅猛发展。医学研究对象逐渐从人体系统、器官、组织、细胞到亚细胞和生物大分子层次，向微观世界的深入使疾病在生物学方面得到精确的定位，形成了众多的二级学科。它对疾病进行了详尽的分类和研究，发展了各种高技术手段，并找到了一系列有效的治疗方法。由此，造成了人们对医院和专科医生的崇拜，而社区中的通科医生被冷落，通科医疗逐渐萎缩。到了 20 世纪 40 年代末，仅有不到 20% 的医生还在社区工作。

（三）专科医疗局限性的显现与通科医疗的复兴

随着专科化的过度发展，其服务模式的内在缺陷也逐渐引起人们的关注。从 20 世纪 50 年代后期起，由于人口老龄化进程和慢性病、退行性疾病病人的增多，基层医疗保健的重要性重新显现；老年人易患多种疾病，也需要一大批医生在社区和家庭环境中长期陪伴、照顾他们，社会对通科医生的需求开始不断增长。1947 年，成立了美国通科医疗学会，后更名为美国家庭医师学会（American Academy of Family Physicians，AAFP）。1968 年美国家庭医学委员会（American Board of Family Practice，ABFP）成立，于 1969 年成为美国第 20 个医学专科委员会，通常人们将其作为全科医学学科正式建立的标志。在美国，通科医师改称“家庭医师”（family physician），其提供的服务称为“家庭医疗”（family practice），将其知识基础或学科体系称为“家庭医学”（family medicine）。

与此同时，英国与英联邦国家尽管也和美国一样建立了一个新型学科及其培训制度，但未改变 GP 的称谓。为了改变人们对“通科医生”只通不专、缺乏专业训练的印象，将“general”的译文从“通”改为“全”，以示其服务全方位、全过程的特点。这样，在世界上就有了全科医生和家庭医生这样一类医生、两个名称的事实。

1972 年，世界全科 / 家庭医师学会（WONCA）在澳大利亚墨尔本正式成立，学会为世界全科医生提供学术和信息交流的平台，大大促进了全科医学在世界各地的发展。

三、国外全科医学发展现状

（一）美国

在美国，家庭医师大多数是个体或群体开业，在社区开办家庭医师诊所；少数人在大医院的家庭医学科从事医疗与教学活动。家庭医生提供的其实是一种基本医疗保健服务，当病人出现不适时，首先要到自己的家庭医生那里去看病，一般的疾病家庭医生都能治疗，家庭医生提供的服务内容范围非常广泛，包括家庭医疗、预防接种、儿童及老年保健、营养指导、精神卫生等。目前在美国，大部分的疾病可以经家庭医生治疗后得到治愈，只有部分疾病家庭医生无法应付时，才把病人转到专科医生处或医院治疗。同时家庭医生和专科医生、医院的关系密切，使得他们能够对转诊后的病人进行更好的随访和照顾。

美国目前的商业医疗保险形式为管理保健。在这一形式下，保险公司为投保人购买医疗服务。每位参保人自己选择保险公司名单下的家庭医生，或被分配一名家庭医生，保险公司则按比例将保费预付给家庭医生。在预付保费的情况下，家庭医生提供医疗服务的同时，需严格审核病人的转诊指征。家庭医生成为这一模式下的核心角色，成为参保人与保险公司的“双重守门人”。随着家庭医生素质的提高和能力的增强，越来越多的民众选择由家庭医生提供的基本医疗服务。

美国家庭医师学会（AAFP）是美国家庭医生的全国组织。它是美国最大的全国性医学组织之一，其会员超过 10 万人。该学会的宗旨是促进和维持家庭医生服务的高质量标准，使之能向公众提供连续性综合性的卫生保健。

（二）英国

英国是世界上最早实行国家医疗卫生服务体制的国家，其宗旨是让英国居民（不论性别、年龄、文化和宗教）享受条件允许的最好的免费医疗服务。1944 年国家卫生法令提出：应该对每个人提供

广泛的医疗服务；卫生服务费用应该全部或大部分由国家从税收中支出；卫生服务应由社区基层卫生保健服务和医院服务两部分组成：其中基层卫生保健由以全科医生为主的基层卫生保健队伍承担，社区服务由当地政府提供支持。医院实施二、三级医疗保健，由专科医师提供服务。国家卫生服务的原则是使不同地区、不同阶层的民众都有同等机会得到有效的卫生服务。1948 年英国建立了国家卫生服务体系（National Health Service，NHS），规定凡是英国公民、医疗互惠国的居民、在英国居住 6 个月以上的民众均有享受权。NHS 主要包括两个方面：第一是以社区为基础的基本医疗保健服务（community-based primary health care），在基本保健服务下英国居民可以选择自己的家庭医生，家庭医生为其提供初级健康保健；第二是以医院为基础的专科医疗服务（hospital-based specialist services），这一医疗服务由专科医生承担，处理家庭医生转诊的病例、一些重大的意外事故及急诊者。

英国全科医生为其注册的病人提供全过程、全方位基本医疗服务，内容包括疾病诊治、健康保健、疾病监测、病人转诊等。全科诊所是病人接触医疗卫生保健系统的第一站。全科医生与病人之间实行双向选择，每个全科医生平均注册 2000 名居民，按注册的病人数、服务的范围及其质量，全科医生获得相应的报酬。

（三）澳大利亚

澳大利亚是全球卫生体系比较完善、卫生绩效比较满意的国家之一，澳大利亚的基层医疗保健承袭了英国的传统。1984 年澳大利亚建立了全民医疗保险与私人医疗保险相结合的医疗服务体系，规定了联邦政府、州政府、社会团体和个人对健康的责任，保障了公民的基本医疗需要，体现了国家和政府对公民健康的责任和义务。政府承担着绝大多数的卫生支出，澳大利亚卫生总支出占国内生产总值的 9% 左右。澳大利亚医疗服务体系分三级：初级是全科医生服务；二级是从全科医生转诊的专科医生服务和医院服务；三级是主要以专科医生为主，兼顾教学、科研的高级医院服务。在澳大利亚看病，如果首先去看全科医生，国民医疗保险可支付全部或部分的诊费。病人只有通过全科医生转诊才能获得有政府资助的专科医生服务，通过转诊或者是通过医院急诊才能得到免费的公立医院服务。

1958 年澳大利亚成立皇家全科医生学院（Royal Australian College of General Practitioners，RACGP），它是独立的全科医生行业组织，负责全科诊所认证标准，全科医生职业前、职业中和职业后继续教育培训、考核标准，组织全科医生职业考试及全科医学相关标准的制订并提供全科医生教育培训平台等。

在澳大利亚，医学生毕业后如果想成为一名全科医生，需经过 1 年的实习医生培训，之后通过执业医生考试，申请成为住院医生，并经过 1～2 年的住院医生培训后，才能向 RACGP 申请进入全科专科医生职业培训。全科医生的职业培训共 3 年，第 1 年主要在综合性大医院中轮转，学习内、外、妇、儿、创伤和急救等诊疗技术；第 2、3 年的培训主要在社区全科诊所中完成，从事全科医疗、社区卫生、预防保健等工作。同时对将在农村及边远地区工作的全科医生增加 1 年的培训时间，学习麻醉、急救、土著人疾病、诊疗器械应用等知识技能。完成全科医生职业培训后，需通过 RACGP 的资格考试，才能获得全科医师资格。

此后，全科医生还要接受由澳大利亚皇家全科医生组织的继续医学教育，每年有 4 周左右的脱产培训。全科医生每 3 年需参加国家组织的继续医学教育的考核和评估，合格者方能再注册行医。

四、国内全科医学的发展与前景

（一）国内全科医学的引入与发展

1. 国内全科医学的引入 我国港澳台地区开始全科医学工作早于我国其他地区。随着全科医

学概念的引入，1989 年 11 月北京市率先成立北京市全科医学学会，1993 年 11 月中华医学会全科医学分会成立，标志着我国全科医学学科的诞生。1995 年 8 月，中华医学会全科医学分会正式成为世界家庭医生组织成员。2000 年 9 月，卫生部在首都医科大学成立了卫生部全科医学培训中心，同时在北京等少数地区开始尝试进行全科医疗的实践活动。总体来说，这一时期的全科医学处于概念传播、理论探讨和实践试点阶段。

2. 国内全科医学的发展

（1）形成适宜全科医学发展的政策环境：1997 年 1 月，中共中央、国务院《关于卫生改革与发展的决定》中明确提出“要加快发展全科医学，大力培养全科医生”，这是推进中国大陆全科医学发展的重要标志。1999 年 12 月，卫生部召开了“全国全科医学教育工作会议”，正式全面启动全科医学教育工作。之后，国家先后制定了一系列全科医学教育、培训以及全科医师专业技术资格与注册管理的相关具体政策规定，提出了我国全科医学教育发展目标，全科医师的培训开始进入规范化发展阶段。

2006 年，国务院召开了全国社区卫生工作会议，同时下发国务院《关于发展城市社区卫生服务的指导意见》。强调要加强高等医学院校的全科医学、社区护理学科教育，积极为社区培训全科医师、护士，鼓励高等医学院校毕业生到社区卫生服务机构服务。之后，中央编办、国家发改委、人事、财政、社保、民政、卫生、教育等相关部门下发了 9 个配套文件。在全科医学学科建设与教育培训方面，要求医学院校开设全科医学课程，有条件的医学院校要成立全科医学系，将全科医学发展纳入学校重点建设学科整体规划之中；加强全科医学教材建设，组织医学生到社区卫生服务中心（站）进行见习或实习等。

2009 年，中共中央、国务院《关于深化医药卫生体制改革的意见》提出了“有效减轻居民就医费用负担，切实缓解‘看病难、看病贵’”的近期目标，以及“建立健全覆盖城乡居民的基本医疗卫生制度，为群众提供安全、有效、方便、价廉的医疗卫生服务”的长远目标。为此，需要“健全基层医疗卫生服务体系，加强基层医疗卫生人才队伍建设，特别是全科医生的培养培训，着力提高基层医疗卫生机构服务水平和质量。转变基层医疗卫生机构运行机制和服务模式，完善补偿机制。逐步建立分级诊疗和双向转诊制度，为群众提供便捷、低成本的基本医疗卫生服务”。“对长期在城乡基层工作的卫生技术人员在职称晋升、业务培训、待遇政策等方面给予适当倾斜。完善全科医师任职资格制度，健全农村和城市社区卫生人员在岗培训制度，尽快实现基层医疗卫生机构都有合格的全科医生”。2017 年原国家卫生计生委印发《“十三五”全国卫生计生人才发展规划》指出现在已经有高等医学院校建立了全科医学教育体系，开设了全科医学专业。但是，还需要在各大医院建立完善的全科医学临床科室、全科医生规范化培训基地以及全科医师管理制度，培养一批本土化的全科医学学科带头人和学术骨干，建立专门服务于社区的全科医师专业队伍。预计到 2020 年，全科医生要达到 30 万。2018 年 1 月国务院办公厅发布《关于改革完善全科医生培养与使用激励机制的意见》指出到 2020 年，适应行业特点的全科医生培养制度基本建立，适应全科医学人才发展的激励机制基本健全，全科医生职业吸引力显著提高，城乡分布趋于合理，服务能力显著增强，全科医生与城乡居民基本建立比较稳定的服务关系，城乡每万名居民拥有 2～3 名合格的全科医生。到 2030 年，适应行业特点的全科医生培养制度更加健全，使用激励机制更加完善，城乡每万名居民拥有 5 名合格的全科医生，全科医生队伍基本满足健康中国建设需求。

这一系列文件的出台，有效地改善了我国全科医学发展的政策环境，推进了全科医生制度的建立。

（2）全科医生制度的建立：为深入贯彻医药卫生体制改革精神，2011 年 6 月，国务院总理温家宝主持召开国务院常务会议，决定建立全科医生制度。2011 年 7 月，国务院颁发《关于建立全科医生制度指导意见》（以下简称《指导意见》）。《指导意见》要求，力争到 2012 年使每个城市社区卫生服务机

构和农村乡镇卫生院都有合格的全科医生；再经过几年努力，到2020年，基本形成统一规范的全科医生培养模式和首诊在基层的服务模式，基本实现城乡每万名居民有2～3名合格的全科医生，更好地为群众提供连续协调、方便可及的基本医疗卫生服务。

《指导意见》要求改革全科医生执业方式。全科医生可根据需要多点注册执业，可以在基层医疗卫生机构全职或兼职工作，也可以开办诊所。推行全科医生与居民建立契约服务关系。加强全科医生服务质量监管，并与医保支付、基本公共卫生服务经费拨付挂钩。创新全科医生激励政策和方式。建立以按签约居民数获得服务费为基础的新激励机制，完善到艰苦边远地区工作的津补贴政策。拓宽全科医生职业发展路径，完善职称晋升办法。

(3) 中、高级职称全科医师从无到有：随着我国社区卫生服务的广泛深入开展和全科医学人才发展的需要，我国部分地区制定了全科医师职称系列和职称晋升标准。《关于深化职称制度改革的意见》放松了对论文、外语和计算机的要求，而把工作总结、教案、病历、技术推广总结、工程项目方案、专利成果等作为职称评定时的成绩替代。改革意见的提出更有利于基层全科医生的晋升发展。有数据显示，截止到2007年，全国晋升全科医学专业技术资格人员总计10670人，其中中级专业技术资格9826人，高级专业技术资格844人（主任医师65人，副主任医师779人）。自2001年，参加全科医学中级专业技术资格考试的考生人数逐年增加，年龄呈年轻化趋势，学历层次逐步提高。全科医生在岗人数逐年增多，全科执业注册有关调查显示，截止到2007年，全国有19个省（区、市）包括新疆生产建设兵团开展了全科医学专业临床执业注册工作，注册全科执业范围的临床医师共计6321人。2017年《"十三五"全国卫生计生专业技术人员培训规划》指出目前全科医生增加明显，达到18.9万人，初步实现每万城乡居民平均有1名全科医生的阶段性目标。

(4) 全科医学与社区卫生服务的发展相辅相成：社区卫生服务（community health service）是城市卫生工作的重要组成部分，建设和发展城市社区卫生服务体系是我国近年卫生改革、解决群众看病难看病贵问题的重要举措。社区卫生服务是一种以社区居民卫生服务需求为导向，由政府主导、社区参与的基层医疗卫生服务。它不是一个学科，而是一种基层医疗卫生服务的新模式。

全科医学的发展与社区卫生服务的开展相辅相成。全科医学是为社区卫生服务队伍培养业务和管理骨干的医学专业学科，经过全科医学培养的合格全科医生，是社区卫生服务的主力军；由全科医生提供的全科医疗服务代表了社区基本医疗服务发展的最佳模式。因此，根据社区卫生服务发展的需要培养高素质的全科医生是我国全科医学发展的重要任务之一。

(5) 初步建立了全科医学教育体系：我国大陆地区自1989年开始全科医学教育培训试点，1999年正式启动全科医学教育培训工作。目前，已经基本建立了全科医学教育培训体系，包括高等院校医学本科生全科医学知识教育、全科医学住院医师规范化培训、全科医师岗位培训和转岗培训、全科医学继续教育、全科医学专业学位研究生教育、全科医学师资培训等。为保证教育培训工作的顺利开展以及保障教育培训质量，国家相关部门出台了相关文件要求建立全科医学培训基地，并组织专家编写相关教材。

早在我国全科医学教育培训工作正式启动之始，国家卫生健康委员会（原卫生计生委）即明确提出："在充分利用现有教育资源的基础上，选择有条件的高等医学院校或培训中心，逐步建立起以国家级培训中心为龙头，省级培训中心为骨干，临床及社区培训基地为基础的全科医师培训网络"。2006—2007年，卫生部组织专家评审，认证了34家全科医学专科医师培训试点基地，卫生部毕业后医学教育委员会印发了《全科医学科专科医师培训基地细则》。2011年，国家发展改革委下达了全科医生临床培养基地建设项目中央预算内投资计划，安排中央预算内投资20亿元，用于支持全国29个省（自治区、直辖市）及新疆生产建设兵团进行全科医生临床培养基地建设。旨在依托现有医疗卫生资源，建设一批规范化的全科医生培养基地。原卫生部医疗卫生服务监管司出台了《全科医生规范化培养基地认定和管理办法（征求意见稿）》，拟在全国建设100余个全科医生规范化培养基地。2017

年《“十三五”全国卫生计生专业技术人员培训规划》指出在全科专业住院医师规范化培训基础上，进一步加大全科医生培养力度。通过全科专业住院医师规范化培训、助理全科医生培训、转岗培训、农村订单定向医学生免费培养等途径，到2020年，培养全科医生15万名以上。支持综合性医院部分专科医生和符合条件的乡村医生经培训合格后转岗为全科医生。随着全科岗位职业吸引力的增强，适时扩大全科专业住院医师规范化培训和助理全科医生培训的招收规模，增加合格全科医生供给。建立由综合医院牵头、基层实践基地和高等医学院校、有关专业公共卫生机构共同参与的全科培训体系，加强师资队伍和基层实践基地建设，提高培训水平。

（二）全科医学发展前景展望

加强以全科医生为重点的基层医疗卫生队伍建设，是健全基层医疗卫生服务体系、提高基层医疗卫生服务水平的基础工程，是缓解群众“看病难、看病贵”难题的基础环节，是实现人人享有基本医疗卫生服务的基本途径，关系到医改全局和群众切身利益。

根据我国医改框架下的医疗卫生服务模式要求，全科医生和初级卫生保健人员的数量明显不足，而各种专科、亚专科的医师却相对过剩。由于基层医疗卫生服务体系可确保在最经济的地点提供医疗保健服务，可以预料中国未来在贴近病人、医学发展、技术应用等方面将出现竞争趋势。如同世界上其他国家一样，在中国也将日趋显露推进全科医学加速发展的若干趋势。一个趋势是随着新的而且通常是昂贵的诊断治疗方法的日益增多，卫生保健的费用定额配给已经成为现实问题。另一个趋势是保健地点逐渐从医院向社区的转移。与此同时，越来越强调病人在医院之外治疗或者使院内病人能够尽早地出院，这也意味着要对更多的老年人、慢性病病人、复合疾病病人和晚期疾病病人提供全科医疗照顾。而且，全科医疗也将受到新技术进展的影响，全科医生将实现医疗记录及决策分析的数字化、信息化。

中国医改的最新政府指导原则是“保基本、强基层、建机制”。“强基层”就是强化城乡基层医疗卫生服务机构的服务能力。2017年初原国家卫生计生委印发《“十三五”全国卫生计生人才发展规划》，提出“十三五”期间，我国将大力加强全科专业住院医师规范化培训，推进助理全科医生培训，继续实施全科医生转岗培训和农村订单定向医学生免费培养。

重点加强基层人才队伍建设，城乡每万名居民有2名以上合格的全科医生，农村每千服务人口至少有1名乡村医生。全科医生服务水平全面提高，基本适应人民群众基本医疗卫生服务需求。展望未来，全科医生在继续保持以个体为服务对象的医疗保健特征的同时，必须不断地开拓新的有竞争力的领域。全科医生在新技术面前必须不断加强自身能力提高；作为一个专业，必须通过研究不断完善本学科的知识体系。

第二节　全科医学、全科医生和全科医疗

一、全科医学

（一）全科医学的概念

全科医学（general practice）是社会发展的产物，它为人们提供全面的医疗保健服务，也在医疗服务上满足了综合重组的需要。全科医学又称家庭医学，诞生于20世纪60年代的美国，并于20世纪80年代后期传入中国大陆。

我国学者普遍认同的全科医学定义是“全科医学是一个面向个人、社区与家庭，整合临床医学、预防医学、康复医学以及人文社会学科相关内容于一体的综合性临床二级专业学科；其范围涵盖了各种年龄、性别、各个器官系统以及各类健康问题或疾病。其主旨是强调以人为中心、以家庭为单位、以整体健康的维护与促进为方向的长期负责式照顾，并将个体与群体健康照顾、防和治有机地融为一体。

全科医学具有独特的医学观和方法论以及系统的学科理论，其技术方法更适合于基层医疗卫生服务。全科医学以生物-心理-社会医学模式为理论基础，秉承整体观和系统论的医学思维，建立了一系列独特的基本原则，以此来指导全科医生利用社区内外有限的卫生资源，为社区中的个体及其家庭提供连续性、综合性、协调性、个体化和个性化的医疗保健服务，并最大限度地满足社区居民追求健康生活的需求。

（二）全科医学的学科特点

全科医学主要研究各种类型社区中的常见健康问题以及综合性地解决这些健康问题所需要的理论、方法和技术。它的内容主要包括三个方面：一是通过长期的通科医疗实践而积累起来的实践经验；二是从其他医学学科中整合而来的知识与能力；三是通过全科医学专业研究发展起来的特有的理论、态度、知识和技能。具体的学科特点如下：

1. 一门综合性的临床医学学科　全科医学是一门独立的临床医学二级学科，其理论内容可分为总论和各论两个部分。总论部分主要介绍全科医学的理论精髓，包括：以人为中心、以家庭为单位、以社区为范围、以预防为导向的健康照顾等，同时也包括慢性病管理等全科医学临床服务基本能力和服务工具；各论部分主要是临床诊疗中常见健康问题的诊断、处理与评价的方法和技术，常见健康问题包括生理疾病、心理问题和影响健康的社会问题。从医疗服务角度来说，全科医学又是一门综合性的临床专科。与其他临床专科明显不同的是，其他临床专科都是在一定领域范围内不断地朝纵深方向发展，向病人提供独特且范围较窄的专科服务；而全科医学则是在一定深度上朝横向发展，并根据服务对象的健康需求，将相关知识、技能有机地整合为一体，向病人提供全面的综合性服务，因而充分体现了现代医学服务模式的优势。

2. 具有地域和民族特点的现代服务模式　全科医疗服务最充分地体现了现代医学模式和医学目标转变的要求，采取了以人为中心的全面照顾模式。它重视发展与病人间长期稳定的合作伙伴关系，强调要对病人及其家庭、社区的健康长期负责；对疾病预防、治疗及康复，医疗服务满意度，卫生资源的有效利用和医疗伦理学问题等全面关注。全科医学的服务领域主要定位于基层医疗卫生服务，主动地为社区居民提供连续性、综合性、个体化的医疗卫生服务，同时通过适宜和有效的干预，积极维护、促进社区居民的健康。

3. 强调整体性的临床思维方法　全科医学用系统论和整体论的方法来理解和解决人群和个体的健康问题，把病人及其健康看成一个整体，注重病人及其健康问题的背景和关系，采取整体性的“生物-心理-社会”医学模式为病人、家庭和社区提供整体服务。全科医学把医学照顾看成为一个整体，为满足病人及其家庭和社区的需要，经常要协调提供整体性的多学科服务。

与传统经验医学不同，全科医学应用现代医学的研究成果来解释发生在病人身上的局部问题和整体变化。以科学证据为基础，运用流行病学和循证医学的方法评价与处理临床问题，并在医疗服务过程中注重建立良好的医患关系。

4. 高度重视服务艺术　全科医学在强调医学科学的同时，还十分关注服务艺术。“高情感”的全科医学表现为：以维护个体长远的总体健康为己任，注重人胜于疾病，注重伦理胜于病理，注重满足病人的要求胜于疾病的诊疗。它在强调技术水平的同时，十分注重将其与服务艺术有机地结合成为一个整体，使医学成为真正地服务于人的科学。

（三）全科医学的研究对象

1. 社区常见健康问题的诊疗、管理、康复和预防。

2. 完整的人及其健康问题：即以人为本，以健康为中心，来了解病人作为一个完整的个体的特征和需求。

3. 家庭的健康问题：即以家庭为单位，了解家庭与个人之间的关系和家庭对健康的影响。

二、全科医生

（一）全科医生的定义

全科医生又称家庭医生（family doctor）。全科 / 家庭医生（general practitioner/family physician），是全科医疗服务的提供者。全科医生是对个人、家庭和社区提供优质、方便、经济有效的、一体化的基本医疗卫生服务，进行生命、健康与疾病的全过程、全方位负责式管理的医生。全科医生的服务涵盖不同性别、年龄的对象及其所涉及的生理、心理、社会各层面的健康问题。

世界家庭医师学会（World Organization of National Colleges Academies and Academic Associations of General Practitioners/Family Physicians，WONCA）对全科医生的定义是："全科医生的基本职责是为每一个寻找医疗保健的人提供综合性的医疗保健服务，必要时也安排其他卫生专业人员为其提供有关服务。"美国家庭医师学会（American Academy of Family Physicians，AAFP）对家庭医师的定义为："家庭医师是经过家庭医学范围宽广的医学专业教育训练的医生。家庭医师具有独特的态度、技能和知识，使其具有资格向家庭的每个成员提供连续性和综合性的医疗照顾、健康维护和预防服务，无论其性别、年龄或者健康问题类型是生物医学的、行为的或社会的。这些家庭医师由于其背景和家庭的相互作用，最具资格服务于每一个病人，并且作为所有健康相关事务的组织者，包括适当利用专科医生、卫生服务以及社区资源。"

全科医生是接受过全科医学专门训练的新型医生，为个人、家庭和社区提供包括预防、治疗在内的多种卫生保健服务。作为服务协调者，他们能将初级、二级、三级卫生保健服务结合起来。作为负责人、管理者和监督员，他们能提高团队工作的质量和效率。全科医生能与初级保健团队成员共同工作，来整合卫生系统中常见的各个部门各自为政所造成的条块分割的服务。

（二）全科医生应具备的基本能力

1. 处理常见健康和疾病问题的能力　能熟练应用全科医学的原则和方法处理社区中常见健康问题；鉴别病人的患病状况，能及时对急症病人进行必要的处理，准确把握转诊时机；能在社区医疗实践中整合其他专科的知识和技能，整合健康教育、心理咨询、心理治疗等技术，适当运用中西医结合的治疗方法，在日常工作中提供以基本医疗为主，预防、诊疗、保健、康复及健康管理一体化服务。

2. 评价个人心理、行为问题的能力　能熟练评价和处理各种行为问题，包括生活事件与应激反应，性格问题，性问题，饮食与营养问题，吸烟、酗酒、药物成瘾问题，儿童、妇女、老年人的特殊问题。熟悉心身疾病产生的机制，掌握心理诊断、心理治疗和心理咨询的基本技能。

3. 家庭评估、家庭访视的能力　能熟练评价家庭的结构、功能、家庭生活周期和家庭资源状况；善于鉴别有问题的家庭及其患病成员，能准确评价家庭功能障碍与个别患病成员之间的互动关系，充分利用家庭资源，为病人提供以家庭为单位的服务；为个人及家庭提供预防性咨询服务；帮助家庭解决存在的问题。

4. 服务社区的能力　具有较强的社会工作能力，能顺利协调和利用社区内外的医疗和非医疗资源，组织必要的社区调查，运用卫生统计和流行病学的方法全面评价社区健康状况，制订和实施社区卫生计划；能对流行病、传染病、职业病、地方病和慢性病进行有效地监测和控制；能胜任初级卫生保健的组织与实施工作，并为社区中的不同人群提供综合性的预防保健服务。

5. 处理医疗相关问题的能力　能妥善处理在医疗过程中可能会遇到的社会与伦理问题，如为病人保守秘密、尊重病人的隐私权、科学理解死亡的定义、熟悉临床药物试验的有关规定等问题；熟悉有关的法规，在维护病人及其家庭最佳利益的前提下，尽量避免医疗纠纷的发生。

6. 自我完善与发展的能力　有较强的医疗管理能力，善于把握卫生事业改革与发展的规律与方

向，利用各种机会学习新的知识和技能，不断取得进步；能熟练查阅文献资料，在专家的指导下开展科研和教学工作，并善于应对各种各样的困境和挑战。

（三）全科医生的角色

相对不同的层面，全科医生承担着不同的角色。

1. 个人与家庭层面

（1）医生：负责常见健康问题的诊治和全方位全过程管理，包括疾病的早期发现、干预、康复与终末期服务。

（2）健康监护人：负责健康的全面维护，促进健康生活方式的形成；定期进行适宜的健康检查，早期发现并干预危险因素；作为病人与家庭的医疗代理人对外交往，维护当事人的利益。

（3）咨询者：提供健康与疾病的咨询服务，聆听与体会病人的感受，通过有技巧的沟通与病人建立信任关系，对各种有关问题提供详细的资料与解释，指导服务对象进行有成效的自我保健。

（4）教育者：利用各种机会和形式，对服务对象（包括健康人、高危人群和病人）随时进行深入细致的健康教育，保证教育的全面性、科学性和针对性，并进行教育效果评价。

（5）卫生服务协调者：当病人需要时，负责为其提供协调性服务，包括动用家庭、社区、社会资源和各级各类医疗保健资源，与专科医生形成有效地双向转诊关系。

2. 医疗保健与保险体系层面

（1）守门人：作为首诊医生和医疗保险体系的“门户”，为病人提供所需的基本医疗保健，将大多数病人的问题解决在社区，为少数需要专科医疗者联系有选择的会诊 / 转诊；向保险系统登记注册，取得“守门人”的资格，并严格依据有关规章制度和公正原则、成本 / 效果原则从事医疗保健活动，与保险系统共同实施基本医疗保险。

（2）团队管理与教育者：作为社区卫生团队的核心人物，在日常医疗保健工作中管理人、财、物，协调好医护、医患关系，以及与社区社会各方面的关系；组织团队成员的业务发展、审计和继续教育活动，保证服务质量和学术水平。

3. 社会层面

（1）社区与家庭的成员：作为社区和家庭中重要的一员，参与其中的各项活动，与社区和家庭建立亲密无间的人际关系，推动健康的社区环境与家庭环境的建立和维护。

（2）社区健康的组织与监测者：动员组织社区各方面积极因素，协调建立与管理社区健康网络，利用各种场合做好健康促进、疾病预防和全面健康管理工作，建立与管理社区健康信息网络，运用各类形式的健康档案资料协助做好疾病监测和卫生统计工作。

三、全科医疗

（一）全科医疗的定义

全科医疗（general practice）是将全科 / 家庭医学理论应用于病人、家庭和社区照顾的一种基层医疗专业服务，是社区卫生服务中的主要医疗服务形式。它是一种集合了其他许多学科领域内容的一体化的临床专业；除了利用其他医学专业的内容外，还强调运用家庭动力学、人际关系、咨询以及心理治疗等方面的知识技能提供服务。

美国家庭医师学会（AAFP）对家庭医疗（即全科医疗）的定义是：“家庭医疗是一个对个人和家庭提供连续性与综合性卫生保健的医学专业。它是一个整合了生物医学、临床医学与行为科学的宽广专业。家庭医疗的范围涵盖了所有年龄、性别，每一种器官系统以及各类疾病实体。”

（二）全科医疗的特点

全科医疗是一种以门诊服务为主体的基层医疗保健服务，是社区居民为其健康问题寻求卫生服务时最先接触、最经常利用的专业性服务，是整个医疗保健体系的门户和基础，通常把全科医疗称为首诊服务。除了提供优质的诊疗服务，全科医生还应通过家访和社区调查，关心未就医的病人以及

健康人的需求。全科医疗以相对简便、低廉而有效的手段解决社区居民约80%～90%的健康问题，并根据需要安排病人及时、适当地利用其他级别或类别的医疗保健服务。

全科医疗的特点包括：强调连续性、综合性、个体化的照顾；强调早期发现并处理病患；强调预防疾病和维持促进健康；强调在社区场所对病人提供服务，并在必要时协调利用社区内外的其他资源。其最大特点是强调对当事人的“长期负责式照顾”，这意味着其关注的中心是把服务对象作为整体的人，并对其长期负有管理责任。只要全科医生与服务对象建立了某种契约关系，就应随时关注他们的身心健康，对其主观和客观的、即刻与长期的各种卫生需求做出及时的评价和反应，而且无论何时何地都不能放弃这种责任。由于医生对医学知识的把握胜于病人，因此也可以说，这是一种由医生发起的以人为本、以健康为中心、以需要为基础、需求为导向的主动服务，确保病人在适宜的地点和时间接受最恰当的医疗照顾。

（三）全科医疗在卫生服务系统中的作用

卫生系统的层级（levels of the health system）是指卫生系统针对具体人群，按卫生机构服务功能的不同而划分的功能层次。基层或社区卫生机构，为所在地区提供基本服务；二级卫生服务机构，常由顾问医师或专科医师提供有选择性的专科服务；三级卫生服务机构，为有限的、需要复杂的诊疗技术和设备的人群提供服务，通常以医院服务为主。理想的医疗体系应该向每个人提供公平、可及、全面、持续的卫生服务。世界卫生组织确定基本卫生保健是提供基本医疗服务的最有效途径。

全科医疗是基本卫生服务系统中的主要医疗服务形式，并以其合理使用卫生资源、有效节约卫生经费，成为整个卫生保健系统的坚实基础。发展全科医疗是我国医疗卫生事业改革的关键，也是解决医疗卫生事业改革中遇到的重要问题的有效方法。全科医疗根据实际情况和背景开展多种服务，尤其重视常见慢性病的防治，通过干预人们的行为和生活方式，为公众提供预防保健指导，例如：老年人往往身患数种疾病，需要综合性医疗服务，而专科医疗分科过细，不同的专科医生开出一堆药使病人无所适从，增加医患双方的负担，而全科医疗能够较好地解决上述问题。

由此可见，以全科医疗为主的基本卫生服务系统具有：人们在一个机构就诊就可以解决大部分的健康问题，并且使有限的卫生资源得到了充分的利用，取得了更高的效率和更好的成本-效益。全科医疗在我国卫生事业中具有不可替代的作用，只有坚持卫生事业改革，推进全科医疗实践，才能从根本上解决现行医疗卫生服务系统与公共卫生服务需求不相适应的矛盾，满足人民群众日益增长的卫生服务需求，推进卫生事业发展，进一步达到促进健康的目的。

第三节　全科医学教育

一、医学教育的改革

医学教育在20世纪经历了三次重大变革。第一次变革出现在20世纪之初，其标志是以学科为基础的课程设置。此次变革鼓励了专科化，并刺激了学科研究的显著进步，但同时也人为地导致了基础医学与临床医学的分离。这一时期，瞩目的技术成就和巨大的科学进步掩盖了医疗照顾正在被逐步肢解和去人性化，而且费用越来越高的事实；第二次变革出现在20世纪中期，医学教育工作者们认识到了以疾病为中心的教育模式存在的问题，这种教育模式重在关注住院病人及不常见的疾病而忽视了人群健康问题。医学教育者开始致力于寻找正确的方法来调整医学课程，从而引进了以问题为中心的教学方法；第三次变革就是目前提出的以系统为中心，借鉴全球经验，有针对性地确立岗位胜任力的要求，培养能够提供高质量综合性医疗服务的临床医生。

医学教育应该与医学发展需要相适应。当前，我国传统医学教育模式影响依然很深，以教师为中心的灌输式教学方式，以生物医学模式为依据的课程设置，专业理论学习和临床实践以学科为中心，重专业轻基础，重理论轻实践等现象依然很普遍。我国医学教育事业在很大程度上还处于第二

次变革和第三次变革之间。医学院校在改善卫生体系和培养社会需求的医生方面应履行相应的责任。对社会负责的医学院校理应改进和调整自身教育、科研和服务体系，使其与所服务的社区、地区和国家优先考虑的卫生问题相一致。

基本医疗和全科医学培训项目的建立是医学院校对社会需求做出反应的一种表现。世界卫生组织建议：每所医学院校都应向医学生提供在家庭医疗环境中培训的机会，并且为了提高家庭医学水平，所有选择家庭医疗的毕业生都应接受一定年限的家庭医学毕业后教育，该教育培训是专门为满足家庭医学领域的需求设计的（WHO，1963）。

全科医学已在世界各地以不同的速度得到了发展。1951 年，英国启动了第一个全科医生职业培训项目，该项目在 20 世纪 90 年代进入快速发展阶段。目前，世界上许多国家都建立了国家级的全科医学住院医师培训项目，并设立了全科医学专业人才标准与考核制度。在培训过程中，全科医生逐步熟悉他们所服务人群存在的问题、拥有的资源和特殊需求，从而对教育、科研和服务项目做出调整以更适应社会需要。

二、国外全科医学教育体系

世界上较早开展全科医学教育的是欧美发达国家，已形成了完整的全科医学教育培训体系。国外主要有三种全科医学教育培训形式，包括：在校医学生的全科医学教育、全科医学毕业后教育和全科医学继续教育。在不同国家和地区全科医学培训项目的主体框架基本相同，主要包括医院专科轮转和全科医疗实习两个部分。但具体内容和方式并不完全一致。

（一）国外在校医学生的全科医学教育

在英国、美国、加拿大、澳大利亚、日本等许多国家，大多数的医学院校都设有形式不同的全科医学教学机构或部门，并在医学生中开设全科医学概论及相关课程。各国医学院校开展在校医学生全科医学教育的时限不等，一般在 4～10 周，开设的形式各异。如英国医学院在本科教育阶段设有全科医学的理论学习，包括必修课、选修课和社区实习。澳大利亚将全科医学教育作为连续性的课程对本科生开设。日本的家庭医学系承担了对在校医学生关于家庭医学的理论课程及基础临床技能的教学，并在附属医院及社区诊所培训学生如何管理照顾病人，以加强学生对长期、连续性的社区医疗服务的认识和兴趣。

（二）国外全科医学毕业后教育

全科医学毕业后教育（postgraduate training program on general practice），在国外主要指全科医学住院医师培训（residency training program on general practice），在有些国家还称之为全科医学执业培训。这项培训是医学生完成高等医学院校教育阶段的学习并毕业后，再继续选择和进入的新培训项目。全科医学住院医师培训是全科医学教育的核心，也是全科医学专科医师培养的关键环节。主要由大学的全科医学系负责组织实施，训练场所包括能够训练临床诊疗技能的大型综合性医院和能够训练全科医疗思维和社区群体照顾的社区全科医疗诊所。

培训时限各国不等，一般为 3～4 年。表 1-1 所列为美、英和日三国的全科医学教育过程及全科医生培养年限。

表 1-1 美国、英国、日本全科医学教育过程及全科医生培养时限

美国	英国	日本
大学教育（4 年）	高中毕业后 5～6 年医学院校教育	高中毕业后 6 年医学院校教育，第 6 年参加国家医师执业资格考试。
医学院校教育（4 年）	1 年注册前住院医师培训（pre-register）	初期临床研修阶段（2 年）
家庭医学住院医师培训（3 年）	全科医学专业培训（3 年）	家庭医学后期临床研修阶段（3 年）

续表

美国	英国	日本
通过美国家庭医疗委员会ABFP考试，获得家庭医师资格证书—注册执业	通过英国全科医学毕业后培训联合委员会考试，获得全科医生资格证书——注册执业	通过日本家庭医师学会认定资格考试——注册执业
继续医学教育，150分/3年	继续医学教育，非强制性	由日本家庭医师学会组织的强制性继续医学教育
每6年家庭医师资格再认证（再注册执业）		

（三）国外全科医学继续教育

世界上许多国家都把全科医学继续教育（continuing education in general practice）作为全科医生终身学习的主要方式，部分国家在进行全科医生资格再认定过程中，对其参加继续教育项目的科目和学分有明确的规定。美国家庭医疗委员会（ABFP）规定：对于已获得家庭医学专业医生资格的家庭医生，要求每6年必须参加美国家庭医师委员会的专业资格再认定考试，以保持家庭医生的学术水平和先进性，而取得继续医学教育学分则是参加再认定考试的必要条件。英国的全科医学继续教育是非强制性的，但绝大多数的全科医生都自愿参加继续医学教育活动，平均的继续医学教育时间是每年1周。日本也有严格的家庭医生继续教育制度，必须参加家庭医学会举办的职业教育和技能考试以取得不同级别学会认定的专业医师资格。学会认定的专业医师资格反映了一名家庭医生在家庭医学领域的医疗学术水平。

三、国内全科医学教育体系

中国的全科医学教育发展很不平衡，港澳台地区全科医学教育体系较国内其他地区成熟。我国（不含港澳台地区）于2000年正式提出全科医学教育发展目标，即“到2005年，初步建立全科医学教育体系，在大中城市基本完成在职人员全科医生岗位培训，逐步推广毕业后全科医学教育工作；到2010年，在全国范围内建立起较为完善的全科医学教育体系”。目前，我国全科医学教育体系已基本建立。

2011年，为适应我国经济社会发展和居民健康需求变化，国务院按照深化医药卫生体制改革的总体思路，遵循医疗卫生事业发展和全科医生培养规律，提出了“逐步建立统一规范的全科医生培养制度”和“近期多渠道培养合格的全科医生”的要求。其中，统一规范的全科医生培养制度包括：①将全科医生培养逐步规范为“5+3”模式，即先接受5年的临床医学（含中医学）本科教育，再接受3年的全科医生规范化培养；②在过渡期内，3年的全科医生规范化培养可以实行“毕业后规范化培训”和“临床医学研究生教育”两种方式；③统一全科医生规范化培养方法和内容，以提高临床和公共卫生实践能力为主，在国家认定的全科医生规范化培养基地进行；④规范参加全科医生规范化培养人员管理；⑤统一全科医生的执业准入条件；⑥完善临床医学基础教育；⑦改革临床医学（全科方向）专业学位研究生教育；⑧加强全科医生的继续教育。近期多渠道培养合格的全科医生包括：①大力开展基层在岗医生转岗培训；②强化定向培养全科医生的能力培训；③提升基层在岗医生的学历层次；④鼓励医院医生到基层服务。

（一）我国医学本科生的全科医学教育

我国医学本科生的全科医学教育经历了从无到有、从单纯课堂教学到课堂教学与社区实践相结合的发展过程。根据2009年3月首都医科大学对我国大陆128所高等医学院校开设全科医学课程情况的调查，有59所在医学本科生中开设了全科医学课程，其中28所院校为必修课。

医学本科生的全科医学教育是全科医学人才培养的基础。2000年卫生部颁发《关于发展全科医学教育的意见》提出在高等院校医学专业中设立全科医学相关的必修课和选修课，使医学生了解全

科医学思想、内容及全科医生的工作任务和方式，并为将来成为全科医生或其他专科医生与全科医生的沟通和协作打下基础。2010年《以全科医生为重点的基层卫生人才队伍建设规划》提出要积极引导高等医学教育教学改革，本专科医学类专业教育开设全科医学必修课程，加强对学生在医患沟通、团队合作、健康教育、社区预防保健、卫生服务管理等方面的培养，强化临床实践和社区实践教学。2011年《指导意见》指出要完善临床医学基础教育。临床医学本科教育要以医学基础理论和临床医学、预防医学基本知识及基本能力培养为主，同时加强全科医学理论和实践教学，着重强化医患沟通、基本药物使用、医药费用管理等方面能力的培养。

目前我国各校开设全科医学课程的学时不等，最短仅为16学时，最长可达56学时。学时数较多的院校一般开设全科医学概论理论教学和社区实习。对医学生进行全科医学教育的目的主要有：①对医学本科生传授全科医学的基本知识、理论和技能，传播全科医学理念；②培养医学生的思维方式，提高观察问题的层次；③熟悉全科医学思想、内容及全科医生的工作任务和方式，培养学生对全科医疗的职业兴趣；④为毕业后选择接受全科医生规范化培训和从事全科医疗工作奠定基础；⑤为其成为其他专科医生后与全科医生的沟通与协作打下基础。

（二）国内全科医学毕业后教育/全科医生规范化培训

全科医学毕业后教育是全科医学教育体系的核心。2005年，卫生部启动了“建立我国专科医师培养和准入制度的研究”项目，目的是完善我国医学教育体系、规范临床医师的培训与管理、加强卫生人才培养、准入和监管，促进医学教育及人才管理与国际接轨。第一批纳入专科医师制度研究的专科有包括全科医学在内的内科、外科、儿科等18个普通专科和16个亚专科。以全科医生规范化培训为重点，使高等医学院校本科学生毕业后，经过规范化的全科医生培训，取得全科医生规范化培训合格证书。从长远来看，我国全科医生将主要通过毕业后全科医生规范化培训来培养。

全科医生规范化培训以提高临床和公共卫生实践能力为主，在国家认定的全科医生规范化培养基地进行，实行导师制和学分制管理。参加培养人员在培训基地临床各科及公共卫生、社区实践平台逐科（平台）轮转。在临床培训基地规定的科室轮转培训时间原则上不少于2年，并另外安排一定时间在基层实践基地和专业公共卫生机构进行服务锻炼。经培训基地按照国家标准组织考核，达到病种、病例数和临床基本能力、基本公共卫生实践能力及职业素质要求并取得规定学分者，可取得全科医生规范化培训合格证书。规范化培训的具体内容和标准由原卫生部、教育部、国家中医药管理局制定。国家认定的全科医生规范化培训基地应由医学院校的附属医院（或教学医院）或大型综合性医院来承担，建立有一定规模的全科医学专科，配备临床经验丰富、掌握全科医学基本思想、原则和方法的合格师资。全科医学专科有一定的门诊量，必要时可设立病房，同时必须有符合要求的社区培训基地。全科医师规范化培训通过对本科学历的毕业生，进行为期3年（包括：全科医学相关理论学习、临床轮转、社区实习在内）的培训，培养具有高尚职业道德和良好专业素质，掌握专业知识和技能，能以人为中心、以维护和促进健康为目标，向个人、家庭与社区提供预防、保健、诊断、治疗、康复、健康管理一体化的，连续协调、方便可及的主动服务，成为社区卫生服务团队的学科骨干。

卫生部于2007—2008年开展了全科医学住院医师规范化培训基地的认定工作。目前，全国已有多家医院和社区通过了国家卫生健康委员会评审，为开展全科医学住院医师规范化培训奠定了基础，并逐步建立起了以国家级培训中心为龙头，省级培训中心为骨干，临床及社区培训基地为基础的全科医师培训网络。

（三）全科医师岗位培训和全科医生转岗培训

2000年，我国在《关于发展全科医学教育的意见》中提出全科医师岗位培训，对从事或即将从事社区卫生服务工作的执业医师，采取脱产或半脱产的方式进行全科医生岗位培训，经省（自治区、直辖市）统一组织考试合格，获得全科医生岗位培训合格证书。为适应开展社区卫生服务工作的迫

笔记

切需要，在职人员的转型培训是全科医学教育培训工作的重点。原卫生部科教司印发了全科医师培训大纲，以从事社区卫生服务的临床类别执业医师为培训对象，旨在通过培训使学员掌握全科医学的基本理论、基础知识和基本能力，熟悉全科医疗的诊疗思维模式，提高其对社区常见健康问题和疾病的防治能力，具有为人民健康服务的职业道德，能够运用生物 - 心理 - 社会医学模式，以维护和促进健康为目标，向个人、家庭、社区提供公共卫生和基本医疗服务，达到全科医师岗位基本要求。培训方法根据各地区实际情况，采取脱产、半脱产的集中培训方式，应用理论讲授、小组案例讨论、临床和社区实践相结合的教学方法。辅以现代化教学手段开展培训。参考学时在 2001 年《全科医师岗位培训大纲（试行）》中为 600～620 学时，其中理论教学 500 学时，实践教学 100～120 学时。2006 年以后的岗位培训大纲调整为 500～600 学时，其中理论教学 240 学时，实践教学 260 学时（社区实践不少于 60 学时），有条件的地区可安排 100 学时的选修内容。全科医师岗位培训项目到 2010 年结束。

2010 年 12 月，我国启动了全科医生转岗培训项目，卫生部印发了《基层医疗卫生机构全科医生转岗培训大纲（试行）》。以基层医疗卫生机构中正在从事医疗工作、尚未达到全科医生转岗培训合格要求的临床执业（助理）医师为培训对象，以全科医学理论为基础，以基层医疗卫生服务需求为导向，以提高全科医生的综合服务能力为目标，通过较为系统的全科医学相关理论和实践能力培训，培养学员热爱、忠诚基层医疗卫生服务事业的精神，建立连续性医疗保健意识，掌握全科医疗的工作方式，全面提高城乡基层医生的基本医疗和公共卫生服务能力，达到全科医生岗位的基本要求。培训时间不少于 12 个月。其中，理论培训不少于 1 个月（160 学时），临床培训不少于 10 个月，基层实践培训不少于 1 个月，全部培训内容在 1～2 年内完成。培训方式采取按需分程、必修与选修相结合的方式，具体可采用集中、分段或远程理论培训、科室轮转、基层实践等形式。培训内容分为理论培训、临床培训和基层实践培训三个部分。2011 年，《指导意见》再次重申对符合条件的基层在岗执业医师或执业助理医师，应按需进行 1～2 年的转岗培训。转岗培训以提升基本医疗和公共卫生服务能力为主，在国家认定的全科医生规范化培训基地进行，培训结束通过省级卫生行政部门组织的统一考试，获得全科医生转岗培训合格证书，可注册为全科医师或助理全科医师。截至 2013 年底，通过规范化培训、转岗培训、在岗培训等方式，累计培养全科医师 14.6 万名，充实了基层医疗卫生机构人才队伍（2014 中国住院医师规范化培训制度发展报告）。2014 年，在《住院医师规范化培训基地认定标准（试行）》（国卫办科教发〔2014〕48 号）中的“全科专业基地认定细则”中，对全科临床培训基地及全科基层实践基地的基本条件、师资条件都做了明确规定，并在 2016 年出台“住院医师规范化培训评估指标——全科专业（临床）基地及全科专业（基层）基地”。目前，共有 393 家全科住院医师规范化培训基地，分布在 31 个省、自治区、直辖市。

（四）国内全科医学继续医学教育

对具有中级及中级以上专业技术职务的全科医师，按国家卫生健康委员会有关规定，采取多种形式，开展以学习新知识、新理论、新方法和新技术为内容的继续医学教育，使其适应医学科学的发展，不断提高技术水平和服务质量。以现代医学技术发展中的新知识和新技能为主要内容，加强经常性和针对性、实用性强的全科医生继续医学教育。强化对全科医生继续医学教育的考核，将参加继续医学教育情况作为全科医生岗位聘用、技术职务晋升和执业资格再注册的重要因素。

第四节　整合医学与全科医学的关系

一、整合医学

整合医学（integrative medicine）是从人的整体出发，将医学各领域最先进的知识理论和临床各专科最有效的实践经验分别加以有机结合并根据社会、环境、心理的现实进行修正、调整，使之成为更加符合、更加适合人体健康和疾病诊疗的新的医学体系。

人类医学发展的初期属于通科医学，随着医学模式的变化逐渐走向专科化，现在又在更多的层面上走向整合。“整合”一词是近一段时期以来开始在文献中出现的。几十年前，在《精神、身体和健康》一书中首先被提及如下：提到整合医学（Gordon et al.，1984），它的最初使用可以追溯到 Sri Aurobindo，一个印度神秘主义者和政治领袖。这个术语被当代哲学家和超个人心理学家肯·威尔伯（2005 年）应用在他的整体治疗中。在健康和治疗领域的许多思想领袖，包括 Noetic 科学研究所（IONS），均支持这些概念，并鼓励进一步研究可能被认为是医学模式转变的开始（Schiltz，2005）。20 世纪 90 年代中期，美国在补充和替代医学的基础上提出整合医学，美国的医院开始开设整合医学门诊。1999 年整合医学学术机构成立。2013 年美国专科医生委员会宣布给经过整合医学培训的医生授予整合医学证书。2015 年，美国政府在国立补充医学和替代医学中心的基础上重建了国立补充医学和整合医学中心，该中心隶属于美国医学院。我国的整合医学理念自 20 世纪 90 年代已有萌芽。2009 年，首届“医学发展高峰论坛——医学整合会议”提出了医学整合包括临床学科的整合、临床医学与基础医学的整合、临床医学与公共卫生及预防医学的整合，以及医学与人文的整合。2012 年，樊代明在首届“整体整合医学高峰论坛”提出“生命整体整合”理念。他认为整合医学就是还器官为病人，还症状为疾病，从检验到临床，从药师到医师，身心并重、医护并重、中西医并重、防治并重。

整合医学目的是为了解决目前专科过度细化，专业多度细化，导致的医学知识碎片化，给临床医生诊疗带来局限性的问题。整合医学是传统医学观念的创新，是医学发展历程中从专科化向整体化发展的新阶段。整合医学并不是简单叠加，而是通过学科间相互联系，协同发展。整合医学不仅要求把现在已知各生物因素加以整合，而且要将心理因素、社会因素和环境因素也加以整合；不仅要将现存与生命相关各领域最先进的医学发现加以整合，而且要将现存与医疗相关各专科最有效的临床经验加以整合；不仅要以呈线性表现的自然科学的单元思维考虑问题，而且要以呈非线性表现的哲学的多元思维来分析。这种单元思维向多元思维的提升，通过再整合，从而构建更全面、更系统、更科学、更符合自然规律、更适合人体健康维护和疾病诊断、治疗和预防的新医学知识体系。整体医学推动诊疗方式的融合，给临床医学带来更大的发展空间、更有意义的发展前景，推动临床新型诊疗方式发展。

二、整合医学与全科医学的关系

整合医学与全科医学都有整体观理念。但是整合医学是以治疗为目的的新医学知识体系，而全科医学是一个临床医学的二级学科。整合医学强调人是一个整体，要整体观察，综合评估。全科医学强调“以人为中心”，而非某个器官，某种疾病。其次，二者都有整合观理念。整合医学强调还器官为病人，还症状为疾病，从检验到临床，从药师到医师，身心并重，防治并重。全科医生的目的是在不断协调的关系下照顾整体病人，同时尊重家庭、社区和环境的丰富复杂性和相互作用性。他们承认个人和人与人之间的因素影响健康和疾病，并训练自己在诊治病人时考虑到其生活及生物医学因素的行为和社会效应。全科医生支持将初级保健的规模扩大并应用于健康和治愈的可能性上。最后二者的医学观也是一致的。整合医学强调用科学的理论帮扶医学，用科学的方法研究医学，用科学的数据助诊疾病。全科医学的科研方法也都是为了提高诊疗水平，更好的服务基本医疗。

全科医学与整合医学是有区别的。整合医学是体系，而全科医学是完整的学科，全科医学有独立的哲学观，价值体系。虽然同为整合，整合医学是一定方向的纵向整合，是综合治疗。而全科医学是一定程度的横向整合，包括疾病本身、心理、社会等方面的整合。在解决问题方面整合医学与全科医学也有不同，整合医学是为了看的好问题，而全科医学是为了看的了问题。

整合医学是现代医学的必然趋势。全科医学是整合医学的枢纽，全科医生是整合医学的协调员。有效地协调各专科服务、整合各专科的意见是全科医生的重要任务。疑难病多学科整合门诊是

整合医学的新尝试，这种模式是全科医生协调的整合医学实践。整合医学是全科医生管理病人的方法论，全科医生必须具有高度专业的理论和诊治水平，同时具有高水平的医疗协调能力，把一切有利于病人的医疗单元有机地整合在一起，使病人得到最好的医疗保健和健康支持。整合就是要用整体观来规范医疗，就是要各专科在全科的导向下各司其职。建立高质量的全科医生队伍，协调各专科、培养专科医生之间的协作意识，形成整合医学的服务模式。通过整合医学模式达到理想的全人医疗。全科医生是整合医学实践者，应积极参与整合医学研究，运用循证医学方法，把最新的研究结果用于整合医学实践。

（于晓松）

思考题

1. 全科医学的定义与学科特点是什么？
2. 全科医疗在卫生保健系统中的作用是什么？
3. 全科医疗的基本原则有哪些？
4. 何为中国全科医生规范化培养？全科医生应具备怎样的素质？

第二章 全科医学的基本原则和人文精神

学习提要

- 全科医学作为一门新的临床医学二级专业学科，具有独特的理论、知识和技能体系，在其临床服务中始终贯彻执行全科医学学科的基本原则。
- 全科医学的基本原则在各国的表述描述各有不同，但是其核心思想一致；全科医生在临床服务中应该遵循：以人为中心照顾、以家庭为单位照顾、以社区为基础照顾、以预防为导向照顾、连续性照顾、综合性的照顾、可及性照顾、协调性照顾、团队合作等九个基本原则。
- 全科医疗服务与其他临床专科服务的不同，除了服务内容包括病人和病种 / 健康问题等不同外，还在于其所遵从的基本服务原则与之有很大差别；全科医生应深刻理解每一个全科医学的基本原则，并将其融汇在具体的病人和健康问题管理之中。随着居民对卫生保健服务需求的变化、生物 - 心理 - 社会现代医学模式的推进，医学生学习和理解这些全科医学的基本原则会对其他专科医疗服务质量提高有着积极的影响。
- 人文精神与医学人文精神的概念和内涵是每一个医务工作者应该掌握的内容，在此基础上，正确理解医学人文精神与医学科学精神的关系；了解医学模式的转变过程，理解生物医学模式中的医学人文精神缺失的原因，提高医学生的自身素质要求。

全科医学作为一门独立的临床医学二级专业学科，除了具备临床医学学科的所有特点和服务原则之外，还有其自己学科特点的、用以指导全科医生从事临床服务的基本原则和特征。用这些原则指导的全科医疗实践，能够具体体现出全科医学与其他临床学科所提供服务的不同，更能体现出全科医生的专业特点。

本章主要从全科医学的基本原则、全科医学与其他临床专科医学的区别与联系、全科医疗实践中的人文精神等方面进行阐述。

第一节 全科医学的基本原则

全科医学在我国大陆仍然处于不断发展的过程中，全科医生的工作模式也在探索之中。要想形成中国特色的全科医疗服务模式，首先应该全面地了解全科医学学科的性质、特点及其基本原则，用全科医学学科的基本原则指导临床实践，以展现全科医学专业服务特色。此外，随着病人卫生保健需求的变化，了解和学习这些基本原则，对于从事其他临床专科工作的医学生、医生也有一定的实际意义。

全科医学的基本原则在不同国家有不同的文字叙述，数量也不一致。本书借鉴了全科医学发展较为成熟国家和我国大陆全科医疗实践探索的结果，将全科医学的基本原则阐述如下。

一、以人为中心的照顾

以人为中心的照顾（patient-centered care）又可称为人性化服务（humane services），是全科医学的基本原则之一，是全科医生提供临床服务过程中必须遵守的原则。

以人为中心的照顾原则包括以下几方面含义：第一，全科医学不仅重视病人所患疾病，更重视患病的人，它将病人看作是有生命、有感情、有权利、有个性的人，而不仅仅是疾病的载体。病人与全科医生在人格上是平等的，他们只是因为患病而需要得到全科医生的理解和帮助。第二，全科医生要确立人的整体观，其服务目标不仅是要寻找到患病的器官，而是把病人看作一个整体，既要关注病人的生理健康，还要关心病人的心理健康和社会需求。第三，全科医生要根据病人的个体化特征提供服务。当全科医生面对一个具体的病人时，他不仅具有大多数病人的共同特征，还具有其自身的个体化特征。例如，同样是糖尿病，不同病人对疾病的担忧程度不同，对医疗服务的需求有所差异：有人需要医生耐心解释，解除疑惑或缓解焦虑；有人需要具体化指导，重塑对疾病的认识；有人需要反复提醒，建立对健康的重视等。因此，全科医生要善于从病人角度看待问题，除提供常规生物医学诊治措施外，还要做到个体化和人性化，以维护病人的最佳利益为准则。第四，全科医生要善于调动病人的主观能动性，让其积极参与到医疗活动中来。为此，全科医生在充分认识和理解服务对象的基础上，要通过良好的沟通技巧，在制订诊疗计划中通过与病人协商，把病人的健康需求和价值观念融入临床照顾中，让其积极主动参与全科医疗。

二、以家庭为单位的照顾

家庭是社会的基本单位，也是个体与社会的结合点。个体的疾病与健康不仅与病人自身的身体条件、生活方式和环境因素有关，而且与家庭内部人员的关系及家庭本身对病人的治疗和康复意愿均有重大关系。因此，家庭也是全科医生的服务对象，同时也是其开展诊疗工作的重要场所。这也是全科医学与专科医学的重大区别之一。全科医学汲取了社会学家关于家庭的理论和方法，发展出了一整套以家庭为中心的知识和技能，显示出全科医学非常重视家庭对健康的影响。

以家庭为单位的照顾（family as a vital unit of care）主要包括以下三方面内容：一是家庭的结构与功能会直接或间接影响家庭成员的健康，亦可受到家庭成员健康或疾病状况的影响。因此，以家庭为单位的照顾，要求全科医生在诊疗过程中，要善于了解和评价病人的家庭结构与功能，发现其中可能存在的对家庭成员健康的危害，并通过适当的干预措施使其及时化解。二是家庭生活周期（family life cycle）在不同阶段存在不同的重要事件和压力，若处理不当会产生家庭危机，可能会影响家庭成员的健康。此外，全科医生通过详细的家庭调查和评估，可以动员家庭资源协助对病人的疾病进行诊疗与长期管理。并且有助于找到病人真正的患病原因，同时可以改变病人的遵医行为，有时甚至是发现家庭中真正的病人，从而有针对性地提供服务，促进病人的健康。

三、以社区为基础的照顾

全科医疗是立足于社区的基层医疗服务，其主要实施地点是基层医疗卫生服务机构，包括社区卫生服务中心、社区卫生服务站/全科医疗诊所、护理院、托老所、养老院、临终关怀院、病人家庭、功能社区即病人的单位等。全科医疗以社区为基础的照顾（community-based care）具有以下明显特征：在社区人群健康状况的大背景下，全科医生以病人个体化诊疗为主，同时关注社区人群的整体健康。全科医生作为一个临床医生的同时要具有群体照顾的观念。

在全科医疗实践中，全科医师遵循以社区为基础照顾的原则，具有以下好处：第一，有利于消除健康隐患，营造良好的社区环境。社区是由人、社会群体等细胞单元组成，会存在健康问题。全科医生通过对社区中影响人群健康的危险因素进行分析、诊断、干预，有助于提升社区的整体健康水平，减少人群患病的危险因素。第二，有利于充分利用社区资源，为社区居民提供综合性服务。全科医生长期工作在社区，对社区各方面可利用资源了如指掌。因此，对协调各类关系、整合力量十分有利，便于为社区居民提供满意的服务。第三，有利于提高基本医疗的针对性和全科医疗的整体水平。以社区为导向的基层医疗（community-oriented primary care，COPC）是以社区为基础的健康照顾的主要内容。即将以个人为单位、治疗为目的的基层医疗与以社区为单位、重视预防保健的社区医疗两者有机结合。例如，慢性阻塞性肺疾病的防治，就个体医疗照顾而言，要定期评估症状及肺功能，按

需或按时使用药物，根据个体气流受限程度及呼吸困难指数调整用药方案，同时对生活方式进行干预并对肺的康复进行指导。而对于社区医疗照顾而言，则通过戒烟宣传及健康处方等手段增加居民对疾病危害性的认识，早期筛查肺功能及早发现病人，针对高危人群实施流感疫苗及肺炎疫苗干预，利用社区资源建设肺康复的平台，增强社区对疾病的整体管理。

全科医生要真正掌握和实施以社区为基础的照顾还应理解和掌握社区卫生服务的相关技术和知识。首先，全科医生要着眼于提高社区全体居民的健康水平、主要健康问题/疾病流行特征和生活质量，不仅关心主动就诊的病人，也关心不常就诊的病人和从不就诊的健康人。此外，全科医生不仅要关心个人，也要关心家庭和社区，充分认识个人与家庭、社区的相互关系。主动服务于家庭和社区，维护家庭和社区的健康，从而更好维护和促进个人的健康。

四、以预防为导向的照顾

当今大多数疾病是慢性非传染性疾病，是可以预防的。在以疾病为中心的医疗服务模式下，医疗机构倾向于追求先进设备、过度检查和精确定位诊断，这使得医疗投入越来越多、分科越来越细、三甲医院就诊病人越来越多、应诊时间越来越短。在这种模式下，医生更多的是注重短时间内解决病人的现患疾病，无暇指导病人如何进行自我保健等预防性服务。而在全科医疗的以病人为中心的服务模式下，全科医生有充足的时间与病人接触，将预防性服务融入到病人每一次的诊疗过程中，因此，在提供预防性服务方面具有明显的优势。

以预防为导向的照顾（prevention-oriented care）重点在于对服务对象整体健康的促进与维护，即在其健康时、由健康向疾病转化过程中以及疾病发生早期就主动提供一级预防、二级预防和三级预防。因此，全科医生的服务对象除了病人之外还包括高危人群与健康人群，这也是它有别于一般临床医疗的最突出特点之一。

全科医生提供以预防为导向的照顾模式，主要包括以下六方面内容：

第一，利用每一次与病人及其家庭接触的机会，提供预防保健服务。全科医生立足于社区，是与社区居民接触最为频繁、对居民了解最多的人，每一次接触都是提供预防性服务的良机。此外，病人就诊过程中，全科医生不仅仅要处理其现患疾病，还要关注病人的整体健康情况，对其健康状况和危险因素进行全面检测与评估，针对病人的健康问题，制定整体疾病预防方案。

第二，将预防保健服务落实到日常医疗实践活动中。对于任何年龄、性别和疾病类型的病人，全科医生的服务计划都应包括顺延性和规划性的预防保健服务，并注重实施从生到死的“生命周期”保健，根据其服务对象在不同的生命周期中可能存在的危险因素和健康问题，针对性的提供一、二、三级预防。

第三，将以预防为导向的病历记录和健康档案作为病人健康照顾的基本工具。这一工具主要包括以下几方面内容：①疾病预防计划：根据病人的现患疾病，制订相应的预防计划，每次门诊病历记录中都要包括这一计划；②周期性健康检查表：根据病人的年龄、性别、危险因素等特征选择预防项目；③根据病人的家庭情况，建立基于病人家庭的周期性健康维护计划，一般在家访时进行；④建立针对人群的预防医学档案：一般根据具体的预防项目来设计，例如根据儿童免疫接种项目建立的儿童预防接种档案。此外，还有针对新生儿、孕妇、产妇、老年人等的预防项目。

第四，个人预防与群体预防结合。全科医生为个人及家庭提供服务时，当发现某一问题在社区也广泛存在并且有流行倾向时，就不要停留在对个人及家庭的预防上，而要在社区诊断的基础上，制定和实施社区预防计划，维护和促进社区健康。

第五，提供连续性、综合性、协调性、个体化的预防性服务。全科医生以人为中心、以家庭为单位、以社区为基础、以预防为导向，提供预防、治疗、保健、康复一体化服务，其中预防服务是核心内容，在整个生命周期的治疗、保健和康复中起主导作用。

第六，把提高全体居民的健康作为医疗服务的目标。全科医生是居民健康的“守门人”，其服务目标直接指向提高社区全体居民的健康水平，在社区层面上提供健康教育、健康促进等预防性服务，

从而减少慢性病的发生和加重，改善居民的生活质量。

五、连续性照顾

全科医学的临床服务是为签约病人提供从生到死、从健康到疾病再到疾病康复的全过程服务，有人将其归描述为“从摇篮到坟墓的服务”，这是全科医学区别于其他专业学科的主要特征之一。

全科医学的连续性照顾原则可以从以下几个角度来理解：①沿着人的生命周期中各个阶段提供照顾。从婚育咨询开始，经过孕期、产期、新生儿期、婴幼儿期、少儿期、青春期、中年期、老年期直至濒死期，都可覆盖在全科医疗服务之下；当病人去世后，全科医生还要顾及其家属居丧期的保健、乃至某些遗传危险因素的连续性关照问题。②沿疾病的周期（健康 - 疾病 - 康复）的各个阶段提供照顾。全科医疗对其服务对象负有一、二、三级预防的不间断责任，从健康促进、危险因素的监控，到疾病的早、中、晚各期的长期管理。③任何时间地点，无论何时何地，全科医生对其都负有连续性责任，要根据病人需要事先或随时提供服务。

连续性照顾（continuity of care）是全科医学区别于专科医疗的十分重要的原则。全科医生可通过一些特定的途径实现这种服务，其中包括：提供签约式服务，鼓励社区居民与全科医生签约，使得居民都有长期固定的全科医生；建立预约就诊制度，保证病人每次都能到自己的全科医生处就诊；建立慢性病随访制度，使全科医生对慢性病病人进行规范化管理，随时了解病人的疾病情况；建立 24 小时值班制度，保证病人随时能够在全科医疗机构得到诊疗；建立和管理健康档案，完整记录每个服务对象详细的健康或疾病资料并充分利用。

澳大利亚皇家全科医学会于 1981 年出版了指导性文件《全科 / 家庭医疗的范围》，其中特别强调了针对处在不同生命周期的服务对象，全科医生最常处理的生理问题和心理家庭社会问题（表 2-1）。

表 2-1　全科医生处理的沿生命周期的健康问题

生命周期	生理问题	心理、家庭和社会问题
结婚、妊娠前期	婚前咨询检查，性咨询，遗传咨询	婚姻指导，计划生育
妊娠期	意外的妊娠、流产、高危妊娠、产前疾病及其照顾，妊娠高血压病，贫血，Rh 血型不合，糖尿病，产前出血，胎位不正，引产术，产后出血，产后护理，乳房疾病	分娩和未来双亲的角色准备，母乳喂养，人工喂养
新生儿期（0～28 天）	新生儿复苏，新生儿评估，产伤，新生儿疾病，新生儿黄疸，溶血性疾病，幽门狭窄，泪管闭塞，结膜炎，早产儿，唐氏综合征	母婴关系，药物对新生儿的影响，胎儿窘迫综合征，新生儿护理，母亲疾病对新生儿的影响
婴儿期（29 天～1 岁）	呼吸道感染，先天性心脏病，婴儿猝死，生长低下，肠套叠，婴儿湿疹，婴儿腹泻，耳聋	心理和社会方面的正常发育，计划免疫，普查，为家长咨询营养、喂养问题，虐待问题
学龄前期（1～6 岁）	不明原因发热，病毒感染，疹病，过敏；胃肠炎；鼻腔异物，扁桃体肥大，腺样体肥大，扁桃体炎，呼吸道感染，哮喘；贫血，白血病；睾丸未降，疝气，阴囊水肿，睾丸扭转，肾肿瘤；皮肤疾病；耳部感染，听力障碍，耳道异物；斜视，弱视，视力障碍，失明；语言障碍，惊厥，脑膜炎，脑性瘫痪；行走障碍，膝内翻及外翻；事故，创伤，烧烫伤，中毒	发育评估，定期健康检查，健康教育和促进，预防保健；发育迟缓，智力低下，行为障碍，多动症；残疾儿童家长咨询，残疾儿童康复；临终儿童，孤儿，独生子女，患孤独症儿童；家庭意外的预防
学龄期（7～13 岁）	传染病，口腔疾病，肠道寄生虫病，阑尾炎，咽炎，扁桃体炎，呼吸道疾病，呼吸道异物；风湿热，心肌炎；白血病，出血性疾病；遗尿，泌尿系感染，输尿管倒流，肾炎，肾病；皮肤病，癫痫，偏头痛，抽搐和痉挛；骨软骨炎，扭伤，拉伤，骨折，软组织损伤	心理、社会适应方面的正常发育，健康教育和促进，预防保健，定期检查；营养和营养咨询；行为障碍，校内问题；恐学症，各种学习困难；少年犯罪，家庭内行为障碍，校内行为障碍，社区内帮助行为障碍 / 学习困难儿童的设施

续表

生命周期	生理问题	心理、家庭和社会问题
青春期（14～18岁）	肥胖症，青春期早熟，生理发育迟滞，体重不足，青少年糖尿病；甲肝，乙肝，囊虫病；鼻出血；闭经；痤疮和皮肤病，脊柱侧弯	心理和社会适应正常发育，健康教育，预防保健，定期检查；青春期卫生问题，行为障碍，人格障碍，吸毒，抑郁症，自杀企图，神经性厌食症；教育问题，考试压力性问题，性教育；心理危机及干预；家庭和青少年；患绝症的青少年；交通、体育事故预防；社区青少年问题，如酗酒、吸烟、吸毒等不良行为的教育
青年期（19～34岁）	过敏，药物不良反应；流感和病毒感染；寄生虫病；急性出血热；吸烟损伤；自身免疫性疾病；严重创伤，休克，复苏术；口腔疾病，溃疡病、胃炎，胃肠炎；食物中毒；功能性胃病，溃疡性结肠炎；结肠炎及大肠功能性疾病；疝；感冒，鼻炎，鼻窦炎，鼻中隔偏曲；耳咽管堵塞，咽炎，扁桃体炎，传染性单核细胞增多症，喉炎，支气管炎，肺炎，胸膜炎，哮喘，气道堵塞；高血压，风湿性心脏病，心肌缺血，雷诺病；贫血，霍奇金病，网状细胞增多症；尿路感染，肾盂肾炎，结石；肾绞痛，肾炎，肾病，肾损伤，男性生殖疾病，性传播疾病，妇科疾病，皮肤病，严重烧伤，整容与美容术，嵌甲，颅外伤，脑震荡，脑膜炎，运动损伤，拉伤，交通事故后多发性损伤，理疗，推拿	健康教育，定期检查，体育锻炼；愤怒、侵犯性、诱惑性、恐惧的病人；焦虑、紧张，压力及处理技巧；抑郁，疑病症，癔症，恐惧症，强迫症，心身疾病；急性酒精中毒，药物依赖及过量；人格障碍，心理治疗、精神病药物，不遵医病人，药物依赖与酗酒对家庭社区影响，家庭危机及其干预，失业影响；交通事故，劳动卫生，职业健康，事故预防，残疾康复，作业疗法，职业适应不良，环境问题，法律问题，性问题和性失调，婚姻、家庭、亲子问题，单亲家庭，高危家庭，家庭疗法
中年期（35～64岁）	中年期的衰老过程，营养咨询，维生素缺乏症，肥胖，糖尿病，甲状腺及甲状旁腺疾病，肾上腺疾病，其他内分泌病，电解质紊乱，脂代谢疾病，各种消化系统疾病，呼吸系统疾病，心肌缺血/心梗，高血压，心衰，心律不齐，心肌病，静脉疾患，血液系统病，泌尿生殖系统疾病，更年期综合征，男性不育，女性不孕，乳腺疾患，各系统肿瘤，慢性皮肤病，视力下降，视网膜脱落，其他眼疾，听力下降，耳聋，迷路及第8对脑神经疾病，脑血管意外，颅内占位病变，癫痫，偏头痛，周围神经病，重症肌无力，肌营养不良，骨关节病，颈椎病，椎间盘病变，慢性腰痛，坐骨神经痛，痛风，腱鞘炎及囊肿，滑膜炎，运动损伤，扭伤，骨折，畸形	健康教育和促进，预防保健，定期健康检查，营养，旅行建议；焦虑，抑郁，自杀情感，其他精神病，疑病症，药物依赖（包括镇痛与抗精神病药），酗酒，缺乏应对能力，精神病，性问题，心理危机及干预，家庭关系问题，“空巢”综合征，绝经期对家庭的影响，退休的准备，丧偶，社区内医源性疾病问题，对治疗不合作的问题
老年期（>65岁）	衰老过程，营养咨询，内分泌疾病，临终和死亡，终末期照顾，顽固性疼痛，胃癌，萎缩性胃炎，溃疡，吸收不良，胰腺癌，肠梗阻，慢性便秘，脱肛，肠癌，慢性呼吸功能不全，支气管扩张，肺栓塞，肺结核，老年人手术、麻醉及术后问题，动脉硬化症，高血压，肾衰，慢性心功能不全，肺心病，心律失常，心瓣膜病，体位性低血压，周围血管病，冻疮，贫血，前列腺肥大，尿潴留，尿失禁，睾丸癌，阴茎癌，乳腺癌，皮肤病，皮肤癌，睑内外翻，青光眼，白内障，泪管堵塞，目盲，耳聋，梅尼埃病，颅内占位病变，脑血管病，短暂性脑缺血发作，记忆力减退，帕金森病，三叉神经痛，面瘫，带状疱疹，骨关节病，骨质疏松，运动疾病，骨折	健康教育和促进，预防保健，定期健康检查，营养问题，急性脑综合征，精神紊乱，老年性痴呆，老年性精神病，老年性情感障碍，睡眠障碍，老年人的护理，由独生子女照顾的老年人，老年人与儿媳或女婿的关系问题，家庭及养老院护理的问题，独立感的保留，无聊感和无用感的预防；帮助老人的社区服务，老年人谨慎用药的问题

六、综合性的照顾

病人面临的健康问题往往不是单一的，既可以包括急性问题，又包括慢性问题；既包括生理方面的问题，又涵盖心理、社会方面的问题；既可以是单器官受损，又可以涉及多器官。因此，病人需要的服务通常是整体性的，这就要求全科医生要把病人看作一个整体，全面了解病人的基础上，提供综合性照顾。

综合性照顾（comprehensive care）是全科医学学科"全方位"或"立体性"的重要体现。即：就服务对象而言，不分年龄、性别和病患类型；就服务内容而言，涵盖医疗、预防、康复和健康促进各个方面；就服务层面而言，涉及生理、心理和社会文化各个层面；就服务范围而言，包括个人、家庭与社区，要照顾社区中所有的单位、家庭与个人，无论其在种族、社会文化背景、经济情况和居住环境等方面有何不同；就服务手段而言，可利用对服务对象有利的各种方式为其提供服务，包括现代医学、传统医学或替代医学（alternative medicine）。因此全科医疗服务又被称为一体化服务（integrated care）。

七、可及性照顾

全科医疗是可及的、方便的基层医疗服务。全科医疗的可及性照顾（accessible care）是全科医疗服务的一个重要评价指标，它体现在地理上的接近、使用上的方便、关系上的亲切、结果上的有效以及价格上的便宜等一系列特点。任何地区建立全科医疗试点时，都应考虑到当地居民的可及性，使绝大部基层百姓能够感受到这种服务是属于其自身可以利用，并值得充分利用的服务。事实上，由于医患双方的亲近与熟悉，全科医生在诊疗中可以大大减少不必要的化验与辅助检查，从而获得比一般专科医疗更好的成本效益。

全科医生一直向病人敞开大门，不会拒绝任何病人，永远是病人的第一求助者。全科医生擅于正确处理病人可能发生的常见病、多发病问题（约占 80% 的问题），这意味着社区居民就医时，总是能够及时得到全科医生的服务。可及性服务还包括方便的设施、可靠的医疗、稳定的关系、有效的预约、非工作时间的值班服务、病情上的熟悉等等。判断全科医疗服务是否具有可及性，一般包括以下 5 个方面的指标（表 2-2）。

表 2-2　全科医疗可及性服务指标

一级指标	二级指标
地域可及性	医疗机构服务半径、人口、质量和能力 医疗机构技术配备、水平和服务态度
人员可及性	每千人口医生数、护士数和床位数 居民经济水平和医疗负担 居民因病应就诊（住院）未就诊率（住院） 到医疗点最短距离和最少时间
经济可及性	合理使用医保费用 医保门诊次均费 医保门诊复诊率 医保住院日均费
需求可及性	社区居民对医疗机构的评分 社区居民对医疗求助的满意率 政府对社区卫生服务满意情况 卫生人员对社区卫生服务满意情况
设施可及性	基本措施的配备率 医疗关系的维持率 预约系统的有效率

八、协调性照顾

协调性照顾（coordinated care）是指针对病人的要求而对保健服务进行的调整、组合过程。协调性照顾需要全科医生关注病人健康需求的各个方面，包括协调性的提供预防性服务、健康监护、健康促进和健康教育服务。

为实现对服务对象的全方位、全过程服务，全科医生作为中间的协调人，是动员各级各类资源服务于病人及其家庭的枢纽。全科医生掌握各类专科医疗的信息和转诊、会诊专家的名单，病人需要时可为其提供全过程"无缝式"的转诊会诊服务；全科医生熟悉社区的健康资源，如社区管理人员、健康促进协会、病人小组、志愿者队伍、托幼托老机构、营养食堂、护工队伍等，必要时可为病人联系有效的社区支持；他还熟悉病人及其家庭，对家庭资源的把握与利用是全科医生不可缺少的基本功。上述各种健康资源的协调和利用使得全科医生能够胜任其服务对象的"健康代理人"角色。

此外，全科医生不仅被称为医疗保健系统的协调者及责任人，也是病人及其家庭需要的各种医疗保健服务的医疗管家，全科医生通过统一协调各类人员，组织有效的医疗服务团队，按照病人及其家庭的需求提供放心的服务。

九、以团队合作为基础

团队合作（team work）指的是一群有能力、有信念的人在特定的团队中，为了一个共同的目标凝聚在一起，相互支持、奋力合作的过程。它可以调动团队成员的所有智慧与能力，减少甚至驱除所有不和谐和不公正的现象，回报给大公无私的奉献者以适当的利益。

全科医疗服务的综合性、持续性和协调性等特征，仅靠全科医生孤军奋战不可能实现，需要以团队合作的方式来完成。在各国的全科医疗服务中都存在着团队合作的工作模式。全科医疗团队以全科医生为核心，在社区护士与公共卫生医师、营养师、心理医生、健康管理师、康复师、其他专科医师、甚至社区志愿者等的配合下，一起为服务对象提供立体网络式健康维护和疾病管理，这对推进社区居民健康具有重要作用。此外，在基层医疗与各级各类医疗保健网之间，也存在着双向转诊和继续医学教育的团队合作关系。因此，全科医生要将自己作为卫生保健系统中的重要组成部分，善于运用人际交往技术，与社区内外各类人员建立有效的合作关系，协调和调动各类可利用的医疗资源和非医疗资源，参与全面的卫生服务。

第二节　全科医学的人文精神

一、人文精神与医学人文精神

（一）人文精神

人文主要指人类的精神文化，它是包括知识、信仰、艺术、道德、法律、习俗，以及个人作为社会成员获得的任何能力和习惯在内的一种综合体。人文科学是一门与社会科学既有联系又有区别的学科，研究的是人的观念、精神、情感和价值观。

人文精神（humanistic spirit）是人之所以为人的一种理性觉识、理论阐释和实践规范，包括对人的立身处世的现实规范、对人的精神和价值追求的理论提升，是人类以文明之道化成天下的生命大智慧，是文明社会中人的理性精神的基石，也是高科技时代的精神支柱。从历时性上说，人文精神应该是对人类的文明传统和文化教养的认同和珍视，是对人的现实存在的思考、对人的价值、生存意义和生活质量的关注，对他人、对社会、对人类进步事业的投入与奉献；是对人类未来命运与归宿、痛苦与解脱、幸福与追求的思考与探索，是对个人发展和人类走势的殷切关注，是在历史的逻辑与生命的逻辑相一致的广大视野中，用健全而又深邃的理性之光去烛照人的终极价值的人生态度。从共时性上说，人文精神是在科技 - 人 - 社会 - 自然这个大系统中体现出来的人之为人的素质和品格，表现

为对于真、善、美的自觉体认和永恒追求，对社会境况的世俗关怀和德化天下的人文关怀，注意人与自然的协调与共处，反对技术主义对自然资源和自然环境的戕害，创造人类的生态文明，保护人类的生存家园，为健全的精神奠定良好的自然基础。

人文精神的内涵是尊重人的价值和人格，实现人性解放与人生价值的体现，充分调动人的内在潜能与积极性。人文精神的本质是以人为中心，以人自身的全面发展为终极目标。它提倡把人的地位、尊严、价值、权利及自由与发展放在首位加以关怀；提倡对人的理解和关心、保护个人权益和以人为中心的道德观和价值观；人文精神更注重人与人、人与自然、人与社会多种关系的协调，尊重人生命的完整性。

（二）医学人文精神

医学是认识、维护和促进人类健康，预防和治疗疾病，促进机体康复的科学知识体系和实践活动，它不仅涉及人体的物质、结构及生理，同时与人的精神、心理、社会等因素息息相关。医学的终极目的是通过防治疾病、促进健康而使人获得幸福。这说明医学本身内在具有人文成分和人文追求。

医学人文精神（humanistic spirit of medicine）是医务人员的一种职业理性知觉，它不仅包括对医务人员的立身从业的现实规范，也包括医务人员对自身医学精神和医学价值追求的理性提升。医学人文精神的基本内涵是对人的生命质量、生命价值和健康与幸福的关注，是对人的身心健康与自然、社会之间的和谐互动和可持续性发展的关注。关爱生命是医学人文精神的核心。

现代医学人文精神是现代条件下医务人员从事医疗事业的精神支柱。从医学高技术与人的角度来看，现代医学人文精神表现为医疗技术对于真善美的自觉认识和永恒追求。我们不但要重视医学高技术对社会境况的世俗关怀，更要关注其德化天下的人文关怀。现代医学人文精神还是医务人员对人的现实存在的思考和未来命运的殷切关注，在对事关人类未来命运与归宿问题上，应该采取科学的、理性的态度。现代医学技术的发展需要现代医学人文精神的重塑，需要坚持医学技术进步与医务人员道德健全相一致的原则，在解除病人身体疾病痛苦的同时，也关心他们心理感受，以人为本，满足病人心理需求，促进其全面健康。

（三）现代医学精神是科学精神与人文精神的统一

科学精神就是指由科学性质所决定并贯穿于科学活动之中的基本精神状态和思维方式，是体现在科学知识中的思想或理念。科学精神包括探索求知的理性精神、实验验证的求实精神、批判创新的进取精神、互助协作的合作精神、自由竞争的宽容精神等。这些精神体现在科学生产中，是科学认识活动主体的内在的精神要素，受制于科学认识活动规律。科学精神是人类文明的崇高精神，客观唯实、追求真理是它的首要要求。医学科学精神是科学精神在医疗卫生实践中的应用与体现，强调的是客观、精益求精和实用。

医学与人文社会科学有着密切的关系，是科学文化与人文文化的统一，而不是一门与社会和人文无关的、纯粹的自然科学。医学科学精神与医学人文精神是人类医学必不可少的内在组成部分，也是人类医学实践的不可或缺的精神动力。如果说科学精神赋予了医学以创新的生命力，那么，人文精神则赋予了医学创新所必需的深厚的文化土壤和道德基础。只有两者的整合融通才能真正实现人类社会的真、善、美。医学人文精神为现代医学的发展指明了方向，现代医学科学只有在医学人文精神的指导下，才能摆脱医学技术主义的诱惑，肩负起人类赋予的神圣使命，两者的融通才是现代医学发展之未来。

二、医学模式的转变与医学人文精神

（一）医学模式

医学模式（medical model）是人类在医学科学的发展过程中和医疗服务实践中形成的医学观，是在与疾病抗争和认识生命自身的过程中得出的对医学总体的认识。这种高度概括和抽象的思维观念既表达了人们对医学总体特征的认识程度，又是指导医学实践的基本观点。医学模式归属于自然辩

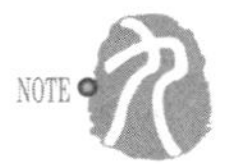

证法的研究领域，即人们按照唯物论和辩证法的观点与方法观察、分析和处理人类的疾病和健康问题，从而形成对疾病和健康问题的科学观。科学的医学观是医学模式的核心内容，它运用科学发展的观点研究医学的属性、功能、结构和发展规律。

（二）医学模式的转变

社会的进步和科学的发展推动了医学的进步，同时形成了与之相适应的医学模式。随着医学社会化进程加速和医学科学的进步，医学模式已经经历了很多次转变。迄今为止，人类医学模式的发展和变化主要经历了神灵主义的医学模式（spiritualism medical model）、自然哲学医学模式（natural philosophical medical model）、机械论医学模式（mechanistic medical model）、生物医学模式（biomedical model）等。

由于医学发展的社会化、疾病谱和死因谱的转变、人们对健康需求普遍提高、健康影响因素多元化等原因，医学模式已经不再单一的从生物学角度去观察和处理医学问题，生物医学模式逐渐转变为从生物、心理和社会角度综合观察和处理医学问题的现代医学模式，即生物 - 心理 - 社会医学模式（bio-psycho-social medical model）。这次医学模式的转变，势必将触动医学领域的又一次重大观念的变革，对于认识和理解个体医学与群体医学的关系、生物医学与社会医学的关系、微观医学与宏观医学的关系、临床医学与预防医学的关系、防治疾病与促进健康的关系以及医学进步与社会发展的关系，都具有重大作用。

（三）生物医学模式与人文精神的缺失

1. 生物医学模式的概念 生物医学模式是建立在生物科学的基础之上，反映病因、宿主和自然环境变化规律的医学观和方法论。生物医学模式认为每种疾病都必须而且可以在器官、组织、细胞或分子水平上找到可以测量的形态学变化，可以确定生物的和理化的特定病因。它认为医学的作用就是通过精密的技术来测量这些病因。19 世纪 40 年代，霍乱、伤寒等传染病的流行，促使法国化学家巴斯德（Louis Pasteur，1822—1895）和德国细菌学家科赫（Robert Koch，1843—1910）在细菌学方面进行了开创性研究，奠定了疾病的细菌学病因理论基础。德国病理学家魏尔啸（Rudolf Virchow，1821—1902）细胞病理学说的创立，使人们对疾病的认识进入了细胞水平阶段。与此同时，生理学、生物学、解剖学、组织学、胚胎学、生物化学、免疫学、病理学与遗传学等基础医学相继问世，以及后来的分子生物学的诞生，为解决临床医学和预防医学的重大难题提供了科学基础，推动了整个医学由经验走向科学。

人们对机体的变化和生命现象以及对健康和疾病的认识形成了新的概念。即，健康需要维持宿主、环境和病原体三者之间的动态平衡。一旦平衡遭到破坏，即发生疾病。这种运用维持生态平衡概念解释传染病、寄生虫病发生发展规律的观念称为生物医学模式。生物医学模式是从纯生物学观点考虑生态平衡，病因是微生物或寄生虫，宿主是人或动物，环境仅局限于自然环境。

生物医学模式奠定了实验医学的基础，不仅促进了对人体生理活动及疾病的定量研究，而且推动了特异性诊断和治疗的发展。在这种医学模式下，传染病得到了控制，病人死亡率下降，人类相继克服了临床手术中的感染、疼痛和失血三大难关，手术成功率大大提高。在疾病预防领域采用杀菌灭虫、预防接种和抗菌药物三大武器，取得了卫生革命的第一次伟大胜利。

2. 生物医学模式下人文精神的缺失 在医学科学发展进程中，生物医学模式在很长的一段历史时期发挥着重要作用，做出了不可磨灭的贡献。然而，20 世纪以来，随着人口结构、疾病谱、自然环境和社会环境的变化，导致心理、行为习惯、生活方式以及社会因素对健康和疾病的影响增加，生物医学模式的缺陷日益显现出来。

首先，生物医学模式只承认人的生物属性，而忽视了人的社会属性。随着科学技术的发展和生产力的提高，人们的生活方式、人际交往和生活节奏发生了许多变化。这些社会因素对人体健康的影响越来越突出。另外，人类疾病谱和死亡谱发生了转变，现在威胁人类健康的主要疾病已经不再是传染性疾病、寄生虫病、营养不良等，而被心理、社会因素有关的疾病所取代。然而，医生仍然把

人作为一个生物体来对待，认为疾病是细胞或分子结构的异常，死亡仅仅是分子的瓦解，对人的情感、思想以及各种社会心理因素却漠不关心，殊不知这些因素与人的疾病转归和身心健康有着密切关系。

其次，生物医学模式忽视了人的整体性。人是一个整体，人体的各部分器官和组织，都是紧密相连、互相影响的。然而，随着临床医学分科的细化，形成了一个医生只看自己学科内的系统或器官疾病。病人被简化为因某一部位的病变或损伤而需要修理或更换零部件的机器。病人的疾病被分解为病因、病原、症状、体征等单个的词素，病人的痛苦被转化为检验学上的数据和影像图片中的信息，一个整体的病人被现代医学的诊疗模式和程序所分割，现代医学演变为“系统或器官主导型医学”，而忽视了人的整体性。

再次，生物医学模式造成技术至善主义。与20世纪以前以规范化照顾为主的医学不同，现代化医院里装备了各种高精尖的诊疗仪器和设备。医生们凭借这些仪器设备能准确、动态、自动地诊断、分析疾病原因和机体的功能变化。肾透析机、心肺机、起搏器、人工脏器等治疗仪器在临床治疗中也发挥着重要作用。医生的注意力从关注病人被吸引到寻找致病原因、分析异常值、发现细胞或分子结构和功能的变化上。医生相信技术决定一切，花大量时间去钻研技术，熟悉仪器设备，却极少有时间去考虑与病人进行思想感情的沟通。

此外，生物医学模式带来了物质化倾向。生物医学模式促进了技术至善主义的形成，而张扬技术至善主义的潜在动力是追求更大的经济利益。市场化驱使人们不断追逐物质利益，就必然对最具人文精神的医学领域带来巨大冲击，从而导致追求更大的经济利益成为医疗服务的潜在动力，医疗行为的许多方面和环节中都表现出了物质化倾向。医疗服务更多地关注经济利益，必然会削弱对病人的人文关怀。在某些医务人员手中现代医学成为“利益或市场主导型”医学。

（四）生物-心理-社会医学模式医学人文精神的回归

1. 生物-心理-社会医学模式的概念　1977年，生物-心理-社会医学模式由美国罗切斯特大学精神病学和内科学教授恩格尔（Engel）提出，又称“恩格尔模式”。恩格尔指出“为了理解疾病的决定因素，达到合理的治疗和卫生保健目的，医学模式必须考虑到病人、病人生活的环境以及由社会设计来对付疾病的破坏作用的补充系统，即医生的作用和医疗保健制度。”这就是说，人们对健康和疾病的了解不仅包括对疾病的生理（生物因素）解释，还要包括了病人（心理因素）、所处的环境（自然和社会因素）以及医疗保健体系。

2. 生物-心理-社会医学模式对医学、卫生事业和医学教育的影响　生物心理社会医学模式确立了社会心理因素的重要地位。这一模式确立了社会因素对健康的决定性影响，并肯定了心理行为与健康的密切关系。医学社会化、多学科融合兼收并蓄，使广大医务人员应用大卫生观点指导医疗实践，医学获得了前所未有的发展，卫生事业取得了史无前例的成就。生物心理社会模式对医学、卫生事业和医学教育均具有重要影响。

（1）对临床工作的影响：临床医学要求医生了解疾病的同时，应从病人的社会背景和心理状态出发，对病人所患的疾病进行全面分析和诊断，从而制订有效的、全面的治疗策略。生物-心理-社会医学模式下，临床医生正在逐步摆脱纯粹生物医学的思维方式，正在改变过去“只见疾病、不见病人，头痛医头、脚痛医脚，只治疾病而不治病人，不关心病人周围环境”的倾向。

（2）对预防工作的影响：生物心理社会医学模式强调预防保健工作要注重生物、物理、化学等自然环境因素的作用，同时，更不能忽视不良心理、行为以及社会因素对人群健康的影响。行为医学在预防医学领域得到充分发展便是一个突出的实例。为进一步提高预防工作效果，现代医学模式要求预防医学从生物病因为主导的思维模式扩大到生物心理社会的综合预防策略和措施。

（3）对卫生服务的影响：生物心理社会医学模式对卫生服务的影响可归纳为“四个扩大”。

1）从治疗服务扩大到预防保健服务：随着社会发展和疾病谱的变化，影响疾病的因素已经从单纯的生物病因转向多元化的社会、心理和行为因素。因此，必须采取综合性预防保健策略，如合理膳

食、适当运动、保持心理健康等，取得比单纯治疗更加积极的效果。在提供预防保健服务方面应倡导三级预防的理念，即，一级预防（病因预防）、二级预防（早发现病人）、三级预防（防止疾病引起伤残和劳动能力丧失）。近来有学者提倡四级预防，即在病因预防前增加社会预防的内容，例如，采取增加资源投入、培训人员和加强计划评价等主动积极的预防措施。

2）从生理服务扩大到心理服务：现代医学模式在强调生理服务重要性的条件下，特别注重心理、社会服务。心理服务在健康服务中十分重要。咨询、安慰和调适等都能对恢复健康有重要作用。医务人员，特别是全科医生应在新的医学模式指导下，掌握心理学的基本知识，为社区居民提供全方位服务。

3）从医院内服务扩大到社区服务：服务模式从医生在医院内坐等病人上门求医转变为医生走出医院。深入社区为广大居民服务是现代医学模式不断发展的结果。全科医学和社区服务正是适应了这种医学模式转变的要求。全科医生以社区为基础，向固定居民提供"六位一体"服务，即融医疗、预防、保健、康复、健康教育和计划生育技术指导于一体的连续性综合服务。医院等级划分开始淡化，逐步转向医疗中心和社区卫生服务中心。社区卫生服务中心按照"以人为中心，以家庭为单位，以社区为基础"的原则，向老年人、妇女、儿童和残疾人等重点人群提供卫生服务。发展社区卫生服务中心已经成为卫生改革中的重中之重。

4）从医疗技术服务扩大到社会服务：在生物心理社会医学模式框架下，单纯的技术服务已不能满足广大人民群众日益增长的健康需求。社会心理服务凸显出它的重要性。许多医疗机构开始开展老年保健上门服务、心理咨询和行为指导、饮食指导等服务项目，深受广大群众的欢迎。

（4）对医学教育的影响：在医学教育方面，生物 - 心理 - 社会医学模式为医学教育的改革提供了依据。医学院校建立了一系列社会科学、经济学和行为心理科学等学科，这些学科与传统的基础医学、临床医学与预防医学融会贯通，形成了多学科交叉态势。

三、医务人员的基本素质

（一）医务人员的人文素质

人文素质是指知识、能力、观念、情感、意志等多方面因素综合而成的一个人的内在品质，表现为一个人的人格、气质、修养。人文素质修养，是通过学习、实践与感悟等，使人类优秀的文化成果内化为自身的人格、气质和修养，从而成为维系社会生存和发展的重要因素。人文素质对于专业素质、身心素质、道德素质的养成和提高具有很大的影响和很强的渗透力。

医学人文素质修养是人文素质修养的一个分支，其在包含人文素质修养共性的同时，由于独特的关注视角具有鲜明的特色。医学人文素质的内涵集中体现在对病人的生命和健康、权利和需求、人格和尊严的关心、关怀和尊重。医务人员不仅与疾病打交道，而且和人打交道。医务人员如果没有较高的人文素质，难以想象他会具有高尚的思想道德境界和人生追求，也很难想象他的业务水平和专业技能会得到充分发挥和更快的提高。因此，医务人员在学习医学理论知识和技能、技巧的同时，还要学习人文知识，培养人文精神。中外有识之士一致呼吁，人文精神是人类不能失落的精神家园，人文素质是 21 世纪劳动者必备的素质和修养。医务人员更应提高文化素质，通过学习文、史、哲、艺术等人文社会科学知识，提高自己的人文素质。

1. 宽厚、广博的科学文化知识 科学文化基础知识是成才的基础，许多事业成功的科学家都具备深厚、广博的基础知识。如 DNA 结构的发现者沃森和克里克具有坚实的物理学、数学基础；卫生学奠基人彼腾科费尔（M. Pettkofer）具有良好的化学素养并通晓物理学和化学研究方法。全科医学涉及的知识面更为广泛，涵盖临床医学、预防医学、人文科学、心理学、社会学、康复医学等学科。因此，全科医生更需要具备广博的科学文化知识，学会主动适应现代医学发展的需要，全方位提高自己的服务能力。

2. 传统和近现代文化修养 医务人员必须要善于学习和吸收民族优秀的文化传统，学习和借鉴

世界各国文化的优秀成果，培养深厚的人文知识功底。我国传统文化非常重视提高自身文化修养。儒家代表作之一《大学》中明确提出“自天子以至庶人以修身为本，欲修其身，先正其心；欲正其心，先诚其意；欲诚其意，先致其知；致知在格物”。受此文化的影响，我国古代的名医都把文化修养放在比技术学习更重要的位置。

此外，医务人员提高文化修养，不能把视野仅局限在我国民族文化上，还应该放眼世界，了解近现代西方文化的发展史，学习西方科学的理性精神和人文精神。西方文化发展到现代，越来越重视人本主义精神，如萨特存在主义学说关于主体的自由和责任思想，马斯洛关于人的需要层次论的观点，兰德曼、本尼迪克等关于文化在人们的创造中的作用的观点等。

3. 哲学修养　哲学是关于世界观和方法论的学问。任何一个医学家或发明家在从事科学活动的时候，都是以一定的思想、文化为背景的，其中世界观和方法论起着非常重要的作用。医学是自然科学与人文社会科学交叉结合的综合性学科。用辩证唯物主义的世界观和方法论指导全部医学活动，是我国医务人员的重要修养。医务人员面对的是病人，要想对病人作出正确的诊断和治疗决策，不但要掌握丰富的专业知识，而且需要具备多维的思维方法和较强的思维能力。学习和领会唯物辩证法的基本观点和方法，不仅能够加强思想修养、提高文化素质，而且可以培养和提高临床思维能力。哲学素养是个人素质的灵魂，具备良好的哲学素养，有利于医务人员透过纷繁复杂的现象看清隐藏在后面的客观规律和本质，而这种洞察力是医学科学进步的关键，也是做好医疗工作的关键。

4. 审美修养　审美修养既与德、智、体等素质有着密切的关系，又有着自身的独特功能，它主要是通过对美的欣赏，来打动人的感情、净化人的心灵、启迪人的智慧、陶冶人的情操，培养和谐发展的个性。审美对医务人员也同样会产生积极作用。医务人员可以通过提高自身审美修养，实现人与社会、人与自然、感性与理性的和谐统一，从而创造和谐有序的生活。广大医务人员可以通过养成广泛而健康的审美兴趣，培养健康的审美心态，提高审美能力等方面提高自身的审美。

5. 时代精神和现代意识　《公民道德建设实施纲要》提出“在全社会大力宣传和弘扬解放思想、实事求是、与时俱进、勇于创新、知难而进、一往无前、艰苦奋斗、务求实效、淡泊名利、无私奉献的时代精神”。医务人员必须紧跟时代潮流，强化时代精神，坚持与时俱进、完善自我、发展自我，才能不落伍、不掉队。

（二）医务人员的思想道德素质

良好的思想道德素质是医务人员整体素质的基础。优秀的医务人员不仅要掌握精湛的专业知识和技能，而且要具有高尚的思想道德素质。具备了良好的思想道德素质，就会积极主动地去解除人们的病痛，尽最大努力提高自己的业务水平，更好的促进病人健康。因此，对医务人员的道德品质的要求并不亚于对其医疗技术水平的要求。道德是有层次的，医务人员的道德品质应是高层次的，既包括高尚的公民道德，又包括良好的职业道德。

1. 高尚的公民道德　社会主义道德建设要坚持以为人民服务为核心，以集体主义为原则，以爱祖国、爱人民、爱劳动、爱科学、爱社会主义为基本要求，以社会公德、职业道德、家庭美德为着力点。中共中央颁布的《公民道德建设实施纲要》提出了“爱国守法、明礼诚信、团结友善、勤俭自强、敬业奉献”的公民基本道德规范。医务人员要同所有公民一样，遵守公民道德。要提倡和发扬集体主义精神，尊重人、关心人，热爱集体、热爱公益，扶贫帮困，为人民、为社会多做实事，反对和抵制拜金主义、享乐主义、个人主义。

2. 良好的职业道德　首先，坚持全心全意为人民身心健康服务的理念。医务人员应当坚持“救死扶伤，实行革命人道主义，全心全意为人民身心健康服务”的医德原则，以病人的生命和健康利益为重，急病人之所急，想病人之所想，帮病人之所需，为病人之所求，不图名利，不计报酬，全心全意为人民的身心健康服务。

其次，要有高度的责任感。医务人员应该牢记自己的职责：解除病人病痛，保障人民身心健康。在为病人诊治疾病过程中，要小心谨慎、极端负责、一丝不苟，使病人得到及时、正确的治疗。医务

人员还要树立起责任感，自觉把病人的健康和利益放在第一位，把抢救病人视为神圣的使命和义不容辞的光荣职责，能自觉自愿地、无条件地奉献出自己的全部。

第三，要有爱心和同情心。一个人只有拥有爱心和同情心，才能竭尽全力地去帮助他人。古人把医学称为“仁学”，把医者之心称为“父母心”，认为医务人员应该具有爱心和同情心。在诊疗过程中，医务人员要关心、同情病人的痛苦、处境和命运，时时、事事、处处把解除病人的痛苦和维护病人的利益放在第一位。医务人员的爱心和同情心是建立和维护良好医患关系的基础。

第四，培育“慎独”境界，医务人员在医疗活动中要想到这是自己的职业，是应尽之责，要正确处理好义与利的关系，时刻把维护病人的健康和利益放到第一位，设身处地地为病人着想。只要能设身处地地为病人着想，形成“慎独”境界，就会成为一名高尚的临床医生。

（三）医务人员的社会适应能力

医疗卫生服务社会化从客观上要求医务人员必须具有较强的社会适应能力。在知识经济时代和信息时代，在社会变革不断深化，人民群众医疗卫生服务需求日益增长的新形势下，对医务人员的社会适应能力也提出了更高的要求。

1. 树立终身学习观念 终身教育和终身学习的理念已不仅仅是新的教育理念，而正在转化为新的教育制度、新的人才发展战略、新的人才培养模式。树立终身学习理念，把学习贯穿于自己的一生，使学习从单纯的求知谋生发展成为人们自觉自愿的生活方式和提升生命价值的过程。美国医学院协会医学信息学专家组将医生定义为五种角色，即终身学习者、临床医生、教育者、研究者和管理者。

2. 学习社会科学知识 随着医学模式是的转变，医务人员不仅仅关注的生理健康问题，同时要关注病人的社会、心理等当面的问题，这对医务人员的知识面和社会科学知识的含量提出了新的要求。医务人员在缓解病人当前的病痛的同时，要向其灌输防病治病的观念，教给病人预防保健、康复方面的知识和方法。因此，医务人员不仅要学好专业知识，还要充分掌握各方面的知识和技能，特别是哲学、社会科学、心理学方面的知识，这样才能开阔视野，拓宽思路，更好地为病人服务。

3. 培养社会适应能力

（1）获取信息的能力：现代社会已经进入信息化时代，通过获取信息并将其消化，得到新的知识加以实践是创造价值的过程。医疗实践和卫生系统管理有赖于源源不断的知识和信息，计算机和通讯技术的不断发展和进步对信息分析和管理提供了有效的工具和手段。医学工作者必须理解信息技术和知识处理的优势与局限性，并能够在解决医疗问题和决策过程中合理应用这些信息技术，迅速准确地获得有效信息，及时地提供卫生保健服务。

（2）调适应变能力：调节应变能力是当代人应当具有的基本能力之一，它需要我们从社会的实际需要出发，按照自己的特长，选择主攻方向，精益求精、触类旁通、全面发展。医务人员应该能够随着客观情况和社会需要的变动，及时地作出反应，改变医疗卫生服务的方向和种类。面对医学模式的转变，医疗服务方式的改进，医务人员应加强自身修养，在变动中辨明方向，持之以恒。

（3）知识更新能力：在世界新技术革命浪潮的推动下，医学科学技术正以空前的规模和速度向前发展。新的理论不断产生，新的知识层出不穷，新的技术突飞猛进。新药、新剂型、新工艺、新材料、新仪器、新设备、新细菌、新病毒等新的医学人体不断涌现。医务人员必须站在学科的最前沿，时刻注重把握本专业的发展现状和未来发展趋势，严谨求实、奋发进取、钻研医术、精益求精，不断地更新医学知识和技术，提高服务水平。

（4）动手实践能力：医务工作本身就是实践性很强的工作。医学实践不仅指临床实习，还包括基础课实验、人体解剖、临床见习等学习实践。实践学习过程中医学生需要面对的实践对象或物或是人，其中涉及医学伦理、人际沟通、医德培养等多个医学人文培育着力点。医学学习的目的是为将来的医学 - 实践服务的，应学习并掌握新的医学技术和能力，始终站在时代和学科的前沿。

（5）科学思维能力：良好的医疗实践需要科学的思维能力和使用科学方法的能力。训练开放性、

主体化、层次化、网络化的思维能力，强调思维的精确性和敏捷性。在整个医疗过程中，要以十分严谨的科学态度和高度负责的精神，做到细致周密、一丝不苟、精心操作。

（6）社会交往和人际沟通能力：未来社会是新型合作与协作时代，也是发挥集体智慧的时代。在竞争中掌握协调与合作的艺术，有利于尽快适应工作环境，妥善处理各种人际关系，赢得他人的支持和理解；有利于发挥自身优势，在社会中建立广泛联系，搞好合作，在竞争中求发展，在发展中求生存。

生物-心理-社会医学模式的建立，给医务人员提出了更高的要求。为适应时代的发展，医务人员不但要有扎实的医学理论知识、精湛的医术和丰富的边缘学科知识，还要具备良好的医患沟通能力。医患沟通是医患关系的重要组成部分。有效的医患沟通有利于医务人员了解和掌握病人的身心问题，采取积极有效的应对措施，与病人共同战胜病魔并抚慰病人的心灵创伤。医务人员在医疗过程中，应做到以病人为中心，认真倾听、体会病人的诉说，理解病人的真正意图；掌控沟通语言表达要领，力争与病人的沟通充分而有效，通过语言、行为沟通实现医患双方的共同目标。

（7）管理能力包括决策、计划、组织、指导、监督和评价的能力：全科医生作为团队的核心人员，要具备管理和协调的能力。对卫生保健系统的管理做到有效果、有效率。在医疗实践中不断充实、完善自己，提高自身层次，以适应时代和社会的需要，为社会的进步和人类卫生事业的发展作出贡献。

在各国的全科医学专业训练项目中，均将加强培养社区常见病的临床诊疗能力和长期提供综合性照顾的能力、预防保健能力、服务管理能力等全科医疗服务能力，与加强医学人文素养、人际沟通与交往的能力等放在同等重要的位置，要求全科医生在其临床服务中能够更好地履行全科医学的基本原则，体现全科医学这一临床专业学科服务的科学性和以人为中心照顾的高度人文关怀特征。全科医生在其工作实践中也能深刻地领会该全科医学学科在国家卫生保健体系中的重要作用和自身的职业之价值。

思考题

1. 如何理解以人为中心照顾的基本原则？
2. 如何理解全科医学连续性照顾的原则？
3. 从全科医学基本原则出发，谈谈全科医学服务应具备的特点。
4. 医学人文精神对全科医生更好地贯彻全科医学基本的意义。

（路孝琴）

第三章　以人为中心的健康照顾

学习提要

- 全科医学和全科医疗的基本特征之一是以人为中心的健康照顾，这就要求全科医生采用生物-心理-社会医学模式来开展全科的医疗、预防、保健、康复等卫生服务工作。
- 在诊疗工作中，全科医生首先要确认和解决病人的现患问题，同时对其健康问题进行管理，并为病人及其家庭提供疾病预防和健康促进的建议。
- 全科医生在开展卫生服务工作时应了解就诊者的健康信念，从而更好地维护和改善病人的健康。
- 全科医疗以人为中心的健康照顾，或称之为以人为本的健康照顾，与专科医疗以疾病为中心的照顾有着本质的区别。

第一节　病人与疾病——两个不同的关注中心

一、医生的关注中心

【案例一】 男性，52岁，工人。高血压病史10余年，服用2种降压药物，但服药不规律，血压控制在150/90mmHg左右。吸烟20支/天。近1年来出现过数次胸闷、心前区不适，至三甲医院门诊和急诊就诊。心电图示ST段压低，T波倒置，提示心肌缺血。心脏超声检查示左室壁增厚。心脏专科医生诊断为冠状动脉粥样硬化性心脏病，予硝酸甘油、阿司匹林和丹参等药物治疗。近半年来胸闷发作次数增多，血压也上升至160/95mmHg左右。心脏专科医生建议病人住院行冠状动脉造影，如冠状动脉有狭窄需要放置支架，并增加1种降压药物。病人又来到全科医生处就诊，全科医生除详细询问其胸闷发作频次，血压变化趋势以及药物服用情况，同时还询问了他的工作、家庭和睡眠状况，从而了解到病人平素性格内向，近半年来睡眠差，常感觉担心、焦虑。全科医生鼓励病人倾诉他所担心的事情，原来他的妻子已下岗数年，有一女儿在读大学，家庭收入主要依靠他一人；由于单位资产重组，还有可能面临下岗的问题，因此他担心家庭收入减少会影响女儿读书；又因心脏科医生诊断他为冠心病，要增加药物、还可能行手术放置支架，且费用不菲，因此更加焦虑。全科医生耐心倾听病人的诉说，通过心理疏导给予他支持和鼓励，同时也劝他戒烟，并给予缓解焦虑的药物。数周后，病人的血压降至正常，睡眠改善，焦虑情绪得到缓解，胸闷发作次数也明显减少。

从上述例子中我们发现，心理、社会问题是造成这位病人病情变化的重要因素，专科医生忽略了仔细探寻疾病背后的原因，而全科医生在了解病人症状、病理变化的同时，还关注了病人的职业、家庭、心理和社会环境等因素，从而发现影响其健康的问题。诚然，全科医生无法解决下岗、失业、贫困等社会问题，但对病人来说，宣泄积郁的情绪、获得鼓励和支持，无疑也是一味良药。

疾病和病人是两个完全不同而又密切相关的概念，是医生职责的两个中心范畴。病人是疾病的载体，但又不仅仅如此，病人除了具有疾病的生物学特征外，还具有“人”的社会学特征。纵观医学发展史，随着医疗科技的发展，不同历史时期的医生对疾病和病人的认识不同，医生的关注中心发生了重大转移。

古希腊的先哲希波克拉底曾说过“了解你的病人是什么样的人，比了解他们患了什么病要重要得多”，可见古代的医生已经意识到关心患病的人比关心疾病本身更重要。事实上无论西方还是东方，古代医生都很注意对病人的全面观察，包括他们的出身、籍贯、经历、体质状况、人格特征、生活方式、家庭与社会环境、职业与经济情况等。我国的传统医学更是注重对人的整体观察，整体观是中医的理论基础和临床实践的指导思想。整体观认为，人体是一个多层次的整体，构成人体的各个组成部分之间在结构上是不可分割的，在病理上是相互影响的，在功能上是相互协同的。人生活在自然和社会环境中，人体的生理功能和病理变化必然受自然环境、社会条件和精神因素的影响。整体观是古代的唯物论和辩证法思想在中医学中的体现，要求人们在观察、分析、认识和处理有关生命、健康和疾病等问题时，注重人体自身、人与周围环境之间存在的统一性、完整性和关联性。

为什么古代医学家能采用这种朴素的整体论的哲学方法来指导他们的医学实践呢？这是由于古代医学无法用实验手段或先进的检查设备探知疾病的本质，只能借助于朴素的自然哲学来解释人体和疾病。例如中医的“阴阳五行学说”，其中阴阳学说是对自然界中相互关联而又对立的某些事物和现象的概括，是古代朴素的对立统一观；五行学说将事物和现象归为木、火、土、金、水五类，是古代原始的系统论。古人以此来阐述人的组织结构，概括人体的生理功能，说明疾病的病理变化并指导临床疾病的诊治。与此类似的有古希腊的“四元素学说”“四体液学说”和“体质学说”等。

自 16 世纪文艺复兴时代开始的一系列科学革命，包括人体解剖学、生物学、化学等学科的发展及显微镜的发明，使人们对人体和疾病的本质从系统、组织、细胞，甚至分子等不同层次加以认识，揭开了古代医学笼统模糊的面纱，显露出精确而清晰的现代医学的面目。医生们用大量的临床研究和科学实验去探索疾病的微观机制，医学的分支越来越细，医生的关注中心也自然而然地从病人转移到疾病。应当说这是科学的胜利，医学进步的必然。

二、生物医学模式——以疾病为中心

医学模式是指医学整体的思维方式，即解释和处理医学问题的方式。文艺复兴时代发展起来的生物医学模式（biomedical model）把人作为生物体进行解剖分析，力图寻求每一种疾病特定的生理、病理变化，研究相应的生物学治疗方法，因此疾病是这一模式的关注中心。

（一）生物医学模式的优越性

该模式以数百年来生物科学的重大发展为基础，并与现代科学技术相结合，发展形成各种高科技的诊断、治疗和预防手段，在很长的历史时期内对于疾病的防治及人类健康的维护作出了巨大贡献。曾经在现代医学体系中占统治地位的“生物医学模式”，其优越性表现在：

1. 以生物科学为基础，具有客观性和科学性。
2. 理论和方法简单、直观，易于掌握。
3. 资料如实验室检查、活体组织检查或尸体解剖结果可以得到科学方法的确认。
4. 使医生治愈许多原来致命的疾病，并控制许多尚不能治愈的疾患。

（二）生物医学模式的缺陷

由于生物医学模式立足于生物科学，尤其是细胞生物学和分子生物学，因此疾病被认为完全可以用一些异常的实验数据来说明。该模式的缺陷是以疾病为中心来解释病人的健康问题，将疾病与病人割裂开来，视疾病为独立于人的社会行为实体，而且要求以躯体不适的过程来解释行为的障碍，而任何不能作此解释的障碍都必须从疾病的范畴中排除。该模式中，虽然疾病可以得到客观的证据，但病人的主观感受被忽略，在追求客观的同时忽视了病人的心理及所处的社会环境因素。在该模式中疾病似乎是一个自主的主体，可以为通用的准则所解释，却与病人的生活背景无关。将疾病从病人的社会文化环境中抽离出来，导致了该模式的缺陷：

1. 以疾病为中心，忽视病人的需求 在生物医学模式中疾病被定义为正常生理情况的偏离。在这种模式下，医生致力于搜集偏离正常生理情况的各种资料作为诊断疾病的证据，以此来解释就诊者的症状和体征，并以有无生物学疾病作为评价病人健康状况的标准。在此模式中，医生的主要工

作就是通过各种科学手段检查病人的生理状况正常与否，而对于病人心理和社会方面的问题如生命质量，则不予评价，造成医生只重视疾病的诊治，却忽略了病人的主观感受和需求，致使诊疗过程机械化和失人性化。

2. 医患关系疏远，病人依从性降低 在生物医学模式中，医生将自己作为与疾病作斗争的主体，忽视了病人的主观能动性。病人不能参与诊疗方案的选择，也不被告知所患疾病的原因和接受治疗措施的理由，仅仅被动地接受医生的检查和处理。医生的关注重点在于疾病的病理、生理变化，而对于疾患和诊疗措施给病人带来的主观感受，及病人自身的心理、情绪变化对疾病的影响则有所忽略。通常，为争取病人的依从性，医生会说服病人使之对疾病和诊疗的态度与医生的观点一致。这种对疾病的热衷和对病人本身的忽略，致使医患关系疏远，也必然导致病人依从性的降低。

3. 医生思维的局限和封闭 生物医学模式强调病人是有着偏离正常生理情况的生物体，而其所具有的心理和人文社会背景被淡化。医生的思维局限于生理疾病，强调症状、体征和实验室检查的客观意义，而忽略了与病人密切相关的人格、个人经历、经济情况、家庭和社会支持等因素。这种局限封闭的思维方式忽视了心理、社会因素对疾病的影响，必然导致促进健康的干预措施收效甚微。

根据生物医学模式的预言，由于医疗和护理的普及，人的健康及感觉躯体的健康状况会得到改善。然而事实并非如此，在西方国家，人口调查反映出发病率及死亡率都有所降低，但个人调查则持续反映他们不舒服的感受依然明显存在。在人类历史发展的长河中，生物医学模式的确对促进人类健康作出了不可磨灭的贡献，但它无法解释没有疾病时的种种身心不适，无法解释生物学与行为学的相关性，也无法解决慢性病病人身心疾患和生活质量降低等问题。由于自身的缺陷、社会变迁和疾病谱的改变，生物医学模式不再适应公众对健康的需求。因此人们更需要一种人性化的、能使人的健康得到全面照顾的医学模式。

三、生物-心理-社会医学模式——以人为中心

（一）生物-心理-社会医学模式是人类医学发展的必然趋势

人类社会发展初期，严重的急性传染性疾病横行，直到20世纪中期以前，影响人类健康的主要疾病仍是各种传染病和营养不良。随着经济的发展、生物医学防治手段及公共卫生的普及，在现代工业化社会中，早期主要由传染病和营养不良所造成的死亡明显减少，而慢性非传染性疾病愈来愈流行。再后期，由于现代经济社会的建立，心理和社会压力开始成为疾病及就诊的主要原因，生活方式和行为疾病转变成为人类健康的突出问题。以目前居前三位死因的心血管疾病、脑血管疾病和恶性肿瘤来说，都包含心理紧张、吸烟、环境污染等心理、社会因素的影响。至于公害、交通事故、酗酒、饮食过度、自杀、吸毒、犯罪率升高和家庭瓦解，则更是许多心因性疾病的心理社会因素。人们越来越认识到，仅以解剖学、生理学、生物化学和微生物学等生物科学和器官、组织、细胞乃至基因等的改变来解释疾病、防治疾病已远远不够。必须把人作为包括自然环境和社会环境在内的生态系统的组成部分，从生物、心理、社会的水平来综合考察人类的健康和疾病，并采取综合性措施防治疾病，促进人类健康。19世纪以来，随着预防医学、流行病学、心理学、医学哲学和医学社会学等研究领域的发展，新的医学模式——生物-心理-社会医学模式（bio-psycho-social medical model）应运而生。

（二）病人的宏观和微观世界

病人不仅是指患某种疾病的人，还包括有健康问题而需要医务人员帮助的社会成员。病人首先是人，是在特定环境中从事物质生产活动和精神文化活动并能表现自己独特个性的存在物。自然性和社会性是人的两种根本属性：人首先具有自然特性，由自然物质如蛋白质、脂肪、碳水化合物、矿物质等分子组成的细胞、组织、器官和系统等构成，最终又被分解成这些物质回归自然，这些自然物质构成了人的微观世界（microworld），是生物医学可以采用自然科学的方法加以研究、量化和精确测定的；其次，人有其社会性，即作为社会存在的人具有特定的背景，包括个人背景、家庭背景、社区背景、乃至社会背景等，每个人还有特定的社会关系，包括人与人，人与家庭、社区、社会、国家，人与生

笔记

态环境等诸多关系，人的社会性受法律、道德、文化、宗教、经济等诸多因素影响。人的特定背景和各种关系构成了人的宏观世界（macroworld），是属于心理学、社会学、经济学、伦理学、法学和人类学等许多社会科学的研究范畴，是一个复杂的、多元的、难以量化的世界。人存在于自然和社会所组成的生态系统之中，处于宏观世界和微观世界的焦点。人所处的宏观世界与其自身的微观世界是相互联系、相互作用的，任何世界中的变化都会对人的健康产生重大的影响。作为人类存在的人有共同的自然性和社会性规律，但作为个体存在的人又有其独特的个性，这是人的宏观世界和微观世界共同作用所产生的，个性也是影响人健康的重要因素。生物-心理-社会医学模式认为，人的生命是一个开放系统，通过与周围环境（包括自然环境和社会环境，即宏观世界）的相互作用，以及系统内部（微观世界）的调控能力决定健康状况。医学的目的是维护人类健康，提高人类生命质量，因此，医学除了要关注疾病这一生命科学领域所研究的微观世界，还要关注人文社会科学等领域所研究的人的宏观世界。病人是既具有疾病特征（微观世界），又具有社会文化背景（宏观世界）的个体，是具有其独特个性的人。因此，医学和作为医学研究者、实施者的医生自然而然应为病人提供以人为中心的健康照顾（person-centered care）（图 3-1）。

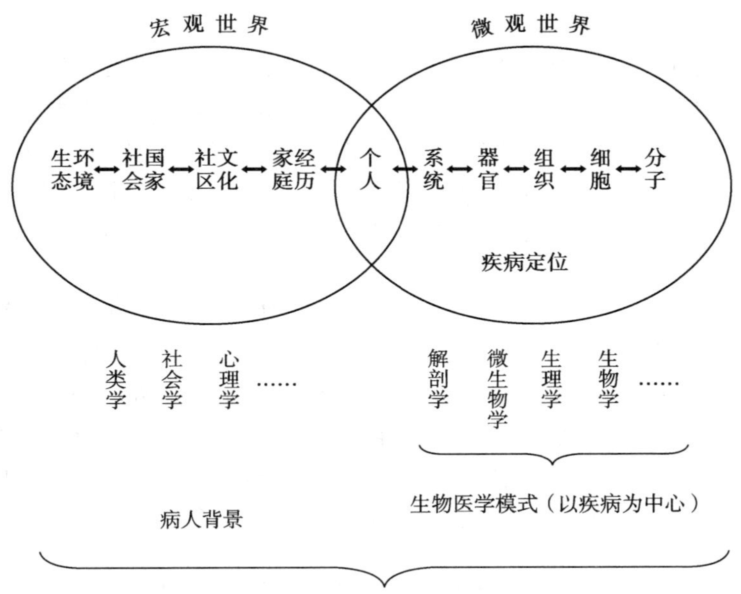

图 3-1　病人的宏观世界和微观世界

（三）以人为中心的健康照顾的基本点——进入病人的世界，了解人的个性

在生物医学模式中，病人是一架待修理的机器，疾病是这架机器上损坏的零件，医生是负责修理各种零部件的工程师。在这种医学模式下，与病人相脱离的疾病成为医生关注的重点，医生以是否有生物医学的疾病来评价与病人有关的健康问题以及问题是否严重。生物-心理-社会医学模式则是以人的整体健康为最终目标，疾病是病人的一部分而并非全部，病人的需求和期望与生理疾病同等重要。全科医生在向病人提供以人为中心的健康照顾时需要进入病人的世界，了解病人的宏观和微观世界，同时了解病人的个性。病人是一个身心统一的整体，是具有生理功能和心理活动的生物体，病人的精神和躯体是不可分割的，是生命活动中相互依赖、相互影响的两个方面，共同作用于机体的健康。因此，全科医生不仅需要了解病人的病理、生理过程，还需要了解病人的心理过程。其次，每个人都有其独特的个性和社会背景，这些也将对人的健康产生影响。如果不了解病人的个性、背景和关系，就不可能完整地认识病人，也就无法全面了解和理解病人的健康问题，更不用说解决这些问题了。全科医生要了解病人所患的疾病，更要了解所患疾病的病人。进入病人的世界、了解病

人的个性是以人为中心的健康照顾的基础。从案例一的高血压病人就诊过程中我们可以发现，专科医生以疾病为中心和以医生为中心的态度，忽视了病人的需求和期望而导致医疗活动的缺憾。而全科医生采取以病人为中心的态度，通过对话与交流，了解病人的背景，进入病人的宏观世界，发挥其主动性，从而达到了促进健康、提高生命质量的目的。在这一过程中，全科医生不是作为一个旁观者或指挥者，而是作为与病人处于平等地位的医患互动模式的一部分而发挥作用，是维护人的整体健康和提高人的生命质量的艺术家。

（四）全科医生的“病人”范畴

1. “疾病”“病患”和“患病”的不同概念 英语中与疾病有关的词汇很多，其中“disease”“illness”和“sickness”最为常用。在英汉辞典中多译为“疾病”，然而现代医学心理学和医学社会学等学科通过对与人类疾病相关的各种情况的研究，将这3个词的词义区分开来，用以描述3种不同的情况，表达3种不同的概念。

“disease”译为“疾病”，是医学术语，指可以判明的人体生物学上的异常情况，可以从体格检查、化验或其他特殊检查加以确定。

“illness”译为“病患”（有病的感觉），指一个人的自我感觉和判断，认为自己有病。可能确实患有躯体疾病，也可仅仅是一种心理或社会方面的失调。

“sickness”译为“患病”，指一种社会地位，即他人（社会）知道此人现处于不健康状态。

一个人可能有明显的“病患”，如胸闷、心悸，但却查不出什么“疾病”，他如果因此就医或告诉他人，就会被认为是“患病”了，被别人视为“病人”。而一个人可以有严重的“疾病”，如早期肝癌的病人，他未觉得有什么不适，即并无“病患”，因而未就医，别人也不知情，因此没有人知道他“患病”，他也不被别人视为“病人”。一旦癌症进展，出现症状（病患）而就医，确诊为肝癌（疾病），那么他就“患病”了。由此可见，这3种情况可以单独、同时或交替存在。

“以疾病为中心”的生物医学模式仅强调疾病的地位，忽视了病患和患病这2种情况，而“以病人为中心”的生物-心理-社会医学模式则强调对这3种情况同等对待。全科医生应当从3种视觉角度来看病人：用显微镜检查病人身体、器官上可能的病灶；用肉眼审视病人，了解其病患的体验；还要用望远镜观察病人的身后，了解其患病的社会背景情况。这样，全科医生就具备了“立体的”或“全方位”的思维方式，并将其与病人的3种情况联系在一起。全科医生在日常诊疗过程中只有提供高度科学性和艺术性的负责式服务，才能胜任自己的工作而赢得服务对象的信任（图3-2）。

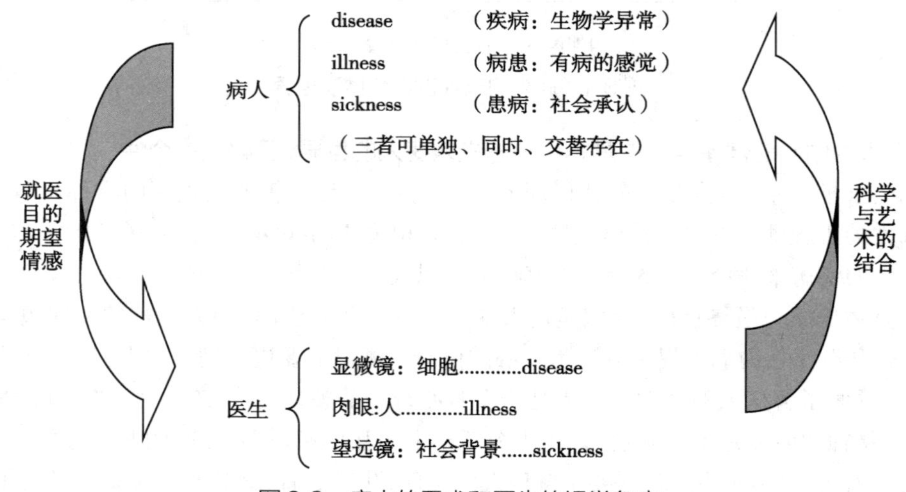

图3-2 病人的需求和医生的视觉角度

2. 全科医生的责任和面临的挑战 在以专科为主的综合性医院中，专科医生接受处理的多为疑难、危重病人，而在基层工作的全科医生面对的是常见病、慢性病、轻症病人以及健康人群。服务

对象的不同决定了全科医生的责任不仅是对病种或知识技术负责，更必须对人负责。全科医生所处理的不局限于健康问题的类型，甚至不局限于严格定义上的健康问题。全科医生不会因为疾病的治愈、疗程的结束或疾病的不可治性而中止服务。因此，全科医生必须与服务对象建立互动式的医患关系，提供人格化的服务或称人格化的照顾（personalized care）。疾病作为一种病理、生理现象，有其自身的发生、发展和转归过程，在这过程中病人的人格、经历、心理、家庭、社会关系，乃至生态环境都与之息息相关。全科医生应当了解疾病和病人的全部，熟悉服务人群的生活习惯、环境因素和人文地理等，从而能够有的放矢地开展工作。全科医生的责任在于维护其服务人群的健康、提高其服务人群的生命质量，这就更要求全科医生有群体观念，其实践应着眼于人群，而不仅仅是病人个体。举例来说，全科医生不仅要关注前来治疗高血压的病人，而且同时要关注未做过血压检查的人。生物医学模式采用客观和实证主义方法，而生物 - 心理 - 社会医学模式则要求全科医生不但要重视这种客观现象，更要重视服务对象的主观感受，重视病人的生命质量。基层医疗保健是社会医疗保健体系的门户和基础，全科医生就是这一门户的“守门人”，也是卫生资源的管理者。因此，全科医生应具有预防医学观念和卫生经济学观念，通过预防疾病和杜绝浪费，使有限的卫生资源得到合理的使用。

在基层工作的全科医生所服务的对象包括病人、所谓“亚健康”人群和健康人群，不同群体有着不同的医疗保健需要。全科医生必须根据服务对象的不同需要提供相应的预防、保健、医疗、康复等服务：

（1）无疾病时（发病前期）：提供预防保健，包括特异性疾病的预防措施和非特异性的健康促进，如健康咨询、生活方式指导、关系协调等整体性照顾，防止疾病的发生（第一级预防）。

（2）症状早期，疾病尚未分化（临床前期或发病早期）：医生应具有较高的警觉性，能识别问题，早查早治，提供适当干预措施，逆转健康向疾病发展的进程（第二级预防）。

（3）疾病确诊时（临床期或发病后期）：减少并发症和后遗症，避免残障，提供康复和临终关怀服务。特别对于一些不可治愈的慢性病，医生应充分理解病人的患病体验，了解其社会背景、人生观和价值观；建立互动协作式的医患关系，提高病人依从性，制订长期管理计划、提高管理质量（第三级预防）。

由此可见，全科医生面临的是建立和发展一种综合的、整体的、持续的和人格化的卫生服务模式，此类服务要求全科医生既要了解疾病，又要理解病人。

第二节　以人为中心的健康照顾

一、全科医生应诊中的 4 项主要任务

【案例二】 女性，68 岁，糖尿病史 10 年，高血压史近 20 年，口服药物控制血糖和血压。偶尔测空腹血糖在 9mmol/L 左右，血压在 150/90mmHg 左右。近 1 个月因口干、体重下降前来就诊，测空腹血糖为 16.8mmol/L。

这位病人来就医，全科医生在应诊（consultation）中应该或可以为她做些什么事呢？

（一）确认和处理现患问题

确认和处理现患问题（present problem）是全科医生应诊时的核心任务。病人大多因近期感觉身体某一部位不适或由此怀疑患上某种疾病而到诊所就医，医生在详细采集病史后应分析其就诊的原因。案例二中的这位病人因口干、体重下降前来就医，全科医生首先要通过血糖检测判断病人的症状是否由血糖升高引起，并给予适当的处理，例如应用胰岛素治疗。如果仅从糖尿病专科的角度来看，更换或加强糖尿病药物治疗就可以了；但全科医生除了处理高血糖这个问题外，还要探索在血糖升高的背后潜藏的其他原因，如有什么诱因导致病人血糖增高，有无生活上的压力，近期情绪如何，是否坚持服药等等，这些因素对其生活有多少影响，病人对这一问题的顾虑是什么，她希望医生给予什么样的帮助等等。这种不仅从疾病本身考虑，而且从心理、社会的多角度和多层面解剖、分析病人就诊原因的思维方式正是全科医生在应诊中必须具备的（图 3-3）。

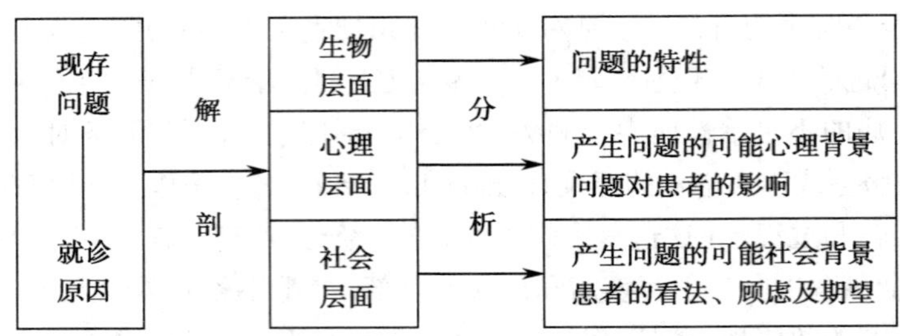

图 3-3　以生物 - 心理 - 社会医学模式确认现患问题

在弄清楚上述问题的基础上，全科医生需就该病人的具体情况制订处理方案：

1. 向病人解释病情，并表示同情、理解。
2. 向病人说明处理方案，了解病人的看法。
3. 与病人达成共识，协商、调整处理方案。
4. 争取病人的自主性，鼓励其承担起自我管理的责任。

全科医生的诊疗是从病人而不是仅从疾病的角度着手，这样的诊疗方式提高了病人对医生的信任度及其对医嘱的依从性。

（二）连续性问题的管理

全科医生向这位病人提供的医疗服务是不是仅此而已呢？这显然不够，糖尿病、高血压都是慢性疾病，与遗传、饮食及情绪等有着密切的关系，需要长期用药物以及非药物的方法予以控制，同时要重视这类疾病对病人的远期健康产生的不良影响，例如糖尿病的并发症、高血压的靶器官损害等。全科医生除在应诊时处理病人的现患问题外，还应对连续性问题如慢性疾病等进行长期管理，与病人一起制订长期管理目标，指导病人改变生活方式，定期随访血糖、血压，定期进行糖尿病并发症和高血压靶器官损害的筛查等。社区中类似糖尿病、高血压这样的慢性疾病很多，它们严重威胁着人们的健康，而每一次短暂的应诊是不可能妥善解决这些问题的。因此，全科医生需要给予病人全面的、持续性的照顾，这种持续性的医疗照顾涵盖人生的各个时期、疾病的各个阶段及各种急性或慢性的健康问题。

（三）预防性照顾

糖尿病、高血压等慢性疾病若得不到有效控制，将导致冠心病、脑卒中、肾衰竭等严重并发症，吸烟、高脂肪摄入、生活不规律等不良生活方式可促进这些并发症的发生。在病人尚未意识到不健康生活方式的影响时，全科医生应利用每一次应诊机会针对病人的具体情况给予适当的解说与科学指导；在治疗过程中遇到挫折时，要给予支持；在取得进步和成绩时则进行鼓励。这种预防性照顾（preventive care）包括计划免疫、健康促进、发病前期乃至发病期的诊断与治疗。预防性医疗照顾在全科医疗中占有相当重要的地位，全科医生对不同原因来求诊的病人，应主动地评估危害健康的各种因素并加以处置，即将预防措施视作日常诊疗中应执行的工作。

（四）改善就医遵医行为

全科医生为这位糖尿病合并高血压的病人制订了合理的治疗及监督方案，但如果她由于某些因素诸如各种生活事件、环境变迁或缺乏医学常识而无法配合医生，医生及病人对健康的共同期望则可能成为泡影。

在利用医疗服务的问题上，病人往往存在不恰当的行为方式。就医过多反映了病人敏感紧张或依赖的心理；就医过少可能是因为病人健康意识不够或为经济条件所限；缺乏良好的遵医行为更使得医生的医嘱形同虚设。因此，教育、启发病人何时就医，寻求何种层次、类型的医疗机构，如何加强自我管理也是全科医生的重要任务。

Stott 和 Davis 于 1979 年将上述内容归纳为 4 点：①确认并处理现患问题；②管理连续性问题；③适时提供预防性照顾；④改善病人的就医遵医行为（图 3-4），即全科医生在应诊中的 4 项主要任务。以人为中心的原则贯穿于整个医疗照顾过程中，这 4 项任务更体现了全科医疗的主旨：为人们提供基本的、个体化的、持续的、全面综合的医疗服务。

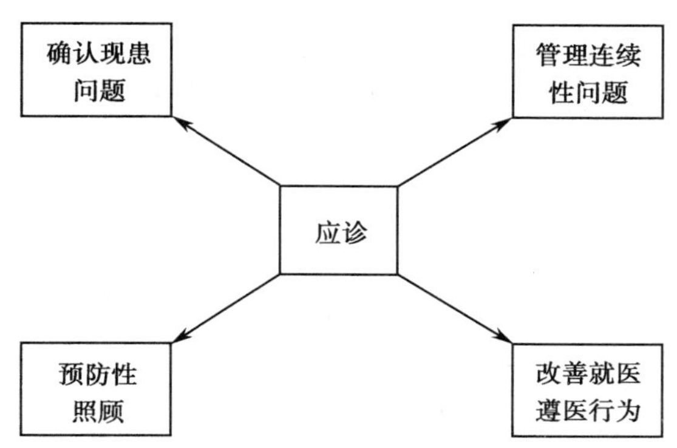

图 3-4　全科医生在应诊中的主要任务

二、以病人为中心的接诊模式

1983 年 Berlin 和 Fowkes 共同提出 LEARN 模式，目的在于避免由于文化背景及社会地位不同导致医生与病人对于疾病及其症状的解释模式存在差异而无法建立良好的医患沟通，进而影响疾病的诊断、治疗效果及依从性，或引发医疗纠纷等。此模式更加尊重病人本身对疾病的认知与理解，重视病人的表达与对疾病处置的看法，应用于全科医疗的接诊过程中更能体现以病人为中心的健康照顾理念。

所谓 LEARN 模式，就是整个接诊过程需经过 5 个步骤：①全科医生要先站在病人的角度倾听（listen），收集病人所有的健康问题及其对健康问题的认知或理解；②详细收集所有可供疾病诊治的资料后，医生需向病人及其家属解释（explain）对上述健康问题的诊断或看法；③在说明病情后，要容许（acknowledge）病人有机会参与讨论，沟通彼此对病情的看法，使医患双方对健康问题的看法趋向一致；④医生按所达成的共识向病人提出最佳或最合适的健康教育、检查及治疗建议（recommend）；⑤如病人对检查及治疗建议存在疑惑，需要与病人进一步协商（negotiate），最后确定医患双方皆可接受的方案（表 3-1）。

表 3-1　以病人为中心的接诊五步骤（LEARN 模式）

英文字头	英文字义	中文字义	定义与内容
L	listen	倾听	• 倾听不仅是传统意义上所指的专心听、用心听、不插话及与病人要有目光接触等，最重要的是以开放式的问句形式询问病史，让病人有机会表达疾病发生的始末，从而收集到病人未说清楚或一时忘记的症状，并发现症状背后的问题所在 • 要“会问问题”，有好的问题引导，病人才能提供医生所需的病情资料，表述自身对所患疾病的症状、原因、过程及预后的看法；医生也才能收集到有助于正确诊断与治疗的完整信息 • 若病人有相关就诊经历，还要询问就医的经验、就医的动机和过程，以及曾接受过的检查、治疗方法与疗效，作为本次诊断及治疗的参考 • 就广义角度来说，体格检查的发现、病人的初步检验结果与病人既往的病史记录等信息资料都是诊断病情所需要的，均可归为倾听的范围
E	explain	解释	• 收集到完整的病史资料后，医生应遵循生物 - 心理 - 社会医学模式，采用病人可以接受的平易、通俗用语，解释说明疾病可能的诊断及病因
A	acknowledge	容许	• 医生解释病情后，应询问病人有无疑问，以了解彼此对病情的看法是否存在差异 • 当医患双方的看法有不同时，须进行必要的处理或解释说明，消除彼此间的认知差距；如病人有误解时，应进一步寻找例证，说服其接受医生的看法；若病人的看法无碍治疗方向，就应尽量尊重病人的想法处理问题

续表

英文字头	英文字义	中文字义	定义与内容
R	recommend	建议	● 在了解彼此对疾病的认知后，医生应兼顾病人的主观看法及疾病医疗的合理性，提出具体的检查及治疗计划并详细告知病人；让病人参与治疗计划是疾病处理中非常重要的一环，可增加病人对治疗计划的依从性
N	negotiate	协商	● 最后需询问病人对医生建议的检查及治疗计划有无疑问，以便医患双方进一步协商，让病人充分理解并接受疾病的诊疗过程

在 LEARN 模式的 5 个接诊步骤中，第一个步骤“listen”、第三个步骤“acknowledge”及第五个步骤“negotiate”中，都能让病人充分表达自身意见，而在第二个步骤“explain”与第四个步骤“recommend”中也都参考病人的意见而提出解释或处置，因此这 5 个步骤充分体现了以病人为中心的接诊过程，明显有别于以往“三长两短”的、以医生为中心的接诊模式。

三、全科医疗的问诊方式

我国社区卫生服务中心的任务是集医疗、预防、保健、康复、健康教育及计划生育为一体的，而作为团队核心的全科医生，工作十分繁忙，不同的病人又有其特殊的心理和社会背景，全科医生需要一个简明且系统的问诊方式，以便迅速达到病人心理、社会问题的核心。下面是案例一全科医生问诊过程中的一段对话：

医生：“您妻子做什么工作？”(background——背景，了解病人的心理和社会因素)

病人：“她 3 年前就下岗了，现在有时在居委会帮帮忙。”

医生：“您孩子多大了？”(background——背景，了解病人的心理和社会因素)

病人：“我女儿刚 20 岁，还在读大学。”

医生：“哦，那不错。”

病人：“女儿读书挺争气的，就是读书费用贵，1 年光学费就要近 1 万元，还有生活费、书费。”

医生：“那您是很不容易的，现在供个大学生的确开销不少。”(empathy——移情，对病人的倾诉表示理解，从而使病人感受到医生对他的支持)

“您工作还不错吧？”(background——背景，了解病人的心理和社会因素)

病人：“原来还可以，最近企业有变动，可能要减少人员。”

医生：“您觉得这会对您有影响吗？”(affect——情感，了解病人的情绪状态)

病人：“是的，我们这个部门最有可能裁员。”

医生：“您是不是很担心？”(affect——情感，了解病人的情绪状态)

病人：“是的，家里现在主要靠我的收入，女儿还有 2 年才能毕业，说什么我也得让她读完大学。”

医生：“那是。还有其他什么让您担心的吗？”(affect——情感，了解病人的情绪状态)

病人：“医生，我的心脏问题是不是非常严重？心脏科医生说要手术放支架，1 个支架要上万元，这对我来说太贵了。一想到要下岗、要做手术，我就睡不着觉，血压怎么会不高呢！”

医生：“是呀，这些事凑在一起的确让人心烦。”(empathy——移情，对病人的状况表示理解，从而使病人感受到医生对他的支持)

“您最担心的是什么？”(trouble——烦恼，了解问题对病人的影响程度)

病人：“心脏问题，工作没有了还可以再找，身体垮了啥都不要说了。”

医生：“那您打算怎么办呢？”(handling——处理，了解病人的自我管理能力)

病人：“我也对自己说，不要老是去想这些事，车到山前必有路。我妻子也常劝我。但这些事怎么能让我不想呢？”

医生：“依我看来，要让您不担心这些事目前的确比较难，换作是我肯定也会担心的。”(empathy——

移情，采用换位思考的方式对病人表示理解、同情和支持）

“但是仅仅担心是解决不了问题的，如果我是您，我除了担心外还要采取积极的措施。”

病人：“采取什么措施？心脏科医生开给我的药我都在吃。”

医生：“您戒烟了吗？饮食吃得清淡吗？”

病人：“烟我是想戒，可我工作的环境没法不抽烟。饮食我以后一定注意，少吃油和盐。”

医生：“戒烟主要是靠自己，根据您的心脏情况，烟是非戒不可了。另外您每天按时服降压药了吗？经常量血压吗？”

病人：“不瞒您说，我的确是经常会忘了吃降压药，有时觉得自己没什么不舒服也就想不起来了。”

医生：“那我建议您首先把自己应该做而没有做到的事情先做起来：戒烟、饮食清淡、规律服药，包括降压药和其他治疗心脏病的药物，经常测血压。现在您还是先服用原来的降压药物，但要天天坚持，我们先把血压的目标定在 140/90mmHg 以下，您看好吗？1 周后来我这里复查，如果血压仍高，再考虑调整药物。另外，如果您觉得自己很担心，尽可能提醒自己不要朝这方面去想，同时做深呼吸，帮助自己放松。这里我给您一些药物帮助减轻您的焦虑情绪。从心电图上看，您的心肌缺血的确存在，但您不要过于紧张。如果再有胸痛发生，还是要及时来医院。”

病人：“好，医生，这次我一定照您说的去做。”

这位全科医生采用的是 BATHE 问诊方法，即：

B（background）——背景，了解病人可能的心理或社会因素。

A（affect）——情感，了解病人的情绪状态。

T（trouble）——烦恼，了解问题对病人的影响程度。

H（handling）——处理，了解病人的自我管理能力。

E（empathy）——移情，对病人的问题表示理解，从而使他感受到医生对他的支持。

通过这样的问诊，全科医生能很快了解这位病人的来访背景并及时给予安慰、支持。这些问话很简朴，但正是这些普通的言语帮助医生走近了病人，让病人对医生敞开心扉，并使医疗服务变得更为有效。

第三节　健康信念模式与健康照顾

一、健康的概念

【案例三】 男性，38 岁，农村进城务工人员，在酒店做厨师工作 12 年。吸烟史 20 年，30 支 / 天。因反复头晕 2 个月来就诊，检查结果是：血压 160/100mmHg，体重指数（BMI）29kg/m^2，有高胆固醇和高甘油三酯血症，空腹血糖 6.6mmol/L。下面是他与医生之间的对话：

医生：“您的检查结果出来了，您既有高血压和高血脂，血糖也偏高，需要治疗。”

病人：“我的头晕和高血压有关吗？”

医生：“我认为是的。”

病人：“那您给我开点药吧。”

医生：“药物治疗是需要的，但首先是需要改变您的生活方式，因为健康的生活方式是控制血压的先决条件；此外，您还有其他的问题需要关注，包括高血脂、高血糖等，患糖尿病的风险比一般人高，因此要增加运动、控制饮食、减轻体重，菜不要吃得太咸，要戒烟，生活起居要正常。”

病人：“血脂高是什么意思？您说我可能得糖尿病，不可能！我爸爸有高血压，我听说高血压有遗传，我现在也有高血压了，高血压我得好好治疗，我爸就是高血压脑卒中去世的。可我家没有人患糖尿病，我怎么可能会得糖尿病呢！”

医生：“血脂高是指您血液中的脂肪成分高于正常人，血脂增高的人容易发生动脉粥样硬化，也就容易发生心肌梗死和脑卒中，因此需要控制血脂水平。另外，尽管糖尿病和高血压一样有遗传倾

向，但没有家族史的人也可能得糖尿病。您目前的血糖已高于正常水平，虽然尚未达到糖尿病诊断标准，但您已经处于糖尿病前期状态，也就是说如果不采取措施，以后发生糖尿病的机会大大增加，而且血糖高的人也容易发生冠心病和脑卒中。”

病人：“除了头晕，我吃得下、睡得着、能工作，挺健康的。再说我做这个工作，上午开始忙到半夜，回去就想睡觉，根本不想动了。我知道抽烟是不好，但和我一起工作的人，从老板到伙计都抽烟，你不抽烟好像有点另类。说到减轻体重，我来这工作后体重增加了很多，也试过减肥，但是没用！”

医生：“我很理解您的处境，但吃得下、睡得着并不等于您是健康的，要等到吃不下、睡不着那问题就严重了。我们再商量一下您的治疗方案吧……”

从这个案例，引申出这样一个问题，全科医生不仅要诊治疾病，还要了解病人的健康信念、就医行为和遵医嘱性。这位病人存在高脂血症和血糖升高的问题，但他因为没有感到什么不舒服，就认为自己是健康的。有了这种想法，他就不会主动接受医生的建议，改变不良的生活习惯。这个案例带有普遍意义，社会各阶层的民众因其社会角色、经济状况、文化水平、受教育程度及来自家庭、社会的不同影响而对健康有着不同的理解。我国城乡居民大多认为没有疾病就是健康，即使有病没有症状也是比较健康。案例三中的这位病人就认为他能胜任日常工作，饮食睡眠无碍，自己就是健康的，发现健康状况出了问题，他仍认为没有什么关系。

那么，究竟怎样才能称为健康？世界卫生组织关于健康的定义是：“健康是一种在身体上、精神上的完满状态，以及良好的适应力，而不仅仅是没有疾病和衰弱的状态”。一个人在躯体健康、心理健康、社会适应良好和道德健康四方面都健全，才称得上是一个完全健康的人，简而言之就是身心健康。躯体健康：一般指人体生理的健康。心理健康：首先指具备健康心理的人，其人格完整、自我感觉良好、情绪稳定，积极情绪优于消极情绪，有较好的自控能力，能保持心理上的平衡，有自尊、自爱、自信及自知之明；其次，在自己所处的环境中有充分的安全感，能保持正常的人际关系和进行人际交往；再者，对未来有明确的生活目标，能切合实际、不断进取，有理想和事业的追求。社会适应良好：指一个人的心理活动和行为，能适应当时复杂的环境变化，为他人所理解和接受。道德健康：不损害他人利益来满足自己的需要，有辨别真伪、善恶、荣辱、美丑的是非观念，能按社会道德规范的准则约束、支配自己的行为，能为他人的幸福作贡献。

二、健康信念模式与健康照顾

（一）健康信念模式

不同的人对健康的认识不同，因而对健康的关注程度也不同。大多数人只有在患病或患重病（如心肌梗死、恶性肿瘤等）、即将失去健康时才认识到健康是第一位的，这时病人自身、家属才会重视及关注健康。这就涉及人们的健康信念模式问题。

健康信念模式（health belief model）是运用社会心理学方法解释健康相关行为的理论模式。此模式是在20世纪50年代提出的，主要用于预测人的预防性健康行为和实施健康教育。健康信念，即人如何看待健康与疾病、如何认识疾病的严重程度和易感性、如何认识采取预防措施后的效果和采取措施所遇到的障碍，其在人们是否会采取疾病预防措施中起着十分重要的作用。

健康信念模式提出，针对某种临床疾病，影响人们采取相应预防保健措施或消除危害健康行为的因素有：

1. 对疾病的严重程度和易感性的认识　对疾病严重程度的认识是指个体对罹患某种疾病严重性的看法，包括人们对疾病引起的临床后果的判断，如死亡、伤残、疼痛等；对疾病引起的社会后果的判断，如工作烦恼、失业、家庭矛盾等。认识到某种疾病的严重性关系到一个人是否采取预防保健措施。一名罹患大肠癌的病人，如果他意识到大便不成形是个危险信号，并且大肠癌会产生非常严重的后果，他就可能因为这个症状而去就医；另一名病人认为大便不成形是非常轻微的症状，没什么关系，那他就不会去就医。人们认识到如果不采取健康保健行动就可能会患严重疾病，那便会选择

笔记

采取相应的积极行动。

对疾病易感性的认识是指个体对罹患某种疾病可能性的认识，包括对医生判断的接受程度和自身对疾病发生、复发可能性的判断等。病人对某种疾病易感性的认识程度是指针对某一疾病，个人感觉自己可能患上该病的可能性有多大。人们对疾病易感性的认识常常和他们患该病的实际风险不完全一致。比如说，吸烟者可能自己意识不到患肺癌的危险；实际上与非吸烟者相比，吸烟者罹患肺癌的风险显著增高。案例三中的这位病人，他并没有意识到自己有诸多的冠心病的危险因素，并不认为自己有可能患冠心病，因此他也不愿意采取行动。事实上，人们对某个健康问题越感觉自己易感，就越有可能采取保护行动。

2. 采取相应预防措施的利弊得失以及采取行动所存在的障碍　这是指如果采取了健康保健的行为，能获得什么样的益处。人们在面对健康问题做抉择的时候，经常会衡量该决定可能的益处和可能不利的方面。人们只有认识到所采取的行动能够成功保护自己，而不受所担忧的健康问题的困扰，才会去行动。例如，糖尿病病人在选择治疗措施时就会考虑到，饮食控制和药物治疗都可使血糖下降，这是两种治疗措施所带来的共同的利益。但饮食控制意味着需要放弃很多品尝美味的机会，药物治疗将会带来药物的副作用，这是不同治疗措施各自的弊端，也是选择该治疗方式的障碍所在。在做选择时就会权衡两者的轻重，从而作出选择。正面的益处，对于接受一项预防措施是非常重要的；同样，行动的阻碍对于人们是否会采取某项行为也有巨大的影响。

3. 病人采取行动的可能性　这是指病人认为自己采取某项预防保健行动的能力，或认为自己采取该行动的可能性。案例一中的病人，他在考虑医生提出的健康建议前就认为自己不可能遵循这样的意见，当然就不会采取相应的行动。这种低估对自己能力或采取行动的可能性是采纳健康保健意见并付诸行动的主要障碍之一。

4. 将思想转化为实际行动的触发因素　尽管病人对某个健康问题已经具备了一定的认识，但在真正付诸行动前常常有一个触发因素。例如，案例一中的病人某一天突然前来就医，希望就戒烟等改变自己生活方式的行为求助于医生。原来他的一个好朋友与他情况类似，数日前突发心肌梗死住院抢救。该实例就是导致这位病人要求采取预防保健措施的触发因素。

媒体的宣传、亲友患病、医生的告诫、他人的建议等，都可能成为改变行为的触发因素。这些触发因素可提高病人对自己罹患疾病易感性的认识、对疾病严重程度的认识以及对采取行动获益的认识，降低所存在的不利因素和行动障碍，增强病人改变自己行为的自信心。

从病人角度更加简单地说就是：

（1）我会得这个病吗？

（2）这个病会严重到何种程度？

（3）采取某种行动是否容易或很难？采取行动我将付出什么代价？

（4）我的行动能否使我的健康有所改变？

（5）那好吧，现在我开始采取行动了！

（二）健康照顾

全科医生如何才能将健康信念模式运用于以人为中心的健康照顾呢？需要回答以下几个问题：

1. 人们是否知道自己有罹患某种疾病的风险？或者人们是否对该疾病的严重性缺乏认识？

案例三中的病人，他并不认为自己会得高脂血症和糖尿病，也不知道这两种疾病会对他的健康带来什么样的不良后果，因此他并不认为采取医生的健康建议有什么重要。但是他知道因为自己父亲有高血压，自己也很有可能患高血压，而且也了解到高血压会引起脑卒中，便对于血压控制采取了积极的应对方式。因此，全科医生首先应当根据人们发生健康问题的可能性和严重性给予有针对性的健康照顾。

2. 人们是否感到采取某一健康保健行动有困难，或者要付出的代价太大？

案例三中的病人虽然知道吸烟有害，但他感到戒烟有困难，因为戒烟有可能影响他的人际关系、

甚至影响工作，因此觉得自己戒烟的可能性很小。全科医生在进行健康照顾时，需要感知人们在采取相应预防保健措施或消除危害健康行为的过程中所面临的困难，帮助人们克服困难、战胜困难。

3. 人们是否缺乏兴趣？或者由于人们认为即便采取行动也不会有什么改变。

案例三中的病人由于曾尝试减肥，但未获得成功，因此对医生提出的减轻体重建议没有兴趣。全科医生在提出健康建议时，需要把这些健康行动的可能获益告诉病人。这种获益可以是近期的，如血压、血糖的下降；也可能是远期的，如心血管事件发生风险的降低。并以病人能感受到的近期获益来鼓励病人坚持健康行动，以获得远期的良好效果。

4. 是否缺乏触发因素促使人们采取行动？

案例三中病人的父亲死于高血压脑卒中，这就成为他一旦发现自己高血压就愿意积极治疗的触发因素。全科医生常常可以遇到这样的病人，他们由于媒体的宣传，或亲友患病前来就医，以明确自己是否有类似的健康问题。不管其就医动机是否恰当，但媒体的宣传或亲友患病的确成为其采取行动的触发因素。全科医生可适当寻找和运用这样的触发因素，指导人们将健康的信念最终付诸于促进健康的行动。

因此，全科医生在以人为本、以病人为中心的照顾中，需要了解、探究病人的健康信念；根据病人的具体情况，理解他们的客观需要和主观愿望，通过协商制订医患双方都能接受的健康目标；并帮助、鼓励、引导病人采取最有利于他们健康的行动，以达到真正的、全面的健康照顾。

思考题

1. 举例说明全科医生在应诊时的主要任务是什么？全科医生的问诊有什么特点？
2. 体现以病人为中心的接诊过程，应包括哪些具体步骤？
3. 全科医生应如何提供以人为本的健康照顾？

（王　敏）

笔记

第四章 以家庭为单位的健康照顾

学习提要

- 理解家庭结构、家庭角色、家庭功能，家庭生活周期的特点及各阶段的照顾重心。
- 认识家庭资源、家庭危机及其重要性。
- 了解家庭对健康和疾病的影响。
- 知悉家庭评估的意义和方法。
- 了解家庭照顾的意义和方法，领悟临终关怀深邃的人文精神。
- 树立以家庭为单位照顾的学科知识和思想。
- 转变医学观，以新的观念审视疾病和健康。

全科医学的理念是“将医疗保健引入家庭，为家庭提供一个完整的照顾”。而“以家庭为单位的健康照顾”是这一学科的核心和总体价值观。全科医生在其诊疗过程中，除了考虑病人的生理疾病以外，在评价健康问题时，也应该考虑到家庭因素，了解家庭对健康和疾病的影响。实施这一人性化的基层医疗，应该熟悉家庭医生服务的内容，包括提供以家庭为背景的情境性健康照顾；在家庭生活周期的不同时段，主动提供可预测性的健康照顾；处理家庭事件及家庭危机，实施家庭评估及家庭治疗；提供生命末期的体恤及团队式的临终服务。以家庭理念为指导的医疗方式和态度，以家庭为单位开展健康照顾，这是全科医学有别于其他专科医学的特征，全科医学始终贯彻三级预防和浓厚的人文精神。

作为全科医生，应该了解和掌握关于家庭的知识和技巧。Epstein 等列举了家庭医生所必备的基本知识结构：①理解家庭结构和功能的概念；②了解家庭沟通的方式；③掌握观察家庭如何运作的技巧；④与个人，同时也与其家庭保持关系的能力；⑤愿意加强家庭的中心功能，即为家庭成员的身心健康和社会功能的发展提供适宜的环境。

第一节 家 庭

一、家庭的定义

家庭是人在社会中生存而产生的普遍而特殊的社会团体，它经历了人类历史各时代浪潮的洗礼并发生变化，但人类总是以家庭的形式生存，因此，我们对家庭这一名词并不陌生，但要为家庭下一个确切的定义却并不容易。

（一）传统的家庭

“在同一处居住的，靠血缘、婚姻或收养关系联系在一起的，两个或更多人组成的单位”。传统家庭依靠法律的认可和保护，一般能维持终生的关系，家庭上下辈多有血缘关系，极少部分为领养关系，主要是指以一对男女为核心繁衍的家庭系统。

（二）广义的家庭

“一对在一起生活了 6 个月以上的男女核心组合单位”。强调只要家庭的稳定关系维持在 6 个月以上，即视为“家庭”。此种概念适合于西方的习俗，它包含了更广泛的具有家庭性质的男女组成单位。

（三）演化的家庭

“成员在遭受躯体或感情危机时，能提供帮助和支持的一些亲密者组成的社会团体”。其定义将不具备传统家庭结构的团体也包含其内，比如像同性恋家庭、群居体等类型的团体。

（四）较完善的家庭

“家庭是通过情感关系、法律关系和生物学关系连接在一起的社会团体”。这一定义涵盖了现代的各种类型家庭，突出了法律婚姻、血缘和情感三大要素。

现代社会，法律规定了一夫一妻制的自由结合。从社会学角度来看，关系健全的家庭应包含8种家庭关系，即婚姻关系、血缘关系、亲缘关系、感情关系、伙伴关系、经济关系、人口生产与再生产关系、社会化关系。随着时代的发展，出现了变异的家庭组合，如单身、单亲、同居、同性恋等。人们的目标是建立一个幸福和睦的健康家庭，而家庭的离合与变异，带来的却是复杂的心理行为和健康问题。因此，提供以家庭为单位的健康照顾不仅行之有效，也更显得人性化。

二、家庭的结构

家庭结构（family structure）是指家庭组成、类型及各成员间的相互关系，包括家庭的外在结构和内在结构。外在结构即家庭的类型。内在结构包括家庭的角色、权力结构、沟通形式（相互作用模式）和家庭的价值观。

（一）家庭的类型

1. 核心家庭（nuclear family） 是指父母及未婚子女组成的家庭，也包括无子女夫妇和养父母及养子女组成的家庭。现代社会中，核心家庭逐渐成为主要类型。核心家庭的特征主要体现在：规模小、人数少、结构简单、关系单纯、只有一个权力和活动中心，其利益及资源易于分配，便于做出决策等。从医疗保健的角度考虑，核心家庭的家庭资源较其他家庭类型少，家庭关系存在着亲密和脆弱的两重性，温馨的家庭给成员带来幸福，促进学习和工作，且适应于快节奏的社会。但同时也导致了离婚率增高、留守儿童等家庭问题，给家庭保健带来了新的任务。

2. 扩展家庭（extended family） 指由两对或两对以上夫妇与其未婚子女组成的家庭。根据成员结构不同，扩展家庭又可分为主干家庭和联合家庭。

（1）主干家庭（linear family） 是指由一对已婚子女同其父母、未婚子女或未婚兄弟姐妹构成的家庭，包括父母和一对已婚子女及其孩子所组成的家庭，以及一对夫妇同其未婚兄弟姐妹所组成的家庭。主干家庭是核心家庭的扩大，有一个权力中心，或者还有一个次中心。因其具有直系血缘关系和婚姻关系，也称为“直系家庭”。

（2）联合家庭（composite family） 主要指至少两对或两对以上的同代夫妇及其未婚子女组成的家庭。联合家庭结构复杂、人员庞大，因此又称为“复式家庭”或“大家庭”。

扩展家庭同时存在一个或一个以上的权力中心和次中心，其结构复杂、关系错综，家庭功能受各方影响，出现问题常引起连锁反应，人际不易相处。但家庭内外资源丰富，易于应对压力事件。这类传统的大家庭已经越来越少，现代社会从大家庭到小家庭的变化已成趋势。

3. 其他类型家庭 包括单身家庭、单亲家庭、丁克家庭、同居家庭、独居家庭、群居体家庭、同性恋家庭、少年家庭（即由18岁以下的少年及其子女组成的家庭）等。这些非传统形式的家庭形态有其特殊的心理行为及健康问题。面对时代的客观现实，研究和照顾这些特殊家庭也是全科医学的范畴。

（二）家庭的内在结构

家庭的内在结构是指家庭内部的运作机制，是对内部运动关系的描述，反映家庭成员之间的相互作用和相互关系。家庭的权力结构、家庭角色、家庭成员的沟通方式和家庭的价值观形成了家庭的内动力。每个家庭都有其传统和特点，构成了不重复的家庭。

1. 家庭的权力结构 家庭的权力结构是全科医生进行家庭评估和家庭干预时的重要参考资

料，它反映了谁是家庭的决策者，以及做出决定时家庭成员之间的相互作用方式。随着社会的变迁，家庭权力结构除了受到家庭所在社会传统习俗影响外，其形成还受感情和经济等因素的影响。专制的家庭权力形式正在向自由、民主的家庭权力形式转变。家庭的权力结构可分为以下四种类型：

（1）传统权威型：以社会传统确认家庭的权威。如传统公认的父亲、长子，而不考虑他的社会地位、职业、收入、健康、能力等。

（2）工具权威型：负责供养家庭、掌握经济大权的人。如长兄、长姐，供养家庭的主角。

（3）感情权威型：在家庭感情生活中起决定作用的人主宰大权，其他的家庭成员因对他（她）的感情而承认其权威。如母亲、妻子。

（4）分享权威型：家庭成员均可分享权力，共同决策、共同承担家庭义务，以个人的兴趣和能力为家庭贡献力量。这是理想的家庭权力类型，民主平等的氛围有利于个人的健康成长和家庭的发展。

2. 家庭角色(family role)　是家庭成员在家庭中的特定身份，代表着他（她）在家庭中所应承担的职能，反映出他（她）在家庭中的相对位置及与其他成员之间的相互关系。在家庭中，每个成员都扮演着各自的家庭角色，这种身份是社会客观赋予的，而不是自己认定的。每一角色都代表着一套行为和社会标准，由此，人们也依其标准和行为模式去衡量和辨认角色。每个人都可能同时有几种不同的角色，如一个人可以是儿子、学生、班长。且随着时间的推移，角色也在不断变化，如女儿→母亲→奶奶。由于角色的变换，产生了角色学习、角色期待、角色认知、角色冲突的内涵与机制。对角色的认识可以帮助我们科学的评价家庭角色的扮演是否成功，了解家庭成员如何调适不成功的角色，如何适应角色的变换。

（1）角色期待：是指家庭对成员所期盼的特定行为模式，这种特定模式的行为称为角色期待。角色期待包含了复杂的综合转变，如对家庭、社会的认知，实践体验、情感态度的转变等。家庭对每一成员的角色期待都有传统的规范，如母亲的传统角色被赋予情感和慈爱的形象，她的职责是生育和抚养子女，做“女性”行为的典范；“丈夫”的传统角色被认为是养家糊口、负责做出家庭重要决策等；“儿童”的角色被认为是被动和服从，包括孝敬父母、完成学业、实现父母愿望等。不同家庭对成员的角色期待并不相同，因此，形成了不重复的角色。角色期待也会因时代而有所改变，儿童的健康成长与家庭的角色期待是分不开的，健康的角色期待对个体起到关心和促进成长的积极作用，是自我实现的动力；异常的角色期待，会使人出现病态人格。家庭的角色期待对成员社会化至关重要。既符合家庭期待，又符合社会规范，才是理想的期待角色。

（2）角色学习：角色学习是一种综合性的学习角色的情感、态度及拥有的权利和责任的行为。角色学习在人与人的互动和角色互补中进行，传统的角色模式也树立了效仿的榜样。例如，一个女孩子首先要学习做一个好女儿，长大结婚后要学习做一个好妻子、好儿媳、好母亲等。根据一个人的言行举止识别其地位和身份，称为角色认知，如“他像个干部”“她像个教师”。角色认知的同时伴随着角色评价。家庭中常常进行角色评价，良好的角色评价对家庭成员是一个鞭策，如母亲告诉哥姐应谦让弟妹、多做家务；父亲教育子女要好好学习、努力工作等。家庭角色的不断学习和评价，是进入合格角色和家庭成员社会化的重要过程。而角色学习，并非单一的直线过程，比如你是父亲，但并不只是一个父亲的角色学习，还要学会扮演丈夫、儿子、职业角色（教师、领导等）、社会人（长者、青年等）。因此，角色学习是一个变化发展的过程，人生的角色学习是无止境的，并要不断适应变化的角色（图 4-1）。角色的规范也随社会文化背景有所改变，如传统操持家务的女性，现在也是养家糊口的主力军。传统被动角色的儿童，现已成为家庭平等的一员，享受与父母同等的评价。

（3）角色冲突：当个体不能适应其角色期待或角色转变时，便会在内心产生矛盾和冲突，称为角色冲突。角色冲突可在扮演一种或几种角色时发生：

1）不同的期待对同一角色：如母亲和老师向孩子灌输不同的是非标准，使儿童茫然、不知所措。

2）实际人格与角色不符：如缺乏细致情感思维的人勉强学习当医生，会使其厌倦、别扭、情绪紊乱。

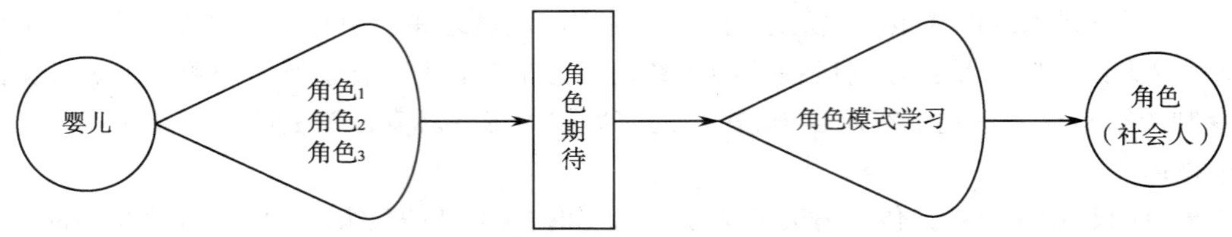

图 4-1　角色学习与发展过程

3）同一个体扮演几个角色：如母亲的儿子、妻子的丈夫，夹在母亲和妻子之间，如缺乏角色的弹性，会导致心理的困惑。

4）新旧角色转换：如从女儿转换为儿媳，常会发生心理不适。

角色冲突会导致个人心理功能紊乱，严重时出现躯体功能障碍，甚至影响家庭正常功能。因此，家庭中健康的角色期待极为重要。它需要建立在良好的家庭功能上，表现为：①家庭对某一成员的角色期待的一致性；②角色期待能满足成员的心理需要；③角色期待符合社会规范和自我个性发展；④对角色的转变富有弹性；⑤家庭成员都能适应自己的角色模式。家庭的内在动力极为复杂，应该认识到家庭角色良好是健康的保障。足够重视家庭角色，帮助家庭成员认识角色的转换，调适不良的角色，早期预防心理伤害和家庭功能不良。

3. 家庭沟通（family communication）　沟通是家庭成员间相互交换信息、沟通感情、调控行为和维持家庭稳定的有效手段，也是评价家庭功能状态的重要指标。家庭沟通通过发送者（S）、信息（M）和接受者（R）完成，即 S-M-R 传递轴。这 3 个环节中任一环节出现问题，都会影响沟通的效果。发送者信息表达不清、缺乏信息、表达错误、信息模棱两可、含沙射影、信息中断；信息活跃（增多、灵敏、超前）、信息减少、信息中断；接受者对信息不能理解、不愿接受、心不在焉、理解错误，都不能达到良好的沟通效果而产生负面影响。

Epstein 描述了家庭水平沟通的内容与方式：

（1）水平沟通的内容：属于情感性的内容称为情感沟通，如“我爱你”“我非常高兴”等；属于一般信息或与居家生活动作有关的内容称为机械性沟通，如“去端饭”“明天换休”等，为家庭的一般用语。

（2）水平沟通的信息：信息是清楚的，还是经过掩饰的；是直接坦率的，还是模棱两可、含糊其辞的。如“这本书不适合小孩看”表达得很清楚；“电视看多了对眼睛不好”是经过掩饰的信息，藏有不支持看电视的含义；“去不去都行”，是模棱两可的信息，无法认定去还是不去；“男人嘛！不都一样”是含糊其辞的信息，不能分清是好还是不好。

（3）水平沟通的信息是否直接指向接受者：是直接的，称为直接沟通，比如“我晚上不回来了”；是间接的或影射的，称为掩饰或替代性沟通，如“人家的男人都有办法”影射自己的丈夫无能。

家庭功能良好时，成员间亲密和睦、彼此知心，语言不加遮掩、不拐弯抹角。当家庭功能不良时，出现成员间的沟通异常，语言掩饰、交流缺乏明朗。一般来讲：①家庭功能早期不良表现为情感沟通受损；②家庭功能中度不良表现为替代性或掩饰性沟通；③家庭功能严重障碍表现为机械性沟通中断，缺少相互合作。温暖和睦的家庭沟通良好，人人向往；直接明快的沟通，应该为社会所提倡。

4. 家庭的价值观　家庭价值观是指家庭判断是非的标准，以及对某件事情的价值所持的态度。个人价值观的形成受传统观念、文化背景和个人信仰的影响，而家庭的价值观，受着家庭传统习俗的影响且根深蒂固。家庭是社会的基本单位，个人在家庭中接受人生第一次教育历程，许多人格、观念的养成都是在家庭中奠定基础的。因此，良好的家庭传统对成员的成长、发展起着重要的作用。家庭也是人类发展互动关系中的第一个社会世界，人生早期在与父母的人际互动中，承受了来自父母的教导，价值观也在有意无意地被传递着，这些来自家庭的价值观将会影响个体日后的观念、态度和行为。如果一个家庭认为生死由天，那么很难说服他们施行促进健康的行动；基督徒患病会求主拯救，显然其精神世界寄托在宗教信仰上。因此，全科医生必须了解家庭的价值观，特别是家庭的疾

病观、健康观，才能确认健康问题在家庭中的地位，进而与家庭成员一起制订控制健康问题的具体方案。

三、家庭的功能

家庭作为人和社会的主要连接点，同时与两个方面发生联系，具有满足家庭成员个人和社会最基本需要的功能。家庭功能（family function）可分为许多方面，并且会随着社会文化的发展而变化，有些功能退化直至消失，有些则得到强化。但某些最基本的功能始终存在，它们满足了家庭成员在生理、心理及社会各个层次的最基本的需要。这些功能可归纳为六个方面：

1. 感情需求　家庭成员以血缘和情感为纽带维系彼此间的亲密关系，通过彼此的关爱和支持来满足爱和被爱的需要。

2. 性和生殖的需求　除生育子女、传宗接代、延续种族外，家庭满足夫妻性的需要。性具有调节家庭功能的作用，且控制家庭以外的性侵犯。

3. 抚养和赡养　抚养孩子、赡养老人是家庭不可推卸的责任和义务。满足家庭成员的衣、食、住、行等基本生理需要是家庭的第一重任。

4. 社会化功能　家庭具有把其成员培养成合格社会成员的社会化功能。家庭传授给成员社会技巧和知识，发展其建立人际关系的能力，使其学会如何与同代和异代人相处，胜任自己的社会角色等。同其他具有社会化功能的场所，如学校、夏令营、社区等相比，家庭是完成社会化功能的一个非常重要的场所。人的身心发育特别是心理发育的关键时期，主要在家庭中度过。这个时期如果丧失了家庭应提供的支持和关爱，会对成年后的个体产生多方面的影响。

5. 经济功能　家庭是一个经济联合体，首先满足家庭成员养家糊口的基本需求，其次家庭成员也离不开家庭的经济支持，包括学习、深造、医疗等及对各种困难的帮助。

6. 赋予成员地位　合法而健全的婚姻家庭能够给予子女合法的地位。

四、家庭生活周期

家庭生活周期（family life cycle）是指家庭遵循社会与自然的规律所经历的产生、发展与消亡的过程。Duvall（1997）根据家庭在各个发展时期的结构和功能将家庭生活周期分为 8 个阶段，即新婚期、第一个孩子出生、有学龄前儿童、有学龄儿童、有青少年、孩子离家创业、空巢期和退休期。根据家庭生活周期的不同阶段（表 4-1），提供周全可预测性的服务，已成为全科医疗有别于专科医疗的特色。

表 4-1　家庭生活周期

阶段	定义	主要面临的问题	保健服务重点
新婚期	男女结合	适应人际关系、预备做父母 性生活协调和计划生育	沟通与咨询 性生活与生育指导
第一个孩子出生期	最大的孩子介于 0～2.5 岁	怀孕与围生期、角色适应与压力 婴幼儿哺育与产后健康 婴幼儿异常与疾病	孕期检查与健康指导 哺乳、喂养指导及妇科处置 早发现、处理与转介，预防接种
学龄前儿童期	最大的孩子介于 2.5～6 岁	儿童身心发展问题 安全保护问题 传染及呼吸道感染	发育指导与成长咨询 安全健康教育 预防、及时治疗
学龄儿童期	最大的孩子介于 6～13 岁	上学、学业问题与精神成长 听、视力障碍与感染 营养与运动问题	心理辅导与家庭宣教 及早发现，处理与处置 健康宣教与疾病预防
青少年期	最大的孩子介于 13～30 岁	青少年心理问题 社会化与性问题	心理咨询与家庭辅导 青春期教育、性教育

续表

阶段	定义	主要面临的问题	保健服务重点
孩子离家期	最大孩子离家至最小孩子离家	父母与子女间为成人间的关系	不宜过多约束成年子女，宜以精神支持辅助子女
		孤独感	心理健康咨询，发展自己的社交及多种兴趣
		慢性病来临	宣教及预防、定期体检
		更年期	更年期保健
空巢期	父母独处至退休	心理问题 慢性病多发 经济与保健	健康与心理辅导 健康教育、预防与治疗、转介 规划与告诫、沟通技巧
退休期	退休至死亡	疾病及残障 安全与治疗问题 丧偶、死亡	家庭病床与慢性病管理 随访安全看护、与子女联系 团队合作与临终照顾

实际上，并非每个家庭都要经历上述8个阶段，家庭可以在任何一个阶段开始或结束，如一个人离婚后再婚。在家庭生活周期各阶段中出现任何重大生活事件，如乔迁新居、生子、患病等，都会对家庭成员的身心健康产生影响。因此，全科医生在为病人提供健康照顾时，除掌握人体正常的发育过程外，还要了解病人所在家庭的发展过程和生活周期。全科医生可以根据家庭的不同发展阶段，预测和识别家庭在特定阶段可能或已经出现的问题，及时地提供咨询和健康教育，采取必要的预防和干预措施。

第二节 家庭资源与家庭危机

一、家庭资源

个人和家庭在其发展过程中总会遇到各种压力事件，严重时可导致家庭危机。此时家庭和个人将会寻求帮助，以应对困难、渡过危机。这种家庭为维持其基本功能，应付紧张事件和危机状态所需要的物质和精神上的支持被称作家庭资源（family resources）。家庭资源可分为家庭内资源（FAMLIS）和家庭外资源（SCREEEM），参见表4-2。家庭资源充足与否，直接关系到家庭及其成员对压力和危机的适应能力，家庭资源可通过ECO-MAP图进行评估（详见第四节）。

表4-2 家庭资源

家庭内资源(FAMLIS)	家庭外资源(SCREEEM)
1. 经济支持（financial support）：家庭对成员提供的各种金钱、财物的支持	1. 社会资源（social resources）：亲朋好友及社会团体的关怀和支持
2. 维护支持（advocacy）：家庭对其成员名誉、地位、权利和健康的维护和支持	2. 文化资源（cultural resources）：文化、传统、习俗教育等方面的支持
3. 医疗处理（medical management）：为家人提供和安排医疗照顾的能力	3. 宗教资源（religious resources）：来自宗教信仰及宗教团体的支持
4. 情感支持（love support）：家庭对成员的关爱及精神支持	4. 经济资源（economic resources）：来自家庭之外的收入、赞助、保险、福利等支持
5. 信息和教育（information and education）：为家人提供医疗信息及建议，家庭内部的健康教育	5. 教育资源（educational resources）：教育制度、方式、水平、机会等
6. 结构支持（structural support）：家庭住所或设施的改变，以适应患病成员的需求	6. 环境资源（environmental resources）：所居社区的医疗设施、居家环境、公共环境等
	7. 医疗资源（medical resources）：医疗保健机构、卫生保健制度及卫生服务的可及性、可用性

笔记

二、家庭生活压力事件

家庭成员在遇到问题时可以从其家庭获得支持，但同时家庭成员也可能会从其家庭遭遇很多的压力。生活压力事件造成成员强烈的心理刺激和伤害，甚至难以愈合，严重影响家庭的内动力。包括家庭生活压力事件、个人生活压力事件、工作生活压力事件和经济生活压力事件四类。压力是很难测量大小和研究的，目前最好的办法是通过观察重要生活事件对人的影响及其在疾病发生、发展中的作用来反映压力的程度，且令人高兴的生活事件同样也可以产生压力。Holmes 和 Rahe（1967）在其研究中，让被调查者将 43 个最常见的生活事件按压力感的大小和调适的难易排出顺序（表 4-3）。结果发现，15 个最具压力的生活事件中有 10 个是家庭生活压力事件，说明家庭成员绝大多数压力来源于其家庭内部。该表中的评分反映的是西方社会文化背景中各种生活事件的压力大小，在不同的社会文化背景下，评分必然会有所不同。

表 4-3　生活压力事件评分

家庭生活事件	评分	个人生活事件	评分	工作生活事件	评分	经济生活事件	评分
配偶死亡	100	入狱	63	被开除	47	经济状况的较大变化	38
离婚	73	较重的伤病	53	退休	45	* 抵押贷款 1 万美元以上	31
分居	65	性功能障碍	39	较大的工作调节	39	抵押品赎回权被取消	30
亲密家属死亡	63	好友死亡	37	换职业	36	* 抵押贷款 1 万美元以下	17
结婚	50	杰出的个人成就	28	职责的较大变化	29		
夫妻和解	45	开始 / 停止上学	26	与上司矛盾	23		
家庭健康的重大变化	44	生活条件的较大变化	25	工作条件较大变动	20		
怀孕	40	生活习惯的大变化	24				
新家庭成员加入	39	转学	20				
与妻子大吵	35	搬家	20				
子女离家	29	娱乐的较大变化	19				
姻亲矛盾	29	宗教活动的较大变化	19				
妻子开始 / 停止外出工作	26	睡眠习惯的较大变化	16				
家庭团聚的变化	15	饮食习惯的较大变化	15				
		放假	13				
		圣诞节	12				
		轻微的违法行为	11				

我国家庭生活压力事件大体分为以下几种性质：

1. 地位改变　突然贫穷或富有、失业、领不到工资、拥有名望或特权、政治失意、失掉耕地或房屋等。

2. 失落　离婚、出走、被抛弃、分居、孩子或配偶死亡、私奔、不停变换工作等。失落是种不但失去而且无望的感觉，失落使人心灵退缩。

3. 家庭负担加重 长期或严重疾病、经济压力（上学、买房、看病）、意外怀孕、收养、继父母带来的兄弟姊妹、长期外出打工、留学、工作竞争、老人照顾等。

4. 道德行为问题 家庭暴力、少年犯罪、酗酒、吸毒、成员犯罪、通奸、亲子鉴定、辍学、病态人格等。

全科医生在其实际诊疗过程中，应考虑病人的个体差异，并观察重要生活事件的性质、对病人的影响及其在疾病发生和发展中的作用，来反映压力的程度。

三、家庭危机

家庭危机（family crisis）能否发生，取决于生活事件的性质、大小、资源的多寡，决定因素则是事件的性质。小的生活事件，可通过家庭的努力而摆脱，家庭功能尚可保持正常，恢复良性机制。严重的压力事件，导致家庭中枢失助失衡，使家庭功能处于瘫痪状态，进入病态危机。家庭危机出现后，通过一定的病态调试，会暂时处于一种病态的平衡状态。当一些慢性的压力事件逐渐积累到超过个人和家庭的承受限度时，家庭便会出现耗竭性危机，家庭功能将会进入彻底的失衡状态。

家庭功能失衡必将影响家庭的和谐稳定，家庭功能失衡主要表现在以下方面：①婚姻或性困境，如分居、离婚、外遇等；②一个家庭成员出现多重异常表现，又称为“厚病历综合征”，表现为某个家庭成员反复就医，但无法确诊的现象；③多个家庭成员出现多重异常表现；④孩子出现异常行为，如突然中断同家人的正常交流、说谎、逃学、离家出走等；⑤病人不易相处，如遵医嘱性很差、难于管理的病人；⑥怀孕期间或产后出现异常行为；⑦家庭成员有药物或酒精成瘾现象；⑧有对妻子或孩子实行性虐待或家庭暴力的迹象；⑨精神失常；⑩易患疾病；⑪不断增加的紧张或焦虑情绪；⑫主诉有慢性疲劳或失眠。

家庭危机产生的原因各不相同：①家庭压力事件常引发家庭危机，但导致家庭危机的并非都来自家庭的压力事件；②家庭的异常互动模式、不成功的角色、不完整的结构、病态人格等，也可导致家庭危机；③家庭危机的概率与社会因素相关，情感、经济、价值观的突变，导致家庭危机事件增多；④亚婚姻灰色地带，使爱情忠贞成为泡影；⑤稳定家庭在市场经济中也需刷新导航，也存在危机的风险。引起家庭危机的常见原因如下表（表4-4）所示。

表4-4 引起家庭危机的常见原因

原因	一般情况	异常情况
1. 家庭成员增加	结婚、孩子出生、领养幼儿 亲友搬来同住	意外怀孕 继父、继母、继兄弟姐妹搬入
2. 家庭成员减少	老年家人或朋友去世 家人按计划离家（如孩子外出工作等） 同龄伙伴搬走	子女离家出走 家人从事危险活动（如战争） 家人或朋友住院 夫妻离婚、分居或被抛弃 家人猝死或暴力型死亡
3. 不道德事件	违反社会/社区/家庭的规范	酗酒、吸毒 对配偶不忠 被开除或入狱
4. 社会地位改变	家庭生活周期进入新阶段 加薪、提降职位 搬家、换工作、转学 事业的成败 政治及其他地位的变化 退休	代表社会地位的生活条件改变（如汽车、住宅、工作环境） 失去自由（如入狱） 失业、失学 突然出名或发财 患严重疾病，失去工作能力，没有收入

第三节　家庭对健康和疾病的影响

全科医生日常所照顾的有各种生理、心理症状及表现的病人，并不是孤立存在的，而是生活在一个与之息息相关的家庭背景中的。家庭对个人健康和疾病的发生、发展有着重要的作用；反过来任何家庭成员的疾病也会影响其他家庭成员的健康，甚至影响整个家庭的功能。因此，要提供周全的家庭照顾，全科医生必须了解家庭，剖析家庭的文化、功能和它内在的机制，引导“家庭健康”。

一、家庭系统理论

家庭系统理论是一种能较好地解释家庭对健康和疾病作用机制的学说。它的发展过程大致分为三个阶段：第一阶段：医生（尤其是精神科医生）及其他研究者（特别是社会学家和流行病学家）开始认识并研究家庭因素，如家庭结构、婚姻、沟通类型及丧偶等是如何影响个体的心理和生理健康的；第二阶段：在一些家庭治疗专家的理论实践基础上，初步形成了关于家庭问题的产生、个体治疗与家庭整体治疗的区别的理论框架和知识体系；第三阶段：在医学学科内产生并发展了家庭系统理论，这也是家庭医学产生的起点。

家庭生活周期是一个循序发展的过程，起自男女的结合，终止于夫妻衰老死亡。家庭除进行生物及行为的正常传递外，还会出现不可预测的躯体、心理、社会问题及危机。我们应关注家庭对个体健康的影响及个体健康对家庭的冲击，把家庭看作一个整体，提供以家庭为单位的照顾。

二、家庭对健康和疾病的影响

（一）家庭与健康

1. 家庭饮食、生活、行为习惯与健康　慢性病的诱因多与不良的生活方式、饮食习惯、行为和心理相关，而这些诱因多来自家庭，如高盐饮食、好吃肥肉、少运动、缺乏良好的卫生习惯、大炖大煮、鲜炒生食、紧张行为等。不良行为与习惯在慢慢蚕食着人的健康。

2. 婚姻与健康　夫妻相亲相爱、家庭稳定，使家庭具有凝聚力，良好的家庭氛围促使机体的生理、心理平衡，子女健康成长。不幸的婚姻、离婚、分居或寡居，对家庭成员都有冲击，带来负面情绪。高度负面情绪常会越过生理阈值发生疾病危机，如焦虑、疲劳、睡眠困难、偏头痛甚或溃疡病、心理退缩等。重建的双核心家庭，往往带来角色的压力，情绪耗尽、透支健康。在针对离婚、寡居、丧偶家庭的调查中发现此类家庭死亡率比婚姻家庭高出很多。家庭破裂是健康的重要危机，且对孩子有广泛影响，导致倒退、发育迟缓、学校问题、行为问题、学习失败，焦虑、抑郁、厌倦、犯罪、性乱、自杀等。

3. 家庭与成长　患儿非发作性惊厥与低社会阶层、精神疾病、父母亲情剥夺和不良保健有关；意外事件及安全伤害的发生明显与父母防范意识淡薄相关；儿童尿床与低社会阶层、父母照顾不良有关；神经质母亲的孩子有患神经质的危险；人格障碍也多与家庭环境及家庭教养有关；富足家庭能满足儿童所需的营养及关爱，长期营养缺乏会影响发育成长。

4. 家庭对儿童社会化的影响　儿童的躯体和行为异常与家庭病理有密切的关系。父母亲情的长期剥夺与自杀、抑郁、社会病理人格相关。人在3～5岁时奠定人格基础，可以说父母造就了儿童的人格。家庭不良的互动模式是家庭病理的起因，人际沟通不良常在家庭的互动中形成。

5. 家庭经济与健康　经济社会形成了富有与贫穷两极分化的家庭，经济对健康的影响与年龄有关，年龄越小、相关性越大。肥胖儿童是糖尿病、动脉硬化、心血管病等“慢病人群”的“后备军”。成人脂肪肝、胰腺炎等常是饮食不节的后果。而营养供给不足使儿童发育迟缓、产生营养不良症。因

病致贫、贫病交加，导致家庭挫败、不利于家庭成员的发展。

6. 家庭关系不良与健康 国外研究发现，父母长期高应激状态对子女智力和行为都有影响。家庭暴力对躯体和精神有严重影响，可留有心理创伤，恶性循环使子女精神紧张、思维减退、表现异常。家庭照顾及心理支持缺乏或丧失，安全感、关爱等随之改变，会使子女身心憔悴、自尊下降，出现多动、说谎、逃学、偷窃、攻击、酗酒、滥用药物、离家出走、过早性行为、犯罪、自杀等行为。

（二）家庭与疾病

1. 家庭与遗传病 每个人都是其基因型与环境相互作用的产物，有些疾病就是受到家族遗传因素和母亲孕期各种因素的影响而产生的。遗传病的获得不仅仅是生物遗传，还有心理、精神的遗传。家族性遗传病，如血友病、β- 地中海贫血、家族性克汀病等；许多慢性病也都有家族遗传倾向，如高血压、动脉粥样硬化、癌症、糖尿病等；家庭病理也可通过母亲的情绪 - 神经 - 内分泌轴对胎儿产生影响，持续焦虑的母亲所生的孩子有神经系统不稳定倾向，神经质人格在家庭重复出现，人格品质常遗传于下一代。一个家族的素质，上下代际常具有相似性。

2. 家庭与感染 传染性疾病及呼吸道疾病在家庭中更易传播。如肝炎、艾滋病呈家庭聚集现象；0～5 岁孩子下呼吸道感染及其严重程度与不利的家庭因素有关；3～7 岁儿童发生哮喘与父母的抑郁、焦虑相关；孩子发生链球菌、葡萄球菌感染及肠道感染，与不良居家环境、过分拥挤、缺乏母亲照顾相关。

3. 家庭与慢性病 慢性病的长期照顾多依靠家庭，病人的生活质量及预后与家庭照顾相关。据调查，获得足够家庭关注的糖尿病患儿病情更能得到有效控制，发育正常。而家庭关注不足的患儿，并发症多、容易中途夭折。就慢性病的病情控制和提高病人生活质量而言，家庭照顾极为关键。

4. 家庭与疾病预防 科学研究认为，动脉脂质沉积从两三岁就已经开始出现，到成年出现症状时已是不可逆的变化，可见疾病预防应从家庭做起，从生活方式、健康心理行为起步，方能保障家庭成员的健康。家庭功能良好、相互作用模式正常，可有效预防心理疾病。

5. 家庭与疾病康复 家庭的支持对各种疾病，尤其是慢性病的治疗和康复有很大的影响。Anderson 等人（1981）发现，糖尿病控制不良与低家庭凝聚度和高冲突度有关。家长的漠不关心可导致最严重的糖尿病失控和病孩患抑郁症（Khurana & White，1970）。

第四节 家 庭 评 估

家庭评估（family assessment）是完整家庭照顾的重要组成部分，其目的是了解家庭的结构、家庭所处的家庭生活周期阶段、家庭资源和家庭功能等，进一步分析家庭存在的健康问题 / 疾病，以及在照顾病人健康问题 / 疾病过程中可以利用的家庭资源。

全科医疗中广泛应用的家庭评估方法有：家庭基本资料收集、家系图、家庭圈、家庭功能 APGAR 量表、生态图、家庭凝聚度和适应度等。家庭评估是对家庭资料的综合分析，得出个体或家庭问题的解决途径。

一、家庭基本资料

家庭基本资料包括：家庭环境、家庭各成员的基本情况（姓名、性别、年龄、家庭角色、职业、教育、文化、婚姻及主要健康问题等）、家庭经济状况（经济来源、年均收入、人均收入、消费观念等）、家庭健康生活（家庭生活周期、家庭生活事件、生活方式、健康信念等）等。这是全科医生做家庭评估最为常用、最为简便的方法。

二、家系图

家系图（genogram，family tree）可用来描述家庭结构、医疗史、家庭成员的疾病有无遗传、家庭关

系及家庭重要事件等。通过家系图，医生可以很快掌握大量的家庭基本资料。家系图可作为家庭档案的基本资料存于病历中。家系图的画法应遵循以下原则：

1. 内容一般包括三代人。

2. 可以从最年轻的一代开始往上追溯，也可以从病人这一代开始上下展开。

3. 不同性别、角色和关系用不同的结构符号来表示。

4. 同代人中年龄大的排在左边，年龄小的排在右边，并在每个人的符号旁边注上年龄、出生或死亡日期、遗传病或慢性病等资料。还可以根据需要，在家系图上标明家庭成员的基本情况和家庭中的重要事件。

5. 标出在同一处居住的成员。

6. 家系图中的符号要简明扼要。

家系图一般可在10～15分钟内完成，其内容可不断积累和完善。在全科医疗中有较高的实用价值。家系图范例和符号见图4-2。

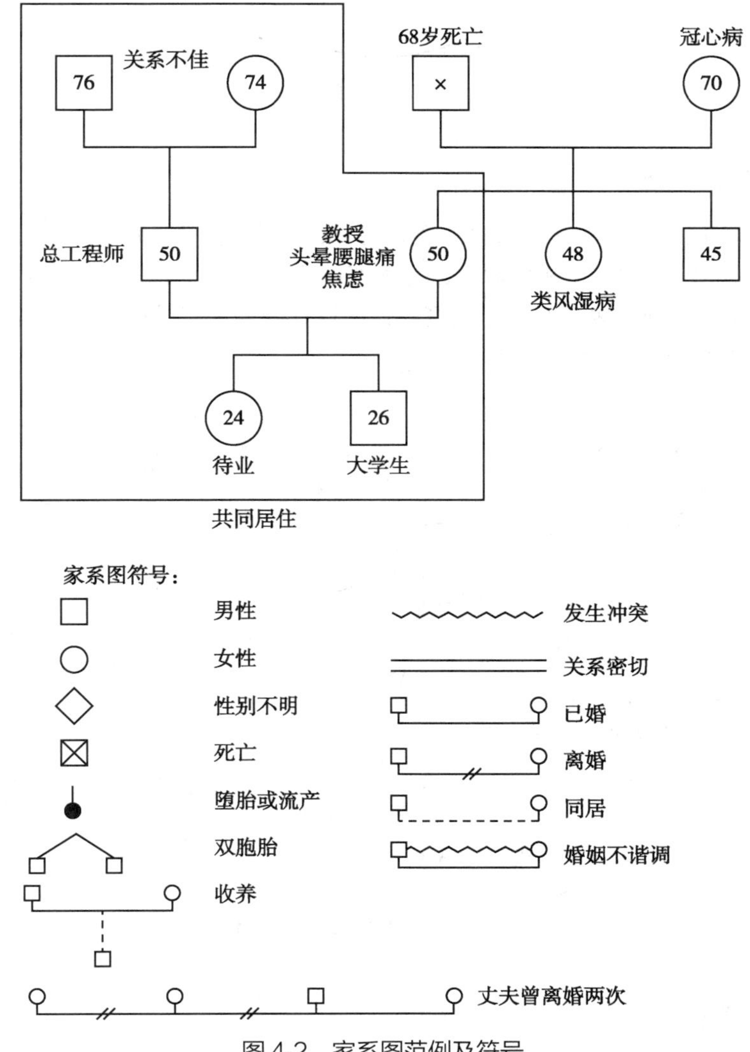

图4-2　家系图范例及符号

三、家庭圈

家庭圈（family circle）是以病人的观点看待家庭成员与自己的关系，自绘的圈形图，是一种病人

主观评价的方法。在图中，家庭以大圈表示，成员以小圈表示，小圈的距离代表其亲密度，绘图者将自己绘于大圈的中心位置，其他成员按亲密程度绘于周围。也可将自己生活中的重要宠物绘于图中，如狗、猫等。家庭圈随着个人观点的改变而变化，因此，情况变化后需要重绘，以便医生获得新的资料及下一步咨询。家庭圈有利于医生探讨家庭的互动关系及家庭的动态表征。家庭圈范例参见图 4-3。

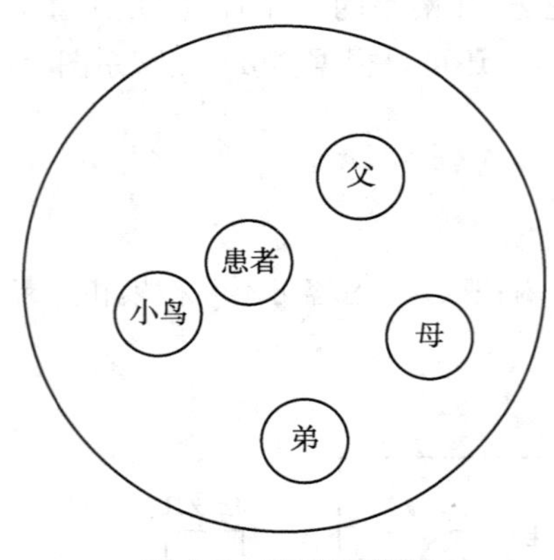

图 4-3　家庭圈范例

四、ECO-MAP 图

ECO-MAP 图，即生态图，是评估家庭外资源的一种方法，它把家庭作为对象，调查家庭外在资源有关成分的有无及多少，记录各种资源成分与家庭的联系强度；用图表示（图 4-4），图中圈的大小表示资源的多少，不同的连线表示联系的强度。该图以社会的观点进行家庭评估，有助于指出家庭所处社会环境的基本特质，亦可用于治疗。

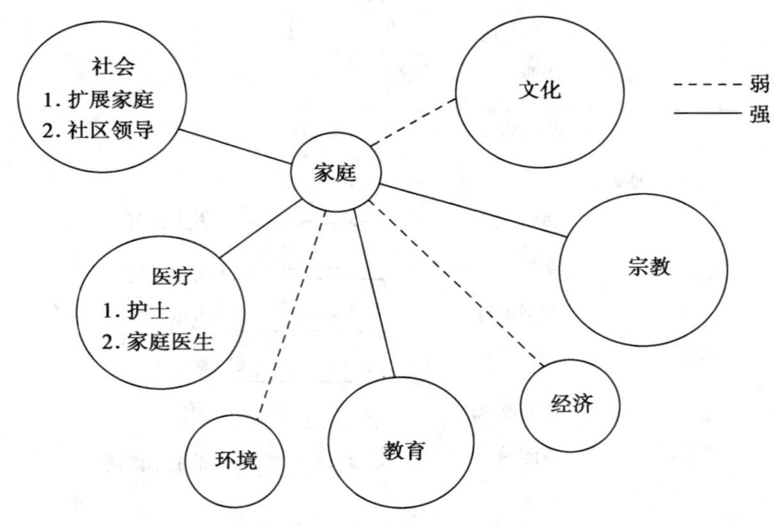

图 4-4　家庭外在资源 ECO-MAP

五、家庭功能评估

家庭功能是否良好，是家庭评估中很重要的一项。APGAR 家庭评估问题表是 Dr. Smilkstein 于 1978 年研究设计的检测家庭功能的问卷，主要用来测量家庭成员对家庭功能的主观满意度。因为问题较少，评分容易，因而比较适宜在基层工作中使用。APGAR 量表的名称和含义见表 4-5，APGAR 量表的具体内容详见表 4-6。

表 4-5　APGAR 量表的名称和含义

名称	含义
1. 适应度（adaptation）	家庭遭遇危机时，利用家庭内、外资源解决问题的能力
2. 合作度（partnership）	家庭成员分担责任和共同做出决定的程度
3. 成长度（growth）	家庭成员通过互相支持所达到的身心成熟程度和自我实现的程度
4. 情感度（affection）	家庭成员间相爱的程度
5. 亲密度（resolve）	家庭成员间共享相聚时光、金钱和空间的程度

表 4-6　APGAR 量表

内容	2分	1分	0分
	经常	有时	很少
1. 当我遭遇困难时，可以从家人得到满意的帮助			
2. 我很满意家人与我讨论各种事情，以及分析问题的方式			
3. 当我希望从事新的活动或发展时，家人都能接受且给予支持			
4. 我很满意家人对我表达感情的方式，以及对我的情绪反应			
5. 我很满意家人与我共度时光的方式			

该量表共分为两个部分，第一部分为 APGAR 评估量表，主要用于测量个人对家庭的满意度。本表采用封闭式问答，共 5 个题目，每个题目设 3 个答案“经常这样”“有时这样”和“几乎很少”，分别记分 2 分、1 分和 0 分。将 5 个问题的得分相加，总分 7～10 分表示家庭功能良好，4～6 分表示家庭功能中度障碍，0～3 分表示家庭功能严重障碍。另外，通过分析每个问题的得分情况，可以粗略了解家庭功能障碍的基本原因，即哪一方面的家庭功能出了问题。第二部分较为复杂，是了解测试者与家庭其他成员的个别关系，采用开放式的问答，能获得更多的资料，测试者将与每位家人相处的亲密关系及程度，分为良好、普遍、不好 3 个等级回答。第二部分不在此叙述。

在使用 APGAR 评估量表时，应注意两个问题，首先是需要将本量表通俗化和本土化，但又不能失其精髓；其次是，正确对待该表的测评结果，注意其时效性和主观性的特点。

六、家庭凝聚度和适应度

家庭凝聚度（family cohesion）是反映家庭成员之间的亲密及自主性程度。家庭的凝聚力是家庭的动力，凝聚度异常往往是家庭功能不良的原因。异常凝聚度家庭分为：缠结型（enmeshed）；联结型（connected）；分离型（separated）；破碎型（disengaged）。家庭适应度（family adaptability），即成员的适应力及家庭对生活压力事件的反应和调适能力。可分为：混乱型（chaotic）；灵活型（flexible）；结构型（structured）；僵硬型（rigid）。

家庭适应度和凝聚度评估量表（Family Adaptability and Cohesion Evaluation Scale，FACES）分为三种，分别用于成人家庭，有青少年的家庭和年轻夫妇双人家庭。每种问卷都由 30 个问题组成。每个问题的答案为“从不”“很少”“有时”“经常”和“总是”，分别记 1、2、3、4、5 分。在此仅列出 FACES Ⅱ成人问卷（表 4-7），供学习者研究和使用。

评价的步骤为：先将受试者所答各题的分数用表 4-8 的方法算出凝聚度和适应度得分；然后根据表 4-9 找出得分对应的凝聚度和适应度的性质；最后可判断出所评估家庭的凝聚度和适应度。也可以按照 circumplex 模型（图 4-5）判断该家庭所属的家庭类型。

表 4-7 FACES Ⅱ成人问卷

		从不	很少	有时	经常	总是
		1	2	3	4	5
1. 遇到困难时，家人能互相帮助。	1	☐	☐	☐	☐	☐
2. 在家里，每个人能自由发表意见。	2	☐	☐	☐	☐	☐
3. 同外人讨论问题比同家人容易。	3	☐	☐	☐	☐	☐
4. 做出重大的家庭决定时，每个家庭成员都能参与。	4	☐	☐	☐	☐	☐
5. 家庭成员能融洽地相聚在一起。	5	☐	☐	☐	☐	☐
6. 在为孩子定规矩时，孩子也有发言权。	6	☐	☐	☐	☐	☐
7. 家人能一起做事。	7	☐	☐	☐	☐	☐
8. 家人能一起讨论问题，并对做出的决定感到满意。	8	☐	☐	☐	☐	☐
9. 在家里，每个人都各行其是。	9	☐	☐	☐	☐	☐
10. 家务活由各家庭成员轮流承担。	10	☐	☐	☐	☐	☐
11. 家庭成员互相了解各自的好友。	11	☐	☐	☐	☐	☐
12. 不清楚家里有哪些家规。	12	☐	☐	☐	☐	☐
13. 家庭成员在做决定时同其他家人商量。	13	☐	☐	☐	☐	☐
14. 家庭成员能畅所欲言。	14	☐	☐	☐	☐	☐
15. 我们不太容易像一家人那样共同做事。	15	☐	☐	☐	☐	☐
16. 解决问题时，孩子的建议也予以考虑。	16	☐	☐	☐	☐	☐
17. 家人觉得互相很亲密。	17	☐	☐	☐	☐	☐
18. 家规很公正。	18	☐	☐	☐	☐	☐
19. 家庭成员觉得同外人比同家人更亲密。	19	☐	☐	☐	☐	☐
20. 解决问题时，家庭成员愿意尝试新途径。	20	☐	☐	☐	☐	☐
21. 各家庭成员都尊重全家共同做出的决定。	21	☐	☐	☐	☐	☐
22. 在家里，家人一同分担责任。	22	☐	☐	☐	☐	☐
23. 家人愿意共同度过业余时间。	23	☐	☐	☐	☐	☐
24. 要改变某项家规极其困难。	24	☐	☐	☐	☐	☐
25. 在家里，各家庭成员之间互相回避。	25	☐	☐	☐	☐	☐
26. 出现问题时，我们彼此让步。	26	☐	☐	☐	☐	☐
27. 我们认同各自的朋友。	27	☐	☐	☐	☐	☐
28. 家庭成员害怕说出心里的想法。	28	☐	☐	☐	☐	☐
29. 做事时，家人喜欢结对而不是形成一个家庭群体。	29	☐	☐	☐	☐	☐
30. 家庭成员有共同的兴趣和爱好。	30	☐	☐	☐	☐	☐

表 4-8 计算凝聚度和适应度的方法

凝聚度	适应度
①第 3、9、15、19、25、29 题得分之和	①第 24、28 题得分之和
②用数字 36 减去步骤①的结果	②用数字 12 减去步骤①的结果
③其余所有奇数题及第 30 题得分之和	③其余偶数题得分之和（除外第 30 题）
④步骤②和③的结果之和	④步骤②和③的结果之和

表 4-9 凝聚度和适应度得分转换表

凝聚度	0～50 破碎	51～59 分离	60～70 联结	71～80 缠结
适应度	0～39 僵硬	40～45 有序	46～54 灵活	55～70 混乱

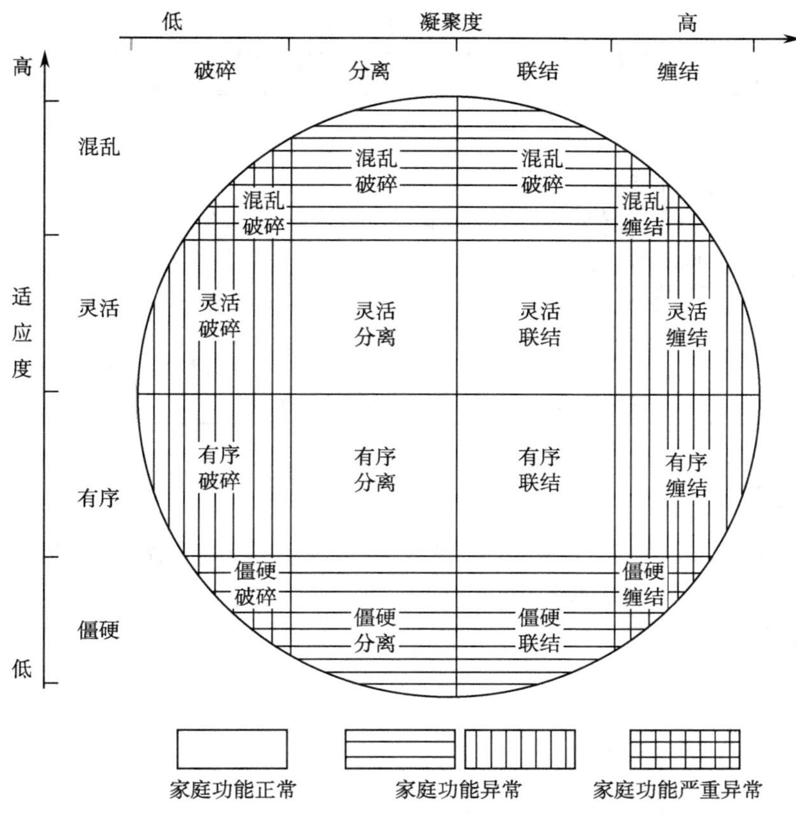

图4-5　Circumplex模型（将家庭分为16种类型，Olson，1979）

第五节　家庭照顾

完美的病人照顾应考虑到病人的社会、家庭背景，考虑到家庭对病人疾病和治疗的作用。由于全科医生业务水平、时间、兴趣的差异以及病人期望的不同等原因，全科医生/家庭医生在行医中与家庭联系的程度也不同。Doherty和Baird（1986）将家庭医生的服务分为5个等级（表4-10）。

表4-10　家庭照顾的服务等级（Doherty和Barid，1986）

级别	内容
1. 对家庭的考虑最少	与家庭只讨论生物学方面的问题
2. 提供医疗信息和咨询	诊治中考虑家庭因素，能简单地识别家庭功能紊乱并转诊
3. 同情和支持	同家庭的讨论中，强调压力和情感对疾病和治疗的作用
4. 评估和干预	同家庭讨论，帮助他们改变角色和相互作用模式，以便更有效地适应压力、疾病和治疗
5. 家庭治疗	定期同家庭会面，改变家庭内与身心疾病有关的不良相互作用模式

许多西方国家，初出茅庐的家庭医生，仅提供1、2级水平的家庭医疗；大多数家庭或全科医生，提供3、4级水平家庭医疗保健；而接受家庭治疗专门训练的家庭或全科医生，可提供5级服务。

一、家庭照顾中的三级预防

家庭是重要的压力来源，也是重要的资源。同时，全科医生也应认识到家庭还是预防疾病的重要资源，是实施预防措施的良好场所。对家庭的照顾，始终贯穿三级预防，并在家庭的参与下实施（表4-11）。

表4-11 家庭三级预防的实施

预防等级	内容
第一级预防	生活方式相关问题指导 健康维护 家庭生活教育
第二级预防	医患共同监测健康，心理咨询 鼓励及时就医，早发现、早治疗 监督遵医性，治疗及管理
第三级预防	对慢性病成员，持续性管理，督促遵医性，指导适当的活动能力 对慢性病病人带给家庭的变化，指导全体成员参与并做出相应调整 对重病或临终家庭，提供团队合作家庭照顾和临终关怀

二、家庭访视

家庭访视（home-visiting）是全科医疗的一片天地，体现了以家庭为背景的情境性照顾，保持了与家庭的密切往来，提供了居家式的服务。

（一）家庭访视的适应范围

1. 某些急症病人。
2. 行动不便者。
3. 有心理社会问题的病人。
4. 不明原因的不遵医嘱的病人。
5. 初次接诊的新病人。
6. 患多种慢性病的老人。
7. 临终的病人及其家庭。
8. 有新生儿的家庭。
9. 需要做家庭结构和功能评价者。
10. 需要实施家庭咨询与治疗者。

（二）家庭访视的种类

1. 评估性家访 对家庭进行评估。常用于有家庭问题或心理问题的病人及对老年病人家庭环境的考察。

2. 连续性家访 对慢性病病人或家庭病床提供连续性的照顾，或需要定期随访。

3. 急诊性家访 处理紧急事件。

4. 随机性随访 医生的意向及追踪。

三、家庭治疗

家庭治疗（family therapy）兴起于西方社会学界，目前也引起了我国学者的关注。家庭治疗是指对家庭的功能、角色、互动模式的调适，涉及心理、行为问题的治疗。家庭治疗以家庭为对象，通过对家庭所有成员的协调，达到家庭和谐、功能运转正常的目的。

专业人员把家族视为一个整体，整个家庭是一个个案，其中可能有一个特定的案主，但治疗是对全家，而不是仅对案主。疏通家庭内部机制会改变整个家庭系统，而改变家庭可能是改变个人最有效的途径。一个家庭是一个系统，家庭发展则是一个系统的途径，家庭存在系统内部的相互制约与调整。“不改变家庭内部的相互作用模式而企图改变某成员的行为是极为困难的”。所以，实施家庭治疗，需要医生与家庭达成协议，动员所有家庭成员参与，了解家庭问题的来龙去脉，成员的角色状况，家庭相互作用模式以及成员的认知和行为，逐步改变家庭机制。这里提到的动员家庭成员参与

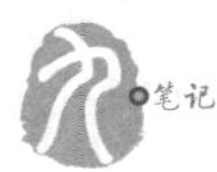
笔记

可以理解为与家庭成员合作。从家庭治疗的观点出发，与家庭成员合作是指避免全科医生提供太多的指令性服务，为家庭的幸福负太多责任，这样会导致家庭将其健康和发展完全依赖于全科医生。从家庭教育的观点出发，与家庭成员合作是指提高预先指导的能力，帮助家庭成员做好准备，不仅要准备好如何面对家庭成长过程中发生的正常变化，还要准备好家庭系统如何面对疾病带来的影响。与家庭成员一起工作是家庭医疗的基础，家庭生活和谐不仅是家庭成员心理健康的基础，也是社会稳定的基础。

家庭治疗并非所有的全科医生都能做得很好，从事家庭治疗需要专业的训练。因此，全科医生应该审慎，有哪一级的能力就做哪一级的干预。只有认识到自我的不足，方能保持与家庭的关系，约定与家庭的会晤。如同临床的治疗方案，一步一步调整，使家庭逐渐康复。

许多证据表明，21 世纪精神和心理问题将成为人群健康的主要问题，发病率增长迅速，多为社会原因所导致。参与家庭治疗，需要拥有资深的心理学阅历和掌握精神分析的方法。治疗应该营造有益于精神的环境，以家庭治疗构建良好的家庭氛围。全科医生方便进行家庭照顾，也只有全科医生更懂得家庭。

1. 家庭治疗是全科医生介入复杂的家庭领域，调整家庭发展变化中的动态平衡过程，其内容没有翻版，只能在实践中增长经验。

2. 家庭治疗多为医生与来访者公开讨论对家庭事件的反应。

3. 家庭治疗所采用的方式应与事件的性质吻合。

4. 家庭治疗对身体健康及保健有积极的效果。

四、临终关怀

全科医学注重于研究生命周期，而临终是生命的最后里程，也是一种家庭危机。临终表明病人即将永远离开世界，传统指老人的死亡，实际上可发生在任何年龄甚至儿童。人类对死亡充满了恐惧，尤其是非正常死亡。医学界一直把死亡看作敌人，产生了强化及侵袭性的治疗，社会的进步提出了临终关怀，据此，应先了解临终关怀的来历和意义。

临终关怀（hospice）的原意是济贫院、旅客招待所，产生于中世纪，原指宗教团体为朝圣者修建的休息、添粮加水的过路站，甚或对中途临终的祈祷。到 1865 年，英王查理的姐姐将家捐献为临终者的特别护理院，1967 年桑德斯博士（Dr. Dame Cicely Saunders）创办了英国第一家圣克里斯多佛临终关怀医院（St. Christopher’s Hospice），此后，临终关怀在这所医院的起始下得以发展和推崇。它体现了人类的仁爱、同情和奉献精神，并使生命的照顾得以完满。临终关怀以综合、人性化、居家式的服务及提高临终生命质量为宗旨，提供身心一体的照顾，使临终者安然度过最后的时光。目前英国已有 273 所临终关怀机构，美国有 2000 多所临终关怀机构和组织，我国于 1988 年在天津医学院成立了第一所临终研究中心。当前，面对我国社会的老龄化，社区医疗也将承担临终关怀服务的功能。

（一）总疼痛

桑德斯博士深感临终病人复杂的身心痛苦绝非仅限于肉体，她打破了传统的疼痛概念，从社会角度审视生命末期的感受，提出了“总疼痛”（total pain）的概念。总疼痛是指躯体疼痛（骨浸润痛、呼吸困难、便秘等）、心理疼痛（死亡恐惧、再见不到亲人等）、社会疼痛（离婚、失业、亲人早逝等）、灵魂疼痛（自责、内疚、悔过等）和经济疼痛（谁来养活孩子、偿还债务等）等多种疼痛的总体感受。

总疼痛诠释了躯体和心灵交织于一起的折磨，因此，缓解临终者的疼痛不仅是单一的止痛药物，还包含对心理社会的支持及与止痛药的联合应用。采用综合的措施，减轻肉体和心灵的折磨。

（二）联合止痛

联合止痛指实施治疗、心理看护、社会支持的综合措施，临床大体包括止痛药物、神经封闭、麻醉、医护呵护、居家团队合作及支持。

1. 止痛

（1）疼痛的因素：止痛效果与医护的成熟思考和分析能力密切相关，因此，对疼痛应进行如下分

析：①引起、加剧或缓解疼痛的因素；②疼痛的特征和性质；③疼痛涉及的部位；④疼痛的时间与规律；⑤疼痛对病人生活、情绪的影响，以及病人对疼痛的反应；⑥伴随或并发的症状。

（2）止痛药分类及WHO提出止痛阶梯（表4-12）：

表4-12 WHO止痛阶梯

阶梯	药物
一阶梯，非阿片类药，治疗轻度到中度的疼痛	阿司匹林、对乙酰氨基酚、非类固醇类抗炎药等
二阶梯，阿片类药，治疗持续性或加重性疼痛	吗啡、可待因、哌替啶等
三阶梯，疼痛升级，在辅助止痛药的基础上，增加阿片类药物的剂量或效力	抗抑郁药、抗惊厥药、局麻药、皮质类固醇、神经安定药、辣椒素等辅助止痛

2. 心理社会支持 临终关怀为一种多学科的专业队伍，包括医生、护士、药剂师、法律顾问、协调人员、志愿者及牧师等。他们齐心协力满足临终者及家人的生理、心理、社会和经济的需要。临终关怀服务，应做到以下几点：

（1）耐心倾听、彻底实施：对于生物医学无法治疗的病人，心理、社会支持极其重要。耐心倾听病人意愿并彻底去做，会给他们的心灵带来无限安慰，明显提高其生命质量。①耐心倾听：耐心倾听病人的诉说，方能知其心声、达到理解与情感的沟通。接受病人的感受与体验，充分满足其临终前的要求，是最重要的心理支持。②减少孤独：尽量减少病人的孤独感。因临终者对亲人的无限留恋，希望有人陪伴，怕刹那间再也见不到亲人，所以避免临终者与家人隔离是医学界的进步与醒悟。③保持尊严、避免侵袭治疗：临终病人希望得到休息、平静和尊严，需要心灵呵护，应避免侵袭性、墨守成规的治疗。

（2）尊重病人的权利：临终关怀是一种姑息性治疗和照顾，在家中或医院环境中的服务都有效，重要的是尊重病人的选择。病人需要医生了解自己的心意，也需要从医生那里了解病情。美国精神科专家Elisabeth Kubler-Ross认为，大多数临终病人都会经受感性适应和死亡过程反应的5个阶段：否认期、愤怒期、商讨期、抑郁期、接受期，也有的只经过二或三个阶段。因此，应根据病人的意愿如实告知病情，但要注意策略：①随病情发展慢慢告知实情，像脱敏注射一样实施心理脱敏，逐步增加病人的承受力。②通过对治疗预后的乐观态度，给予心理支持，唤起战胜疾病的希望和毅力。③以语言和情感交流，提供保守的推测。

（3）尊重生命质量胜于数量：临终关怀是为改变短暂的生命质量，而不是盲目的延长生命时间。临终关怀旨在为病人营造一个舒适、有意义、有尊严、有希望和温暖的生活空间，使其在有限的时间里没有痛苦折磨、与家人共度温暖时光，得到无微不至的关怀，平静安详的迎接死亡。国外多采用消极疗法，强调其精神护理：①让病人舒服：因为没有痛苦，才有生命质量；②灵性：耐心倾听，用肢体语言与心灵沟通；③细心体察：认真对待细小的环节与要求，悉心看护病人；④宁静：过日常平静的生活，包括与家人相处。

（三）帮助临终病人的家庭

临终关怀除围绕临终者的服务外，还包括对其家庭的照顾。

1. 团队人员为家庭提供支持，如对家人的治疗、帮助和指导。
2. 了解谁是最悲痛者、谁是竭力照顾者，他们是否也有健康问题，为其提供帮助，尤其是丧偶、丧子者。
3. 提醒家庭应为病人做些什么，比如满足最后遗愿，选择最后度过地点，安排居丧等。
4. 鼓励家人发泄，在长期的压抑下哭出内心的伤痛。
5. 安排邻居、亲友中有相同体验的人与难以解脱的成员进行交流。
6. 暂时脱离原来的环境，避免睹物思人。

人生有些伤害不可能依靠医治，有的需要情感的弥补，有的需要社会性治疗，有的需要通过时

间的流逝来淡化。美国1976年立法《自然死法案》，对末期临终者不施以增加痛苦、且拖延死期的治疗，即消极治疗。这些为临终关怀的社会和社区服务提供了思路和建议。

思考题

1. 如何理解以家庭为单位的健康照顾？
2. 家庭生活周期及其划分的意义。
3. 如何充分利用和调动家庭资源来避免和应对家庭危机？
4. 举例说明家庭对健康和疾病的影响。
5. 家庭评估在全科医生诊疗过程中的作用和意义。
6. 请谈谈您对家庭照顾中三级预防的理解，您的家庭是否重视并做到了呢？

（陈丽芬）

第五章　以社区为范围的健康照顾

学习提要

- 教育以社区为范围健康照顾的思维和基本能力。
- 理解社区的史源与概念，及发展社区医学的深远意义。
- 知悉以社区为导向的基层医疗，把纯粹的医疗方式扩大到对社区人群的管理。
- 重视群体健康及普遍的公共卫生问题，懂得使用社区调查及社区诊断手段，以有效、群体参与的方式促进社区康复。
- 培养以社区为范围照顾的全科医生。

人体与环境息息相通，机体随时与外界进行空气、物质、信息的交换。因生活的需要使人群居住在一定的地域，形成了活动的范围——社区（图 5-1）。人类数个世纪遭受疾病和瘟疫的侵袭之后，反思社区卫生的重要，为了保护生存的环境不受疫疠肆虐，由此产生了社区医学。其理念为社区也像人一样，会有这样那样的健康问题，需要像对病人一样也进行分析、诊断和治疗，以消除影响人群健康的隐患。营造良好的社区环境，使人们在这里心情舒畅、免受伤害、享有保健和健康，社区成为友谊和温暖的大家庭。

图 5-1　社区充满了友谊

第一节　社 区 医 学

1977 年第 30 届世界卫生大会提出了“人人享有卫生保健”的目标，1978 年阿拉木图宣言确定了推进初级卫生保健是其实现的唯一途径，使得社区医学得以发展。

一、社区

（一）定义

社区（community）是伴随着人类的出现而产生，在上古氏族社会就有了社区的雏形，人群是构成社区的重要元素。社区，是德国社会学家腾尼斯（F. Tonnies）1881 年首次提出，定义社区是“以家庭为基础的历史共同体，是血缘共同体和地缘共同体的结合”。英文 community 的原意是公社、团体、共同体、同一地区的全体居民。“社区”一词是由社会学家费孝通等于 1933 年引入我国。我国社会学家费孝通定义社区为，“若干社会群体（家庭、氏族）或社会组织（机关、团体），聚集在某一地域里所形成的一个生活上相互关联的大集体”。社区不同于行政区域划分，更趋于一组共同生活、具有共同特征和共同需求的区域人群组成的社会。聚集在这一地域的社会群体，生活上互相关联，从事文化、经济、政治等社会实体活动。不同的学者、不同学科对社区定义的理解有不同定位和倾向，比较权威的是世界卫生组织提出的社区定义，社区是以某种经济的、文化的、种族的或某种社会凝聚力，使人们生活在一起的一种社会组织或团体。

世界卫生组织（WHO）认为，一个具有代表性的社区，人口约为 10 万～30 万，面积 5000～

50 000km²。社区可以大到一个国家，小到一个街道。社区有共同的利益需求、共同的服务，如交通、学校、经济交往等，同时面临共同的问题，如环境卫生、教育、医疗设施等。长居社区的人群，产生共同的习俗及生活方式，为了达到共同的目标，社区必须组织起来相互合作、集体行动、共同发展。不同的社区，具有特征性的文化背景、生活制度和管理机制，形成了人们的健康观念和行为模式。

（二）社区的类型

分为地域型社区和功能型社区。地域型社区以一定的地理范围为基础，生活在此范围的居民享受共同的基础设施服务，由区域内的机构和制度所管理。功能型社区以共同的特征为基础，例如有共同的兴趣、爱好、价值观等，由此而聚集在一起，形成有相互联系的机构或组织。

（三）社区的要素

（1）一定的人口构成：人口约为10万～30万；

（2）一定的地域空间：面积5000～50 000km²；

（3）区域内的各种服务设施：分为面向全体居民的服务和面向特殊群体的服务。面向全体居民的服务包括医疗卫生服务、家居生活服务、综合环境治理服务等；面向特殊群体的服务包括老年人服务、残疾人服务等；

（4）心理认同感、归属感：共同的文化背景、生活方式和认同的意识；

（5）相应的管理机构和制度：街道委员会、居民委员会、业务委员会、居民自治性组织等。

二、社区医学

（一）社区医学概念

20世纪60年代不少学者提出，社区医学（community medicine）是确认和解决有关社区群众健康照顾问题的一门科学。通常采用流行病学、医学统计学方法进行社区调查，作出社区诊断（community diagnosis），确定社区群众健康问题及其医疗保健照顾的需求，并拟订出社区健康计划，动用社区资源，改善群体的健康问题，且对实施的健康计划进行评估，以达到预防疾病促进健康的目的。社区医学是一门充分发掘利用社区资源，满足社区卫生需求，富有卫生政策和管理机制的宏观公共医学。社区医学的特点是：把人群中个体的普遍卫生问题，归纳到群体的机制，并与他们的家庭、社区和社会联系起来去认识、分析和处理卫生问题。

（二）社区医学的产生

社区医学，是伴随着社区的形成而产生。16世纪文艺复兴时期工业迅猛发展，大批手工业者纷纷涌入城市或聚集在工厂、矿山周围，形成了许多社区，由于生产生活条件极差，厂房住房简陋拥挤，通风不良、生产废水、生活污水、粪便垃圾四处排放，导致了各种传染病的流行和职业病发生，对人群健康造成了极大危害。当时有远见卓识的医生发现了这些具有社会性的问题，他们纷纷进入社区进行调查研究，如1493—1541年，瑞士医生帕拉斯尔萨斯（Paracelsus）对矿山“水银病”的研究；1669—1714年，意大利拉马兹尼（Benardins Ramazzini）对“手工业者疾病”的研究；1840年，法国医生路易斯•里纳•菲勒米（Louis Rena Villermi）对纱厂工人的卫生条件进行研究；1848年，鲁道夫•魏尔肖（Rudolf L K. Virchow）对西里西亚斑疹伤寒流行环境卫生的调查等，都强调了环境和社会因素对健康的影响。19世纪英国的霍乱猖獗流行，人们从事实看清楚了单靠医院或某一位医生的努力已经不能控制疾病的发生，单纯的治疗不能解决面临的难题，必须从个体防治转到社区的防治，当初称为“公共卫生”；到20世纪初叶，公共卫生逐渐进入以社区为服务单位的趋势，强调不同社区的不同需求及自主性，改称“社区保健”；随着社会进步学科发展，社区保健与流行病学、社会医学等结合，产生了社区医学，20世纪60年代英国率先使用“社区医学”这一名词，并进行一系列以社区为基础的研究。

（三）社区医学教育

随着科技及工农业发展，都市化建设影响社区人群健康的因素增多，如环境污染、意外伤亡、心

因性疾病、人际交往障碍、快节奏生活压力等，世界卫生组织向各国提出，卫生人员的培训必须与社区卫生服务需要相适应，明确了医学教育改革发展社区医学的方向。

20 世纪 70 年代中期，社区医学教育（community medical education）在国外形成了完整的教学体系，为社区培养新型医师。社区医学教育是根据社区卫生保健的需求和可利用的资源，以个人、家庭和人群的健康促进、疾病预防、治疗和康复为重点，培养从事社区卫生人才为目标的教育活动。

1. 社区医学教育围绕社区卫生保健需求设计培养目标。

2. 选择与社区卫生有关的预防医学、流行病学、卫生统计学、妇幼保健、计划生育、卫生宣教、卫生政策等方面的基本理论知识和技能，作为必修课程。

3. 深入社区实习基地，体验熟悉社区情况，包括人口结构、地理、社会环境、文化、民俗等。

4. 训练社区调查、社区诊断，提出干预措施，有处理实际问题的能力。

5. 掌握社区常见病、多发病的诊断治疗技能。

社区医学教育，是突出社区大卫生的管理和人群疾病防治的定向教育，培养从事初级医疗保健的专门人才。因此，有许多发展中国家及发达国家的偏远地区仍延续社区医学的照顾模式。而发达国家的环境卫生、传染病等问题已基本解决，服务已转向以个人和家庭的心身问题为主的家庭 / 全科医疗模式。但对于我国的社区医生，必须兼顾社区医学及家庭医学知识和以社区为导向的基层服务。社区卫生服务，是以家庭 / 全科医生为依托，实施可及、经济、公正、高质量的基层卫生保健服务。其特点：①符合社会效益、成本效益和经济效益；②社区人人参与；③形成卫生服务网络；④防、治、保、康一体化，政府、医疗、居委会共同参与；⑤重视发掘利用社区资源。成功的社区卫生服务可解决居民 80% 以上的健康问题。

三、以社区为导向的基层医疗

以社区为导向的基础医疗（community oriented primary care，COPC），最初是在 20 世纪 30 年代以色列 Dr. Sidney L. Kark 提出，是他在以色列屯垦区多年实践经验的总结并推荐的基层医疗模式。Kark 医生强调健康问题与社区的生物性、文化性、社会性特征密切相关，没有理由把初级保健局限于个体疾病的治疗，应该把服务的范围从单一的临床治疗扩大到社区，以流行病学的观点提供完整的照顾。此举后来为许多国外的社区所采用，成为同时解决个体医疗和社区保健的基层医疗模式，被称为“以社区为导向的基层医疗”。COPC 是对社区医学和家庭医学在社区实践中的优化组合，以社区医学为指导，基础医疗为基地，以家庭 / 全科医疗的形式实施照顾。COPC 关注社区，通过社区诊断发现问题，分析社区内影响健康的因素，动员基层医疗和社区的力量，实施以社区为范围的健康目标。

（一）COPC 的基本要素

COPC 超越了医疗为病人的模式，以积极的健康观防治为一体的过程，提供社区导向的连续性综合医疗。其 3 个要素为：基层医疗、社区人群、解决问题的过程。

（二）COPC 的基本特征

以社区为导向的基层医疗服务一般具有以下特征：

1. 将社区医学的基本理论与临床医学的实践相结合。

2. 通过社区诊断确定社区的主要健康问题及危害健康的因素。

3. 制订可行的解决问题的干预方案。

4. 合理配置社区内的人力、物力、财力、组织等资源，实施健康项目，提供保障措施并进行效果评价。

5. 提供连续性、可及性的医疗卫生服务。

（三）以社区为导向的意义

以社区为导向的服务，其意义有以下几点：

1. 通过以社区为范围的服务，了解人群健康问题的缘由。仅从医院、诊所的疾病去研究健康，

无法获得健康问题的完整因素。因此，维护个人、家庭的健康必须以社区为导向。

2. 社区是健康隐患的重要背景。以社区背景观察健康问题，以系统论将健康问题还原于原位，暴露涉及的全部因素。忽视社区背景因素，疾病观狭隘，不能科学的诊治慢性病和提供合理的照顾。

3. 以社区为范围，医生关心健康人群、求助者和病人，这样方能完整地维护居民健康，将预防、病患、传播方式包含其中。社区预防相比个体诊治对人群更具意义。

4. 以社区为范围的服务，能合理利用有限的卫生资源，动员群防群治，最大限度满足居民的健康需求。维护社区人群健康，是整个社区及社会的责任，社区积极参与可弥补卫生资源的不足，使维护健康的活动在政策、制度、行政干预下，成为全体居民参与的群众行为，摆脱以纯粹医疗无法取得的效果。

5. 以社区为范围的服务，有效地控制疾病在社区的流行。

6. 以社区为主体的基层医疗，是“人人享有卫生保健”的途径。

（四）COPC 分级

0 级：以传统的医疗模式，只对就诊者提供非连续性的医疗，没有社区的概念，不关注社区的健康问题。

1 级：对所在社区的健康资料有所了解，缺乏第一手资料，以医生的主观印象推断解决健康问题的方案。

2 级：对所在社区的健康问题有一定了解，有间接的二手资料，有计划和评价的能力。

3 级：通过社区调查或社区健康档案资料掌握 90% 以上居民的健康状况，针对健康问题采取解决方案，但缺乏有效的预防措施。

4 级：建立了社区居民的健康档案，掌握所有健康问题，具有有效预防和治疗的措施，建立了社区健康问题资料收集和评价系统，具有解决问题和管理社区资源的能力。

第二节　影响社区人群健康的因素

人们想到健康问题，不仅考虑到疾病和伤害，而且关心所在社区可能威胁到自身健康的各种因素。一切生物总是通过调节自身，以适应不断变化的环境，同时也在不断改变着环境的状态，这种动态的平衡称为生态平衡。人类不同于其他生物，能够不断地认识自然，并能动地改造自然，因而使社区的环境改变。20 世纪中期之前，影响人类健康的突出问题是传染病。生物医学模式使传染病取得防治技术的突破，使传染病得到基本控制，科技发展给人们带来生活水平提高的同时，疾病谱也发生了转变，迎来了慢性病时代。悄然而至的慢性病，往往在人们还未觉察时，就不知不觉侵犯到人体健康。因此，重新认识健康，认识社区生态环境的隐患及影响健康的因素，有利于对慢性病的预防。现代医学界认为，影响社区人群健康的主要因素包括环境因素、生物因素、生活方式和健康照顾系统。

一、影响人体健康的因素

1977 年美国卫生部门的统计资料早已发现，疾病的影响因素发生了悄然地变化，世界卫生组织报告指出，仅有 8% 的疾病是由微生物引起，15% 为遗传因素，17% 起因于环境因素，而 60% 与生活方式有关。20 世纪 70 年代末拉隆达和德威尔提出综合健康医学模式，认为影响人类健康的因素主要有四大类：生物遗传因素、环境因素、行为生活方式因素、医疗卫生服务因素（图 5-2）。根据 2015 年的卫生统计年鉴，城乡居民主要疾病死因构成排前四位的有：恶性肿瘤、脑血管病、心脏病、呼吸系统疾病。由此可以看出影响居民死亡的疾病已经由单纯生物因素导致的传染性疾病转变为由生物、心理、社会等综合作用的慢性非传染性疾病。行为生活方式因素已上升为影响人群健康的主要因素（表 5-1）。我国在 1981～1982 年对 19 个城乡进行了调查，也显示了相同的结果（表 5-2）。

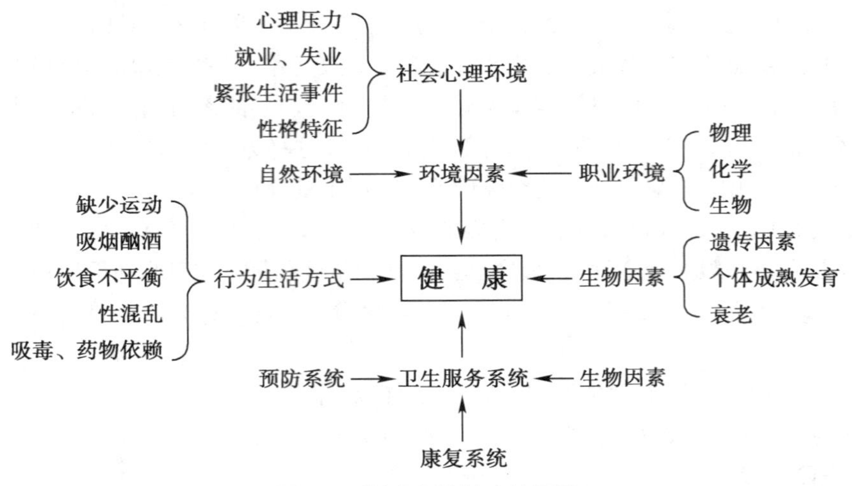

图 5-2 影响人体健康的因素

表 5-1 美国卫生部调查 10 种主要死因与其主要影响因素之间的关系

死因	占总死因百分比(%)	生活方式和行为(%)	环境因素(%)	人类和生物学因素(%)	保健服务制度(%)
心脏病	38.8	54	9	25	12
恶性肿瘤	20.9	37	24	29	10
脑血管病	9.8	50	22	21	7
其他意外	2.8	51	31	4	14
车祸	2.7	69	18	1	12
流感和肺炎	2.7	23	20	39	18
糖尿病	1.8	/	0	68	6
肝硬化	1.7	70	9	18	3
动脉硬化	1.6	49	8	25	18
自杀	1.5	60	35	2	3

表 5-2 四大因素与 8 种主要死因的关系(1 岁以上,男女合计)

死因	生活方式(%)	环境因素(%)	保健服务(%)	人类生物学(%)
心脏病	47.6	18.1	5.7	28.8
脑血管病	43.2	14.8	6.6	36.1
恶性肿瘤	45.2	7.0	2.6	45.2
意外死亡	18.8	67.0	10.3	3.4
呼吸系统疾病	39.1	17.2	13.3	30.5
消化系统疾病	23.8	17.0	28.4	28.4
传染病	15.9	18.9	56.6	8.8
其他	8.7	19.6	18.9	52.9
合计	37.3	19.7	10.9	32.1

注:全国 19 个城乡点 1981—1982 年典型调查结果

二、环境因素对健康的影响

社会的发展,越来越彰显出环境因素与社区人群健康的影响息息相关,包含有自然环境和社会

环境因素两个层面。

（一）自然环境因素对健康的影响

自然环境因素主要指地理和气候因素。某些传染及自然疫源性疾病，都有较严格的地域性和季节性，形成了疾病的流行社区。如血吸虫病、钩端螺旋体病、出血热等，都因其生态环境适合于病原体的繁殖或传播媒介的生存。又如布氏菌病、包虫病流行于畜牧社区，是因为中间宿主牛羊成群的环境。蛔虫病、蛲虫病流行于卫生环境差的农村社区，地方病是在特定的社区流行。近些年气候变化对中国乃至全球影响突出，气候变化被认为是21世纪全球最大的健康威胁。据WHO保守估计，从2030到2050年间由于气候变化造成每年25万人死亡。全球气候变化给全球人类健康带来巨大的挑战，这些健康危险包括温室效应、土地沙化引起的食品和淡水供应问题、洪水泛滥引起的疟疾、腹泻病等疾病问题。

现代的城市社区，环境污染已成为影响健康的重大问题。近几年，我国北方多地区出现重度污染的雾霾天气给居民健康带来严重影响。造成雾霾的元凶就是悬浮微粒（PM），由非常小的颗粒和含有酸、有机化合物、金属、土壤、尘粒的液滴组成。悬浮微粒中危害较大且我们较为熟悉的是细颗粒物$PM_{2.5}$，$PM_{2.5}$就是空气动力学直径小于等于2.5μm的颗粒物。$PM_{2.5}$通过呼吸进入体内，细小微粒会留在肺泡和毛细血管，导致与心肺功能障碍有关的疾病。在我国，$PM_{2.5}$污染已成为主要健康危险因素之一，严重威胁居民健康。世界卫生组织估计悬浮微粒每年造成大约80万人过早死亡，排名全球死因第13位。人们在改造环境的同时，也制造出诸多危害人们健康的因素。例如，在城市社区中，废气污水的排放、噪声、生活垃圾、食品污染、工业粉尘、复杂的化学原料，甚至杀虫剂等，已造成极大的公害，使疾病复杂化。据世界卫生组织2016年报道，世界上大约有30亿人仍然在明火和开放式炉灶中使用固体燃料在家进行烹饪和取暖。这种方式会造成高度室内空气污染，产生大量对健康有害的污染物，包括会渗透到肺部深处的微细颗粒。据统计，每年我国由于室内空气污染引起的死亡人数超过10万以上，同时，严重的室内环境污染也造成了我国每年超过100亿美元的经济损失。环境对健康的影响是不容忽视的，提高人们对环境的关注度、预防与治理能力刻不容缓。“健康中国2030”规划纲要中指出，要深入开展大气、水、土壤等污染防治，以提高环境质量为核心，推进联防联控和流域共治，实行环境质量目标考核，实施最严格的环境保护制度，切实解决影响广大人民群众健康的突出环境问题。实施污染源达标排放计划，逐步建立健全环境管理制度，开展环境与健康调查，建立环境与健康综合检测网络及风险评估体系。

（二）社会环境因素对健康的影响

2006年6月世界卫生组织发布的一份研究报告显示，可以避免的环境暴露引起全球接近1/4的疾病。每年超过1300万的超额死亡（比历年平均死亡人数多出的死亡人数）归因于可预防的环境因素。2005年世界卫生组织（World Health Organization，WHO）建立了健康社会决定因素委员会（Commission on Social Determinants of Health，CSDH），致力于影响国民健康的社会因素方面工作，倡导建立“追求每个人的健康和福祉的世界”。WHO对“健康社会决定因素”（social determinants of health，SDH）的定义为除直接致病因素之外，由人们的社会地位和所拥有的资源所决定的生活环境和工作环境以及其他对健康产生影响的因素。

社会环境因素是一个博大而空间化的概念，主要涵盖有社区的文化背景、经济发展和社会心理因素。

1. 文化背景　社区的文化背景，决定着人群的健康信念、就医行为和对健康维护的态度，影响着群体的生活行为方式和自我保健的态度。社区的社会文化，包含了思想意识、风俗习惯、道德法律、宗教以及文化教育等。

文化，是指物质文化和精神文化，而社区的文明程度更多地体现在精神文化上，包括教育、科学、艺术、道德、法律、风俗习惯等。文化在某种程度上影响着社区居民对健康的认识，对健康维护的态度，也影响着社区居民的生活方式、行为方式等。社区文化主要从环境文化、制度文化、行为文化、

精神文化对居民健康产生影响。其中精神文化是核心，是社区独具特征的意识形态和文化观念，包括社区精神、社区道德、价值观念、社区理想、行为准则等，它是社区成员价值观、道德观生成的主要途径。因此，要利用社区文化对居民健康进行积极引导，使之行为符合社区整体的行为和目标。

风俗习惯是特定区域内居民历代传承、共同遵守的行为模式或规范。每个国家都有固定的风俗习惯，对人群健康产生不同的影响。非典的出现使人们开始反思生活中的一些不良习惯，如西方人进餐以分餐的方式，我国居民进餐喜欢围坐一桌共同分享菜肴，共餐虽然在一定程度上能够增进感情、交流思想。但是这种进餐方式容易传播疾病，不利于人们的健康；传统习惯上，厕所一直安置在室外，在室外方便已成为习惯，很多人一时无法接受厕所由室外移至室内的改变，这种习惯成为厕所革命的阻碍，致使厕所革命缓慢进行，由没有处理好人类粪便产生的疾病仍是威胁居民健康的一大隐患。回族人非常爱干净、讲卫生，他们的住处周围不乱放垃圾，对于病死的牲畜、动物的残骸等，他们采用深挖掩埋的方式，这种方式不仅具有净化环境的作用，而且有助于健康。我国有许多的传统风俗，良莠不齐。面对这些传统习俗，我们应该取其精华、去其糟粕。对于不利于人们健康的风俗除了采用法律法规等强制性措施外，更应该采取说服教育的方式，使人们自觉摒弃不良风俗，维护自身健康。

2. 教育水平 除医疗卫生对健康产生影响之外，健康还受到行为与生活方式、饮食习惯、教育环境、遗传等因素的影响，而行为与生活方式、饮食习惯等又受到教育的影响。教育至少从两方面对个人健康状况产生影响：一方面，教育会提高人们对健康的认识，自觉选择有利于健康的生活方式，并且会通过加强体育锻炼、戒烟戒酒、食用绿色健康食品等保持身体健康。在日常生活中，意识到自身患病会积极寻求卫生服务，以提高自身健康水平。另一方面，受教育程度的提高，人们会获得较多的就业机会，获得的劳动收入也相对较多，可以改善家庭收入和物质生活水平，人们可以投入更多的时间、金钱等以改善自身健康。

3. 经济因素 经济因素是重要的社会因素，经济发展对健康的影响既有有利的一面，又有不利的一面。一方面，经济发展与医疗卫生事业的发展是相互关联的，经济发展能够增加对医疗卫生事业的投入，提高居民物质生活水平，使人群健康改善、人均寿命延长；同时，居民健康水平的提高，可以增加劳动力供给，提高劳动生产率，促进社区生产力提高，推动经济持续发展、促使人群丰衣足食。但是居民健康水平也会制约经济的发展，2015 年非洲暴发的埃博拉病毒蔓延至多国，不仅对人们的健康造成威胁，也对经济发展造成巨大的负担。另一方面，若人群自我保健意识滞后，经济发展也带来健康的新问题，如今经济的发展、科技的发达，极大地改变了人们的生活方式和生活习惯，心脑血管病、肥胖病、糖尿病、空调病、电视综合征、交通车祸、运动缺乏症等，严重的影响群体健康。相反，经济欠发达社区，则营养不良、贫血、佝偻病、维生素缺乏等贫穷病，也严重的威胁人群健康，因病致贫、贫病交加，又制约了社区劳动力及经济的发展。

4. 社会心理因素 根据世界卫生组织的定义，心理健康不仅指没有心理方面的疾病，而且指一种良好的福利状态，即个体能够认识自身潜能、应对生活压力、富有成效地进行工作，并对所在社区有所贡献。社会心理因素对人群健康至关重要，现今全社会已深刻地意识到，社会心理因素是招致心理和心身疾病的重要原因。心理因素常与社会环境联系在一起，环境的不良刺激影响人的情绪，生活节奏快、人际关系复杂、工作竞争给人们带来紧张和压力，产生心理失衡、焦虑、抑郁等，甚或精神疾病、自杀。长期的不良刺激招致心因性疾病，如溃疡病、高血压、心脑血管病等。心理因素也是癌症的致病原因，研究表明癌症发生前病人多有焦虑、失望、抑郁或压制愤怒等情绪，不良情绪通过机体的神经 - 内分泌 - 免疫挫败健康。

我国政府高度重视社会环境因素对居民健康的影响，并将文化、教育、经济、社会心理上升为国家健康战略，比如在“健康中国 2030”中进行明确的布置：在文化方面，要加强居民的精神文明建设，大力发展健康文化，使居民自觉地移风易俗，形成良好的生活习惯。在教育方面，把健康教育纳入国民教育体系，让健康教育贯穿所有教育阶段，使其成为素质教育的重要内容。在经济方面，推动健康

笔记

领域基本公共服务均等化，维护基本医疗卫生服务的公益性，促进社会公平公正，减少因经济的不平等造成的健康不平等。在社会心理方面，加强对抑郁症、焦虑症等精神障碍性疾病的干预，加大对重点人群心理问题的健康管理，做到早发现，提供及时帮助。

三、生物因素对健康的影响

（一）传染性疾病对健康的影响

随着医疗技术的发展，传染病的防治得到突破，一些烈性传染病得到控制，但是在一些地区仍不时发生，例如乙型肝炎、丙型肝炎是各地区的高发病，导致慢性肝炎 - 肝硬化 - 肝癌，严重危害居民的健康。近几年结核病也呈上升趋势，多发于青少年及老人，尤其以农村地区最为严重。菌痢、流感、血吸虫病、疟疾、狂犬病、出血热、感染性腹泻等时有发生；风疹、水痘、流行性腮腺炎、炭疽、布鲁氏菌病亦有发病；烈性传染病霍乱、鼠疫也有报道；新生的 SARIS、H5N1 禽流感及疯牛病等，依然威胁着世界不同地区的健康。现今传染病至少有 30 余种，威胁着世界 1/2 的人口，对于传染病的预防和管理，是社区医生不可忽视的责任。

（二）慢性疾病对健康的影响

慢性非传染性疾病和退行性疾病，成为当代人群的主要疾病谱。目前，慢性病是造成世界范围内死亡和伤残的最主要原因，据世界卫生组织估算，每年约 3800 万人死于慢性病。在我国，80% 的死亡和 70% 的伤残调整生命年损失是由慢性病造成的。慢性病具有病程长、病因复杂、很难治愈、发病率高、死亡率高、致残率高等特点。慢性病是由不良的生活方式和行为引起的疾病，慢性病的发病与吸烟、酗酒、饮食不当、缺乏体育锻炼、心理因素等密切相关。根据《2015 年中国卫生统计年鉴》的数据显示，城乡居民主要疾病死因构成排前四位的疾病分别是恶性肿瘤、脑血管病、心脏病、呼吸系统疾病，可见慢性病成为威胁我国居民健康的主要疾病。高血压、心脑血管病、肿瘤、糖尿病、慢性阻塞性肺疾病、风湿病、红斑狼疮等慢性疾病，使人们长期遭受疾病折磨，严重地影响生活质量，降低人们的幸福感，但是此类疾病缺乏有效的治疗，唯一的途径是及早预防。因此，如何提高人们对疾病预防的认识，做到早发现、早诊断、早治疗，成为预防慢性疾病，确保不生病的关键。

（三）年龄、性别、遗传性疾病对健康的影响

年龄、性别和遗传因素对个体健康状况产生重要影响。随着年龄的增长，对于一些疾病的患病风险会增加，并且不同年龄组易患疾病的种类不同。由于男性女性生理结构上的差异，对一些疾病的患病情况也不同。随着医学技术的发展，对遗传因素的认识越来越多，其中遗传性疾病给健康带来严重危害，据估计人群中约有 25%～30% 受遗传病的危害，单基因遗传病占 10%，多基因遗传病占 14%～20%，染色体引起的约占 1%，但却造成了严重的疾病或畸形。Mckusick VA 编著的《人类孟德尔式遗传》一书指出，1966 年认识的单基因病 1487 种，1986 年至今已达 4023 种。遗传疾病造成弱智儿童，给家庭和社会带来了沉重负担。许多常见病如精神病、糖尿病、动脉粥样硬化、恶性肿瘤都与遗传相关。近亲繁衍导致遗传病，在偏远社区、山区并未完全消亡。社区卫生服务，应传播婚前检查、生育指导、围生期保健、宫内诊断等信息，预防遗传病的发生。

四、生活方式及行为对健康的影响

生活方式，是在维持生存、延续种族和适应环境的变化中形成的行为模式，因此，传统的生活习惯是较难改变的，而不是不能改变的。社会进步使人们越来越认识到，不良的生活方式是影响健康的重要因素。世界卫生组织曾列举了 18 种最不健康的生活方式，包括吸烟、高脂高热量饮食、过量饮酒、缺乏运动、长期过劳、情绪不佳、酒驾、不洁饮食、药物依赖或药物成瘾、对有毒废物不处理、失眠或睡眠少于 7 小时、有病不就医、不遵医嘱服药、高糖高盐饮食、家庭或婚姻生活不和谐、纵欲、社会行业适应不良和迷信及赌博行为。“生活方式疾病”被世界卫生组织列为 21 世纪威胁人类健康的“头号杀手”。大量研究表明，许多慢性疾病发病率增高，与不良的生活方式及不健康行为密切关联。

因此，以采取全人群策略和高危人群策略促进健康，改变已知慢性病的生活方式。慢性病重在一级预防，即针对其病因及危险因素，这是赋予社区医疗的艰巨任务，因大医院和专科运作无法做到。据统计，改变人们的生活方式可起到70%的作用，而医疗技术只起到30%的作用。全科医生应重视矫正群体的偏离行为，目前我国社区主要存在以下的不良行为。

（一）吸烟

吸烟是当今世界人类健康的最大威胁。世界卫生组织指出，全球每年因吸烟导致的死亡人数高达600万，超过因疟疾、艾滋病、结核导致的死亡人数之和。到2030年，预计每年死亡人数将上升到800多万人。我国是世界上最大的烟草生产国和消费国，目前我国每年死于与吸烟有关疾病的人数达100万，如对吸烟流行状况不加以控制，2050年死亡人数将突破300万。据调查，我国吸烟人群超过3亿，另外约有7.4亿不吸烟人群遭受二手烟的危害。烟草的烟雾中至少含有70余种致癌物。烟草成分对肺、血管、脑组织有严重危害，一些成分是致癌物质。吸烟者患癌症的相对危险度是不吸烟的10～15倍，约80%以上的肺癌与吸烟（包括被动吸烟）有关。通过控烟，可以预防肺癌、食管癌、口腔癌及喉癌、膀胱癌、胰腺癌，以及支气管炎、肺气肿、冠心病等。吸烟已成为我国的公共卫生及文明问题，然而戒烟是一项漫长而艰巨的工作，综合运用价格、税收、法律等手段提高控烟成效。可通过各种卫生宣教戒烟，创造不利于吸烟的环境，宣传和禁止青少年及孕妇吸烟，禁止公共场所吸烟，张贴吸烟有害的警告，提供戒烟帮助，禁止烟草广告、促销和赞助，增加烟税和提高烟价等措施。尤其应对中小学学生加强教育，通过他们制约家庭吸烟，阻断下一代吸烟行为。对于二手烟，通过控烟知识宣传和控烟政策实施，提高人们对二手烟暴露危害的认识，降低对二手烟的容忍度，通过全社会的力量，减少二手烟危害的发生。

（二）酗酒

2010年世界卫生组织报告指出，全球有20亿饮酒者，每年约250万人因饮酒导致死亡，饮酒是全球健康危害的第三大风险因素。少量饮酒对血液循环及代谢可能有益，但大量饮酒对身心危害极大，可诱发急性重症肝炎、胃肠出血、脑出血、冠心病等，并危及生命，并可通过胎盘影响胎儿发育。酒后引发车祸、打架斗殴、犯罪、破坏家庭等一系列社会问题。现代大量长期饮酒的偏离行为越来越多，是脂肪肝、酒精性肝硬化的重要原因。因此，通过社区健康教育方式，提高饮酒的文明意识，避免酗酒带来的健康隐患和不良后果。

（三）饮食不当

在全球经济飞速发展的背景下，营养不良与营养过剩，成为全球营养失衡的双重负担。经济的两极分化，产生了富有和贫穷社区，但都起始于饮食不当。富有社区人群缺乏合理饮食的认识，一味追求营养，使肥胖儿童明显增多，他们将成为未来心血管病、高血压、糖尿病的后备军。而一些农村社区，饮食还限于高盐提味，以咸菜、腌菜、辛辣及以粮为主、少食蔬菜等生活习惯，是贫血、维生素缺乏、佝偻病、高血压等和体质虚弱的原因。江南地区，居民喜食熏烤、油炸食品，使得胃癌、肝癌等消化系统恶性肿瘤成为威胁当地居民健康的危险死因。回族居民讲究卫生禁止喝酒、吸烟，少食高脂食品，相应的呼吸、心血管及消化系统疾病引起的死亡率就明显偏低。膳食不均衡及不良饮食习惯是慢性病高发的诱因，社区卫生服务应根据不同社区的饮食习惯弊端针对性的宣教，建立健康的饮食习惯，让人们认识不同的淀粉种类、植物蛋白及白肉代替红肉、多吃蔬菜水果，不吃烧烤、烟熏、发霉变质食物，限糖、低盐、低脂等有益于健康。提倡饮食合理，不暴饮暴食、偏食和忌食，以合理膳食去除隐患、确保健康。

（四）缺乏体育锻炼

运动能调节神经系统、推动血液循环、维持肌肉骨骼功能、促使长寿和提高生活质量，能促进胃肠功能、增加食欲和消化、消耗多余热量、防止肥胖，生命在于运动，运动使人长寿健康。研究证明，冠心病、高血压都与缺乏运动有关，肥胖是不运动的结果。世界卫生组织在《2002世界卫生报告》中指出，静坐或体力活动不足是引起残疾和死亡的前10项原因之一。据有关资料显示，久坐行为会影响心肺健康、降低免疫力，与人们是否有运动习惯没有关系。坚持适当的体育锻炼和体力活动，有益

笔记

于增强免疫力、提高心血管及呼吸系统功能、减少紧张、消除疲劳，对控制体重、血糖、血脂有极大好处。步行40分钟对消除不安、紧张感、提高情绪有重要作用。现代交通工具发达和网络的普及，改变了人们的生活方式，使户外运动大大减少，极不利于健康。号召社区群体参与、康健身体，活跃社区文化生活，是卫生服务的内容。

（五）药物滥用

医疗需求增高及医疗缺乏秩序化，使药物滥用较为普遍。在双向转诊尚未完善之际，人们求治于各种渠道，得到繁多的药品。滥用药品，造成了药物的依赖及副作用，甚至造成疾病。目前我国药物滥用形势严峻，滥用人群涉及不同年龄阶段、不同社会阶层。而吸毒则是更严重的问题，以海洛因为主的阿片类传统毒品的滥用情况没有得到较好的控制，以冰毒、氯胺酮为主的新型毒品的滥用情况却在不断严峻：报告显示至2015年底，我国仅登记在册的吸毒人员就已达295.5万名。鸦片、海洛因、可卡因、摇头丸等易成瘾的麻醉剂，不仅使人丧志、丧德、丧失生命，而且容易传播梅毒、乙肝等传染性疾病，对个人、社会造成严重消极影响。

（六）不良性行为

现时的性乱行为主要为卖淫嫖娼，引起艾滋病、梅毒、淋病、性病性淋巴肉芽肿等，严重损毁人的健康。根据疾控部门权威数据统计，目前性传播已成为中国艾滋病传播主要途径，其中男男性行为者（men who have sex with men，MSM）是我国当前艾滋病新发感染的主体人群。目前为止，艾滋病没有有效的预防药物和根治药物。艾滋病不仅对个体的身心健康造成威胁，影响感染者的工作生活，而且会引起社会恐慌，使感染者被社会歧视。

（七）网络成瘾及过度使用手机

随着科学技术的发展，互联网已成为人们了解信息、沟通、学习、娱乐的重要平台，通过网络实现多种功能的智能手机，更是成为很多人生活中不可缺少的一部分。据中国互联网络信息中心（CNNIC）发布的第三十九次《中国互联网络发展状况统计报告》显示，截至2016年12月，我国网民规模达7.31亿，互联网普及率达到53.2%，超过全球平均水平3.1个百分点，超过亚洲平均水平7.6个百分点。其中，手机网民规模达6.95亿，手机网民占整体网民高达95.1%，手机网民增长率连续3年超过10%。手机的智能化一方面能够满足我们日常生活的很多需求，使我们的生活变的便捷。但是另一方面，越来越多的人过度使用手机，甚至有手机成瘾的倾向。研究表明，手机成瘾不仅对个人学习和人际关系造成负面影响，还会降低个体对生活的满意度，产生抑郁、焦虑甚至自杀的倾向。因此，在日常生活中，我们在享受网络提供便捷服务的同时，要正确地对待网络，充分发挥网络的积极作用，克服网络的消极作用，避免网络成瘾。

不良的生活方式严重影响居民的健康，这引起政府的高度关注，将吸烟、酗酒、体育锻炼等方面上升为国家战略，在"健康中国2030"中进行明确部署：在吸烟方面，将中国的戒烟目标定为到2030年，15岁以上人群吸烟率降低到20%。在酗酒方面，要加强对居民限酒的健康教育，控制居民酒精过度使用，减少酗酒。在体育锻炼方面，加强居民健身公共设施建设，大力发展居民喜闻乐见的运动项目，鼓励开发民间传统运动项目，以此提高全民身体素质。在药物滥用方面，大力普及有关毒品危害、应对措施和治疗途径等方面的知识。加强全国戒毒医疗服务体系建设，做到早发现、早治疗成瘾者，最大限度减少毒品带来的危害。在不良性行为方面，强调社会综合治理，开展性道德、性健康和性安全等方面的宣传教育和干预，加强对性传播高危行为人群的综合干预，减少意外妊娠和性相关疾病传播。

五、健康照顾系统对健康的影响

人群的健康状况与社区的健康照顾系统密切相关，社区的健康照顾系统，是指社区的卫生、医疗和卫生人力的统筹安排。人群能否得到有效的健康照顾，与社区有无高水平的全科医生及医疗的可及性极为相关，是确保常见多发病能否在社区得到合理治疗的关键。

社区健康照顾机构对人群健康影响的大小，显示了人们在那里是否能够得到及时、有效的治疗，

或在社区是否被推诿、耽误救治，且治疗措施的花费是否与病人的经济合拍及承担能力相关。当前我国社区健康照顾的瓶颈，是缺乏高品质的家庭 / 全科医生和有效的廉价药物，及卫生服务的真诚态度。对此“健康中国 2030”规划纲要将基本医疗卫生服务的目标定为到 2030 年，15 分钟基本医疗卫生服务圈基本形成，每千常住人口注册护士数达到 4.7 人。

第三节 社 区 诊 断

社区诊断是引用国外社区医疗的经验，在国内因缺少实践、所以操作起来较难理会。自从有了以社区为范围服务的理念后，社区诊断显得十分必要，不断消除社区内疾病的共同隐患、维护社区群体的健康，只有采用社区诊断的途径才能实现。因此，社区诊断是以减少疾病、为临床服务，并不等同于纯粹的流行病学调查，其目的虽同，但目标各异。

一、社区诊断

（一）社区诊断的概念

社区诊断（community diagnosis）名词最早出现于 1950 年，由于它将疾病的诊断从个体扩展到群体（图 5-3，表 5-3），因此具有革命性的意义。社区诊断以流行病学为基础，追究与社区人群相关的发病因素、死亡原因和环境因素对健康的影响，目的为探明群体的发病机制。因此，社区诊断是围绕社区疾病和疾病隐患而服务于临床，其基本的目标与传统的公共卫生相似，即预防、控制和消除疾病。

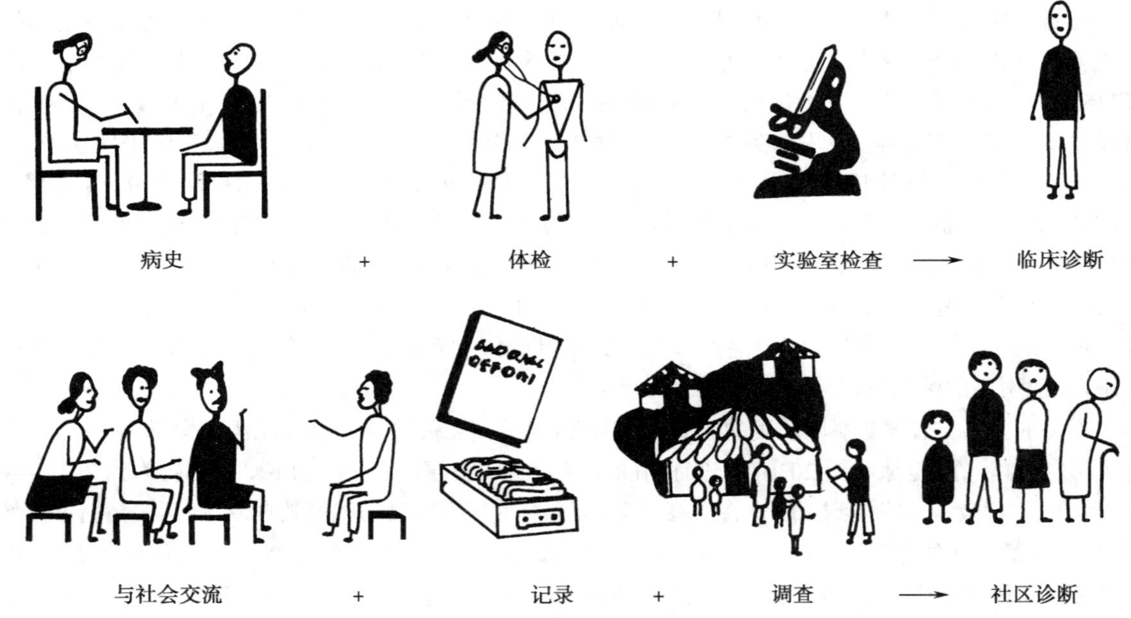

图 5-3 临床诊断与社区诊断的对比

表 5-3 社区诊断与临床诊断比较

	社区诊断	临床诊断
对象	群体	个体
症状	患病率、死亡率、十大死因、环境污染	头痛、发热、腹泻、出疹
检查	社区资料、社区调查	病史、检体、实验室检查
诊断	以健康问题订出社区卫生计划	病名 1、2、3……罗列
治疗	计划干预、评估效果	治疗计划

以社区为范围的服务，其一是社区医疗；其二是社区诊断。以社区诊断评估社区的健康问题，制订卫生计划，实施群体干预的措施，是有目的、有针对性地改善社区人群的健康面貌，提升整体的健康水平。实施社区诊断，应熟知整个社区的概况，掌握社区的人口结构、人口动态、居住分布、文化、职业结构等，及社区的地理位置、气候条件、历史文化背景等环境资料，人们的健康意识、行为方式、疾病状况、危害因素及高危人群的分布，即整个社区的人文地理环境，综合分析判断社区常见突出的健康问题和所需的卫生服务，并设定解决问题的顺序。

（二）社区诊断的目的

1. 发现社区的健康问题，辨明社区的需要与需求。

2. 判断造成社区健康问题的原因，了解解决问题的程度和能力。

3. 提供符合社区需求的卫生计划资料。

（三）收集有关的社区资料

做社区诊断之前，需要收集所需的资料及所用指标，主要包括以下方面：

1. 社区人群健康状况　人群健康状况，主要反映在社区的人口学特征、疾病发生情况、死亡情况、居民生活习惯和行为方式等方面。

（1）人口学指标：包括人口数、人口年龄性别结构、人口增长率、平均期望寿命等。

（2）疾病指标：各种疾病的发病率、患病率，社区疾病谱的变化及影响因素等。

（3）死亡指标：包括死亡率、年龄别死亡率、疾病别死亡率、死因构成比及死因顺位等。常用的有慢性病死亡率、婴儿死亡率、孕产妇死亡率等。

（4）反映居民生活习惯和行为方式的指标：如吸烟率、吸烟量、饮酒率、饮酒量及食盐消耗情况等。

（5）反映居民健康意识、求医行为的指标：如体育锻炼情况、刷牙率、定期体检率等。

2. 社区环境状况

（1）自然环境：包括地理位置、气候、地貌、矿产资源、江河湖泊、耕地、病媒昆虫密度等，地理条件和安全饮用水普及率，卫生厕所使用率，空气、水、土壤污染情况，家庭及工作、学习环境的卫生状况等。

（2）社会环境：包括社区风俗习惯、文化教育、政治、宗教、公众道德修养、经济水平和产业结构，人群的消费观念，家庭结构及功能，人口流动、社会秩序、社团活动及其影响等。

收集到相关资料后分析有关的资料，找出与本社区健康有关的卫生问题、产生原因和影响因素。收集及调查的资料要真实，借助统计学及流行病学方法进行处理，真实的资料才能反映真实的原因。

（四）社区诊断的步骤

1. 收集整理资料　这是第一步工作。收集原有的相关统计资料、社区调查资料、健康筛查资料，有关报刊文件索取的资料，社区访谈资料，常规上报的数据等。关键是根据社区的需求，有目的的收集有关的资料。将本社区突出的健康问题，与权威机构的信息及其他信息做比较，沉淀出真正的健康问题，依此设定社区诊断的下一步内容。

2. 确定社区主要健康问题及优先解决问题的顺序　这是第二步。依据以上收集调查的结果，根据本社区当前的需求，社区资源状况的可行性，设定卫生计划及目标。以急需、可行及易行的具体情况，作出先后次序的安排，制订实施的“社区干预计划”。

3. 实施社区计划　这是第三步。一旦计划确定，应制订切实可行的实施措施，并付诸行动。在实际操作中，要准备好实施中使用的表格及详细的记录，以便后续统计。要有清晰的思路和明确的目标，才能有序地进行。工作进展中，需要使用调查表格、统计表格、综合及分析表格。

4. 计划效果评估　将在人群中实施的真实记录（表格），经过系统的整理及统计分析，得出本次行动的效果，并进行效果评估。其中，包括计划中评估及计划结束后评估。计划中评估，是对进行中的计划做必要的修正，比如像对难以实施的细节作调整，以便计划顺利进行；结束后评估，是对整个计划的效果进行评估，并提出改进意见，以便作为下一次社区诊断计划的参考。

依上一次社区诊断结果为参考，再进行下一次社区诊断，周而复始的解决社区群体的健康问题，达到不断提高人群的健康水平使“社区康复”。

社区诊断关注其定向的目标——社区，它像大夫临床治疗疾病一样，针对每一个实际问题，其干预的是人群中的隐患，而不是单一的病因。社区诊断的步骤见图 5-4。传统的流行病学，最早用于传染病预防，而当今社区的健康，涉及广泛的环境、社会和人的生活行为心理因素，并非单纯的流行病调查和生物医学能够完全治理。因为，社区诊断是从生物、心理、社会环境的角度，审视并治理群体的健康问题。

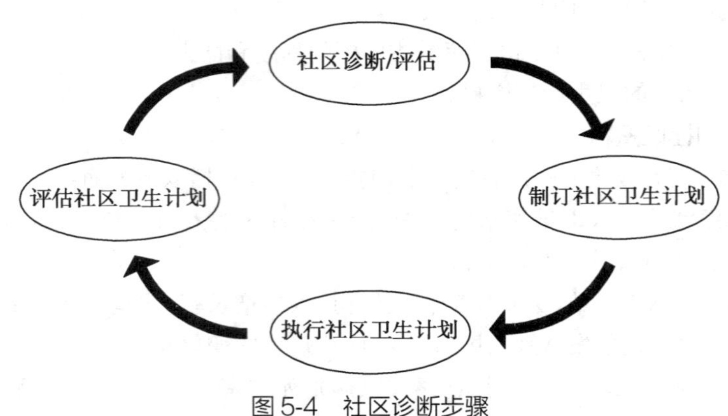

图 5-4 社区诊断步骤

二、社区调查

社区调查的任务，是为社区诊断收集凭据资料，提供科学的依据。调查范围包括人群健康状况、社区环境状况、资源的可动员潜力，及居民的健康意识、对卫生事业的关心程度、居民素质、政策倾向等。因此，社区调查应具有真实及实用性，避免不切实际的大面积调查，因社区诊断为社区医师管理社区所用，瞄准减少疾病、获得健康，来自于实际、操作于实际，而并非专门的流行病学调查。

（一）社区调查的步骤

1. 调查设计 社区调查之前，首先进行调查设计，即制订调查计划，明确调查目的、调查对象和调查方法，及如何组织开展调查和分析收集到的资料等。调查设计是调查研究过程的全面设想，保证调查研究有的放矢，以较少的人力物力取得较大的效果。

2. 实施 实施阶段包括调查员的培训，调查表的准备，资料的收集等。人员的培训，包括调查的内容、人员的业务知识及沟通技巧。调查表格，应按不同需求设计调查表、统计整理表、综合分析表等，以便系统的总结和分析。

3. 总结 总结阶段主要是对收集到的资料进行整理分析，并结合专业知识统计推断，揭示社区人群健康状况的规律及隐患。最后写出调查报告，总结通过本次调查得到了哪些资料，发现了什么问题，说明了什么问题，以及调查过程中存在什么问题、应如何改进等。

（二）调查计划

一个科学严谨的调查计划，包括以下内容：

1. 确定调查目的和调查指标 调查设计首先根据社区卫生工作的需要，明确调查目的。例如，了解居民患某病与环境污染的关系等。明确了调查目的后，应把调查目的具体化到调查指标。如高血压患病调查，目的是了解该社区高血压患病情况，调查的目的还很抽象，但如果具体到不同年龄组的高血压患病率，就很明确了。

2. 确定调查对象和观察单位 根据调查目的和调查指标确定调查对象，划定调查的范围。空间范围，即调查哪一地域的事物；时间范围，即调查哪一时段的现象；人群范围，即了解哪些人群的特征。组成调查对象的观察单位，因调查目的不同可以是一个人、一个病例、一个家庭、一个集体单位

或一个采样点。调查对象是该地、该年、全部常住人口，观察单位是每一个人。

3. 调查方法　根据不同目的选用调查方法，如了解总体参数，可用普查或抽样调查；拟说明事物的典型特征，可用典型调查；研究事物的相关关系，如病因研究中了解某病的发生与个人的某些特征、习惯、既往经历、生活或生产环境有无联系，可采用病例对照研究或队列研究。在实际工作中，常需结合各种调查方法。

（1）普查：又称全面调查，如人口普查。

（2）抽样调查：从总体中抽取一定数量的观察单位组成样本，然后用样本推论总体，用样本指标估计总体参数。许多医学问题只能做到抽样调查，如药物的疗效观察等。抽样调查还可用于检查普查的质量，但设计、实施、资料分析较复杂。

（3）典型调查：即案例调查。在全面分析的基础上，有目的的选用典型的人或单位进行调查。如调查一个或几个卫生先进或后进单位，总结经验教训；调查个别典型病人，研究其病理损害等。普查和典型调查相结合，从广度和深度说明问题。

（4）病例对照研究和队列研究：病例对照研究，是选定患有某病和未患该病的人分为病例组和对照组，调查其既往暴露于某个、某些危险因素的情况及程度，以判断暴露于某危险因素与患某病有关联及关联程度的一种调查方法；队列研究，是选定暴露及未暴露于某因子的两组人群作为暴露组和非暴露组，追踪两组人群的发病结局，比较发病结局的差异，判定暴露于某因子与发病的关联，及关联大小。其实，在实际工作中常需结合各种调查方法，以证实事物的本相。

4. 搜集资料的方法　原始资料，常采用直接观察法和采访法进行搜集。前者指调查员到现场对观察对象直接观察、检查、测量或计数取得资料；后者是根据被调查者的回答搜集资料，往往采用访问、开会、信访。

5. 确定调查项目和调查表　调查项目是根据调查指标确定的，分为分析项目和备查项目。分析项目，是直接用于计算调查指标及分析排除混杂因素必须的内容。备查项目，是为保证分析项目填写完整正确、便于核查、补填和更正而设置的，不直接用于分析。调查项目要精选，必要的分析项目一个也不能少，备查项目不宜多。项目的定义要明确，如疾病分型，正常和异常的界限应明确规定。项目的答案有两种设计：①固定选择答案，如高血压的调查列出“是、否、可疑”可选答案；②自由选择答案，即不限制答案范围，让调查对象谈出自己的意见。

把调查项目按提问的逻辑顺序列成调查表格，调查表的格式可分为一览表和卡片。一览表填写方便，每张表可填写多个观察单位，适用于项目较少的调查。卡片每张只填写一个观察单位，适用于观察单位和项目较多时。

6. 调查的实施计划　实施计划，包括调查的组织领导、宣传动员、时间进度、调查员培训、任务分工与联系、经费预算、调查表、宣传资料准备、调查资料的检查制度（完整性、正确性检查）等内容。调查方案一经确定不得擅自更动，需要修改时应统一进行。应编制详细的填表说明，以保证统一的理解与执行。

7. 调查资料的整理计划　调查搜集到的资料必须经过整理、分析，去粗取精、去伪存真，才能提示事物的本质和规律。整理计划包括以下几方面：

（1）设计分组：即将性质相同的观察单位集中到一起，性质不同的观察单位分开，使组内的共性、组间的差异性显示出来。分组方法有两种：①质量分组，按观察单位的某种属性或特征分组，如按性别、职业、病种等分组；②数量分组，按观察单位被研究特征的数量大小分组，如按年龄大小、血压高低等分组。

（2）归组方法：将原始资料归入各组的方法有：①划计法，归组采用划“正”字或“+++”来计数；②分卡法，将原始资料直接归入各组，清点卡数，计算出各组的观察单位数。

（3）设计整理表：整理表是用于原始资料整理归组的表格，是提供分析用资料的过渡性表格。常用频数分布表等。

8. 调查资料的分析计划　主要说明指标内涵和计算方法，消除混杂因素的方法及预期要做哪些统计描述和推断等。

三、社区诊断案例

（一）案例

（1）社区的基本情况：

某社区常住居民20370人，其中户籍人口9640人（47.32%），非户籍人口10730人（52.68%）。性别：男性10550人（51.79%），女性9820人（48.21%），男女比为1.074∶1。18岁以下2500人（12.27%），18岁及以上17870人（87.73%），其中18岁以上人口中60～70岁1670人（8.20%），70～80岁800人（3.93%），80岁及以上330人（1.62%）。该区的年死亡率为2.36%，疾病死因顺位为：恶性肿瘤、心血管疾病、脑血管疾病、呼吸系统疾病、内分泌疾病、消化系统疾病、传染病、先天畸形、泌尿系统疾病。社区卫生服务中心2017年3～7月开展了辖区居民健康抽样调查，调查方法为问卷调查结合一般体格检查，问卷内容包括居民个人基本情况、健康状况、家庭一般情况、体育锻炼、吸烟、饮酒等生活方式与行为习惯等情况。本次共调查了290户共1076位居民，其中男性545人，女性531人，男女比例1.03∶1。健康问题主要是高血压、糖尿病、脑卒中、冠心病、高脂血症、慢性骨关节病等慢性病，共计566人（52.6%），同时合并两种或以上慢性病人数133人（23.5%），主要分布在55岁以上老年人群中。调查显示355（33.0%）人缺乏体育运动，206人（19.1%）有吸烟习惯，236人（21.9%）喝酒，221人（20.5%）超重。

综合分析后得出以下结论：慢性病防控是本社区需要优先解决的卫生问题，主要行为危险因素依次为体育锻炼不足、饮酒、吸烟、肥胖。根据以上情况，着手逐步改善社区的卫生状况。

（2）解决卫生问题的次序：

1）缺乏体育锻炼。

2）不良的生活习惯问题。

3）慢性病预防管理问题。

4）合并多种慢性病的问题。

（3）卫生行动计划（立即付诸行动）：把慢性病干预、综合防治体系纳入社区整体规划中在这个基础上，积极进行社区干预。

1）依据病人的具体情况，完善健康体检以及健康档案。

2）开展责任医师制度，通过日常门诊和随访，从行为改变到服药规范、自我管理倡导，加强社区慢性病的三级预防。

3）开展健康教育，提高慢性病病人对慢性疾病的疾病知晓率、服药率及自我控制率。开展合理膳食、控制体重、适当运动、心理平衡、改善睡眠、限盐、控烟、限酒、科学就医、合理用药等健康生活方式和可干预危险因素的健康教育。

（4）执行和评估卫生计划：包括卫生计划落实如何，执行的效果如何，下一步计划的修改。

1）卫生宣教力度如何？知识讲解水平怎样？群众是否听懂或乐于接受。

2）是否充分挖掘了社区资源，其他医疗机构包括儿保、妇保、防疫配合情况，镇、村委会的支持情况。

3）慢性病诊断水平及治疗效果，群众的经济承受能力。

4）各类患病率是否降低，卫生常识水平是否提高。

（5）下一步社区诊断：通过以上实施后的效果评估，结合当前社区的突出健康问题，以制订下一轮社区卫生计划。

以上是一个社区诊断过程的案例，从中可以发现，调查的疾病与实施的卫生计划是完全不同的内容。疾病是指社区主要面临的疾病或死因；卫生计划，是将要付诸的实际行动，目的是从社区的主

要疾病中寻找出其发病的危险因素及预防途径和措施。

社区诊断是通过一定的方法和手段收集社区相关资料，用科学、客观的方法对社区主要的公共卫生问题及其影响因素进行分析，以了解所辖社区居民健康状况，制定和实施社区综合防治计划，提升社区健康水平，且上一次的社区诊断将作为下一步社区诊断的依据和基础，形成周而复始的运作过程。

（二）社区诊断的实际意义

1. 适宜于社区　社区居民如有不良生活方式和生活习惯，社区医生能够及时纠正、随时处理。

2. 便捷经济、适宜技术　社区诊断操作，不需要先进设备及高级技术，适合于基层的卫生服务。

3. 公共卫生管理　社区中，与疾病和健康相关的公共卫生问题是经常发生的，其产生于人群与生活之中，走进人群、辨明群体的发病机制，是社区医学的创意和有效的公共卫生管理。

4. 适宜于慢性病　当今人类已进入慢性病时代，疾病的发生，源自于日常的生活行为与危险因素。因此，常抓不懈的社区诊断将是今后早期预防、唯一不患病的途径。

5. 辨明社区表症　在社区诊断的实施过程中，逐渐查出社区的主要疾病及死因，即社区的“表症”，而以其表症寻求本社区的预防目标，制订行动计划和防治重心，成为科学有序的社区卫生管理机制。

6. 提升健康水平　不断地发现隐患，持续的健康管理，周而复始的社区诊断，最终必然促进了整体人群健康水平的提升——社区康复。

这里着重提示，社区诊断是医生管理疾病的一种医疗行为和手段，它亦然是围绕社区医疗工作。社区诊断有明确的目的性，比如像一个社区高血压发病率为什么比其他社区高，经社区诊断调查后，发现这一社区人们习惯于腌咸菜，得出群体的发病机制“摄盐过多”，通过健康教育、改善旧的生活习惯，使疾病得以控制。因此，之所以称其为社区诊断，它强调了不同的社区、有不同的特征及卫生问题，也是前面谈到的“强调不同社区的不同需求及自主性”。执行社区诊断，应考虑社区医疗的范围及能力，且与行政及流行病调查相区别，以免导致偏离了卫生服务的中心工作，且耗力耗财、不切实际。

当今世界各国，因为社区医疗发挥了真正的作用，因此专科医院的平均住院日大为缩短，医疗费用明显下降。人们在自己的社区可得到便捷有效的医疗服务，守护着他们的健康。全世界全科医生为了共同的追求而努力——构建一个友谊温暖的大家庭——社区，这也是加拿大麦克马斯特医学院当初成立所倡导的初衷。

思考题

1. 社区医学的重要意义何在？社区医学分几个发展阶段？
2. 影响社区人群健康的主要因素有哪些？
3. 说明社区诊断的实际意义。
4. 你对专科医生和社区医生有什么见解？

（焦明丽）

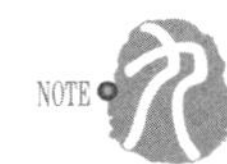

第六章　以预防为先导的健康照顾

学习提要

- 培养全科医生预防医学观念，将预防保健措施应用于诊疗服务中，体现全科医生开展以预防为导向健康照顾的可行性和优势。
- 了解社区全人群和高危人群预防策略的特点。
- 熟悉临床预防服务的概念、意义、原则和服务指南。
- 掌握临床预防服务的主要内容和方法。
- 熟悉全科医生如何引导社区居民开展自我保健。

唐朝名医孙思邈在《黄帝内经》中提出"圣人不治已病治未病，不治已乱治未乱。""治未病"体现了在疾病发生前采取扶正祛邪、增强体质，预防疾病的发生；在疾病进展时早期发现、早期诊断和早期治疗，阻止疾病的恶化；在疾病后期，促进康复和防止复发，是医学在长期实践中总结和完善"未病先防、既病防变"的科学思想，是祖国医学奉献给人类的医学模式。当今，预防医学是现代医学的重要组成部分，在医学实践中已经形成了日益完善的预防保健体系。随着全科医生作为居民健康"守门人"地位的确立，全科医生应树立预防为先观念，自觉采用以预防为先导的医疗保健原则，针对个体和群体开展预防医学服务，并引导社区居民开展自我保健，激发广大群众主动解决健康问题的潜能，顺应了医学发展规律，把全面、协调、便捷和可持续的照顾模式融入医学服务中。

第一节　概　　述

一、全科医生提供预防服务的优势

在以疾病为中心的医学服务模式下，医疗机构普遍追求高度精准诊断，同时也存在利用先进设备和过度检查的逐利行为，并由此导致了医疗成本急剧增长、学科越分越细、排队越来越长、应诊时间越来越短等不良循环。一些医疗机构由于空间环境的限制及管理水平不高，常造成病人就诊时流动无序，在挂号、检查、化验、交费、取药等排队等候过程中，耗去了较长的时间，而坐在诊室里的医生，却只能用较短的时间询问病史、检查和处理，从而结束应诊过程。至于疗效如何、病人有何感受等则难以知晓，更无暇指导就诊者如何预防保健。而全科医生在以病人为中心的医学服务模式指导下，将预防保健融入到每一次诊疗服务中，在提供预防服务方面具有明显优势。

1. 利用地域优势提供预防服务　全科医生立足于社区，与社区居民接触频繁，有许多提供预防服务的好时机。随着社区卫生服务制度的完善，每位居民每年主动求助全科医生的机会平均达3～4次，为全科医生提供预防服务创造了条件。另外，全科医生服务团队每年都要与签约对象进行不同形式的互动，也增加了与家庭中多个成员的接触机会。地域优势为提供预防服务奠定基础。

2. 基于连续性服务提供预防服务　全科医生在提供连续性服务的过程中，有机会了解个人、家庭和社区的背景信息，结合健康维护计划，可以全面地开展健康危险因素评价，从而实施个体化健康干预。基于健康档案和连续性健康照顾，全科医生对于在什么时间、什么场合、对哪些人、利用什么资源、提供什么样的预防服务方面具有明显的优势。

3. 基于相对固定的人群提供预防服务　全科医生服务于相对固定的人群，在社区中能同时能接触到疾病发生和发展不同阶段的健康人、未就诊的和就诊的病人，有条件同时提供三级预防服务，使预防医学产生理想的整体效应，还可节省卫生资源。

4. 基于全科医学独特的教育理念　全科医生所接受的教育和训练使他们最有能力在社区中提供连续性、综合性、协调性和个体化医学服务，以问题为导向的病史档案和照顾模式，为提供规划性预防服务以及实现防、治、保、康一体化健康照顾打下良好基础。

5. 利用全科医生的特殊角色提供预防服务　全科医生与居民及其家庭成员的融洽关系，最有条件激励个人、家庭改变不良的行为方式和生活习惯，建立正确的健康信念模式和健康消费观念，并促使个人及其家庭为自己的健康负责。

6. 利用全科医生的协调能力提供预防服务　全科医生是医疗保健系统和健康保险系统的“守门员”，其服务目标与预防医学的目的相一致。全科医生有较强的社会工作能力，能充分利用各种资源，提供协调性的预防服务。

二、全科医生提供预防服务的策略

全科医生在应诊中处理现患问题时采取了全人照顾模式，以预防为先导的疾病管理中可以采取基于疾病自然史的临床预防策略、基于社区全人群和高危人群预防策略。

1. 基于疾病自然史的预防策略　疾病的自然史是指不给任何治疗或干预措施情况下，疾病从发生、发展到结局的整个过程。疾病的自然史包括四个时期，生物学发病期、亚临床期、临床期和结局。预防措施是根据疾病的自然史，以消除健康危险因素为主要内容，以整体促进健康为目标。

一级预防（primary prevention）亦称病因预防、发病前期预防，即采取各种措施以控制或消除致病因素对健康人群的危害。社区卫生服务中的第一级预防必须以个体预防和社区预防并重。前者可采取增进健康和自我保健，具体措施包括：①建立和培养良好的生活方式；②保持良好的心理状态；③合理营养、平衡膳食；④创造良好的劳动条件和生活环境；⑤适量的体育锻炼等。后者可采取特殊预防包括：①健康教育；②预防接种和计划免疫；③妇女保健；④儿童保健；⑤高危人群的保护；⑥环境保护，防治空气、水、土壤的环境污染；⑦执行工业卫生标准，做好职业人群健康监护；⑧执行生活环境卫生标准，保护居民健康等。

二级预防（secondary prevention）亦称临床前期预防、发病期预防，即在疾病的临床前期做到早期发现、早期诊断、早期治疗，从而使疾病能够得到早治愈而不致加重和发展。尤其对于慢性非传染性疾病，多为复杂致病因素长期作用的结果，如能早期发现，可有效阻止其向临床期发展。早期发现的手段包括：筛检试验、高危人群重点项目检查、周期性健康检查、群众自我检查等。

三级预防（tertiary prevention）亦称临床期预防、发病后期预防，即对病人采取及时的治疗措施，防止疾病恶化，预防并发症和病残。对丧失劳动力或残疾者，通过家庭护理指导、功能性康复、调整性康复、心理康复等，促进其身心康复，提高生命质量并延长寿命。

基于疾病自然史的几个阶段以及健康疾病连续带的理论，从危险因素作用于机体到疾病临床症状的出现，通常都有一个时间过程，在这个过程中，根据危险因素的性质和接触量，所致疾病发生的时间有长有短，这就给预防保健提供了机会，称为疾病预防的“机会窗”。全科医生可以利用基本医疗和公共卫生服务途径为签约服务对象提供内容丰富的预防保健服务。

2. 社区慢性病的预防策略　慢性病是一类起病隐匿、病因和发病机制复杂、进展缓慢、可防可控、难以治愈的疾病的统称，主要指慢性非传染性疾病（non-communicable diseases，NCDs），如心脏疾病、脑卒中、肿瘤、呼吸疾病和糖尿病等。我国居民的死因构成中，排在前五位的分别是恶性肿瘤、脑血管病、心脏病、呼吸系统疾病和损伤及中毒。吸烟、缺乏锻炼、酗酒和不合理膳食构成了我国慢性病发病四大类危险因素。

慢性病的社区预防策略包括了高危人群策略和全人群策略。

高危人群策略主要是对疾病风险高的个体，针对致病危险因素采取干预措施，降低其未来发病风险。而全人群策略，不需要确定哪些个体是高危的，而是针对人群中危险暴露的决定因素采取措施，降低整个人群危险因素的暴露水平。

全人群策略可以使大多数人受益，即使个体因预防而获得的收益微不足道，但给整个人群带来的累积收益非常可观。与此同时，整个人群的暴露分布向着疾病低风险的方向移动，促使某些高危个体移出危险区域，可以使这些慢性病的患病率相应降低。在实际工作上，这两种策略相辅相成，作用于病因链的不同环节。高危策略关注的主要是病因链近端的环节，针对性强，效果明确，易被理解和接受，可操作性强，针对近期的疾病负担可解燃眉之急。而全人群策略主要关注的是病因链远端的环节，涉及的因素通常是很多疾病共同的根本原因，覆盖的人群面广，干预措施更具根本性且往往成本低廉，是实现持久的全人群健康的必经之路。

第二节 临床预防医学服务

临床预防医学是伴随着医学模式转变而形成的一门新学科，是预防医学的重要组成部分，通过在临床场所评估和干预疾病的发病危险因素来实施，是对健康人和无症状的“病人”采取的个体化预防措施，使临床医疗服务中第二级预防与第一级预防有机结合。临床预防医学有效地弥合了临床医学与预防医学间的断痕，通过降低健康危险因素的强度来达到维护与促进健康的目的，其服务内容主要包括健康咨询、疾病筛检、免疫预防和化学预防等。

一、临床预防医学服务意义

1. 贯彻执行国家卫生工作的方针政策 国家卫生工作方针的核心是以预防为主，而临床预防是其中的一个重要方面。临床预防工作不仅能起到预防工作“一分投入，十分回报”的效果，而且在全面提高社区居民身心健康方面有重要作用，有极大的社会效益和经济效益。

2. 降低疾病的发病率和死亡率 在人群中开展健康教育，纠正人们的不良生活方式，能使全人群的疾病发生率和死亡率显著降低。免疫预防和化学预防不仅对急、慢性传染病有效，对慢性非传染性疾病也有良好的预防效果。在人群中进行健康咨询、筛检试验和健康检查，通过早期发现、早期诊断和早期治疗，以及改变不良生活方式和行为，能有效地控制慢性病的发生和发展，降低疾病的发病率和死亡率。

3. 有效改善生命质量 对一些慢性非传染性疾病如冠心病、糖尿病等，开展临床预防工作，对病人进行健康教育、行为干预可有效延缓病程、减少并发症，提高临床疗效；同时给予及时治疗和适时保健，可以显著改善病人生命质量，并可延长寿命。

4. 促进专科医生加强预防意识 临床预防服务措施的开展可以加强临床医生的预防意识，使专科医生直接感受到预防工作的价值，有利于促进双向转诊，合理利用卫生资源。

5. 提高社区卫生服务的质量和水平 社区卫生服务强调卫生工作适应社区的特点，要求服务的区域化、系统化和综合化，在具体的工作方法上需要临床和预防的紧密结合。临床预防服务是一种有效的预防服务模式，有助于社区卫生服务的开展。

二、临床预防医学一般原则

1. 选择适宜技术降低人群发病率、伤残率及死亡率 一级预防是对人们的行为及生活方式进行干预，强调有利于健康的生活行为方式，控制不良行为，提高人群的健康素质。二级预防主要是早期发现病人，改善治疗效果，提高生存质量。在社区卫生服务过程中应尽量采用行之有效的预防措施实施第一、二级预防，以提高居民健康水平和降低疾病发病率为目标，其预防的意义更加积极和主动。

笔记

2. 选择适合干预的危险因素 危险因素的选择应参考以下标准：①危险因素在人群中的流行情况；②危险因素对疾病影响的大小。综合考虑两者，一个相对弱的危险因素如果流行范围广，则比一个相对强但流行范围小的危险因素更值得关注。

3. 选择适当的疾病开展临床预防工作 对疾病的选择宜参考以下标准：①将疾病的严重性和危害性作为优先考虑因素，而对罕见病、早期发现方法尚不成熟且发现后没有很好疗效的疾病一般不宜列入优先考虑的范围；②将预防服务是否具有确切效果作为参考指标。

4. 遵循个体化的原则 全科医生应综合考虑病人的年龄、性别、行为生活方式和存在的危险因素，决定选用适宜的临床预防方法。不宜选择可能造成服务对象承受过大精神压力和经济负担的方法。

5. 健康咨询与健康教育优先的原则 健康咨询和健康教育是发现可疑病患、提高疾病筛检效果的重要手段。通过健康咨询和健康教育，可以使某些表面上看似健康的人提高警觉，有助于早期发现疾病线索，提高疾病的早期诊断率。

6. 医患双方共同决策的原则 开展临床预防服务，要求扩大临床医生的职责范围并强调病人的作用，使病人能主动维护自身的健康。医生可以通过健康咨询和健康教育的方法提高病人的自觉性，让病人自觉地承担健康责任。

7. 效果与效益兼顾的原则 对临床预防服务的实施效果进行评价，不断优化临床预防服务项目。运用循证医学方法对临床预防服务效果与效益、副作用（如是否带来了其他疾病的发生及经济影响、医源性损伤、时间消耗和伦理道德上的问题等）和干预措施的特征（如操作的难易、费用、安全性和可接受性等）进行评价，旨在不断优化临床预防服务项目，提高社会效益和经济效益。

三、临床预防服务指南

全科医生提供临床预防医学服务的内容通常需要根据国家政策和医学服务水平来确定。早在1976年，加拿大公共卫生署成立了加拿大预防保健工作组（The Canadian Task Force on Preventive Health Care，CTFPHC），主要由流行病学专家、卫生服务研究人员、临床医生、基本医疗服务供方组成。工作组的任务是基于科学证据的系统分析，开发和推广基本医疗和预防服务的临床实践指南。1979年CTFPHC出版第一个专家组报告，评估了78种疾病临床预防方法的有效性，并对临床应用提出了建议。与此同时，发布了一个重要的研究成果，用年龄性别周期性健康检查方法取代效果不确定的年度健康体检。此后，CTFPHC不断发布和更新《加拿大临床预防服务指南》，为加拿大基层医疗临床医生提供实用性参考工具。

1984年经美国国会批准，美国卫生与人类服务部组建了美国预防服务工作组（the United States Preventive Services Task Force，USPSTF），主要由基本医疗卫生保健和预防医学专家组成，其职责是严格审查研究证据，评估研究证据的有效性，基于循证医学为基层医疗机构的临床医生开发临床预防服务指南。临床预防服务指南随着研究证据的更新而不断被修订，确保民众获得优质高效的临床预防服务。目前，该指南被普遍认为是临床预防服务的"金标准"。其中，USPSTF所推荐的A级和B级建议已被纳入美国新的医疗保险计划和政策。

我国目前尚未制定类似加拿大和美国专门开发的临床预防服务指南，但早在2002年，卫生部疾病控制司就发布了《慢性非传染性疾病预防医学诊疗规范（试行）》，提出了周期性健康检查、化学预防、健康咨询等推荐方案。近年来，国家卫生和计划生育委员会定期更新并颁发《国家基本公共卫生服务规范》，作为全科医生开展公共卫生和预防服务的依据。此外，各专科专家组针对不同疾病的诊疗规范发表相应的专家共识，也涉及特定疾病的临床预防方法，可供全科医生在基层诊疗实践中参考。

四、临床预防医学服务的内容与方法

临床预防是全科医生的主要工作任务之一，实施临床预防服务的第一步是评估病人的健康状况

和疾病风险状况，然后为病人提供健康咨询，在充分了解临床预防服务利弊的基础上，与病人共同协商制订个体化的临床预防方案，病人和家属有知情选择权。

（一）健康咨询

健康咨询（health counseling）是对咨询对象就健康和疾病相关问题提供的医学服务指导。健康咨询是全科医生在开展以预防为先导的健康照顾时最常用的方法之一，通过与咨询对象建立和谐的咨询关系、确定与评估所涉及的问题、共同商讨并制订解决问题的行动计划，并持续跟进咨询对象对计划的落实情况，以达到形成健康的行为和生活方式、消除或减轻影响健康的危险因素的目的，从而预防疾病、促进健康、提高生活质量。健康咨询主要面向健康人和针对健康危险因素，咨询的内容不仅仅是向咨询对象传授知识，还要关注其对健康与疾病关系的认知和态度，以及采取行动落实计划的能力。

1. 咨询的原则和方法

（1）根据咨询对象的健康观念和态度确定咨询的内容和方式。咨询者可以说服咨询对象改变行为的前提是了解其健康信念、期望和担忧。健康信念与其健康行为密切相关，对健康的关心程度、对疾病严重性的认识程度以及对行为改变利弊的预期等，都会影响其寻求帮助、就医行为和遵医行为。当然，健康信念也受种族、宗教信仰、习俗、年龄、性别、教育程度和社会阶层等因素的影响，因此，全科医生需要针对咨询对象的观念和态度，确定个性化咨询内容和方式，而不是固定模式的说教。

（2）充分告知干预措施的目的、预期效果以及产生效果的时间。如果干预措施不能很快见效，需要告诉咨询对象什么时候可以看到行为改变对健康的益处，避免其失去信心而影响遵医行为。例如，在风湿病病人用药依从性的研究中，如果病人充分了解用药目的，79% 的病人能坚持用药 4 个月以上，而那些没有得到明确信息的病人，只有 33% 依从性较好。此外，也应充分估计干预措施本身的有效性和负面影响，如果可能出现副作用，咨询对象不仅应该知情，而且要有防范预案。

（3）有限目标，逐步推进。在为咨询对象制订目标时，必须从有限目标开始，制订具有可行性的实施方案。对于一个身高 170cm，体重 95kg 的人，告诉他需要减轻体重 25kg，会让他感到是一个不可能完成的任务。如果为他设定每天少摄入 250kcal（如少吃一碗米饭），同时每天多运动消耗 250kcal 热能（如跳绳 30 分钟或步行 8000 步）的实施方案，他极有可能坚持下去，很容易达到每周减轻体重 0.5kg 的目标。一旦获得成功的体验后，就会提高其主观能动性，增强其改变不良行为的信心，从而达成最终目标。

（4）行动方案具体化。为咨询对象提供具体行为指导，会改善其依从性。例如在制订适量运动方案时，首先建议咨询对象选择喜爱和能坚持的运动类型，运动频次可以先从每周 2～3 次开始，每周增加 10%～25% 的运动量，直至达到理想的运动水平。详细而具体的指导方案需要写在适当大小的纸张或卡片上，不仅要让其带回家，而且要方便携带，时刻提醒，形成习惯。

（5）形成新的健康行为。帮助咨询对象选择不良行为的替代方案也是行之有效的手段之一，通常建立新的行为比消除已有的行为更容易。例如控制体重，往往建议咨询对象先从适度增加身体运动水平开始，之后才是改变现有的饮食习惯，减少能量的摄入。

（6）营造建立健康行为的环境。全科医生在对咨询对象落实计划的随访中，需注意营造建立健康行为的环境，将行为改变融入日常生活中。例如，全科医生可以建议病人在看晚间新闻的时候，利用跑步机锻炼；或者在每天刷牙后服用降压药等。

（7）恰当运用医生的权威性。咨询对象往往认为医生是健康专家，他们认为医生的话十分重要。因此，可以采用简单、具体的方式告诉他应该做什么、不应该做什么，目标是什么、如何做、多长时间能取得效果等。有些咨询对象对自己改变行为缺乏信心，需要医生适时地提供同情、支持和帮助，这种新建的伙伴关系，更能促使咨询对象接受医生的建议，并付诸行动。

（8）获得咨询对象明确的承诺。询问咨询对象如何实施健康促进计划，并鼓励其将措施融入日常生活中，要求其做出明确承诺，如什么时候开始实施运动计划、如何做、什么时候达到什么目标等。

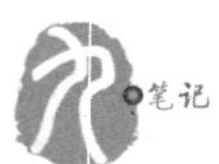

医生还要询问咨询对象实现预期目标的把握有多大，可以采用 0～10 的数字代表咨询对象实现既定目标的确定性，0 为不能肯定，10 为完全肯定。如果咨询对象表示难以确定，医生需要和他共同评估行为改变中可能遇到的障碍，并寻求解决办法。

(9) 体现人性化的咨询方案。综合运用多种教育、咨询的形式与方法，往往是收效高的必要条件。如面对面个体咨询、小组学习、播放录像、提供阅读材料、网络互动、发送手机短信和参加社区健康教育活动等。咨询的形式和方法应根据病人的需求进行个性化的定制，用于咨询的健康教育材料也要适合不同文化和教育背景的咨询对象。医生需要不断地与其沟通，因人而异地开展咨询，才能达到最佳的咨询效果。

(10) 团队协作的工作方式。温馨的环境和融洽的团队有利于获得咨询对象的信任。咨询是一个团队的责任，需要全科医生、护士、专科医师、公共卫生医师、营养师、接待员和其他医疗人员的共同努力。事实上，全科医疗的工作是繁忙的，健康咨询和诊疗活动需要更为丰富的资源，恰当利用团队资源为病人提供转诊服务显得十分重要。

(11) 随访与监测。一旦咨询对象启动行为改变计划，医生需要通过预约就诊、电话随访、网络互动等方式了解其计划执行情况，监测相关指标，评价进展情况，及时处理可能出现的问题，调整方案。对已经取得的进步应及时给予鼓励，从而提高咨询对象的依从性和咨询效果。

健康咨询的具体方法。开展健康咨询是一个经验积累的过程，常用的方法包括：①个体教育法，通过与个体谈话，给予个别指导；②群体教育法，根据社区特殊人群，定期组织开展专题讲座及小组讨论等；③文字教育法，以报刊、书籍等为载体，传播健康知识；④形象化教育法，采用实物、示范表演等方式；⑤电子化教育法，利用现代化的多媒体设备进行教学等。

2. 健康咨询的内容　针对咨询内容，咨询者应重点关注如何建立健康的行为与生活方式，识别各种疾病的症状，预防和控制常见传染病、意外伤害以及心脑血管病、恶性肿瘤、呼吸系统疾病、糖尿病等慢性非传染性疾病。建立健康行为的咨询内容主要包括合理饮食、适量运动、戒烟限酒、疫苗接种、日常卫生、合理用药等。预防常见慢性非传染性疾病的咨询内容见表 6-1。

表 6-1　常见慢性非传染性疾病的预防咨询内容

项目	预防咨询内容
超重肥胖	合理饮食；适量运动；经常测量体重、腰围；预防妇女产后肥胖；老年人预防体重持续增长等
高血压	合理饮食，特别是低盐饮食；坚持适量运动；戒烟限酒；减轻体重；定期监测血压；避免情绪过于激动等
糖尿病	帮助病人判断是否是糖尿病高危人群；监测血糖；合理饮食；适量运动；保持健康体重，BMI 控制在 $24kg/m^2$ 以下等
心血管疾病	预防和控制高血压；预防和控制高血糖；合理饮食；戒烟限酒；适度运动，避免过度劳累；注意气温变化与身体保暖；避免情绪过于激动；定期健康维护；识别突发症状，及时就医等
脑卒中	预防和控制高血压；预防和治疗各种心血管疾病；预防和治疗糖尿病；预防和控制血脂异常；戒烟限酒；控制体重；定期健康维护；识别突发症状，及时就医等
癌症	健康的饮食；戒烟限酒；适量运动；保持正常体重；改善居室通风条件；预防和治疗人类乳头瘤病毒、乙肝病毒、丙肝病毒、幽门螺杆菌等有关病毒和细菌感染；职业防护；避免长时间强烈阳光照射；保持周围环境卫生；定期健康维护；识别可疑症状，及时就医；采取针对性预防措施等

（二）筛检试验

筛检试验（screening test）系运用快速简便的试验检查，将人群中外表健康而实际可能患病或有缺陷者识别出来。筛检试验不是诊断试验，对筛检试验阳性或可疑阳性者必须进一步确诊。

1. 筛检试验的原则

(1) 慎重考虑拟筛检疾病的严重性和发病率。通常选择发病率高、死亡率高、致残率高、疾病负

担严重的疾病进行筛检。

（2）拟筛检疾病的自然史是明确的。选择的疾病要有足够长的易感期、发病前期或潜伏期，以达到早发现、早诊断、早治疗的目的。

（3）要有适宜的筛检技术。对拟筛检的疾病要有安全、经济、方便、有效的筛检方法，同时该方法要有较高的敏感度、特异度和阳性预测值，病人易于接受。选择筛检方法要充分考虑负面影响，包括躯体、精神上的损伤和经济上的损失，实施筛检前要权衡利弊，并确定该筛检方法具有效性、可行性和推广性。

（4）要有明确的筛检效益。通过筛检早期发现病人，要有确切的治疗和预防方法来阻止或延缓疾病的发生、发展，否则筛检失去了意义。

2. 常见慢性非传染性疾病的筛检

（1）高血压筛检：依据《国家基本公共卫生服务规范》第三版（2017），①对辖区内35岁及以上常住居民，每年第一次到乡镇卫生院、村卫生室、社区卫生服务中心（站）就诊时为其测量血压。②对第一次发现收缩压≥140mmHg和（或）舒张压≥90mmHg的居民在排除可能引起血压升高的因素后预约其复查，非同日3次测量血压高于正常，可初步诊断为高血压；如有必要，建议转诊到上级医院确诊，2周内随访转诊结果；对已确诊的原发性高血压病人纳入高血压病人健康管理；对可疑继发性高血压病人，应及时转诊。③建议高危人群每半年至少测量1次血压，并接受医务人员的生活方式指导。高血压高危人群包括：①血压高值；②超重和（或）腹型肥胖；③高血压家族史；④长期膳食高盐；⑤长期过量饮酒；⑥年龄≥55岁。

（2）2型糖尿病筛检：对辖区内35岁以上常住居民进行筛查，在社区2型糖尿病高危人群每年至少测量1次空腹血糖，并接受有针对性的健康教育咨询。《中国2型糖尿病防治指南（2016版）》建议2型糖尿病的筛检方法采用口服葡萄糖耐量试验（OGTT）检测空腹血糖和糖负荷后2小时的血糖，进行OGTT有困难的情况下可仅监测空腹血糖，但会增加漏诊的概率。针对高危人群，如果筛查结果正常，3年后重复检查。2型糖尿病发生的风险主要取决于不可改变危险因素和可改变危险因素的数目和严重度。在我国主要依靠机会性筛检（如在健康体检中或在进行其他疾病的诊疗时）发现高危人群。2型糖尿病高危人群包括：有糖耐量受损史；年龄≥45岁；超重、肥胖（BMI≥24kg/m^2），男性腰围≥90cm，女性腰围≥85cm；2型糖尿病病人的一级亲属；高危种族；有巨大儿（出生体重≥4kg）生产史，妊娠糖尿病史；高血压（血压≥140/90mmHg）或正在接受降压治疗；血脂异常（HDL-C≤0.91mmol/L（35mg/dl）及TG≥2.22mmol/L（200mg/dl），或正在接受调脂治疗；心脑血管疾病病人；有一过性糖皮质激素诱发糖尿病病史者；BMI≥28kg/m^{2}的多囊卵巢综合征者；严重精神病和（或）长期接受抗抑郁症药物治疗的病人；静坐生活方式者。其中年龄、家族史或遗传倾向、种族、妊娠糖尿病史或巨大儿生产史、多囊卵巢综合征和宫内发育迟缓或早产为不可改变危险因素。

（3）血脂异常筛检：《中国成人血脂异常防治指南（2016年修订版）》针对以低密度脂蛋白胆固醇（LDL-C）或三脂酰甘油（TC）升高为特点的血脂异常是动脉粥样硬化性心血管疾病（ASCVD）的主要危险因素，根据危险因素强度不同，分层设置干预靶点和调脂治疗目标值，采取不同强度干预措施是血脂异常防治的核心策略，降低ASCVD患病风险。

建议20岁以上的成年人至少每5年测量1次空腹血脂，包括TC、LDL-C、HDL-C和TG测定；对于缺血性心血管病及其高危人群，建议每3～6个月测定1次血脂；对于因缺血性心血管病住院治疗的病人应在入院时或24小时内检测血脂；并建议40岁以上男性和绝经期后女性每年进行血脂检查。血脂异常的高危人群：①已有冠心病、脑血管病或周围动脉粥样硬化病者；②有高血压、糖尿病、肥胖、吸烟者；③有冠心病或动脉粥样硬化病家族史者，尤其是直系亲属中有早发冠心病或其他动脉粥样硬化性疾病者；④有皮肤黄色瘤者；⑤有家族性高脂血症者。

（4）骨质疏松症筛检：适合全科医生在社区筛检骨质疏松症的初筛方法有：国际骨质疏松症基金会骨质疏松症风险一分钟测试题、亚洲人骨质疏松症自我筛查工具（Osteoporosis Self-assessment Tool

笔记

for Asians，OSTA）、超声骨密度检测、X 线摄片。根据我国《原发性骨质疏松症诊治指南（2011 版）》，建议对以下人群进行骨质疏松症筛检：①女性 65 岁以上和男性 70 岁以上，无论是否有其他骨质疏松危险因素；②女性 65 岁以下和男性 70 岁以下，有一个或多个骨质疏松危险因素；③有脆性骨折史和（或）脆性骨折家族史的男、女成年人；④各种原因引起的性激素水平低下的男、女成年人；⑤有影响骨代谢疾病或使用影响骨代谢药物史。其中骨质疏松的危险因素包括：种族、老龄、女性绝经、母系家族史、低体重、性腺功能低下、吸烟、过度饮酒、饮过多咖啡、体力活动缺乏、制动、饮食中营养失衡、蛋白质摄入过多或不足、高钠饮食、钙和（或）维生素 D 缺乏、有影响骨代谢的疾病和使用影响骨代谢的药物。双能 X 线吸收法测量骨密度值是目前公认的骨质疏松症诊断的金标准。

（5）乳腺癌自查和筛检：鼓励成年已婚女性每月一次进行乳腺癌自查，以提高妇女的防癌意识。建议全科医生向社区妇女传授乳腺自我检查技能，绝经前妇女应选择月经来潮后 7～14 天自查。

《中国抗癌协会乳腺癌诊治指南与规范（2017 年版）》建议，乳腺癌筛查是通过有效、简便、经济的乳腺检查措施，对无症状妇女开展筛查，以期早期发现、早期诊断及早期治疗。其最终目的是要降低人群乳腺癌的死亡率。筛查分为机会性筛查（opportunistic screening）和群体筛查（mass screening）。机会性筛查是妇女个体主动或自愿到提供乳腺筛查的医疗机构进行相关检查；群体筛查是社区或单位实体有组织地为适龄妇女提供乳腺检查。妇女参加乳腺癌筛查的起始年龄：机会性筛查一般建议 40 岁开始，但对于一些乳腺癌高危人群可将筛查起始年龄提前到 40 岁以前。群体筛查国内暂无推荐年龄，国际上推荐 40～50 岁开始。

（6）宫颈癌筛检：我国《子宫颈癌筛查及早诊早治指南》建议，任何有 3 年以上性行为或 21 岁以上有性行为的妇女都应进行子宫颈癌筛查。而性生活过早、有多个性伴侣、人类免疫缺陷病毒（human immunodeficiency virus，HIV）/ 人乳头瘤病毒（human papilloma virus，HPV）感染、免疫功能低下、吸烟、卫生条件差和性保健知识缺乏的高危妇女是筛查的重点。65 岁后患子宫颈癌的危险性极低，一般不主张对 65 岁以上的妇女进行子宫颈癌的筛查。一般人群每年进行一次筛查，连续 2 次宫颈巴氏细胞学涂片正常可改至 3 年后复查；连续 2 次 HPV 检测和细胞学正常可延至 5～8 年后复查。在经济发达地区，一般妇女筛查的起始年龄可考虑在 25～30 岁；经济欠发达地区，筛查的起始年龄可放在 35～40 岁。高危妇女人群的筛查起始年龄应适当提前，且最好每年筛查一次。

（7）结直肠癌筛检：筛检是预防和早期发现结直肠癌最有效的方法，常用的筛检方法是粪便潜血试验（faecal occult blood test，FOBT）或结肠镜检查。我国学者建议：①消化科门诊、社区全科门诊及健康体检者常规采用 FOBT 进行初筛，连续 3 次检查为宜，阳性者建议行结肠镜检查，阴性者每年行 1 次初筛检查；②询问受检者既往病史及家族史，判定其是否属于高危个体。高危个体应作为重点筛检对象，即使 FOBT 阴性，也建议其接受结肠镜检查；③对于有疑似结、直肠肿瘤症状的病人，即使 FOBT 阴性，若本人同意，也可行结肠镜检查。如下情况者为结、直肠癌高危人群：①有便血、大便次数增多、大便带黏液、腹痛等肠道症状的人群；②大肠癌高发区的中老年人；③大肠腺瘤病人；④有大肠癌病史者；⑤大肠癌病人的家庭成员；⑥家族性大肠腺瘤病；⑦溃疡性结肠炎；⑧克罗恩病；⑨有盆腔放射治疗史者。结肠癌的高危因素还包括动物脂肪及动物蛋白摄入过多、新鲜蔬菜及纤维素摄入不足以及体力活动缺乏等。

（8）前列腺癌筛检：直肠指检（digital rectal examination，DRE）联合前列腺特异性抗原（prostate-specific antigen，PSA）检查是目前公认的早期发现前列腺癌的最佳筛检方法。大多数前列腺癌起源于前列腺的外周带，DRE 对前列腺癌的早期诊断和分期具有重要价值。PSA 作为单一检测指标，与 DRE、经直肠前列腺超声比较，具有更高的前列腺癌阳性诊断预测率，同时可以提高局限性前列腺癌的诊断率和增加前列腺癌根治性治疗的机会。鉴于 DRE 可能影响 PSA 值，应在抽血检查 PSA 后进行 DRE。我国《前列腺癌诊断治疗指南（2007 版）》建议对 50 岁以上有下尿路症状的男性进行常规 PSA 和 DRE 检查；对于有前列腺癌家族史的男性，应从 45 岁开始定期检查、随访。对 DRE 异常、有临床征象（如骨痛、骨折等）或影像学检查异常的男性也应行 PSA 检查。

3. 筛检途径

（1）周期性健康检查（period health examination）是运用格式化的健康筛选表格，针对不同年龄、性别、职业等健康危险因素设计项目和检查时点而进行的健康检查。一般以无症状的个体为对象，以早期发现病患及危险因素，达到早发现、早诊断和早治疗的目的。周期性健康检查的优点包括：①有针对性和个性化的设计，效率高、效果好；②利用病人就诊时实施，省时、省力，还可节约医疗费用；③普及性强，能应用到社区的每一位居民；④问题处理及时，全科医生对发现的问题可以最快的速度和最适当的方式与病人联络；⑤健康检查的结果可以丰富病人的病史资料，特别适用于慢性病的防治。

我国成年人周期性健康检查的主要内容（推荐）包括：身高、体重、血压、血糖、血脂、甲胎蛋白+B超、直肠指检+潜血试验、乳房自查+摄片、胸透或摄片、眼底检查、甲状腺检查、HBsAg、肝肾功能检查、心电图、内科学物理检查。

（2）病例发现（case finding）是对就诊病人实施的一种检查、测试或问卷形式的调查，目的是发现病人除就诊原因以外的其他疾病。如为感冒的老年病人测血压以发现该病人是否患有高血压病。病例发现是医生在门诊中易于执行的早期诊断措施，对疾病的预防可以起到事半功倍的效果。随着全科医疗活动的深入，以家庭为单位的诊疗模式和病例发现，甚至可以早期发现病人家庭成员中的其他病人。

（三）免疫预防

免疫预防（immunoprophylaxis）是一种已证实的可以控制甚至消灭疾病的第一级预防措施，通过将疫苗、免疫血清、γ球蛋白等接种于人体，使其产生主动免疫或被动免疫，从而获得对某种传染病的特异性免疫能力，提高个体或群体的免疫水平，预防和控制传染性疾病的发生和流行。疫苗（vaccine）是指为预防、控制传染病的发生、流行，用于人体预防接种、使机体产生对某种疾病的特异免疫力的生物制品。通过免疫预防，目前全球范围内已经消灭了天花的自然流行，脊髓灰质炎的发病下降99%，使大约500万人避免瘫痪带来的痛苦。2000～2008年间，全球麻疹死亡率也因此下降78%。

1. 儿童免疫预防 1978年以来，我国儿童计划免疫疫苗有卡介苗、脊灰疫苗、百白破疫苗（白破疫苗）、麻疹疫苗；2002年又进一步将乙肝疫苗纳入计划免疫，为新生儿提供免费接种。20世纪80年代以来，部分省份还陆续将流脑疫苗、乙脑疫苗纳入免疫范畴。

2007年我国政府提出实施扩大国家免疫规划，增加儿童免疫规划疫苗种类。国家免疫规划是指按照国家或者省、自治区、直辖市确定的疫苗品种、免疫程序或者接种方案，在人群中有计划地进行预防接种，以预防和控制特定传染病的发生和流行。实施国家免疫规划是政府提供的一项重要公共卫生服务，是儿童健康的基本保障，是预防、控制乃至消灭可预防传染病的有效手段。目前儿童常规免疫疫苗有乙肝疫苗、卡介苗、脊灰疫苗、百白破疫苗、白破疫苗、麻风疫苗、麻腮风疫苗、乙脑疫苗、A群流脑疫苗、A+C群流脑疫苗、甲肝疫苗，可预防乙型肝炎、结核病、脊髓灰质炎、白喉、百日咳、破伤风、麻疹、风疹、流行性腮腺炎、流行性乙型脑炎、流行性脑脊髓膜炎、甲型肝炎。

2. 成人免疫预防 扩大国家免疫规划也从儿童扩展到了成人，在重点地区或疫情发生时，免费对成人免疫的疫苗有出血热疫苗、炭疽疫苗和钩端螺旋体病疫苗等。目前，儿童的免疫接种率很高，但新发传染病不断出现、一些传染病也有明显的年龄高移现象，致使成人中有些传染病的发病率增高，造成重大的疾病负担。成人免疫预防是解决上述问题的有效方法之一，但国内尚未制订有关成人免疫接种的政策和法规。

还有一些疫苗，虽然不在国家免疫规划范畴内，但可以根据身体状况以及预防疾病的需要，自愿选择、自费接种，常见的有水痘疫苗、B型流感嗜血杆菌疫苗、肺炎疫苗、流感疫苗、狂犬疫苗等。

（四）化学预防

化学预防（chemoprevention）指对无症状的人使用药物、营养素（包括矿物质）、生物制剂或其他

天然物质，提高人群抵抗疾病能力以防止某些疾病。对有既往病史者使用预防性化学物质不属于化学预防。目前，常见的化学预防项目有孕前及怀孕早期服用叶酸预防胎儿神经管缺陷、使用小剂量阿司匹林预防心脑血管疾病、绝经后妇女使用雌激素预防骨质疏松和心脏病以及食用富含铁的食物或强化铁剂的食物预防缺铁性贫血等。近 50 年来，化学预防逐渐成为肿瘤学研究的一个重要领域。癌症化学预防是指利用天然的或合成的化学物质来阻止、延缓或逆转癌症发生、发展或者复发过程，达到降低癌症发病率和死亡率的预防策略。

1. 阿司匹林预防心血管疾病　国外大规模随机临床试验结果表明，阿司匹林用于心血管病一级预防使主要心血管病事件减少 15%，心肌梗死相对风险降低 30%；同时，出血并发症的相对危险增加，虽然致命性出血事件没有明显增加，但消化道、颅脑、鼻部的非致命性大出血事件是对照组的 2 倍，小出血事件也较对照组增加几倍。

鉴于阿司匹林预防心血管疾病存在较大争议，《心血管疾病一级预防中国专家共识》建议阿司匹林一级预防的适应证：①临床具有 ASCVD 时，阿司匹林的获益大于出血风险，应积极推荐；②在 ASCVD 低危水平或具有较高出血风险时，阿司匹林的获益与出血风险相似，属于一般性推荐，是否应用阿司匹林要作进一步分析；③对 40 岁以下无 ASCVD 危险的低危人群不推荐阿司匹林作为一级预防措施；④对 80 岁以上的老年人慎重推荐，如有胃肠道出血风险增高者，不建议用阿司匹林。

阿司匹林作为二级预防的疗效是肯定的，对冠心病、脑卒中、外周血管病等临床确诊的动脉粥样硬化进行治疗，降低其所致的死亡与残疾，建议长期应用阿司匹林小剂量抗血小板治疗，防治粥样硬化血栓形成。

2. 癌症的化学预防　癌症预防一直是人们关注的焦点问题。由于癌症的发生发展是一个多步骤、多阶段以及多基因参与的过程，从细胞到癌变的推进，需要较长的时期，为癌症的化学预防提供了可能。尽管目前在乳腺癌、前列腺癌和结肠癌等方面的化学预防取得了显著成果，但利弊争议一直存在。例如，他莫昔芬在乳腺癌的预防试验中能减少发生浸润性和非浸润性乳腺癌的风险，但也能导致子宫内膜癌和静脉血栓栓塞的发病率增加。塞来昔布等环氧化酶 -2 抑制剂能够减少结直肠癌风险，但在随机试验中发现这些药物具有心血管副作用，严重不良事件的发生使得人们难以接受，甚至临床试验研究也会随之中断。因此，癌症的化学预防研究面临着挑战，需要强调个体化化学预防的重要性。研制有效的化学预防药物，减少不良事件的发生，选择真正高风险的应用对象是该领域的未来研究重点之一。

第三节　以预防为先导的社区居民自我保健

自我保健（self-health care）是指个体发挥能动作用，保护自己健康的活动，是个体决定自己健康的权利和义务的体现。其内容涉及健康行为的培养，预防疾病、自我诊断、自我治疗以及在医疗机构诊治后的继续治疗和康复活动等。

自我保健作为社区卫生服务的补充形式，发挥着越来越重要的作用。首先，自我保健能充分发挥个体在保健活动中的主观能动性，能自觉地为改变周围环境而努力，为达到最高的健康境界创造条件；有些危害健康的生活方式和行为因素，只能依靠自我保健才能真正解决。其次，开展自我保健具有巨大的经济效益，自我保健不仅把每个个体看做是卫生资源的消费者，而且是卫生资源的创造者，可以有效地克服现有保健系统制度设计上的缺陷，使每个人都成为卫生事业建设的主体。

一、社区居民自我保健的组织与发动

1. 推进社区卫生队伍建设，加强监督和指导　社区居民开展自我保健需要丰富的保健知识，应充分发挥全科团队的作用，为居民提供方便、有效的自我保健知识。市县（区）级健康教育机构应重视基层单位健康教育专职或兼职人员的培训，并监督、指导基层卫生机构开展自我保健教育。

2. 有针对性地开展自我保健知识宣传 不同人群在不同的生活、工作阶段往往面临着不同的健康问题，因此自我保健的内容也需因人而异，而且在广泛开展大众自我保健活动的同时，还应增加特殊人群的自我保健内容。例如，儿童、孕产妇、老年人、残障者及慢性病病人等就是需要关注的重点。

3. 多渠道综合开展 以社区为依托，利用多种形式向社区居民宣教自我保健知识。倡导居委会及社区工作者组建自我保健小组，邀请专家深入社区作专题讲座等；也可通过电视等媒体把自我保健信息传递给社区居民；提供相关书刊或组织竞赛活动；通过宣传栏、展板等宣传健康知识，做到形式多样、内容丰富。

4. 循序渐进、持之以恒 社区居民自我保健应坚持循序渐进、持之以恒的原则，持续开展自我保健活动。社区医务人员应随时了解社区居民自我保健需求的变化，及时给予指导；并建立定期随访的提醒机制，与社区居民形成良好互动。

二、社区居民自我保健的内容与方法

（一）个体自我保健

1. 生理调节 ①坚持运动：以自己身体状况为主要依据，综合考虑性别、年龄和重要生理参数，制订适宜的体育锻炼计划；②规律生活：人的生命活动是有节律的，应养成良好的生活习惯、规律的生活节奏、保证充足睡眠，从而适应身体生物周期变化，保持身心健康；③合理营养：摄入的热量必须满足人体的需要；各营养素的供给不仅数量上要充足、质量上要保证，而且各营养素要有合理的比例；食物要新鲜、卫生、种类多样，不含任何形式的有害物质，以量适、质优、卫生为原则；④保护生态环境：机体每时每刻都与周围环境进行着物质和能量交换，保护人们赖以生存的环境，不仅是维护自身健康的需要，也是生命质量可持续发展的前提。

2. 心理调节 在充满竞争的社会里，必须具有良好的社会适应能力，保持良好的心态和控制紧张情绪。紧张是人们在对刺激物或环境变化做出反应时表现出的生理和心理反应。适当的紧张可使人充满活力，提高效率；过度紧张则会危及心身健康。控制紧张首先应树立正确的人生观；其次要培养乐观健康的性格，保持心理健康；培养广泛的兴趣、积极参加各种娱乐活动，也有利于控制紧张。

3. 行为矫正 行为矫正包括促进健康行为的培养和消除或控制危害健康的行为，将其结合在健康教育和健康促进活动中效果更好。

4. 自我诊断 自我诊断指根据自己对医药卫生知识掌握程度和对自己身体状况的了解，对自己身体出现的异常感觉和变化所做的判断，如自己所患何种疾病和病情严重程度。自我诊断需要医务人员指导和利用医疗机构检查帮助诊断，个体也应掌握自我诊断必备的医学知识和技能，如测量身高、体重、血压、脉搏、心率，并了解其正常范围和出现异常的临床意义；成年妇女应学会乳房自我检查法，并了解乳腺癌的早期信号等。

5. 自我治疗 自我治疗是指诊断明确后，在没有监护的条件下根据医嘱或自行选择治疗方法并自行实施。自我治疗经济、方便，治疗方法和选用药物完全由病人自己控制。全科医生应因势利导地进行自我治疗知识教育和技能传授，使病人熟悉所用药物的适应证、不良反应和禁忌证，掌握消毒、注射和换药技术及过敏反应的处理方法。

6. 自我预防 自我预防指在疾病或意外事故出现之前，个体所作的心理上、知识上和物质上的准备。如在全科医生的指导下学会一般的急救知识、培养自己和家庭成员的良好生活行为及习惯、备有家庭药箱、记录重要生活事件和个体健康状况、定期参加健康检查等。全科医生也应经常采取适当方式开展有关自我预防知识的宣传教育。

（二）家庭保健

家庭是社会的基本功能单位，家庭有保护其成员（尤其是妇女、儿童、老人）健康的职责和义务。家庭状况直接决定着生活事件出现的频率和性质，进而影响人的健康，家庭是自我保健的重要社会基础。家庭保健的内容包括以下方面：

1. 培养健康的生活方式　家庭是培养健康生活方式，并对其成员进行健康管理的重要场所。个体的生活方式和行为很大程度上是在家庭中形成的，家庭成员要注意养成健康的生活习惯，合理饮食，避免和纠正不健康的生活方式和行为。

2. 保持家庭心理健康　家庭关系往往比较复杂，易产生各种矛盾和冲突。这就要求各成员冷静、心平气和地处理各种生活事件，保持温暖、宁静、温馨、和谐的家庭气氛。

3. 开展家庭健康教育　在家庭健康教育中，应重视儿童生理及心理教育，从小培养儿童的卫生习惯，养成健康的生活方式。还应重视对青年子女的婚前教育，提供有关的婚姻生活知识，培养共处、合作及共同配合行动的能力。

三、社区居民自我保健的管理和维护

1. 了解影响病人选择自我保健的因素　影响病人选择自我保健的因素是多种多样的，一般包括：①健康问题的严重和复杂程度；②病人对健康问题的认识和经验；③病人的自我保健观念和能力；④健康信念以及对症状的反应；⑤家庭可用于自我保健的资源；⑥医疗服务的可用性和可得性；⑦个人的某些特征如性格、文化程度、职业、经济水平、性别、年龄等。全科医生深入了解影响社区病人自我保健的主要因素，对开展有针对性的自我保健指导十分必要。

2. 开展自我保健教育　病人选择的自我保健措施往往针对症状，对问题的来龙去脉缺乏全面认识，对自我保健效果没有把握，常常是抱着试试看的心理。不适当的自我保健措施可能会延误病情或掩盖问题的严重性，以至引起严重后果。全科医生必须在日常工作中，针对影响自我保健的主要因素，开展自我保健教育，使病人对其健康问题有正确的认识和评价，提高自我保健能力，避免采取不适当的自我保健措施。自我保健教育不仅适用于常见急性疾患的预防和早期治疗，对慢性病的控制也产生积极影响，可显著降低病人对医疗保健服务的需求，减少个人医疗费用。

3. 加强自我保健信息传播　自我保健的信息来源通常有：①家庭、朋友或同事对类似健康问题的经验；②书籍、报刊、科普读物等出版物中的有关健康知识；③电视、广播、广告、药物说明书等；④非医务人员提供的民间单方、秘方等。与这些信息来源相比，全科医生提供的自我保健信息无疑具有权威性和实用性。全科医生应利用一切可利用的资源，经常性提供具有科学性和实用性的自我保健信息，并开展居民自我保健技能培训。

4. 组织、领导和指导社区自我保健活动　全科医生是居民自我保健的倡导者和组织者，通过开展自我保健教育提供自我保健的知识和基本技能培训；制订社区主要健康问题的自我保健组织计划；组织、领导、指导社区病人成立针对某些慢性病防治的“自助小组”，成员可交流各自的保健经验，相互鼓励、相互帮助，培养病人的自我责任感，把有问题的人转变为解决问题的人。

思考题

1. 全科医生团队开展以预防为先导的健康照顾具有哪些优势，并通常采取哪些策略？

2. 试述临床预防医学服务的主要内容和方法，举例说明当前开展临床预防医学服务存在的主要问题。

3. 谈谈你对全科医生在社区居民慢性病自我保健中作用的理解。

（胡传来）

第七章　健康管理与健康风险评估

学习提要

- 掌握健康管理的概念与内涵、策略、基本步骤。了解健康管理的工作模式。
- 掌握健康风险评估方法及其应用。
- 熟悉多层次健康管理的新特点。
- 掌握健康危险因素的概念和特点。
- 熟悉健康促进的定义及主要活动领域。
- 熟悉全科医生在健康管理中的作用。
- 了解健康管理的发展趋势。

健康管理和健康风险评估是全科医学的核心之一，作为基本服务方法可以帮助全科医生动态掌握人群的健康问题和健康状态。

全科医生通过对人群进行全面的健康照顾、维护和促进人群健康，使其达到“躯体上、精神上和社会上的完好状态”。健康管理与健康风险评估以健康指标及其相关数据为基本依据，以人的健康为中心，提供全人、全程、全方位的健康服务。通过健康咨询、健康评价、健康教育与健康促进等方式，促使人们改变不良行为和生活方式，降低危险因素，减少疾病的发生，提高生命质量。健康管理与健康风险评估的应用广泛，发展前景远大。

第一节　健 康 管 理

健康管理目前尚无统一的定义。健康管理由“健康”和“管理”两个词复合而成。将“健康”和“管理”这两个名词合在一起，就是健康管理。即针对健康需求，对健康资源进行计划、组织、指挥、协调和控制，达到最大健康效果的过程。

一、健康管理产生的背景

1. 生物 - 心理 - 社会医学模式的要求　人类对健康的认识经历了一个不断发展变化的历史过程。最初人们主要从医学的角度来研究和定义健康。现代医学模式要求医学在重视生物因素的前提下，把人的健康与疾病问题置于社会系统中去理解。这一模式的提出，要求医学的着眼点前移。必须从关注疾病前移到关注疾病、亚临床、亚健康、高风险人群和健康人群，从关注疾病的致病原因到关注导致疾病产生的综合社会环境因素以及各种健康危险因素。

2. 满足多元化健康需求　长期以来人们为保护和促进健康而建立起来的医疗服务提供系统主要集中于对疾病的诊断和治疗工作方面。过度偏重治疗的结果导致卫生资源大量被占用，从而忽略了大多数健康和亚健康人群的需要。面对人们日益增长的预防、保健、治疗、康复、健康促进和保护等多元化健康需要，迫切需要建立一个同时为疾病人群和健康人群服务的健康服务模式，以有效满足人们日益增长的多元化健康需求和缓解医疗费用过快上涨的压力。

3. 人口老龄化与疾病谱的转变　全球人口老龄化速度逐步加快，我国早已步入老龄化社会，其趋势越来越明显。2010年我国第六次人口普查发现，我国65岁及以上人口约为1.18亿人，占总人口的8.87%，与2000年第五次全国人口普查相比，65岁及以上人口的比重上升1.91个百分点，预计到2050年，我国老年人口将达到4.83亿，比重高达34.1%。老年人口的增多，势必会导致慢性非传染性疾病患病率的增加。因此需要有新的理论和方法有效地预防和控制慢性非传染性疾病的发生，减轻造成伤残和死亡。与此同时，随着经济的发展和人们生活方式的改变，疾病谱逐渐转化为以慢性非传染性疾病为主的疾病模式，必须注重对其危险因素进行干预。

4. 医疗服务系统可持续发展面临的挑战　在现代医学模式下，疾病的对症治疗策略已收效甚微，昂贵的医疗投资对人群健康的回报率已经呈现出逐步下滑的趋势。一方面影响健康的危险因素在人群中呈现出流行和蔓延的趋势，如果还是只注重诊疗系统的投资，忽视健康危险因素对健康和亚健康人群造成的损害，结果必然导致患病人群的继续扩大；另一方面对新药、新技术的投入成本愈来愈大，导致疾病的诊断和治疗的成本愈来愈高。所以，为了实现医疗服务的可持续发展，就必须注重对健康进行管理。

二、健康管理的概念和内涵

1. 健康管理的概念　我国对健康管理（health management）的定义是：以不同健康状态下人们的健康需要为导向，通过对个人和人群健康状况以及各种影响健康的危险因素进行全面的检测、分析、评估及预测，向人们提供有针对性的健康咨询和指导服务，并制定健康管理计划，协调社会、组织和个人的行为，针对所有健康危险因素进行系统的干预和管理的全过程。健康管理以现代生物、心理和社会医学模式的健康概念为核心，顺应医学模式转变，弘扬"治未病"的传统思想，应用管理学的理论和方法，通过对健康危险因素的全面检测、分析、评估和预测，制订并实施有针对性的健康管理计划，开展健康促进。

2. 健康管理的内涵　鉴于健康管理没有统一的定义，可从不同的学科角度理解健康管理。

（1）医学角度：随着疾病谱的变化与人们生活方式的改变，健康管理与传统的以疾病为中心的诊疗模式不同，它是以个体和群体的健康为中心，针对健康危险因素进行健康风险评估，并提供干预与指导的具有前瞻性的、全面的健康保健服务。

（2）管理科学角度：健康管理属于一种流程式的管理范畴，是医生运用医学知识、信息技术等科学手段，对健康危险因素、人体健康信息进行检测、分析、评估、指导的服务流程，从而达到对人体健康有效管理与社会健康资源优化配置的目的。

（3）信息技术角度：健康管理的实现离不开现代的信息科学技术，通过计算机对健康信息数据的收集、存贮、分析并应用网络进行健康动态管理，能够提高健康管理的准确性与医生的工作效率，并为健康管理手段的改进提供科学的数据资源，是实现规模化健康管理的基础平台。

三、健康管理的内容

健康管理是以促进健康为目标的全人、全程、全方位的健康服务过程。管理的对象是全体人群，包括处于健康状态、亚健康状态、亚临床和疾病状态的人群健康的全程动态管理。健康管理包含四方面内容：①了解和掌握健康状态，健康状况监测和信息收集；②健康和疾病风险性评估；③改善和促进健康，开展健康危险因素干预和健康促进；进行干预效果评价。健康管理以服务为载体，以管理为手段，是有计划有组织的系统活动，上述核心环节要素组成一个动态循环的过程。

对个人或人群的健康危险因素进行全面评价并进行管理，始终是健康管理的基础和核心内容之一。随着现代医学技术和管理信息技术的发展，健康管理成为基于现代生物医学和信息化管理技术的一门新兴学科，从生物、心理、社会等多维角度对个人和群体的健康保障服务。正逐步由最初的单一的健康危险因素管理向整合了一级预防、二级预防和三级预防以及疾病治疗与管理等内容的健康管理产业发展。支撑健康管理的知识主体，主要来源于医学、公共卫生、运动学、生物统计学、健康

行为学、健康心理学及管理学的研究。

可根据不同因素对健康管理进行如下分类：

1. 按疾病类别划分 可分为糖尿病、冠心病、高血压、高脂血症（血脂异常）、肥胖、痛风、代谢综合征、脑卒中等。

2. 按危险因素程度划分 可分为低危险因素、中危险因素、高危险因素、极高危险因素。

3. 按不同职业人群划分 可分为教师、公务员、白领阶层、企业家、IT 人士、基金风险投资者、产业投资融资者等。

4. 按管理人群划分 可分为个人、家庭、群体等。

5. 按功能属性划分 可分为体重管理、控烟管理、限酒管理、睡眠管理、压力管理、运动管理、慢性病管理等。

6. 按不同生命周期划分 可分为围生期、新生儿期、婴儿期、幼儿期、儿童、青少年、青年、中年、老年等。

7. 按健康状态划分 可分为健康、亚健康、亚临床、疾病、特殊生理状态等。

四、健康管理的基本步骤与工作模式

1. 健康管理的基本步骤 健康管理是一种前瞻性的卫生服务模式，它以较少的投入获得较大的健康效果，从而增加医疗服务的效益，提高医疗保险的覆盖面和承受力。一般来说，健康管理包括以下 4 个基本步骤：

第一步是了解个体健康，只有了解个人的健康状况才能有效地维护个人的健康。因此，具体地说，第一步是收集服务对象的个人健康信息。个人健康信息包括个人一般情况（性别、年龄等）、目前健康状况和疾病家族史、生活方式（膳食、体力活动、吸烟、饮酒等）、体格检查（身高、体重、血压等）、血、尿实验室检查（血脂、血糖等）。

第二步是开展健康及疾病风险评估，即根据所收集的个人信息，对个人的健康状况及未来患病或死亡的危险性用数学模型进行量化评估。其主要目的是帮助个体综合认识健康风险，鼓励和帮助人们纠正不健康的行为和习惯，制订个体化的健康干预措施，并对其效果进行评估。

第三步是开展健康干预。在前两部分的基础上，以多种形式帮助个人采取行动、纠正不良的生活方式和习惯、控制健康危险因素、实现个人健康管理计划的目标。健康管理过程中的健康干预是个性化的，即根据个体的健康危险因素，由全科医生进行个体指导，设定个体目标，并动态追踪效果。如健康体重管理、糖尿病管理等，通过个人健康管理日记，参加专项健康维护课程及跟踪随访措施来达到健康改善效果。如一位糖尿病高危个体，其除血糖偏高外，还有超重和吸烟等危险因素，因此除控制血糖外，全科医生对个体的指导还应包括减轻体重（饮食、体力活动）和戒烟等内容。

第四步是干预效果评价 对健康干预的实施效果进行动态追踪，了解存在的问题，评价计划和措施的实施效果，并对干预方案做进一步的完善。

健康管理是一个长期的、连续不断、周而复始的过程，在实施健康干预措施一定时间后，需要评价效果、调整计划和干预措施，才能达到健康管理的预期效果。

2. 健康管理的关键环节

（1）发现健康危险因素、分析与评价疾病风险。健康管理首先需要收集个人相关健康信息和健康风险信息，然后依据收集的信息，运用健康危险因素评价方法进行健康状况和疾病风险评估，从而让被评估者准确地了解自己的健康状况和潜在隐患，积极参与自身健康管理，并采取行动改善健康。

（2）制订个体化的健康管理计划和危险因素消除计划。收集健康信息的目的是为了对个体和群体的健康状况进行评估，找出存在的健康问题、潜在健康风险、健康影响因素，制定有针对性的健康管理计划及个体控制和降低危险因素的健康促进计划，并实行追踪服务与干预。

（3）实施行为干预。健康管理的核心是通过有计划、有组织、有系统的健康教育和健康促进活动，促使人们自愿地改变不健康的行为和生活方式。通过个性化、量化的健康风险评估，帮助人们认识到自身存在的健康风险及其危害与发展趋势，指出消除或减轻影响健康的危险因素的行动方向。通过健康管理计划的实施，帮助人们有的放矢地改正不健康的行为，建立新的行为和生活方式。

3. 健康管理工作模式　健康管理活动包括疾病预防、临床诊疗、康复、保健等应用医学的各个方面。依据管理对象的不同，有个人、家庭、社区和社会健康管理之分。实施健康管理是变被动的疾病治疗为主动的健康管理，以实现降低医疗支出、维护健康的目的。目前的健康管理模式，主要是以医院参与为主的健康管理形式，主要包括社区慢性病筛查、住院病人的整体医疗、出院病人的随访等。健康管理的工作模式有以下两种：

（1）医院健康管理的工作模式：近年来，许多医院相继开展健康管理服务。但不同医院开展健康管理的模式有所不同，比较典型的模式是通过健康体检、评估、干预、追踪随访这几个步骤进行健康管理。包含：①健康体检：医生通过询问病史、日常生活习惯、预防接种及近期各项检查等，从中发现可能危害其健康的不良因素等；②健康评估：通过分析获取的资料，为客户提供详尽的个体健康分析报告，并给出详细的健康知识、健康建议及饮食和运动指导；③健康干预：通过检后分流和健康教育与促进两个环节实施健康干预，依据体检资料，采取不同的措施，开展重症病人的治疗，针对慢性病病人制订降低危险因素的健康促进计划，调动病人的积极性，自我监测，并实行追踪服务与干预；④追踪随访：像每个客户发放健康卡，同时建立由计算机进行管理的健康档案，每次体检情况都可进行动态比较，并提供检后跟踪服务。

（2）社区健康管理的工作模式：促进健康是城市社区卫生服务的目标，居民慢性病预防与控制质量的提高是城市社区卫生服务的要求，作为健康管理实现的主要服务载体，社区健康管理的工作模式是各社区研究的重点。但不同地区社区健康管理的工作模式有所不同，目前主要有社区综合健康管理模式、自助式健康管理模式等。

随着健康管理的实践，健康管理模式可有以下几种发展方向：

（1）健康管理公司模式：成立专业化的健康管理公司，按照市场机制进行运作，健康管理公司和传统的医疗机构是合作关系。

（2）健康体检机构模式：由大中型医院的体检中心或其他体检机构负责，全科医师参与，可具备全套体检设备，建立完整的电子健康档案。

（3）健康保险机构模式：在国外健康资金主要来源于健康保险机构，因此健康保险机构可以参与健康管理。我国，主要方向是加紧构建健康保险与健康管理密切结合的健康保障体系，从而从根本上激活健康保险与健康管理的相互协调，以实现健康费用利用的最大化，不断提高全民的健康水平和生活质量。

（4）健康管理信息中心模式：通常认为理想的健康管理模式是多学科参与合作而形成的体检信息中心。这可在保护个人隐私的前提下，实现完善的健康档案，包括体检资料、临床治疗资料。体检专家与临床专家之间的信息共享，使得体检资料有利于临床专家的诊断，避免不必要的重复检查及医疗资源浪费。

五、健康管理策略与多层次的健康管理

（一）健康管理策略

1. 生活方式管理（lifestyle management）　通过采取行动降低健康风险和促进健康行为来预防疾病和伤害。主要关注个体的生活方式、行为可能带来的健康风险，这些行为和风险将影响个人对医疗保健的需求。生活方式管理运用科学的方法指导人们培养健康习惯，改变不良健康习惯，建立健康的行为和生活方式，最大限度地降低其健康风险暴露水平。其结果在很大程度上取决于被管

理者的参与度和配合程度。因为不良的生活方式不是一天两天形成的，而是人们经常性的、固定为习惯的一种生存方式，因此，要调动个体对自己健康的责任心，强调个体对自身健康实行自我管理的重要性。

2. 需求管理（requirement management） 以人群为基础、通过向健康消费者提供决策支持和自我管理支持来鼓励其合理寻求适当的医疗保健，从而控制健康消费的支出和改善对医疗保健服务的利用。使用电话、互联网等远程管理方式指导个体正确利用各种医疗保健服务满足自身的健康需求，减少人们对原以为必需的、昂贵的和临床上不一定有必要的医疗保健服务的使用。需求管理主要有两种实现途径：一种是对需方的管理，重视病人的知识、观念、态度和偏好等因素对卫生服务利用的影响，鼓励其在健康服务利用决策中发挥积极作用。另一种是对供方的管理，多通过管理性保健来实现，主要通过分级诊疗及全科医生将服务控制在费用相对低廉的社区卫生服务机构，并通过利用率评估等手段来控制不合理和过度的医疗服务需求。

3. 疾病管理（disease management） 着眼于某种特定疾病，为病人提供相关的医疗保健服务。目标是建立一个实施医疗保健干预和人群间沟通，与强调病人自我保健重要性相协调的系统，该系统可以支持良好的医患关系和保健计划。疾病管理强调利用循证医学指导和增强个人能力，预防疾病恶化；以改善病人健康为基本标准来评价所采取行动的临床效果、社会效果和经济效果。

4. 灾难性病伤管理（disaster management） 是为灾难性病伤的病人及家庭提供各种医疗服务，要求高度专业化的疾病管理，解决相对少见和高价的问题。灾难性病伤通常指对健康危害十分严重，或会导致巨大治疗费用的一类疾病。通过帮助协调医疗活动和管理多维化的治疗方案，灾难性病伤管理可以减少花费和改善结果。综合利用病人和家属的健康教育，病人自我保健的选择和多学科小组的管理，使医疗需求复杂的病人在临床、心理上和经济上都能获得最优化结果。

5. 残疾管理（disability management） 残疾管理旨在减少工作场所发生残疾事故的频率及由此带来的健康及经济损失，并从雇主的角度出发，根据伤残程度分别处理以尽量减少因残疾造成的劳动和生活能力下降。残疾管理服务的具体内容包括：预防伤残发生、防止残疾恶化；注重伤残者的功能性恢复而不仅是症状的缓解；制定衡量实际康复的目标，评估医学和社会心理因素对伤残者的影响；帮助伤残者同雇主进行有效的沟通。

6. 综合的人群健康管理（comprehensive population health management） 通过协调不同的健康管理策略对个体提供更为全面的健康和福利管理。这些策略体现了以人的健康需要为中心的思想，满足不同层次的需求，常运用于健康管理实践。

（二）多层次的健康管理

随着健康管理实践活动的不断深入，人们越来越认识到：如果忽略对宏观社会条件和结构因素的干预，个体、社区层面的健康管理行动就难以取得预期效果。世界卫生组织健康社会因素决定理论的提出，形成了个体与群体的健康管理、以社区为基础的健康管理、卫生系统健康管理和国家健康管理多个层面的健康管理。同时要求人们在重视微观生物、行为、生活方式等危险因素干预的基础上，重视对各种社会条件和结构性健康影响因素的干预和管理。社会条件因素是指能够影响个体、群体和社区整体健康的各种经济社会条件；社会结构性因素是指包括自然、社会、文化、组织、社区、经济、法律和政策等能够促进或妨碍人们疾病预防和控制效果的环境因素。健康管理呈现出如图 7-1 所示的新特点。

1. 健康管理呈现多层次化，形成了多水平的健康管理系统 健康管理不再局限于微观管理，而是由微观、中观、宏观等多个层次的健康管理活动通过有机组合而形成的健康管理系统。其核心是对个体、群体的不良行为和生活方式的干预和管理；其支撑是对国家及全球范围内影响全体民众健康的宏观社会条件和结构因素的干预和管理。此外，不同层次的健康管理活动互为依托，相互影响和制约。个体的健康依赖其家庭和组织的健康，而家庭和组织的健康又在很大程度上依赖其

生存的社区和城市，甚至国家和全球的健康，反之亦然。这是多重水平健康管理行动有机整合而构成的系统。

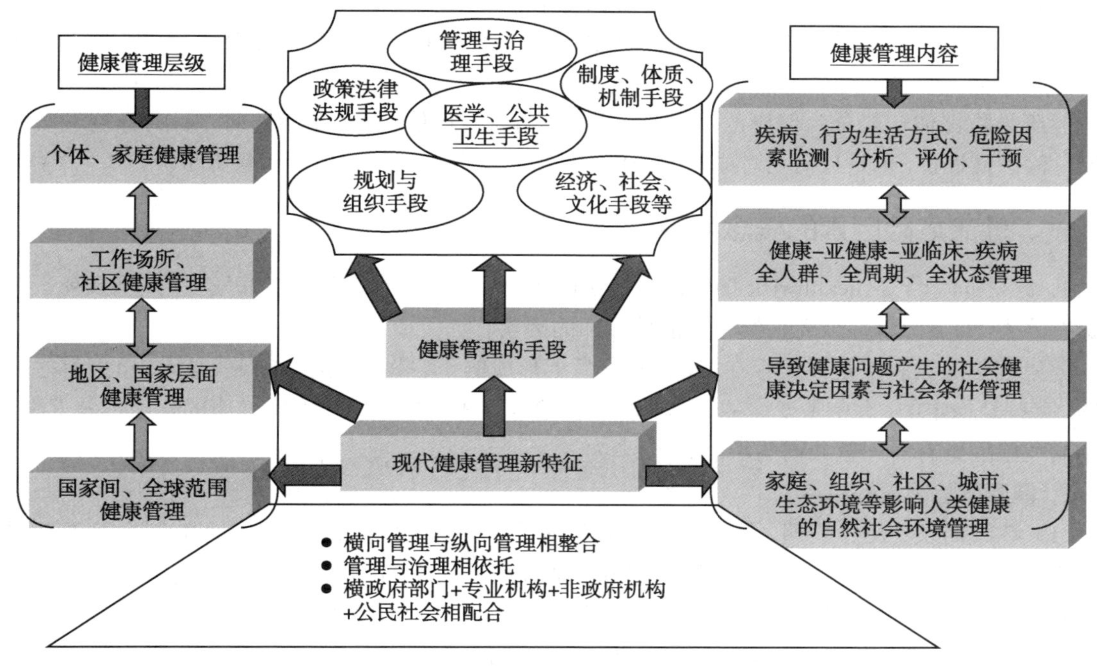

图 7-1　健康管理的特点

2. 健康管理的内容、对象和范围不断拓展　健康管理内容从患病后的被动治疗和管理，逐步发展到对各种健康危险因素的主动监测、干预和管理；从个体不良行为和生活方式的管理逐步拓展到对各种健康社会决定因素的管理。管理对象从病人拓展到全人群，并关注对不同健康状态、不同生命周期人群的健康维护以及长期动态管理。健康管理从关注健康结果转向关注影响健康的自然、社会环境和条件的管理。因此，创建健康支持性环境具有极端的重要性。

3. 健康管理手段日趋多样化　随着健康管理人群和范围的扩大，健康管理的策略和手段也发生了很大变化，健康管理所运用的手段从最初针对个体的临床医学和预防医学手段，到针对群体的公共卫生手段，后来又拓展到社会、经济、文化、政策、法律、制度等综合干预手段，越来越依赖专业技术之外的多种管理策略和手段，更重视技术与管理手段的有机结合。

4. 强调横向与纵向健康管理和协调机制的建立　现代健康管理重视和依靠卫生行政部门和专业医疗机构在实施健康管理中的作用，并在此基础上，注重不断探索将健康目标和健康管理纳入所有部门的有效路径，期望通过跨部门协调一致的政策和策略行动，推动健康管理的有效开展。为此，健康管理强调横向、纵向健康管理行动的有机结合，致力于通过多种协调机制的建立以推动合作管理的实现。

第二节　健康风险评估

健康风险评估是一种方法或工具，用于描述和估计某一个体未来发生某种特定疾病或因为某种特定疾病导致死亡的可能性。这种分析过程的目的在于估计特定事件发生的可能性，而不在于做出明确诊断。通过评估，能够找出可能导致风险的危险因素，控制危险因素可以预防或降低疾病或延迟发病的效果。所以，健康风险评估是对健康状况的判断，对未来患病和（或）死亡危险的测算，并将结果以量化的形式表示出来。对健康风险进行评估和干预是健康管理的科学基

础。通过评估可能发生疾病的危险因素，帮助人们在疾病形成之前进行有针对性的预防性干预，实现维护健康的目的。可见，健康风险评估既是健康管理的基础，又是重要手段。健康管理是健康评价的后续，两者相辅相成，像一条维护健康的"生产线"。全科医生通过对个体、家庭，乃至群体的健康评价，了解其一般健康状况、健康风险因素，将其分为不同的类别，进行针对性的健康管理。

健康风险评估一般分为健康危险因素评估、疾病风险评估、健康功能评估。目前开展最多的是健康危险因素评价，也是目前相对成熟的评价方法。下文将详述健康危险因素评价。

一、健康危险因素的概念和特点

1. 健康危险因素（health risk factor）是指在机体内外环境中存在的与疾病发生、发展及死亡有关的诱发因素，即导致疾病或死亡发生可能性增加的因素。

健康危险因素有些是先天存在的，有些是后天形成的；有些是自然的，有些是人为的，有些是人为的，有些是稳定的，有些是变化的。尽管健康危险因素本身的性质以及对健康的作用千差万别，但是不同危险因素有着一些共同的特点。

2. 健康危险因素的特点

（1）潜伏期长：人群长期、反复接触危险因素之后才能发生疾病，通常把在危险因素暴露与疾病发生之间存在的较长时间间隔称作潜伏期，潜伏期因人、因地而异，并且受到许多因素的影响。如吸烟是肺癌的一个危险因素，肺癌病人吸烟史经常要长达数十年之后才发病。由于危险因素的潜伏期长，所以使危险因素与疾病之间的因果联系不易确定，给疾病预防工作带来了一定的困难。但是正是由于潜伏期长，才给我们消除或减弱危险因素，阻断或延缓疾病的发生提供了时机。

（2）特异性弱：危险因素对健康的作用，往往是一种危险因素与多种疾病有联系，也可能是多种危险因素引起一种疾病。正是因为许多危险因素的广泛分布及混杂作用，所以在一定程度上危险因素具有弱特异性。例如吸烟是引起肺癌、支气管炎、心脑血管疾病和胃溃疡等多种疾病的危险因素；超重与冠心病、糖尿病有关，但冠心病、糖尿病危险因素不止超重一种。不同因果关系网络模型提出，显示出危险因素与疾病发生之间有弱的因果关系。正是由于危险因素与疾病之间具有弱特异性，加上存在个体差异，所以很容易引起人们对危险因素的忽视，也容易忽视或轻视其对健康的危害。

（3）联合作用：多种危险因素同时存在，可以明显增强治病危险性。这说明多种危险因素同时存在具有联合作用，特别是协同作用更为明显。而一因多果、多因一果、多因多果、因果关系链和因果关系网络模型的提出，更是提示人们多种危险因素之间存在联合作用。例如高血脂是冠心病的诱发因素，加上高血压引起血管内膜损伤促使脂质在血管内膜沉积提高了冠心病的发病风险。正是由于协同作用，具有多个危险因素的个体，即使每个危险因素水平轻度增加，也比有一个高水平危险因素个体的发病概率要高，而这种情况很少引起人们的重视。

（4）广泛存在：危险因素广泛存在于人们日常生活和工作环境之中，各因素紧密伴随的危险相互交织。其健康危害作用往往是潜在的、不明显的、渐进的和长期的，这无性中增加了人们对危险因素的发现、识别、分析和评价方面的工作难度，尤其是当不利于健康的思想观念已经固化成为人们的文化习俗，并成为人们的思维定势时，以及当不利于健康的行为已经成为人们的生存方式和习惯时，对这种危险因素的干预将会非常困难。因此，深入、持久、灵活的危险因素干预策略将变得非常重要。

二、健康危险因素评价

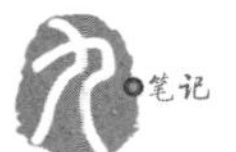

健康管理最核心和基础的内容是针对健康危险因素所开展的干预和管理活动，是人类对健康与

疾病问题的深入认识的结果。因此全面了解和掌握健康危险因素的相关知识、掌握健康危险因素的评价方法成为开展健康管理活动必备的知识基础和核心技能。

健康危险因素评价（health risk factors appraisal，HRA）是研究危险因素与慢性发病及死亡之间数量依存关系及其规律性的一种技术方法。它是研究人们生活在有危险因素的环境中发生死亡或发病的概率，以及当改变不良行为，消除或降低危险因素时，可能降低的风险和延长的寿命。健康危险因素评价的目的是促进人们改变不良行为，减少危险因素，提高健康水平。

依据健康风险的种类，健康危险因素评价分为两类，一类是一般健康风险评估，另一类是疾病风险评估，也称对特定疾病发病或患病风险的评估。一般健康风险评估适用的评估对象和评估范围较为广泛。疾病风险评估是估计具有一定危险因素水平的个体在一定时间内发生某种健康状况或疾病的可能性。其风险预测方法有两类：第一类方法是以单一健康危险因素与发病概率为基础，将这些单一因素与发病的关系以相对危险性来表示其强度，得出的各相关因素的加权分数即患病的危险性。这种方法不需要大量数据分析，简单实用，如美国糖尿病协会所开发的糖尿病风险评估技术。第二类方法建立在多因素梳理分析基础上，通过流行病学、统计学概率理论方法确定患病危险性与危险因素之间的关系模型，能同时包括多种健康危险因素。这类方法的典型代表是美国 Framingham 的冠心病模型。下面以多种健康危险因素评价为例介绍健康评价的基本步骤。

三、健康危险因素评价方法

健康危险因素评价的基本步骤如下。

（一）健康危险因素评价资料的收集

1. 收集当地年龄别、性别和疾病分类的发病率或患病率和死亡率资料　目前已知的疾病有成千上万种，选择哪一些疾病及危险因素作为研究对象非常重要，对取得结论及合理解释非常重要。一般应选择主要疾病，并且是选择一种疾病而不是一类疾病作为调查对象，因为前者的危险因素比较明确，易于评价。如选择慢性肺部阻塞性疾病而不选呼吸系统疾病。有的疾病目前尚未找到明确因果关系的危险因素，也不宜列入评价的疾病之列。在选择疾病时，当地危害健康最严重的疾病，即占该年龄别性别人群总死亡 50% 以上的疾病。这就需要通过收集当地年龄别、性别和疾病别死亡率来确定。同时，当地年龄别、性别和疾病别死亡率资料需要用来作为同性别、同年龄别死亡率的平均水平，在评价时作为比较的标准。为提高评定的稳定性，该死亡率通常换算为 10 年的死亡概率。这些资料可以通过死因登记报告、疾病监测等途径获得，也可通过回顾性调查获取。

2. 收集个体健康危险因素资料　个体健康危险因素分为下列五类：①个人行为生活方式：如吸烟、饮酒、体力活动和使用安全带等。②环境因素：包括个体所处的自然环境，所具有的社会特征和心理特征。如居住环境、经济收入、家庭关系、工作环境、心理刺激等。③生物遗传因素：如年龄、性别、种族、身高、体重等。④医疗卫生服务：如是否有定期健康检查、直肠镜检查、阴道涂片、预防接种等。⑤疾病史：详细了解个人的患病史、症状、体征及相应结果。包括个人疾病史、婚姻生育史、家庭疾病史等信息。上述资料一般采用自填式问卷调查法，辅以一般体格检查、实验室检查等手段获得，如表 7-1 中第（3）项所列举的各种疾病相应危险因素。

（二）分析资料

1. 将危险因素转换成危险分数　危险因素转化为危险分数是健康危险因素评价的关键步骤。危险分数指具有某一危险因素水平的人群的死亡率与人群平均死亡率的比值，健康危险因素与死亡率之间的数量依存关系正是通过危险分数转换这个环节来实现的，如表 7-1 中第（4）项。所以当危险因素水平相当于人群平均水平时的危险分数就是 1.0，也就是说，当危险分数为 1.0，个人因某病死亡的概率相当于当地死亡率的平均水平，危险分数越高，则死亡率就越大。危险分数小于 1.0，则个人发生某病死亡的概率小于当地平均水平。如果个人危险因素值介于相邻两组之间，可以选用两个指标间相邻值或用内插法计算平均值。表 7-2 为冠心病危险分数转换表。

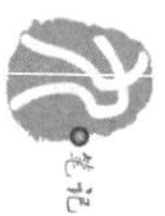

表 7-1 某地某 41 岁男性健康危险因素评价表

死亡原因（1）	死亡概率（2）	疾病诱发因素（3）	指标值（4）	危险分数（5）	组合危险分数（6）	存在死亡危险（7）	根据医生建议改变危险因素（8）	新危险因素（9）	新组合危险分数（10）	新存在死亡危险（11）	降低量（%）（12）	危险程度降低百分比（%）（13）
冠心病	1877	血压 kPa	16.0/9.3	0.4			—	0.4				
		胆固醇（mg/dl）	192	0.6			—	0.6				
		糖尿病史	无	1.0				1.0				
		体力活动	坐着工作	2.5	1.91	3585.07	定期锻炼	1.0	0.11	206.47	3378.6	47
		家族史	无	0.9			—	0.9				
		吸烟	不吸	0.5			—	0.5				
		体重	超重 30%	1.3			降到平均体重	1.0				
车祸	285	饮酒	不饮	0.5			—	0.5				
		驾车里程	25000km/y	2.5	1.9	541.5	—	2.5	1.9	541.5	0	0
		安全带使用	90%	0.8			100%	0.8				
自杀	264	抑郁	经常	2.5			治疗抑郁	1.5	1.5	396	264	4
		家族史	无	1.0	2.5	660.0	—	1.0				
肝硬化	222	饮酒	不饮	0.1	0.1	22.2	—	0.1	0.1	22.2	0	0
脑血管病	222	血压 kPa	16.0/9.3	0.4			—	0.4				
		胆固醇（mg/dl）	192	0.6	0.19	42.18	—	0.6	0.19	42.18	0	0
		糖尿病史	无	1.0			—	1.0				
		吸烟	不吸	0.8			—	0.8				
肺癌	202	吸烟	不吸	0.2	0.2	40.4	—	0.2	0.2	40.4	0	0
慢性风湿性心脏病	167	心脏杂音	无	1.0				1.0				
		风湿热	无	1.0	0.1	16.7	—	1.0	0.1	16.7	0	0
		症状体征	无	0.1				0.1				

续表

死亡原因（1）	死亡概率（2）	疾病诱发因素（3）	指标值（4）	危险分数（5）	组合危险分数（6）	存在死亡危险（7）	根据医生建议改变危险因素（8）	新危险因素（9）	新组合危险分数（10）	新存在死亡危险（11）	降低量（%）（12）	危险程度降低百分比（%）（13）
肺炎	111	饮酒	不饮	1.0				1.0				
		肺气肿	无	1.0	1.0	111.0	—	1.0	0.1	111.0	0	0
		吸烟	不吸	1.0				1.0				
肠癌	111	肠息肉	无	1.0			—	1.0				
		肛门出血	无	1.0	1.0	111.0	—	1.0	0.3	33.3	77.7	1
		肠炎	无	1.0			—	1.0				
		直肠镜检查	无	1.0			每年检查一次	0.3				
高血压	56	血压（kPa）	16.6/9.3	0.4	0.7	39.2						
心脏病		体重	超重30%	1.3			降到平均体重	1.0	0.4	22.4	16.8	0.2
肺结核	56	X线检查	阴性	0.2			—	0.2				
		结核活动	无	1.0	0.2	11.2	—	1.0	0.2	11.2	0	0
		经济和社会地位	中等	1.0			—	1.0				
其他	1987			1.0		1987			1.0	1987	0	0
合计	5560					7167.45				3430.35	3737.1	52.2

表 7-2　冠心病危险分数转换

死亡原因	危险指标	测量值	危险分数
冠心病	收缩压 kPa（mmHg）	26.6（200）	3.2
		23.9（180）	2.2
		21.3（160）	1.4
		18.6（140）	0.8
		16.0（120）	0.4
	舒张压 kPa（mmHg）	14.1（106）	3.7
		13.3（100）	2.0
		12.5（94）	1.3
		11.7（88）	0.8
		10.9（82）	0.4
	胆固醇（mg/dl）	280	1.5
		220	1.0
		180	0.5
	糖尿病史	有	3.0
		已控制	2.5
		无	1.0
	运动情况	坐着工作和娱乐	2.5
		有些活动的工作	1.0
		中度锻炼	0.6
		较强度锻炼	0.5
		坐着工作，有定期锻炼	1.0
		其他工作，有定期锻炼	0.5
	家庭史	父母二人 60 岁以前死于冠心病	1.4
		父母之一 60 岁以前死于冠心病	1.2
		父母健在（<60 岁）	1.0
		父母健在（≥60 岁）	0.9
	吸烟	≥10 支 / 日	1.5
		10 支 / 日	1.1
		吸雪茄或烟斗	1.0
		戒烟（不足 10 年）	0.7
		不吸烟或戒烟 10 年以上	0.5
	体重	超重 75%	2.5
		超重 50%	1.5
		超重 15%	1.0
		超重 10% 以下	0.8
		降到平均体重	1.0

2. 计算组合危险分数　许多流行病学调查结果表明，一种危险因素有可能对多种疾病产生作用，某一疾病是多种危险因素对该疾病产生联合作用的结果，这种联合作用对疾病的影响程度更趋

强烈。多种危险因素并存的情况下，计算组合危险分数可以较好地反映危险因素之间的联合作用。当与死亡原因有关的危险因素只有一项时，该死因的危险分数等于组合危险分数。与死亡原因有关的危险因素有多项时，要考虑到每一项危险因素的作用。这时计算组合危险分数时分为两种情况：将危险分数大于 1.0 各项分别减去 1.0 后的差值作为相加项分别相加；小于或等于 1.0 的各危险分数值作为相乘项分别相乘；将相乘项之积和相加项之和相加，就得到该疾病的组合危险分数。即表 7-1 第（6）项。例如，表 7-1 中冠心病的危险因素有 7 项，组合危险因素要考虑每一项危险因素对冠心病死亡率的综合作用。从第（5）项可以看到，冠心病相关的危险因素中，危险分数大于 1.0 的有体力活动中的坐着工作，危险分数为 2.5；体重超过正常体重的 30%，危险分数为 1.3. 其余危险分数小于 1.0 相乘，相加项之和和相乘项之积的和：$(2.5-1.0)+(1.3-1.0)+0.4\times0.6\times0.9\times0.5\times1.0=1.91$。

3. 计算存在死亡危险　存在死亡危险表明在某一种组合危险分数下，因某种疾病死亡的可能危险性。存在死亡危险 = 疾病别平均死亡率 × 该疾病组合危险分数，即表 7-1 第（2）项和（6）之乘积，结果列于第（7）项。除了进行评价的主要疾病有明确危险因素可以评价存在死亡危险外，其余的死亡原因都归入其他原因一组，因无明确危险因素可以评价，因而用平均死亡率表示其他这一组的存在死亡危险，即将其他死因的组合危险分数视为 1.0。

4. 计算评价年龄　依据年龄和死亡率之间的函数关系，按个体所存在的危险因素计算的预期死亡率水平求出的年龄称评价年龄。具体的计算方法是将各种死亡原因的存在危险因素求和，得出总的死亡危险值。用合计存在死亡危险值查健康评价年龄表（表 7-3），可得出评价年龄值。

表 7-3　健康评价年龄表

	实际年龄最末一位数							实际年龄最末一位数					
男性存在死亡风险	0	1	2	3	4	女性存在死亡风险	男性存在死亡风险	0	1	2	3	4	女性存在死亡风险
	5	6	7	8	9			5	6	7	8	9	
530	5	6	7	8	9	350	4510	38	39	40	41	42	2550
570	6	7	8	9	10	350	5010	39	40	41	42	43	2780
630	7	8	9	10	11	350	5560	40	41	42	43	44	3020
710	8	9	10	11	12	360	6160	41	42	43	44	45	3280
790	9	10	11	12	13	380	6830	42	43	44	45	46	3560
880	10	11	12	13	14	410	7570	43	44	45	46	47	3870
990	11	12	13	14	15	430	8380	44	45	46	47	48	4220
1110	12	13	14	15	16	460	9260	45	46	47	48	49	4600
1230	13	14	15	16	17	490	10190	46	47	48	49	50	5000
1350	14	15	16	17	18	520	11160	47	48	49	50	51	5420
1440	15	16	17	18	19	530	12170	48	49	50	51	52	5860
1500	16	17	18	19	20	570	13230	49	50	51	52	53	6330
1540	17	18	19	20	21	600	14340	50	51	52	53	54	6850
1560	18	19	20	21	22	620	15530	51	52	53	54	55	7440
1570	19	20	21	22	23	640	16830	52	53	54	55	56	8110
1580	20	21	22	23	24	660	18260	53	54	55	56	57	8870
1590	21	22	23	24	25	690	19820	54	55	56	57	58	9730
1590	22	23	24	25	26	720	21490	55	56	57	58	59	10680
1590	23	24	25	26	27	750	23260	56	57	58	59	60	11720
1600	24	25	26	27	28	790	25140	57	58	59	60	61	12860
1620	25	26	27	28	29	840	27120	58	59	60	61	62	14100
1660	26	27	28	29	30	900	29210	59	60	61	62	63	15450

续表

男性存在死亡风险	实际年龄最末一位数					女性存在死亡风险	男性存在死亡风险	实际年龄最末一位数					女性存在死亡风险
	0	1	2	3	4			0	1	2	3	4	
	5	6	7	8	9			5	6	7	8	9	
1730	27	28	29	30	31	970	31420	60	61	62	63	64	16930
1830	28	29	30	31	32	1040	33760	61	62	63	64	65	18560
1960	29	30	31	32	33	1130	36220	62	63	64	65	66	20360
2120	30	31	32	33	34	1220	38810	63	64	65	66	67	22340
2310	31	32	33	34	35	1330	41540	64	65	66	67	68	24520
2520	32	33	34	35	36	1460	44410	65	66	67	68	69	26920
2760	33	34	35	36	37	1600	47440	66	67	68	69	70	29560
3030	34	35	36	37	38	1760	50650	67	68	69	70	71	32470
3330	35	36	37	38	39	1930	54070	68	69	70	71	72	35690
3670	36	37	38	39	40	2120	57720	69	70	71	72	73	39250
4060	37	38	39	40	41	2330	61640	70	71	72	73	74	43200

健康评价年龄表左边一列是男性合计的存在死亡危险值；右边一列是女性合计的存在死亡危险值；中间部分的上面一行数值是个体实际年龄的末尾数，主体部分是评价年龄值。例如41岁男性总的存在死亡危险为7167.45/10万。查健康评价年龄表，左边一列接近这一数值在6830和7570之间，对应的评价年龄分别为43岁和44岁，用内插法得到该男子的评价年龄为43.46岁。

5. 计算增长年龄　增长年龄又称为通过努力降低危险因素后可能达到的预期年龄。这是根据已存在的危险因素，提出可能降低危险因素的措施后预计的死亡水平求出的评价年龄。表7-1中第(8)～(11)项都用于计算增长年龄，计算方法与计算评价年龄相似。第(8)项是医生依据评价对象存在危险因素的性质和程度所建议的可能改变的危险因素。危险因素中有些是属于可改变的危险因素，如吸烟、饮酒等；有些是不可改变的因素，如生化测定值及疾病史、家族史等。第(9)项、第(10)项是根据去除可改变危险因素后，计算出新的危险分数和新的组合危险分数。第(11)项是第(2)乘第(10)项得出的新存在死亡危险值。该41岁男性如果遵医嘱，完全去除可改变的危险因素，重新计算的合计死亡危险为3430.35/10万人口，查表得到增长年龄为36岁。

6. 计算危险因素降低程度　如果根据医生的建议改变现有的危险因素，危险能够降低的危险程度，可用存在死亡危险降低百分比表示。表7-1中第(12)项是危险降低的绝对数量，由第(7)项存在死亡危险减去第(11)项新存在死亡危险求得。第(13)项是危险降低的数量在总存在死亡危险中所占的百分比，由每种死因的危险降低量第(12)项除以总存在死亡危险(7)。例如冠心病的危险降低量=3585.07−206.47=3378.60；危险降低百分比=3378.6/7167.45×100%=47%。

（三）健康危险因素评价在个体评价中的应用

个体评价主要通过比较实际年龄、评价年龄和增长年龄三者之间的差别，以便了解危险因素对寿命可能影响的程度及降低危险因素之后寿命可能延长的程度。一般来说，评价年龄高于实际年龄，表明被评价者存在的危险因素高于平均水平，即死亡概率可能高于者当地同年龄性别组的平均水平。增长年龄与评价年龄之差，说明被评价采取降低危险因素的措施后，可能延长的寿命年数。根据实际年龄、评价年龄和增长年龄三者之间不同的量值，评价结果可以区分为四种类型：

1. 健康型　个体的评价年龄小于实际年龄，说明个体危险因素低于平均水平，预期健康状况良好。如个体的实际年龄为47岁，评价年龄为43岁，即47岁的个体可能处于43岁年龄者的死亡概率，健康水平优于47岁的同龄人群。当然，进一步降低危险因素并不是没有可能，但进展有限。

2. 自创性危险因素型　个体的评价年龄大于实际年龄，并且评价年龄与增长年龄的差值大，说明个体危险因素高于平均水平，例如，个体的实际年龄为41岁，评价年龄为43岁，增长年龄为36

岁，评价年龄与增长年龄相差3岁，相差较大。由于这些危险因素多是自创性的，可以通过自身的行为改变降低或去除，可较大程度地延长预期寿命。

3. 难以改变的危险因素型　个体的评价年龄大于实际年龄，但评价年龄与增长年龄之差较小。例如，个体的实际年龄为41岁，评价年龄为47岁，增长年龄为46岁，评价年龄与增长年龄之差为1岁。这表明个体的危险因素主要来自既往疾病史或生物遗传因素，个人不容易改变或降低这些因素，即使有改变，效果也不明显。

4. 一般性危险型　个体的评价年龄接近实际年龄，死亡水平相当于当地的平均水平，个体存在的危险因素类型和水平接近当地人群的平均水平，降低危险因素的可能性有限，增长年龄与评价年龄接近。

健康危险因素的个体评价除了上述方式外，还可以针对某一特殊危险因素进行分析。例如，仅减少吸烟的危险因素，或控制超体重危险因素，用同样的方法计算评价年龄和增长年龄，依据它与评价年龄的差值大小说明某一种危险因素对个体预期寿命可能影响的程度。危险因素对个体预期寿命影响的程度同样可以用改变危险因素后，危险因素降低程度来说明。表7-1列举的结果，如接受医生建议改变行为生活方式，降低危险因素，总危险因素的严重程度可能降低52.2%，冠心病的危险程度可能降低47%。

（四）健康危险因素评价在群体评价中的应用

健康危险因素群体评价是在个体评价的基础上进行的，一般可以从以下3个方面开展评价分析：

1. 不同人群的危险程度　首先进行个体评价，根据实际年龄、评价年龄和增长年龄三者之间关系将被评价者划分为上述四种类型。进行不同人群危险程度分析时，可以根据不同人群危险程度的性质区分为健康组、危险组、一般组三种类型。然后，根据人群中上述三种类型人群所占比重大小，确定不同人群的危险程度，将危险水平最高的人群列为重点防治对象。一般而言，某人群处于危险组的人数越多，危险水平则越高。可以根据不同性别、年龄、职业、文化和经济水平等人群特征分别进行危险水平分析。

2. 危险因素属性分析　大多数与慢性病有关的危险因素是由于行为生活方式所致，是自我行为选择的结果。这一类危险因素是可以通过健康教育和行为干预发生转变和消除的。计算危险型人群中难以改变的危险因素与自创性危险因素的比例，可以说明有多大比重危险因素能够避免，以便有针对性地进行干预，提高人群的健康水平。例如社区人群健康危险因素调查显示（表7-4），男性的危险因素多属于自创性的危险因素，可以通过改变不良行为生活方式而去除；而女性则主要是不易消除的危险因素。因此，对男性居民进行健康教育以建立健康的行为生活方式比女性更为适宜和重要。

表7-4　不同性别人群危险因素的属性

	男		女	
	人数	构成比（%）	人数	构成比（%）
不易去除危险因素	15	13.51	78	70.27
可去除危险因素	96	86.49	33	29.73
合计	111	100.00	111	100.00

3. 分析单项危险因素对健康的影响　计算某一单项危险因素去除后，人群增长年龄与评价年龄之差的平均数，将其作为危险强度，以该项危险因素在评价人群中所占比例作为危险频度，将危险强度乘以危险频度作为危险程度指标，来表示该危险因素对健康可能造成的影响。例如，某社区男性健康状况研究表明（表7-5），去除饮酒这一危险因素后，被评价者的增长年龄与评价年龄之差的均数为1.73岁，再被调查人群中饮酒者所占比例为44.78%，因此，饮酒的危险程度为1.73×44.78%=0.77岁，由此可以看出，某一单项危险因素对整个人群健康状况的影响程度，不但与它对个体的影响程度

有关，还与其在人群中的分布范围有关。有些影响因素虽然对个体影响较大，但这一因素在人群中分布范围有限，他对人群总体的危险程度并不严重；相反，有些危险因素对健康影响并不十分严重，但由于其在人群中分布范围较广，就成为值得重视的影响因素了。

表 7-5 单项危险因素对男性健康状况的影响

危险因素	危险强度(岁)	危险频度(%)	危险程度(岁)
饮酒	1.73	44.78	0.77
吸烟	0.84	60.70	0.51
缺乏常规体检	0.33	83.08	0.27
常感压抑	0.94	17.91	0.17
常生闷气	0.89	12.44	0.11
血压高	0.34	11.44	0.04
缺乏锻炼	0.07	43.28	0.03

(五)健康危险因素评价的局限性

1. 健康危险因素评价需要有完整可靠的医学人口统计资料和疾病流行病学资料等，而实际工作中往往难以获得准确和全面的信息，尤其是较难收集人群暴露于某些特定危险因素的资料。

2. 疾病发病原因相当复杂，很多疾病尤其是一些严重疾病的发病机制至今未能完全阐明，目前已经能够被定量的危险因素占全死因危险因素的比例仍较小，所建立的危险因素模型对疾病的解释力不高，因而评价结果存在一定的误差，还不能很准确地预测某些疾病的发生。

3. 目前评估的危险因素范围还局限在行为生活方式和遗传因素上，较少涉及社会环境因素，而社会环境因素对健康与疾病的影响不容忽视。

4. 目前应用的一些危险因素模型是应用线性分析技术建立的，对于确定危险因素与疾病之间存在复杂的直接效应、间接效应和调节效应的研究不足，从生物 - 心理 - 社会多层面综合阐明危险因素与疾病因果路径方面也不够。

此外，在健康危险因素研究中，很多因素都表现为多水平的、多层的嵌套数据结构，并不满足传统回归分析技术对数据的要求。

鉴于健康危险因素评估的重点并不在于精确地预测未来，而是作为预防疾病的手段，通过对个体目前的发病危险和一般人群发病危险的比较，使个体能够及时识别其存在的危险因素，改变不良的生活方式，达到增进健康的目的。健康危险因素评估仍不失为一个有效的健康管理手段。

(六)全科医生在健康管理及健康风险评估中的作用

全科医学是一门面向社区和家庭，整合临床医学、预防医学、康复医学以及人文社会学科相关内容于一体的综合性临床二级学科，其范围涵盖了不同性别和年龄的各种健康问题，其主旨是强调以人为中心、以家庭为单位、以社区为范畴、以整体健康的维护和促进为方向的长期负责式照顾。

从全科医学的概念上来理解，全科医学很大程度上是一门照顾医学，全科医生就是利用全科医学的理论体系，对个人、家庭和社区提供优质、方便、经济、有效、一体化的基层医疗保健服务，进行健康与疾病的全过程、全方位负责式照顾和管理。其服务涵盖不同性别、年龄的对象及其所涉及的生理、心理以及社会各层面的健康问题，其服务对象既有健康人，也有病人；既有儿童、青少年、成年人，又有老年人；既有躯体性疾病的病人，又有心理行为问题或社会角色适应不良的病人。作为群众的健康“守门人”，全科医生应能在所有与健康相关的事务上，当好服务对象的健康代理人。

全科医生通过“六位一体”的综合服务对人群进行健康管理，维护和改善人群健康，使其达到“躯体上、精神上和社会上的完好状态”。健康评价和健康管理应作为基本服务方法，帮助全科医生及时了解健康服务的效果，观察服务对象的健康改善情况。

第三节　健康教育与健康促进

健康教育与健康促进，作为健康管理的核心，也是健康管理的具体形式，通过有计划、有组织、有系统的健康教育与健康促进活动，促使人们自愿地改变不健康的行为和生活方式。上述个性化、量化的健康风险评估，帮助人们认识到自身存在的健康风险及其危害与发展趋势，指出消除或减轻影响健康的危险因素的行动方向，健康教育与健康促进活动帮助人们有的放矢地改变不健康的行为。《“健康中国2030”规划纲要》指出“共建共享、全民健康”，是建设健康中国的战略主题。核心是以人民健康为中心，坚持以基层为重点，以改革创新为动力，预防为主，中西医并重，把健康融入所有政策，人民共建共享的卫生与健康工作方针，针对生活行为方式、生产生活环境以及医疗卫生服务等健康影响因素，坚持政府主导与调动社会、个人的积极性相结合，推动人人参与、人人尽力、人人享有，落实预防为主，推行健康生活方式，减少疾病发生，强化早诊断、早治疗、早康复，实现全民健康。

一、健康教育概述

（一）健康教育的定义

一般认为，健康教育（health education）是通过有计划、有组织、有系统的社会教育活动，使人们自觉地采纳有益于健康的行为和生活方式，消除或减轻影响健康的危险因素，预防疾病，促进健康，提高生活质量，并对教育的过程和效果作出评价。健康教育的核心是教育人们树立健康意识、促使人们改变不健康的行为生活方式，养成良好的行为生活方式，以降低或消除影响健康的危险因素。通过健康教育，能帮助人们了解哪些行为是影响健康的，并能自觉地选择有益于健康的行为生活方式。

（二）健康教育的核心

健康教育的核心是帮助人们获取健康知识、养成良好的行为习惯和生活方式，降低或消除影响健康的危险因素。健康教育应提供改变行为所必需的知识、技能与服务，并促使人们合理利用这些服务，如接受免疫接种和定期体检等，达到预防疾病、治疗疾病、促进康复的目的。如果只告知公众什么是健康行为，而不能促进人们积极参与并自觉采纳健康行为，这种健康教育是不完善的。健康教育的另一重要功能在于争取决策层和社会的大力支持，形成健康促进的良好氛围，充分发动公众积极广泛的参与。健康教育必须着眼于家庭、社区和政府部门，以期获得有效的支持，促进个体、群体和全社会的行为改变。

（三）健康教育的研究领域

1. 按目标人群或场所划分　社区健康教育、学校健康教育、医院健康教育、职业人群健康教育、公共场所健康教育等。

2. 按教育目的或内容划分　疾病防治的健康教育、人生不同阶段健康教育、营养健康教育、环境保护的健康教育、心理卫生教育、生殖健康教育（包括性病、艾滋病、安全性行为等）、安全教育、控制吸烟、酗酒和滥用药物（吸毒）的教育、死亡教育等。

3. 按业务技术或责任划分　健康教育的设计、健康教育的行为管理、健康教育材料的制作与媒介开发、健康教育的组织实施、健康教育人才培训、健康教育的评价、社区的组织与开发等。

二、健康促进概述

（一）健康促进的定义

健康促进（health promotion）一词早在20世纪20年代已见于公共卫生文献，近10余年来得到广泛重视。有关健康促进的概念，随着健康促进的迅速发展而不断发展。世界卫生组织曾经给健康促进作如下定义：“健康促进是促进人们维护和提高他们自身健康的过程，是协调人类与他们环境之间

的战略，规定个人与社会对健康各自所负的责任”。

关于健康促进的确切定义，最受公认的是1986年11月21日世界卫生组织在加拿大渥太华召开的第一届国际健康促进大会《渥太华宪章》中对于健康促进的定义：“健康促进是促使人们维护和改善他们自身健康的过程”。1995年WHO西太区办事处发表《健康新地平线》(*new horizons in health*)重要文献，给健康促进的定义为“健康促进是指个人与其家庭、社会和国家一起采取措施，鼓励健康的行为，增强人们改进和处理自身健康问题的能力。”而世界卫生组织前总干事布伦特兰在2000年的第五届全球健康促进大会上则作了更为清晰的解释：“健康促进就是要使人们尽一切可能让他们的精神和身体保持在最优状态，宗旨是使人们知道如何保持健康，在健康的生活方式下生活，并有能力做出健康的选择。”《美国健康促进杂志》(*Health Promotion of American*)的最新表述为：“健康促进是帮助人们改变其生活方式以实现最佳健康状况的科学和艺术。最佳健康被界定为身体、情绪、社会适应性、精神和智力健康的水平。生活方式的改变会得到提高认知、改变行为和创造支持性环境等三方面联合作用的促进。三者当中，支持性环境是保持健康持续改善最大的影响因素。”

（二）健康促进的内涵

健康促进的基本内涵包含了个人行为改变，政府行为及社会环境改变两个方面，并重视发挥个人、家庭、社会的健康潜能。

上述定义充分体现了健康促进的具有如下内涵：①健康促进涉及整个人群的健康和生活的各个层面，而非仅限于疾病预防；②健康促进直接作用于影响健康的各种因素，包括社会行为、生态环境、生物因素、卫生服务和政策等；③健康促进是运用多学科、多手段来增进人们的健康；④健康促进的工作主体不仅仅是卫生部门，而是社会的各个领域和部门；⑤健康促进强调个体、家庭、社区和各种群体有组织地参与；⑥健康促进是建立在大众健康生态基础上，强调人与环境的协调发展。

综上所述，健康促进的概念要比健康教育更为完整，因为健康促进涵盖了健康教育和生态学因素（包括环境因素和行政手段）。健康促进是指一切能促使行为和生活条件向有益于健康改变的教育与生态学支持的综合体，是健康教育发展的结果，是公共卫生新方法的精髓，是健康管理的核心。

（三）健康促进领域

1986年首届国际健康促进大会在加拿大渥太华召开，会议通过的《渥太华宣言》中明确提出了健康促进的五个主要活动领域：

(1)制定促进健康的公共政策：健康不仅仅是卫生部门的任务，是需要全社会共同关心的问题和努力的方向。各级政府、各个部门在制定政策时，需要考虑其对健康的影响，从而确保有关的政策、法规、制度是对全社会的健康有积极影响的，是能够促进健康的。

(2)创造支持性环境：各级政府、各个部门需要为社区人群、员工采纳有益于健康的行为，维护和增进健康提供支持性环境，包括基本设施的建设、服务和产品的提供等。

(3)加强社区行动：社区是人们生活和工作的地方，有相应的组织机构。充分发挥社区力量，可以充分利用社区资源，制定有关政策，组织社区人群参与预防保健计划的制订和执行，可以更有效地解决社区的健康问题。

(4)发展个人技能：通过提供健康信息，教育和帮助人们，使之具有做出有益于健康决策的能力和采纳促进健康行为的能力。这些能力的建设和发展可以有效帮助人们应对人生各阶段的健康问题，担负起个人和家庭对健康的责任。

(5)调整卫生服务方向：促使医疗卫生部门调整服务方向，使其提供的服务和社会需求相一致，更多更好地向人们提供预防保健和基本卫生服务；促使人们合理利用现有卫生资源。

上述的健康促进五大领域，不仅体现了健康促进的工作内容，也体现了健康促进的工作策略，即通过制定政策、改善环境、开展社区活动、教育人群、提供相应卫生服务来促进全民健康。

由于健康促进的内涵和工作内容和策略，决定了健康促进具有以下基本特征：

（1）最广泛地动员了全社会对促进健康的共同参与：倡导和动员各级政府、各部门、社区、家庭、个人，当然包括卫生专业人员从政策、环境、行动等多方面关注和支持健康。

（2）强调了环境和支持体系对于促使人们采纳有利于健康的行为和促进健康的意义：健康教育是以健康为中心的全民教育，注重人们内因变化后产生行为的改变；健康促进在关注内因的同时，强调了政策、环境等对行为的支持与约束，能更广泛、更持久地影响人们的行为和健康。

（3）涉及整个人群和人们生活的各个方面：健康促进的开展不仅要影响特定的人群或健康问题，要保护和增进每个人一生的健康，也融入了人们社会生活的各个方面，包括学习、工作、生活等。

（4）在三级预防中，强调一级预防甚至更早阶段：在三级预防中，一级预防为病因预防。健康促进着眼于改变人们不利于健康的行为生活方式，减少或降低了疾病的危险因素，体现了一级预防的思想。不仅如此，健康促进还帮助人们直接形成有益于健康的行为生活方式，避免了疾病危险因素的发生。

第四节　健康管理与健康风险评估的应用与发展趋势

健康管理与健康风险评估最早风行于欧美，之后逐步形成一个独立的行业。健康管理与健康风险评估对于我国来说还是一个新事物，处于刚刚起步阶段，但应用前景非常广阔，显示出巨大的潜力。美国专家预言："21 世纪是健康管理的世纪。"

一、健康管理与健康风险评估的应用

健康评价与健康管理在中国的应用前景非常广阔，它能帮助医疗机构、企业、健康保险公司以及社区、集体单位采用一种有效的服务手段对个人的健康进行个体化管理，以达到有效预防疾病、节约医疗支出的良好作用。

（一）健康管理与健康风险评估在健康保险业中的应用

健康保险 / 医疗保险是健康管理在国外应用的一个主要方面。事实上，在美国，首先广泛应用健康管理服务的正是保险行业。控制投保人群的健康风险、预测投保人群的健康费用，是健康管理在保险业中的主要"用武之地"。

高水平的健康评价与健康管理服务能够体现健康保险专业化经营的水准，是体现健康保险专业化经营效益和水平的重要标志。由此不难预计，不远的将来健康管理与健康风险评估的在健康保险中将扮演越来越重要的角色。

（二）健康管理与健康风险评估的在企业中的应用

企业人群是健康管理的又一重要目标人群。根据国外的实践经验，健康管理与健康风险评估的在企业的应用主要包括企业人群健康状况评价、企业人群医疗费用分析与控制、企业人力资源分析 3 个方面，其出发点及归宿点都是为了企业生产效率和经济效益的提高以及增强竞争力。美国健康与生产效率管理学（institute for health and productivity management，IHPM）对此进行了精辟的论述："健康与生产效率管理整合与员工的健康有关，可影响工作绩效的所有数据和服务，它不仅测量健康干预措施对员工健康的影响，还测量干预措施对企业生产效率的影响。"

当前，越来越多的国内企业认识到员工的健康对企业的重要性，疾病预防而非治疗获得了企业广泛的关注和认同。不少企业已将员工定期体检作为保障员工健康的一项重要举措，部分企业引入了员工健康管理风险评估项目。随着健康管理与健康风险评估服务模式的不断深入和规范，针对企业自身的特点和需求，开展体检后的健康干预与促进，实施工作场所的健康管理项目将是健康管理与健康风险评估的在企业应用的主要方向。

（三）健康管理与健康风险评估在社区卫生服务中的应用

社区卫生服务在我国的医疗卫生体系建设中扮演着重要的角色，是三级医疗卫生体系的网底，

也是社区发展建设的重要组成部分。社区卫生服务以全科医生为骨干，合理使用社区资源和适宜技术，以妇女、儿童、老年人和慢性病病人、残疾人等为重点，以解决社区主要问题，满足基本医疗卫生服务需求为目的，融预防、医疗、保健、康复、健康教育、计划生育技术服务为一体，旨在提供有效、经济、方便、综合、连续的基层卫生服务。

结合社区卫生服务的特点和需要，健康管理与健康风险评估可在以下3个方面提供帮助：第一，识别、控制健康危险因素，实施个体化健康教育；第二，指导医疗需求和医疗服务，辅助临床决策；第三，实现全程健康信息管理。健康管理与健康风险评估个性化的健康评估体系和完善的信息管理系统，有望成为社区利用健康管理服务的突破点和启动点。

（四）健康管理与健康风险评估在政府管理中的运用

在国外，健康管理不仅被很好地运用到保险业、企业、医院等机构的管理活动中，而且也被应用到更为宏观的国家层面的人群健康管理活动中。如美国制定的全国健康管理计划即“健康人民”计划，是有联邦卫生和社会服务部牵头组织，由地方政府、社区、民间及专业组织共同组织和参与的10年计划。目前，我国刚颁布的《“健康中国2030”规划纲要》也为其发展提供了巨大的发展空间。

二、健康评价与健康管理的发展趋势

健康管理与健康风险评估在发达国家已建立较为全面、科学的体系，其发展历程具备4个共同特点：① 20～30年的发展历程；②发达专业的健康管理机构；③政府高度支持；④与保险行业共生。在美国，健康管理已有30余年的历史，它是伴随着保险业的发展应运而生的，美国政府依据1972年的《社会保障法修正案》于1973年通过《健康维护法案》。由美国政府出面，与专业组织合作的旨在“不断提高全美国人的健康水平”的“健康人民2010”活动正在开展中。到1997年，已有7700万美国人在大约650个健康管理组织中享受服务，目前美国已有超过1.8亿人群享受了健康管理服务。在欧洲英国、德国和芬兰等国家的健康管理已发展成为较完整的科学体系，有近70%以上的企业为员工购买了健康管理计划。日本于20世纪80年代颁布“健康管理法规”，由行政机关和民间健康管理组织一起，对全体国民进行健康管理。2000年，日本政府和专业组织合作实施“健康日本21”的健康行动计划，旨在减少壮年人的死亡、延长健康寿命。日本家庭普遍享有健康管理机构保健医生的长期跟踪服务，为家庭建立健康档案、负责家庭健康管理。

近年来，随着中国改革开放和经济的快速发展，社会结构、经济结构以及人们的生活方式都发生了一系列的变化。人们的健康意识，特别是城镇居民的健康意识正在发生巨大的变化，健康的消费需求已由单一的治疗型医疗向疾病预防型、健康型和健康促进型转变，病人群体、保健群体、健康促进群体、特殊健康消费群体和高端健康消费群体逐步形成。预防性医疗服务以及体检市场的兴起、健康保险及社保的需求、人们对健康维护服务的需求、医疗市场结构的分化使得健康群体受到越来越多的关注，也催生了健康管理在国内的诞生。以人的“个性化健康需求”为目标，系统、完整、全程、连续、终身解决个人健康问题的健康管理服务在中国有着巨大的需求及潜力，正逐步吸引着越来越多的投资，产业发展前景远大。

政府对我国健康评价与健康管理的发展起着重要作用，其一系列政策、措施的出台，为健康管理的行业发展指明了方向。2005年11月，健康管理师成为卫生行业中特有的国家职业。卫生部职业技能鉴定指导中心作为唯一的管理部门，全面负责健康管理师国家执业标准、教材及试题库等的开发，并承担该职业国家执业资格的鉴定考核工作。这标志着我国健康管理专业人员的培养正逐步走向正轨。

目前，国内在健康管理与健康风险评估的运行模式、服务模式、服务范围等方面都与国际水平存在着一定的差距，我国在健康管理学术理论和技术研究方面还有许多工作要做。但是，随着中国经济的发展，政府对健康评价与健康管理的支持，健康管理行业正有序发展并迈上一个新的台阶，相信在不久的将来，我国将会迎来一个健康管理的旺盛需求期。

思考题

1. 健康管理实践活动在新时期呈现出的特点有哪些？
2. 举例说明难以改变的危险因素型的具体含义是什么？
3. 进行健康危险因素评价时，为什么要收集当地的疾病死亡率资料？这些资料如何获得？

（黄　莹）

第八章　全科医学的科学研究

学习提要

- 以临床实践为基础开展全科医学研究，促进学科发展。
- 掌握全科医学科学研究的基本步骤和程序，科研设计的内容与方法。
- 严格遵守全科医学科学研究中的伦理原则的内涵与意义。
- 了解基于临床证据、医生技能与经验、病人期望与价值结合的循证医学。
- 理解循证全科医疗的实践步骤，正确地收集临床资料与发掘临床问题，进而指导临床实践，并对效果与效益后续评价，以提高医疗质量。

全科医学的科学研究是指利用科学的原理和方法对全科医学领域涉及的问题进行阐述和分析，并提出解决方法和措施，直接或间接地指导全科实践的过程。全科医学涉及范围广，除临床医学外，还与社区预防医学、临床流行病学、社会医学、卫生经济学等学科关系密切。全科医学的研究目标可以是某一领域内的问题，如研究某种药物对控制高血压的疗效分析；也可以是涉及几个领域的问题，如高血压社区规范化管理对减少心、脑血管并发症的成本 - 效益分析。全科医师作为工作在社区卫生第一线的医师，需要通过科学的思维方式分析，有计划的科学研究，逐步解决所发现的各种问题，才能不断提高社区卫生服务的水平，促进社区卫生服务的发展。

第一节　全科医学科学研究概述

一、全科医学科学研究的基本概念

（一）全科医学科学研究的定义

全科医学的科学研究是指利用科学的原理和方法对全科医学领域涉及的问题进行阐述和分析，并提出解决方法和措施。由于全科医学涉及领域较广，全科医学的研究目标可以是某一领域内的问题，也可以是涉及几个领域的问题，全科医学科学研究所用的科研方法随着研究目标的不同而不同。

（二）全科医学科学研究的目的

全科医学科学研究的根本目的是更好的促进全科医学的发展，包括确定和修订全科 / 家庭医疗服务的内容和范围，并为教学服务；发展和完善全科医学的理论体系，提高全科 / 家庭医疗的效率和品质；巩固全科医学的专业地位和专科地位；通过研究来确定和拓展医学上的独特领域，如以门诊方式进行全方位、综合性和连续性照顾，并能以严肃的态度实践和发展可用于全科 / 家庭医疗的临床诊疗技能；指导全科医学教育与服务的开展；评价全科医学教育和培训计划以提高教育和培训的实效。

（三）全科医学科学研究的范畴

1. **专业性研究**　主要包括全科医学基础理论研究、教育研究和临床医疗服务研究，承担者多为从事全科医学教育、服务和研究的人员。

2. **非专业性研究**　如家庭社会学、行为医学、儿童教育学等，此部分研究多由全科医学相关领域的专家来承担。

（四）全科医学科学研究的内容

全科医学科学研究的内容丰富，可涉及多个学科领域，包含全科医学临床问题研究，流行病学研究，卫生服务研究，全科医学教育研究，行为学、心理学及社会学方面的研究，人类学研究等等。

（五）全科医学科学研究的学科基础

和其他临床学科一样，开展全科医学的科学研究需要基础医学、临床医学和预防医学的理论基础，也需要科研设计、卫生统计学等的基础知识。

1. 循证医学　以个人经验为主来进行临床活动，医生根据自己的实践经验来处理疾病，其结果是一些真正有效的疗法因未被公众了解而长期未被临床采用，一些实际无效甚至有害的疗法因从理论上推断可能有效而长期广泛使用。循证医学的观念，即医疗决策应尽量以客观的研究结果为依据，临床医生应根据现有的、最好的科学证据来指导临床实践。

2. 临床流行病学　将流行病学和卫生统计学方法引入临床医学领域，从病人的个体诊治扩大到群体特征的研究，用严格的设计、衡量和评价来探讨疾病的病因、发病机制、诊断、治疗、预防和预后的规律。作为一门科学的方法学，临床流行病学是全科医学科研设计和评价的有用工具。

3. 社会医学　立足于社区是全科医学区别于其他医学专科的显著特点之一。社会医学或社区医学是社会学和医学的结合，综合研究人群健康和社会因素的关系，根据社会和社区主要的卫生问题，制订有效的防治措施，促进社区人群的身心健康。全科医生应当应用社会医学知识，评价社区主要的健康问题，作为社区诊断，确定优先解决的问题并制订解决方案，这也是全科医学科研的一个主要内容。

4. 卫生经济学　研究如何使有限的经济资源能满足社会和居民不断增长的医疗卫生需求，达到卫生资源的最佳配置和合理使用的目的。全科医生要掌握卫生经济学的基本原理和方法，如成本 - 效益分析、成本 - 效果分析、成本 - 效用分析，对提高卫生服务的质量、降低医疗费用，开展相应研究。

（六）全科医学科学研究的设计和实施

1. 选题和立题　全科医学是一门实践科学，全科医学的科研首先应从日常医疗、卫生保健的实践中发现问题，从中选择迫切需要解决的而结合文献又尚未解决的、可选作研究的课题。在立题的时候要考虑到课题的必要性，即与人群的健康有重大关系的选题或对医学发展有影响的课题；考虑其可行性，即课题的实施已具备文献、材料、设备、研究人员等基本条件并可通过努力申请课题经费，进一步争取必要的条件支持，如经费、设备、人力等。

2. 制订研究方案　一般在研究方案中应明确下列问题：研究对象、样本及样本量，收集资料的方法，统计分析方法，主要评价或研究指标，研究的进度及经费预算，研究所需的人力、物力及必要的条件。

3. 收集资料　一般有文献法、试验法和调查法。文献法是任何研究选题所必须采用的方法。试验法是在研究课题的要求下设计试验，对研究对象进行观察、记录，取得所需的资料。现场调查是流行病学研究和社会医学研究的常用方法，是据所需的信息设计调查表格或选用统一的量表，通过信访、访谈等方式获得资料，现场调查也是全科医学研究常用的方法。

4. 整理分析资料　整理分析资料是对所收集的资料进行审核，补充不完整的部分，剔除不真实、不合要求的部分，并按分析资料的要求进行整理分类。

5. 解释结果　描述研究结果的意义、应用前景，从正面解释阳性结果、阐述研究成果，并从反面指出研究存在的不足、分析解释阴性结果，提出进一步的研究方向和内容。

6. 论文的写作和发表　研究论文的撰写是科研工作的最后一道程序，也是十分重要的工序。其目的是总结研究工作的发现，上升到理论高度，用于指导医疗实践。因此必须重视论文的写作和发表，不能“只顾耕耘，不问收获”。

二、全科医学科学研究的意义

随着全科医学作为一门专科进入稳步发展的阶段，全科医学在一些发达国家和发展中国家已成为整个医学教育中不可缺少的组成部分，全科医学科学研究也正被视为这一专科发展的要素之一。这就要求从事全科医疗实践的全科医师和所有全科医学教育科研工作者，在全科医学这一新领域中有所创造、有所发现，以推动全科医学的发展。

（一）以临床实践为基础开展全科医学科学研究

全科医学科学研究大部分是以病人为研究对象的医学科学研究，从临床实践角度出发，以更优的临床研究成果为提供线索和命题，探讨疾病发生、发展、康复的规律，提高诊断水平，治疗效果和改进疾病的预防措施，从而达到预防和治疗疾病的目的。全科医学科学研究是在社区医疗实践中所遇到的实际困难，尤其是迫切需处理的问题（如心脑血管病、糖尿病、肿瘤的防治）。科研来源于临床要高于临床，但不是所有的临床问题均能成为研究点，要多思考、多参与，培养一双发现问题的敏锐眼睛，善于找到临床工作中“痛点”，在国内外研究中找到需要弥补的那个“缺陷”。

首先，经过细致观察和缜密思考，发现在实践过程中存在的困难或问题，提出问题的解决途径；其次，通过偶然发现，获得新的路径，进而提出科研的新思路，如英国细菌学家亚历山大•弗莱明发现青霉素堪称偶然发现的经典案例；最后，全科医生还应善于利用各种资源，在参与各类合作课题或分配的项目工作中寻觅新思路，如在大型流行病调查中挖掘合适的着眼点或与二、三级医院或科研院校合作，针对同一研究对象不同内容开展选题研究。在这些合作交流中，既能开阔眼界，又能得到专家指导。

（二）以全科医学科学研究促进学科发展

全科医学科学研究能促进学科建设，指导全科医学教育与服务的开展。学科建设是医院业务发展的主要环节，没有高水平的科研支持，学科建设将成为空谈。学科的水平是靠先进的课题及其后续的成果来体现的。现代全科医学应注重培养既掌握临床医疗技术，又能从事科学研究的高素质医学人才。通过科研工作，不但可以巩固全科医师已有的医学基础知识，总结临床实践经验，掌握和跟踪国内外最新医学发展动态和趋势，扩大医学知识范围、活跃思维方式，养成严谨务实的科研作风，更重要的是通过科学研究可以培养出一批能刻苦钻研，敢于设想、敢于创新、敢于实践的具有较高科学素质的全科医生。

实际需求是科研的原动力，也是科研选题的首要原则。发展和完善全科医学的理论体系，理论联系实际，提高全科医疗的效率和品质，巩固全科医学的专业地位和专科地位。临床诊治病人运用的诊疗方法、器械都依赖先进的科研成果。临床依赖科研，科研指导临床。从社会价值方面看，临床给社会和人类的价值局限于当时当地是短期的、直接的，而科研不断攻克现存的顽疾对人类的价值是长久的、深远的。

（三）以全科医学科学研究提升全科医生个人能力

全科医学科学研究可以间接评价全科医学教育和培训成果（包括医学生、住院医生等），以提高教育和培训的实效。全科医生作为新时代的主力军，必然要担负起这个重任，只有积极投身科研行列，严谨治学、勇于探索，才能使整个国家的医学事业发展步入高速路。科研之路是探索之路，是未知之路，遇到一些挫折与挑战是肯定的，但通过大家的努力，克服困难向前推进，以培养全科医生的坚韧力、承受力。

“发现问题、分析问题、解决问题”是科学发展观的重要工作方法，全科医生在日常工作中也应发现困难、学习新知识、研究新方法、总结社区工作新经验。因此，全科医学科学研究在降低疾病的发病率、病死率、病残率，提高疾病的治愈率，提高与改善病人的生存质量等方面有极其重要的意义，能有助于认知疾病与健康的本质、揭示疾病发生发展的规律、改进疾病诊断与治疗、提高个体与群体的健康水平，最终促进社会进步。

第二节　全科医学科学研究的基本步骤和程序

全科医学科学研究同其他科学研究一样，遵循普遍性的研究规律，并具有探索性、创新性和计划性，这些特征规定了科学研究应具备正常的工作步骤和程序，这样才能正确地指导研究工作顺利进行，使科研活动符合科学规律，取得科学的结果。全科医学科学研究的基本步骤和程序包括：①研究问题的确立；②研究设计；③预试验；④研究资料的收集、整理与分析；⑤科研报告和论文的撰写；⑥研究结果的发表、推广与应用（图8-1）。

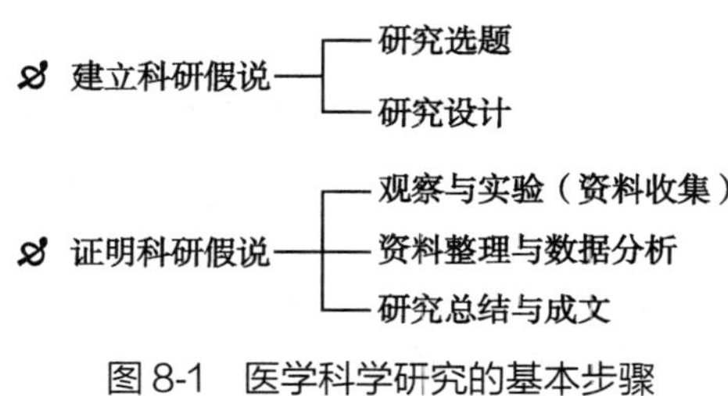

图8-1　医学科学研究的基本步骤

一、研究问题的确立（选题）

选择课题（即选题）就是提出和确立研究问题，是进行科学研究最重要和最有决定意义的一步，是科研工作的起点，在一定程度上反映了科学研究的水平和研究成果的价值。有人说“提出一个问题往往比解决一个问题更重要”，一个好的题目也是决定该课题申请成功与否的关键。因此，选题应充分考虑和事先作好各项准备工作，如广泛深入查阅相关文献资料、了解相关研究背景，充分考虑课题的创新性、必要性、可行性和应用性等。

（一）提出问题

所有的科研均始于一个问题。提出研究问题、形成科研假设是研究的第一步，也是至关重要的环节。研究问题往往来源于全科医疗实践，因此研究者平时应多观察、勤思考、善于发现问题，同时应多看文献，善于与其他工作者交流，结合理论分析，从卫生实践中发现一些值得注意的问题，在反复讨论中加深对问题的理解，并从科学研究的角度仔细思考。简单地说，要对所观察到的事物和碰到的实践问题多问几个为什么。然后把多个宽泛的问题逐渐收拢聚焦于一点，在这一点上能够清楚地回答，对什么感兴趣，要知道什么。要求最后提出的问题必须十分明确而集中，并有充分的理由说明开展本项研究工作的必要性。

（二）查阅文献

查阅文献和提出问题确立问题是相互结合相互伴随进行的，当然文献的检索、阅读和分析也应该是伴随整个科研过程的，是一个动态的、持续的过程。文献检索和阅读需要经过系统地培训，研究者充分利用各种文献检索工具，确定关键词和检索式，在数据库和检索平台上进行系统全面地检索。文献应该新、全、精、准，即以最近几年发表的最新科技文献和相关资料为主，在选题具有初步意向和方向后，与课题密切相关的文献再进行细读和精读，并做好分析和汇总。

查阅文献的目的主要有：①了解该领域在国内外的研究历史、现状、进展和水平。主要包括目前国内外学者在该领域已做了哪些研究，主要研究结果和结论是什么，哪些方面研究较多，哪些方面研究不多，还存在哪些局限性以及值得进一步探讨的问题；②查看自己的选题是否新颖，是否与他人研究工作完全重复，避免重复选题；③启发和拓展自己的研究思路和方法；④寻找与归纳研究的理论依据。总之，只有了解以上情况，研究者才有能力讲清楚立题依据，即能清楚而具体地说明为什么要进行这项研究，通过该研究想达到什么目标，从而确定研究目标和内容。

（三）形成假设

假设（hypothesis）也称假说，指对已确立的研究问题提出一个预期性的研究结果，或是对研究问题做出一种因果关系的预测。建立假设是科研选题的核心环节。形成了科学假说，即确定了科研课题。根据假设确定研究对象、方法和观察指标等，获得试验结果用来验证或否定假设，并对提出的问题进行解释和回答。假设是由研究者做出并由研究者自己来回答。研究假设应具有以下特征：

（1）来源的科学性：假设的提出是以一定的事实为依据、以一定的理论为基础的，绝不是凭空臆想。

（2）说明的假定性：假设是对未知问题所作的一种推测或设想，具有不确定性，要通过研究加以验证才能做出科学的结论。

（3）预见的可检验性：假说对问题的结果所作的预见是可以检验的，不可验证的设想不可作为研究假设，验证的方法是科学实践，即实验或调查。形成假设常用的逻辑思维方法主要有：比较与分类、分析与综合、归纳与演绎。

（四）科研立项

科技立项是科技管理部门中的一项工作，是指科研工作的一个程序，是指通过申请、审批等流程，建立一个科研项目课题。科学研究前需要确定课题的立项依据、研究内容和目标、研究方法、技术路线、预期结果、项目人员及经费预算等，并进行可行性论证，撰写并提交项目申请书等材料到有关部门或单位，进行申请、审核、审批再确定能否立项。

综上所述，选题可以从全科医疗日常工作和实践经验中发现问题，也可以受他人研究的启发，围绕现在或未来的研究热点，立足研究者的专业或兴趣，归纳下来主要有以下来源：①从社区、临床实践和科研实际工作中发现；②从学术争论或文献空白点中选择；③从理论中提出问题；④从已有课题延伸中选题；⑤从项目指南中选题（招标范围）；⑥从改变研究要素中选题（被试因素、受试对象、效应指标三大要素）；⑦从学科交叉中选题（边缘区和空白区）。但不管如何选题，研究工作的科学性、创新性、可行性和实用性是需要特别注意的几个原则。

二、研究设计

研究问题确定后，研究者按研究目的而进行科研设计，选择和确定具体的研究方法。科研设计是研究者针对课题研究目的制订的具体研究计划和实施方案，是医学科研活动的重要组成部分，良好的设计是顺利进行科研和统计分析数据结果的先决条件，也是使研究获得预期结果的重要保证。任何一个缺乏严谨设计方案的科研课题，往往会白白浪费人力、物力、精力和时间，不可能得出较为可靠、科学的结论，从而不能达到顶期目的甚至导致整个研究工作的失败。因此，科研设计是科研的灵魂，也是科研人员必备的能力，科学严密的设计是取得有价值结果的先决条件。

（一）科研设计的主要内容

研究设计的内容主要包括根据研究目的确定研究对象、分组方法、研究内容和方法、观察指标、资料收集和统计分析方法、质量控制等，还应包括研究进度、人员分工与培训及经费预算等。归纳来说，主要包括专业设计与统计设计内容，两者紧密结合相辅相成缺一不可。

1. 专业设计 从专业理论角度来选定具体的科研课题，提出假说，围绕检验假设制订技术路线和实验方案。专业设计的正确与否是科研成败的决定因素。专业设计的主要内容是指根据研究目的选择适当的研究对象、研究因素、效应指标，选择适当的研究方法、途径和评价标准等。以下三个方面被认为是科研设计尤其是实验设计的三个基本要素：

（1）研究对象：是接受研究因素的各种群体，也是效应产生的主体。研究对象的各种特征因素都对研究因素的效应有影响，研究工作的对象都称为样本，它是总体的代表，从样本的结果推论总体。在研究设计中，需要明确研究对象的特征和抽样方法。样本的选择：①要严格规定样本的条件，依据研究目的制订出明确具体的诊断标准、纳入和排除标准，以确保研究对象的可靠性；②要注意样本的

代表性是要随机抽样而不是随意选择、任意取舍；③要保证有足够的样本数，即样本量，应根据不同研究内容，合理设计研究的样本含量。

（2）研究因素：也称暴露、特征、变量、自变量等，是验证假设的重要手段，也是研究者希望着重考察的某些条件或方法，而对实验结果有一定影响的其他相关因素则称为非研究因素，又称干扰因素或混杂因素。研究因素按是否可由研究者控制分为自然存在和人为的研究因素两类。自然存在的研究因素包括各种环境因素和机体因素（年龄、性别等）；人为的研究因素即研究者强加的干预因素，如诊断方法、治疗和健康干预措施等。研究因素的性质、暴露（作用）方式和强度对研究效应都会有不同程度的影响，因此在研究设计中对研究因素及其暴露量必须有明确的定义、测量标准和方法。测量的标准和方法不管是公认的抑或是自己规定的，一经确定，必须贯彻始终，不得随意改动。

（3）效应和指标：效应是研究对象对研究因素作用的反应，它可以观察和测量并通过具体的观测指标表现出来。指标是研究中用来反映研究目的的一种现象标志，也是确定的研究资料项目。简单来说就是，研究因素在研究对象身上的表现为效应，由具体适当的指标表达，通过分析各项指标资料得出研究结果。

2. 统计学设计　是运用数理统计学理论和方法来进行设计，包括资料的收集、整理、分析过程的统计学设想和科学安排。目的是保证样本的代表性和样本间的可比性，以最少的调查、实验观察例数进行高效率的统计分析得出相对最准确的结果和可靠的结论。故统计学设计是科研结果可靠性和经济性的保证。

统计设计主要包括统计学原理和方法，充分运用对照、随机（均衡）、重复和盲法的基本原则控制各种偏倚，选择适宜的统计学分析方法。

（1）对照：即设置对照组。目的是为排除与研究无关的非研究因素的影响。科研设计中，对照组和试验组是同质的、有可比性的研究对象，但对照组在选取的时间方式和处理措施上可有不同。按时间可有同期对照、历史对照、自身前后对照；按选取方式可有随机对照、非随机对照；按处理措施可有安慰剂对照、药物对照和空白对照。实际上，在科研设计中的对照是选取时间、方式和处理措施的组合。

（2）随机：是增强实验性研究中非研究因素均衡性的重要手段之一，临床科研中存在着许多非研究因素对研究过程、结果进行干扰，这些非研究因素中有已知的，也有未知的。对于已知出素，可以采用匹配、限制等办法加以控制，但对于未知因素的控制却无从下手。随机的含义有两层：①随机抽样：又称概率抽样，就是抽样总体中的一个单元（个人或其集合体，如家庭、班组、街道、乡、村、县、市等）均有可能按预定的概率被选人样本的抽样方法，这样抽得的样本称为随机样本。随机抽样能否代表总体，还取决于样本量大小、总体中各单元的齐性等因素。最常用的随机抽样方法有简单随机抽样、系统抽样、分层抽样、整群抽样、多级抽样等。②随机分组：是在随机抽样的基础上，将受试对象再次随机分配到试验组和对照组的方法。它分为简单随机、分段随机和分层随机三种，这是治疗试验和评价干预效果等试验研究的重要原则。但在病例对照研究、队列研究和诊断试验的评价研究中是不能随机分组的，只能是各组内部的随机抽样。

（3）重复：是指整个实验的重复、不同受试对象的重复以及同一试验对象的重复观测，即实验组和对照组的例数（样本量）或实验次数的多少，是消除非研究因素影响的又一重要手段。样本量足够是保证研究结论具有可靠性的前提，即如果组间有差别，发现其差别所需要的最小样本量。一般来说，样本量太少，不能得出有统计学的意义的结果，样本量太多，资金、工作量、病人来源、周期和伦理等不允许。因此进行研究前，需要先进行样本量估算，具体估算方法可参阅卫生统计学资料。

（4）盲法：是对研究结果的观察是在不了解研究对象、分组和干预情况下进行的。在科研活动中，常会由于在数据收集、记录、编码、分析过程中的缺点造成系统误差和结果解释的片面性，这叫

信息偏倚。其来源主要有：信息收集者和被调查者的主观偏向，使用工具或调查表的缺陷，不同组别收集信息的方法不可比等。为避免这种信息偏倚，在研究设计时，收集资料、观察与测量应尽量采用盲法。盲法可分为三类：①单盲，即研究对象不知道分组和给予措施的性质；②双盲，即研究对象和观察者都不知道受试对象的分组和接受研究的情况，只有研究者或研究者指定的人员知道；③三盲，即研究对象、观察者及数据处理者都不知道研究对象的分组和接受研究的情况。

（二）科研设计的类型与方法

科研设计类型主要有两类，即调查设计与实验设计。科研设计主要有以下三种研究方法分类，而在全科医学和社区卫生服务研究工作中，调查设计中的描述性研究、分析性研究和实验设计中的实验性研究等是较为常用的设计类型和研究方法（图 8-2）。

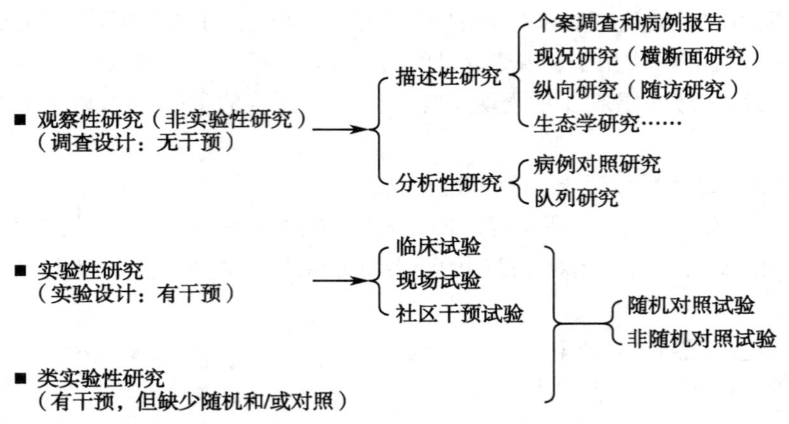

图 8-2　科研设计的常见类型和研究方法

1. 按研究性质分类　定量研究（quantitative study）和定性研究（qualitative study）。

2. 按研究时序分类　回顾性研究（retrospective study）和前瞻性研究（prospective study）。

3. 按设计内容分类

（1）观察性研究（observational study）：是一种非实验性研究，采用调查设计，指研究者对调查对象不施加任何干预，被动地观察自然条件及不同暴露情况下某现象的实际发生情况及其相关特征。主要包括描述性研究和分析性研究。

1）描述性研究（descriptive study）：是研究者直接去调查客观存在的事物，研究者对其不去改变或施加影响，将观察收集到的内容描写叙述出来，发现存在的问题，以便采取干预措施。如社区卫生服务需求调查、社区卫生资源调查、社区卫生服务系统现况调查、社区健康问题调查以及社区诊断等。这种研究首先要明确调查目的，提出调查设计，选用普查或者抽样调查，收集并整理分析资料，最后写出调查报告。

在描述性研究方法中用得最多的是现况研究（prevalence study），又称现患调查或流行率调查。主要通过一次性调查，即横断面调查（cross-sectional survey），了解某地某人群在调查时某病的现实患病情况或感染情况，对疾病的分布频率进行描述，可以获得关于危险因素的线索，有助于形成病因假设，供进一步研究，但无检验假设的功能。

2）分析性研究（analytic study）：亦称之为“检验假设的研究”，目的是探讨和验证突发事件原因或致病的危险因素。即在研究人群中收集有关资料，通过有计划的对比分析，以检验或验证所提出的病因（或流行因素）假设。与描述性研究不同，分析性研究最重要的特点是在研究开始前的设计中，一般就设立了可供对比分析的两个组，用于病因或流行因素的假设检验或筛选。分析性研究包括病例对照研究和队列研究。前者是从果推因，后者是从因到果的研究方法。如社区主要卫生问题

的病因学研究、慢性病的危险因素研究等。

①病例对照研究(case-control study):调查与比较病例和对照以往暴露于(或具有)某可疑危险因子的状况,即选择患有特定疾病的人群作为病例组,未患这种疾病的人群作为对照组,调查两组人群过去是否暴露于某种可能的危险因素,并比较两组的暴露比,以判断暴露危险因素是否与疾病有关联及其关联程度大小。如吸烟与肺癌的病例对照研究,是比较肺癌病例组过去吸烟的比例是否显著高于对照组。病例对照研究是一种由果推因的研究方法,不能直接确定因果关系,评价效力较队列研究差。

②队列研究(cohort study):从设立暴露组和非暴露(对照)组开始,对比这两组人群在一定时期内的某病发生(死亡)频率。即选择两组人群,一组为暴露人群,另一组为非暴露人群,然后随访观察并比较两组人群某疾病的发病率(或此疾病导致的死亡率),从而判断暴露因素与疾病有无因果联系及其联系大小。如吸烟与肺癌的队列研究是比较吸烟人群的肺癌发生率或死亡率是否显著高于不吸烟人群。队列研究中暴露与疾病的时间关系容易确定,可用于验证病因假设,获得一种暴露与多种疾病或结局的关系。

(2)实验性研究(experimental study):采用实验设计,指研究者根据研究目的主动施以干预措施,即将随机抽取的实验对象随机分配到各处理组,观察比较不同处理因素的效应结果。主要包括临床试验、现场试验和社区干预试验。临床试验的干预对象是患病个体,现场试验和社区试验的干预对象为群体,后两者也是社区健康问题研究的常用方法。在社区干预试验中,如果实际情况不允许,对研究对象不作随机分配或由于研究对象数量较大、范围较广而未设平行的对照,则称为类实验或准实验研究。

(3)类实验性研究(quasi-experimental study):也称半实验或准实验性研究,指缺少随机和(或)对照分组。由于近年来全科医学和社区卫生服务作为我国医学学科发展和医疗卫生服务模式改革的重点,许多理论和实践问题需要研究,许多方针、政策需要研究制定,有时候需要用到类实验性研究。建立数学模型就是理论性研究之一,这种方法是在描述性、分析性或实验性研究的基础上,掌握疾病频率的变化及影响因素的信息,用数学符号代表影响发病或流行的各种因子,利用一定的公式(模型),说明疫情的变化情况,用以阐明病因、宿主、环境与疾病频率之间的定量关系,以及不同时间、不同条件下该病的数量变化情况。

三、预试验

预试验(pilot study)又称可行性研究或试验研究,是指在科研方案正式实施之前,为保证科研工作的顺利进行,按科研设计方案先做一个小规模(选择少量研究对象)的预试验。一般是在大规模或大样本的研究设计中,考虑在研究开始前进行预试验,其样本量可选择总体设计样本量的10%~20%。

预试验的主要目的是:①熟悉和摸清研究条件和方法,初步试用正式研究中的各种工具、设备仪器和量表;②检查科研设计方案的可行性以及设计是否存在缺陷;③测定研究工具如调查表等的信度和效度;④对参加研究工作者进行培训,统一方法,减少正式研究时的误差。预试验必须严格按照科研方案慎重进行,并对过程中发现的缺陷或问题加以修正,必要时还要再次进行预试验。因此,在大规模或大样本的研究开始前进行预实验是非常有益的和有必要的。

四、研究资料的收集、整理与分析

(一)资料的收集

预试验后即进入正式实施科研方案阶段。科研结果要从收集到的原始数据或原始资料中推论出来,资料的真实性与准确性直接关系到研究结果的真实性和科学性。因此,及时、准确、完整地收集

原始资料数据是统计分析的前提和基础，是研究结果正确可靠的保证。在这一阶段，研究人员应严格按照科研设计进行观察和试验，认真观察并有次序地收集资料，做好和保管好科研记录，从中发现有价值的材料。

（二）资料的整理

收集到原始资料后，还必须进行科学的整理加工。首先要根据研究目的对原始资料进行科学合理的取舍，凡是与研究目的相关联的正反两方面的资料都应当选取，并认真进行完整性和准确性检查，对不合要求者，如缺项、错项，能补救则补救，否则应予废弃。同时就各种偏倚与混杂因素对研究结果的影响进行估计。接着要根据事物的数量特征或类别特征，将有关数据进行数量分组或类别分组，再采用手工汇总或计算机汇总等方法将数据分组汇总。

（三）资料的分析

资料的数据分析即选用适宜的方法对资料进行统计学分析。研究问题的目的在于认识客观规律，试验虽然只在少数受试者身上（样本）进行，但是结论却要推至研究对象的全体（总体）。数据统计学方法是临床研究工作中必不可少的工具，其来源于概率统计学。概率论是数理统计的基础，统计分析的许多结论都是建立在概率大小的基础上，是具有科学性和常选用的方法。应根据研究的目的和数据资料的类型，综合考虑与选择合适的统计分析方法进行统计描述和统计推断。

五、科研报告和论文的撰写

科研报告和论文是科研工作的书面总结，也是科研工作的论证性文章。撰写科研报告或论文有一定的格式要求，要求写作不仅是用文字将研究数据材料统计分析准确而规范地表达出来，还要通过逻辑推理，论证结果的科学性、实用性，要求立题新颖、论点突出、目的明确、论据可靠、描述清晰、可读性强，即做到求新、求真、求规范。

报告或论文内容主要包括前言（研究背景和立项依据、预期研究目的）、研究对象和方法、结果、讨论等部分，是用文字表达出研究者对课题的一系列思维过程。研究报告和论文是科研工作的一个重要组成部分，没有写出报告或论文，任何研究工作就不能称之为完成。

六、研究结果的发表、推广与应用

对某项科研活动而言，尽管分析总结成文是终点，但是科技工作并未就此结束：一方面成文的研究结果和论文需要尽快发表以推广应用，产生实际的社会经济效益，把科学技术潜在生产力转变成为现实生产力；另一方面，科技新知识、新理论、新技术、新方法也必须接受实践检验，在实践中进一步丰富、发展和完善。在实践检验中可能又将出现深入研究探索的新课题，不断深入探索研究，推进科技进步和人类文明发展。因此，研究结果总结成文和推广应用既是一项科研活动的终点，往往又是再一次科研工作的起点。

社区卫生服务是随着人们对健康水平的追求和对医疗卫生服务的需求不断提高应运而生，它有自身发展的特点和规律。要想大力发展全科医学和社区卫生服务，必须积极主动地把握其发展的客观规律。而只有通过不断地探索、尝试和应用，开展各类科学研究，才能发现全科医学和社区卫生服务内在的发展规律，为制定符合社会发展的社区卫生服务方针政策、寻找科学有效的社区卫生服务和管理模式、探索社区卫生适宜技术的推广应用提供科学依据，以形成有效、适用的全科医学和社区卫生服务发展模式。

第三节 全科医学科学研究的伦理问题

一、全科医学科学研究中遵循伦理原则的重要性

医学是一门自然科学，也是一门人文社会科学，其中包括伦理学的内涵，以伦理学的原则来透视

和规范医学的发展方向，这是时代的需要。兴起于20世纪60年代末的全科医学，是一门以人为中心，以维护和促进人的健康为目标，向个人、家庭与社区提供连续、综合、便捷的基本卫生服务的综合性的临床医学学科。经过40多年的发展、完善。全科医学逐渐形成了自己独特的医学观、方法论和系统的学科理论，填补了高度专科化的生物医学的不足。站在伦理学的高度对医学科学作以形而上学的审视，这不仅有助于澄清现代医疗中科学技术的发展与医学伦理两难选择的困惑，而且更有助于我们把握全科医学的精神实质。

（一）我国医学伦理学的主要内容

1988年全国医学伦理学大会上产生了我国第一个医德总规范《中华医学会医学伦理学会宣言》，并从组织上设立"医学伦理法规委员会"，《宣言》拟定原则：①特定性原则，即医德传统性与现代伦理结合；②准确性原则，即准确反映医学伦理的科学性；③吸引性原则，即语言的生动性与感染性；④前瞻性原则，即具有向导性与引领性。于1991年进一步制定《医院伦理委员会组织规程》。于1998年颁布《慢性病患者生命末期治疗决策与伦理要求》《器官移植的伦理原则》。每一个全科医生都应当认真学习和全面理解其中的精髓，以便指导今后的工作 。

（二）全科诊疗思维的伦理特征

1. 以病人为中心（patient centered） 全科医疗思维是把人作为一个整体，充分考虑病人的各种需求。全科医学这一现代医学服务模式涉及生物、心理和社会多层次的服务。全科医生注重人胜于病，注重伦理胜于病理，注重满足病人的需要胜于疾病的诊疗，注重提供以病人为中心的服务。在以病人为中心的服务模式指导下的"全人"照顾模式，全科医学重视患病部位与全身的关系，既看病又看人，与以人为本的伦理要求相契合。从时间、空间维度看，全科医疗的服务过程是人"出生—成长—中老年保健—临终死亡"的关怀，是持续性、综合性的照顾，是全方位、多层次的照料。高度重视人的生命质量，处处体现着人文关怀和人道主义精神，标志着人道主义精神在现代医疗中的回归。

2. 以问题为导向（problem oriented ） 这里所指的问题是临床问题，不仅仅是指疾病，而对于全科医生来说更加强调的是病人主诉、常见症状、体征、诊断性试验检查结果以及与病人的疾病和健康有关的心理、行为、社会、经济、政治、文化、宗教、家庭、人际关系等方面的问题。在基层卫生保健服务中，大部分健康问题尚处于早期未分化阶段，大多数病人都是以症状（问题）而不是以疾病就诊。全科医生作为基层医生最重要的作用就是对产生症状的最可能的病因做出诊断，排除严重的疾病，充分考虑到躯体与精神之间的相互影响而提供整体性的服务。以问题为导向的全科诊疗思维不仅涉及综合性医学专业知识，还涉及医学以外的其他专业，如人际关系学、心理学等方面的知识。由此可见，全科医生需要具有很强的问题意识和服务能力，能早期发现并处理疾患、预防疾病和维持健康。

3. 以医患互动合作为模式 全科医生利用的资源不仅是医疗资源，还包括广泛的社会资源。全科诊疗思维又是一种医患伙伴关系的互动式、合作式共同参与的诊疗模式，以"主体间性"的医患关系模式取代"主客"二分模式。"主体间性"是指主体间所共同具有的性质，主体间的关系强调主体间具有某种共同接受的东西所达成的"一定关系"，认为所谓的客观知识，只是主体间的"共识"。病人对疾病有一个解释，只有在对话中所有的参与者相互合作，医生与病人才能创造一个共同的视域，获得对疾病"理解的真实性"。

4. 以为人民健康服务为根本宗旨 在我国，"为人民服务"是社会主义道德建设的核心，同样也是医学道德的根本宗旨。全科医生应做好广大群众的"健康守门人"，运用全科诊疗思维处理社区常见健康问题的，其诊疗目标不仅仅是缓解症状或治愈疾病，而是集预防、保健、临床、康复、计划生育和健康教育为一体的可持续的健康服务。这是全科医生为人民健康服务这一根本宗旨的全面体现，更好地践行了社会主义医德的核心原则及医学伦理学的要求。

二、全科医学科学研究中的伦理原则

随着我国全科医学快速发展，全科医学的研究越来越受到重视，大力开展全科医学科学研究不断充实全科医学理论及实践意义重大。医学研究的对象是人（受试者），应该遵从一定的伦理原则。世界医学会于1964年6月在芬兰赫尔辛基第18届医学大会制订并通过了《赫尔辛基宣言》是一项涉及人类受试者的医学伦理原则的声明。《贝尔蒙报告》是1974年美国对如何保护生物医学及行为研究中的人体受试者提出的建议，还有2013年我国国家卫计生委制定《涉及人体的医学科学技术研究管理办法》规定了涉及人类受试者的医学研究需遵守的伦理原则。

（一）恪守尊重自主

医学研究必须遵守的伦理标准是促进和确保对所有人类受试者的尊重，保护他们的健康和权力。尊重原则肯定人人都有追求幸福的权利及为人的尊严，保证医患双方平等交往的基本原则。尊重原则中要处理好病人的自主决定与医生的特殊干涉权之间的矛盾。医生的特殊干涉权的提出是基于对病人利益的考虑和保护，医生在运用通俗易懂的语言将科学研究的诊治方案告知病人，以利于病人做出自主、明智的选择，是医生充分尊重病人自主权的具体体现。

（二）有利不伤害

医学研究的首要目的是产生新知识，但它不能逾越受试者的权利及利益之上。涉及受试者的医学研究，只有在其研究目的的意义超过风险及负担时才能进行。必须彻底贯彻风险最小化的原则，必须对受试的个体及群体的可预测风险、负担与预测的受益，进行仔细评估和比较。当发现风险超过受益或已得到决定性结果的确凿证据，由医生评估是否继续、修正或立即停止研究。如研究过程中出现受试者受伤害必须得到适当的补偿和治疗。

（三）公平正义

要求研究者必须平等对待所有的受试者，同时也确保所有同意参与研究的受试者均能受到公平一致的善意对待。医学研究应不分性别、年龄、肤色、种族、经济状况及社会地位高低，特别是对待老人、孕妇、囚犯、儿童、精神障碍及其他无民事行为能力的人等弱势群体应当给予更多的关注。另外在受试者招募、纳入、排除、分组等程序上必须公平公正，不能有所偏差。

（四）医疗为善

所有的医学研究均是从利于病人受益、提高生命、生活质量，消除或降低疾病损害的原则进行。对待他人是否道德不仅在于尊重他的决定及保护他免遭伤害，还在于尽力确保他人健康，在人体医学研究中病人的健康必须高于科学研究本身。

（五）知情同意

参与试验研究的受试者必须是给予充分知情同意下自愿参加的，即每个受试者都必须被充分地告知目的、方法、资金来源、可能的利益冲突、研究机构所属、研究的预期受益和潜在风险、研究可能引起的不适、研究之后的规定及研究的任何其他方面；必须被告知他们有权在任何时候不受惩罚的拒绝参与研究或撤回参与研究的同意。在确保潜在受试者理解信息后，医生或其他一位具备资格的人必须征求受试者自由表达的知情同意，并书面同意。如果无法书面同意，非书面同意必须正式记录，并有证人。对于一个不能给予知情同意的受试者，医生必须从合法授权人那里征得知情同意。

（六）保密原则

参加研究的受试者的个人信息，资料存储、管理、运用上必须遵守受试者的资料所有权、隐私权和保密性。

笔记

第四节　基于循证医学的全科医学实践

一、循证医学的概述

（一）循证医学的概念

循证医学（evidence based medicine，EBM）是20世纪90年代兴起的一门新兴学科。David Sackett教授将其定义为：慎重、准确、明智地应用当前所能获得的最佳研究证据，结合临床医生个人的技能和经验，并充分考虑病人的价值和期望，从而做出合理的医疗决策。其实质是现代临床医疗诊治决策的科学方法学，然而，在实际运用中应强调其医学人文学的价值，循证医学实践的核心思想是“最佳研究证据”“临床医生技能与经验”以及“病人期望与价值观”三者的完美结合，即“仅有证据不足以做出临床决策”。

（二）实践循证医学的意义

循证医学的运用已深入至医疗卫生各个学科领域，纽约时报曾将循证医学称为“震荡与影响世界的伟大思想之一”，是一场发生在病房里的革命。学习循证医学的方法学能够促进医生不断更新自身理论水平，形成批判性思维，从而提高临床决策能力；实施循证医学能够节约医疗资源，减少不必要的浪费；循证医学可以指导医生遵循生物社会心理模式，提供人性化的服务，提升病人满意度，促进医患和谐。循证医学的能够促进全科医学学科的发展，为我国目前全科医疗的发展现状提供一条出路。

二、循证全科医学实践

（一）循证全科医学实践的目的

由于近年来人口老龄化，疾病谱和死亡谱的变化，医学模式的转变，医疗资源分配不合理与费用增长过快，医疗机构功能分化等问题的凸显，使得强调个体化的基础医疗照顾的全科医学重新得到重视和发展。全科医疗“以人为中心”的服务模式奠定了医学模式指导下的“以病人为中心，以问题为导向”的诊疗模式。全科医生的任务则是为病人提供持续性、综合性、个体化的照顾，合理均衡医疗资源，管理和服务病人，促进医患关系的和谐，这些任务与循证医学的内涵、目标和方法不谋而合。运用循证医学的理论和方法指导全科医生开展工作是保障服务质量的有效途径，这尤其体现在基层单位开展预防保健、慢性病管理、康复医疗、健康管理等工作中。首先通过有效的沟通，建立积极的医患关系并在全面采集病史、体检以及必要的实验室检查、影像学等检查资料的基础上，应用自己的知识与临床技能，发现和诊断个人、家庭、社区的疾病与健康问题，再结合当前医学的最佳证据并考虑病人的意愿与临床医疗的具体环境做出诊治决策，从而实现对疾病与健康问题的有效疗和照顾。

（二）循证全科医疗实践的步骤

完整的循证医学实践包括五个步骤：①提出明确的临床问题；②系统全面查找证据；③严格评估证据；④应用最佳证据协助临床决策；⑤后效评价，止于至善。在医疗活动中，临床医生采取三种模式在实践中运用证据：一是“拷贝”模式，依据专家共识缺失循证查证评估取证的过程，有主观片面之嫌；二是“运用”模式，检索严格评价过的证据资源如证据总结用于决策，可节约大量循证时间，但完整性可能不足；三是“实践”模式，完全遵照上述步骤实施循证实践，虽内容相对全面，但时间花费较大。全科医生循证全科医疗实践中，多建议采用的是“运用”模式。

1. 提出明确的临床问题　在循证全科医疗实践中，提出具体的问题，在问题引导下寻找证据。全科医生的培养要特别注重训练提出科学问题的能力，从病因、诊断、治疗、预后、预防、康复，以及防治结合为主的整体健康维护和促进、提供全方位综合性服务等方面入手，通过考虑下列因素来选择亟待解决的问题：在全科医疗领域中涉及面最广的问题；在诊断与鉴别诊断、预防与治疗过程中最需要解决的问题；医患双方最关注的焦点问题；目前最有可能解决的问题。

国际上通常采用“PICO 原则”构建一个具体的临床问题，并通过检索获取用于支持临床决策的最新证据文献。PICO 原则格式包括 4 个基本部分（表 8-1）。

表 8-1 PICO 原则

PICO	问题内容
患病人群或健康问题 （patient or problems）	与诊断治疗有关的病人特征（年龄性别、地域、种族、环境、职业）等待解决的健康问题（现患疾病以及其他有临床意义的症状等）
干预措施或暴露因素 （intervention or exposure）	暴露的危险因素 诊断性试验方法 预防与治疗方法
比较干预或暴露措施 （comparison or control）	对照组的干预措施、治疗药物、诊断方法 可能是空白对照
临床结局 （outcome）	希望达到的治疗目标及效果（如病死率、治愈率等）

构建 PICO 问题的目的是分解问题，易于提炼关键词，便于进行检索和调整检索式。

例：一位 50 岁的女性更年期失眠病人，因担心副作用未曾使用安眠药，有朋友推荐褪黑素可以治疗失眠。于是她向全科医生询问，服用褪黑素对改善失眠是否有效若全科医生凭借以往经验无法给出确切答案，可以通过查阅文献来寻找解决问题的最佳证据。构建 PICO 格式的 4 个基本成分（表 8-2）。

表 8-2 构建 PICO 格式的 4 个基本成分

P	I	C	O
失眠病人 Insomnia	褪黑素 melatonin	有无对照干预措施 no clear	睡眠时间 sleeping time

2. 检索和收集与问题有关的证据资料 当面临一个临床问题且不确定是否有当前最佳解决方法时，全科医生应尽可能快速地选择最佳证据资源，寻找当前最佳答案。最佳的临床研究证据应具有以下特征：医生在基层医疗实践中所需解决的临床问题；采用以病人意愿性结局及生存质量为评价指标；有可能改变既往医学知识及临床实践中过时或不当的方式和方法。

全科医生在获取最佳证据资源时，应根据“6s”模型，从证据系统（systems）、证据总结（summaries）、证据摘要（synopses or syntheses）、系统评价（syntheses）、研究摘要（synopses of studies）和原始研究（studies）逐级检索。证据来源包括书籍、期刊等纸质版和在线文献数据库等网络版两种形式。与纸质版的信息资源相比，网络信息便于检索，获取容易，更新及时，备受现代循证医学实践者的推崇。因此，拥有电脑和网络连接，成为循证医学工作的必备硬件措施。但在全科医生基本知识及技能培训时，纸质版的教科书作用也非常重要。

全科医生的循证临床实践不同循证医学的研究，主要是查证用证，甚少涉及无证创证用证，因此不需要全面系统地查找所有的文献。在循证全科医学实践中，美国的家庭医学教授 David Slawso 和 Allen Shaughnessy 就证据类型，率先提出以病人为导向的证据（patient oriented evidence that matters，POEM）的定义，以区别既往以疾病为导向的证据（disease oriented evidence，DOE）。DOE 主要针对中间指标如实验室结果或其他评价的指标改变；POEM 主要针对与病人相关的重要结局如发病率、病死率或生活质量的改变，更加符合全科医学以病人为中心的医疗服务理念。例如他汀类药物治疗能降低血浆胆固醇水平是 DOE 证据，而他汀类药物治疗能降低病人动脉粥样硬化疾病的发生风险则是 POEM 证据。

POEM 证据有以下纳入标准：①证据满足基层医生在日常医疗实践面临解决健康问题时的需求；②证据所需测定的临床结局对于基层医生和其服务对象具有重要意义：其中包括发病率致残率、治愈率和死亡率等终点指标；③证据使用可提高基层医生的医疗实践水平。

笔记

实践循证明确需要查找的问题时，既可以按照POEM的要求来构建，也可以按照DOE的要求进行构建。但两者所得结果有时一致，有时不一致，有时没有定论（表8-3）。当只能获取DOE指南时，则应指出主要的临床建议缺乏结局证据的支持。以病人为中心的全科医疗服务模式的要求，病人的利益高于一切，故全科医生要采用POEM的循证医学要求，当POEM和DOE不一致时，要以POEM为准则。因此，定制Info poem掌上循证医学数据库，用于日常全科医疗实践，在美国的家庭医生中比较普遍。

表8-3　POEM与DOE的循证结果比较

干预措施	POEM	DOE	二者循证结果比较
他汀类降脂效果	他汀类药物降脂治疗降低病人动脉粥样硬化疾病的发生率	他汀类药物降脂治疗降低血浆胆固醇水平	POEM与DOE结果一致
抗心律失常疗法	某些抗心律失常药物与死亡率升高相关	某些抗心律失常药物能降低心电图显示的室性期前收缩发生率	POEM与DOE结果相反
甲胎蛋白筛查	缺乏证据证实甲胎蛋白筛检能够降低肝癌死亡率	甲胎蛋白筛检可发现早期原发性肝癌	DOE的证据可信，但尚不能得到POEM确认

3. 评价证据的真实性和实用性　面对层出不穷又参差不齐的大量临床研究证据，应采用临床流行病学、循证医学等原则和方法，严格评价所搜集证据的质量，以及证据的效度大小和精确性，并结合病人的情况及医疗机构的条件等，判断证据的适用性如何。因而，循证医学最鲜明的特点是对证据质量进行分级，并在此基础上做出推荐。

目前最常应用的是由包括WHO和Cochrane协作网在内的60多个国际组织、协会采纳的证据质量和推荐强度分级系统（grading of recommendations assessment development and evaluation, GRADE），它对证据质量和推荐强度做出明确定义，证据质量指疗效评估的正确度，推荐强度指遵守推荐意见利大于弊的确信度，其中"利"包括降低发病率和病死率、提高生活质量，降低医疗负担和减少资源消耗；"弊"包括增加发病率和病死率、降低生活质量或增加资源消耗。GRADE还明确病人价值观和意愿，基于推荐意见的强弱，分别从临床医生、病人、政策制定者等使用者角度做出诠释，因而该分级在系统评价、卫生技术评估和指南的制作上占有优势。另外，针对全科医疗实践，美国家庭医师学会（American College of Physicians，AAFP）建立简单的ABC三级分级法：①A级（随机对照试验RCT/meta分析）：以病人为导向的高质量RCT研究与采用综合检索策略的高质量meta分析（定量系统评价）；②B级（其他证据为设计完善的非随机临床试验，检索策略正确、论证强度高的定性系统评价；③C级（共识/专家意见以疾病为中心的研究，包括专家共识或专家意见。这一分级方法在美国家庭医师全科实践中具有指导意义。对综述或原始研究进行准确提炼形成的POEM摘要为临床实践提供最恰当的信息，可帮助全科医生把有限的时间集中在有效地使用证据方面，并且都附带有推荐的等级。

4. 应用证据指导临床实践　证据有助于病人获得更好地进行诊治，降低不良事件的发生。现实中与证据中病人的性别、年龄、临床生物学特征、病程、疾病严重程度、并发症、合并症、遵医行为、社会环境、文化水平等多方面存在差异，所获最佳证据须结合临床经验、具体病情、病人意愿和价值取向，以及社会经济、卫生政策、文化环境、家庭及社会资源支持等实际情况，进行综合考虑和评估。充分考虑干预措施对具体病人的影响，权衡利弊、可能发生的不良反应及费用和方案的效果和安全，使用经过严格评价合格的最佳证据，与病人及家属形成协作关系，共同做出临床决策以指导临床实践。

在全科医疗实践中，经常遇到多种疾病或健康问题并存的病人。如面对一位老年冠心病病人，在决定采用指南推荐的方法进行治疗时，发现病人合并了其他健康问题，如酒精性肝硬化、慢性阻塞

性肺疾病等。这时需要对复杂问题进行综合干预，简单的指南推荐意见可能已不能满足需求，需要全科医师综合各指南的推荐意见给出综合的治疗方案。全科医生还需要和病人商讨决定目前需要优先处理的问题，达到证据和病人意愿之间的完美结合。在病人同意的前提下，将当前最佳证据应用到病人的治疗中。

5. 后效评价 完善循证医学依据后效评价的目的在于总结循证医学实践经验、不断改进医疗方案。在医疗实践中，全科医生应将循证应用临床中常用的处理方法及其效果与循证应用后的效果和效益等进行对比分析与评价，包括在循证实践中的过程评价和结果评价。若过程评价良好，说明该全科医生掌握循证方法，有利于循证医学的继续学习；若结果评价良好证实该循证措施确实可以指导临床实践，有利于医疗质量的提高。反之，应具体分析原因、解决问题，加强循证学习和针对问题进行新的循证研究和实践，不断去伪存真，止于至善。

最后，引用国际临床流行病学及循证医学创始人 David Sackett 对循证医学实践者的四项要求作为本章节的结束语：①必须做踏实地临床基本训练，正确地收集病史、查体和检验，掌握病人的真实情况，方能发掘临床问题；②必须将循证医学作为终身自我继续教育的途径，不断丰富和更新知识；③保持谦虚谨慎，戒骄戒躁；④要有高度的热情和进取精神，否则就要成为临床医学队伍的落伍者。

思考题

1. 全科医学科学研究的学科基础是什么？
2. 全科医学科学研究的设计和实施有什么特点？
3. 全科医学科学研究中为何要遵循医学伦理原则？
4. 全科医学诊疗思维中的伦理有何特点？
5. 全科医生在实践中如何处理多种疾病和健康问题合并的病人？

（占伊扬）

第九章　全科医生的临床诊疗思维

学习提要

- 掌握临床思维概念、临床思维要素、全科医学临床思维特征。
- 熟悉全科医疗中常见的健康问题及其临床特点诊断策略。
- 了解常用的临床思维方法。

第一节　概　　述

全科医生是在基层开展全科医疗服务的临床医生，为社区居民提供以人为中心、家庭为单位、社区为范围、预防为导向的连续性、综合性、协调性、整体性、个体化、人性化及一体化的医疗保健服务。一名优秀的全科医生不仅需要扎实的医学理论和丰富的临床经验，其职业特点更要求其必须掌握系统整体性的思维方式，在实践中整合各临床专科的知识、技术以及行为科学、自然科学和社会科学等方面的成果，为居民提供全面、合理的全科医疗服务。

一、临床思维的概念

思维（thinking）是指在表象（感知过的客观事物在人脑中重现的形象）和概念基础上进行分析、综合、判断、推理等认识活动的过程。临床思维（clinical thinking）是临床医生利用医学科学、自然科学、人文社会科学和行为科学的知识，对临床资料进行综合分析、逻辑推理，从错综复杂的线索中找出主要矛盾并加以解决的过程。临床思维是贯穿于疾病诊断与处理的全过程。

临床思维不是脱离实际的凭空猜想，其必须具备两个基本条件，即扎实的医学知识和丰富的临床实践，两者缺一不可。所谓医学知识，是指基础医学知识和临床医学知识。作为一名全科医生，除医学知识外，还应主动了解自然科学和社会科学知识、生活知识和社会经验等。这些知识看似与诊断疾病并没有直接关系，但实际上随时可能有助于拓宽全科医生的诊断思路。所谓临床实践，包括直接和间接实践。直接实践即深入临床接触病人，通过问诊、体检和诊疗操作等参与病人的诊治，细致而周密地观察病情，发现问题、分析问题和解决问题；而间接实践则通过阅读医学文献、参加临床病例讨论会等，从他人的临床实践中获取经验或教训。临床实践离不开仔细的临床观察、经验的积累和理论的补充。临床医生通过实践获得的资料越翔实、知识越广博、经验越丰富，临床思维过程就越快捷，也就越能快速做出正确的诊断与合理的处置。没有大量的临床实践不可能积累丰富的经验，也无法进行科学的临床思维。

二、临床思维的要素

临床思维一般可分为三个阶段，即临床收集资料过程、分析资料做出诊断的过程和通过观察病情的发展及治疗对诊断的检验和修正的过程。获取真实、系统、完整、准确的临床资料是临床思维的必备要素。临床资料收集过程包括病史采集、体格检查及获得实验室和辅助检查资料。

（一）病史采集技巧

病史是从病人那里直接获得的第一手资料，也是医生进行临床思维的根据。医生收集病史的过程是其充分运用自己所有的知识，调动全部感知能力，筛取各种可能有意义的病情资料，进行及时分析思考的过程。在全科医疗中，病史对于明确诊断至关重要，可根据病史对80%的问题做出诊断。全科医生采集病史不是简单地听病人讲述和记录，也不仅仅是按照某种表格的顺序进行询问和填写，而是应该充分运用所有知识，调动全部感知能力，注意病人的面部表情、语气语调及姿势等变化，梳理出对诊断有意义的重要线索，进行及时分析思考。采集病史的过程，医生不仅要了解疾病，还要了解病人本身，包括社会特性和个人性格，这个过程为建立理想的医患关系奠定了基础 。

（二）认真细致的体格检查

通过采集病史，全科医生对病情已有一定的了解，并有了初步的诊断设想，但对这些诊断是否能成立尚难以肯定或否定，而体格检查则是对病史资料遗漏或不足的补充。通过体格检查，从病人身上寻找阳性或阴性体征，可使诊断思维更加接近实际病情。

体格检查的要求是既全面系统又有重点。所谓重点，是指在收集病史过程中发现的疑点要重点检查，对与疑点有关的体征做出有把握的肯定结论，无论是阳性或阴性，都对诊断有重要的意义；而全面系统检查则可以避免重要部位的遗漏。例如直肠肿瘤是临床上容易通过直肠指检就能进行诊断的疾病，但是临床医生往往对直肠指检的重要性认识不足，导致了直肠肿瘤的漏诊和误诊。需要注意的是在临床上由于体格检查结果受疾病变化的影响，因此当病情有变化时应再次进行体检。

（三）正确判断实验室和辅助检查的意义

实验室和辅助检查是病史和体格检查的延伸。虽然有些疾病可通过病史及体格检查做出诊断，但选择合适的实验室和辅助检查有助于进一步支持诊断，使诊断更加可靠、完善和客观。对于病例诊断困难时，也需要相应的实验室和特殊检查来协助诊断。全科医生要对各种常规检查的敏感性和特异性有充分的理解，在判读检查结果的临床意义时，需同时考虑病人和实验室两方面的因素。如血清淀粉酶的升高对于急性胰腺炎的诊断有较高的敏感性，但并不具备特异性，其测定值的大小与起病时间有关，如果全科医生缺乏这方面的知识，有可能会导致错误诊断。同时由于各种检查都存在一定的局限性，不能代替医生对病人的细心观察、体格检查和思考，因此既要全面理解和分析各种检查结果，也要注意与临床实际相结合。

由于某些疾病的病情是动态发展的，因此临床诊断做出后，还要不断验证。对于诊断不明确、治疗效果欠佳的需要不断地去思考，寻找可能的原因，并且注意动态观察病情变化，通过补充问诊、仔细反复体检及必要的辅助检查来验证诊断。临床思维不是一次完成的，而是一个反复观察、不断思考、充分验证的动态过程。

三、临床思维方法

一个正确诊断或治疗方案的确立除了要求全科医生掌握诊疗疾病的基本理论、基本技能和临床经验外，还必须具备正确的临床思维方法。临床思维虽然有许多方法，但没有固定的模式，在临床工作中通常是几种方法一起使用，互相补充。

（一）推理法

推理（reasoning）是临床医师获得临床资料或诊断信息之后到形成结论的中间思维过程，包括假设演绎推理、归纳推理和类比推理。

1. 假设演绎推理（hypothetic-deductive reasoning）是指在观察和分析的基础上提出问题及解释问题的假说，根据假说进行演绎推理，再通过实验验证演绎推理的结论，从而比较病人临床表现是否符合诊断标准。这是临床上最常用的一种临床思维方法。

假设演绎推理法通常先将病人的临床资料进行整合，找出主要问题，通过推理和想象提出可能的诊断假设。例如病人有渐进性的活动后胸闷、气促伴少尿及双下肢水肿，推理出他患右心功能不全的可能性诊断假设；如果在体格检查的时候发现颈静脉怒张、肝脏肿大、肝-颈静脉返流阳性的体

征，那么病人诊断为右心功能不全的假设就获得了更多的证据支持，诊断也就更为可靠。而病人的辅助检查如心脏超声提示右心室扩大、N 端前脑钠肽（NT-proBNP）明显升高，则该诊断假设的概率就越高。如果再经过治疗试验，按照右心功能不全治疗后病人症状、体征明显好转，就说明诊断假设是正确的；反之，则说明诊断假设是错误的。假设演绎推理的诊断程序见图 9-1。

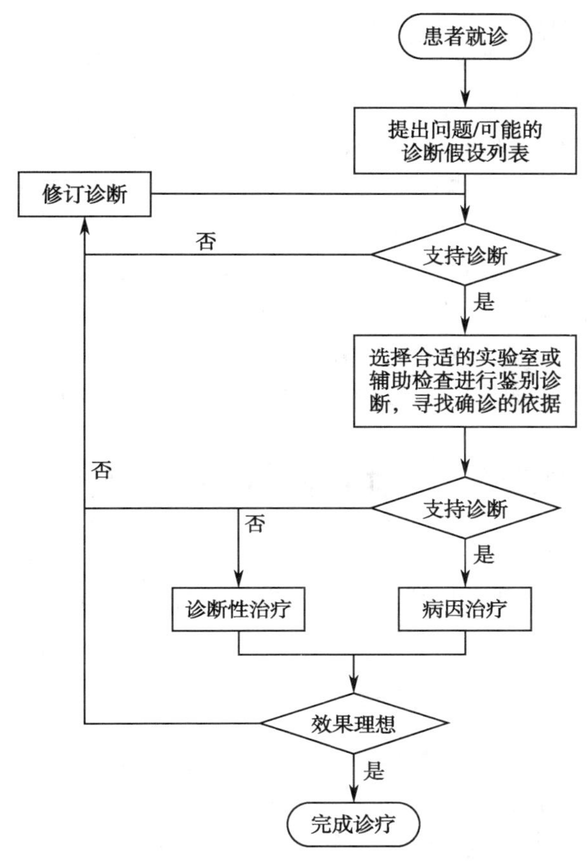

图 9-1　假设演绎诊断程序

尽管假设演绎推理法是一种高效和有效的临床诊断策略，但因其对于假设和检查项目的数目不加限制，有可能导致医疗资源的过度利用。为了适应社区居民健康“守门人”角色的要求，全科医生的临床思维应该是一种有限制的假设演绎过程，即利用低成本的诊疗手段获取最大的健康效果和经济效益。因此，更强调物理诊断、临床思维或判断能力，并在其中渗透生物 - 心理 - 社会医学方法。

2. 归纳推理（Inductive reasoning） 是一种从个别和特殊的临床表现推导出一般性或普遍性结论的推理方法。医生所搜集的每个诊断依据都是个别的，根据这些诊断依据而提出的临床初步诊断，就是由个别上升到一般，由特殊性上升到普遍性的过程和结果。例如英国的弗莱明在一次意外中发现了青霉素，而经过澳大利亚的弗洛里和钱恩的一系列临床实验发现，使用青霉素后不同病人的炎症均被消除了，于是得出结论：这种后来被命名为盘尼西林的药物，对链球菌、白喉杆菌等多种细菌感染有显著疗效。

3. 类比推理（analogical reasoning） 是根据两个或两个以上疾病在临床表现上有某些相同或相似，但也有不同之处，经过比较、鉴别、推理而确定其中一个疾病的推理方法。类比推理是临床医生认识疾病的重要方法之一，临床上常常应用该方法来进行鉴别诊断。例如实验医学的开拓者哈维，通过对人体心脏与水泵的类比分析，揭示了血液循环的奥秘。而 19 世纪奥地利的奥恩布鲁斯运用类比推理法，将“酒桶和装酒量”与人的“胸腔和胸腔积液”进行类比，反复探索胸部疾病与叩击声

音之间变化的关系，最终发明了叩诊这一方法。

（二）横向列举法

横向列举（horizontal example）根据临床表现及实验室等检查结果考虑各种疾病的可能，逐渐查找诊断依据或进一步选择其他检查，逐步将思维引导到正确的方向，或逐步缩小诊断范围，直到落实到某一疾病上去。例如先确定是哪一系统的疾病，再推测是该系统中哪个器官的疾病，然后再确定病变的范围和性质，最后通过进一步检查明确诊断。横向列举是一种横向地向空间发展、向四面八方扩散的思维，是对问题本身不断地提出问题、重构问题，并且不断探究、观察事物的不同方面。例如病人因咯血而就诊，而咯血的原因很多，如支气管扩张症、结核、肺肿瘤、肺脓肿、肺部炎症等，再通过仔细询问病史得知其有反复咳嗽伴咳黄脓痰病史20余年，推测其咯血的原因可能为支气管扩张所致，进一步行影像学检查后证实诊断。

（三）模型识别法

模型识别（model recognition）就是典型病人的识别，是对与已知疾病的图像或模型相符合的病人问题的即刻辨认。这种诊断方法仅靠观察病人便可得出，但只有在病人症状典型、符合唯一的疾病模型时，才能使用此种方法，例如临床上典型的甲状腺功能亢进的病人，可以采用模型识别法进行诊断。但是临床上大部分病人的症状并不典型，因此模型识别法的应用非常有限。

第二节 全科医学临床思维特征

全科医学临床思维的基本特征主要体现在以下几方面：以病人为中心、以问题为导向、以证据为基础的临床思维；体现生物 - 心理 - 社会医学模式；遵循辩证思维、逻辑思维的基本认识规律；坚持科学的批判性思维。

一、以病人为中心的系统思维模式

以病人为中心的照顾是全科医疗的基本特征，与专科医疗的以疾病为中心的诊疗模式有着根本的区别。而以病人为中心的临床思维方式也是与以疾病为中心的临床思维方式相对应的。以疾病为中心的临床思维是一种集中思维，相当于用显微镜去观察物体；而以病人为中心的临床思维 却是一种发散思维，相当于用望远镜去观察物体。前者更注重实质，而后者更注重背景和关系。实际上，专科医生与全科医生之间非常需要进行合作，在专科医生对疾病进行深入、细致的分析之后，就需要全科医生对各种问题进行全面、系统的整合。以病人为中心的系统思维具有以下特点：

1. 充分了解病人 希波克拉底曾说过："了解你的病人是什么样的人，比了解他们患了什么病要重要得多。"以病人为中心的系统思维基本特点是进入病人的世界、了解病人的个性。当面对一个病人时，专科医生首先想到的是其所患的疾病，而全科医生以病人为中心的系统思维则使其首先考虑的是了解病人。全科医生可以使用系统整体性的问诊来了解病人的背景，包括个人背景、家庭背景、社会背景、疾病背景等。当病人的问题无法用生物医学的原理来解释时，或当病人因轻微的症状而反复就诊时，更应细询问病人的背景。因为在许多决策过程中，与病人健康相关的价值观和情境可以与生理资料同等甚至更加重要；而且心理社会和情境问题显然会影响到病人的生物学疾病，对心理社会问题的探查也会为以病人为中心的全科医生提供许多潜在的线索。

2. 关注病人的就医背景 全科医生使用的模式有别于生物医学模式之处，在于他不仅追求生物学问题的诊断，还要回答另外一种问题，即病人为什么要来看病，也就是关注病人的就医背景。在就医背景中，全科医生需要了解以下几方面：病人就医的原因、病人就诊的期望、病人的需要、病人的疾病因果观、病人的健康信念模式、病人的患病体验和患病对病人生活的影响或意义。全科医生只有充分了解病人的就医背景，才能更深入地了解病人，与其建立一种持续的密切的医患关系，并为制定长期的健康管理计划，在实施计划过程不断提高遵医性。

笔记

3. 以生物 - 心理 - 社会的医学模式确认现存问题 生物 - 心理 - 社会医学模式是以人的整体健康为最终目标，疾病是病人的一部分而并非全部，病人的需求和期望与生理疾病同等重要。全科医生通常采用生物 - 心理 - 社会的医学模式来确认现存问题。首先从生物医学的角度跨学科全面、综合地考虑服务对象的健康问题与疾病的诊疗，要考虑有问题的器官系统与其他相关器官系统间的相互关系、局部与全身的临床表现及相互影响。其次从生物医学领域延伸到病人领域，了解病人的患病体验、患病行为等，深刻理解病人。例如一位高血压病人因近期血压控制不佳而来就医，全科医生除了要给予降压治疗外，还要深层次地探索血压控制不良背后是否隐藏着其他的原因，如有什么其他诱因导致血压升高？有无生活压力？情绪如何？是否坚持服药？该疾病对他的生活有多少影响？有无顾虑？希望医生给他什么样的帮助等等，即从心理层面、社会层面分析（图 9-2）。

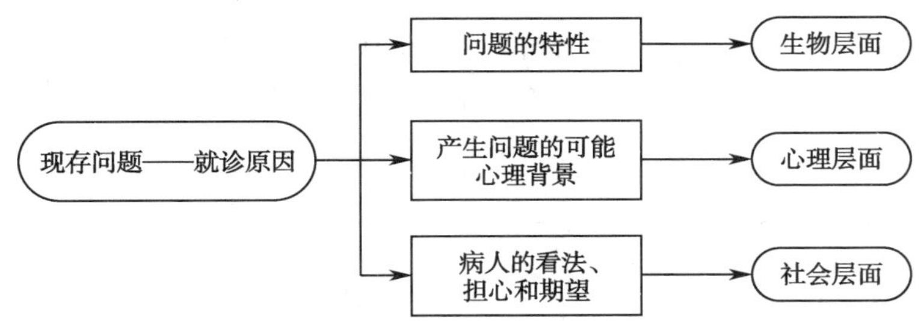

图 9-2 以生物 - 心理 - 社会医学模式确认现存问题

4. 体现全人照顾的特点 以人为中心的系统性思维体现了全科医学全人照顾的要求，即照顾完整的人、全面的家庭照顾、连续性的照顾和多学科的全面照顾。全科医生不仅服务于来就诊的病人，也服务于未就诊的病人，同时服务于病人和健康的人，还服务于家庭和社区；全科医生不仅负责疾病的诊疗，也负责疾病的预防、保健和康复；不仅治疗疾病，也治疗病人；不仅关心躯体的疾病或疾患，也关心心理、社会、道德、伦理等方面的问题；不仅关心现存的问题，更关心未来的问题，注重防患于未然。因此全科医生不能只局限于医学领域，而是应将社会学和人文学等相关领域的内容纳入到全科医生临床思维体系中，对病人的社会、经济、文化、心理各个方面的因素加以考虑，帮助病人解决实际的问题。

总之，全科医师要以病人为中心的系统思维去了解病人所患的疾病，更要了解所患疾病的病人。在健康服务的过程中，全科医师不是作为旁观者和指挥者，而是作为与病人处于平等地位的医患互动公式的一部分而发挥作用，是维护人的整体健康和提高人的生命质量的艺术家。

二、以问题为导向的诊疗思维模式

以问题为导向的诊疗思维是以发现和解决个人、家庭、社区的疾病与健康问题为导向，综合运用临床医学、预防医学、心理学与社会学等学科方法，对各种问题进行诊断，了解其产生的原因及影响因素，确定健康需要，制订和实施相应的诊疗措施，以实现对各种疾病与健康问题的有效治疗和照顾。它是一种以问题的发现、分析、诊断和处理为主线的疾病诊疗和健康照顾过程，强调以疾病与健康问题的发现和诊断为出发点，以问题的妥善处理、以个体和群体的健康维护和健康促进为实现目标，并将以问题为导向的思维贯穿于整个服务过程中。全科医学涉及的内容中，常见病多于少见病及罕见病；健康维护问题多于疾病诊治；研究整体重于研究细胞，因此以问题为导向的诊疗思维非常重要。

在基层医疗卫生保健服务中，大部分疾病尚处于早期未分化阶段，绝大多数病人都是以症状或健康问题而不是以疾病就诊。有些症状是一过性的症状，往往无需也不可能做出病理和病因学诊断；有些症状则可能是由于心理社会因素引起的；而有些症状则属于健康问题，尚不属于疾病的范畴；但也有许多症状则可能是一些慢性病和严重疾病的早期症状。全科医生最重要的作用就是对产

生症状的最可能病因做出诊断，同时排除严重的疾病。因此对于全科医生来说，在临床诊疗中应更强调病人的症状、体征、诊断性试验等检查结果，以及与疾病和健康有关的心理、社会、经济、文化等方面的问题。从主诉、症状、体征和问题入手来进行诊疗思维是全科医生的工作特征，也是其认识和处理未知疾病的基本思路。同时全科医生必须掌握各种疾病的诱因、流行病学、自然过程和临床表现方面的知识，以确保问题的及时发现和准确诊断。

以问题为导向的诊疗思维模式，要求全科医生始终围绕疾病与健康问题，准确分析和鉴别常见病的一般性症状和特异性症状，并善于从病人主诉的一系列问题中分清主要问题和次要问题，善于把握问题的实质，从系统的角度全面分析各种症状信息，从而避免可能发生的误诊。此外，由于疾病的发生、发展往往要经历一个相对漫长的自然进程，疾病症状表现的多样性使得人们很难在初期找到疾病的特异性症状并做出准确的诊断，因此全科医生在疾病处理过程中应遵循全面性、联系性和系统性的原则，充分利用与病人之间形成的相对稳定的医患关系，动态、渐进地观察、跟踪疾病和健康问题的变化，及时收集各种相关信息，以调整和修正自己的最初判断和对疾病的处理方案。

三、以证据为基础的临床思维模式

以证据为基础的临床思维模式是一种科学的思维模式和临床决策方法。临床医学是证据科学和经验科学的结合，全科医生通过从众多的医学资源中寻找最佳的证据为病人提供更好的诊疗和健康照顾。

以证据为基础的临床思维模式可以分为 5 个步骤，概括起来称为“5A 程序”，即提出问题（ask）、寻找证据（acquire）、评价证据（appraise）、应用证据（apply）和评价结果（assess）。第一步，是从临床工作中提出问题，例如病人的治疗措施、治疗效果都可以作为问题提出来；第二步，寻找证据，书籍、文献、网络通常都是寻找证据的途径，可以充分利用循证医学的证据；第三步，评价证据，通过证据的可信度、重要性和实用性进行评价；第四步，应用证据，将目前获得的最佳、最新的证据应用于工作中；第五步，评价结果，对最佳证据应用于临床后的结果进行评价。以上 5 个步骤不断循环，从而促进科学临床思维的形成与发展，提高全科医生的临床诊治水平。

第三节 全科医疗中常见的健康问题及特点

一、社区常见健康问题

社区居民的健康问题种类繁多，但常见的问题却相对集中。全科医疗中临床常见的问题有：呼吸系统、消化系统、泌尿系统等常见的感染；高血压、糖尿病、慢性阻塞性肺病等慢性非传染性疾病；吸烟、酗酒问题；超重与肥胖问题；营养不良问题；记忆力减退问题；计划和优生优育问题；青少年怀孕问题；计划免疫问题；各种预防保健问题和各种健康教育问题；经济、社会、家庭的其他问题等。此外，全科医生还要面对大量常见症状、疾病的诊断、治疗和干预等问题。

全科医疗中常见的 30 种症状占所有常见症状的 85% 左右，分别是：咳嗽或咳痰、流涕、咽痛、发热、耳鸣、消化不良、腹痛、腹泻、便秘、肩部疼痛、腿疼或痉挛、腰背痛、胸痛、皮疹、皮肤瘙痒、白带增多或瘙痒症、月经异常、眼部疼痛或不适、心悸、失眠、头晕或眩晕、头痛、便血、气短、视力障碍、泌尿道症状、疲劳（乏力）、体重减轻、指（趾）甲问题、局部肿块。

全科医生所遇到的疾病的种类和分布取决于其服务的人口特征和社区环境。下面列出了全科医疗中最常见的各系统的疾病，覆盖了基层医疗保健中诊断的前 80% 的疾病。全科医生应能够很好地诊断和处理这些疾病。全科医疗中常见的疾病有：

1. 呼吸和耳鼻喉系统 上呼吸道感染（病毒性或细菌性）、过敏性鼻炎、哮喘、慢性阻塞性肺病、耳道炎（急性、慢性）、（鼻）窦炎。

2. 心脑血管系统　高血压、冠心病、心力衰竭、脑血管意外。

3. 消化系统　胃肠炎（病毒性、细菌性，急性、慢性）、便秘、肠道易激综合征、消化不良、结肠炎（溃疡性或非溃疡性）、痔疮。

4. 泌尿生殖系统　尿道感染、阴道炎（真菌性、萎缩性阴道炎等）、功能性子宫出血、更年期综合征、良性前列腺增生症。

5. 神经系统　头痛（偏头痛、紧张性头痛等）、头晕或眩晕、压迫综合征（如腕管综合征）。

6. 肌肉骨骼系统　肌肉及软组织损伤、关节炎（骨关节炎、风湿性关节炎、痛风）、脊柱退行性疾病（颈椎病、腰椎病）、肩部综合征（如肩周炎、疼痛性弓形综合征）、腱鞘炎（如网球肘、扳机指）。

7. 内分泌系统　糖尿病、甲状腺疾病、骨质疏松症。

8. 精神心理问题　抑郁、焦虑、依赖（包括烟草依赖，酒精依赖、药物依赖、互联网依赖等）、精神病等。

9. 恶性肿瘤　胃癌、结肠癌、乳腺癌等。

10. 皮肤　皮肤感染（细菌性、病毒性、真菌性）、湿疹、过敏性（如荨麻疹、药物反应等）、痤疮。

二、社区常见健康问题的临床特点

全科医生在社区中要面对各种健康问题，与专科医生相比，全科医生面对的常见健康问题有如下特点。

1. 大部分健康问题处于疾病的早期和未分化阶段　在疾病和健康问题的早期，多数病人只是感觉不适，或者只有一些症状和不典型的体征，但还未出现明确的疾病证据；或仅表现为情绪低落、性情暴躁、记忆力减退等。这时，病人极少主动就医，更不可能去专科医生那里就医。但这一阶段却往往是全科医生进行干预的最佳时期，所花费的成本最小，但收效却最大。因此，全科医生应特别关注对早期未分化健康问题的及时发现和处理，并努力掌握相关的知识和基本技能。

2. 常伴随大量的心理、社会问题　躯体疾病可以伴随大量的心理、社会问题，精神疾患也可以伴随许多躯体症状，两者常表现为互为因果关系。许多病人有明显的躯体症状，却没有明显的阳性体征和实验室检查结果，据此难以做出明确的躯体疾病诊断。心理、社会问题既可以是躯体疾病的原因，又可以是躯体疾病的表现，反之亦然。因此全科医生必须善于识别和处理这一类问题，并且具备从生理、心理、社会维度对疾病或健康问题进行诊断的知识和技能，能够从问题产生的生物源性、心理及社会源性着手，对问题进行分析、鉴别及有效的干预。

3. 疾病和健康问题具有很大的变异性和隐蔽性　专科医生诊治的通常是一类疾病，往往相对固定，变异性不大。而全科医生则面对的是其所服务社区所有居民的疾病和健康问题，涵盖了不同年龄、性别、不同部位的疾病，以及各种生理、心理、社会原因导致的健康问题和疾病。因此，其面对的疾病和健康问题具有很大的变异性。此外，受制于个人健康意识、对疾病的重视程度以及症状轻微等多种因素的影响，在疾病的早期和未分化阶段人们很少主动就医，其健康和疾病问题很容易被忽视，使得其健康问题具有很大的隐蔽性。因此，要求全科医生不断追踪和动态了解其服务社区中的个人、家庭的健康档案和信息，了解各种疾病和健康危险因素的流行状态，掌握各种疾病的诱因、流行病学、自然过程和不同的临床表现方面的知识，通过多方面知识和技能的掌握，以有效应对潜隐、充满变异和不确定性的健康问题。

4. 慢性疾病多见，就诊频率高　慢性疾病占据了社区常见疾病谱的前几位，其往往需要全科医生提供连续性、综合性的医疗保健服务。慢性疾病病人就诊频率高，因此是全科医生日常服务的主要对象。对于这些病人而言，重要的不是治愈疾病，而是如何预防疾病的发生、发展，并且适应环境的变化。

5. 健康问题的成因和影响常是多纬度和错综复杂的　现代疾病谱中的很多疾病既不是纯生物性的，也不是纯心理或社会性的，而是生物、心理、社会诸因素不断交叉累积、相互作用的结果。社区中健康问题的原因和影响可能涉及生物、躯体、心理、个人、人际关系、家庭、社区、社会文化、宗

教、政治、经济等多种因素和多个方面，以上因素之间又存在错综复杂的相互作用。如果不了解这些因素之间的相互关系和作用，就难以把握疾病问题的整体特性，也难以全面、有效地解决这些问题。全科医生对健康问题的关注，不仅仅局限于对某一器官和系统疾病，而是重视各系统之间，身体与精神之间，生理、心理、社会问题之间的相互关联性以及个人的疾病与其家庭、工作单位、社区环境之间的密切联系。

6. 健康问题分类特征　健康问题多于疾病、常见病多于罕见病　虽然全科医生面对的疾病和健康问题具有广而杂的特点，然而，由于现代社会中导致疾病的危险因素如吸烟、饮酒、高热量、高脂肪膳食、肥胖、缺乏运动等各种不良行为和生活方式等危险因素的广泛流行及大量积聚，使得大量健康危险因素以及健康相关问题的处理成为其日常工作的重要内容。总体上讲，全科医生面对的疾病和问题中，常见病多于少见病及罕见病，健康问题多于疾病。因此全科医生不仅要掌握处理各种常见病多发病的知识和技能，也要学会各种社会学、心理学、行为学、人际沟通和传播学等相关知识和技能，善于寻找和摸索改善人们积习已久的各种不良生活和行为生活方式的有效策略，从而真正将各种疾病的危险因素及时消除，实现主动预防和干预的目标。

三、社区常见健康问题的诊断策略

全科医生在社区中所接触的健康问题大多处于未分化的早期阶段，而且社区中多缺乏高级的辅助检查设备，因此有时要及时做出明确的疾病诊断可能较为困难，这就要求全科医生在鉴别健康问题的性质或诊断疾病时，采取独特的临床诊断策略，运用逻辑思维和辩证思维，全面系统地认识和处理各种健康问题，运用动态、联系和发展的眼光来看待各种疾病与问题的发生、发展和相互转化的过程。

（一）全科医生的诊断方法

1. 病因的初步诊断方法　全科医生作为基层医生最重要的作用就是对产生症状的最可能的病因做出初步诊断，同时排除严重的疾病。其基本步骤是：①耐心倾听病人陈述症状；②了解症状的性质（特点、加重和缓解的因素）和病程特点（急性、反复发作或慢性）；③判断病人的症状是否危及生命或是紧急情况，如是否存在呼吸困难、休克等严重情况，是否需要正确处理后紧急转诊；④根据病人的症状和个人信息如年龄、性别、既往史和家庭背景等，列出一系列可能会导致该症状的鉴别诊断（通常 2～5 个）；⑤根据对所列举的鉴别诊断的特定症状和体征的了解，进一步收集病史，进行适当的体格检查，以确认最可能的诊断和排除其他诊断；⑥当诊断不明或需要排除潜在的严重疾病时，需进一步选择实验室和辅助检查，必要时适时适当进行转诊。

2. 掌握基本的临床诊断思维方法　基本的临床诊断思维方法包括从症状入手的诊断思维方法、从疾病入手的诊断思维方法和从系统入手的诊断思维方法，其中最常用的为以症状入手的诊断方法。症状是病人就诊的主要原因，同时也是疾病的基本信号和线索，因此，从病人主诉的症状、体征着手进行疾病诊断是最为常用的诊断思维方法，也最符合临床认知规律，该方法包括刻画诊断法、归缩诊断法、菱形诊断法和诊断三联征（diagnostic triads）等多种方法。其中诊断三联征主要由具有疾病识别特征的 3 个关键症状和体征构成，是全科医生基于症状和体征的疾病快速识别和诊断的常用方法之一。

典型的诊断三联征举例：

发热＋头痛＋颈抵抗 → 脑膜炎

腹痛＋寒战高热＋黄疸 → 急性胆管炎

腹痛＋停经＋阴道异常出血 → 异位妊娠

3. 实施临床推理的基本方法　包括穷极推理法和假设演绎推理等方法。穷极推理法是通过全面询问病史、完整的体格检查以及常规的实验室检查等系统回顾，进而进行归纳推理以得出可能的诊断，而在得出推理之前不做任何假设；假设演绎方法是根据病人的最初线索快速形成诊断假设，然

笔记

后根据诊断假设推出并实施各项临床检查和实验室检查项目，进而依据检查结果对诊断假设进行归纳与逐一排除，包括诊断与鉴别诊断，最后得出最可能的诊断结果（图 9-1）。

4. 学会运用疾病概率的方法来进行推理和判断 概率是指一个特定事件（疾病）将要发生的可能性大小。疾病的诊断与鉴别诊断过程实质上是肯定疾病与排除疾病的过程，也是对患病可能性大小即患病概率的判断。如果患病可能性为 100%，则肯定患病，单从诊断角度无需再进一步检查；如果患病可能性为 0，则可排除患病，也无需进一步检查。临床上患病概率一般介于两者之间，往往通过病史、症状、体征等进行推断。

概率推断举例：如一位 65 岁女性病人前来就诊。

病人：咳嗽很厉害。

医生：感冒的可能 =80%，慢性支气管炎 =15%，肺癌 =5%。

病人：咳嗽时有痰，且有时带血丝；15 岁起吸烟，2 包 / 天。

医生：感冒的可能 =20%，慢性支气管炎 =70%，肺癌 =10%。

病人：3 个月来，咳嗽日益加重，且体重减少了 15kg。

医生：感冒的可能 =1%，慢性支气管炎 =19%，肺癌 =80%。

5. 掌握对诊断假设进行验证的基本方法 全科医生的工作场所主要在社区，缺乏综合性医院的高级诊断设备，因此，全科医生应努力从以下几方面着手来检验诊断假设：①进一步询问病史，特别应针对几种需要鉴别的疾病假设，有目的、系统而深入地收集有助于鉴别诊断的相关信息，特别是疾病自然史和症状出现的规律或特征性等方面的信息。此外，还应了解个人的完整背景、既往的健康状况、家庭成员的主要疾患及所在社区的疾病情况；②针对需要鉴别的疾病假设，有针对性地开展体检，以便发现一些隐藏的体征；③适当开展一些试验性治疗并对其干预效果进行追踪观察；④继续密切观察病人，等待更有价值的临床表现出现；⑤必要时可将病人转诊至上级医院行进一步检查，但应考虑这些检查的灵敏度、特异性、预测价值，尽量选择无创性、费用少而预测价值高的检查项目；⑥如有可能，寻求专科医生会诊。

（二）全科医生的诊疗流程

诊疗流程是疾病诊断过程中常用的工具，通过诊断流程图的构建可以帮助人们简明扼要地勾画出临床预防、诊断、治疗等关键环节与基本工作框架，为其提供思路清晰、逻辑性强、程序明确的临床工作流程和工具。

流程图（algorithm）在数学中有运算法则的内涵，它区别于一般意义上的工作流程图（flow sheet; flow chart），全科医生诊疗流程图强调每前进一步都要求医生根据病人的具体情况加以认真的思考、“运算”从而做出判断，而不是简单地依据流程与步骤依次行事、照方抓药。其特点是有明确的开始与结束，而中间是一系列过程及重要决策点，全科医生需要在关键决策点做出重要的决策判断（图 9-3）。在该流程图中，确定急重病人是其关键步骤，这是全科医生在工作中必须首先做出判断的重要环节，确定为非急重病人后，仍需要根据流程图所示，进一步检查后再慎重地进行一次重复判断。在判断需要进行转诊时，应制订明确的转诊指征，做好转诊前的必要准备工作。总之，全科医生的诊疗工作流程中应注意以下几方面内容：

1. 注意识别或排除可能会威胁病人生命的关键问题 在医疗卫生服务中，病人安全是第一问题。由于全科医生面对的大部分问题尚处于疾病的早期或未分化阶段，因此必须具备在疾病的早期阶段将严重的、威胁生命的关键问题识别出来，并及时进行转诊的技能。

2. 诊断鉴别分类和危险问题标识法 在接诊病人时一定要在得出正确的诊断假设之前，根据病史和查体的结果判断病人症状的轻重缓急，特别要判断出是否为危、急、重病人，并随即进行相应处理（图 9-4）。对危急重病人可以利用危险问题标识法（red-flag approach），即在疾病鉴别诊断时，根据一定的症状、主诉、病史和其他临床线索判断病人有无重要危险问题的一种很有效的方法。例如，对于主诉乏力的病人，应用“red flags”提示乏力病人患有进行性或危及生命的疾病见表 9-1。

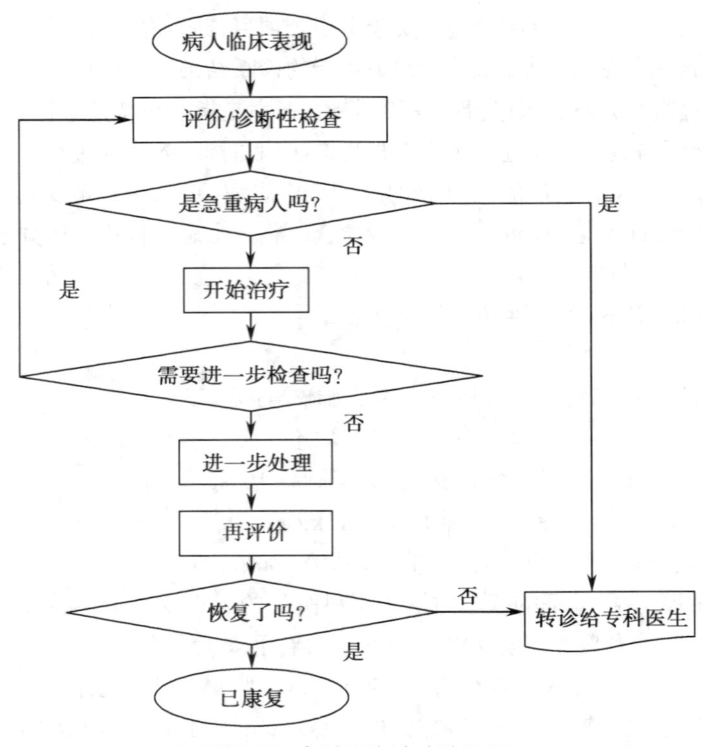

图 9-3　全科医生诊疗流程图

表 9-1　应用"red flags"提示乏力病人患有进行性或危及生命的疾病

诊断	"red flags"
重度抑郁症	出现自杀念头，社会活动减少、退缩
戒断综合征	有长期酒精、烟草或精神药物滥用史，最近突然停用
重症感染	体温>39.5℃、脑膜炎、休克
严重心衰	端坐呼吸、心脏扩大、心脏杂音
控制不良的糖尿病	烦渴、多尿、体重下降

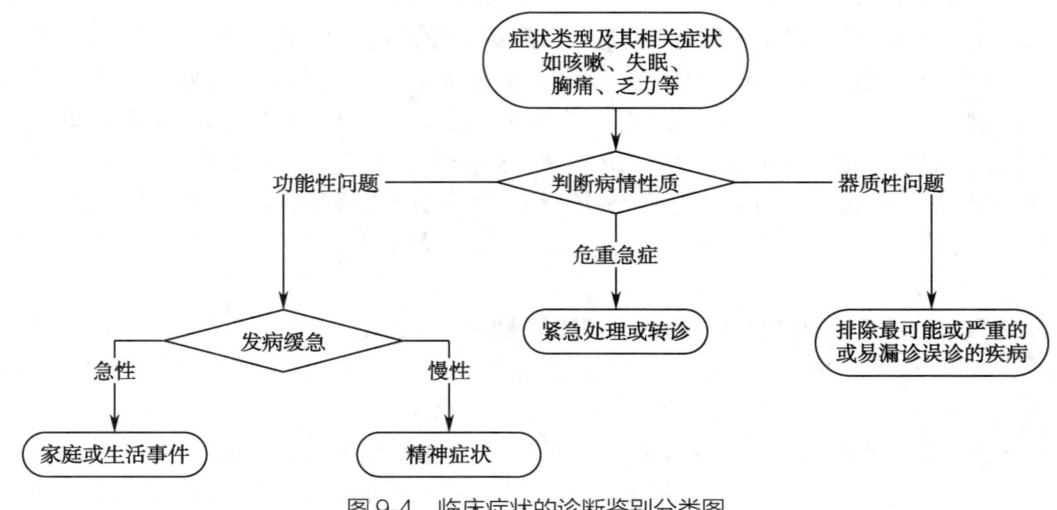

图 9-4　临床症状的诊断鉴别分类图

3. 其他问题的相关要求　对于已明确或怀疑有危险问题的病人应该及时进行转诊；对于留下来需要继续观察和治疗的病人需要告知病人可能的结果，再确认病人明白后，为了进一步确定诊断，要

连续观察病人的病情。在此过程中，一定注意不可漏掉重要的检查项目或拖延宝贵的时间，防止病人的健康甚至生命受到损害和威胁。

总之，全科医生在诊疗中应充分应用以病人为中心、以问题为导向、以证据为基础的临床思维模式，发挥优势，使病人、家庭及社会获得更多更好的医学照顾。

思考题

1. 临床思维的要素有哪些？
2. 全科医学临床思维特征有哪些？
3. 社区常见健康问题的诊断策略是什么？

（江孙芳）

第十章　全科医学中的医患沟通与法律问题

学习提要

- 医患关系属于一种特殊的人际关系，通过对医患关系概念、内容及不同类型医患关系特点的学习，不断加深对医患关系的理解。
- 全科医学中的医患关系是共同参与的互动关系，是全面照护的协同关系。
- 医患沟通是建立良好医患关系的重要途径，全科医生应当熟练掌握并运用语言性沟通技巧和非语言性沟通技巧。
- 医患的权利与义务是医患法律关系中的重要内容。
- 全科医生应当自觉地学法、知法、懂法、用法，不断规范自己的诊疗行为，有效应对常见的法律问题。

第一节　全科医学中的医患关系

一、医患关系概述

（一）医患关系的概念

医患关系（doctor-patient relationship）是指在医学实践活动中所产生的人际关系。医患关系的概念有广义和狭义之分。广义的医患关系是指以医生为主体的与从事医学活动有关的“医方”群体，同以病人为主体的与就医行为有关的“患方”群体之间的人际关系。“医方”既包括医生、护士、药师、技师等医务人员，也包括医疗机构及其行政、后勤等管理工作人员；“患方”不仅包括病人本人，还包括病人的亲属、监护人等关系人。狭义的医患关系是指医生与病人及其关系人之间形成的人际关系。本章中的医患关系是指狭义的医患关系。

（二）医患关系的内容

根据是否与医学技术实施有关，医患关系可分为技术关系和非技术关系。

1. 技术关系　是指医生依靠医学技术向病人提供诊断、治疗、预防、保健、康复等具体医疗活动过程中形成的互动关系。技术关系是医患关系最基本和最主要的表现形式，是非技术关系产生和形成的基础。

2. 非技术关系　是指医生与病人及其关系人在诊疗过程中因情感、思想、心理、社会、伦理、法律等诸多非技术因素而构成的互动关系。非技术关系主要包括以下几个方面：

（1）道德关系：人际关系需要一定的道德原则和规范来约束。医患关系属于一种特殊的人际关系，更需要医患双方遵循一定的道德规范。作为医生，应具有高尚的道德修养和崇高的敬业精神，关心、爱护和尊重患者；作为患方，应向医生如实提供病情，配合医生的诊疗工作，遵守医院规章制度，尊重医务人员及其劳动，自觉维护医疗机构正常的医疗秩序。

（2）价值关系：医患双方通过诊疗活动体现或实现各自的价值诉求，从而形成一定的价值关系。医生通过医学知识和技术为病人提供医疗服务，得到患方和社会的认可与尊重，实现自身价值；病人通过接受诊疗而减轻痛苦、恢复健康、延长生命，从而更好地承担社会角色。

（3）情感关系：医患双方围绕诊疗活动实现各自价值的过程中，也会形成一定的情感关系。病人因疾病带来的身体不适而情绪低落，甚至产生心理负担，在情感上希望得到医生的关心和帮助，以增强战胜疾病的信心。医生希望在情感上获得患方的理解与支持，从而为更好地服务病人提供精神动力。

（4）经济关系：医疗活动是一种特殊的经济活动。医患关系是在医疗活动中产生的，是为满足医患双方各自需求而形成的一种利益关系。在这种关系中，医生通过诊疗活动付出一定的体力和脑力劳动，从而获得劳动报酬；病人通过接受诊疗服务而减轻痛苦、恢复健康、延长生命，并为此支付诊疗费用。

（5）法律关系：随着社会的发展和医学的进步，医患关系不仅依靠道德的约束和规范，也越来越需要法律的调节。医患双方必须在法律法规和制度约束的范围内行使自身的权利并履行相应的义务。就病人而言，从挂号开始，便与医方建立起了契约关系，受相应的法律法规和制度保护与监督，如果病人权益受到损害可以依法追究医疗机构及其医务人员的责任；就医生而言，其权利和义务同样受法律法规和制度的保护与制约，如果其权益受到损害，也同样可以寻求法律途径解决。

（三）医患关系的特征

1. 双方目的的同一性　医患关系是围绕病人健康和诊疗活动建立起来的人际关系，因此，医患双方的目的是一致的，即最大限度地解除或减轻病人痛苦、恢复健康、延长生命。

2. 双方利益的一致性　在诊疗过程中，医生通过提供良好的诊疗服务而获得合理经济收入，并满足心理和精神需求，实现人生价值；病人通过接受医生的服务而减轻痛苦、重获健康，进而恢复其一定的家庭和社会角色。

3. 双方信息的不对称性　医学是一门专业性强、技术含量高、知识更新快、风险程度高的学科。需要经过长期不断的专业学习和临床实践，并通过国家统一组织的医师资格考试和进行执业医师注册，客观上使医生掌握了大量的、专业的医学知识。而对于寻求医疗服务的病人而言，即使通过读书、网络或专家咨询获得相关医学信息，也不能与医生掌握的信息相匹配，是信息劣势方，一般只能被动地接收信息。

4. 医疗过程的互动性　良好的疾病诊疗效果或健康的恢复，需要医患双方共同努力，仅依靠一方难以实现这一目标。医生所开具的物理检查、实验室检验或实施的相关技术操作需要得到患方的认同与配合，以确保病人健康利益的最大化。反之，医生不积极对病人疾病进行全面系统诊疗，或病人拒绝执行医生的合理诊疗方案，就难以实现良好的诊疗效果。

（四）医患关系模式类型

医患关系模式（doctor-patient relationship model）是指在历史和现实中存在的具有一定普遍性和代表性的医患关系样式。目前，国内外学者广泛认可的是1956年美国学者萨斯（Szasz）和何伦德（Hollender）在《内科学成就》中发表的《医患关系的基本模式》中提出的医患关系模式，即主动—被动型、指导—合作型和共同参与型（表10-1）。

表10-1　萨斯-荷伦德医患关系模式表

模式	医生地位	病人地位	适用对象	类似关系
主动—被动	绝对权威	被动接受诊疗	休克昏迷、急诊重度外伤及意识丧失的病人	父母与婴儿
指导—合作	指导作用	积极配合诊疗	意识清醒的急性期、感染期病人	父母与青少年子女
共同参与	帮助作用	积极协助诊疗	慢性病、心理疾病及有一定医学知识的病人	成人与成人

1. 主动-被动型　是一种传统的医患关系模式。其特征是医生在诊疗过程中起主导作用，病人被动接受医生的诊疗行为和方式。这种模式适用于无关系人照护的休克昏迷、急诊重度外伤及意识

丧失病人。

2. 指导-合作型 是现代医患关系的一种基本模式。医生起指导作用，病人在接受医生诊疗方案和意见的情况下发挥自身的积极性，从而提高疗效、恢复健康。此种模式的应用对象往往是意识清醒的急性期或感染期病人。

3. 共同参与型 是现代医患关系模式的一种发展趋势。其特点是病人不再被动接受诊疗，而是主动的参与者，包括积极协助医生做出正确诊断、制定和实施诊疗方案、密切跟踪反馈治疗效果等。慢性病、心理疾病以及具有一定医学知识的病人一般适用这种模式。

（五）全科医学中的医患关系特点

全科医学中的医患关系不仅具备与其他专科医患关系的基本属性，还具有其自身的特点和优势。

1. 是共同参与的互动关系 全科医学强调以人为本、以健康为中心，将病人置于其家庭背景和社区环境中，运用家庭力量、社会人际关系等协同解决其健康问题。全科医生与居民进行沟通时，要鼓励居民积极主动参与交流，通过开放性提问等沟通技巧尽可能多地了解其性格特点、生活习惯、家庭结构、人际关系、经济状况、工作性质等方面情况，与其共同分析存在的健康危险因素，并提供个体化建议。另外，多数就诊者为慢性病病人，他们在长期的诊疗过程中积累了很多经验，对疾病形成了一定的认识和理解，能够更好地与全科医生进行互动。

2. 是全面照护的协同关系 全科医生提供的是基本医疗服务，大多面对的是处于未分化期疾病、慢性病、心理疾病等方面的健康问题，对此全科医生提供的医疗服务应主要定位在照护上，并且是全生命周期的。全科医生应该调动各种积极因素，帮助他们制定诊疗方案、预防并发症、疏解负向情绪、指导合理饮食和良好生活习惯。全科医生要让服务对象客观地认识这些疾病，学会并善于与所患疾病更好地相处。

二、全科医学中良好医患关系的建立与维护

（一）建立与维护良好的医患关系的重要意义

全科医疗的医患关系有别于专科医疗的医患关系。从形成的动机角度，专科医疗的医患关系是随着病人的就诊而形成，对医生而言，医患关系的形成是被动的；而对于全科医生，只要居民入住所辖范围，就有义务去积极了解居民健康状况，建立居民健康档案，是主动形成的医患关系。从病人管理周期角度，专科医疗的医患关系一般是一过性的人际关系，通过门诊及住院诊疗接触过程中形成和建立，是短暂的，可能随着病人健康问题的解决或疾病的恢复而告终；全科医疗是面对社区居民全生命周期的健康管理，其医患关系长期且持久。从病种管理角度，专科医疗医患关系往往建立在针对某一种或几种疾病的诊疗基础上；而社区家庭医生要以居民个体为对象，负责居民疾病的预防、治疗、管理、健康教育、生活指导乃至临终关怀等全方位的医疗保障。因此对于全科医生，良好医患关系的建立与维护至关重要，体现在以下几方面。

1. 是做好全科医疗工作的基础 全科医疗服务具有基础性、持续性、个体化、综合性和协调性的特点，其服务内容贯穿于全生命周期，并着重关注特定阶段的特殊生理、心理、家庭和社会方面的健康问题。这一特点决定了全科医疗不同于专科的形式，全科医生不仅要解决病人当前的健康问题，还要注重探寻当前健康问题与既往疾病和生活习惯的联系，调动病人和其家庭成员的主观能动性，参与到疾病的预防和诊疗过程中，从而找到更为恰当的干预措施。因此，全科医疗服务目标的实现，必须建立在长久的良好医患关系基础上。

2. 是提高医疗工作质量的前提 良好的医患关系是全科医生与病人形成积极互动的催化剂。全科医生对病人的关心、对病情的重视、对注意事项的详细告知、对患方疑虑的耐心解答等本身就是一种治疗手段，能够减轻病人的身心痛苦，增强病人战胜疾病的信心，提高病人的依从性，使医患双方能够更好地融合，从而产生更强的“治疗合力”，不断提高全科医疗服务质量。

3. 是全科医生可以调动的资源 全科医生在社区医疗工作中往往扮演着一个“多面手”的角色，

既是疾病诊疗、健康维护、病患照护和全方位健康管理的医生，又是疾病危险因素早期筛查、促进健康生活方式形成的教育者；既是社区医疗卫生资源的“守门人”，又是社区医疗卫生保健工作的管理者；既是实现社区与各级各类医疗卫生机构双向转诊的沟通者，又是建立社区健康档案与社区健康网络的组织协调者。这些角色的实现，都需要全科医生调动其良好的医患关系资源，影响大家参与到健康维护与健康促进的工作中，从而带动整体健康水平的提高。

4. 是促进全科医学发展的催化剂　良好的医患关系能够促使全科医生关心病人，热爱本职工作，给自己强烈的成就感和满足感，有效调动全科医生的内在动力，不断提高全科医疗的服务水平和能力，进而促进全科医学事业的健康发展。同时，良好的医患关系也能够促使广大服务对象关注全科医生的学习、生活和工作，关心全科医生的职业发展，为全科医学工作的不断改进和完善建立坚实的群众基础。

（二）建立与维护良好医患关系的有效策略

全科医学中良好医患关系的建立与维护要以人际信任为基础，人际信任在人类交往和社会生活中至关重要，是人与人之间建立稳定和持久关系的基石，也是社会运行的润滑剂。在推进分级诊疗制度落实过程中，病人对基层医疗卫生服务缺乏信任是制度落实的瓶颈之一，全科医生良好的职业素养、优质高效的医疗服务、以病人为本的理念、充分有效的沟通、以及自身的良好形象都是人际信任构成的必要因素，也是打破这一瓶颈，建立和维护良好医患关系的有效策略。

1. 培养良好的职业素养　全科医生的职业素养与其世界观、人生观、价值观、道德修养、医疗能力以及对职业和生活的态度等因素密切相关。全科医生应重视生命，尊重生命，并富有同情心和爱心，对待病人反映的健康问题持亲切、关怀、真诚与负责的态度，善于理解病人的愿望并尽可能地给予帮助和解决，在工作、学习、生活中培养良好的职业素养和道德情操，从而建立良好的医患关系。相反，全科医生如果对病人的健康问题漠不关心，得过且过，则会降低信任度，甚至引发医患矛盾。

2. 提供优质高效的服务　全科医生工作的“产出”是由服务对象满意度来衡量的，而其满意度是通过全科医疗工作过程实现的。全科医生要以不断满足病人日益增长的健康需求为导向，在学校教育的基础上尽可能多地参加继续教育、专业培训和学术研讨等，加强与国内外同行的交流学习，不断提升自身的业务知识、技术水平和工作能力，同时要做好社区居民健康需求调研。只有这样，全科医生才能为服务对象提供更为优质高效的诊疗服务，通过满足诊疗需求而增强病人信任，使其乐于得到全科医生的帮助与指导，从而有效促进和谐医患关系的维护。

3. 坚持以病人为本的理念　时刻把病人利益放在首位是全科医学“以病人为本”这一理念的最佳体现。全科医生通过提供与健康相关的医疗服务来获得报酬，但不能为了获得更高的经济利益而损害病人的利益。此外，除健康服务以外需要病人或居民配合的社区工作，要考虑对方的意愿，并建立在知情同意的基础上。只有树立以病人为本的服务理念，才能使全科医疗中的医患关系更加良好而长久。

4. 建立充分有效的沟通　良好医患关系的建立与全科医生的沟通能力和沟通技巧密切相关。全科医生要注重沟通能力的培养，平等对待病人，尊重病人的人格，更多地站在病人角度理解其痛苦和不适，真诚帮助病人解决问题。在沟通的过程中，全科医生应尽可能地听取病人对健康问题的叙述，并尽量使用关心、支持、安慰、鼓励和劝导性语言，增强病人战胜疾病的勇气和信心。同时，全科医生也要注意沟通技巧的学习和使用，针对不同的对象、不同的健康问题采用不同的语言性和非语言性沟通技巧，以达到事半功倍的效果。

5. 身体力行树立良好形象　全科医生自身的良好形象能起到榜样的作用，运用自身生动事例来教育人、影响人，能够弘扬正确价值取向，增强教育的感染力和实效性。全科医生要身体力行，养成良好的生活方式和习惯，为病人起到榜样的作用，增强病人对全科医生的信任与敬佩，从而有利于良好医患关系的建立和维护。

除此之外，在互联网时代，社交媒体因其具有连接关系网络的属性及其即时通讯的功能，已成为人际关系维护与拓展的重要媒介，全科医生可以通过科学合理地应用新媒体，加强与维护良好的

医患关系。如利用微信群、社区就诊APP等推送健康指导、疾病预防、康复常识、急诊急救等相关信息，不受时间、地域的限制，并可将其作为医患间健康信息及时、有效、持久沟通的必要补充形式。

第二节 全科医学中的医患沟通

一、医患沟通概述

（一）相关概念

沟通（communication）在西方是由拉丁文communis演变而来，原意是分享和建立共同的看法；在我国，沟通是指使两方能通连。虽然东西方对沟通的释义不尽相同，但其核心都是指双方之间信息传递和理解互动的过程。

人际沟通（interpersonal communication）是指人们为实现一定的目的，通过一定渠道，交流思想、感情和知识等信息的过程。简单地说，人际沟通就是转移信息的过程，就是人与人之间信息的传递与互动。

（二）沟通的要素

根据Hein1973年提出的理论，沟通的基本要素包括信息背景、信息发出者、信息、信息传递渠道、信息接收者、反馈六个要素。

1. **信息背景（information background）** 是指沟通过程所在的环境，包括地点、周围条件等，沟通的时间及沟通参与者的个人特征，包括知识水平、经历、文化背景及心理特征等。

2. **信息发出者（message sender）** 是把自己的思想、情感、知识等信息传递出去的一方。

3. **信息（message）** 是沟通的具体内容，是个体思想、背景、态度、个性、知识、行为模式、价值观等的表现形式，包括语言性信息和非语言性信息。

4. **信息传递渠道（route of message transmission）** 是指信息传递的手段、方式、途径、通道，是信息由一方传递给另一方所经过的路径。

5. **信息接收者（message receiver）** 是指接收信息的一方。只有当信息接收者接受了信息发出者发出的信息，才能形成有效沟通。信息接受过程包括接收、解码和理解三个步骤。信息接收者和发出者常常互换角色。

6. **反馈（feed back）** 是指信息接收者接到信息后的反应和回馈，是信息发出者和信息接收者之间相互反应的过程。反馈是沟通的重要组成部分，通过反馈可以评价沟通的有效性。

在全科医学的医患沟通中，无论是医生作为信息发出者，病人为信息接收者（如健康指导、健康讲座等）；还是病人作为信息发出者，医生为信息接收者（如病人主诉病史等）。医患双方都需要在发出信息后注意接收对方的反馈，不断实现沟通角色的互换，最终达到解决健康问题的目的。以社区健康咨询过程为例展现沟通构成的要素（图10-1）。

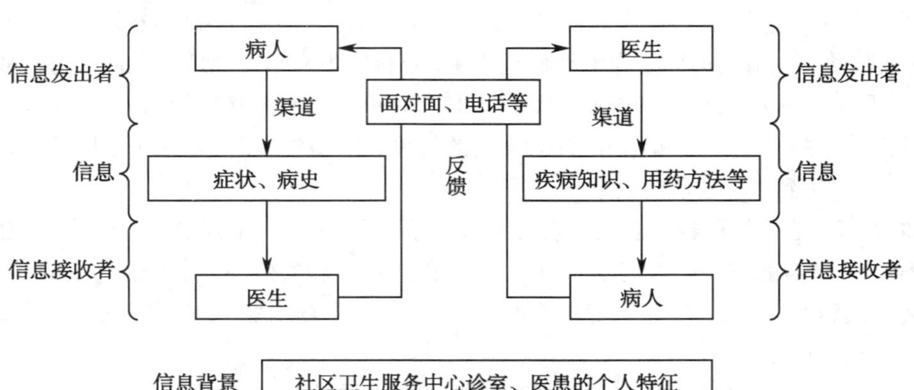

图10-1 社区健康咨询过程中的沟通要素示意图

（三）沟通的基本原则

1. 诚信（sincerity） 是建立良好人际沟通的前提和基础。全科医生在工作中一定要抱着真诚的态度与对方沟通，对自己的许诺或达成共识的事情，做到言必信、行必果，为良好有效的沟通奠定基础。

2. 平等（equality） 在全科医疗中，平等包含两方面含义，一方面是全科医生与社区居民地位和关系上的平等；另一方面是全科医生对待不同的服务对象时要一视同仁、平等相待。

3. 尊重（respect） 尊重分为自尊和他尊，在尊重自己的同时，也要尊重他人。沟通过程中，你充分尊重对方，自然会得到来自对方的尊重，使双方产生共鸣，建立融洽的关系。

4. 移情（empathy） 即沟通双方设身处地站在对方的角度，通过认真的倾听和提问，理解对方的感受，并以正确的方式把这种感受传递给对方。

5. 理性（reason） 是指沟通双方能够客观、理智地来了解、认识和分析沟通的内容，避免情绪化和非正常思维带来的干扰。全科医生要学会调整自己的情绪，清醒地思考问题，以便达到充分有效的沟通效果。

6. 慎言（cautious） 沟通的语言既可"治病"，也可"致病"。沟通过程中，要慎重对待自己的言辞，避免使用自大、夸张、批评、责备、抱怨、攻击性的语言，避免触及对方隐私，避免口无遮拦、喋喋不休。

（四）影响沟通的因素

影响沟通的因素既包括沟通方式、沟通地点、沟通环境等外在因素，又包括沟通者表达能力、理解能力、身体状况、心理特征、情绪状态、个人修养等内在因素，这些因素的条件状况往往决定沟通的成败。

1. 沟通方式 也就是前面所叙述的沟通渠道，其形式多样，而且不同的沟通方式往往解决不同的问题。以全科医疗中医患沟通方式为例，其优缺点和适用范围见表10-2。

表10-2　全科医疗中常见的沟通方式、优缺点及适用范围

沟通方式	优点	缺点	适用范围
大众传媒（如电视、广播、报纸等）	覆盖面广，易解决居民"知"的问题	缺少居民"信"和"行"的反馈	适合人群间共性健康问题的指导或解决
面对面交谈	可实现一对一交流，利于信息的传递，易达到完全互动	对沟通双方时间要求严格，效率低	适合所有全科医疗对象个性化的健康问题的解决
电话沟通	可实现一对一交流，实现互动，方便快捷	不能传递眼神、表情等非语言信息	适合无听力障碍人群的个性化健康指导。
健康讲座	易实现居民健康知识的宣教和普及	居民反馈少，难以解决个性化的健康问题	适合某特定区域有共同健康需求人群
新媒体（如QQ、微博、微信等）	兼具大众传媒和个体沟通两种功能	对网络、智能手机等不熟悉的人群难以实行	适合人群间共性及个性健康问题的指导或解决

2. 沟通地点与环境 在进行人际沟通时，不同的沟通地点往往会产生不同的沟通效果。沟通环境指沟通双方所处地点周围状况和情境，往往与沟通地点密切相关。如全科医生在诊室对居民进行问诊时，场合比较正式，空间相对封闭，有利于病人表述自己的真实感受、个体隐私；在社区街道，流动人群较多，不宜谈及过多私密话题；在对社区居民进行家庭访视时，环境相对安静，氛围融洽，容易与受访者拉近心理距离，可就居民存在的健康问题进行较为细致地沟通和探讨，有利于唤起其他家庭成员对其健康状况的关注；在社区举办健康讲座时，能够促使社区居民对普遍和共性的健康问题产生共鸣。

3. 沟通双方的表达和理解能力 与沟通者的家庭环境、成长环境、受教育程度、社会接触、个人

努力程度等密切相关。一般来说，家庭氛围融洽、成长环境和谐、受教育程度高、社会接触广并有意识不断完善自我的沟通者，具有较强的表达能力和理解能力，更容易获得良好的沟通效果；反之，对于单亲或家庭氛围长期紧张、成长环境封闭、接受教育贫乏、社会接触面窄且对自我要求低的沟通者，表达能力和理解能力相对欠缺。

4. 沟通双方的身心及情绪状态 双方身心放松、情绪稳定，使表达内容更加系统、清晰和明确，有利于信息的有效交流；如果沟通的一方或双方存在身体不适或心情焦躁、不安、愤怒等负面情绪时，沟通效果会大打折扣。

5. 沟通者的修养 是基于个体心理特征上的人的综合素质的体现。一个人能力、气质、性格、品德修养等对沟通效果起着举足轻重的作用。性格乐观、态度积极、心胸豁达的人往往能够结交更多的朋友，赢得更多的信任，也更容易与他人进行充分有效的沟通。而品质低劣、性格孤僻、多疑、自卑、嫉妒等都会阻碍人际沟通的有效进行。

二、全科医学中的医患沟通技巧

医患沟通（doctor-patient communication）是指在医疗卫生和保健工作中，医患双方围绕疾病预防、诊疗、保健、康复等主题，以病人为本，以医生为主导，对各种信息进行全方位分析和多途径交流的过程。全科医疗服务中，良好有效的医患沟通可以更好地为病人提供优质的医疗卫生和保健服务。

全科医学中的医患沟通技巧可分为语言沟通技巧和非语言沟通技巧。

（一）全科医学中的语言沟通技巧

1. 运用得体的称呼语 称呼语是语言沟通的开始，全科医生恰当地使用称呼语会给病人留下良好的第一印象，为后续的沟通奠定相互尊重和信任的基础。医生要根据病人性别、年龄、身份、职业等特征的不同而使用不同的称谓，力求尊重为先，恰当自然。可使用叔叔、阿姨、先生、女士、小朋友等，避免使用诊号、床号取代称谓。对经常接触或长期接受全科医生健康照护的病人，可以直接称呼为老李、小王等，以拉近双方之间的距离。

2. 营造和谐的沟通氛围 全科医生接待病人应面带微笑，温和招呼请其落坐，以示尊重，放松病人情绪，融洽就医氛围。可以"言它式"开场，避免直入主题。如以小区最近关注的话题入手，过渡到对病人病情的询问。此外，全科医生应尽量保持诊室环境的整洁、安静，避免接打电话、随意走动及闲杂人员出入，干扰沟通过程。

3. 主动倾听积极反馈 倾听是良好有效医患沟通的重要手段，可以使病人感受到医生的尊重和理解，便于病人向医生传递自身的健康信息和真实感受。全科医生与病人沟通时应与对方保持适当的目光接触，集中精力倾听其叙述，观察其面部表情和肢体语言，正确"阅读"所传递的信息，并给予适时反馈。在倾听的过程中，医生一方面要善于采用认同的语言鼓励对方叙述；另一方面也要以"是这样啊""接下来呢"等话语积极回应对方，并根据需要重复对方所叙述的重要信息，避免信息的缺失。

4. 形象化表达医学术语 全科医生的语言既要准确、简练、条理分明，又要使病人容易理解和接受。因为医患双方存在着医学信息、理解能力、受教育程度等因素的差异，所以在双方沟通过程中，应该尽量使用通俗易懂的语言，避免产生误解，影响沟通效果。在不得不使用深奥难懂的医学术语时，医生可以借助图片、模型、影像等资料加以释疑，必要时可以采用比喻、类比等修辞手法进行形象化说明，使对方充分理解和接受所要表达的内容。

5. 从病人角度看待问题 根据不同病人的特点，采用不同的沟通方式，其核心就是换位思考。全科医生面对的病人各异，每个病人的健康问题千差万别，即使同一病人同样的健康问题，也会因时间的不同而需要采取不同的方式方法。这就要求全科医生须站在病人的立场来看待其陈述的健康问题，从根本上采取有效的针对性措施加以解决。

6. 开放式与封闭式提问相结合 开放式提问的回答范围没有限制，有利于病人开拓思路，充分、主动、自由地表达自己的观点和真实想法，例如，"您最近身体有什么不舒服吗？"封闭式提问将应

笔记

答限制在特定范围内，病人回答的选择性小，甚至只能用简单的“是”“不是”“有”“没有”来回答。此外，全科医生是交谈的主导者，在让病人充分表达自己的想法和要求的同时，也要注意引导交谈的方向，使交谈流畅有效。

7. 适宜的语气、语调和语速　①语气有肯定、陈述、疑问、感叹等，能够体现交谈者情感和态度，全科医生的语气应该亲切自然，充满关爱；②语调即说话的腔调，就是声调高低、抑扬轻重的配合和变化，对同一事情的阐述，语调不同往往传递的情感也不同，全科医生应该善于使用、控制和转换不同的语调；③语速是指说话的速度，沟通时语速应该急缓适宜、停顿适当，以更好地吸引患者的注意力，使其更易接受和吸收全科医生所表达的信息。

（二）全科医学中的非语言沟通技巧

1. 衣着得体　衣着是指人的穿衣打扮，可以展现一个人的整体精神面貌。全科医生的穿衣原则是干净、整洁、得体。当与病人初次接触时，如果医生的衣着符合病人的心理预期，会降低病人的焦虑情绪，给病人良好的印象。反之，则会降低病人对全科医生的信任和期待，影响沟通质量。

2. 正确理解和表达面部表情　面部表情是人类情绪、情感的外在表现。全科医生一方面要善于“读懂”病人面部表情所传递出的信息；另一方面也要以合适的面部表情反馈给病人。

3. 善于运用眼神传递信息　眼神是非语言沟通的重要组成部分，正确理解病人眼神传递的信息并附以恰当眼神及时反馈，对医患沟通尤为重要。全科医生与病人保持适当的目光接触，有利于鼓励病人继续讲述病情。目光坦诚，充满仁爱，能够增强病人信任，拉近医患心理距离。应该注意，不宜一直盯着病人的眼睛，也不要目光游离或斜视病人，而应注视病人面颊下部，以示尊重和重视。

4. 运用恰当的身体姿势　身体姿势能够反映双方的心理及情绪状态，可以体现双方的态度和意愿。在病人叙述时，全科医生可以适当与对方缩小距离，上身微微前倾，以表示愿意倾听；在病人讲话迟疑有顾虑时，可以和其握手或拍肩以表示关怀，并愿意为其保密。

5. 保持合适的交谈距离　全科医疗服务中，医患双方的交谈距离因医患关系及场合的不同而不同。一般来说，全科医生与病人应该成一定角度而坐，间隔 0.5～1.0m，并避免面对面直视，从而便于双方目光自由接触和分离，而不致尴尬和有压迫感。此外，全科医生也要根据文化、地区、民族和风俗习惯的不同，而采取不同的医患交谈距离，使对方易于接受。

6. 营造和谐的沟通环境　沟通环境会影响全科医疗服务中双方的心理及情绪状态，甚至决定沟通的成败。沟通环境要通风良好、光线柔和、整洁安静，并做到一医一患，以更好地保护病人隐私，达到良好的沟通效果。

第三节　全科医学中的法律问题

一、全科医学中的医患权利与义务

医患关系是一种合同或契约关系，属于民事法律关系范畴。医疗合同关系是医患关系的基本形态。

医疗合同（medical service contract）是指医方为病人提供医疗服务，患方为此支付费用的合同。医疗合同为诺成合同，双务有偿合同，其主要内容由医患双方彼此的权利和义务构成。

需要指出的是由于医生职业的特殊性，其权利义务不仅是针对病人的权利义务，也可能是针对医疗机构、卫生行政部门或国家和社会的权利义务。本节将根据《中华人民共和国民法通则》《中华人民共和国执业医师法》《中华人民共和国侵权责任法》《中华人民共和国传染病防治法》《医疗机构管理条例》《医疗事故处理条例》等主要法律法规的相关规定对医患双方的权利和义务进行梳理，以更好地指导全科医学的实践活动。

（一）法律权利与法律义务

法律权利（legal right）是指国家通过法律规定，对法律关系主体可以自主决定为或不为某种行为

的许可和保障手段。

法律义务（legal obligations）是指法律关系主体依法承担的某种必须履行的责任。

法律权利和法律义务具有如下关系：

1. 法律关系中的对应关系 是指法律权利都对应着相应的法律义务而存在，二者相互关联、对立统一。主要体现在：①在任何法律关系中，一方主体有法律权利，对方主体就必然承担相应的法律义务，反之亦然；②在特定的法律关系中，每一主体在享有权利之时都对应承担一定义务。

2. 社会生活中的对等关系 权利总量和义务的总量是对等的。主要表现在：①社会生活中权利总量大于义务总量，有些权利就行同虚设，反之，社会将产生特权；②在某种具体法律关系中，权利总量与义务总量也是对等的。

3. 功能发挥中的互动关系 法律功能常常通过它所设定的权利与义务得以表现出来。主要体现在：①法律义务的履行促进法律权利的实现；②法律权利的享有也有助于法律义务的履行。

4. 价值选择中的主从关系 由于国家本质和社会制度的不同，决定了有些国家的法律体系以权利为本位，有些国家的法律体系以义务为本位。我国由于市场经济模式的建立以及对人权的普遍关注，现代立法总体上讲是以权利为本位的。

（二）医生的权利与义务

1. 医生的权利

（1）对病人进行诊疗：医生在注册的执业地点、执业范围内，具有进行疾病调查、医学诊查、医学处置以及选择合理医疗、预防和保健等方案的权利。

（2）出具相关医疗证明：在法律法规规定的范围内，医生具有开具与自己诊疗活动相关的各种业务证明的权利。

（3）获得基本工作条件：按照国务院卫生行政部门规定的标准，医生有获得与其执业活动相当的基本工作条件的权利。

（4）参加科研学术活动：医生有从事医学研究、学术交流和参加专业学术团体的权利。

（5）接受培训学习：医生有参加专业培训，接受继续医学教育的权利。

（6）人身权利：在执业活动中，医生享有人格尊严和人身安全不受侵犯的权利。

（7）获取合理报酬：医生有获取工资报酬和津贴以及享受国家规定的福利待遇的权利。

（8）参与权：医生有对所在机构的医疗、预防、保健等工作和卫生行政部门的工作提出意见和建议的权利，以及依法参与所在机构民主管理的权利。

（9）医疗费用支付请求：医生有为病人提供诊疗服务而获得报酬的权利，病人有为此支付医疗费用的义务。因此，医生有权要求病人缴纳费用。

（10）特殊干预：在特殊情况下，为保证病人自身、他人和社会的权益，医生可以采取限制病人自主权利的措施。但是，这种限制措施不是任意行使的，必须满足一定条件方可实行，包括①需要进行隔离的传染病病人或疑似传染病病人；②严重精神病病人和自杀未遂或有自杀倾向病人拒绝治疗时，可采取约束和控制措施；③疾病的真相可能不利于诊治或者可能产生不良影响时，在征得关系人同意的情况下，医生有权向病人本人隐瞒病情；④当进行实验性治疗的病人出现危险情况时，医生必须及时终止治疗。

以上医生的权利受法律保护。干扰医疗秩序，妨害医务人员工作、生活的应当依法承担法律责任。

2. 医生的义务

（1）提高医德修养，关爱病人：医生应当具备良好的职业道德和医疗技术水平，发扬人道主义精神，履行防病治病、救死扶伤和保护人民健康的职责。

（2）规范执业行为，提高业务水平：医学是一门极富不确定性且呈不断动态发展的科学。医生既应当遵守法律、法规和技术操作规范、常规，不断规范自己执业行为，又应当努力钻研业务，更新知

识，提高专业技术水平。

（3）亲自诊查病人，规范书写医学文书：医生实施医疗、预防、保健等措施，签署有关医学证明文件，必须亲自诊查、调查，并按照规定及时填写医学文书，不得隐匿、伪造或销毁医学文书及有关资料；医生不得出具与自己执业范围无关或者与执业类别不相符的医学证明文件。未经医生亲自诊查病人，医疗机构不得出具疾病诊断书、健康证明书或者死亡证明书等证明文件；未经医生、助产人员亲自接产，医疗机构不得出具出生证明书或者死产报告书。医疗机构及其医务人员应当按照规定填写并妥善保管住院志、医嘱单、检验报告、手术及麻醉记录、病理资料、护理记录和医疗费用等病历资料。

（4）应招义务：又称应诊义务、应需义务，即在特殊的情况下，医生必须进行诊治、采取措施或服从调遣的义务。对急危病人，医师应当采取紧急措施及时进行诊治，不得拒绝急救处置；遇有自然灾害、传染病流行、突发重大伤亡事故及其他严重威胁人民生命健康的紧急情况时，医师应当服从县级以上人民政府卫生行政部门的调遣。

（5）履行知情同意：医务人员在诊疗活动中应当向病人说明病情和医疗措施。需要实施手术、特殊检查、特殊治疗的，医务人员应当及时向病人说明医疗风险、替代医疗方案等情况，并取得其书面同意；不宜向病人说明的，应当向病人的近亲属说明，并取得其书面同意。无法取得病人意见时，应当取得家属或者关系人同意并签字；无法取得病人意见又无家属或者关系人在场，或者遇到其他特殊情况时，经治医师应当提出医疗处置方案，在取得医疗机构负责人或者被授权负责人的批准后实施。

（6）开展预防保健及健康教育：宣传卫生保健知识，对病人进行健康教育是医生应当履行的义务之一。

（7）保护病人隐私：病人的隐私包括信息的隐私、身体的隐私和疾病的隐私。医生应当关心、爱护、尊重病人，保护病人的隐私。相关疾病预防控制机构、医疗机构不得泄露涉及个人隐私的有关信息、资料。泄露病人隐私或者未经病人同意公开其病历资料，造成病人损害的，医疗机构及其医务人员应当承担侵权责任。

（8）合理检查、使用药品和医疗器械：医生应当使用经国家有关部门批准使用的药品、消毒药剂和医疗器械。除正当治疗外，不得使用麻醉药品、医疗用毒性药品、精神药品和放射性药品。医疗机构及其医务人员不得违反诊疗规范实施不必要的检查。

（9）不收受病人财务：医生不得利用职务之便，索取、非法收受病人财物或者牟取其他不正当利益。

（10）报告义务：医生发生医疗事故或者发现传染病疫情时，应当依照有关规定及时向所在机构或者卫生行政部门报告；医生发现病人涉嫌伤害事件或者非正常死亡时，应当按照有关规定向有关部门报告。

（三）病人的权利与义务

1. 病人的权利

（1）生命权（right of life）：是指公民的生命安全不受侵犯，任何人均无权剥夺、危害他人生命。

（2）健康权（right of health）：是指自然人以其器官乃至整体功能利益为内容的人格权，其客体是人体器官及各系统乃至身心整体的安全运行，以及功能的正常发挥。

生命权和健康权是公民最基本人权。体现在医疗活动中，要求医务人员遵循注意义务，谨慎地开展医疗活动，最大限度避免医疗缺陷及不良医疗事件或医疗事故的发生。

（3）身体权（bodily right）：是自然人所具有的依法维护其身体完整，对其身体组织和器官具有支配权的具体人格权。身体权是以身体为客体，强调的是保持身体的完整性、完全性。身体权禁止医生擅自摘取尸体组织、器官；禁止医生非法保留、占有病人身体组织；禁止医生过度实施外科手术，侵害病人的身体。

（4）知情同意权（the right of informed consent）：是在医生充分告知病人病情及诊疗方案的基础上，病人或其代理人所做出的同意或拒绝的选择。

（5）决定权（right to determination）：是指病人对自己的生命和健康相关利益具有自主决定的权利。在医疗活动中，病人享有充分了解自己所患疾病、治疗方案、存在风险等信息以及按照自己意愿进行选择的权利。病人自主决定权主要包括：①有权自主选择医疗机构、医疗服务方式和医务人员；②有权自主决定接受或不接受任何一项医疗服务，特殊情况如病人生命垂危、神志不清不能自主表达意见可由病人的关系人决定；③有权拒绝非医疗性活动；④有权决定出院时间，但病人只能在医疗终结前行使此项权利，且必须签署书面声明，说明出院是自愿行为，医方已尽到了告知义务，对可能出现的危害已知情，发生任何问题与医疗机构无关；⑤有权决定转院治疗，但在病情极不稳定或随时有危及生命可能情况下，应签署一份书面文书，说明是在医方的充分告知和沟通的基础上患方自行作出的决定；⑥有权根据自主原则自付费用与其指定的专家讨论病情；⑦有权拒绝或接受任何指定的药物、检查、处理或治疗，并有权知道相应的后果；⑧有权自主决定其遗体或器官如何处置；⑨有权享受来访及与外界联系，但应在遵守医院规章制度的基础之上；⑩其他依法应当由病人自主决定的事项。

（6）隐私权（right of privacy）：是指病人在诊疗过程中向医生公开的，不愿让他人知道的个人信息、空间和活动。一般来讲，病人的隐私包括：①基本信息，如姓名、身份证号、家庭住址、单位信息、经济状况等；②既往病史、家族史、婚姻史、生育史等；③隐私部位，如身体存在的生理缺陷、生殖系统信息等；④通过诊疗查明的精神和心理疾病；⑤乙丙肝、血型、血液、精液等检查检验信息；⑥特殊经历或遭遇等其他信息。

（7）平等基本医疗权（right of the medical treatment）：是指病人不因男女、老幼、种族、贫富而有所差别，具有一律平等地享有基本医疗的权利。平等基本医疗权可以从实质上及形式上加以理解。实质上平等基本医疗权是指全体社会成员都具有平等享受基本医疗的权利，不因男女、党派、阶级、贫富等因素而区别对待。形式上平等基本医疗权是指相同个案的医疗处理应该采用相同医疗方案和医疗准则，不同个案则采用不同方式为之。

（8）免责权（privilege of immunity）：是指病人因疾病处于身体、心理及精神方面的不适状态，不能像正常人一样完全履行职责和义务，可以凭医疗机构开具的证明，免除或部分免除一定的社会责任。同时，按照国家有关法律法规的规定，病人还具有得到休息和各种福利保障的权利。

2. 病人的义务

（1）积极配合诊疗：在诊疗过程中，患方应当充分尊重医务人员劳动，信任并积极配合医生，按照选定的方案积极治疗，以达到早日康复的目的。

（2）如实提供信息：病人所提供的病史、症状、发病过程、诊疗经过等信息对医生的诊疗至关重要，所以病人应当全力配合医生，做到既不要夸大其词，也不加以隐瞒。

（3）尊重医生：包括患方在内全体社会成员应当尊重医生，医生享有在执业活动中，人格尊严、人身安全不受侵犯的权利。如果病人或家属对医务人员诊疗过程有异议，可以通过卫生行政部门或法院依法维护自身权益，不得"阻碍医师依法执业，侮辱、诽谤、威胁、殴打医师或者侵犯医师人身自由、干扰医师正常工作和生活"，否则将受到法律的制裁。

（4）遵守医院相关制度：医院的规章制度是医疗机构正常运行的基础，是切实保障病人权利、落实"以病人为本"理念的具体体现。患方应当自觉遵守医院的诊疗秩序和管理规定，以便更好地保障自身权利的实现和正常诊疗工作的顺利进行。

（5）支付诊疗费用：医生通过专业知识和技能为病人提供诊疗服务，付出了一定体力和脑力劳动，有获取正当劳动报酬的权利；而病人通过接受医疗服务而减轻痛苦、延长生命、恢复健康，具有为此支付费用的义务。

（6）配合医学教学和研究："没有全民健康，就没有全面小康"。卫生与健康事业与每一名社会成

员都息息相关。因此，我们都应该主动增强健康意识，自觉参加促进健康的事业，在不损害本人利益和健康的前提下，积极参与医学教学和研究工作，贡献自己应有的力量。

(7) 特殊情况下接受强制医疗：严重精神病或法定传染病病人可能会对他人和社会构成严重危害，因而我国法律法规规定这样的病人必须按相关规定接受强制检查、强制隔离或治疗。

二、全科医学中常见的法律问题

全科医学服务对象通常是针对固定区域的固定人群，工作内容涵盖疾病预防、治疗、保健、康复及健康教育等各个方面，医患之间沟通相对频繁，彼此了解相对深入，信任程度相对较高，所以医患关系总体上是和谐融洽的。但是，随着经济社会的发展，法治建设的不断完善，人们维权意识和对医疗服务水平需求也逐步增强，加之全科医生在医德修养、技术水平、沟通能力等方面的差异，如有不慎就可能引发医患纠纷，甚至医患双方对簿公堂。因此，一名合格全科医生不仅要追求医德修养、技术水平、沟通能力等各项素质的提升，还要把法治思维融入到自己的价值观与思维模式之中，自觉地学法、知法、懂法，尊重病人的权利，规范诊疗行为，用法律思维来正确看待医疗行为与医患关系。本节将全科医生工作中常见的法律问题进行简要论述，期望帮助全科医生建立良好的法律观念，更好地指导工作实践。

（一）与诊断相关的法律问题

与诊断相关的法律问题主要包括误诊和出具诊断证明两个方面。

1. 误诊(misdiagnosis) 误诊是指当确诊的客观条件具备，医者的诊断努力结束时，未能得出正确诊断。寻求全科医疗服务的病人，首次就诊通常是具有不典型症状和处于疾病未分化期，疾病的不确定性较大。澳大利亚一项针对全科医生的调查表明，97% 的全科医生认为自己会犯错误，诊断不清、误诊、漏诊在全科医疗中时常发生。误诊的原因是多方面的，包括病人对病情的表述、个体差异、病情复杂程度、症状是否典型、医疗机构诊疗设备、医务人员诊疗经验和技术水平以及责任心等。如果因为责任心欠缺而导致误诊，或者因为医务人员明知会发生诊断错误，却未采取措施任由误诊发生时，那么医务人员将承担误诊法律责任。但发生无过失误诊时，医疗机构及其医务人员是免责的。《中华人民共和国侵权责任法》规定，有下列情形之一的，医疗机构不承担法律责任：①病人或者其关系人不配合医疗机构进行符合诊疗规范的诊疗；②医务人员在抢救生命垂危的病人等紧急情况下已经尽到合理诊疗义务；③限于当时的医疗水平难以诊疗。

2. 诊断证明(diagnostic proof) 是医疗卫生机构出具给病人或其家属的具有法律效力的证明文件，包括出生证明、健康证明、疾病证明、伤残证明、功能鉴定书、医学死亡证明等证明文件。医学诊断证明可以作为司法鉴定、因病休假、办理病退、工伤认定、残疾鉴定、保险理赔、交通事故赔偿等重要依据。医生在注册的执业范围内出具相应的诊断证明文件是其法定权利，也是其应履行的法定义务。被诊断为某种疾病有时意味着可以免除或部分免除一定的社会职责，如休学、休假等。因此，全科医生要意识到自己所出具诊断的重要性。按照《中华人民共和国执业医师法》与《医疗机构管理条例》的规定，“医师出具证明文件，必须亲自诊查、调查，不得出具与自己职业范围无关或者与执业类别不相符的医学证明文件”。

针对以上问题，全科医生在出具诊断证明时需注意：①疾病诊断一定要根据病人的病情，本着实事求是的原则；②应优先排除急危重症疾病，如果不能排除，应建议病人及时转诊至上级医院进一步诊治；③出具诊断证明是医生应尽的义务，不得附加任何额外要求；④诊断证明仅记载疾病名称、住院时间、处置意见等内容，不得记录如诊疗费用等与诊断无关内容；⑤诊断书只能由经治医生出具，非经亲自诊查不得出具。

（二）与住院管理相关的法律问题

1. 病人民事行为能力的判断 住院管理是围绕病人住院过程中，为使病人尽早康复，避免不利因素影响，保证医疗质量而制定的一系列管理制度。全科医生要对住院病人的民事行为能力做出

正确判断。《中华人民共和国民法通则》根据自然人不同情况，将自然人的民事行为能力分为三种：①十八周岁以上的公民或以自己劳动收入为主要生活来源的十六周岁以上不满十八周岁的公民，是完全民事行为能力人；②十周岁以上的未成年人或不能完全辨认自己行为的精神病病人是限制民事行为能力人；③不满十周岁的未成年人或不能辨认自己行为的精神病人是无民事行为能力人。无民事行为能力人、限制民事行为能力人的监护人是他的法定代理人。因此，全科医生在进行告知病情，签署特殊治疗、特殊检查同意书，强调医疗护理注意事项等医疗活动时，应对完全民事行为能力病人本人（或其代理人）、限制民事行为能力或无民事行为能力病人的代理人进行如实、客观、全面地告知，并签署书面医疗文书。

2. 病人外出发生意外伤害 住院病人外出发生伤害事件的法律问题取决于外出情况、受伤害情况及与医务人员的责任关系。全科医生要重视对住院病人外出情况的管理，原则上住院病人尽量不要外出或减少外出。但全科医生管理的住院病人往往为社区居民，离家较近，对周边环境较熟悉，常常会发生外出的情况。此时，全科医生应当告知病人或其代理人病人目前的病情，是否适合外出，如外出需告知病人和其关系人注意事项，医务人员如果尽到告知义务，没有过失，不需要承担法律责任，反之，则要承担法律责任。

（三）与急救、转诊相关的法律问题

1. 急救与转诊相关的法律规定 社区医疗卫生服务机构与居民家庭距离近，全科医生与居民关系友好，所以居民在家中发生急症时，往往所在社区医疗卫生服务机构就是首选的就医机构。《医疗机构管理条例》规定："医疗机构对危重病人应当立即抢救。对限于设备或者技术条件不能诊治的病人，应当及时转诊。"《中华人民共和国执业医师法》规定："对急危病人，医师应当采取紧急措施及时进行诊治；不得拒绝急救处置。" 2006 年，国家卫生行政部门印发的《城市社区卫生服务机构管理办法（试行）》规定，"社区现场应急救护"是社区卫生服务机构应提供的基本医疗服务内容之一。全科医生在工作过程中，不得拒绝急诊病人，尤其是生命垂危、需要立即给予抢救的病人，因故意拖延、推诿造成急诊病人损害的将承担相应的法律责任。

2. 急救与转诊的注意事项 ①在经治医生通过诊查、判断后，发现因本机构设备、技术条件限制不能诊治病人，应当及时转诊。但全科医生如果根据现有条件能够判断出病人病情可能在转诊过程中加重或死亡时，应就地对病人进行紧急处置，待病情相对稳定或度过危险期后，再行转诊。急诊病人应当转诊而病情又允许的，全科医生应与拟转诊机构取得联系，通知有关人员做好相应准备。同时，协调病人关系人或"120"急救人员，对病人病情、途中注意事项、所需物品和药品、护理等做好交待和安排，如有病历，应将病历摘要、检查检验单据交给对方；②在决定病人是否需要转诊时，全科医生判断的原则主要基于"安全性"考虑，既要有利于病人的科学治疗，又要考虑拟转诊机构在距离、时间上的可及性；③在全科医生已经尽到告知义务，病人仍然拒绝转诊，或者病人病情不具备转诊条件，如病情危急，且路途遥远，转诊很容易发生危险，但病人或其关系人仍然坚持转诊而产生不良后果时，全科医生不承担相应法律责任。

（四）与健康档案相关的法律问题

健康档案（health records）是居民疾病防治、健康保护、健康促进等健康管理过程的规范、科学记录，以居民健康为核心，贯穿全生命过程，涵盖各种健康相关因素、实现多渠道信息动态收集，满足居民自我保健、健康管理和健康决策需要的信息资源。2009 年，我国启动了国家基本公共卫生服务项目，将城乡居民健康档案建设作为服务项目之一，并提出到 2020 年，初步建立起覆盖城乡居民的、符合基层实际的统一、科学、规范的健康档案建立、使用和管理制度。一方面，由于居民健康档案记录了大量公民基本信息和健康记录，涉及公民的隐私内容，需要全科医生妥善保管，避免档案损坏、丢失，防止信息泄露。《中华人民共和国侵权责任法》规定"医疗机构及其医务人员应当对病人的隐私保密，泄露病人隐私或者未经病人同意公开其病历资料，造成病人损害的，应当承担侵权责任"。另一方面，居民对个人健康信息具有知情权，当居民本人需要时，全科医生应当给予提供。所以，在

全科医学实践中，全科医生应当注意对居民隐私权和知情权的维护，以避免造成侵权行为的发生。

（五）与家庭医疗服务相关的法律问题

家庭医疗服务（family medical services）是社区医疗卫生服务的特色，具有缓解医院床位紧张、减轻经济压力、方便病人家属陪护、保持病人心情舒畅、避免医院内感染等优势，经济和社会效益显著。2006 年印发的《城市社区卫生服务机构管理办法（试行）》规定“家庭出诊、家庭护理、家庭病床等家庭医疗服务”是社区卫生服务机构基本医疗服务内容。家庭医疗服务在为居民提供便利的同时，也不可避免地增加了医疗卫生机构的风险，需要引起全科医生的高度重视。一般情况，家庭医疗卫生服务存在的法律问题包括三个方面。

1. 疾病的医源性传播及医疗废物处理　《中华人民共和国传染病防治法》规定，医疗机构必须严格执行相关管理制度、操作规范，防止传染病的医源性感染；《消毒管理办法》规定，医务人员应当接受消毒技术培训、掌握消毒知识，并按规定严格执行消毒隔离制度；《医疗废物管理条例》规定，医疗机构应当及时收集产生的医疗废物，并按照类别分置于防渗漏、防锐器穿透的专用包装物或者密闭的容器内。由于家庭诊疗环境特殊，空间和布局受限，所以全科医生在提供家庭医疗服务时，一定要严格执行消毒隔离制度，处理好废弃物，避免家庭成员、医务人员和社区人群受到服务对象的感染和交叉感染。

2. 家庭医疗服务的规范化管理　1984 年，国家卫生行政部门下发了《家庭病床暂行工作条例》，对任务和收治范围、制度和纪律、器械装备、组织领导等内容都做出了规定，但经过多年的发展，该制度对当前家庭医疗服务的约束已经倍显苍白。所以，社区医疗卫生机构在提供家庭医疗服务之前，一定要细化相应的管理规定，包括家庭病床建立标准、医护准入资质要求、三级医生查房制度、值班交接班制度、病历书写制度、查房、转诊、会诊、抢救、护理、药品管理等有关规定，以保证管理科学化，工作制度化，操作规范化。

3. 医疗纠纷的防范　家庭病床因为相对简单，不具备独立的治疗、护理单元，缺乏抢救药品、设备等问题，必然会存在着医疗安全隐患和风险。此外，《医疗事故处理条例》实行“举证责任倒置”原则，即医疗机构要对医疗行为与损害结果之间不存在因果关系及不存在医疗过错承担举证责任，无疑有对医务人员提出了更高的要求。所以，社区医疗卫生服务机构要定期加强承担家庭医疗服务人员的法律法规、医德医风、病人权利与义务、诊疗护理规范常规等方面培训与教育，切实规范医务人员的行为，提高医务人员的法律意识。

思考题

1. 全科医疗中建立良好医患关系的有效途径包括哪些内容？
2. 全科医学中医患沟通的语言性技巧及非语言性技巧的内涵是什么？
3. 医患权利与义务的主要内容是什么？
4. 全科医学中常见的法律问题有哪些，如何应对？

（王永晨）

第二篇

全科医疗实践

第十一章　高血压的全科医学处理

学习提要

- 高血压是常见的慢性病，也是我国心脑血管疾病最主要的危险因素和导致其死亡的主要原因。目前，我国18岁及以上成人高血压患病率为25.2%。然而，高血压可防可控。基层医疗卫生机构是高血压管理的“主战场”，全科医生是高血压管理的主力军。
- 高血压的全科医学处理重点强调以人为中心、连续性、整合性的基层管理，主要内容包括高血压的检出、诊断与评估、生活方式干预、药物治疗、双向转诊、支持病人自我管理、长期随访等内容。旨在减少或延缓高血压以及心脑血管疾病等并发症的发生，降低致残率和死亡率，提高生活质量。
- 全科医生诊疗与管理高血压的关键点包括：加强血压测量，提高高血压知晓率；综合评估高血压病人的总体心血管风险，并根据心血管危险分层来决定治疗策略；支持病人长期坚持生活方式改善和自我管理，合理使用降压药物，提高血压治疗率和依从性；根据病人具体情况和意愿，与病人共同决策，制定最终管理目标、每次随访的具体目标以及个体化的管理方案，提高规范管理率；对于需要药物治疗者，推荐选择长效降压药、联合治疗或复方制剂，提高高血压达标率；及时识别起病急、症状重、难控制以及可能是继发性高血压者，做好双向转诊工作；在有效控制血压同时兼顾其他心脑血管疾病危险因素的控制，处理并存的临床疾病；对于公众和高血压易患人群进行健康教育，预防高血压的发生。

【临床病例】

王女士，54岁，因头痛2小时就诊于某社区卫生服务中心。病人自诉2小时前在工作中与同事发生口角，之后自觉头痛，持续性胀痛、枕部为著，伴有头昏、恶心、心悸、烦躁、多汗。病来无视物模糊、无呕吐，无言语与肢体障碍，二便无异常。

既往史：否认传染病、慢性病病史。

家族史：父亲及哥哥有高血压病史，母亲有高血压、2型糖尿病、冠心病病史。

体格检查：左上肢血压188/126mmHg，右上肢血压200/130mmHg；双肺呼吸音清；心率110次/分，律齐，心脏听诊无杂音；颈部、腹部血管听诊无杂音；腹软无压痛，肝脾肋下未触及；双下肢无浮肿；腰围90cm。

该病例的临床特点有哪些？初步诊断是什么？

血压通常指体循环动脉血压，人群血压水平呈连续性正态分布，高血压（hypertension）的标准是根据临床和大规模流行病学资料获得的。目前高血压定义为在安静、清醒和未使用降压药物的情况下，非同日3次测量血压，诊室成人收缩压≥140mmHg和（或）舒张压≥90mmHg。根据发病原因，高血压分为原发性高血压（essential hypertension）和继发性高血压（secondary hypertension）。原发性高血压主要是由遗传和环境因素交互作用所导致的以体循环动脉压升高为主要临床表现的心血管综合征，通常简称为高血压。继发性高血压是指由某些确定的疾病或病因引起的血压升高，约占所有高血压的5%。高血压的主要危害是导致心脏、脑、肾脏和视网膜等重要脏器结构和功能损伤，是心脑血管疾病最重要的危险因素。高血压常与其他心血管疾病危险因素并存，共同作用使人群致残率、致死率、早死率升高，已成为我国社会和家庭的沉重负担。然而，高血压却是可防可控的。预防和控制高血压能有效降低脑卒中、冠心病和心力衰竭等心脑血管疾病的发生和死亡风险。高血压病人健康管理是国家基本公共卫生服务项目，基层医疗卫生机构是高血压预防和控制的主战场，全科医生是基层高血压管理的主力军。

第一节　概　　述

一、血压水平分类和定义

目前我国学者将成年人血压水平分为正常血压、正常高值血压和高血压三类，其定义见表 11-1。无论是原发性高血压还是继发性高血压，在某些诱因的作用下，如果血压水平突然和明显升高，一般超过 180/120mmHg，临床考虑可能是高血压急症或亚急症。处理原则是迅速评估病人病情，区分是高血压急症还是亚急症。对于在基层就诊起病急、症状重、血压显著升高≥180/110mmHg 的病人，在及时处理后，应转诊至上级医院进一步评估处理。

表 11-1　血压水平分类和定义

分类	收缩压(mmHg)		舒张压(mmHg)
正常血压	<120	和	<80
正常高值血压	120～139	和(或)	80～89
高血压	≥140	和(或)	≥90
1 级高血压(轻度)	140～159	和(或)	90～99
2 级高血压(中度)	160～179	和(或)	100～109
3 级高血压(重度)	≥180	和(或)	≥110
单纯收缩期高血压	≥140	和	<90

注：当收缩压和舒张压分属于不同级别时，以较高的分级为准

二、流行病学

大规模的调查结果显示，我国高血压患病率近 60 年来总体呈上升趋势。我国在 1958—1959 年、1979—1980 年、1991 年和 2002 年分别进行 4 次全国范围的高血压抽样调查，15 岁以上人群高血压的患病率分别为 5.1%、7.7%、13.6% 和 17.6%。2012 年的调查结果显示，我国 18 岁及以上居民高血压患病率为 25.2%，男性高于女性。高血压患病率随年龄增加而升高，60 岁及以上老年人为 58.9%。城市高于农村，北方高于南方，沿海高于内地，高原少数民族地区患病率较高。根据 2010 年第六次全国人口普查数据测算，我国有 2.7 亿高血压病人。

近 10 年来，我国高血压的综合防控工作取得了一定成效。2012 年，高血压知晓率、治疗率、控制率和治疗控制率分别为 46.5%、41.1%、13.8% 和 33.6%。与 2002 年相比，分别上升了 16.3%、16.4%、7.7% 和 8.6%。尽管如此，该项工作仍有很大的改善空间。

三、危险因素和发病机制

目前的主要观点认为原发性高血压是由多因素导致的一种异质性慢性病，主要是遗传因素和环境因素交互作用的结果，个体间病因和发病机制不同。高血压病程长，进展慢，不同阶段的发病机制也有所不同。

(一)危险因素

导致高血压发生的危险因素主要包括遗传因素、环境因素、体重增加和药物相关因素等。我国人群高血压患病率增加的主要原因为高钠低钾饮食、超重和肥胖。

1. 遗传因素　高血压具有明显的家族聚集性。如果父母均有高血压病史，其子女患高血压的风

险可达46%。

2. 环境因素 主要包括饮食、精神应激、吸烟、噪声环境等。

3. 药物 可能引起血压升高的常见药物有口服避孕药、麻黄碱、肾上腺皮质激素、非甾体类抗炎药、甘草等。

4. 体重 体重增加与高血压密切相关，尤其是腹型肥胖病人，高血压发病率增加。

（二）发病机制

高血压的发病机制有多种，包括激素机制、肾脏机制、神经机制、血管机制和胰岛素抵抗，但尚无完整的统一认识。

第二节 临床表现

一、常见症状

大多数高血压病人起病时没有症状，发展缓慢，常因健康体检、高血压筛查或因其他疾病就诊时发现。因而，许多高血压病人在初诊时就并存心脑血管等并发症。常见的症状有头晕、头痛、颈项板紧、心悸、疲劳等，典型的高血压头痛在血压下降后消失。如果病人头痛症状与血压水平无关，应进一步转诊明确头痛原因。较重的症状有视力模糊、鼻出血等。如果累及靶器官，可出现靶器官损害的相应症状。另外，在临床诊疗过程中，需要鉴别是否是继发性高血压。全科医生提供以人为中心的整合性照顾，如果病情允许，在接诊时还应分别从生物医学视角和病人视角两个平行思维框架对病人做出全面的诊断评估。高血压病人病史采集要点见表11-2。

表11-2 病史采集要点

项目	内容
主诉和现病史	1. 确定主诉和病人就诊原因 2. 询问原发性高血压临床表现，主要症状及其诱因、起病缓急、性质、加重和缓解因素、伴随症状等 3. 询问高血压初次发病时间（年龄），血压最高水平和一般水平，诊疗情况 4. 询问高血压靶器官损害和并发症的临床表现 5. 必要时询问继发性高血压典型症状 6. 询问病人是否并存其他健康问题、严重程度如何、既往诊疗过程等
个人史	7. 询问行为与生活方式，包括饮食习惯（钠盐和烹调油摄入）、烟草使用、酒精摄入、身体活动、心理睡眠等 8. 询问其他心血管疾病危险因素等 9. 询问用药史［口服避孕药（已婚女性）、肾上腺皮质激素、非甾体类抗炎药等］
既往史	10. 询问可能引起血压升高的疾病及并存的其他疾病
家族史	11. 询问高血压、糖尿病、冠心病、脑卒中及其发病年龄等家族史
社会心理因素	12. 对于病情允许的病人，需要主动了解病人就诊原因、对健康问题的看法、担忧和期望等 13. 主动了解并分析健康问题是否以及如何影响病人生活和工作
解释病情	14. 清楚地向病人解释病情，解读诊疗计划和预后以及相关证据 15. 鼓励病人积极参与，提升健康自我管理能力 16. 发展良好、和谐的医患关系

二、体征

原发性高血压的阳性体征较少。一般体格检查应测量身高、体重、腰围，判断是否有肥胖及腹型肥胖。初诊高血压病人应至少测量双上肢血压。重点查体部位主要包括心脏和大血管。心脏听诊可在主动脉瓣区闻及第二心音亢进、轻度收缩期杂音或收缩早期喀喇音。血管杂音听诊的常见部位包括颈部、背部两侧肋脊角、上腹部脐两侧、腰部肋脊处。高血压靶器官损害以并存疾患病人一般有相

应的典型体征。继发性高血压病人还有原发病相应的体征。高血压病人的体格检查要点见表 11-3。

表 11-3　体格检查要点

项目	内容
一般检查	1. 规范多次测量非同日血压，初诊病人测量双上肢血压，如怀疑体位性低血压，应测坐位和立位血压 2. 测量身高、体重、腰围，计算体重指数（BMI）
重点查体	3. 心脏检查 4. 大动脉搏动 5. 血管杂音（常见听诊部位：颈部、背部两侧肋脊角、上腹部脐两侧、腰部肋脊处） 6. 引起继发性高血压原发病的典型体征 7. 并存疾患的典型体征

三、靶器官损害与并发症

高血压病理生理作用的主要靶器官是心脏和血管。高血压常与其他心脑血管疾病危险因素并存共同导致心、脑、肾等重要脏器的结构和功能异常。常见并发症有脑血管病、冠心病、心力衰竭、高血压肾病、周围血管病、视网膜病变等。其中，我国人群最常见的是脑血管病。由于这些疾病原因复杂，因而临床上很少做出高血压并发症的诊断，治疗上按照并存临床疾患进行处理。靶器官损害和并发症相关的主要提示症状或体征如下：①心脏：心悸、胸痛、胸闷、心脏病理性杂音、下肢水肿；②脑和眼：头痛、头晕、视力下降、感觉和运动等神经系统表现异常；③肾脏：眼睑水肿、多尿及夜尿增多、血尿、泡沫尿，腹部有无肿块，腰部及腹部血管性杂音；④周围血管：间歇性跛行，四肢血压不对称、脉搏异常、血管杂音、足背动脉减弱。

四、实验室检查与辅助检查

实验室检查与辅助检查要点见表 11-4。由于不同医疗机构医疗设备配置情况不同，可根据病人病情需要，科学选择相应的检查项目。必要时，转诊至上级医疗机构。

表 11-4　实验室与辅助检查要点

项目	内容
基本项目	1. 血常规、尿常规 2. 血生化：空腹血糖、空腹血脂、血肌酐、尿酸、血钾，肝功能 3. 心电图
推荐项目	4. 血浆同型半胱氨酸、餐后 2 小时血糖、尿蛋白定量（尿蛋白定性阳性者）、尿微量白蛋白或尿白蛋白 / 尿肌酐 5. 24 小时动态血压监测、眼底检查、超声心动图、颈动脉超声、肾脏超声、X 线胸片、脉搏波传导速度、踝臂指数
选择项目	6. 确诊继发性高血压相关激素水平检查（怀疑继发性高血压的病人） 7. 诊断并存疾病或高血压并发症相关实验室检查 8. 确诊继发性高血压相关影像学检查（怀疑继发性高血压的病人） 9. 诊断并存疾病或高血压并发症相关辅助检查

第三节　诊断与治疗

一、诊断与鉴别诊断

（一）诊断要点

1. 在未用抗高血压药的情况下，非同日 3 次测量血压，收缩压≥140mmHg 和（或）舒张

压≥90mmHg，可诊断为高血压。

2. 病人既往有高血压史，目前正在服用抗高血压药，血压虽低于140/90mmHg，也诊断为高血压。

3. 目前高血压诊断主要依据诊室血压值，测量病人在安静休息状况下、坐位时上臂肱动脉部位血压。通常右侧大于左侧，两者相差10～20mmHg。

4. 为排除白大衣高血压和发现隐蔽性高血压，在诊室测量血压的同时，应同时积极进行家庭血压测量和24小时动态血压监测。如果家庭自测血压收缩压≥135mmHg和（或）舒张压≥85mmHg；24小时动态血压监测24小时血压平均值收缩压≥130mmHg和（或）舒张压≥80mmHg、白天血压平均值收缩压≥135mmHg和（或）舒张压≥85mmHg，夜间血压平均值收缩压≥120mmHg和（或）舒张压≥70mmHg，应进一步评估血压水平。

5. 若诊断高血压，应进一步将高血压分为1级、2级和3级。

6. 在基层医疗机构接诊的初诊高血压病人，应首先判断是否需要紧急处理后转诊。

7. 若诊断高血压，必须鉴别是原发性高血压还是继发性高血压。

8. 若病人血压短时间内严重升高[通常收缩压大于180mmHg和（或）舒张压大于120mmHg]，伴发或不伴发进行性靶器官损害，需要考虑高血压急症或高血压亚急症的可能性大。

9. 若诊断高血压，应对高血压病人进行心血管危险分层，以指导治疗和判断预后。

（二）诊断分层

诊断分层是指高血压病人心血管危险分层，是降压治疗和判断预后的主要依据。临床上根据影响高血压病人预后的重要因素进行高血压病人心血管危险分层。影响高血压病人预后的因素主要包括血压水平、其他心血管疾病危险因素、靶器官损害和并存临床疾病，见表11-5。根据表11-5中的预后影响因素，可将高血压病人分为低危、中危、高危和很高危4个层次，见表11-6。典型情况下，低危组病人10年随访中发生主要心血管事件的绝对危险<15%，中危组病人为15%～20%、高危病人为20%～30%、很高危病人为>30%。

表11-5 影响高血压病人心血管预后的重要因素

心血管危险因素	靶器官损害	伴临床疾患
● 高血压（1～3级） ● 男性>55岁；女性>65岁 ● 吸烟 ● 糖耐量减低（7.8mol/L≤餐后2h血糖<11.1mol/L）和（或）空腹血糖受损（6.1mmol/L≤空腹血糖<7.0mmol/L） ● 血脂异常[TC≥5.7mmol/L（220mg/dl）或LDL-C>3.3mmol/L（130mg/dl）或HDL-C<1.0mmol/L（40mg/dl） ● 早发心血管病家族史（一级亲属发病年龄：男性<55岁，女性<65岁） ● 腹型肥胖（腰围：男性≥90cm，女性≥85cm）或肥胖（BMI≥28kg/m^2） ● 血同型半胱氨酸升高（≥10μmol/L）	● 左心室肥厚 →心电图： Sokolow电压标准：$R_{V5}+S_{V1}$>4.0mV（男性）或>3.5mV（女性） Cornell电压标准：$R_{AVL}+S_{V3}$>2.8mV（男性） 或>2.0mV（女性） →超声心动图LVMI：男≥125g/m^2，女≥120g/m^2 ● 颈动脉超声IMT≥0.9mm或动脉粥样硬化斑块 ● 颈-股动脉PWV≥12m/s ● ABI<0.9 ● eGFR<60ml/（min·1.73m^2）或血清肌酐轻度升高115～133μmol/L（1.3～1.5mg/dl，男性），107～124μmol/L（1.2～1.4mg/dl，女性） ● 尿微量白蛋白30～300mg/24h或白蛋白/肌酐≥30mg/g（3.5mg/mmol）	● 脑血管病 →脑出血，缺血性脑卒中，短暂性脑缺血发作 ● 心脏疾病 →心肌梗死，心绞痛，冠状动脉血运重建，慢性心力衰竭 ● 肾脏疾病 →糖尿病性肾病，肾功能受损 →血肌酐≥133μmol/L（1.5mg/dl，男性），≥124μmol/L（1.4mg/dl，女性） →尿蛋白≥300mg/24h ● 周围血管病 ● 视网膜病变 →出血或渗血，视神经盘水肿 ● 糖尿病

注：TC：总胆固醇；LDL-C：低密度脂蛋白胆固醇；HDL-C：高密度脂蛋白胆固醇；BMI：体质量指数；LVMI：左心室质量指数；IMT：颈动脉内膜中层厚度；PWV：脉搏波传导速度；ABI：踝臂指数；eGFR：估算的肾小球滤过率

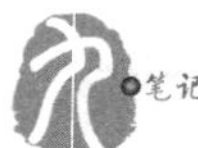

表 11-6　高血压病人心血管危险分层标准

其他危险因素和病史	高血压		
	1 级	2 级	3 级
无	低危	中危	高危
1～2 个其他危险因素	中危	中危	很高危
≥3 个其他危险因素或靶器官损害	高危	高危	很高危
临床合并症或合并糖尿病	很高危	很高危	很高危

（三）鉴别诊断

诊断高血压后，必须鉴别是原发性高血压还是继发性。由于我国人口基数大，继发性高血压病人的绝对人数仍较多；而且，部分继发性高血压病人可以通过早发现早诊断，显著提高治愈率或阻止病情发展。临床上常见引起继发性高血压的疾病和临床表现见表 11-7。如出现以下情况，也应考虑病人有患继发性高血压的可能，需及时转诊至上级医院进一步确诊，告知病人可能出现的风险以及进一步确诊而带来的益处。这些临床情况包括：①高血压发病年龄小于 30 岁；②重度高血压（高血压 3 级）；③药物联合治疗后降压效果差，或者血压曾经控制较好但近期又明显升高；④高血压急症或亚急症病人；⑤长期口服避孕药者。

表 11-7　引起继发性高血压的常见疾病及主要临床表现

疾病	主要病史和临床表现
1. 慢性肾脏病	蛋白尿、血尿和贫血，或有肾脏疾病史
2. 原发性醛固酮增多症	高血压伴低血钾，可出现肢体肌无力、周期性瘫痪、烦渴和多尿
3. 肾动脉狭窄	高血压进展迅速或突然加重，上腹部或背部肋脊角处可闻及血管杂音
4. 嗜铬细胞瘤	典型表现为阵发性高血压，发作时伴头痛、心悸、多汗、皮肤苍白等
5. 皮质醇增多症	向心性肥胖、满月脸、水牛背、皮肤紫纹、毛发增多、血糖增高等
6. 主动脉缩窄	上臂血压增高，而下肢血压不高或降低。在肩胛间区、胸骨旁、腋部可听到动脉搏动和杂音，腹部听诊有血管杂音

综上，高血压病人的诊断评估要点如下：①高血压诊断：包括高血压分类、分级和预后危险分层等；②并存疾患诊断：同时存在的，与高血压相关或不相关的疾病，其对机体的健康状况可能发生影响，如血脂异常、肥胖、糖尿病、高尿酸血症以及高血压并发症诊断等；③生活方式评估，包括吸烟或被动吸烟、过量饮酒或有害饮酒、不健康饮食、身体活动不足或久坐生活方式、精神应激等；④其他临床问题诊断评估，包括症状或体征待查、药物使用情况及不良反应等。

本章病例初步诊断的临床思路如下。

【初步诊断的临床思路】

1. 病人为中年女性，父母均有高血压病史，腹型肥胖（腰围 90cm），为高血压危险人群。

2. 在一定的诱因下（与同事发生口角），短时间出现血压升高，收缩压大于 180mmHg，舒张压大于 120mmHg，并出现头痛、头昏、恶心、心悸、烦躁、多汗症状和心率增快的体征。

3. 该患无急性脑卒中、急性心力衰竭、急性冠脉综合征、高血压脑病、急性主动脉夹层等靶器官损害的典型临床表现，病人出现恶心、心悸、烦躁、多汗症状和心率增快的临床表现考虑可能为植物神经功能失调。

综上，本病例初步诊断考虑高血压亚急症可能性大、窦性心动过速、腹型肥胖。

接下来，全科医生在基层应如何处理？

二、治疗

（一）治疗原则

高血压治疗的主要原则是达标、平稳和综合管理。

（二）治疗目的

原发性高血压是一种不能自愈、目前也没有根治方法的慢性非传染性疾病，但其可以有效预防和控制。治疗的最终目的旨在减少心脑血管疾病等并发症的发生率、致残率和死亡率，提高生活质量。

（三）降压目标

1. 对于一般成年高血压病人，建议血压控制目标<140/90mmHg；

2. 对于≥65岁老年高血压病人，建议血压控制目标<150/90mmHg，如能够耐受则可降低至140/90mmHg以下。

（四）治疗措施

主要措施包括治疗性生活方式干预、药物治疗和多重心血管危险因素综合控制。生活方式干预是基础，药物治疗是血压控制达标的关键。

1. 治疗性生活方式干预　生活方式干预是高血压治疗基础，适用于所有高血压病人。目前有明确证据证明有效的非药物干预措施主要包括：控制体重、DASH饮食（dietary approaches to stop hypertension）、减少钠盐摄入、对无禁忌证者补钾、增加身体活动、对饮酒者减少酒精摄入。其中，控制体重是最重要的措施。全科医生工作重点是帮助病人建立个体化生活方式干预的具体目标，根据病人意愿、与病人共同讨论制定每个阶段需要改善的生活方式及其目标，然后为病人提供连续性支持、督促和随访，推荐每次健康咨询选择1～2项内容。

（1）控制体重：对于高血压病人，体重下降与因其导致的血压下降呈明显的剂量－反应关系，如果病人体重下降10kg，可获得收缩压下降5～20mmHg的降压效果。推荐通过减少热量摄入和增加体力活动的非药物干预措施来实现控制体重的目标。如果通过充分的非药物干预不能达到减重目标，可考虑药物治疗。对于严重、难治的肥胖症病人还可考虑手术治疗。由于存在药物副作用和手术并发症等问题，使得药物和手术治疗方法在临床应用受限。理想的体重控制目标是：BMI<24kg/m^2，腰围<90cm（男）或<85cm（女）。

（2）DASH饮食：DASH饮食模式由美国国立心肺血液研究所（NHLBI）设计，旨在通过建立健康膳食结构预防和控制高血压。根据目前研究结果显示，在多种健康饮食模式中，DASH饮食能产生最大的降压效果。高血压病人坚持DASH饮食可使收缩压下降11mmHg。DASH饮食模式的主要实施要点如下：①提倡多摄入蔬菜、水果和全谷类食品；②提倡适量摄入无脂或低脂乳制品、鱼、家禽、豆类、坚果和植物油；③限制高饱和脂肪酸和反式脂肪酸的食物，如肥肉、全脂奶制品和热带油（如椰子、棕榈仁和棕榈油）；④限制含糖饮料和糖果；⑤低钠饮食；⑥饮食中应富含钾、钙、镁和纤维素。

（3）减少钠盐摄入：减少钠盐摄入不仅能预防高血压发生、降低高血压病人的血压水平，也能预防心血管疾病的发生，尤其针对老年人和盐敏感性的高血压病人。如果实现限盐目标，可获得收缩压下降2～8mmHg的降压效果。每人每日食盐摄入量不超过6g（普通啤酒瓶盖去掉胶皮垫后水平装满可盛6g食盐），还要注意隐性盐的摄入，如咸菜、鸡精、酱油等。

（4）对无禁忌证者补钾：研究显示，钾摄入量与血压水平和脑卒中呈负相关。较低的钠钾比值与较低的血压水平相关，也可能会导致心血管病风险降低。除慢性肾脏病和使用可减少钾排泄药物者等有补钾禁忌的病人而外，对于血压升高和高血压病人，推荐通过饮食增加钾盐摄入。世界卫生组织建议成人每天至少从食物中摄入3510mg钾。富钾食物的主要来源有：水果和蔬菜，低脂的乳制品，精选的鱼和肉，坚果和大豆制品。

（5）适量增加身体活动：适量增加身体活动是控制体重的必要措施。研究显示，有氧运动可使正常血压者和高血压者收缩压分别下降2～4mmHg和4～9mmHg。推荐高血压病人，如能耐受，进行每周5～7次、每次30分钟的中等强度运动。

（6）对饮酒者减少酒精摄入：研究显示，对于高血压病人，限酒可获得收缩压下降2～4mmHg的效果。根据目前指南推荐，如饮酒，应少量，白酒<50ml/d（1两/天）、葡萄酒<100ml/d（2两/天）、啤

酒<250ml/d（5 两 / 天）。

2. 药物治疗　临床上应用的降压药物有多种，依据降压药主要作用部位的不同进行药理学分类。常用降压药物有 5 大类，均可作为高血压初始或维持治疗的选择药物。包括利尿剂、钙通道阻滞剂（CCB）、血管紧张素转换酶抑制剂（ACEI）、血管紧张素Ⅱ受体拮抗剂（ARB）和 β 受体阻滞剂。本章重点介绍这 5 类降压药，常用药物的中文通用药名、半衰期、常用剂量和用法见表 11-8。

表 11-8　常用 5 类降压药单药应用表

通用药名	分类	中文通用名称	常用剂量（mg）	用法	达峰时间（小时）	半衰期（小时）
利尿剂	噻嗪类	氢氯噻嗪	12.5～25	qd	4	9～10
		苄氟噻嗪	5～15	qd	6～12	9
		氯噻酮	25～100	qd	2	35～50
		吲达帕胺	1.25～2.5	qd	1～2	14～18
	袢利尿剂	呋塞米	20～40	qd～bid		
	保钾利尿剂	阿米洛利	5～10	qd	6～10	6～9
		螺内酯	10～40	qd～ bid	48～72	13～24
钙通道阻滞剂	二氢吡啶类	硝苯地平	10～30	tid	0.5～1	1.7～3.4
		硝苯地平缓释	10～20	bid	1.6～4	1.7～3.4
		硝苯地平控释	30～60	qd	首剂：6～12	1.7～3.4
		尼群地平	10～20	tid	1～2	10～22
		尼莫地平	30～60	qid	1～1.5	1.1～1.7
		佩尔地平	40	bid	14.2～16.9	7.6～8.6
		氨氯地平	2.5～10	qd	6～12	35～50
		左旋氨氯地平	2.5～5	qd	6～12	35～50
		拉西地平	4～8	qd	0.5～1.5	12～15
		乐卡地平	10～20	qd	1.5～3	8～10
		非洛地平	5～10	qd	2.5～5	11～16
		西尼地平	5～10	qd	2.8～3.7	5.2～8.1
		贝尼地平	2～12	qd	0.8～1.1	0.9～1.7
		马尼地平	10～20	qd	1～4	3.9～7.9
	非二氢吡啶类	地尔硫䓬	30～90	bid～tid	1～2	3.5
		地尔硫䓬缓释	90	qd～bid	6～11	3.5
		维拉帕米缓释	120～240	qd～bid	5～7	12
血管紧张素转化酶抑制剂	巯基类	卡托普利	12.5～75	tid	1～1.5	2
	羧基类	依那普利	5～40	qd	1	11
		贝那普利	5～40	qd	2～4	11
		咪达普利	2.5～10	qd	2	8
		赖诺普利	5～40	qd	6～8	12
		培哚普利	4～8	qd	2～4	30～120
		雷米普利	5～10	qd	1	13～17
		群多普利	1～4	qd	1	16～24
	膦酸基类	福辛普利	10～40	qd	3	12

续表

通用药名	分类	中文通用名称	常用剂量（mg）	用法	达峰时间（小时）	半衰期（小时）
血管紧张素Ⅱ受体拮抗剂		氯沙坦	50～100	qd	3～4	6～9
		缬沙坦	80～160	qd	2	9
		厄贝沙坦	150～300	qd	1～1.5	11～15
		替米沙坦	40～80	qd	0.5～1	>20
		坎地沙坦	4～16	qd	3～4	9
		奥美沙坦	20～40	qd	1～2	13
		依普沙坦	600～1200	qd	1～3	5～7
		阿利沙坦	80～240	qd	1.5～2.5	10
β受体阻滞剂		普萘洛尔	20 ～ 90	tid		
		阿替洛尔	12.5 ～ 50	bid		
		拉贝洛尔	50 ～ 100	tid		
		比索洛尔	2.5 ～ 10	qd		
		美托洛尔酒石酸盐	50 ～ 100	bid		
		美托洛尔琥珀酸盐（缓释剂）	47.5 ～ 190	qd		
		卡维地洛	12.5 ～ 50	bid		
		阿罗洛尔	10 ～ 15	bid		
		奈必洛尔	5	qd		

其他降压药物包括 α_1 受体阻滞剂、交感神经抑制剂（中枢性降压药、交感神经末梢抑制药）和直接血管扩张剂等。这些降压药物由于副作用较多，多数不推荐单独使用，必要时建议用于联合治疗或复方制剂。

不同作用机制的抗高血压药物可以联合应用。临床上有固定剂量、固定配伍的单片复方制剂，分为传统固定复方制剂和新型固定复方制剂。另外，还有一些药物不属于降压药，但具有一定的降压作用，在联合用药中需关注。常见的有：硝酸酯类、ATP－敏感性钾通道开放剂（如尼可地尔）、钠－葡萄糖协同转运蛋白2抑制剂（如达格列净、恩格列净、坎格列净）、噻唑烷二酮类药物、双胍类降糖药、他汀类药物、抗震颤麻痹药（如左旋多巴）、磷酸二酯酶-5抑制剂（西地那非）、抗心律失常药（利多卡因）等。

采用药物治疗控制血压达标通常遵循以下基本原则：①剂量原则：对于一般成年高血压病人，通常采用常规剂量；对于老年人，建议从有效的、较小剂量开始，根据病情，逐步调整剂量。②优先原则：从长时疗效和平稳性考虑，应优先选择有持续24小时降压作用的长效制剂，一天一次给药，注意控制晨峰血压和夜间血压。从依从性等考虑，宜优先选择固定复方制剂。③联合原则：一般来讲，具有以下特征的病人宜采用小剂量联合用药方式进行起始治疗：A：2级及以上高血压病人；B：预后危险分层高危及以上病人；C：高于目标血压20/10mmHg病人；D：个体化原则：根据药物疗效及耐受性、合并症情况、血压水平、药物的适应证和禁忌证、个人意愿和经济条件等因素帮助病人选择适合的降压药物。

（1）利尿剂：利尿剂较少单独适用，常作为联合用药的基本药物。

1）分类：包括噻嗪类利尿剂（氢氯噻嗪、苄氟噻嗪、吲达帕胺、氯噻酮）、保钾利尿剂（阿米洛利）、袢利尿剂（呋塞米、托拉塞米）和醛固酮受体拮抗剂（螺内酯）。

2）主要适用人群：主要适用于无禁忌证的所有高血压病人的初始和维持治疗，尤其适合老年高血压、难治性高血压、高血压合并心力衰竭、高盐摄入与盐敏感性高血压病人。

3）禁忌证：噻嗪类利尿剂禁用于痛风病人；醛固酮受体拮抗剂禁用于高血钾与肾衰竭病人。

4）不良反应：可能导致电解质紊乱、糖代谢异常、高尿酸血症、体位性低血压等不良反应。

5）注意事项：对于初次使用利尿剂病人，可在开始用药2～4周后检测血钾，如果没有低血钾表现，此后每年复查1～2此即可；对于无痛风病史的高尿酸血症病人，不建议将利尿剂作为首选药物。

（2）钙通道阻滞剂（CCB）

1）分类：CCB类降压药根据其与动脉血管和心脏的亲和力及作用比可分为主要作用于血管的二氢吡啶类CCB和对心脏有负性变时、负性传导及负性变力作用的非二氢吡啶类CCB；根据药代动力学和药效动力学特点，CCB类降压药分为第一、二、三代：第一代CCB多为短效，生物利用度低，药物血浆浓度波动大，易引起反射性心动过速、心悸和头痛（如硝苯地平片），很难实现24小时有效覆盖；第二代CCB为缓释或控释剂型，如硝苯地平控释片，可保证降压治疗的长效性和平稳性；第三代CCB包括长血浆半衰期（如氨氯地平、左旋氨氯地平）和长组织半衰期（如乐卡地平和拉西地平）降压药；根据CCB与钙通道亚型的亲和力不同可分为L型（二氢吡啶类、苯烷胺类和苄噻嗪类CCB）、L/N型（双通道，如西尼地平）或L/T型（双通道，如马尼地平）及L/N/T型（三通道，如贝尼地平）；具有阻滞T型或N型钙通道的CCB均可同时扩张出/入球小动脉，降低肾小球内压力；能够选择性阻滞N型钙通道的二氢吡啶类CCB还可以在控制血压的同时不引起交感神经兴奋，不增加心率，对伴有左室肥厚病人的左室舒张功能有明显的改善作用。

2）主要适用人群：推荐用于所有高血压病人作为初始治疗及维持治疗、老年单纯收缩期高血压病人以预防心血管事件、高血压合并动脉粥样硬化病人以预防卒中、高血压合并稳定性冠心病病人、高血压合并左室肥厚的病人以预防心血管事件，CCB对代谢无不良影响，更适用于糖尿病与代谢综合征病人；非二氢吡啶类CCB更适用于高血压合并心绞痛、高血压合并室上性心动过速及高血压合并颈动脉粥样硬化病人。

3）禁忌证：CCB类药物没有绝对禁忌证，仅有相对禁忌证；短、中效二氢吡啶类CCB在降压的同时会出现反射性心率加快，相对禁忌用于高血压合并快速性心律失常病人；非二氢吡啶类CCB（维拉帕米与地尔硫䓬）禁用于二至三度房室传导阻滞病人，并相对禁用于心力衰竭病人，尤其避免用于左室收缩功能不全的高血压病人。

4）注意事项：应尽量使用长效CCB制剂、非二氢吡啶类CCB应慎用于病态窦房结综合征病人、非二氢吡啶类CCB联合β受体阻滞剂可诱发或加重缓慢性心律失常和心功能不全。

（3）血管紧张素转换酶抑制剂（ACEI）：作用于肾素-血管紧张素-醛固酮系统（RAAS），通过竞争性地抑制血管紧张素转换酶（ACE）而发挥降压作用。

1）分类：根据与ACE分子表面锌原子相结合的活性基团分为巯基（—SH）类、羧基（—COOH）类以及磷酸基（—POO—）类；其中，羧基类ACEI的组织亲和力较高；根据药物药代动力学ACEI可分为经肝与肾双途径排泄（如福辛普利、群多普利）和经肾单途径排泄（其余ACEI）；根据药物活性ACEI可分为前体药物（如福辛普利等）和非前体药物（如卡托普利等），前体药物亲脂性相对更高，更易进入目标组织并转化为活性成分。

2）主要适用人群：ACEI可以用于无禁忌证的各类高血压病人；优先推荐用于合并糖尿病、有微量白蛋白尿及蛋白尿或伴有CKD3期[eGFR>30ml（/min•1.73m^2）]的高血压病人；在血压允许的情况下，对于心脏收缩功能不全的、射血分数保留的心脏舒张功能不全的高血压病人推荐使用；可用于存在新发或再发心房颤动风险的高血压病人。

3）禁忌证：绝对禁忌证包括：妊娠，计划妊娠的女性应避免使用ACEI；临床一旦怀疑为血管神经性水肿，病人应终身避免使用ACEI，可引起喉头水肿、呼吸骤停等严重不良反应，危险性大；双侧肾动脉狭窄；高钾血症（血钾>6.0mmol/L），较常见于慢性心力衰竭、肾功能不全以及补充钾

盐或联用保钾利尿剂病人；相对禁忌证包括：血肌酐水平显著升高（>265μmol/L）；高钾血症（血钾>5.5mmol/L）；有症状的低血压（收缩压<90mmHg）；有妊娠可能的女性；左室流出道梗阻的病人。

4）注意事项：可以考虑使用 ACEI+ ARB 用于合并慢性肾脏疾病（CKD）的高血压病人，可以带来获益，但要注意高钾血症等风险高；小剂量开始给药，尽量选择长效制剂以平稳降压；避免使用影响降压效果的药物，如大部分非甾体抗炎药（其中阿司匹林剂量≥300mg 时）、激素等；ACEI 类药物应用前应检测血钾、血肌酐及估算肾小球滤过率，治疗 2～4 周后复查，根据临床情况酌情考虑是否继续用药、减量或停药；若出现干咳、低血压等不良反应，积极处理。

（4）血管紧张素Ⅱ受体拮抗剂（ARB）：与 ACEI 类均是作用于 RAAS 的降压药物，由于其作用于血管紧张素水平，更直接地阻断 RAAS。

1）分类：根据化学结构分为：二苯四咪唑类（如氯沙坦、厄贝沙坦、替米沙坦、坎地沙坦、阿利沙坦等）、非二苯四咪唑类（如伊贝沙坦）和非杂环类（如缬沙坦等）；

2）主要适用人群：适用于初始及维持治疗、无禁忌证的高血压病人，优先选用于合并左室肥厚、心功能不全、心房颤动、冠心病、糖尿病肾病、微量白蛋白尿或蛋白尿、代谢综合征或不能耐受 ACEI 的高血压病人。

3）禁忌证：禁用于妊娠高血压、高血钾或双侧肾动脉狭窄病人。

4）注意事项：对慢性肾脏病 4 期或 5 期病人，ARB 初始剂量减半并严密监测血钾、血肌酐及 GFR，若血肌酐≥265μmol/L（3mg/dl）者，慎用 ARB；急性冠状动脉综合征或心力衰竭病人一般从常规剂量的 1/2 起始；对于单侧肾动脉狭窄病人，应注意肾功能变化；对高钾血症和肾损害病人，避免使用 ARB+ACEI；ARB 导致咳嗽和血管神经性水肿不良反应的发生率远低于 ACEI 类药物。

（5）β 受体阻滞剂

1）分类：根据受体选择性不同 β 受体阻滞剂可分为：非选择性 β 受体阻滞剂（如普萘洛尔），目前临床已较少应用该类药物；选择性 $β_1$ 受体阻滞剂（如比索洛尔、美托洛尔和阿替洛尔）；有周围血管舒张功能的 β 受体阻滞剂（常用的 α-β 受体阻滞剂包括阿罗洛尔、卡维地洛、拉贝洛尔），拉贝洛尔有口服和静脉制剂，可用于妊娠相关高血压、高血压急症、围术期禁食期间高血压的降压治疗。

2）主要适用人群：适用于合并快速性心律失常、冠心病、慢性心力衰竭、主动脉夹层、交感神经活性增高及高动力状态的高血压病人，推荐用于诊室静息心率>80 次 / 分或 24 小时动态心电图平均心率>80 次 / 分的高血压病人；

3）禁忌证：禁用于合并支气管哮喘、二度及以上房室传导阻滞及严重心动过缓的高血压病人，对有卒中倾向及心率<80 次 / 分的老年人、肥胖者、糖代谢异常者、卒中病人、间歇性跛行者、严重慢性阻塞性肺疾病病人不适宜首选该类药物；

4）注意事项：对于合并心力衰竭的高血压病人，β 受体阻滞剂均应从极小剂量起始（如比索洛尔 1.25mg，每日 1 次；美托洛尔平片 6.25mg，每日 2～3 次；卡维地洛 3.125mg，每日 2 次），如病人能耐受，每隔 2～4 周剂量加倍，直至达到心力衰竭治疗所需要的目标剂量或最大耐受剂量，目标剂量的确定一般以心率为准；使用常规剂量 β 受体阻滞剂血压未达标，而心率仍≥80 次 / 分的单纯高血压病人可增加 β 受体阻滞剂用量；对临床存在交感激活以及心率加快的不适宜的人群（合并严重肥胖的代谢综合征或糖尿病的高血压病人），应评估后使用 β 受体阻滞剂，并监测血糖、血脂的变化。建议使用比索洛尔、琥珀酸美托洛尔、阿罗洛尔、卡维地洛或奈必洛尔。

（6）固定复方制剂：包括传统固定复方制剂和新型固定复方制剂。单片固定复方制剂具有协同降压和减少不良反应的作用，还可以更好地提高病人的治疗依从性、减少治疗费用。

1）传统固定复方制剂：临床常用的有复方利血平氨苯蝶啶片、复方降压片和珍菊降压片，降压

疗效肯定，价格低廉，适用于基层高血压治疗，但相对而言不良反应多。这三种药物的主要成分为氢氯噻嗪、可乐定、利血平和肼屈嗪，一般适用于轻度、中度高血压病人，也可用于难治性高血压的三线或四线药物治疗，可以与部分新型长效降压药物联合，增加疗效。传统固定复方制剂禁用于对其中任何成分过敏者，其他禁忌证和不良反应取决于其所含的药物成分。对于含有氢氯噻嗪药物者，其禁忌证和不良反应同噻嗪类利尿剂。对于含有利血平的药物，禁用于活动性消化道溃疡、抑郁或有自杀倾向者，主要不良反应包括鼻塞、嗜睡、心动过缓，慎与单胺氧化酶抑制剂联用。对于含有可乐定的药物，慎用或禁用于抑郁或有自杀倾向者，主要不良反应包括口干、便秘、嗜睡，慎与单胺氧化酶抑制剂联用。对于含有双肼屈嗪的复方制剂，可引起反射性交感神经兴奋，心率增快，慎用于不稳定心绞痛病人，大剂量服用可引起狼疮样皮肤改变。

2）新型固定复方制剂：常用的新型固定复方制剂见表 11-9。推荐用于新诊断的 2 级以上高血压病人或超过目标血压 20/10mmHg 者。用于高血压病人并作为心脑血管病的一级预防可使用降压药物 + 他汀类与降压药物 + 叶酸的固定复方制剂。氨氯地平 / 阿托伐他汀和依那普利 / 叶酸属于多效片类型，不属于单纯的降压药物。

表 11-9　常用新型固定复方制剂主要成分和用法

通用药名	主要成分（剂量 mg）	用法	禁忌证
氯沙坦钾 / 氢氯噻嗪	氯沙坦钾 / 氢氯噻嗪（50/12.5，100/12.5，100/25）	qd	同原药
缬沙坦 / 氢氯噻嗪	缬沙坦 / 氢氯噻嗪（80/12.5，160/12.5）	qd	
厄贝沙坦 / 氢氯噻嗪	厄贝沙坦 / 氢氯噻嗪（150/12.5，300/12.5）	qd	
替米沙坦 / 氢氯噻嗪	替米沙坦 / 氢氯噻嗪（40/12.5，80/12.5）	qd	
奥美沙坦 / 氢氯噻嗪	奥美沙坦 / 氢氯噻嗪（20/12.5）	qd	
贝那普利 / 氢氯噻嗪	贝那普利 / 氢氯噻嗪（10/12.5）	qd	
赖诺普利 / 氢氯噻嗪	赖诺普利 / 氢氯噻嗪（10/12.5）	qd	
依那普利 / 氢氯噻嗪	依那普利 / 氢氯噻嗪（5/12.5）	qd	
培哚普利 / 吲达帕胺	培哚普利 / 吲达帕胺（4/1.25）	qd	
缬沙坦 / 氨氯地平	缬沙坦 / 氨氯地平（80/5）	qd	
氨氯地平 / 贝那普利	氨氯地平 / 贝那普利（5/10）	qd	
尼群地平 / 阿替洛尔	尼群地平 / 阿替洛尔（10/20，5/10）	bid	
氨氯地平 / 阿托伐他汀	氨氯地平 / 阿托伐他汀（5/10）	qd	
依那普利 / 叶酸	依那普利 / 叶酸（10/0.8，10/0.4）	qd	

3. 多重心血管危险因素综合控制　多数高血压病人伴有血脂异常、糖尿病、肥胖、高同型半胱氨酸血症、吸烟等其他主要心血管疾病危险因素，增加病人心脑血管疾病发生的风险。因而，在有效控制血压同时应兼顾其他心脑血管危险因素的控制，处理并存的临床疾病。

第四节　基 层 管 理

基层医疗卫生机构应组建高血压管理团队（一般由全科 / 家庭医生、社区护士、公共卫生医师等构成）主要管理辖区内 18 岁及以上的成年高血压病人，其承担的工作并不局限于《国家基本公共卫生服务规范（第三版）》的内容和工作要求，管理目标旨在提高高血压知晓率、治疗率、规范管理率和

控制率，降低心脑血管疾病等并发症发生风险，延长寿命和提高生活质量。

一、基层管理流程

基层高血压管理的主要内容包括高血压筛查、诊断评估、治疗、转诊和长期随访管理，以实现管理目标。基层高血压管理流程见图 11-1。

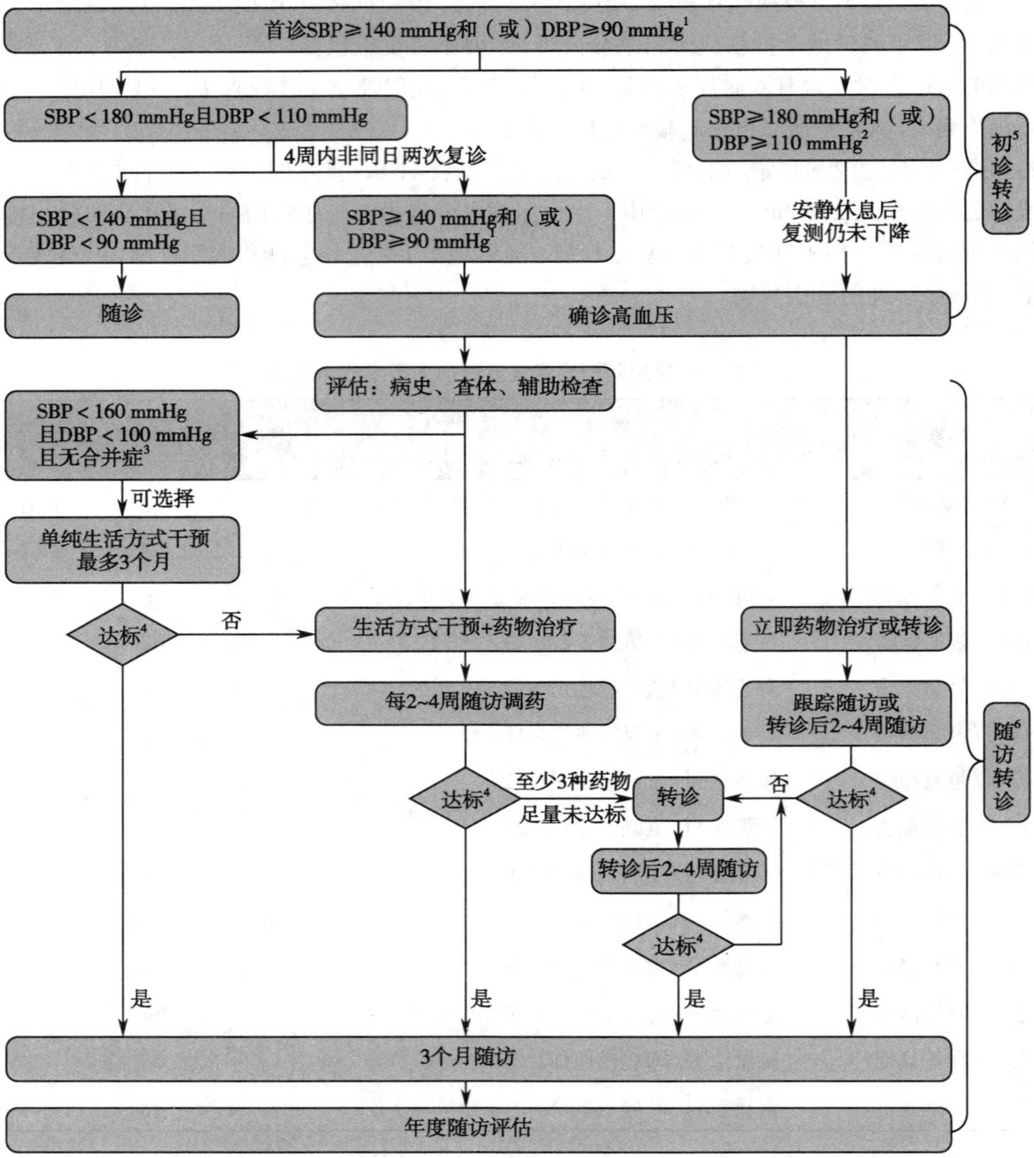

首诊SBP≥140 mmHg和（或）DBP≥90 mmHg[1]

SBP＜180 mmHg且DBP＜110 mmHg

SBP≥180 mmHg和（或）DBP≥110 mmHg[2]

4周内非同日两次复诊

SBP＜140 mmHg且DBP＜90 mmHg

SBP≥140 mmHg和（或）DBP≥90 mmHg[1]

安静休息后复测仍未下降

初[5]诊转诊

随诊

确诊高血压

评估：病史、查体、辅助检查

SBP＜160 mmHg且DBP＜100 mmHg且无合并症[3]

可选择

单纯生活方式干预最多3个月

达标[4]

否

生活方式干预+药物治疗

立即药物治疗或转诊

每2~4周随访调药

跟踪随访或转诊后2~4周随访

随[6]访转诊

达标[4]

至少3种药物足量未达标

转诊

否

达标[4]

转诊后2~4周随访

达标[4]

是

是

是

是

3个月随访

年度随访评估

图 11-1 基层高血压管理流程图

注：[1]：SBP：收缩压；DBP：舒张压；"和（或）"：包括以下三种情况：SBP≥140mmHg 且 DBP≥90mmHg；SBP≥140mmHg 且 DBP<90mmHg；SBP<140mmHg 且 DBP≥90mmHg。[2]："和（或）"意义同上。[3]：合并症：指冠心病、心力衰竭、脑卒中、慢性肾脏疾病、糖尿病或外周动脉粥样硬化病。[4]：达标：一般高血压患者，SBP<140mmHg 且 DBP<90mmHg 即为达标；年龄≥80 岁且未合并糖尿病或慢性肾脏疾病的高血压患者，SBP<150mmHg 且 DBP <90mmHg 为达标。[5]：初诊转诊：见"转诊"部分。[6]：随访转诊：见"转诊"部分。1mmHg=0.133kPa

二、基层管理内容与要点

（一）筛查

高血压筛查是实现管理目标的第一步。基层医疗机构应对 18 岁及以上居民实行首诊血压测量

制度，积极提倡社区居民家庭血压测量以及利用各种机会性筛查测量血压。推荐使用经国际标准认证合格的上臂式自动（电子）血压计在家庭自测血压，若血压≥135/85mmHg 即可初步考虑诊断高血压，应立即就诊进一步明确诊断。

1. 普通人群高血压筛查　对于健康成年人，应每 2 年至少测量 1 次血压，最好每年测量 1 次。

2. 易患人群高血压筛查　高血压易患人群包括：①血压高值[收缩压 130～139mmHg 和（或）舒张压 85～89mmHg]；②超重（BMI24～27.9kg/m^2）或肥胖（BMI≥28kg/m^2），和（或）腹型肥胖[腰围男≥90cm（2.7 尺），女≥85cm（2.6 尺）]；③高血压家族史（一、二级亲属）；④长期高盐饮食；⑤长期过量饮酒[每日饮白酒≥100ml（2 两）]；⑥年龄≥55 岁。一般要求易患人群每半年测量血压 1 次。

（二）诊断评估

对所有疑似高血压者，均应明确诊断，评估心血管病发病风险、靶器官损害以及并存的临床情况，具体内容和方法见本章第三节诊断部分。对在基层医疗机构因诊疗条件所限无法明确诊断评估者，应转诊至上级医院进一步诊疗。

（三）治疗

高血压病人的治疗原则、目标和措施见本章第三节治疗部分。对于高血压病人，生活方式干预和药物治疗均具有长期性，采用以人为中心、连续性、整合性健康照顾的方法是基层全科医生及其团队管理高血压等慢性病病人的主要策略。根据病人具体情况和意愿，与病人共同决策，制定最终管理目标、每次随访的具体目标以及个体化的管理方案，进行连续性的咨询、支持、监测、督促、评估和调整，鼓励病人积极进行自我管理。

（四）转诊

转诊标准

1. 二级及以上医院高血压病人转诊基层医疗机构标准　二级及以上医院就诊的原发性高血压病人，一经诊断明确，治疗方案确定，病情稳定，应转至基层医疗卫生机构进行长期治疗和随访管理。

2. 基层医疗机构转出至二级及以上医院的标准　对于在基层医疗机构就诊的起病急、症状重、怀疑继发性高血压、多种药物无法控制的难治性高血压病人，以及妊娠和哺乳期女性高血压病人应及时转诊至上级医院进一步诊疗。转诊 2～4 周内，基层医务人员应主动随访。

（1）对于基层初诊的高血压病人，如有以下情况之一者应向上级医院转诊：①血压显著升高≥180/110mmHg，经短期处理仍无法控制；②怀疑新出现心、脑、肾并发症或其他严重临床情况；③妊娠和哺乳期女性；④怀疑继发性高血压；⑤因诊断需要到上级医院进一步检查。

（2）对于基层随访的高血压病人，如有以下情况之一者应向上级医院转诊：①至少三种降压药物足量使用，血压仍未达标；②血压明显波动并难以控制；③服用降血压药物后出现不能解释或难以处理的不良反应；④随访过程中发现严重临床疾患或心、脑、肾损害而难以处理；⑤随访过程中出现其他严重临床疾病或难以处理的临床情况。

（3）基层需要呼叫急救车转诊的严重临床情况：①意识丧失或模糊；②血压≥180/110mmHg 伴剧烈头痛、呕吐，或突发言语障碍和（或）肢体瘫痪；③血压显著升高伴持续性胸背部剧烈疼痛；④血压升高伴下肢水肿、呼吸困难，或不能平卧；⑤胸闷、胸痛持续至少 10 分钟，伴大汗，心电图示至少两个导联 ST 段抬高，应以最快速度转诊，考虑溶栓或行急诊冠状动脉介入治疗；⑥其他影响生命体征的严重情况，如意识淡漠伴血压过低或测不出、心率过慢或过快，突发全身严重过敏反应等。

本章病例在基层初步处理的思路和要点如下。

【临床病例在基层的初步处理】

本章案例中王女士为在基层初次就诊、起病急、血压显著升高的病人，生命体征尚平稳，没有需

要呼叫急救车转诊的严重临床情况，可在门诊进一步完善检查（心电图、血、尿常规、心肌损伤标志物、血钾、血糖等），明确诊断。同时，给予降压及对症支持治疗。

实验室与辅助检查结果：血、尿常规无异常、血钾 3.6mmol/L，心肌酶谱及肌钙蛋白无异常，血糖（随机）9.8mmol/L，心电图提示：窦性心动过速、V1～V4 导联 T 波低平。处理原则为：

1. 口服快速起效的降压药，如卡托普利 12.5～25mg 或美托洛尔 12.5～25mg，可 1 小时后重复给药，门诊观察，直至血压降至 180/110mmHg 以下。由于该病人心率增快，不建议首选硝苯地平常释制剂降压治疗。

2. 控制性降压，在 24～48 小时内降至 160/100mmHg 以下。

3. 由于该病人需要进一步评估是否有靶器官损害以及并存临床疾病，因而需要与病人讨论转诊至上级医院进一步评估和治疗。

4. 转诊 2～4 周内基层全科医生应主动联系该病人，询问在上级医院就诊情况，帮助病人建立健康档案，纳入高血压病人基层管理，进行长期随访管理。

（五）长期随访管理

根据病人血压水平是否达标确定长期随访的级别，血压已达标者纳入一级管理，每 3 个月随访一次；未达标者纳入二级管理，每 2～4 周随访一次；随访的具体内容与要点见表 11-10。推荐高血压病人每年进行一次心血管病危险因素、靶器官损害和并存临床疾病情况评估，年度评估的主要内容同初诊评估包括：①询问临床症状，包括是否有心脑血管疾病相关新发症状、服药情况、生活方式改善情况等；②查体（血压、心率、心律、体重、腰围、血管杂音）；③必要的实验室与辅助检查，如血常规、尿常规、肌酐、尿酸、谷丙转氨酶、血钾、血糖、血脂、同型半胱氨酸、心电图、动态血压监测、超声心动图、颈动脉超声、尿白蛋白 / 肌酐、胸片、眼底检查等。

表 11-10　高血压病人基层随访要点

内容	实施要点	
	一级管理	二级管理
管理对象	血压已达标病人	血压未达标病人
随访频率	3 个月一次	2～4 周一次
生活方式干预	生活方式评估及建议	生活方式评估及建议
药物治疗	了解服药情况，询问药物不良反应，必要时调整治疗	了解服药情况，询问药物不良反应，调整治疗方案
临床情况处理	询问症状，重点查体（血压、心率、心律，超重肥胖者监测体重及腰围）	询问症状，重点查体（血压、心率、心律，超重肥胖者监测体重及腰围）
血压水平评估	1. 根据病人家庭血压监测和诊室测量结果 2. 嘱病人就诊前每周测量一天[1]	1. 根据病人家庭血压监测和诊室测量结果 2. 嘱病人就诊前每天测量，连续七天[2]
个体化健康咨询	每次随访	每次随访
转诊	必要时	必要时
随访记录	1. 每次随访 2. 更新健康档案与病人健康问题列表	1. 每次随访 2. 更新健康档案与病人健康问题列表
其他诊断评估检查	根据血糖管理、血脂管理、体重管理、靶器官损害评估、并发症与并存疾病情况，酌情进行	

1. 血压达标者，建议每周测量 1 天，早晚各测量血压 1 次。

2. 血压未达标者，建议每天早晚各测量血压 1 次，每次测量 2～3 遍，连续 7 天，后 6 天血压平均值为医生治疗的参考。

笔记

思考题

1. 高血压易患人群包括哪些？
2. 影响高血压病人预后的心血管疾病危险因素有哪些？
3. 简述高血压诊断要点。
4. 在基层高血压病人伴有哪些严重临床情况需要呼叫急救车转诊？
5. 简述高血压病人基层随访要点。

（王　爽）

第十二章　冠心病的全科医学处理

学习提要

- 冠状动脉粥样硬化性心脏病是动脉粥样硬化导致器官病变的最常见类型，也是严重危害人类健康的常见病。作为一名全科医生需要掌握冠心病的危险因素、诊断及预防，熟悉冠心病的治疗，了解冠心病的流行病学特征。
- 积极配合专科医生做好双向转诊，保证冠心病防治工作的连续性，并在社区积极开展三级预防，是全科医生的职责。
- 定期对冠心病病人进行健康教育，指导人们改善不良生活方式，全面控制各种致病的危险因素，完成冠心病连续性、综合性的管理。

【临床病例】

李某，男，68岁，因“劳累后出现胸痛8小时”就诊于某社区卫生服务中心。8小时前病人劳累后出现胸痛，位于胸骨中段，呈压榨样，休息10分钟后稍缓解，无胸闷、肩背部放射痛，无夜间阵发性呼吸困难，无大汗、心悸等不适。

既往史：有高血压病史12年，血压最高达170/110mmHg，规律服用硝苯地平缓释片，10mg，每日2次，血压控制在130/80mmHg左右。有高脂血症病史，否认“糖尿病”病史，否认“肝炎、结核”病史。

个人史：吸烟史42年，量约15支/天，未戒，偶尔饮酒，每次约2两白酒，未戒。

家族史：父亲有“冠心病、2型糖尿病”病史。

体格检查：T：36.8℃，P：72次/分，R：18次/分，BP：132/90mmHg，体重75kg，BMI：30kg/m^2，神志清楚，颈软，双肺呼吸音清，未闻及干湿性啰音；心率72次/分，律齐，未闻及病理性杂音；腹软，无压痛、反跳痛及肌紧张；双下肢无水肿。辅助检查：心肌损伤标志物：CK 128U/L，CK-MB 20U/L，LDH 188U/L，MB 30ng/ml，TNT-hs 10ng/L。心电图：窦性心律，ST段：V_5、V_6下移0.05～0.075mV，T波：V_3、V_4倒置，V_5低平。

该病例的临床特点是什么？初步诊断是什么？

第一节　冠心病的概述

一、基本概念

冠状动脉粥样硬化性心脏病（coronary atherosclerotic heart disease）是指冠状动脉发生粥样硬化引起管腔狭窄或阻塞，导致心肌缺血缺氧或坏死而引起的心脏病，它和冠状动脉功能性改变即冠状动脉痉挛一起，统称冠状动脉性心脏病，简称冠心病（coronary heart disease，CHD），也称缺血性心脏病（ischemic heart disease）。

二、临床分型

根据冠状动脉病变的部位、供血范围、血管阻塞程度以及心肌供血不足的发展速度不同，冠心病有不同的临床表现。1979 年世界卫生组织曾将其分为五型分别是：隐匿型或无症状型冠心病、心绞痛、心肌梗死、缺血性心肌病、猝死。近年，根据发病特点和治疗原则不同分为两大类：一是慢性冠心病，也称慢性心肌缺血综合征，二是急性冠状动脉综合征。前者包括稳定型心绞痛、缺血性心肌病和隐匿性冠心病等；后者包括不稳定型心绞痛、非 ST 段抬高型心肌梗死和 ST 段抬高型心肌梗死，也有的将冠心病猝死涵盖其中。

三、发病机制

冠心病的发病机制有多种学说，包括脂质浸润学说、血小板聚集和血栓形成学说、平滑肌细胞克隆学说等。近年多数学者支持"内皮损伤反应学说"，认为冠心病的各种主要危险因素最终都损伤动脉内膜，而粥样硬化病变的形成是血管内皮和内膜炎症 - 纤维增生性反应的病理结果。

四、流行病学特征

冠心病流行病学的调查内容包括：冠心病的患病率、死亡率等。冠心病的发病率有逐年上升趋势，流行病学调查发现 CHD 已成为我国病死率最高的疾病。根据国家原卫生部公布的 1988-1996 年我国城市和农村冠心病病死率的资料表明，9 年内，城市冠心病增加 53.4%，平均以每年 5.9% 的速度递增；农村冠心病增加 40.4%，平均以每年 5.0% 的速度递增。根据世界卫生组织（World Health Organization，WHO）的报告，心血管疾病是全世界居民的首要死因。这些数据和结论的获得往往需要大规模乃至多国协作的同步监测研究，而全科医生大多服务于基层医疗卫生机构，与社区居民关系紧密，有利于开展该方面的工作。更重要的是，全科医生对冠心病的流行病学特征有所了解，才能更好地做好冠心病的预防和管理工作。

（一）地区分布

冠心病的流行趋势在世界各国呈现不同类型，与西欧和北美相比，东欧及俄罗斯的冠心病发病率更高；我国北方冠心病发病率、死亡率明显高于南方，同一地区冠心病的发病率城市高于农村。

（二）季节分布

冠心病一年四季均可发病，随季节的变化、气温、气压和湿度的不同，发病率和死亡率也不同，一般冬季多于夏季，在冬季（12 月到次年 2 月）较为频发，1 月为发病高峰。

（三）人群分布

1. 年龄　随年龄的增加，冠心病病人的发病率和死亡率有所增加。超过 40 岁的男性，患病率随年龄增长而升高，每增长 10 岁，患病率上升 1 倍；女性发病年龄平均较男性晚 10 岁，而绝经后的女性患病率与男性接近；但在一些青壮年甚至儿童的尸检中，也曾发现有早期的冠状动脉粥样硬化病变，临床发病年龄有年轻化趋势。

2. 性别　冠心病病人在 50 岁以前，男女患病率之比为 7∶1，60 岁以后，女性在绝经期后发病率迅速增加，因此，两者患病率大体相同。年龄和性别属于不可改变的危险因素。

五、常见危险因素

（一）饮食

随着人们经济生活水平的提高，高蛋白、高脂肪、高能量饮食摄入增加，这可能导致体内能量的过多蓄积和体内脂质堆积，从而引起血液黏稠、血流变慢，脂质沉积在血管内膜导致内膜损伤，最终随着年龄的增长，出现血管狭窄而导致冠心病。

（二）职业

从事脑力劳动者冠心病患病率较体力劳动者高，从事高精神紧张度职业的人群发生冠心病的可能性大。

（三）吸烟

吸烟可增加整个年龄段冠心病的危险，与不吸烟者比较，吸烟者本病的发病率和病死率增高

2～6 倍，且与每日吸烟的支数呈正比，被动吸烟也是危险因素。吸烟者血中碳氧血红蛋白浓度可达 10%～20%，动脉壁内氧合不足，内膜下层脂肪酸合成增多，前列环素释放减少，血小板易在动脉壁黏附聚集。此外，吸烟还可使血中 HDL-C 脂蛋白量降低，血清胆固醇含量增高，易患动脉粥样硬化。另外，烟草所含尼古丁可直接作用于冠状动脉和心肌，引起动脉痉挛和心肌受损。因此，戒烟、减少吸烟量是预防冠心病的重要措施。

（四）肥胖

标准体重（kg）= 身高（cm）−105（或 110），体重指数（BMI）= 体重（kg）/ 身高（m）^{2}。超过标准体重 20% 或 BMI≥28 称肥胖症，见表 12-1。肥胖也是动脉粥样硬化的危险因素。肥胖可导致血浆甘油三酯及胆固醇水平的增高，并常伴发高血压或糖尿病，近年研究认为肥胖常有胰岛素抵抗，导致动脉粥样硬化的发病率明显增高。

表 12-1　肥胖标准

分类标准	BMI（kg/m^2）
偏瘦	<18.5
正常	18.5～23.9
超重	24～27.9
肥胖	≥28

（五）血脂异常

脂质代谢异常是动脉粥样硬化最重要的危险因素。如总胆固醇（total cholesterol，TC）、甘油三酯（triglyceride，TG）、低密度脂蛋白胆固醇（low density lipoprotein-cholesterol，LDL-C）或极低密度脂蛋白胆固醇（very low density lipoprotein-cholesterol，VLDL-C）增高，高密度脂蛋白胆固醇（high density lipoprotein-cholesterol，HDL-C）减低可增加冠心病发病危险。

（六）高血压

临床及尸检资料均表明，高血压病人动脉粥样硬化发病率明显增高。60%～70% 的冠状动脉粥样硬化病人有高血压，高血压病人患本病较血压正常者高 3～4 倍。收缩压和舒张压增高都与本病密切相关。可能由于高血压时，动脉壁承受较高的压力，内皮细胞损伤，LDL-C 易进入动脉壁，并刺激平滑肌细胞增生，引发动脉粥样硬化。

（七）糖尿病和糖耐量异常

糖尿病病人中不仅本病发病率较非糖尿病者高出数倍，且病变进展迅速。本病病人糖耐量减低者也十分常见。代谢异常、肥胖及高血压使糖尿病的危险增加，而糖尿病又可使动脉粥样硬化的危险增加，糖尿病病人中冠心病发病率升高。糖尿病是发生冠心病的一个独立危险因素。

（八）家族史

有冠心病、糖尿病、高血压、血脂异常等家族史者冠心病的发病率增加，家族中有在 50 岁之前患本病者，其近亲得病的机会比无这种情况的家族高 5 倍。常染色体显性遗传所致的家族性血脂异常是这些家族成员易患本病的因素。此外，近年已克隆出与人类动脉粥样硬化危险因素相关的易感或突变基因 200 种以上。

（九）其他因素

体力活动不足、长期熬夜、精神紧张、易激动、代谢综合征、幽门螺杆菌感染等都是影响因素。

第二节　冠心病的临床表现

一、常见症状

笔记

通常表现为发作性胸痛，常由体力劳动或情绪激动（如愤怒、焦急、过度兴奋等）所诱发。疼痛部位主要在胸骨体之后，可波及心前区，有手掌大小范围，甚至横贯前胸，界限不清。常放射至左肩、左臂内侧达无名指和小指，或至颈、咽、下颌部。胸痛常为压迫性，有些病人仅觉胸闷不适而未感胸痛。疼痛出现后往往逐步加重，达到一定程度后持续一段时间，然后逐渐消失。胸痛一般持续数分钟至十余分钟，多为3～5分钟，很少超过半小时。通常在停止原来诱发症状的活动后即可缓解；舌下含服硝酸甘油等硝酸酯类药物也能在几分钟内使之缓解。急性冠脉综合征胸痛程度通常表现更重，持续时间更长，可达数十分钟，胸痛在休息时也可发生，舌下含服硝酸甘油等硝酸酯类药物只能暂时甚至不能完全缓解症状。而隐匿性冠心病临床常无胸痛等表现。

疼痛剧烈时常有频繁的恶心、呕吐和上腹胀痛，此类症状同迷走神经受坏死心肌刺激和心排血量降低、组织灌注不足等有关，部分病人可有肠胀气表现，重症者可发生呃逆导致窒息，进而引发死亡。发作时伴有相关全身症状如发热，同时也可有心动过速、皮肤湿冷、大汗、心悸或呼吸困难、血压升高、焦虑等表现。部分病人疼痛位于上腹部，应与胃穿孔、急性胰腺炎等急腹症表现相鉴别；部分病人疼痛放射至下颌、颈部、背部上方，被误认为骨关节痛，临床诊断应注意鉴别。全科医生在接诊过程中应对病人病情作出全面评估，并与其他疾病相鉴别，从而得出明确诊断。冠心病病人病史采集要点见表12-2。

表12-2　病史采集要点

项目	内容
主诉 现病史	1. 病人诉此次就诊主要症状或体征及患病时间 2. 此次胸痛的最主要表现、诱因、部位、性质、持续时间、加重及缓解因素，是否有伴随症状等 3. 询问症状初次发作时间及诊疗情况
个人史	4. 询问是否合并其他疾病，严重程度及既往就诊情况 5. 询问生活方式，是否有血脂异常、吸烟等其他相关危险因素影响
既往史	6. 是否有高血压、高血脂、糖尿病等相关疾病
家族史	7. 询问高血压、高血脂、糖尿病等家族患病情况
社会心理因素	8. 对于有意愿的病人，可了解病人就诊原因，对该病的看法，对预后的期待等
解释病情	9. 向病人解释该病的病因、进展、诊疗计划及预后 10. 结合病人意愿及病情，制定合理规范的诊疗计划 11. 构建良好、和谐的医患关系

二、体征

通常无特殊体征，但发作时可出现各种心律失常，一旦出现心律失常，常为持续存在。其中以室性期前收缩或房性期前收缩、房颤、病态窦房结综合征、房室传导阻滞和束支传导阻滞为多见，阵发性心动过速时有发现。心脏浊音界可正常也可轻度至中度增大。心率多增快，少数也可减慢。心尖区第一心音减弱，可出现第四心音（心房性）奔马律，少数有第三心音（心室性）奔马律。

除极早期血压可增高外，几乎所有病人都有血压降低的表现。有些病人起病前有高血压，发病后血压可降至正常水平，并且有可能不再恢复到起病前水平。如疼痛缓解而收缩压仍低于80mmHg，病人表现为烦躁不安、面色苍白、皮肤湿冷、脉细而快、大汗淋漓、尿量减少（<20ml/h）、神志迟钝、甚至晕厥等，则考虑出现休克，休克严重时可能导致病人猝死。

三、并发症

（一）乳头肌功能失调或断裂

是心肌梗死最常见的并发症，心尖区出现收缩中晚期喀喇音和吹风样收缩期杂音，第一心音可不减弱。症状较轻者可以恢复，其杂音可消失。乳头肌整体断裂极少见，多发生在二尖瓣后乳头肌，

见于下壁心肌梗死，心力衰竭明显，可迅速发生肺水肿，约1/3的病人迅速死亡。

（二）心室游离壁破裂

是心脏破裂最常见的一种，常在起病1周内出现，早高峰在心肌梗死24小时内，晚高峰在心肌梗死后3～5天。心室游离壁破裂的典型表现包括持续性心前区疼痛、可迅速发生循环衰竭、造成心包积血引起急性心脏压塞而猝死，ECG呈电机械分离。偶为心室间隔破裂造成穿孔，在胸骨左缘第3～4肋间出现响亮的收缩期杂音，常伴有震颤，可引起心力衰竭和休克而在数日内死亡。心脏破裂也可为亚急性，病人能存活数月。

（三）室间隔穿孔

较心室游离壁破裂少见，常发生于急性心肌梗死后3～7天。胸骨左缘突然出现粗糙的全收缩期杂音或可触及收缩期震颤，或伴有心源性休克和心衰者应高度怀疑室间隔穿孔，超声心动图检查可确诊。

（四）心室壁瘤

又称室壁瘤，主要见于左心室。体格检查可见左侧心界扩大，心脏搏动范围较广，可有收缩期杂音。瘤内发生附壁血栓时心音减弱。心电图上ST段持续抬高，X线透视、超声心动图、放射性核素心脏血池显像以及左心室造影可见局部心缘突出，搏动减弱或有反常搏动。很少发生破裂，但易出现快速室性心律失常和心衰。

（五）血管栓塞

见于起病后1～2周，可为左心室附壁血栓脱落所致，引起脑、肾、脾或四肢等动脉栓塞。也可因下肢静脉血栓形成部分脱落所致，产生肺动脉栓塞，大块肺栓塞可导致猝死。

（六）心肌梗死后综合征

为炎症并发症，于心肌梗死后数周至数月内出现，可反复发生，表现为心包炎、胸膜炎或肺炎，有发热、胸痛、白细胞增多和血沉增快等症状，可能是机体对坏死物质的过敏反应所致 。

（七）猝死

心脑血管疾病常是猝死的原因，绝大部分病人死于心脏停搏，即心源性猝死。心源性猝死最常见的病因是冠心病猝死，见于急性冠脉综合征。在因急性冠脉综合征死亡的病人中，绝大部分病人死于发病的第一个小时之内。

四、实验室检查与辅助检查

（一）心电图

心电图的动态变化不但可以帮助诊断，而且根据其异常的严重程度和范围可以提供冠心病预后信息，同时可以提高冠心病病人心肌缺血及心律失常的检出率。冠心病症状发作时的心电图尤其有意义。大多数病人胸痛发作时有一过性ST段（抬高或压低）和T波（低平或倒置）改变，其中ST段的动态改变（多为0.1mV的抬高或压低）是严重冠状动脉疾病的表现，可能会引发急性心肌梗死或猝死。对平素不明原因的胸闷或不典型胸痛，也可进行动态心电图检测，作为帮助了解有无心肌缺血或心律失常的证据。

（二）实验室检查

在动脉粥样硬化的早期尚缺乏敏感而又特异的实验室诊断方法，血液检查有助于危险因素如脂质或糖代谢异常的检出。心肌损伤标记物增高水平与心肌坏死范围及预后明显相关。心脏肌钙蛋白较传统的磷酸肌酸激酶（CK）和磷酸肌酸激酶同工酶（CK-MB）更为敏感、更可靠，cTnT为临床准确及时诊断冠心病提供了可靠的依据。但心肌坏死标记物的测定应进行综合评价，如肌红蛋白在急性心肌梗死（AMI）后出现最早，也十分敏感，但特异性不是很强；肌钙蛋白cTnT和cTnI出现稍延迟，而特异性很高，在症状出现后6小时内测定为阴性则6小时后应再复查，其缺点是持续时间可长达10～14天，对在此期间判断是否有新的梗死不利。磷酸肌酸激酶同工酶（CK-MB）虽不如

笔记

cTnT、cTnI 敏感，但对早期（<4 小时）急性心肌梗死（AMI）的诊断有较重要价值。CRP 升高也是预后差的指标。

（三）影像学检查

胸部 X 线检查对稳定型心绞痛并无特异的诊断意义，但可发现主动脉粥样硬化所导致的血管影增宽和钙化表现，也有助于了解其他心肺疾病的情况，可帮助鉴别诊断。部分动脉病变（如颈动脉、下肢动脉、肾动脉等）可经体表超声检测到。随着技术的进步，多排螺旋 CT 血管造影技术因其无创伤性而被广泛用于评价冠状动脉病变。磁共振显像（MRI）冠脉造影已用于冠脉的显像。冠脉内血管镜检查、冠脉内超声显像、冠脉内光学相干断层显像（OCT）以及冠脉血流储备分数测定（FFR）等也可用于冠心病的诊断并有助于指导介入或药物治疗。数字减影血管造影（DSA）可显示管腔狭窄或动脉瘤样病变以及病变所在部位、范围和程度，有助于确定介入治疗或外科治疗的适应证及手术方式的选择。放射性核素检查有助于判断心室功能、诊断梗死后造成的室壁运动失调和心室壁瘤，可观察心肌的代谢变化，判断心肌的存活性。超声心动图也有助于了解心室壁的运动和左心室功能，诊断室壁瘤和乳头肌功能失调，检测心包积液及室间隔穿孔等并发症。

（四）冠状动脉造影

冠状动脉造影是诊断冠状动脉粥样硬化最直接的方法。冠脉造影为有创性检查手段，但目前仍然是诊断冠状动脉病变并指导治疗方案选择，尤其是血运重建术方案的最常用方法，常采用穿刺股动脉或桡动脉的方法，选择性地将导管送入左、右冠状动脉口，注射造影剂使冠状动脉主支及其分支显影，可准确地反映冠状动脉狭窄性病变的部位并估计其程度。

（五）其他检查

心电图负荷试验是对疑有冠心病的病人增加心脏负荷（运动或药物）而激发心肌缺血的心电图检查，临床上在选择此项检查时应注意心电图负荷试验的指征及其禁忌证。心电图负荷试验最常用的是运动负荷试验，有典型心绞痛并且负荷心电图阳性者，诊断冠心病的准确率达 95% 以上。本试验有一定比例的假阳性和假阴性，单纯运动心电图阳性或阴性结果不能作为诊断或排除冠心病的依据。血管内超声显像和光学相干断层扫描为侵入性检查方法，可直接观察粥样硬化病变，了解病变性质、组成、分布和管腔的狭窄程度，因为对病变的检出更为敏感和准确。由于冠状动脉造影只是通过造影剂充填的管腔轮廓反映冠状动脉病变，因此在定性和定量判断管壁上的病变方面存在局限。而血管内超声显像成像是将微型超声探头送入冠状动脉，显示血管的横断面，可同时了解管腔的狭窄程度和管壁上的病变情况，根据病变的回声特性了解病变性质。冠心病的实验室检查及辅助检查见表 12-3。

表 12-3 冠心病的实验室检查及辅助检查

项目	内容
基本项目	1. 心电图、血常规、心肌酶谱、超敏肌钙蛋白、肌红蛋白、B 型脑利钠肽、监测血压等 2. 血脂、血糖、肝肾功能、血电解质等
首选检查	3. 冠状动脉造影
影像学检查	4. 超声心动图、胸部 CT、胸部 X 线、磁共振、体表超声、血管内超声等
其他检查	5. 心电图负荷试验、血管内超声检查等

第三节 冠心病的诊断与治疗

一、冠心病的诊断

根据典型临床表现，如体力劳动、饱食、寒冷或情绪激动等后出现胸骨体后压迫性、发闷、紧缩性或烧灼性疼痛，持续几分钟到数小时或更长时间，休息或含服硝酸甘油可缓解或不缓解；结合年

龄（40 岁以上的中、老年人）及存在冠心病的危险因素（高血脂、高血压、糖尿病或糖耐量异常、肥胖、吸烟、家族史）等；特征性心电图改变，如损伤性 ST 段抬高，缺血性 ST 段压低≥0.1mV，缺血性 T 波倒置≥0.2mV，病理性 Q 波；心肌损伤标志物（cTnT，cTnI、CK-MB）测定等可确定诊断。未捕捉到心电图而病情稳定者，可行负荷心电图或负荷超声心动图试验，超声心动图负荷试验是采用不同的负荷方法，使心肌耗氧量增加致使冠状动脉血流储备不足以满足其需要从而诱发心肌缺血、心肌收缩异常。目前临床较常使用的是多巴酚丁胺负荷试验，超声心动图负荷试验对冠心病的早期诊断、存活心肌的监测、再血管化病人的评价以及心脏事件的预测等均有重要价值。若出现典型心绞痛，心电图改变主要以 ST 段水平型或下斜型压低≥0.1mV（J 点后 60～80 毫秒）持续 2 分钟为运动试验阳性标准。冠脉 CT 有助于无创性评价冠脉狭窄程度及管壁病变性质和分布，冠脉造影仍是诊断冠心病的重要方法，可以直接显示冠状动脉狭窄的程度，决定病人的治疗方案，介入和（或）手术治疗适应证的选择，以及判断病人预后。冠脉造影检查下，若有≥1 支血管狭窄，其狭窄≥50%，左主干、左前降支、左回旋支、右冠状动脉定为冠状动脉的 4 个分支，病变受累≥2 个分支定为多支血管病变，则可直观的确诊冠心病。冠心病以心绞痛及心肌梗死常见，心绞痛及急性心肌梗死的鉴别诊断要点见表 12-4。

表 12-4 心绞痛及急性心肌梗死的鉴别诊断要点

鉴别项目	心绞痛	急性心肌梗死
疼痛		
部位	中下段胸骨后	相同，但可在较低位置或上腹部
性质	压榨性或窒息性	相似，但程度更剧烈
诱因	劳累、情绪激动、受寒、饱食等	不常有
时限	短，1～5 分钟或 15 分钟内	长，数小时或 1～2 天
频率	频繁	发作不频繁
硝酸甘油疗效	显著缓解	作用较差或无效
气喘或肺水肿	极少	可有
血压	升高或无显著改变	可降低，甚至发生休克
心包摩擦音	无	可有
坏死物吸收的表现		
发热	无	常有
血白细胞增加（嗜酸性粒细胞减少）	无	常有
血沉增快	无	常有
血清心肌坏死标记物	无	有
心电图变化	无变化或暂时性 ST 段和 T 波变化	有特征性和动态性变化

二、冠心病的鉴别诊断

（一）主动脉夹层

胸痛一开始即达高峰，常放射至背、肋、腹、腰部和下肢，常多伴有明显的血压升高，且两上肢的血压和脉搏可有明显差别，可有主动脉关闭不全的表现，偶有意识模糊和偏瘫等神经系统受损症状，但无血清心肌坏死标记物升高。二维超声心动图检查、X 线、胸主动脉 CTA 或 MRA 有助于诊断。

（二）急腹症

急性胰腺炎、消化性溃疡穿孔、急性胆囊炎、胆石症等，均有上腹部疼痛，可能伴休克。仔细询问病史、做体格检查、心电图检查、血清心肌酶和肌钙蛋白测定有助于协助鉴别。

（三）急性肺动脉栓塞

可发生胸痛、咯血、呼吸困难和休克。但常有右心负荷增加的表现，如发绀、肺动脉瓣区第二心

音亢进、颈静脉充盈、肝大、下肢水肿等。心电图示Ⅰ导联S波加深，Ⅲ导联Q波显著，T波倒置，胸导联过渡区左移，右胸导联T波倒置等改变，应与其相鉴别。肺动脉CTA可检出肺动脉大分支血管的栓塞。

（四）急性心包炎

急性心包炎常伴发热，呼吸和咳嗽时胸痛加重，早期即有心包摩擦音，心包摩擦音和疼痛在心包腔出现渗液时均消失，全身症状不如心肌梗死严重；心电图除aVR外，其余导联均有ST段弓背向下的抬高，T波倒置，无异常Q波出现。

（五）其他鉴别诊断

本病还需与肋间神经炎、肋软骨炎、心脏神经炎，其他疾病如主动脉瓣狭窄或关闭不全、风湿性冠脉炎、梅毒性主动脉炎等引起的冠脉口狭窄或闭塞导致的心绞痛等鉴别。

三、冠心病的治疗

（一）治疗原则

恢复缺血心肌血供、预防严重不良反应（即死亡或心肌梗死或再梗死），保护心功能，及时防治各种并发症（心律失常、泵衰竭）等。

（二）生活方式调整及一般治疗

缓解期时尽量避免各种诱发因素；调节饮食，进食不宜过饱；戒烟限酒；减轻工作压力及精神负担；保持适当体育活动；发作期时需卧床休息，尽量避免各种诱发因素，监测生命体征，镇静、吸氧（维持 $SaO_2>90\%$），积极处理可能引起心肌氧耗增加的疾病（如感染、发热、甲状腺功能亢进症、贫血、心力衰竭、低血压、低氧血症、快速型心律失常、严重缓慢型心律失常等），建立有效静脉通道。

（三）专科治疗

药物治疗：药物治疗包括两大功效药物。一类是改善缺血、减轻症状药物，如硝酸酯类、β受体拮抗剂、钙通道阻滞剂。另一类是预防心肌梗死、改善预后的药物，如抗血小板聚集类药物、他汀类降脂药、ACEI/ARB。

1. 抗心肌缺血药物

（1）硝酸酯类：可扩张静脉、正常及粥样硬化的冠状动脉，①主要适用人群：大多数心绞痛、AMI病人；②禁忌证：对本品过敏，颅内压增高、青光眼、肥厚梗阻型心肌病、缩窄性心包炎、心包压塞、下壁心梗、可疑右室MI或明显低血压、使用西地那非（万艾可）病人；③不良反应：头晕、头痛、恶心、呕吐、乏力、面色潮红、心率反射性加快、低血压、皮肤过敏等；④注意事项：应使用能有效缓解急性心绞痛的最小剂量，过量可能导致耐受现象；应慎用于血容量不足或收缩压低的病人；出现视力模糊或口干，应停药；静脉使用本品时需采取避光措施；使用治疗勃起功能障碍药物西地那非者24小时内不可应用硝酸甘油等硝酸酯类药物，以避免引起低血压，甚至危及生命；严重主动脉瓣狭窄或肥厚型梗阻性心肌病引起的心绞痛，不宜使用硝酸酯类药物。

（2）β受体拮抗剂：通过减慢心率、减弱心肌收缩力、降血压等，从而降低心肌氧耗，改善缺血症状。①主要适用人群：冠心病稳定型及不稳定型心绞痛、未合并急性心力衰竭、低心排出量及其他β受体拮抗剂禁忌证的AMI。②禁忌证：严重心动过缓、高度房室传导阻滞、窦房结功能紊乱、明显的支气管痉挛、支气管哮喘、严重周围血管病（如雷诺病）和重度急性心衰、抑郁症。慢性肺心病病人可小心使用高度选择性 $β_1$ 受体拮抗剂。无固定狭窄的冠状动脉痉挛（coronary artery spasm，CAS）造成的缺血，如变异性心绞痛，不宜使用β受体拮抗剂。③不良反应：头晕、头痛、心动过缓、肢端发冷、腹痛、恶心、呕吐、腹泻和便秘等。④注意事项：β受体拮抗剂使用应个体化、从较小剂量开始，逐渐增加剂量，早期使用，以能缓解症状，静息心率维持在55～60次/分之间为宜。常用β受体拮抗剂作用及剂量见表12-5。

表 12-5 常用β受体拮抗剂作用及剂量

药物	选择性	内在拟交感性	α阻滞作用	剂量及用法
普萘洛尔（心得安）	－	－	－	10～20mg tid
美托洛尔（倍他乐克）	+	－	－	25～100mg bid
阿替洛尔（氨酰心安）	+	－	－	12.5～25mg bid
艾司洛尔（爱洛 静脉用）	+	－	－	50～300μg/（kg·min）viD
比索洛尔（康可）	++	－	－	10mg/d
倍他洛尔（倍他心安）	++	－	－	10～20mg/d
卡维地洛（达利全、络德）	－	－	+	10～25mg bid
拉贝洛尔（柳胺苄心安）	－	+	++	200～400mg bid

viD：持续静脉滴注

（3）钙通道阻滞剂：通过抑制心肌收缩、扩张冠脉及周围血管、降低血黏度等改善循环，从而缓解心肌缺血。①主要适用人群：适用于合并高血压的心绞痛病人，为血管痉挛性心绞痛即变异型心绞痛的首选药物。维拉帕米和地尔硫䓬常用于伴有房颤或房扑的心绞痛病人。②禁忌证：维拉帕米和地尔硫䓬这两种药不能用于已有严重心动过缓、高度房室传导阻滞、病态窦房结综合征病人。③不良反应：外周水肿、便秘、面部潮红、低血压、头晕、头痛、虚弱无力。④注意事项：维拉帕米和地尔硫䓬均有负性传导作用，不宜与β受体拮抗剂联用。对于心功能不全的病人，应用β受体拮抗剂以后加用钙通道阻滞剂应特别谨慎。常用钙通道阻滞剂特性及剂量见表 12-6。

表 12-6 常用钙通道阻滞剂特性及剂量

药物	作用时间	不良反应	剂量及用法
硝苯地平（心痛定）	短效	低血压、眩晕、恶心、颜面潮红、便秘、水肿	10～20mg tid
	长效	低血压、眩晕、恶心、颜面潮红、便秘、水肿	30～60mg qd
氨氯地平（络活喜）	长效	头痛、水肿	5～10mg qd
非洛地平（波依定）	长效	头痛、水肿	5～10mg qd
拉西地平（三精司乐平）	长效	头痛、水肿	4～6mg qd
乐卡地平（再宁平）	长效	面部潮红、踝部水肿、心悸、头晕	10～20mg qd
尼卡地平（尔平）	短效	头痛、眩晕、颜面潮红、水肿	20～40mg bid
维拉帕米（异搏定）	短效	低血压、心动过缓、心肌抑制、心力衰竭	40～80mg tid
	长效	低血压、心动过缓、心肌抑制、心力衰竭	120～240mg qd
地尔硫䓬（合心爽）	短效	低血压、眩晕、水肿、颜面潮红、心动过缓	30mg tid
	长效	低血压、眩晕、水肿、颜面潮红、心动过缓	90mg qd
	长效	头痛、水肿	5～10mg qd

2. 预防心肌梗死，改善预后的药物

（1）抗血小板治疗：阿司匹林：通过抑制环氧化酶和血栓烷 A_2 合成达到抗血小板聚集作用，阿司匹林的最佳剂量范围为 75～150mg/d（常用剂量为 100mg/d）；ADP 受体拮抗剂：通过选择性不可逆的抑制血小板二磷酸腺苷（ADP）受体而阻断 ADP 依赖激活的血小板糖蛋白Ⅱb/Ⅲa 复合物，有效减少 ADP 受体介导的血小板激活和聚集，代表药物主要是氯吡格雷。顿服 600mg 后 2～6 小时即能达到有效血药浓度，顿服 300mg 后 6～24 小时达到有效血药浓度。常用维持剂量为 75mg/d。血小板糖蛋白Ⅱb/Ⅲa（GPⅡb/Ⅲa）受体拮抗剂：通过抑制 GPⅡb/Ⅲa 受体，达到抑制血小板激活作用。常用药

物替罗非班。①主要适用人群：适用于无禁忌证的所有冠心病病人，不能耐受阿司匹林的病人可改用氯吡格雷作为替代治疗。GPⅡb/Ⅲa 受体拮抗剂主要用于接受直接 PCI 的病人，术中使用。②禁忌证：孕妇、过敏者、活动性消化道溃疡及其他原因所致消化道出血、血友病或血小板减少等禁用阿司匹林。③不良反应：常见不良反应恶心、呕吐、上腹不适等胃肠道反应、过敏反应、肝肾功能损害及耳鸣、听力下降等中枢神经损害。④注意事项：若无禁忌证，应尽早使用抗血小板药物。若对阿司匹林有禁忌或支架植入后，可换用氯吡格雷。

（2）调脂药：他汀类能有效降低 TC 和 LDL-C，从而延缓斑块进展，稳定斑块和抗炎等调脂以外的作用。①主要适用人群：所有冠心病病人，无论其血脂水平如何，均需给予他汀类，并根据目标 LDL-C 水平调整剂量。②禁忌证：孕妇、活动性肝病。③不良反应：他汀类药物总体安全性很高。少见的不良反应有肌痛、肝脏损害等。④注意事项：应用他汀类药物时应注意监测转氨酶及肌酸激酶等生化指标，尤其是应用大剂量他汀类药物调脂治疗时。《中国成人血脂异常防治指南 2016 修订版》坚持基于动脉粥样硬化性心血管病（arteriosclerotic cardiovascular disease，ASCVD）危险设定降脂目标，ASCVD 危险分层流程见表 12-7 及降脂目标见表 12-8，常用降脂药物见表 12-9。

表 12-7 ASCVD 危险分层流程

符合下列任意条件者，可直接列为高危或极高危人群
极高危：ASCVD 患者
高危：①LDL-C≥4.9 或总胆固醇≥7.2mmol/L；
②糖尿病患者 LDL-C 1.8～<4.9（或）总胆固醇 3.1～<7.2mmol/L；
且年龄≥40 岁。

↓不符合者，评估 10 年 ASCVD 发病危险

高血压	危险因素个数*	血清胆固醇水平分层（mmol/L）		
		总胆固醇 3.1～<4.1（或）LDL-C 1.8～<2.6	总胆固醇 4.1～<5.2（或）LDL-C 2.6～<3.4	总胆固醇 5.2～<7.2（或）LDL-C 3.4～<4.9
无	0～1	低危（<5%）	低危（<5%）	低危（<5%）
	2	低危（<5%）	低危（<5%）	中危（5%～9%）
	3	低危（<5%）	中危（5%～9%）	中危（5%～9%）
有	0	低危（<5%）	低危（<5%）	低危（<5%）
	1	低危（<5%）	中危（5%～9%）	中危（5%～9%）
	2	中危（5%～9%）	高危（≥10%）	高危（≥10%）
	3	高危（≥10%）	高危（≥10%）	高危（≥10%）

↓ ASCVD 10 年发病危险为中危且年龄 <55 岁者，评估余生危险

具有以下任意 2 项及以上危险因素者，定义为高危：
◎收缩压≥160 或舒张压≥100mmHg；
◎非 HDL-C≥5.2mmol/L；
◎ HDL-C<1.0mmol/L；
◎ BMI≥28kg/m²；
◎吸烟。

注：ASCVD：动脉粥样硬化性心血管病；LDL-C：低密度脂蛋白胆固醇；HDL-C：高密度脂蛋白胆固醇；BMI：体质量指数。
* 包括吸烟、低 HDL-C 及年龄≥45（男性）、≥55 岁（女性）。慢性肾脏病病人的危险评估及治疗请参见特殊人群血脂异常的治疗

表 12-8 不同 ASCVD 人群降 LDL-C 或非 HDL-C 治疗达标（mmol/L）

危险等级	LDL-C	非 HDL-C
低危、中危	<3.4	<4.1
高危	<2.6	<3.4
极高危	<1.8	<2.6

表 12-9 常用他汀类药物剂量

药物	常用剂量及用法
阿托伐他汀(立普妥)	10～80mg qd po
辛伐他汀(舒降之)	10～80mg qd po
洛伐他汀(美普妥)	20～80mg qd po
普伐他汀(普拉固)	20～40mg qd po
氟伐他汀(来适可)	40～80mg qd po

(3) ACEI、ARB 类:此类药物可改善心肌重塑,可显著降低冠心病病人主要终点事件的相对危险性。①主要适用人群:合并高血压、糖尿病、心力衰竭或左室收缩功能不全的稳定型心绞痛病人、不存在低血压及其他禁忌证的急性冠脉综合征病人。②禁忌证:血管神经性水肿、无尿性肾衰竭、妊娠期女性、过敏者应禁用。低血压、双侧肾动脉狭窄、血肌酐水平显著升高(>265μmol/L);高钾血症(血钾>5.5mmol/L)慎用。③不良反应:低血压、肾功能一过性恶化、高血钾、干咳、血管神经性水肿。④注意事项:对能耐受 ACEI 病人,不推荐常规 ARB 替代 ACEI。当 ACEI 引起刺激性干咳或血管性水肿等不良反应,不能耐受者可换用 ARB 如缬沙坦、氯沙坦、厄贝沙坦、坎地沙坦等。不推荐常规联合应用 ACEI 和 ARB。常用 ACEI 类药物剂量见表 12-10。

表 12-10 常用 ACEI 类药物剂量

药物	常用剂量及用法(mg)
卡托普利(开搏通)	12.5～25tid po
依那普利(悦宁定、怡那林)	5～10bid po
贝那普利(络丁新)	10～20qd po
赖诺普利(捷赐瑞)	10～20qd po
雷米普利(瑞泰)	1.25～10qd po
福辛普利(蒙诺)	10～40qd po
西拉普利(一平苏)	2.5～5qd po
培哚普利(雅施达)	4～8qd po

3. 抗凝治疗 抗凝治疗应常规用于中高危 UA/NSTEMI 及 STEMI 病人,在降低心脏事件发生方面有一定疗效。常用药物有普通肝素、低分子肝素。需要注意,治疗过程中在开始使用或调整普通肝素剂量后 6 小时需监测激活部分凝血酶时间(APTT),一般使 APTT 控制在 45～70 秒。静脉应用肝素 2～5 天为宜,后可改为皮下注射肝素 5000～7500IU,每天 2 次,再治疗 1～2 天。而低分子肝素不需要实验室监测,具有疗效更肯定、使用更方便的特点。

4. 血管重建

(1) 经皮冠状动脉介入治疗(percutaneous coronary intervention,PCI):包括经皮冠状动脉成形术(PTCA)、冠状动脉支架植入术、粥样斑块消融术等。主要用于所有症状发作 12 小时内并有持续新发 ST 段抬高或新发左束支传导阻滞者。或者即使超过 12 小时,仍有进行性缺血证据或持续胸痛和 ECG 变化者。

(2) 冠状动脉旁路移植术(coronary artery bypass graft,CABG):CABG 通过取病人自身的大隐静脉作为旁路移植材料,一端吻合在主动脉,另一端吻合在有病变的冠状动脉段的远端。术后心绞痛症状改善者达 80%～90%。且 65%～85% 的病人生活质量有所提高。

PCI 或 CABG 术的选择需要根据冠状动脉病变的情况和病人对开胸手术的耐受程度及病人意愿综合考虑,对全身情况能耐受开胸手术者,左主干合并 2 支以上冠脉病变(尤其是病变复杂程度评分较高者),或多支血管病变合并糖尿病者,CABG 应为首选。但是弥漫性冠状动脉远端病变的病人,并不适合 PCI 或 CABG。

笔记

（3）溶栓治疗：对于无条件施行PCI或因转送病人至上级医院将导致错过再灌注时机者，如无禁忌应立即（接诊病人30分钟内）施行本法。①适应证：主要适用于≥2个相邻导联ST段抬高（胸导联≥0.2mV，肢导联≥0.1mV）或病史提示AMI伴左束支阻滞，起病<12小时，年龄<75岁者；或ST段显著抬高的MI病人年龄大于75岁，经慎重权衡利弊后仍可考虑；STEMI，发病时间已达12～24小时，但如仍有进行性缺血性胸痛、广泛ST段抬高者也可考虑。②禁忌证：既往发生过出血性脑卒中，6个月内发生过缺血性脑卒中或脑血管事件；中枢神经系统受损、颅内肿瘤或畸形；近期（2～4周）有活动性内脏出血；未排除主动脉夹层；入院时严重且未控制的高血压（>180/110mmHg）或慢性严重高血压病史；目前正在使用治疗剂量的抗凝药或已知有出血倾向；近期（2～4周）创伤史，包括头颈部外伤、创伤性心肺复苏或较长时间（>10分钟）的心肺复苏；近期（<3周）外科大手术；近期（<2周）曾有在不能压迫部位的大血管行穿刺术。③溶栓再通的标准：可根据冠脉造影观察血管再通情况直接判断（TIMI分级达到2、3级者表明血管再通）或根据：A：心电图抬高的ST段于2小时内回降>50%；B：胸痛2小时内基本消失；C：2小时内出现再灌注性心律失常（短暂的加速性室性自主节律、房室或束支传导阻滞突然消失，或下后壁心肌梗死的病人出现一过性窦性心动过缓、窦房传导阻滞或低血压状态）；D：血清CK-MB酶峰值提前出现（14小时内）等间接判断血栓是否溶解。溶栓治疗常用药物包括尿激酶、链激酶、重组组织型纤维蛋白溶酶原激活剂。

5. 并发症防治　冠心病病人如并发休克、心衰、心律失常等，应及时对症处理。

6. 冠心病二级预防（A，B，C，D，E）具体见表12-11。

表12-11　冠心病二级预防方案

冠心病二级预防	内容
A	阿司匹林（aspirin）
	抗心绞痛药物（anti-angina drugs）
	血管紧张素转化酶抑制剂/血管紧张素Ⅱ受体拮抗剂（ACEI/ARB）
B	β受体阻滞剂（beta-blocker）*
	控制血压（blood pressure）
C	降低胆固醇（cholestero1）#
	戒烟（cigarettes）
D	防治糖尿病（diabetes）
	控制饮食（diet）
E	健康教育（education）
	体育锻炼（exercises）

注：* 再梗等心血管事件预防：标准化使用β受体阻滞剂以降低心梗再发等心血管事件的风险；# 对确诊的冠心病病人，无论低密度脂蛋白胆固醇（LDL-C）基线水平如何，均应启动他汀类药物治疗

本章临床病例初步诊断的临床思路如下。

【初步诊断的临床思路】

1. 全科医生先仔细询问病人胸闷发作的诱因、部位、性质、频率等情况。如：病人有劳累后出现胸闷，位于胸骨中段，呈压榨样，休息10分钟后稍缓解，无胸痛、肩背部放射痛。

2. 病人有高血压、高脂血症病史。

3. 该病人本次心肌损伤标志物及心电图存在心肌缺血改变，但较前无动态变化。

综上，本病例初步诊断考虑冠心病、不稳定性心绞痛可能性大。

接下来，全科医生在基层应如何处理？

第四节 基 层 管 理

目前，基层医院通过综合保健措施管理冠心病病人以及高危人群，是防治冠心病的最佳途径，可以使最广泛的人群受益。在长期的实践中，结合我国“慢病”流行和预防控制的实际，要积极预防冠心病的发生，对于已发生的病人，应争取逆转并积极治疗、防止病变发展；对于已发生并发症者，要采取及时治疗以延长病人寿命的措施以防止其恶化。其中包括饮食、个性化的运动、营养、心理、中医养生等 。社区综合干预能有效降低冠心病病人的并发症、反复住院率、死亡率，并有效降低直接、间接成本，是一种高效低耗的服务模式。

一、基层管理流程

基层冠心病管理的主要内容包括冠心病的筛查、诊断评估、治疗、转诊和长期随访管理，以实现管理目标。基层冠心病管理流程见图 12-1。

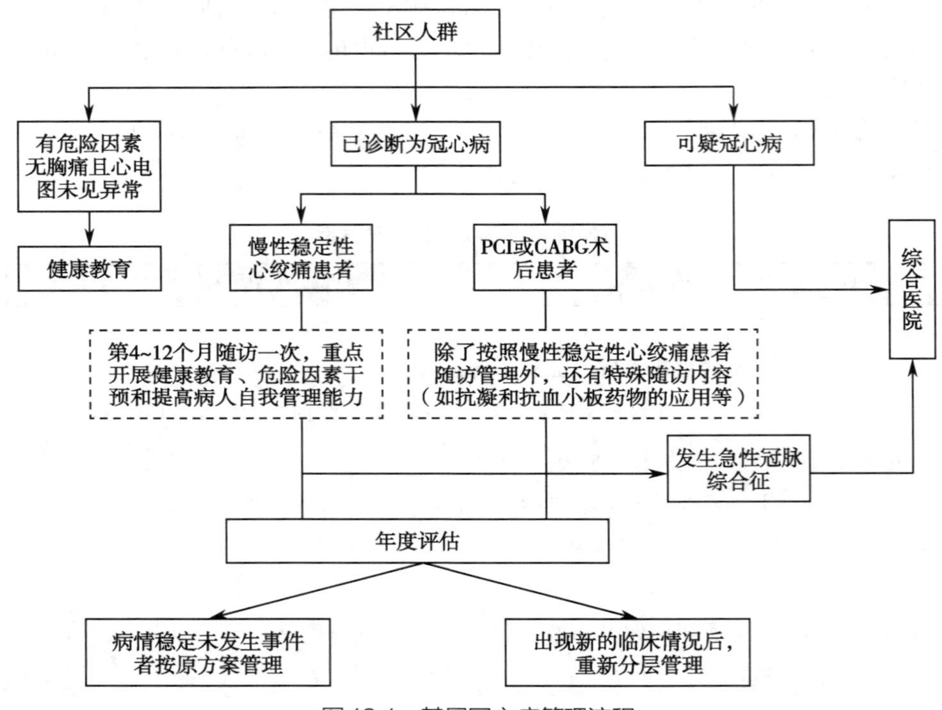

图 12-1 基层冠心病管理流程

二、基层管理内容与要点

（一）筛查

20 世纪末，冠心病已成为威胁人类健康的主要疾病，也是最常见的死亡原因。据统计大部分病人在 40 岁以上，男性多于女性。近年来发病率趋于年轻化，30 岁以上的人发病率有增高的趋势，其防治措施是全世界都必须共同面临的重大问题，急需采取有效措施全面开展冠心病预防和控制工作。通过冠心病临床诊断、社区预防、社区管理、综合干预冠心病的各项危险因素，分析冠心病社区防治的有效方法，总结冠心病社区防治的有效措施，筛查冠心病的高危因素，如高血脂、冠心病、高血糖、吸烟、精神应激等，对基层卫生单位开展冠心病的防治工作非常重要。

目前我国绝大部分居民对冠心病的传统危险因素的认识尚不充分，应通过定期体检、普及健康教育等方式，提高人群对冠心病的认识，及时筛检出病人；但目前我国医疗资源相对贫乏，所以对于

冠心病的基层管理应尤为重视，例如心电图、重新评价和重视临床症状、价廉、简单、高效的诊断方法在冠心病诊断中的价值；通过对社区医务人员进行医学继续教育以此提高社区医生的综合素质和整体技术水平，尤其是提高社区医务工作者利用上述方法对社区管辖人员筛检、诊断冠心病的水平，并提供经济有效的治疗药物，以提高冠心病的诊断率、治疗率和控制率。

1. 普通人群筛查　在各级医疗机构进行日常诊疗过程中检测发现心电图异常表现者；健康体检等偶然发现心电图异常。

2. 重点人群筛查　35 岁首诊行心电图检查；冠心病易患人群，建议每半年检查心电图，必要时可行运动平板检查或冠状动脉 CT 检查。

（二）诊断评估

对所有疑似冠心病者，均应明确诊断，评估心血管病发病风险、靶器官损害以及并存的临床情况，具体内容和方法见本章第三节诊断部分。对在基层医疗机构因诊疗条件所限无法明确诊断评估者，应转诊至上级医院进一步诊疗。

（三）治疗

病人的治疗原则、目标和措施见本章第三节治疗部分。对于冠心病病人，生活方式干预和药物治疗均具有长期性，采用以人为中心、连续性、整合性健康照顾的方法是基层全科医生及其团队管理冠心病等慢性病病人的主要策略。根据病人具体情况和意愿，与病人共同决策，制定最终管理目标、每次随访的具体目标以及个体化的管理方案，进行持续的咨询、支持、监测、督促、评估和调整，鼓励病人积极进行自我管理。

（四）转诊标准

1. 二级及以上医院冠心病病人转诊基层医疗机构标准　符合下列转诊条件的病人，可转至基层医疗卫生机构进行持续性治疗：

（1）诊断明确，治疗方案确定，病人病情稳定，尚不需要介入治疗等。

（2）已完成血运重建治疗（冠脉介入或搭桥手术），进入稳定康复期。

（3）症状相对稳定，无明确冠心病直接相关症状。

（4）经中医药治疗，病情稳定，已确定中医辨证治疗方案或中成药治疗方案者。

2. 基层医疗机构转出至二级及以上医院的标准　对于病情较严重、风险较高的病人，应当在维持生命体征稳定条件下，及时转诊至有冠心病急症救治能力的二级以上医院救治。

（1）社区初诊或者社区管理的冠心病病人，如有以下情况之一者，需转诊：

1）首次发生心绞痛；

2）无典型胸痛发作，但心电图 ST-T 有动态异常改变；

3）稳定性心绞痛病人出现心绞痛发作频率增加，胸痛加重，持续时间延长，硝酸甘油对胸痛缓解效果不好，活动耐量减低或伴发严重症状；

4）反复心绞痛发作，心电图有或无 ST 段压低，但有明显心衰症状或合并严重心律失常；

5）胸痛伴新出现的左、右束支传导阻滞；

6）首次发现陈旧性心肌梗死；新近发生或者可疑心力衰竭；

7）急性冠脉综合征病人；

8）不明原因的晕厥、血流动力学不稳定；

9）出现其他严重合并症，如消化道出血、脑卒中等需要进一步检查者；需要做运动试验、核素成像检查、超声心动图、冠脉 CT、冠状动脉造影等检查者。

（2）社区管理的冠心病病人，如有以下情况之一者，需转诊：

1）抗血小板、抗凝药物需要调整；

2）他汀类药物治疗 LDL-C 达标困难或有不良反应，需调整药物；

3）血糖及血压等重要危险因素不能控制；

4）6个月至12个月转上级医院进行病情评估。

（3）对具有中医药治疗需求的冠心病病人，如有以下情况之一者，需转诊：

1）基层医疗卫生机构不能进行冠心病中医辨证治疗或提供中药饮片、中成药等治疗措施；

2）经中医辨证治疗2～4周后，心绞痛发作未见明显改善。

本章临床病例的基层处理如下。

【临床病例的基层处理】

本章案例中病人为在基层多次就诊的病人，生命体征尚平稳，没有需要呼叫急救车转诊的严重临床情况，可在门诊进一步完善检查（心电图、血、尿常规、心肌损伤标志物、血钾、血糖等），明确诊断。同时，给予冠心病二级预防及对症支持治疗。

实验室与辅助检查结果：血、尿常规无异常、血钾3.6mmol/L，血糖（随机）5.8mmol/L，心肌损伤标志物：CK 128U/L，CK-MB 20U/L，LDH 188U/L，MB 30ng/ml，TNT-hs 10ng/L。心电图：窦性心律，ST：V_5、V_6下移0.05～0.075mV，T波：V_3、V_4倒置，V_5低平。

处理原则为：

1. 快速给予冠心病二级预防药物治疗，如美托洛尔12.5mg，po bid；阿托伐他汀20mg，po qn。

2. 监测心电图及心肌酶学的动态变化。

3. 由于该病人需要进一步评估是否有心肌损害以及并存临床疾病，因而需要与病人讨论转诊至上级医院进一步评估和治疗。

4. 转诊2～4周内基层全科医生应主动联系该病人，询问在上级医院就诊情况，帮助病人建立健康档案，纳入冠心病病人基层管理，进行长期随访管理。

（五）长期随访管理

1. 冠心病的管理需要结合三级医院、区域性医院及社区卫生服务中心的资源，才能为病人提供系统性和持续性的疾病预防、治疗和后期的康复服务。

在目前国家大力发展社区卫生服务中心之际，作为重大公共健康问题的心血管疾病的防治将会落到基层医师们的肩上。冠心病的一级和二级预防的管理规范、危险因素的评估及冠心病病人双向转诊的建议路径。冠心病是一个威胁人类健康的严重疾病，但又是一个可以预防的疾病。鉴于冠心病的发生发展与危险因素息息相关，因此，根据病人病情是否稳定确定长期随访的级别，半年之内在基层全科医生针对个人应做好健康教育工作，使病人避免不良的生活习惯、生活方式及行为，及时发现危险因素，协助病人将血脂、血糖、血压控制在理想范围，教育病人避免情绪波动、戒烟限酒，提高其自我保健意识，使其主动接受治疗，提高病人满意度，使冠心病的管理取得成功。半年之后如病情稳定则进入社区管理路径见表12-12。

表12-12　冠心病病人出院后基层随访要点

时间	实施要点
第1周	第一次家访或门诊（收出院单/转诊单，总体评估、做ECG、行为干预、病人教育等）
第2～3周	第2、第3周各一次家访或门诊（其中第2周如有专科复查，社区医师可电话随访）
第4周	第4周专科复查，社区医师可电话随访（如果服用抵克立得/波立维应随访血常规结果）
第5～12周	每2周到社区站复查一次包括总体评估、做ECG、行为干预、病人教育等（其中第8周专科复查，社区医师可电话随访，如果服用抵克立得/波立维应随访血常规结果）
第3～6个月	每月到社区站复查一次包括总体评估、做ECG、行为干预、病人教育等（至少复查一次血生化、血脂、服用抵克立得/波立维者还应查血常规），并根据结果调整治疗方案
其他说明	6个月后病人病情稳定则进入稳定冠心病人社区管理路径，如出现特殊情况应及时与专科医生联系，按专科医生意见执行

笔记

2. 稳定冠心病人社区管理路径

(1) 建立或填写个人健康档案(包括冠心病人登记表);

(2) 曾到专科就诊的病人,社区医师了解专科诊疗情况并及时把转诊单归档;

(3) 制订相应的治疗计划和危险因素干预计划(吸烟、高胆固醇、高血压等);

(4) 二级预防性治疗计划(ABC 用药);

(5) 制订重大共存疾病的管理计划(如糖尿病控制血糖);

(6) 低危组 1～2 个月随访一次,高危组 1 个月随访一次;

(7) 必要时可转诊。

冠心病是一个威胁人类健康的严重疾病,但又是一个可以预防的疾病。全科医生最接近基层群众,有进行冠心病管理的条件;全科医生可以围绕个体提供以社区为基础、家庭为单位的综合性医疗保健服务。因此,全科医生应针对个人做好健康教育工作,使病人避免不良的生活习惯、生活方式及行为,及时发现危险因素,协助病人将血脂、血糖、血压控制在理想范围,引导病人避免情绪波动、戒烟限酒,提高其自我保健意识,使其主动接受治疗,有效降低冠心病的发病率,为全民大健康做出贡献。

思考题

1. 冠心病的危险因素有哪些?
2. 何为一、二、三级预防?冠心病的二级预防有哪些?
3. 请简述心肌梗死与心绞痛的鉴别要点。

(肖　雪)

第十三章　脑卒中的全科医学处理

学习提要

- 脑卒中的危险因素，常见临床表现，急性期社区处理方法，恢复期康复原则以及三级预防策略。
- 常见卒中类型的诊断、鉴别诊断，治疗原则，卒中后并发症及处理。
- 脑卒中的流行病学情况。

【典型病例介绍】

梁某，男，67岁，因“一过性右下肢无力3小时”为主诉入院。病人自诉3小时前晨起后于室内行走时突发右下肢无力，行走不稳，随后跌坐在沙发上。期间无意识丧失、抽搐、二便失禁，无头晕头痛、恶心、呕吐等，三十分钟后右下肢肌力恢复。故来社区卫生中心就诊。既往史：发现高血压病5年，服药不规律，血压控制差。发现高脂血症5年，未规律服药。有脑卒中家族史。无肝炎、结核等病史。查体：体温36.5℃，脉搏78次/分，呼吸20次/分，血压155/90mmHg。心肺听诊无异常。神志清、精神差。言语流利，四肢肌力肌张力正常，生理反射存在，病理反射未引出。

问题：

1. 病人的初步诊断是什么，需与哪些疾病相鉴别？

2. 社区卫生中心医生应该如何完善相关检查及进行后续治疗？

3. 应该对病人进行哪些健康宣教？

第一节　概　　述

脑卒中(stroke)是以突然发病、迅速出现局限性或弥散性脑功能缺损为共同临床特征的一组器质性脑血管疾病，包括缺血性卒中和出血性卒中。

在我国，脑卒中每年新发病人约270万，死亡约130万，是第一位致残、致死的疾病，是居民健康的第一杀手。随着人口老龄化不断加剧，脑卒中发病率日趋升高，给家庭及社会都带来沉重的负担。由于脑卒中的大多数病理生理过程均无法逆转，故早期预防干预，特别是一级预防，对减少卒中发病率具有重要意义。

一、脑卒中的流行病学

了解脑卒中的流行病学，对研究脑血管疾病在人群中发生、分布、动态特征及影响有重要帮助，并据此制订预防控制这些疾病的对策与措施有重要意义。

脑卒中的发病率、患病率和死亡率在世界不同国家和地区间存在着明显差异，主要表现为：发展中国家高于发达国家、寒冷地区高于温暖地区、高海拔地区高于低海拔地区，并且，在同一国家和地区通常与高血压的地理分布保持高度一致。我国脑卒中的发生率远高于发达国家，并呈上升趋势，其发病率北方高于南方。脑卒中的发病率和死亡率男性普遍高于女性，西方国家其男女之比为1.8∶1，我国为1.5∶1。随年龄的增加，男女脑卒中病人的死亡率和发病率都呈指数升高，年龄每增加

5岁，脑卒中病人的死亡率增加近1倍。

二、脑卒中的常见危险因素

脑卒中的发生与多种危险因素有关，对个体而言，单一的危险因素不一定导致脑卒中，但多种危险因素的协同作用将大大增加脑卒中的发病率。危险因素可分为不可干预危险因素和可干预危险因素两大类，前者主要包括年龄、性别、种族及遗传因素，不在此赘述，而可干预危险因素是全科医生需要掌握的重点。

1. 高血压　是脑卒中重要的、独立的可干预危险因素。收缩压或舒张压的升高都与脑卒中的发病风险呈线性正相关。如收缩压每升高10mmHg或舒张压每升高5mmHg，脑卒中发病的相对危险增加约50%。我国和多数国外的权威指南建议，一般情况下，高血压病人应将血压降至<140/90mmHg；老年人（≥65岁）收缩压可根据具体情况降至<150mmHg，能耐受者可进一步降低。为了预防脑血管疾病的发生，我们应该积极控制高血压，对高血压病人、正常血压偏高者以及血压在临界状态者，都应实施早期干预。

2. 吸烟　是脑卒中的首要危险因素之一，其可促使血管收缩、血管痉挛，并使血细胞比容、纤维蛋白原均增加，同时还可引起血管内膜内皮细胞减少，促进高血压及动脉粥样硬化的发生。研究表明，吸烟可使缺血性卒中及出血性卒中的发病风险增加1.9～4倍。

3. 血脂异常　血脂异常、脂质斑块形成是脑血管动脉粥样硬化的最重要的病理生理基础。血脂实验室指标主要包括总胆固醇（total cholesterol，TC）、甘油三酯（triglyceride，TG）、低密度脂蛋白胆固醇（low density lipoprotein-cholesterol，LDL-C）和高密度脂蛋白胆固醇（high density lipoprotein-cholesterol，HDL-C）。其中，LDL-C被认为是参与动脉粥样硬化发生发展的最重要的胆固醇，是心脑血管疾病中血脂控制最重要的靶标；HDL-C则可逆向转运胆固醇，是心脑血管疾病的重要保护性因子。

4. 糖尿病　糖尿病的发病率逐年上升，可引起心脑血管等大动脉粥样硬化及全身微血管病变，也是脑卒中的独立危险因素，同时导致多脏器功能受损，也是冠心病的等危症，糖尿病可使心血管疾病的死亡率增加1.5～4.5倍。

5. 无症状性颈动脉狭窄　同样是脑卒中的独立危险因素。研究显示，发现颈动脉粥样硬化斑块后2～3年的随访，无症状性颈动脉狭窄脑卒中发生率为1%～3.4%；10年随访发生率为9.3%；15年随访，发生率为16.6%。

6. 其他因素　肥胖、饮酒过量、心房颤动、瓣膜手术、贫血、缺乏运动和锻炼等均为脑卒中的危险因素。

三、脑卒中的常见临床类型

1. 短暂性脑缺血发作（transient ischemic attack，TIA）　是由于局部脑或者视网膜缺血引起的短暂性的神经功能缺损，临床症状一般不超过1小时，最长不超过24小时，且无责任病灶的证据。

2. 大动脉粥样硬化性卒中（large artery atherosclerosis，LAA）　又称为脑梗死，主要发生在管径500μm以上的动脉，颈内系统更为多发，约占80%。由于血液流动时产生的剪切力，血管分叉处如颈总与颈内、外动脉交叉处，大脑前、中动脉交叉处等易发生动脉粥样硬化及脑卒中。

3. 腔隙性脑梗死（lacunar infarction，LI）　又称小动脉闭塞性脑卒中，占全部脑卒中的20%～30%。主要是指大脑半球或者脑干深部的小穿通动脉，在高血压等危险因素长期作用下，血管壁发生硬化，最终管腔闭塞，供血区脑组织缺血坏死的一类临床综合征。梗死灶的直径多小于1.5～2cm。

4. 脑栓塞（cerebral embolism，CE）　是种来源的栓子随血流进入颅内动脉，使血管腔急性闭塞或严重狭窄，引起相应供血区发生缺血坏死及功能障碍的一组临床综合征。心源性栓塞最常见，

占脑栓塞的60%～75%。

5. 脑出血（intracerebral hemorrhage，ICH） 是指非外伤性脑实质内血管破裂出血，是脑卒中的第二大类型。发病率低于缺血性脑卒中，致死率、致残率高于后者。脑出血是神经系统疾病的急症，需要紧急诊断和处理。

6. 蛛网膜下腔出血（subarachnoid hemorrhage，SAH） 是指原发性或者外伤性因素引起脑和脊髓的血管破裂，血液流入蛛网膜下腔的疾病。先天性颅内动脉瘤破裂是最常见的原因，占50%～80%，先天性血管畸形约占10%。

第二节 脑卒中的临床表现

脑卒中发病率逐年上升，严重威胁着我国居民的身心健康。卒中治疗的关键在于早期诊断干预，挽救病人的生命和可能出现的残疾。社区医生常是接触病人的首诊医生，在脑卒中的早期识别中起重要作用。早在2004年美国北卡罗来纳大学医学院为帮助公众快速识别脑卒中和院前急救，设计并提出了"FAST"行动，至今仍然在全世界内广泛应用。即F（face），观察病人笑时是否有两侧嘴角不对称，是否伴有面部无力；A（arm），观察病人举起双手时是否有一侧上肢无力；S（speech），注意分辨病人说话时有无口齿不清、语言表达困难；T（time），如果上述三项有一项存在，请您立即拨打急救电话120。"时间就是大脑"，早期诊治，将能最大限度地挽救病人的生命健康。

一、缺血性脑卒中的临床表现

1. 意识障碍（conscious disturbance） 意识是指个体对外界环境、自身状况及其之间相互关系的感知能力。包括觉醒和意识内容两方面。上行网状激活系统和大脑皮层的广泛损害可导致不同程度觉醒水平的障碍，大脑皮质损害则主要引起意识内容的变化。

（1）觉醒水平的障碍：包括：①嗜睡（somnolence），病人睡眠时间过度延长，被叫醒后可以简单配合检查、回答问题，停止刺激后继续入睡；②昏睡（sopor），病人处于较深睡眠，较强的外界刺激才能被唤醒，醒后简短回答问题后继续入睡；③昏迷（coma），意识活动完全丧失，各种刺激均不能唤醒，无有目的的自主活动。浅昏迷指生理反射存在，生命体征无明显改变；中昏迷指强刺激下生理反射减弱，生命体征出现改变；深昏迷指意识活动完全消失，生理反射消失和呼吸不规则、血压下降、大小便失禁、全身肌肉松弛、去大脑强直等。

（2）意识内容的变化：包括：①意识模糊（confusion），病人的时间、空间及人物定向明显障碍，思维不连贯，常答非所问，错觉可为突出表现，幻觉少见，情感淡漠；②谵妄状态（delirium），对客观环境的认识能力及反应能力均有所下降，注意力涣散，定向障碍，言语增多，思维不连贯，多伴有觉醒——睡眠周期紊乱。

全科医师在遇到意识障碍的病人时应及时进行判断，有较严重的意识障碍病人应紧急联系有心电监测装置的医院，迅速吸氧、建立输液通道给予生命支持。根据病人是否能被唤醒、生理反射及生命体征是否存在等，判断病人的意识障碍类型，并注意询问病人家属有无颅脑外伤、有无重要脏器受损的慢性病史和毒物接触史。

2. 眩晕（vertigo） 是一种运动性或位置性错觉，造成人与周围环境在大脑皮质中反应失真产生旋转、倾倒及起伏等感觉，可分为系统性眩晕和非系统性眩晕，后者由前庭系统以外病变引起，不予赘述。以下简单介绍系统性眩晕。

（1）周围性眩晕：由内耳迷路或前庭部分、前庭神经颅外段（在内听道内）病变引起的眩晕为周围性眩晕，眩晕感重，持续时间短，常见于梅尼埃病、良性发作性位置性眩晕和迷路卒中等。

（2）中枢性眩晕：是指前庭神经核、脑干、小脑和大脑颞叶病变引起的眩晕。眩晕感轻，持续时间长，眼球震颤幅度大，倾倒方向与头位无一定关系。常见于椎基底动脉供血不足、脑干梗死、小脑

梗死或出血等。

社区医生接诊眩晕病人时，要注意询问病人除头昏外，是否有诸如“天旋地转”、“晕倒”和“周围建筑物转动”等表现，以甄别是否为真性眩晕。还应询问眩晕的程度和持续时间、有无特殊诱发因素、是否伴有听力障碍以及是否存在眩晕家族史。

3. 失语(aphasia)　指在神志清楚、意识正常、发音和构音没有障碍的情况下，大脑皮质语言功能区病变导致的言语交流能力障碍。常见有以下几种：①运动性失语(Broca失语)，为第三额回后部的言语运动中枢受损所引起，病人能理解他人语言，但自己语言表达能力障碍；②感觉性失语(Wenicken失语)，病变位于优势侧颞上回后部，病人变现为严重的听理解障碍，完全听不懂周围人讲话，但口语表达流利；③失读证，病变主要位于角回，特点为病人无视力障碍，看到原来认识的文字符号却读不出字音，亦不知其意义，多伴有失写、失算、体象障碍、空间失认等；④其他如经皮质性失语，丘脑性失语和命名性失语等，由相应支配区域脑卒中或脑出血引起。

全科医生在接诊失语病人时，仔细与病人交流，注意分辨病人的失语类型，并注意有无其他伴随症状。

4. 瘫痪(paralysis)　是指肢体随意运动能力的减低或丧失，可由神经源性病变、神经-肌肉接头处病变以及肌肉源性病变引起。脑卒中多引起神经源性瘫痪，具体又可分为上运动神经源性瘫痪和下运动神经源性瘫痪。

(1)上运动神经源性瘫痪：也称为中枢性瘫痪，是由皮质脊髓束和皮质脑干束病变引起，因所支配肌肉肌张力增高，又称为痉挛性瘫痪或者硬瘫。主要有以下临床表现：①肌力减弱，可出现单肢瘫、偏身瘫及截瘫，但双侧神经元支配的部位如眼、下颌、咽喉、颈、胸腹部的运动则不受影响；②肌张力增高；③腱反射活跃或亢进；④浅反射减弱或消失，如腹壁反射、提睾反射、肛门反射等；⑤病理反射，当上神经元受损时，受抑制的病理征如Babinski征、Chaddock征、Oppenheim征和Gordon征会被释放出来。如一侧内囊损害，引起的对侧肢体偏瘫，即为上运动神经元性瘫痪。

(2)下运动神经源性瘫痪：是指脑神经运动核细胞、脊髓前角细胞以及脑和脊髓的周围神经运动纤维受损引起的迟缓性瘫痪。临床表现为：①相应下运动神经元支配的肌力减弱；②肌张力降低甚至消失；③腱反射减弱或消失；④肌肉萎缩。如颅脑面神经核、展神经核损害引起的同侧面瘫和眼球外展困难为下运动神经源性瘫痪。

全科医生在遇到瘫痪的病人时应询问病人的发病特点，有上述明显的神经系统的症状和体征时，需进行初步处理，并紧急联系上级医院转诊。病史询问包括瘫痪起病的时间、病程进展的快慢、病变的部位、肌无力的程度、肌张力等异常情况，叩诊观察腱反射的强弱，检查是否出现病理征。同时要注意了解是否伴有头晕、感觉障碍等其他伴随症状，是否存在高血压、糖尿病及动脉粥样硬化等既往史。

5. 躯体感觉障碍(somatic sensation)　躯体感觉是指各种形式的刺激作用于感受器在人脑中的反应，包括：①浅感觉，即皮肤、黏膜的感觉，如痛觉、温度觉和触觉；②深感觉，来自肌肉、肌腱、骨膜和关节的本体感觉，如位置觉、运动觉和震动觉；③复合感觉，如两点辨别觉、图形觉和实体觉。感觉障碍可分为刺激性症状和抑制性症状两大类。

(1)抑制性症状：上行感觉传导通路受破坏时，会出现浅感觉和深感觉的减退或缺失。当一个部位所有的感觉全消失时称为完全性感觉缺失，如脊髓截瘫；当一个部位部分感觉缺失，其他感觉保留，则称为分离性感觉障碍，如脊髓半切综合征。

(2)刺激性症状：可分为感觉过度、感觉过敏和感觉倒错等，多由感觉传导通路受刺激或者兴奋性增高导致。

全科医生在接诊感觉障碍的病人时应注意年龄、起病速度、发病部位和病程长短。如老年病人，高血压病史多年，突然发生感觉障碍，以脑血管病多见；慢性发病者则以糖尿病、肿瘤等疾病可能性大；青少年病人出现痛温觉缺失、其他感觉保留的分离性感觉障碍时，脊髓空洞的可能性大；手掌、

手指部的麻木无力除脑卒中外，还应考虑颈椎病、糖尿病神经性病变、末梢神经炎等。进行体格检查时应先查患侧、后检查正常侧，并注意左右侧和相应部位的远近端对比，必要时重复检查。

6. 共济失调（ataxia） 是指小脑、本体感觉以及前庭功能障碍导致的运动笨拙和不协调，累及躯干、四肢和咽喉肌时引起身体平衡、姿势和步态的障碍。临床上可分为小脑性共济失调、大脑性共济失调、感觉性共济失调以及前庭性共济失调。

全科医生在接诊共济失调的病人时，应注意结合相应的病史，仔细分析病情，系统进行神经系统的体格检查，初步作出定位和定性诊断，进一步判断病灶的位置和性质，并进行初步处理，必要时向上一级医院转诊。

二、出血性脑卒中的临床表现

出血性脑卒中与缺血性脑卒中的临床表现有诸多类似之处，上述意识障碍、瘫痪、躯体感觉障碍等都可见于出血性脑卒中，缺血性脑卒中也可表现为出血性脑卒中的典型症状如头痛、恶心、呕吐和颅内压增高等。

1. 头痛（headache） 通常将局限于头颅上半部，包括眉弓、耳轮上缘和枕外隆突连线以上部位的疼痛统称头痛。

临床上根据头痛的起病方式可分为：①急性起型的头痛，如蛛网膜下腔出血和其他脑血管疾病、脑膜炎或脑炎等；②亚急性起病型头痛，如颞动脉炎、颅内肿瘤等；③慢性起病型头痛，如偏头痛、紧张型头痛、丛集性头痛、药物依赖性头痛等。

全科医生在接诊头痛病人时，要注意询问病人是否有先兆症状，发病的急缓和发作的部位、性质、持续时间，有无相应的加重或缓解因素及其伴随症状，同时配合脑膜刺激征、病理征等体格检查，一旦怀疑为脑出血或蛛网膜下腔出血的急性头痛，应紧急联系上级医院，及早行头颅CT检查和相应的治疗。

2. 颅内压增高（intracranial hypertension） 是指在病理情况下，颅内压力超过200mmH_2O的状态，常伴随有剧烈头痛、恶心呕吐、视力下降和视乳头水肿。脑出血、蛛网膜下腔出血、脑炎和脑膜炎等常引起急性颅内压升高，表现为剧烈头痛，有时甚至发生脑疝，引起意识状态和生命体征的改变。颅内占位性病变引起的多为慢性颅内压增高，而脑疝及意识状态改变少见。

社区医生接诊颅内压增高的病人时，要注意病人起病的速度、伴发头痛的严重程度，监测病人生命体征和意识状态有无改变，必要时紧急联系上级医院进行转诊。

三、脑卒中常见并发症

脑卒中发病后，由于脑组织坏死或发生缺血缺氧损伤，神经 - 体液调节功能障碍，特别是老年人，常伴有高血压、糖尿病和高脂血症等危险因素，故常引起循环系统、消化系统和呼吸系统等多种系统的并发症，不仅影响病人的神经功能恢复，不及时治疗甚至可能导致死亡。通过医院的治疗和干预，部分病人能痊愈出院，部分病人残留有躯体功能障碍需回到社区继续治疗和康复。社区医院医生则在脑卒中后并发症的治疗、康复及护理等方面发挥重要作用，可指导病人和家属进行药物调整、运动康复、心理咨询及居家照顾等。

1. 脑心综合征 是指脑卒中后脑干、下丘脑和边缘系统等支配心脏的高级自主神经损伤后，引起的类似心肌缺血、心律失常和心肌梗死等病症。心脏的损伤可与脑卒中同时出现，或者在其后出现；症状有时会被脑卒中引起的意识障碍、失语等掩盖；当心脏损伤较轻，如轻微心绞痛、心悸、胸闷，不能引起病人的重视，常发生漏诊。脑心综合征常引起心电图、心功能和心肌酶谱的变化。心电图改变与病情程度正相关，常出现在卒中后的几小时至一月之间，随脑卒中的病情好转症状逐渐减轻，以蛛网膜下腔出血、脑出血引起者最常见。

全科医师在接诊脑卒中后康复治疗的病人时，应注意心电检查，出现心电图、心肌酶学等异常时

高度怀疑脑心综合征，嘱病人吸氧、多卧床休息，使用改善心肌缺血、抗心律失常的药物。

2. 脑水肿与脑疝 脑水肿是指脑出血或大面积脑梗死后，脑实质内液体异常增多导致脑容积病理性增大的现象。可出现头痛、恶心呕吐、视力下降等高颅压的症状，还可伴有血压、呼吸、心率和脉搏等生命体征改变。

脑疝指脑卒中或脑出血后，颅内压增高或脑组织容积增大，向邻近阻力较低的部位移动，使脑组织被挤压到硬脑膜间隙、颅骨孔道等处形成脑疝，如小脑幕切迹疝、大脑镰下疝和枕骨大孔疝。当颅内压增高的病人出现意识障碍，瞳孔不等大，对光反射减弱或消失，生命体征明显改变时，要高度怀疑脑疝可能。

脑水肿和脑疝是脑卒中后最常见的死因。全科医师在接诊脑水肿的病人时，应注意密切监测病人生命体征及颅内压情况，观察瞳孔和神志变化，当发现病人病情严重甚至发生脑疝倾向时，应立即给予吸氧、开放静脉通道及脱水降颅压治疗，并及时联系上级医院转诊。

3. 肺部并发症 肺部感染、肺水肿等肺部并发症，是脑卒中一个月内死亡的主要原因之一，特别是长期卧床的老年人，肺部感染可反复发生，在预防或治疗脑卒中病人的肺部并发症时，应经常翻身拍背，保持呼吸道通畅，及时吸痰，当出现明显的血象增高时，应根据细菌培养和药敏结果，合理选择抗生素。

4. 应激性溃疡 是指机体在脑卒中等应激状态下，发生以急性胃黏膜糜烂、溃疡和出血为特征的严重并发症。该病的治疗原则，一方面是原发病的治疗，另一方面是抑酸、保护胃黏膜、止血和防治再出血，同时给予补液、营养支持治疗，维持病人的内环境稳定。

5. 卧床并发症 脑卒中后病人活动能力受限，长期卧床，容易出现深静脉血栓形成、褥疮等卧床并发症。深静脉血栓形成后若栓子脱落，可引起肺栓塞，危及病人生命。压疮形成后迁延难愈，容易经血行感染出现败血症。

预防深静脉血栓形成可嘱病人多活动，瘫痪肢体抬高，穿长筒弹力袜，避免在瘫痪的下肢输液等。如已经发生深静脉血栓形成，应嘱病人卧床休息，减少活动，避免用力大便等，并根据病人的一般情况、肝肾功能状态、血栓性质和部位，合理使用低分子肝素等抗凝治疗，必要时转上级医院进行溶栓治疗。

预防压疮时应注意保持室内环境及床单等的物品干净卫生，勤翻身，使用气垫床和海绵垫，每天对病人进行压疮危险性评估。如受压面出现皮肤红肿或溃烂，则应按压疮进行治疗，必要时给予积极的抗感染药物。社区医生还需对病人家属进行指导教育，培训居家康复护理知识，减少压疮形成的次生并发症的形成。

6. 卒中后抑郁 是指脑卒中后出现显著或持久的情绪低落，影响病人生活质量和功能恢复，严重时出现自伤、自杀倾向，持续时间 2 周以上。卒中后抑郁的发病率为 40%～50%，具有患病率高、漏诊率高、不易察觉和自杀风险高等特点，早期预防和治疗非常关键。

卒中后抑郁可用汉密尔顿抑郁量表筛查，还有贝克抑郁问卷（BDI）、Zung 自我评定量表（ZSRDS）和老年 PSD——美国流行病研究中心抑郁量表（CES-D-R）等，也可用于病人抑郁的诊断评估。治疗主要推荐心理治疗、行为治疗、社会支持治疗和药物治疗。

第三节 脑卒中诊断与治疗

脑卒中急性发病以后，大多转诊到综合医院神经科或专科医院进行诊治，但社区医生常常也有初始接触病人的机会，了解其脑卒中的诊治流程，有助于接诊这类病人时的早期识别、初步处理及后续康复治疗。

一、缺血性脑卒中诊断与鉴别诊断

根据《中国急性缺血性脑卒中诊治指南 2014》，急性缺血性脑卒中诊断流程应包括如下 5 个步

骤：①是否为脑卒中？要排除非血管性疾病；②是否为缺血性脑卒中？行脑CT或MRI检查排除出血性脑卒中；③脑卒中严重程度？根据神经功能缺损量表评估；④能否进行溶栓治疗？要核对适应证和禁忌证；⑤病因分型？可参考TOAST（Trial of Org 10172 in Acute Stroke Treatment，TOAST）标准，结合病史、实验室、脑病变和血管病变等检查资料确定病因。以下列举几种常见的缺血性脑卒中的诊断标准。

1. 短暂性脑缺血发作（TIA） 大多数TIA病人症状持续时间较短，就诊时已经恢复，故TIA的诊断主要依靠病史。中老年病人突然出现神经功能缺损症状，如对侧偏瘫、偏身感觉障碍、偏盲等，并且短时间内完全恢复，基本可诊断该病。TIA后2～7天是卒中的高风险期，应使用$ABCD^2$评分量表（表13-1）进行危险分层。症状发生在72小时之内，并出现下列情况的，应接受入院治疗：① $ABCD^2$评分>3分；② 0～2分，但门诊两天之内不能完成系统检查或者有影像学证据提示颅内存在缺血性病灶的。

表13-1 $ABCD^2$评分量表

TIA的临床特征		得分
年龄（A）	>60岁	1
血压（B）	收缩压>140mmHg或舒张压>90mmHg	1
临床症状（C）	单侧无力	2
	不伴无力的言语障碍	1
症状持续时间（D）	>60分钟	2
	10～59分钟	1
糖尿病（D）	有	1

TIA诊断时应注意与癫痫的部分发作、梅尼埃病相鉴别，主要从临床表现、症状持续时间以及脑电图、MRI等辅助检查结果等方面相鉴别。

2. 脑梗死 中老年病人，既往有高血压病、动脉粥样硬化等病史，在安静或者活动状态下起病，出现某一支脑动脉供血区域缺血性神经功能缺损的症状，于数小时内达到高峰，临床上应高度怀疑脑梗死可能。

脑梗死应与脑出血相鉴别。脑出血多在活动或情绪激动时起病，多伴头痛、恶心、呕吐等颅内高压症状（表13-2）。

表13-2 脑梗死与脑出血的鉴别诊断

	脑梗死	脑出血
发病年龄	>60岁	≤60岁
起病状态	安静状态或睡眠中	动态起病（活动中或情绪激动）
起病速度	10余小时或1～2天	十分钟或数十小时
全脑症状	轻微或无	头痛、恶心、呕吐等高颅压症状
意识障碍	无或较轻	多见且较重
神经体征	多为非均等性偏瘫	多为均等性偏瘫
头颅CT	低密度灶	高密度灶
脑脊液	无色透明	多为血性

此外，还应与脑栓塞相鉴别。脑栓塞起病急，数秒至数分钟症状达高峰，常伴有心房颤动、不稳定性动脉粥样硬化斑块、风湿性心内膜炎等产生栓子来源的疾病。

3. 腔隙性脑梗死 是指大脑半球或脑干深部的小穿通动脉末梢闭塞形成的小梗死灶，病灶直径多在3～4mm，部分病人无明显症状和体征，而由影像学检查发现。中老年病人，有高血压病、糖尿病、高脂血症、吸烟及动脉粥样硬化等病史，急性或亚急性起病，出现局灶性神经功能缺损症状如纯

运动性或感觉性障碍，CT 或 MRI 等检查发现与神经功能缺损一致的、脑部直径小于 0.2～2.0cm 多发囊性病灶可确诊。应与小量出血、脱髓鞘病、转移瘤等鉴别。

4. 脑栓塞　根据急性起病，数秒至数分钟内迅速出现神经功能缺损的症状，结合既往存在心房颤动、骨折病史等，可作出初步诊断。神经影像学检查发现栓塞病灶，有助于明确诊断。

该病应与脑出血、脑血栓形成相鉴别。根据起病速度、既往病史及神经影像学检查可明确诊断。

二、出血性脑卒中诊断与鉴别诊断

《中国脑出血诊治指南 2014》指出，脑出血的诊断流程应包括以下步骤：①是否为脑卒中？②是否为脑出血？行脑 CT 或 MRI 以明确诊断；③脑出血严重程度？根据 GCS 或 NHISS 量表评估；④脑出血的分型？应结合病史、体征、实验室检查、影像学检查等确定。具体诊断标准如下。

1. 脑出血　中老年病人在活动中或情绪激动时突然发病，迅速出现局灶性神经功能缺损症状，如偏瘫、感觉障碍、视力下降或失语等，同时伴有头痛、呕吐等高颅压症状，应考虑脑出血可能性，结合头颅 CT 检查，可迅速明确诊断。

该病应与蛛网膜下腔出血（表 13-3）、脑梗死相鉴别。发病突然、迅速昏迷的还应与全身性疾病如酒精中毒、一氧化碳中毒相鉴别。

表 13-3　脑出血与蛛网膜下腔出血的鉴别

	脑出血	蛛网膜下腔出血
发病年龄	50～60 岁常见	粟粒样动脉瘤 40～60 岁，动静脉畸形 10～40 岁
常见病因	高血压、脑动脉硬化	粟粒样动脉瘤，动静脉畸形
起病速度	数分钟至数小时达高峰	急骤，数分钟达高峰
血压	通常显著增高	正常或增高
头痛	常见，较剧烈	极常见，剧烈
昏迷	重症病人持续性昏迷	常为一过性昏迷
局灶体征	脑膜刺激征阳性，常无局灶体征	偏瘫、偏身感觉障碍、失语
眼底	眼底动脉硬化，可见视网膜出血	可见玻璃体膜下片状出血
头部 CT	脑实质内高密度灶	脑池、脑室及蛛网膜下腔高密度出血征
脑脊液	洗肉水样	均匀一致血性

2. 蛛网膜下腔出血　蛛网膜下腔出血临床表现差异较大，轻者可没有任何症状和体征，重者可突然昏迷或死亡，以中青年发病者居多，多有明显诱因如剧烈运动、情绪激动、过度疲劳等，数秒至数分钟内突然发生持续剧烈头痛、呕吐，伴或不伴意识障碍，无明显神经功能缺损体征，脑膜刺激征阳性，应高度怀疑蛛网膜下腔出血，CT 或腰穿可协助诊断。诊断时还应注意与脑出血、脑肿瘤和颅内感染相鉴别。

三、缺血性脑卒中治疗

缺血性卒中的治疗包括一般治疗和特殊治疗。

一般治疗包括吸氧、心电监测、控制血压和血糖、预防脑水肿及营养支持等。其中起病 24 小时内的高血压应谨慎处理，收缩压≥200mmHg 或舒张压≥110mmHg，可选择对脑血管压力影响较小的药物予以降压治疗，并严密监测血压变化。

特殊治疗包括应用抗血小板和抗凝药物、改善脑循环及神经保护治疗、静脉溶栓、动脉溶栓及取栓等。抗血小板治疗药物主要为阿司匹林和氯吡格雷，研究证实卒中 48 小时内给予阿司匹林治疗，能显著降低卒中病人的死亡率、残疾率和复发率。常用的改善循环及神经保护治疗的药物分别是丁基苯肽和依达拉奉。对于发病时间在 3 小时内或者 3～4.5 小时内的病人，应尽快转诊上级医院，筛选和评估溶栓适应证与禁忌证，尽快静脉给予重组组织型纤溶酶原激活剂（recombinant tissue

plasminogen activator，rtPA）溶栓治疗。

四、出血性脑卒中治疗

脑出血的治疗包括内科治疗和外科治疗，大多数病人应以内科治疗为主，如果病情危重、有手术适应证者，应进行外科治疗。

脑出血的治疗原则为卧床休息、调整血压、控制出血及防止再次出血、脱水降颅压减少坏死及水肿面积、加强病人护理及防止可能出现的并发症。社区医师需发现和诊断，及时转诊上级医院，病情严重内科治疗无效时，则考虑采用去骨瓣减压术、脑室穿刺引流术等。

第四节　脑卒中急性期的社区处理

脑卒中是我国目前第一位的致死和致残的原因。社区医生由于工作环境的便利，常常掌握着居民健康和疾病的第一手资料，在脑卒中防控中有重要作用。脑卒中的早期救治由七个环节组成，每个环节可用一个首字母为D的英文单词表示，分别为：①发现病人（detection），社区医生或家属要能识别脑卒中症状；②派遣（dispatch），派遣救护车到现场转运病人；③快速转运（delivery），转运过程中社区医生及其他救护人员要注意维持病人生命体征的稳定，尽早到达医院；④医院的门口（Door），转运到有相应救治能力的医院；⑤收集资料（date）；⑥治疗决策（decision）；⑦用药（drug）。社区医生承担着脑卒中病人的早期识别评估、院前救护转运、专科治疗后病人的症状康复等重大责任。

一、脑卒中的临床识别及评估

脑卒中是急症，相关医护人员应时刻警醒"时间就是大脑""时间就是生命"的观念。脑卒中的急性期治疗是提高病人生存率的关键，而临床识别及评估是其中的第一步，是后续的院前急救、转诊等的必要条件。这就要求社区医生不仅自己掌握脑卒中的常见临床表现，还要进行广泛的宣教，提高广大社区居民的意识。

脑卒中的临床识别及评估要点包括：①症状是否为突然发生？卒中一般起病较快，如脑栓塞的症状在数秒至数分钟可达高峰，脑出血为十分钟至数小时，脑梗死为十余小时或一到两天。②是否有一侧肢体（伴不伴面部）无力、笨拙、沉重和麻木？短暂性脑缺血发作时，可发生一过性肢体无力或麻木感；大脑前、大脑中动脉支配区脑梗死或栓塞时可出现对侧肢体偏瘫、感觉障碍；脑出血累及大脑运动和感觉功能区神经元时也可出现对侧肢体瘫痪和麻木或感觉丧失等；脑干病变时引起的多为"交叉瘫"，即同侧面部、对侧肢体瘫痪或感觉障碍。③是否一侧面部麻木或口角歪斜？当缺血性或出血性病灶引起皮质核束和皮质脊髓束受损时，出现对侧中枢性面瘫；面神经核受损时出现同侧周围性面瘫。④是否说话不清或理解语言困难？常见的失语类型包括运动性失语、感觉性失语、失读证和皮质性失语，具体见第二节。⑤是否双眼向一侧凝视？当缺血或出血性病变导致额叶或脑桥侧视中枢受损时，可出现病人双眼向一侧凝视。⑥是否一侧或双眼视力丧失或模糊？当颈内动脉系统的眼动脉发生栓塞时可出现同侧视力丧失或视物模糊。⑦是否有视物旋转或平衡障碍？椎基底动脉系统病变常可以出现视物旋转或平衡障碍等表现。⑧是否有严重头痛、呕吐？当急性脑出血时颅内压增高，会出现明显的头痛、恶心、呕吐和视乳头水肿。⑨有无上诉症状同时伴意识障碍或抽搐？大脑皮层和脑干上行网状系统控制人的意识和觉醒，病变时可出现不同程度的意识障碍。脑卒中病变累及颞叶时易出现癫痫。

此外，美国心脏病协会/美国卒中协会（AHA/ASA）制定的早期识别脑脑卒中的"辛辛那提院前卒中量表"中三个简单测试"笑一笑，动一动，说一说"可以帮助社区医生及居民早期识别脑卒中。上诉三个测试分别能辅助判断病人是否存在面瘫、肢体瘫痪和语言功能障碍，任何一项阳性均可初步诊断为脑卒中。

通过上诉途径简单识别和评估后，如怀疑为脑卒中病人，应立即联系救护车，转诊至附近有条件

进行急性期救治的医院。

二、脑卒中院前处理及转运

社区医生在现场或救护车上对脑卒中病人进行院前处理及转运时应注意维持病人生命体征平稳，同时通知上级医院卒中单元或者急诊室接诊医生。保持生命体征平稳，即ABC原则：①气道(airway)，解开病人衣领，有假牙时设法取出，必要时吸痰，清除口腔异物，保持气道通畅；当出现昏迷或者通气不足时应在急救医生的帮助下给予插管。②呼吸(breathing)，保持病人氧饱和度在90%以上。③循环(circulation)，开放病人的静脉通道，可选择肘正中静脉，方便病人进入上级医院时进行CT灌注成像检查，同时测量病人血压、血糖及心电图。

在现场或救护车上还需询问病人及家属，收集与发病相关的一些基本信息。如病人脑卒中相关症状出现的具体时间(专科治疗时需判断是否在溶栓时间窗内)、具体性质(瘫痪或者言语不清等)，出现意识障碍时还应进行格拉斯哥评分，此外还应收集病人的既往患病史、服药史及手术外伤史。

社区医生在接诊病人时应该优先转运脑卒中病人，即使病人有烦躁现象也不应使用镇静剂，以免干扰后续医生对病人意识水平的判断。开放静脉通道后应缓慢滴注少量生理盐水，不应输注葡萄糖，否则会引起乳酸集聚，加重脑水肿。病人平均动脉压低于130mmHg时不应使用降压药，避免影响心脑等重要器官供血。当出现通气不足、发绀时应及时给予吸痰、氧气吸入等处理。

三、脑卒中专科治疗后转出

脑卒中病人在综合医院专科临床治愈或好转后，转出至社区医院、家庭等继续接受康复治疗。2013年原国家卫生计生委组织专家编写了《脑卒中等8个常见病种(手术)康复医疗双向转诊标准(试行)》，其中转出标准具体为：

【三级综合医院转出标准】

(一)由三级综合医院转出至康复医院(含以康复医疗服务为主的二级综合医院，下同)的标准。

1. 生命体征平稳。

2. 神经科专科处理结束。

3. 脑卒中相关临床实验室检查指标基本正常或平稳。

4. 接受系统康复诊疗后仍存在较重的功能障碍，有并发症或合并症，如意识或认知障碍、气管切开状态、急性心肌梗死、吞咽障碍等，需继续住院康复治疗。

(二)由三级综合医院转入社区或家庭的标准。

1. 生命体征平稳，脑卒中相关临床实验室检查指标基本正常。

2. 没有需要住院治疗的并发症或合并症。

3. 存在轻度功能障碍，无需住院康复治疗，可进行社区康复或居家康复。

病人从专科医院转出后，如果需要继续在社区医院进行住院治疗，则应遵循上级医院制订的方案进行规范化长期治疗与康复。例如遗留肢体功能障碍，或情感抑郁、痴呆等，均需要接受长期系统的康复训练。居家治疗和康复的社区医生要定期随访、监督、指导病人按照上级医院指定的长期治疗康复方案执行。社区管理的病人如果再次出现脑卒中早期症状或者严重并发症(如重度感染)应迅速转至上级医院治疗。

第五节　脑卒中预防及社区照顾

脑卒中给社会、家庭及个人带来巨大的负担，控制高血压病等高危因素，针对不同人群实施不同一级预防的措施是降低脑卒中发病率的关键，应当引起重视。此外，我国还是世界上脑卒中复发率最高的国家之一，警示我们要加强卒中后的二级预防。病人脑卒中后常遗留的肢体功能障碍或心理

问题，社区医生要注重病人的肢体功能恢复和心理疏导，使其早日回归家庭和社会。

一、脑卒中一级预防及健康指导

脑卒中一级预防是指针对具有脑卒中危险因素、尚未发生脑卒中的人群，在发病前通过定期监测各种危险因素，及时积极采取针对性措施，改善不健康的生活方式，减少或延缓脑卒中的发生。主要包括：

1. 吸烟 大量研究认为吸烟是引起我国居民脑卒中及其亚型的危险因素，长期吸烟者发生脑卒中的危险性是不吸烟者的6倍，戒烟者发生卒中的危险性可减少50%，对吸烟者应提倡戒烟。

2. 饮酒 过量饮酒是脑卒中的危险因素，针对不同饮酒量的人群及性别，应采取不同社区指导：不饮酒者不提倡用少量饮酒的方式预防心脑血管疾病；饮酒者应控制饮酒量，不要酗酒。男性饮酒的酒精含量不应超过25g/d，女性不应超过12.5g/d。

3. 饮食和营养 提倡每日三餐七分饱，饮食种类应多样化。严格控制食盐的摄入（≤6g/d）；每日总脂肪摄入量应小于总热量的30%，饱和脂肪<10%；每日摄入新鲜蔬菜400～500g、水果100g、肉类50～100g、鱼虾类50g；蛋类每周3～4个；奶类每日250g；食油每日20～25g；尽量少吃油炸、动物脂肪类食物及甜食。

4. 运动和锻炼 提倡养成良好的运动习惯，每日至少运动半小时（如快走、慢跑、游泳等有氧代谢运动）。对于高危病人（如高血压、糖尿病病人）应定期监测血压和血糖，根据具体情况制定可耐受的合理的锻炼方式。肥胖和超重者应减轻体重。

5. 糖尿病 是脑卒中的独立危险因素。糖尿病病人应加强日常生活方式的控制，包括饮食、锻炼等。需严格控制血糖，空腹血糖<6.1mmol/L，餐后血糖<8mmol/L，糖化血红蛋白<7%；但对虚弱的老年病人，空腹血糖避免<5.15mmol/L。2～3个月血糖控制仍不达标者，应选用口服降糖药或使用胰岛素治疗。

6. 高血压 是引起脑卒中及其亚型的主要危险因素。研究显示，血压越高，发生卒中的风险越大。应定期监测血压，对于早期或轻度高血压病人，首先改变不良的生活方式，3个月效果不佳者，应使用高血压药物进行治疗。血压控制目标值：收缩压<140mmHg，舒张压<90mmHg但不低于65～70mmHg。对于单纯收缩期性高血压的老年病人（年龄≥65岁，收缩压>160mmHg，舒张压<90mmHg），降压目标是收缩压<150mmHg。

7. 血脂异常 总胆固醇>7mmol/L，发生缺血性脑卒中的风险增加，胆固醇每增加1mmol/L，卒中发生率就增加25%。总胆固醇水平<4.14mmol/L，发生颅内出血的风险增加3倍。高密度脂蛋白和卒中呈负相关。应提倡定期监测血脂，改善生活方式以控制饮食及锻炼为主，辅以药物治疗，药物选择应根据病人血脂水平以及血脂异常类型决定。

8. 心房颤动 是缺血性脑卒中的独立危险因素。老年病人、高血压病、瓣膜病、冠心病、有栓塞病史等均会导致房颤病人栓塞发生率增加，应长期抗凝治疗。具体抗凝方案应根据病人个体不同情况制定。

9. 其他 心血管病风险明显增高者应预防性使用阿司匹林；不建议低危病人使用阿司匹林进行脑卒中一级预防。不推荐使用绝经后雌激素治疗或选择雌激素受体调节剂治疗用于卒中的一级预防。

二、脑卒中二级预防及干预策略

二级预防是针对已经发生过脑卒中的病人，进行必要的检查以明确脑卒中的病因及危险因素，对所有可以干预的危险因素进行干预，达到早发现、早诊断、早治疗的目的。

1. 危险因素的干预

（1）高血压：目标血压应为收缩压<140mmHg，舒张压<90mmHg。合并糖尿病的病人血压应严格控制在130/80mmHg以下。

（2）糖尿病：糖尿病病人血糖控制目标为空腹血糖<6.1mmol/L，HbAlc<7%。

（3）高脂血症：饮食方面进行严格限制，每天饱和脂肪少于10%，总胆固醇和总热量少于300mg，

若血脂较高，建议使用调脂药物，如他汀类药物，使 LDL-C<1.8mmol/L。

（4）其他：戒烟；限制酒精摄入量；避免过度疲劳、情绪波动过大；适当增加运动以改善体质；合理膳食，丰富事物种类，增加蔬菜水果、优质蛋白质等的摄入。

2. 药物干预

（1）阿司匹林：为环氧化酶抑制剂，是目前唯一有确定循证医学证据的抗血小板药物。研究表明，阿司匹林可使脑卒中的危险性降低 15%。对于阿司匹林用于脑卒中的二级预防，最佳剂量仍存在争议。2006 年《规范应用阿司匹林治疗缺血性脑血管病的专家共识》指出，二级预防长期用药剂量为 75mg～150mg/d。不良反应与剂量有关，主要为消化道反应。

（2）氯吡格雷：为血小板聚集抑制剂，推荐剂量为 75mg/d，主要不良反应为出血、中性粒细胞减少、腹泻等。如阿司匹林不能耐受，可选择氯吡格雷替代。

（3）华法林：为维生素 K 环氧化物还原酶的竞争性抑制剂，口服生物利用度为 100%，是临床最常用的口服抗凝剂。服用华法林病人应检测 lNR，抗凝的适宜指标为 INR 在 2～3 之间，并注意其他药物和食物与华法林之间的相互作用。

3. 手术干预　目前普遍认为，亚洲人群的脑动脉粥样硬化狭窄以颅内动脉最多见，对严重的脑动脉粥样硬化病人，可建议到有条件的医院进行血管内介入治疗，例如血管成形术和支架植入术。对于症状性颅外段颈动脉狭窄，则可使用颈动脉内膜剥脱术（CEA）。

三、脑卒中的康复原则及康复方法

1. 脑卒中康复治疗的基本原则

（1）选择合适的康复时机。

（2）康复评定贯穿于脑卒中治疗的全过程，包括急性期、恢复早期、恢复中后期和后遗症期。

（3）康复治疗计划是建立在康复评定的基础上，由康复小组共同制定，并在治疗方案实施过程中逐步加以修正和完善。

（4）康复治疗注意循序渐进，要有脑卒中病人的主动参与及其家属的配合，并与日常生活和健康教育相结合。

（5）采用综合康复治疗包括物理治疗、作业治疗、言语治疗、心理治疗、传统康复治疗和康复工程等。

（6）常规的药物治疗和必要的手术治疗。

（二）脑卒中康复治疗方法

康复治疗是一个系统工程，主要包括：

1. 运动疗法　用于恢复偏瘫病人的运动功能，主要是一对一（即一个康复治疗师对一个病人）的手法治疗。治疗技术主要有传统的治疗技术、Brunnstroum 治疗技术、Bobath 治疗技术、运动再学习治疗等，需针对病人的障碍情况去选择适宜的治疗措施和方法。

2. 作业疗法　主要工作内容是评价和治疗、训练，需要周而复始地进行，是针对上肢运动能力、协调性和手的精细活动进行的康复治疗，与病人的生活能力有很大的关联。

3. 物理治疗　如功能性电刺激、经皮神经电刺激疗法、生物反馈疗法、超声波疗法、痉挛肌电刺激疗法等，改善偏瘫肢体的肌肉和循环问题。

4. 言语治疗　对伴有言语功能障碍（如失语症、构音障碍等）的病人进行治疗和训练，以改善病人的言语沟通能力。

5. 心理治疗　又称精神治疗，脑卒中偏瘫病人常伴有抑郁、焦虑情绪，需要及时给予适当的心理干预。

6. 康复工程　对于偏瘫肢体可以配置适当的矫形支具，以阻止肢体变形，辅助功能活动。其次可以对病人家庭环境进行适当的改造，以方便病人居家的生活。

7. 康复护理 主要包括病人发病早期或卧床期的肢体功能位摆放和被动活动及日常生活活动，主要方法为训练和指导。

四、脑卒中常用生活能力评估量表

日常生活活动（activity of daily living，ADL）指一个人为了满足日常生活的需要每天所进行的必要活动，包括进食、梳妆、洗漱、洗澡、如厕、穿衣等，功能性移动包括翻身、从床上坐起、转移、行走、驱动轮椅、上下楼梯等。

常用的ADL量表有Barthel指数评定量表（表13-4）、Katz指数评定量表等，前者评价简单，运用广泛。

表13-4 Barthel指数评定量表

序号	项目	得分	评分标准
1	进食	10	可独立进食
		5	需部分帮助
		0	需极大帮助或完全依赖他人
2	洗澡	5	准备好洗澡水后，可自己独立完成
		0	在洗澡过程中需他人帮助
3	修饰	5	可自己独立完成
		0	需他人帮助
4	穿衣	10	可独立完成
		5	需部分帮助（能自己穿或脱，但需他人帮助整理衣物）
		0	需极大帮助或完全依赖他人
5	大便	10	可控制大便
		5	偶尔失控
		0	完全失控
6	小便	10	可控制小便
		5	偶尔失控
		0	完全失控
7	上厕所	10	可独立完成
		5	需部分帮助（需他人搀扶，需他人帮忙冲水或整理衣裤等）
		0	需极大帮助或完全依赖他人
8	床上转移	15	可独立完成
		10	需部分帮助（需他人搀扶或使用拐杖）
		5	需极大帮助（较大程度上依赖他人搀扶和帮助）
		0	完全依赖他人
9	行走	15	可独立在平地上行走45米
		10	需部分帮助（需他人搀扶，或使用拐杖、助行器等辅助用具）
		5	需极大帮助（较大程度上依赖他人搀扶，或独立操纵轮椅）
		0	完全依赖他人
10	上下楼梯	10	可独立在平地上行走45米
		5	部分帮助（需扶楼梯、他人搀扶，或使用拐杖等）
		0	需极大帮助或完全依赖他人

评定结果：0～20分为极重度功能缺陷，生活完全需要依赖；
25～45分为严重功能缺陷，生活需要很大帮助；
50～70分为中度功能缺陷，生活需要帮助；
75～95分为轻度功能缺陷，生活基本自理；
满分100分，为自理。

【典型病例诊断及治疗原则】

1. 初步诊断为：①短暂性脑缺血发作（颈内动脉系统）；②高血压病 3 级（极高危组）；③高脂血症。

诊断原因为：①老年男性；②急性起病；③有右下肢无力症状且持续半小时缓解，未遗留局灶性神经功能缺损症状；④既往有高血压病史，入院后测量血压高；⑤既往有高脂血症病史；⑥有脑卒中家族史。

鉴别诊断：短暂性脑缺血发作诊断时应注意与癫痫的部分发作、梅尼埃病相鉴别，主要从临床表现、症状持续时间以及脑电图、MRI 等辅助检查结果等方面相鉴别。

2. 应进一步完善相关实验室检查及影像学检查：血常规，尿常规，凝血功能四项，心肌酶谱、血生化。同时完善心电图、心脏彩超、颈动脉彩超检查。还可建议病人至附近上级医院完善头颅 CT、MRI、MRA 检查，以明确和评估颅内血管及脑实质病变情况。

后续治疗为，嘱病人规律服用降压药、降脂药以及抗血小板聚集药物。监测血压、血脂，如有不适，及时就诊。

3. 短暂性脑缺血发作或者缺血性脑卒中的危险因素包括高血压、高脂血症、糖尿病、吸烟、饮酒、肥胖等。控制血压在脑卒中的预防和治疗中有重要意义，病人应遵医嘱规律服药，学会自己监测血压并记录，建立完整的个人血压档案。高血脂也是防治脑卒中的关键环节，遵医嘱规律服药，定期前往医院监测。应建立良好的生活和饮食习惯，低盐、低脂、低嘌呤饮食，忌辛辣、油炸食物，戒烟限酒。注意规律适度的有氧运动，多与人交流，保持乐观情绪。如发现头晕、头痛、肢体麻木无力、复视或突然跌倒要及时就医。

思考题

1. 脑卒中的定义是什么？
2. 脑卒中的危险因素有哪些？
3. 脑卒中的临床类型有哪些？
4. 脑卒中的急性社区处理有哪些环节？
5. 脑卒中的一、二、三级预防是什么？

（王朝晖）

第十四章　糖尿病的全科医学处理

学习提要

- 糖尿病是全科医疗中常见的慢性病，其患病人数急剧上升。糖尿病前期人数远多于糖尿病病人，是糖尿病最重要的危险人群。全科医生承担首次医学诊疗服务，有机会接触大量疾病未分化期病人，有机会对糖尿病患病前的特殊群体进行早期干预，阻止糖尿病前期进展为糖尿病。
- 糖尿病的全科医学处理就是运用全科医学专科的理论、技能及方法，去管理、治疗糖尿病，包括糖尿病的全科医学首诊、随诊、转诊，糖尿病的三级预防、家庭及社区整体管理等。
- 糖尿病的预防、治疗及控制已从传统意义上的药物治疗为主转变为系统管理。国际糖尿病联盟（IDF）强调：糖尿病教育、医学营养治疗、运动治疗、血糖连续监测及随访等糖尿病综合管理措施意义重大。

【案例】

王某某，男，45 岁，办公室财务工作。因“反复头晕、头痛 2 年”就诊于某社区卫生服务中心。病人近 2 年来反复出现头晕、头痛，伴有失眠、烦躁，偶有心悸、胸闷。曾自服一些“保健药”，服后症状没有明显改善。每遇到工作紧张、感冒等情况头痛、失眠等加重。曾多次在该社区诊所及其他医疗单位测血压高（160/90mmHg 左右），均未接受医生建议进行全面检查及治疗。

既往史：否认糖尿病等慢性病病史，否认传染病病史。

体格检查：血压：180/90mmHg，体重：85kg；身高：175cm。胸廓对称无畸形，双侧呼吸动度、触觉语颤等无改变。双肺呼吸音清。心界无扩大，心律齐，第一心音增强，心率 80 次 / 分。胸骨右缘第二肋间主动脉瓣第二音亢进。腹软，肝、脾肋下未触及。双下肢无水肿。四肢关节活动好。足背动脉搏动正常。

辅助检查：血常规：血红蛋白（Hb）120g/L，白细胞（WBC）7.6×10^9/L，血小板（PLT）267×10^9/L；尿常规：正常，尿蛋白（−），尿糖（−）；糖化血红蛋白（HbA1c）6.3%；空腹血糖（GLU）5.6mmol/L，尿素氮（BUN）7.1mmol/L，肌酐（CR）93.9μmol/L，尿酸（UA）364.3μmol/L，总胆固醇（TC）6.3mmol/L，甘油三酯（TG）3.10mmol/L，高密度脂蛋白胆固醇（HDL-C）1.27mmol/L，低密度脂蛋白胆固醇（LDL-C）4.54mmol/L。心电图：正常。腹部彩超：未见异常。头颅 CT：未见异常。

初步诊断：1. 高血压病 3 级；2. 高脂血症。

治疗计划：厄贝沙坦片 150mg、每日一次口服；阿司匹林片 100mg，每日一次口服；瑞舒伐他汀 10mg，每日一次口服。

思考题：

1. 该社区诊所的首诊诊断是否全面？

2. 该病人的基层诊疗计划是否全面，是否符合基层全科医学处理原则？

随着社会经济的发展、人口老龄化、生活方式的改变，糖尿病患病人数急剧上升。糖尿病及其并发症给人类健康和社会发展带来了严重的负担。医学界对糖尿病的预防、治疗及控制已从传统意义上的药物治疗为主转变为系统管理。糖尿病的全科医学处理就是以全科医学模式进行诊疗疾病，包括病史采集、辅助检查，以及早期筛查、干预、诊断糖尿病等，并规范治疗和定期随访糖尿病，遏制糖尿病的发生发展。

第一节　糖尿病的概述

一、糖尿病的定义与分型

（一）糖尿病的定义

糖尿病（diabetes mellitus，DM）是一组由多病因引起的以慢性高血糖为特征的代谢性疾病，是由于胰岛素分泌和（或）作用缺陷所引起。长期碳水化合物以及脂肪、蛋白质代谢紊乱可引起多系统损害，导致眼、肾、神经、心脏、血管等组织器官慢性进行性病变、功能减退及衰竭。我国传统医学对糖尿病也早已有所认识，将其归属“消渴”症的范畴。

（二）糖尿病的分型

全科医生应掌握国际上通用的1999年世界卫生组织（WHO）糖尿病专家委员会提出的分型标准。

1. **1型糖尿病（type1 diabetes mellitus，T1DM）**　胰岛β细胞破坏，常导致胰岛素绝对缺乏。

2. **2型糖尿病（type 2 diabetes mellitus，T2DM）**　从以胰岛素抵抗为主伴胰岛素进行性分泌不足到以胰岛素进行性分泌不足为主伴胰岛素抵抗。

3. **其他特殊类型糖尿病**　包括：胰岛β细胞功能的基因缺陷；胰岛素作用的基因缺陷；胰腺外分泌疾病；内分泌疾病：库欣综合征、甲状腺功能亢进症、醛固酮瘤等；药物或化学品所致的糖尿病：烟酸、糖皮质激素、甲状腺激素、β-肾上腺素能激动剂、噻嗪类利尿剂等；感染；巨细胞病毒感染等。

4. **妊娠糖尿病（Gestational diabetes mellitus，GDM）**　妊娠期间发生的不同程度的糖代谢异常。

二、糖尿病的流行病学

糖尿病是包括心脑血管病、癌症和慢性呼吸道疾病在内的世界四大慢性非传染性疾病之一。其发病与人口老龄化、不健康的生活方式、热量摄入过多、超重和肥胖等因素有关。我国糖尿病的流行，以T2DM为主，约占90.0%以上。2007—2008年中华医学会糖尿病学分会（CDS）在我国部分地区开展的糖尿病流行病学调查报告，我国20岁以上成人糖尿病患病率达9.7%，2013年我国慢性病及其危险因素监测显示，18岁及以上人群糖尿病患病率已上升为10.4%。据国际糖尿病联盟（International Diabetes Federation，IDF）统计：2011年全世界糖尿病病人数量为3.66亿，较2010年的2.85亿增加近30%。2015年我国糖尿病病人的数量已达1.09亿人。此外，我国糖尿病人群中，新诊断的糖尿病病人约占总糖尿病人数的60%，并约有63%的糖尿病病人仍未被发现及诊断，尤其令人担忧的是我国成年人糖尿病前期的比例高达15.5%。说明我国糖尿病患病后续力量庞大，亟待控制。需予以早期预防、早期干预、积极治疗。

三、2型糖尿病及其危险因素

（一）2型糖尿病的定义

T2DM是一组由遗传、环境等多因素相互作用，以慢性高血糖为主要表现的临床代谢综合征，由于胰岛素抵抗和（或）胰岛素分泌障碍导致糖代谢紊乱，同时常伴有脂代谢紊乱、大血管和微血管并发症等。

（二）2型糖尿病的危险因素

T2DM危险因素的早期发现及干预可降低糖尿病的患病率。全科医生应熟练掌握糖尿病危险因素，尤其是可改变的糖尿病危险因素，将其运用在糖尿病的早期筛查、干预中。T2DM危险因素见表14-1。

表 14-1 2 型糖尿病的危险因素

不可改变的危险因素	可改变的危险因素
年龄	糖尿病前期(糖耐量异常或合并空腹血糖受损)(最重要的危险因素)
家族史或遗传倾向	代谢综合征(MS)
种族	超重、肥胖、抑郁症
GDM 史或巨大儿生产生史	饮食热量摄入过高、体力活动减少
多囊卵巢综合征(PCOS)	可增加糖尿病发生风险的药物
宫内发育迟缓或早产	致肥胖或糖尿病的社会环境

摘自《中国 2 型糖尿病防治指南》(2013)

由表 14-1 可以看出，糖尿病前期(糖耐量异常或合并空腹血糖受损)是最重要的危险因素，是全科医生需强化干预的内容之一。

(三) 2 型糖尿病的病因及发病机制

T2DM 的病因和发病机制仍然认识不足，是一组异质性疾病。与下列因素有关。

1. 遗传因素与环境因素 研究已证实 T2DM 与遗传因素密切相关。环境因素包括年龄增长、现代生活方式、营养过剩、体力活动不足、子宫内环境以及应激、化学毒物等，在 T2DM 发生过程中起了重要作用。

2. 胰岛素抵抗 胰岛素抵抗是 T2DM 发生的重要机制，可能是多数 T2DM 发病的始发因素。胰岛素抵抗是指胰岛素作用的靶器官(主要是肝脏、肌肉和脂肪组织)对胰岛素作用的敏感性降低，摄取及利用葡萄糖的能力下降而产生的一系列临床表现。

3. β 细胞功能缺陷 β 细胞对胰岛素抵抗的失代偿，出现胰岛素分泌的量、质、模式等异常，导致 T2DM 发生。

4. 胰岛 α 细胞功能异常和胰高血糖素样肽 -1(GLP-1)分泌缺陷 T2DM 病人由于胰岛 β 细胞数量明显减少，对胰岛中 α 细胞分泌胰高血糖素的抑制减少，及 α 细胞对葡萄糖敏感性下降，使肝糖输出增加。血糖增高。GLP-1 可刺激 β 细胞葡萄糖介导的胰岛素合成和分泌、抑制胰高血糖素分泌。在 T2DM 发病中也起重要作用。

第二节 糖尿病的临床表现

一、糖尿病的主要临床表现

糖尿病可发生在任何年龄，大多数是 T2DM。多见于成人，多数起病隐匿。T2DM 前期人群多见体态肥胖，特别是中心型肥胖，症状相对较轻，或无任何症状；临床上与肥胖症、血脂异常、高血压等疾病常同时或先后发生。有些病人在疾病早期也可能因低血糖就诊。高血糖期因渗透性利尿可出现多尿，继而口渴多饮；脂肪分解增多，蛋白质代谢负平衡，渐见乏力、消瘦、易饥、多食。也常见皮肤干燥、瘙痒、外阴瘙痒等症状，也可出现视力模糊等症状。

糖尿病病人低血糖主要是 T2DM 病人，由于胰岛素分泌高峰延迟所致。尤其使用外源中短效及长效胰岛素的病人更易出现低血糖，此时病人有饥饿感、全身无力、出冷汗心跳加快等症状。

二、糖尿病的并发症

糖尿病的慢性并发症可累及全身各重要器官。T2DM 病人慢性并发症常见：①糖尿病微血管病变；②糖尿病大血管病变；③神经系统并发症：可见中枢神经系统并发症；周围神经病变；局灶性单神经病变等；④自主神经病变。

糖尿病急性并发症常见糖尿病酮症酸中毒：病人可见“三多一少”加重，疲乏、食欲减退、恶心、呕吐，呼吸深快。高渗高血糖综合征也是糖尿病急性并发症，以高血糖(血糖达到或超过 33.3mmol/L)高渗透压、脱水为特点。

尚有其他并发症，如糖尿病足、并发各种感染，如肺部感染、皮肤化脓性感染如疖、痈，皮肤真菌感染、足癣、体癣等。

三、糖尿病的病史采集及体格检查

（一）病史采集

全科医学以“生物 - 心理 - 社会”医学模式为核心，强调“以病人中心”，因此采集糖尿病病史时，全科医生不仅要关注糖尿病个体的生物体变化，更注重其社会、心理、家庭的影响因素。可参考如下病史采集要点。见表 14-2。

表 14-2　病史采集要点

项目	内容
主诉和现病史	1. 采集主要病痛，确定其就诊的主要原因，明确主诉 2. 了解主要症状、伴随症状及其产生的诱因，症状持续的时间，病患严重程度、性质、加重和缓解因素，既往的诊断治疗情况等 3. 没有糖尿病记载的应诊者，重点询问有无糖尿病的相关危险因素情况，确定是否为糖尿病高危人群，是否需要进行糖尿病筛查等 4. 有糖尿病记载者需询问糖尿病诊断、治疗、使用药物、病情控制等情况，并发症的早期症状、或并发症进展情况
个人史	5. 询问行为与生活方式情况：饮食习惯，盐及脂肪、糖类等各种食物嗜好、进食量、比例等，烟草使用、酒精摄入、心理、睡眠等情况。运动习惯，每周运动时间 6. 询问家庭及家庭成员健康情况，及家庭生活方式习惯，了解家庭中是否存在不利健康的因素等
既往史	7. 询问是否并存其他健康问题、严重程度、既往诊疗情况等
社会及心理因素	8. 了解健康价值观，对疾病的态度、担忧及期盼 9. 了解对糖尿病认知情况 10. 了解健康问题是否以及如何影响病人的生活和工作

（二）体格检查

糖尿病的初诊病人全科医生的体格检查可首先进行生物体功能状态的基本评估，以利完善基本诊断、初步诊断，进行全科医疗。对随诊、转诊回社区的糖尿病病人除进行生物体功能状态的评估外，还要重视糖尿病并发症的体检。可参考如下体格检查要点。见表 14-3。

表 14-3　体格检查要点

项目	内容
一般检查	1. 测量身高、体重、腰围，计算体重指数（BMI） 2. 测量血压、心率、脉搏，初步评估应诊者精神、心理、状态
重点查体	3. 心脏检查：评估心律、心率、心脏大小、主动脉硬化等心脏功能状态 4. 肺部检查：评估肺部功能状态 5. 下肢血管及周围神经检查 6. 视力检查 7. 神经系统功能状态检查：含认知能力、是否焦虑等

四、糖尿病的基层辅助检查原则

全科医生对糖尿病病人及糖尿病的筛查需掌握如下辅助检查内容：

（一）糖代谢异常严重程度或控制程度的检查

1. 血糖测定　诊断糖尿病时必须用静脉血浆测定血糖，治疗过程中随访血糖控制情况可用便携式血糖计测定末梢血糖。血糖值反映的是瞬间血糖状态。

2. 口服葡萄糖糖耐量实验（oral glucose tolerance OGTT）测定　基层进行糖尿病高危人群

及糖尿病病人筛查时须进行OGTT检测。OGTT应在无摄入任何热量8小时后，清晨空腹进行，成人口服75g无水葡萄糖，溶于250～300ml水中，5～10分钟内饮完，空腹及开始饮葡萄糖水后2小时测静脉血浆葡萄糖。儿童服糖量按每公斤体重1.75g计算，总量不超过75g。

3. 糖化血红蛋白（HbA1c） HbA1c反映病人近8～12周平均血糖水平。HbA1c不能反映瞬时血糖水平及血糖波动情况，也不能确定是否发生过低血糖。

（二）胰岛β细胞功能检查

胰岛β细胞功能检测有助判断T2DM发生、发展程度与预后。主要方法如下：

1. 胰岛素释放实验 口服75g无水葡萄糖（或100g标准面粉制作的馒头）后，通过测定空腹及服糖后0.5小时、1小时、2小时、3小时的血浆胰岛素水平，来了解胰岛β细胞的分泌功能。胰岛素测定受血清中胰岛素抗体和外源性胰岛素影响。

2. C肽释放试验 C肽释放试验方法同胰岛素释放实验。注射外源胰岛素的病人不宜做胰岛素释放实验，可行C肽释放试验。C肽不受胰岛素抗体和外源性胰岛素影响。

（三）并发症检查

并发症检查是指急性严重代谢紊乱时的酮体、电解质、酸碱平衡检查，心、肝、肾、脑、眼科、口腔以及神经系统的各项辅助检查等。

（四）有关病因和发病机制的检查

有关GADA、ICA、IAA及IA-2A的联合检测及基因分析等，基层多不具备检测条件，可做了解，不需检查。

第三节　糖尿病的诊断与治疗

一、糖尿病的诊断及鉴别诊断

如前所述，我国18岁以上的成年人群中，糖尿病患病率为10.4%，而糖尿病前期的比例为15.5%，可见糖尿病前期的病人人数远高于糖尿病病人，并且尚有63%糖尿病病人未被诊断。《中国2型糖尿病防治指南（2017年版）》强调，糖尿病前期是糖尿病最重要的危险因素。因此糖尿病前期的筛查并及时诊断非常重要。

（一）糖尿病前期的诊断

1. 糖尿病前期 糖尿病前期是指糖调节受损（impaired glucose regulation，IGR）的非糖尿病病人，包括糖耐量异常（impaired glucose tolerance，IGT）和空腹血糖受损（impaired fasting glucose，IFG），或二者兼有。糖尿病前期的诊断以血糖水平为标准（表14-4）。单纯检查空腹血糖，糖尿病前期及糖尿病病人漏诊率高，全科医生进行糖尿病前期及糖尿病病人筛查时，应尽早进行口服葡萄糖耐量试验（OGTT）检查。

2. 糖尿病前期诊断注意事项 表14-4糖代谢状态的诊断，空腹血糖受损（IFG）是指：空腹血糖≥6.1mmol/L，但<7.0mmol/L，并OGTT2小时血糖（2h PPG）正常（<7.8mmol/L）；糖耐量异常（IGT）是指：OGTT2小时血糖（2h PPG）≥7.8mmol/l，但<11.1mmol/l，而空腹血糖<7.0mmol/l。即空腹血糖可能正常、也可能不正常，但未达到糖尿病标准。随机血糖不能用来诊断IFG或IGT，但可以用来评估糖代谢的状态及进行糖尿病的诊断。

表14-4　糖代谢状态分类（WHO糖尿病专家委员会报告，1999年）

糖代谢分类	静脉血浆葡萄糖（mmol/L）	
	空腹血糖（FPG）	糖负荷后2小时血糖（2h）
正常血糖	<6.1	<7.8
空腹血糖受损（IFG）	≥6.1，<7.0	<7.8
糖耐量异常（IGT）	<7.0	≥7.8，<11.1

摘自《中国2型糖尿病防治指南（2017年版）》

（二）糖尿病的诊断及鉴别诊断

1. 糖尿病的诊断标准　目前我国采用国际上通用的 WHO 糖尿病专委员会（1999）提出的诊断和分类标准（表 14-5）。

表 14-5　糖尿病诊断标准（WHO 糖尿病专家委员会报告 1999 年）

诊断标准	静脉血浆葡萄糖水平（mmol/l）
糖尿病症状加随机血糖或	≥11.1
空腹血糖（FPG）或	≥7.0
OGTT2 小时血糖	≥11.1

摘自《内科学》（第 8 版），北京：人民卫生出版社，2013

糖尿病的诊断，以血糖水平为标准。包括空腹血糖，随机血糖或口服葡萄糖耐量试验（OGTT）2 小时血糖。全科医疗应诊人群多以 T2DM 为主，T2DM 的诊断是根据病人血糖水平，达到糖尿病标准，并具有中年或成年起病、慢性病程、临床症状不明显，有超重、肥胖史。较少酮症或酮症酸中毒历史。C 肽、胰岛素水平早期偏高。具有以上特点可以诊断 T2DM。

2. 糖尿病的鉴别诊断　全科医生对糖尿病的鉴别诊断，主要掌握 T2DM 与 T1DM 的鉴别。主要根据其临床特点和发展过程，从发病年龄、起病急缓、症状轻重、体重、有否酮症酸中毒倾向等进行鉴别，需结合胰岛 β 细胞自身抗体和胰岛素抗体及 β 细胞功能检查结果等进行临床综合分析判断（表 14-6）。

表 14-6　1 型糖尿病和 2 糖尿病的鉴别诊断

鉴别点	1 型糖尿病（T1DM）	2 型糖尿病（T2DM）
发病年龄	青少年为主、少数成年	中年为主、少数青少年
临床特点	急性起病，症状明显，消瘦、体重下降，多饮、多食、多尿，疲乏无力	缓慢起病，早期症状不明显、肥胖、多有糖尿病家族史，常与血脂异常、高血压等疾病同时或先后发生。高血糖期可出现体重下降、多饮、多食、多尿，疲乏无力等
酮症	常见	可见
C 肽及胰岛素	自始至终低 / 缺乏	早期正常或升高 / 晚期偏低
ICA（胰岛细胞抗体）	常见阳性	阴性
GAD（谷氨酸脱羧酶抗体）	常见阳性	阴性
IA-2A（人胰岛细胞抗原 2 抗体）	常见阳性	阴性
治疗	依赖外源胰岛素，口服降糖药无效或效果不好（禁用或慎用）	生活方式干预有效，口服降糖药有效，中晚期需要外源胰岛素
其他自身免疫性疾病	并存概率高	并存概率低

（三）糖尿病并发症的基层诊断原则

糖尿病是累及多系统的全身性疾病，在机体糖代谢异常早期即伴有多器官的病理生理改变。糖尿病并发症可单独出现或以不同组合同时或先后出现。也可在诊断糖尿病前已存在，如 T2DM 病人在诊断时即可伴有糖尿病肾病。全科医生对糖尿病并发症的诊断原则：①需从糖尿病的自始至终均关注并发症状，依据糖尿病的并发症特点、体征、辅助检查予以早期筛查、识别、诊断。②定期筛查排除糖尿病微血管并发症：糖尿病肾病；糖尿病大血管并发症：冠心病、脑血管病等，及糖尿病足、皮肤感染等多种并发症。一旦发现可疑临床线索应及时完善相关辅助检查以明确。例如：确诊 T2DM

后每年应至少进行一次肾脏病变筛查，包括尿常规、尿白蛋白/肌酐比值（UACR）和血肌酐（计算eGFR）。这种筛查方式有助于发现早期肾脏损伤，并鉴别其他一些常见的非糖尿病性肾病等。③基层医疗多不具备完备的诊断条件，可做相对简单的检查，比如：尿蛋白检测，心脏彩超、动态心电图、眼底检测等。综合病情予以糖尿病并发症初步印象诊断及评估。需明确诊断者建议转诊到上级医院，并制定相关针对性的治疗防治方案后，基层再继续予以相关处理。

二、糖尿病的药物治疗

全科医生需掌握常见的治疗糖尿病的药物作用机制、应用原则、不良反应等。目前常见的降糖药物如下：

（一）磺酰脲类（sulfonylureas，SUs）

属于促胰岛素分泌剂。主要作用为刺激β细胞分泌胰岛素，SUs降血糖作用的前提是机体尚保存相当数量（30%以上）有功能的β细胞。

（二）格列奈类

非磺酰脲类促胰岛素分泌剂。具有吸收快、起效快和作用时间短的特点，主要用于控制餐后高血糖，也有一定降低空腹血糖的作用。

（三）双胍类（biguanides）

通过抑制肝葡萄糖输出，改善外周组织对胰岛素的敏感性、增加对葡萄糖的摄取和利用而降低血糖。

（四）噻唑烷二酮类（thiazolidinediones，TZDs，格列酮类）

主要作用是增加靶组织对胰岛素作用的敏感性而降低血糖。

（五）α葡萄糖苷酶抑制剂（AGI）

食物中淀粉、糊精和双糖（如蔗糖）的吸收需要小肠黏膜刷状缘的α-葡萄糖苷酶，AGI抑制这一类酶从而延迟碳水化合物吸收，降低餐后高血糖。

（六）胰岛素

胰岛素是控制高血糖的重要和有效手段。

适应证：① T1DM；②各种严重的糖尿病急性或慢性并发症；③手术、妊娠和分娩；④新发病且与T1DM鉴别困难的消瘦糖尿病病人；⑤新诊断的T2DM伴有明显高血糖；或在糖尿病病程中无明显诱因出现体重显著下降者；⑥ T2DM β细胞功能明显减退者；⑦某些特殊类型糖尿病。

胰岛素使用原则：①胰岛素治疗应在综合治疗基础上进行；②胰岛素治疗方案应力求模拟生理性胰岛素分泌模式；③从小剂量开始，根据血糖水平逐渐调整至合适剂量。可先为病人制订试用方案，逐渐调整，至达到良好血糖控制。

（七）胰高糖素样肽-1（GLP-1）受体激动剂

此类为近期开发出基于肠促胰素的降糖药物。通过激动GLP-1受体而发挥降糖作用，需皮下注射。目前国内上市的制剂有艾塞那肽（exenatide）和利拉鲁肽（liraglutide）。可单独或与其他降糖药物合用治疗T2DM，尤其是肥胖、胰岛素抵抗明显者。

（八）二肽基肽酶Ⅳ（DPP-4）抑制剂

基于肠促胰素的降糖药物，通过抑制DPP-Ⅳ活性而减少GLP-1的失活，提高内源性GLP-1水平。约可降低HbA1c 0.5%～1.0%。单独使用不增加低血糖发生的风险，也不增加体重。

第四节 基层管理

根据近年来循证医学的依据及糖尿病的流行现状，医学界对糖尿病的预防、治疗及控制已从传统意义上的药物治疗为主转变为系统管理。国际糖尿病联盟（IDF）提出糖尿病综合管理五个要

点原则，即“五驾马车”方案，包括：糖尿病教育、医学营养治疗、运动治疗、血糖监测和药物治疗。世界范围内公认最好的管理模式是以病人为中心的团队式管理，团队主要成员包括全科和专科医师、糖尿病教员、营养师、运动康复师、病人及其家属等。本节重点介绍糖尿病的基层全科医学管理策略。

案例分析一：基层首诊诊断临床思路分析

问题1. 该社区基层的首诊诊断不全面。

1. 病人男性，45岁，属静坐职业者。并有血压高、血脂高、超重；头晕、头痛、失眠、烦躁等症状。具有多项2型糖尿病危险因素，属2型糖尿病的高危人群。因此糖尿病前期及2型糖尿病的诊断不能排除、代谢综合征（MS）也不能排除。该社区基层的首诊诊断遗漏了如上诊断。

2. 该病人应该完善糖尿病筛查，行OGTT检查，也可进行β细胞功能评价。如社区基层不具备完善相关检查的实验条件，可转诊到上级医院，符合糖尿病基层转诊指征。

3. 该病人首诊诊断应为：①高血压病3级；②高脂血症；③2型糖尿病高危人群；④糖尿病前期及2型糖尿病待排除。⑤代谢综合征待排除。

一、糖尿病的一级预防管理

中国糖尿病流行现状提示，糖尿病未诊断人群比例高、存在大量的糖尿病高危人群。IDF指出只有早期预防和干预糖尿病才有可能减缓并逐步从根本上遏止糖尿病的发生和发展。以预防为导向的糖尿病防治策略是全科医学重要管理模式之一，其中糖尿病一级预防的主要目标及内容如下：

（一）糖尿病一级预防目标

糖尿病的一级预防旨在纠正危险因素，预防糖尿病的发生，降低发病率。主要包括糖尿病防治知识的宣传教育、高危人群的筛查、生活方式的干预等。在糖尿病一级预防中全科医生应把与个人及其家庭的每一次接触都看成是提供筛查、干预糖尿病及保健服务的良机。其面对服务对象展开的问诊应以发现（筛查）糖尿病个人危险因素或潜在的健康问题为目的。把糖尿病的危险因素筛查纳入全科医师常规业务中，无论是在初诊、复诊、随访、或周期性健康检查时均可进行。

（二）糖尿病的健康教育

糖尿病的健康教育是纠正糖尿病危险因素的措施之一，是决定糖尿病管理成败的关键。健康教育包括全体人群的有关糖尿病的公众卫生保健教育、糖尿病高危人群及病人的教育、糖尿病防治专业人员的培训、医务人员的继续医学教育等，目的是使被教育者充分认识糖尿病并掌握自我管理及监测技能。

1. 糖尿病教育的目标　在社区基层全科医生应进行有计划、有目的、有评价系统的糖尿病健康教育活动，其目标是实现对糖尿病从认知到态度和行为的转变。

2. 糖尿病教育的方法　糖尿病健康教育的方式可以是大课堂式、小组式或个体化，长期和随时随地进行，并应尽可能地标准化和结构化，为病人提供优质和连续的教育。定期举行糖尿病健康教育讲座、利用板报、口头宣传、书面材料、音像资料、举办座谈会及定期家访等形式建立糖尿病医患服务平台，近距离、面对面开展科学、系统的糖尿病健康教育。任何为病人提供的糖尿病教育项目应获得认证并定期进行项目的评估和审计。

3. 全体人群及高危人群的糖尿病教育　目的是提高全民防治糖尿病的意识。主要针对糖尿病发病原因、早期临床表现、饮食疗法、运动疗法等系统知识，进行宣教。使居民充分认识糖尿病。提高居民预防糖尿病的健康知识。近年来儿童T2DM患病率上升，故预防应从青少年开始，普及公众健康教育，提倡健康的生活方式。国内外研究证实，在T2DM高危人群中，进行生活方式的教育及干预，可以显著延迟或预防T2DM的发生。

4. 糖尿病病人及家属的健康教育　糖尿病的自我保健很重要。对糖尿病的初期教育目标是让

病人知道得了糖尿病，必须立即进行控制。授予有关即刻处理糖尿病的初步知识和技巧，如食疗和运动疗法的原则，血糖监测方案，使病人及其家属掌握糖尿病的基本常识及管理能力，调动他们的积极性和创造性。有条件的家庭、护士可指导病人或家属在家使用血糖仪检查血糖自我监控。全科医生有关糖尿病基本知识、诊断、干预计划等教育内容可参考如下几个方面：①糖尿病的自然进程；②糖尿病的临床表现；③糖尿病的危害及如何识别、防治急慢性并发症；④个体化的治疗目标、标准；⑤个体化的生活方式干预措施和饮食计划；⑥运动原则和运动处方；⑦口服药、胰岛素治疗及规范的胰岛素注射技术；⑧自我血糖监测（SMBG）及血糖测定结果的意义和应采取的干预措施；⑨特殊情况应对措施如：疾病、低血糖、应激和手术等。

5. 专业医务人员的糖尿病教育 专业保健人员的教育，指从大医院医务工作者到社区全科医生及护士等，应及时更新糖尿病知识，做到正确指导，而不至于误导。并由他们对病人及其家属进行教育。

（三）糖尿病的社区筛查

1. 糖尿病社区筛查的意义 社区筛查（community screening）是发现未就诊糖尿病病人的重要途径。目的是主动发现可疑糖尿病病人以预防和控制糖尿病的发生发展。2017 年国务院发布的《中国防治慢性病中长期规划》明确指出：慢性病的防控策略要实施早诊、早治，降低高危人群发病风险，促进慢性病早期发现，推动慢性病的机会性筛查，及时发现慢性病病人和高危人群，及时提供干预指导。

糖尿病（主要是 T2DM）诊断与防治的重点是 T2DM 的患病前期即早期、未分化期，及时发现其危险因素，进行 T2DM 患病前期高危因素、高危人群、早期病人的筛查、识别与诊断。延缓 T2DM 发生发展。由于糖尿病起病隐袭、早期症状多不典型或没有症状，使在社区人群中存在的大量无症状的病人没有被及时发现，待到大医院求治的病人多数已经出现并发症。

全科医疗承担疾病首次医学诊断服务，因此全科医生有机会接触大量疾病未分化期病人，有机会对糖尿病患病前的特殊群体进行早期的筛查、识别与诊断，筛查出 T2DM 可疑病人，予以早期干预。糖尿病早期的社区筛查不仅能够以较低的成本筛检出无症状病人，更能提高社区居民对糖尿病的知晓率。目前我国居民对糖尿病的患病知晓及相关知识知晓率均较低，部分人群对糖尿病症状、主要危险因素、并发症等完全不知晓，在社区规律进行糖尿病筛查，可使居民早期正确认识自身的慢性病危险因素，提高自我发现糖尿病，预防、治疗糖尿病的意识。

2. 糖尿病社区筛查的目标人群

（1）T2DM 高危人群：T2DM 高危人群是指目前血糖正常或不正常，尚未达到 T2DM 诊断标准，但是患 T2DM 风险较大的人群。根据《中国 2 型糖尿病防治指南（2017 年版）》报告，2 型糖尿病高危人群是指：在成年人（>18 岁）中，具有下列任何一个及以上的糖尿病危险因素者：①年龄≥40 岁；②有糖尿病前期（IGT、IFG 或两者同时存在）史；③超重（BMI≥24kg/m^2）或肥胖（BMI≥28kg/m^2）和 / 或中心型肥胖（腰围男≥90cm，女≥85cm）；④静坐生活方式；⑤一级亲属中有 2 型糖尿病家族史；⑥妊娠糖尿病史的妇女；⑦高血压[收缩压（SBP）≥140mmHg 和 / 或舒张压（DBP）≥90mmHg]，或正在接受降压治疗；⑧血脂异常[高密度脂蛋白胆固醇（HDL-C）≤0.91mmol/L、甘油三酯≥2.22mmol/L]，或正在接受调脂治疗；⑨动脉粥样硬化性心脑血管疾病（ASCVD）病人；⑩有一过性类固醇糖尿病病史者；⑪多囊卵巢综合征（PCOS）病人或伴有与胰岛素抵抗相关的临床状态（如黑棘皮征等）；⑫长期接受抗精神病药物和（或）抗抑郁药物治疗的病人。

综上，成人年龄≥40 岁即为成人 T2DM 高危人群，因此基层 T2DM 高危人群人数将明显增大，基层医生应予以关注及筛查。

儿童和青少年中糖尿病高危人群的定义：在儿童和青少年（≤18 岁）中，超重（BMI>相应年龄值、性别的第 85 百分位）或肥胖（BMI>相应年龄、性别的第 95 百分位）且合并下列任何一个危险因素者：①一级或二级亲属中有 2 型糖尿病家族史；②存在与胰岛素抵抗相关的临床状态（如黑棘皮征、

高血压、血脂异常、PCOS、出生体重小于胎龄者)；③母亲怀孕时有糖尿病史或被诊断为妊娠糖尿病。

对于以上儿童和青少年的糖尿病高危人群筛查，宜从 10 岁开始，但青春期提前的个体则推荐从青春期开始。首次筛查结果正常者，宜每年至少重复筛查一次。

妊娠期糖尿病筛查时间一般在妊娠的第 24～28 周进行。

(2) 糖尿病前期人群：由于我国成人糖尿病前期的比例大，成年人中糖尿病病人约 9240 万，而糖尿病前期病人约 1.482 亿。即糖尿病前期的病人人数远高于糖尿病病人。并且《中国 2 型糖尿病防治指南(2017 年版)》也强调指出糖尿病前期人群是糖尿病的最危险人群，是糖尿病的强大后备军。因此社区基层糖尿病前期的筛查及诊断非常重要。糖尿病前期是指 IGR 的非糖尿病病人，包括 IGT 和 IFG，或二者兼有。T2DM 前期病人是 T2DM 高危人群中的一组特殊人群。与其他 T2DM 高危人群不同的是，T2DM 前期的病人机体内已经发生了 T2DM 的早期病理生理改变，如胰岛素抵抗、β 细胞功能异常等，很可能即将成为 T2DM 病人。由于 IGT 与 IFG 是糖尿病发展的一个过程，并不意味着最终一定发展为糖尿病。因而早期行糖尿病前期筛查、干预非常重要，可以阻止糖尿病前期进展为糖尿病，是控制糖尿病的最佳时期。全科医生应予以尽早筛查、识别、干预、治疗。

(3) 糖尿病病人：是社区筛查的最重要的目标人群。能在社区早期筛查出糖尿病病人，予以早期治疗与控制，可提高糖尿病病人的治疗率及控制率，提高糖尿病病人的生存质量。

3. 糖尿病社区筛查的方法 糖尿病的社区筛查可按照普通人群和高危人群进行不同的分级筛查管理。

(1) 糖尿病高危人群的筛查：在全体人群中进行，目的是筛查出糖尿病高危人群及糖尿病前期病人。在全人群中通过血糖检测筛查糖尿病前期病人或系统性地发现其他高危人群不具有可行性，所以高危人群的发现主要依靠机会性筛查，如在健康体检中或在进行其他疾病的诊疗时即可进行筛查。对于除年龄外无其他糖尿病危险因素的人群，宜在年龄≥40 岁时开始筛查。方法有：

1) 周期性健康检查：周期性健康检查是运用预先设定好的、格式化的、有目的的糖尿病筛查表格，有针对性地对社区居民进行早期糖尿病危险因素筛查。是全科医生的主动医疗措施，是促进糖尿病早期发现及诊断的有效途径。全科医生需注意的是，周期性健康检查要以早期发现人群的 T2DM 危险因素为目的，有效地找出糖尿病的高危人群及糖尿病前期病人。

2) 社区机会性就诊筛查：糖尿病高危人群的发现也可采用机会性筛查(如在健康体检中或在进行其他疾病的诊疗时)。是发现高危人群及 T2DM 前期病人、糖尿病病人的好方法。全科医生应针对社区机会就诊的 40 岁以上居民常规进行普通血糖筛查检测，以排除糖尿病的高危人群及前期病人。如果空腹血糖≥6.1mmol/L 或任意点血糖≥7.8mmol/L 时，建议进行 OGTT，排除糖尿病。

3) 糖尿病筛查问卷：糖尿病筛查问卷也是全科医生的主动医疗措施，是促进糖尿病早期诊断的重要环节。可定期进行或家庭访视调查。这种方法的成本相对较低，操作方便，对被调查者无创，因此应用较广泛。问卷筛查可设置筛查糖尿病的高危因素、不良生活方式，来排除糖尿病高危人群等。

4) 糖尿病风险程度评价：《中国 2 型糖尿病防治指南(2017 年版)》建议：可对 20～74 岁普通人群进行糖尿病风险评估，并根据糖尿病风险程度进行有针对性的糖尿病筛查，提高糖尿病筛查的有效性。可参见表 14-7 判断糖尿病的最佳切点为 25 分，总分≥25 分者应进行口服葡萄糖耐量试验检查。

(2) 糖尿病前期及糖尿病人的筛查：对于成年人的糖尿病高危人群，不论年龄大小，宜及早开始进行糖尿病筛查，并每年至少筛查一次。其中空腹血糖检查是简单易行的糖尿病筛查方法，宜作为常规的筛查方法，但有漏诊的可能性。条件允许时，应尽可能行 OGTT 检测。糖尿病前期及糖尿病筛查与诊断均以血糖水平为标准。具体方法标准见本章第三节糖尿病的前期诊断及糖尿病的诊断。

表 14-7 中国糖尿病风险评分表

年龄(岁)	分值
22～24	0
25～34	4
35～39	8
40～44	11
45～49	12
50～54	13
55～59	15
60～64	16
65～74	18
收缩压(mmHg)	
<110	0
110～119	1
120～129	3
130～139	6
140～149	7
150～159	8
≥160	10
体质指数(kg/m^2)	
<22.0	0
22.0～23.9	1
24.0～29.9	3
≥30.0	5
腰围(cm)	
男性<75.0，女性<70.0	0
男性 75.0～79.9，女性 70.0～74.9	3
男性 80.0～84.9，女性 75.0～79.9	5
男性 85.0～89.9，女性 80.0～84.9	7
男性 90.0～94.9，女性 85.0～89.9	8
男性≥95.0，女性≥90.0	10
糖尿病家族史(父母、同胞、子女)	
无	0
有	6
性别	
女性	0
男性	2

注：1mmHg=0.133kPa；判断糖尿病的最佳切点为 25 分，总分≥25 分者应进行口服葡萄糖耐量试验检查

摘自《中国 2 型糖尿病防治指南(2017 年版)》

笔记

案例分析二：首诊诊断不全面原因分析

问题1. 该社区基层的首诊诊断不全面，原因分析如下：

1. 根据本章内容，糖尿病高危人群的发现主要依靠机会性筛查。全科医生应在全科医疗中，面对服务对象展开的问诊应以发现（筛查）糖尿病个人危险因素或潜在的健康问题为目的。把糖尿病的危险因素筛查纳入全科医师常规业务中，无论是在初诊、复诊、随访、或周期性健康检查时均可进行。本案例首诊诊断未进行糖尿病的机会性筛查。

2. 本章内容提到：我国糖尿病前期人群比例大，糖尿病（主要是T2DM）基层诊断与防治的重点是T2DM的患病前期即早期、未分化期，及时发现其危险因素，进行T2DM患病前期高危因素、高危人群、早期病人的筛查及干预。本案例首诊医生对糖尿病高危人群、危险因素认识不足。

3. 要重视运用全科医学思维、理论、技能管理糖尿病病人。目前众多医务工作者、包括全科医生已习惯专科医疗的思维模式，以疾病为中心，重视病人的诊断清不清楚，使用什么药物，忽视全科医学思维、理论、技能。

4. 全科医疗"以人为中心"，不只关注当事人得了什么病，更注重其机体机能状态的评估。通过对其评估，寻找疾病的危险因素，进行疾病的早期干预，维护当事人的健康。

（四）糖尿病的危险因素干预

T2DM的发生风险高低主要取决于危险因素的数目和危险度，对于可改变的危险因素应予尽早积极干预。很多国家均进行了糖尿病早期生活方式干预计划。芬兰糖尿病预防研究（DPS）的生活方式干预，目标是体重减少5%，平均随访7年，T2DM发生风险下降43%。美国预防糖尿病计划（DPP）研究，对高危人群进行热量限制；生活方式干预组中50%的病人体重减轻了7%，3年使IGT进展为T2DM的风险下降58%。可见生活方式干预非常重要。《中国2型糖尿病防治指南（2017年版）》建议：在糖尿病的一级预防中，可采取饮食、运动、心理及药物等干预措施。

1. 饮食干预　全体人群均应进行饮食及运动等健康知识的教育及指导。推行合理膳食，低糖、低盐、低脂、高纤维饮食对于肥胖、糖尿病前期及糖尿病病人均需要接受个体化医学营养治疗，由熟悉糖尿病治疗的营养师或综合管理团队（包括糖尿病教育者）指导下完成。

医学饮食营养治疗其主要目标是：纠正代谢紊乱、达到良好的代谢控制、减少糖尿病的危险因素、提供最佳营养以改善病人健康状况、减缓β细胞功能障碍的进展。总的原则是确定合理的总能量摄入，合理、均衡地分配各种营养物质，恢复并维持理想体重。超重/肥胖病人，3～6个月减轻体重的5%～10%。全科医生应学会医学饮食干预原则及计算方法。

（1）理想体重：简易公式计算理想体重：理想体重（kg）= 身高（cm）−105。

在此值±10%以内均属正常范围，低于此值20%为消瘦，超过20%为肥胖。或以BMI 18.5～23.9kg/m^{2}为正常，<18.5kg/m^{2}属于消瘦，≥24.0kg/m^{2}属于超重，≥28.0kg/m^{2}为肥胖。

（2）计算每日所需总能量：根据理想体重和参与体力劳动的情况，便可计算出每日需要的总热量：理想体重×每千克体重需要的热量。按照不同体力劳动的热量需求计算（表14-8）。例如一个糖尿病高危人群，身高175cm，实际体重为：85（kg），教师职业。计算其理想体重：175−105=70（kg）。其实际体重比理想体重增加15（kg），超过20%，故属肥胖。根据表14-8其每日所需热量为：70×20=1400kcal/（kg·d）～70×25=1750kcal/（kg·d）。

（3）三大营养素的配比：碳水化合物：是所有人群最重要的食物成分，其供能不超过总热量的50%～65%，每日定时进三餐，碳水化合物均匀分配。膳食中由脂肪提供的能量应占总热量的20%～30%，其中饱和脂肪酸不应超过总热量的7%；食物中胆固醇摄入量应<300mg/d。蛋白质的摄入量可占供能比的15%～20%，推荐蛋白摄入量约0.8g/（kg·d）保证优质蛋白质比例超过1/3。

（4）饮食干预注意事项：①糖尿病病人一日至少三餐，使主食和蛋白质等较均匀地分布在三餐中，并定时定量，一般按1/5、2/5、2/5或1/3、1/3、1/3分配。②三大营养物质和酒精所提供的热量：1g碳水化合物：4kcal；1g蛋白质：4kcal；1g脂肪：9kcal；1g酒精：7kcal。③酒精可使血糖控制不稳定，

表 14-8　不同体力劳动的热量需求表

劳动强度	举例	kcal/(kg·d)(理想体重)		
		消瘦	正常	肥胖
卧床休息		20～25	15～20	15
轻体力劳动	办公室职员、教师、售货员、简单家务，或与其相当的活动量	35	30	20～25
中体力劳动	学生、司机、外科医生、体育教师、一般农活，或与其相当的活动量	40	35	30
重体力劳动	建筑工、搬运工、冶炼工、重的农活、运动员、舞蹈者，或与其相当的活动量	45	40	35

饮酒初期可引起使用磺脲类或胰岛素治疗的病人出现低血糖，随后血糖又会升高。大量饮酒，尤其是空腹饮酒时，可使低血糖不能及时纠正。因此糖尿病病人不推荐饮酒。如饮酒需将热卡计入摄入总热卡。女性一天饮酒的酒精量不超过 15g，男性不超过 25g（15g 酒精相当于 350ml 啤酒、150ml 葡萄酒或 45ml 蒸馏酒）。每周不超过 2 次。④膳食纤维具有降低餐后血糖、降血脂、改善葡萄糖耐量的作用。豆类、富含纤维的谷物类（每份食物≥5g 纤维）、水果、蔬菜和全麦食物均为膳食纤维的良好来源，推荐膳食纤维每日摄入量至少为 14g/kcal。⑤每日食盐摄入量应限制在 6g 以内，糖尿病病人应尽量从天然食物中补充铬、钙、硒、铜、铁、锌、锰等矿物质以及各种维生素。

（5）常见食物的基本热量：全科医生应掌握常见食物的基本热量，以利为病人、家属进行饮食指导提供可靠的依据。可参考表 14-9 常见食物热量互换表。

表 14-9　谷类薯类食物互换表（能量相当于 50g 米、面的食物）

食物名称	重量(g)	食物名称	重量(g)
稻米或面粉	50	烙饼	70
面条（挂面）	50	烧饼	60
面条（切面）	60	油条	45
米饭	籼米 150，粳米 110	面包	55
米粥	375	饼干	40
馒头	80	鲜玉米（市品）	350
花卷	80	红薯、白薯（生）	190

2. 心理干预　糖尿病人的心理健康非常重要，由于糖尿病病程长，经常需监测饮食、血糖等，给日常生活带来不便。不免滋生抱怨、失望心理。常有许多躯体不适感，经常向家人、亲戚、朋友或医生诉苦等。有的病人则有较多的抑郁倾向和无用感。如社区医务人员对病人糖尿病知识普及好，病人有正确认识，养成良好的生活习惯，心理障碍轻，利于医患之间的信任的建立及构建良好的医患关系。另外病人的心理、情绪波动对血糖有影响，因为精神紧张能促使机体处于应激状态，从而会分泌肾上腺素、去甲肾上腺素、肾上腺皮质激素以及胰高血糖素等，而这些激素都是胰岛素拮抗激素，影响血糖控制。因此基层全科医师团队也应注意糖尿病的心理干预。

3. 运动干预　《中国 2 型糖尿病防治指南（2017 年版）》建议：糖尿病一级预防可采取中等强度有氧运动，并至少保持在 150 分钟 / 周。可大大降低发展成为 T2DM 的危险，可以提高机体对胰岛素

的敏感性和其他代谢指标。其中中等强度的体育运动包括：快走、打太极拳、骑车、乒乓球、羽毛球和高尔夫球等。可参考表 14-10，选择运动方式。可根据年龄、性别、体力、病情、有无并发症以及既往运动情况等，在医师指导下开展有规律的合适运动。循序渐进，并长期坚持。建议糖尿病病人选择的运动强度应是最大运动强度的 50%～70%，如果用心率来衡量，即为保持心率（次 / 分）=（220-年龄）×（50%～70%）。如出现胸闷、乏力、头晕、心悸、气促等症状应立即停止运动，并原地休息。运动时间应选在餐后 1～2 小时，此时血糖较高，不易发生低血糖。每次运动时间持续 30～60 分钟，每周至少坚持 3～5 次中等强度运动。

表 14-10　糖尿病病人推荐的运动方式

运动强度	运动方式
轻度	购物、散步、做操、太极拳、气功等
中度	快走、慢跑、骑车、爬楼梯、健身操等
重度	跳绳、爬山、游泳、球类、跳舞等

运动注意事项：运动前、后要监测血糖。运动量大或激烈运动时应建议病人调整食物及药物，以免发生低血糖。T1DM 病人为避免血糖波动过大，体育锻炼宜在餐后进行。血糖≥16mmol/L、明显的低血糖症或者血糖波动较大者不宜运动。有糖尿病急性并发症：酮症或酮症酸中毒；合并各种急性感染；严重糖尿病肾病；严重的眼底病变；严重的糖尿病神经病变；糖尿病足；新近发生的血栓；伴有心功能不全、心律失常，且活动后加重；频繁发生的脑供血不足；频发低血糖者不宜运动。

4. 戒烟　吸烟与肿瘤、糖尿病、糖尿病大血管病变、糖尿病微血管病变、过早死亡的风险增加相关。研究证实型糖尿病病人戒烟有助于改善代谢指标、降低血压和白蛋白尿。应劝告每一位吸烟的糖尿病病人停止吸烟或停用烟草类制品，减少被动吸烟，对病人吸烟状况以及尼古丁依赖程度进行评估，提供咨询、戒烟热线、必要时加用药物等帮助戒烟。

二、糖尿病的二级预防管理

二级预防目的是早诊断、早治疗、早干预，在已诊断的糖尿病病人中预防糖尿病并发症的发生。全科医生此期通过首诊、随诊、转诊等医疗服务，进行综合管理，达到综合管理控制目标。降低糖尿病并发症的发生风险。

（一）糖尿病的首诊服务

1. 完善糖尿病首诊评估及签约服务　社区基层对首诊糖尿病的病人，应进行身体功能状态的全面评估，包括糖尿病危险程度评估、糖尿病高危人群筛查等。了解血糖、血压、血脂、及各系统功能状态及并发症情况。并建立糖尿病个体健康档案，签订家庭保健服务协议、固定医患长期关系，为日后进行连续性的医疗服务打下基础。制订出一定时间间隔的、个体化的，以控制糖尿病及并发症危险因素的治疗计划，采取健康教育、医学咨询和进一步诊断、治疗等措施以达到控制糖尿病进展的目的。

2. 制定糖尿病控制的近期目标及远期目标　糖尿病的近期目标是通过控制高血糖和相关代谢紊乱来消除糖尿病症状和防止急性并发症，包括：医学饮食营养治疗方案及目标、运动治疗等生活方式干预方案，药物治疗方案等。远期目标是通过良好的代谢控制达到预防慢性并发症、提高病人生活质量和延长寿命的目的。其综合控制指标可参考表 14-11 的中国 2 型糖尿病综合防治目标。

3. 糖尿病并发症的防治　对首诊的糖尿病病人，根据其综合评估结果，积极干预、控制引起糖尿病并发症的危险因素。

表 14-11 中国 2 型糖尿病综合防治目标(2017 年版)

指标	目标值
血糖(mmol/L)[a]	
空腹	4.4～7.0
非空腹	10.0
糖化血红蛋白(%)	<7.0
血压(mmHg)	<130/80
总胆固醇(mmol/L)	<4.5
高密度脂蛋白胆固醇(mmol/L)	
男性	>1.0
女性	>1.3
甘油三酯(mmol/L)	<1.7
低密度脂蛋白胆固醇(mmol/L)	
未合并动脉粥样硬化性心血管疾病	<2.6
合并动脉粥样硬化性心血管疾病	<1.8
体质指数(kg/m^2)	<24.0

摘自《中国 2 型糖尿病防治指南(2017 年版)》(注:a 毛细血管血糖)

(1) T2DM 病人的心脑血管疾病防治:糖尿病确诊时及以后,至少应每年评估心血管病变的风险因素,评估的内容包括心血管病现病史及既往史、年龄、有无心血管风险因素(吸烟、高血压、血脂紊乱、肥胖特别是腹型肥胖、早发心血管疾病的家族史)、肾脏损害(尿白蛋白排泄率增高等)、心房颤动(可导致卒中)、静息时的心电图等。一般糖尿病合并高血压病人的降压目标应低于 130/80mmHg,糖尿病病人的血压水平如果超过 120/80mmHg 即应加强干预。

糖尿病病人每年至少应检查一次血脂(包括 TC、TG、LDL-C、HDL-C)。进行调脂药物治疗时以降低 LDL-C 作为首要目标。依据病人 ASCVD 危险高低,将 LDL-C 降至目标值(表 14-11)。临床首选他汀类调脂药物。对糖尿病合并 ASCVD 者需要应用阿司匹林(75～150mg/d)作为二级预防。

(2) 糖尿病肾病的防治:糖尿病肾病的危险因素包括年龄、病程、血压、肥胖(尤其是腹型肥胖)、血脂、尿酸、环境污染物等。确诊 T2DM 后每年应至少进行一次肾脏病变筛查。糖尿病病人有效的降糖治疗、血压控制可延缓糖尿病肾病的发生和进展。《中国 2 型糖尿病防治指南(2017 年版)》建议:糖尿病肾病病人每日蛋白摄入量约 0.8g/(kg•d),低于 0.8g/(kg•d)的蛋白摄入并不能延缓糖尿病肾病进展。开始透析者蛋白摄入量适当增加。

总之,T2DM 早期进行血糖及血压的强化控制、血脂控制等给糖尿病个体带来益处,可以降低糖尿病大血管和微血管病变的发生风险。对于没有明显糖尿病血管并发症但具有心血管疾病危险因素的 T2DM 病人中,也应予降糖、降压、调脂和应用阿司匹林综合治疗,以预防心血管疾病和糖尿病微血管病变的发生。

(二) 糖尿病的连续性随访

糖尿病的连续性随访就是医患保持一定程度的紧密连续,对糖尿病病人进行连续性医疗服务。也就是对糖尿病病人进行全病程、不同地点、时间的连续追踪服务,以实现对制定的控制目标的有效执行。根据 2017 年《国家基本公共卫生服务规范》要求,全科医生应对辖区内确诊的 T2DM 病人应进行如下连续随诊。具体方案如下:

1. 对确诊的糖尿病病人,应每年提供 4 次免费血糖检测,至少进行 4 次面对面随访。每年需进

行 1 次较全面的健康体检，具体内容参照 2017 年《国家基本公共卫生服务规范》《居民健康档案管理服务规范》健康体检表。

2. 随诊需了解的内容包括：病人疾病情况和生活方式，包括心脑血管疾病、吸烟、饮酒、运动、主食摄入情况等。了解病人服药情况。检测空腹及三餐后血糖，测量血压、测量体重、计算体质指数(BMI) 足背动脉搏动等并发症的症状及体征情况。

3. 评估急、慢性并发症，做出相应诊断评估。如出现急性并发症须在处理后紧急转诊。对于紧急转诊者，乡镇卫生院、村卫生室、社区卫生服务中心（站）应在 2 周内主动随访转诊情况。

4. 若不需紧急转诊，询问上次随访到此次随访期间的情况，预约下一次随访时间。

（三）糖尿病的随访服务要求及目标

1. T2DM 病人的健康管理由医生负责，应与门诊服务相结合，对未能按照健康管理要求接受随访的病人，乡镇卫生院、村卫生室、社区卫生服务中心（站）应主动与病人联系，保证管理的连续性。

2. 随访包括预约病人到门诊就诊、电话追踪和家庭访视等方式。

3. 逐步提高糖尿病病人的管理率及控制率。T2DM 病人规范管理率 = 按照规范要求进行 2 型糖尿病病人健康管理的人数 / 年内已管理的 2 型糖尿病病人人数 ×100%。管理人群血糖控制率 = 年内最近一次随访空腹血糖达标人数 / 年内已管理的 2 型糖尿病病人人数 ×100%。

注：最近一次随访血糖指的是按照规范要求最近一次随访的血糖，若失访则判断为未达标，空腹血糖达标是指空腹血糖<7mmol/L。

（四）糖尿病的双向转诊

全科医生需掌握糖尿病向上级医院的转诊原则，双向转诊目的是为糖尿病病人提供从基层到上级医院之间覆盖糖尿病发展各个阶段的“无缝式”医疗。对具有下列情况者应予以转诊处理：

1. 符合糖尿病高危人群，并具有下列情况者：有巨大儿分娩史（出生体重≥4kg），有妊娠糖尿病史，有一过性糖皮质激素诱发糖尿病病史者，BMI≥28kg/m^2 的多囊卵巢综合征病人，严重精神病和(或)长期接受抗抑郁症药物治疗的病人，需转诊处理。

2. 空腹及餐后血糖等血糖水平正常，但是伴有高胰岛素血症者。不能排除胰岛素抵抗、代谢综合征或不排除是早期糖尿病病人或其他 β 细胞功能障碍疾病者。

3. 初次发现血糖异常，糖尿病分型不明确，并疑似成人 1 型糖尿病或其他类型糖尿病者。

4. 特殊群体糖尿病病人：儿童和年轻人（年龄<25 岁）糖尿病病人、妊娠期糖尿病等。

5. 一个月内 2 次随访血糖控制不能达标，并经调整治疗方案仍不能达标的病人。

6. 发生一次低血糖经调整治疗再次反复或发生过一次严重低血糖者。

7. 血糖波动较大，基层处理困难或需要制订胰岛素控制方案者。

8. 有糖尿病并发症症状，不能明确并发症诊断，或慢性并发症进展，需进一步诊断治疗者。

9. 合并各种感染，脑血管意外，较重的机体重要器官疾病，外伤等病人。

10. 可疑合并急性并发症：糖尿病酮症或伴酸中毒者（血酮体阳性，随机血糖>16.7mmol/L 伴恶心和呕吐等）；非酮症高渗状态（神志异常、脱水、血浆渗透压升高，血糖>22.2mmol/L）；糖尿病乳酸性酸中毒；低血糖昏迷者。

11. 出现降糖药物不良反应处理困难者。

（五）糖尿病的分类干预

1. 对血糖控制满意（空腹血糖值<7.0mmol/L）无药物不良反应、无新发并发症或原有并发症无加重的病人，预约下一次随访。

2. 对第一次出现空腹血糖控制不满意（空腹血糖值≥7.0mmol/L）或药物不良反应的病人，结合其服药依从情况进行指导，必要时增加现有药物剂量、更换或增加不同类的降糖药物，2 周内随访。

3. 对连续两次出现空腹血糖控制不满意或药物不良反应难以控制以及出现新的并发症或原有

并发症加重的病人，建议其转诊到上级医院，2 周内主动随访转诊情况。

4. 对所有的病人进行针对性的健康教育，与病人一起制定生活方式改进目标并在下一次随访时评估进展。告诉病人出现哪些异常时应立即就诊。

三、糖尿病的三级预防管理

糖尿病三级预防的目的是减少致残率和死亡率，改善糖尿病病人的生活质量。是对糖尿病病人进行综合治疗。其中血糖控制、综合达标是关键。《中国 2 型糖尿病防治指南（2017 年版）》建议，对于年龄较大、糖尿病病程较长和已经发生过心血管疾病的 T2DM 病人，应在个体化血糖控制的基础上，采取降压、调脂（主要是降低 LDL-C）和应用阿司匹林的措施，以降低心血管疾病反复发生和死亡的风险，并且降低糖尿病微血管病变的发生风险。严格控制血糖可以降低病人病死率和致残率。积极治疗慢性并发症包括冠心病、缺血性或出血性脑血管病、糖尿病肾病等可以保护糖尿病病人的劳动力，提高生活质量，延长寿命。具体措施有：

（一）做好协调性医疗服务

三级预防是一级、二级预防的继续延伸，全科医生要继续发挥专科特长，实施好首诊筛查、建立档案、服务签约等连续性服务措施。在三级预防中全科医生的协调性服务很重要，此期的病人多病程长、并发症多，需行多次的双向转诊等。故此期全科医生需协调内外资源，实施“无缝”医疗连接，整体服务。

（二）健康教育及并发症筛查

有针对性地加强糖尿病并发症健康教育、战胜疾病的心理辅导及周期性的并发症筛查。以便能正确和持久的控制糖尿病、防治并发症。应该向病人及家属讲解糖尿病急、慢性并发症的相关知识：如恶心、呕吐、食欲差、嗜睡、呼吸深快及脱水等急性并发症症状，做到及时发现，早治疗；定期检查眼底、视力等，预防糖尿病眼疾；鞋袜要合脚、卫生、透气，防止糖尿病足溃疡与坏疽等慢性并发症症状。不用热水烫脚及使用电热毯、热水袋等，以免烫伤。因为长期糖尿病病人常合并周围神经病变，临床常见双足趾端末梢神经损害，使病人的脚趾对冷、热、针刺等感受不敏感。经常测量血压，检查血脂，积极控制高血压和高血脂，提高生活质量。

（三）严格控制血糖及综合管理

在糖尿病控制的近期目标、远期目标及个体化控制目标的基础上，进行综合管理。评估其血糖控制的风险、获益、可行性和社会因素等，为病人制定合理的个体化的空腹血糖、餐后血糖、HbA1c 等相关控制目标。对于病程长、已具有多种并发症或多项危险因素的个体建议积极进行专科与全科之间的双向转诊，制订综合管理方案。

四、糖尿病的基层家庭管理

（一）建立糖尿病家庭健康档案

家庭在糖尿病的发生、发展、转归中的作用重大，对糖尿病病人心理健康、饮食指导、运动帮助、药物依从方面影响大。主要内容有家庭的基本资料、家系图、家庭功能评估等，从中了解家庭的健康情况及对糖尿病病人的影响情况等。如：家庭的饮食习惯、遗传倾向、生活方式特点等。制订糖尿病家庭健康保健内容、干预计划、方式等。

（二）糖尿病的家庭管理内容

家庭治疗对糖尿病病人的理想血糖水平维持、并发症控制、健康情绪的维护，良好体能建立等方面，都有着无可替代的意义。糖尿病病人家庭治疗的主要内容：①家庭成员的情感支持。家庭帮助的力量是无穷的。家庭成员应该多主动陪同病人到医院复诊检查，陪同病人一起参加运动锻炼，积极配合医生鼓励病人改变生活方式。②家庭成员参与治疗过程。应与病人一起学习糖尿病的相关知识与防治技能；在医生的指导下，帮助病人设计饮食和运动计划，并帮助病人落实计划的执行；家庭

成员也应熟知和掌握糖尿病药物的用法与剂量，应协助病人监测血糖、注射胰岛素，以及进行其他的自我护理项目，如修剪指甲、检查足部等。另外，密切关注病人的病情变化及并发症的发生，以便及时采取有效措施，进行救治。

五、糖尿病的社区整体管理

（一）建立糖尿病社区健康档案

社区糖尿病健康档案是以社区为基础的、协调性的医疗保健服务的必备工具。目的是了解社区糖尿病发病状况，确定社区糖尿病主要健康问题，制订糖尿病社区防治计划。主要内容有：社区全体居民糖尿病的基本资料，整体的、逐年的患病率、知晓率档案等。也包括对整个社区糖尿病卫生服务状况、糖尿病病人健康管理情况分析等。社区应开展以降低糖尿病患病率、增加糖尿病知晓率、控制率、治疗率为目标的个体 - 家庭 - 社区一体化控制。即不断通过社区、个体健康教育、社区筛查、生活方式干预、重点人群防治、全体人群政策等，提高知晓率、治疗率、控制率，降低患病率。

（二）糖尿病社区管理绩效评估

社区防治计划的评估就是对干预措施的效果进行评价，只有不断评估改进，干预效果才能越来越好。所需信息和评估指标如下：①糖尿病的基线资料包括人口数和分布，糖尿病干预前后危险因素水平，政策环境情况，干预实施的有利和不利因素；②进行各种活动的记录，包括活动的名称、时间、地点、参加人数和结果等；③疾病和行为监测资料；④糖尿病病人管理前后随访资料。常用评价指标：干预活动参与率和覆盖率；干预执行的次数、范围和质量；人群对糖尿病防治的知识、态度和行为改变率；糖尿病病人的随访管理率、治疗率、服药率和控制率；疾病发病和死亡监测结果；危险因素监测结果；病人医疗费用的增减等。

案例分析三：本案例全科医学处理计划分析

问题 2. 该病人的诊疗计划是否全面，是否符合基层全科医学处理原则？

答案：此案例基层诊疗计划不全面，不符合糖尿病的全科医学处理原则。

分析如下：

该基层诊疗计划属专科医疗模式，根据本章节糖尿病的基层全科医学处理内容，此病人应予如下全科医学处理计划：

1. 完善该病人基层首诊服务　包括：①对此病人进行机体全面的评估；②进行糖尿病风险程度评估；③完善 OGTT 检查，进行糖尿病高危人群、糖尿病前期及糖尿病的筛查；④进行签订长期医疗服务协议契约，建立糖尿病管理档案；⑤根据糖尿病筛查结果，进行诊断评估，制订连续医疗随诊计划；制订此病人近期及远期综合管理控制指标。

2. 进行相关医学知识教育计划　给予全面的个体、家庭健康教育，包括 2 型糖尿病病因及高危因素、高血压病因及高危因素、防治策略等

3. 进行糖尿病早期干预计划

（1）给予病人合理膳食，低糖、低盐、低脂、高纤维饮食配伍指导：目标是使超重 BMI 达到或接近 24kg/m^2，或体重至少减少 5%～10%；每日饮食总热量至少减少 400～500kcal（1kcal=4.184kJ）；饱和脂肪酸摄入占总脂肪酸摄入的 30% 以下。由于此病人达肥胖标准，且不排除糖尿病前期及糖尿病，也可给予个体化医学营养治疗。

（2）个体化医学营养治疗：理想体重（kg）=175（cm）−105=70（kg），其实际体重 85（kg）比理想体重增加 15（kg），超过理想体重 20%，故属肥胖。根据其体重、职业等，参考表 14-6，其每日所需热量在：70×20=1400kcal/（kg·d）～70×25=1750kcal/（kg·d）之间。碳水化合物和蛋白质等按 1/5、2/5、2/5 分布在三餐中。饱和脂肪酸摄入占总脂肪酸摄入的 30% 以下；

（3）运动干预：中等强度体力活动（见表 14-9），至少保持在 150 分钟 / 周。

4. 进行连续性医疗随访　根据糖尿病筛查结果，予病情监测。早期，可进行密集病情监测，持

续关注，直至血压、血糖、血脂等达标。

5. **药物干预**　**如此病人经筛查符合糖尿病前期或糖尿病标准，可增加二甲双胍、糖苷酶抑制剂，阿卡波糖等治疗糖尿病的药物。**

思考题

1. 全科医疗进行糖尿病前期筛查的意义。
2. 糖尿病一级预防内容有哪些？
3. 基层医疗糖尿病向上级医院转诊指征是什么？
4. 成人糖尿病高危人群有哪些？

（何　颖）

第十五章　慢性阻塞性肺疾病的全科医学处理

学习提要

- 在常见呼吸系统疾病中，慢性阻塞性肺疾病（简称“慢阻肺”）是社区医疗中重点管理对象。全科医生应掌握慢阻肺的症状、体征、肺功能特征、急性加重期及稳定期的临床特点，对慢阻肺病人进行正确的诊断和处理。
- 对于稳定期慢阻肺，全科医生应对病人进行建档、定期随访，给予合理的药物治疗及非药物治疗措施，对病人的合并症及并发症进行综合管理，并同时关注家庭因素及社区因素对病人的影响。全科医生应积极开展健康教育，积极开展以控烟为主的预防工作。对于中重度急性加重期的病人及时向综合医院呼吸专科转诊。

病例第一部分：

男性，79 岁，主因“咳嗽、咳痰 10 年，加重伴气促 7 天”就诊。病人近 10 年来反复因受凉、劳累后出现咳嗽、咳痰，为白色黏痰，每年持续 3 个月以上，多次于当地医院就诊，诊断为“慢性支气管炎”，给予抗感染、化痰、平喘等治疗后好转。7 天前受凉后出现咽痛、咳嗽、咳黏痰，同时自觉气促，活动后明显。5 天前出现畏寒、发热（最高 38℃），伴食欲缺乏、乏力。自服头孢拉定治疗，未见明显好转。

病人既往高血压病史 20 年，口服硝苯地平缓释片治疗，血压控制较好。否认冠心病、糖尿病病史，否认结核、哮喘病史。吸烟 50 年，每日 30 支。否认饮酒史。

【思考题】

1. 根据病人的主诉及现病史，考虑最可能的疾病是什么？

2. 病人目前情况是否需要转诊？

参考答案：

1. 病人为老年男性，长期大量吸烟史，反复咳嗽、咳痰 10 年，多次诊断为“慢性支气管炎”，其症状呈进行性加重，慢阻肺可能性较大，但需行肺功能检查以明确诊断。

2. 判定病人适合在社区治疗还是应转诊到综合医院呼吸科专科治疗，需对病人病情进行评估。大多数一般状况较好、轻度慢阻肺急性加重期的病人可以在社区或门诊治疗，而中重度慢阻肺急性加重期的病人常需要住院治疗。病人现口服抗生素治疗无明显好转，且既往未明确诊断慢阻肺，应转诊至综合医院呼吸科专科就诊，进行肺功能检查，以明确诊断、给予综合评估及治疗。

第一节　慢性阻塞性肺疾病的概述

一、慢性阻塞性肺疾病的定义

慢性阻塞性肺疾病（chronic obstructive pulmonary disease，COPD），简称慢阻肺，是一种常见的、可以预防和治疗的疾病，以持续呼吸症状和气流受限为特征，通常是由于明显暴露于有毒颗粒或气体引起的气道和（或）肺泡异常所导致。慢性气流受限是慢阻肺的特征，由小气道疾病（阻塞性支气管炎）和肺实质破坏（肺气肿）共同引起，二者在不同病人所占比重不同。这些变化并不总是同时出现，但随时间以不同的速度进展。急性加重和并发症影响着疾病的严重程度。

二、慢性阻塞性肺疾病的流行病学

慢阻肺是一种严重危害人类健康的常见病、多发病，致残率及病死率高，给病人及其家庭和社会带来沉重经济负担。据“全球疾病负担研究项目（The Global Burden of Disease Study）”估计，2020 年慢阻肺将位居全球死亡原因的第 3 位。世界银行和世界卫生组织的资料表明，至 2020 年，慢阻肺将位居世界疾病负担的第 5 位。根据原国家卫生计生委 2015 年发布的《中国居民营养与慢性病状况报告》，我国 40 岁及以上人群慢阻肺的患病率约为 9.9%。目前，我国还存在慢阻肺漏诊、误诊、治疗不规范现象。作为一种慢性呼吸系统疾病，慢阻肺需要长期治疗和管理。由于其症状隐匿，病人常于呼吸道症状逐渐加重时才到医院就诊，此时往往已到疾病的中晚期。对于出现慢性呼吸衰竭和肺心病的病人，医疗花费巨大，而治疗效果不佳。

慢阻肺首诊大多在基层医院，全科医生对慢阻肺的诊断和治疗负有重要使命，主要包括慢阻肺预防、高危及疑似病人的识别、病人教育、稳定期及轻中度急性加重期的治疗、康复治疗和长期随访。全科医生对于慢阻肺管理目的在于充分发挥团队服务的作用，指导慢阻肺病人合理就医和规范治疗，减轻呼吸道症状，减少疾病急性加重的发生，预防、监测并积极治疗并发症，延缓肺功能的下降，改善生活质量。

三、慢性阻塞性肺疾病的危险因素及发病机制

（一）慢性阻塞性肺疾病的危险因素

了解慢阻肺的危险因素，可以让全科医生更有针对性地进行疾病的筛查，并在慢阻肺长期管理过程中，对生活方式进行干预，以延缓疾病的发生发展。目前已经发现的危险因素可以分为外因与内因两类。

1. 外因 慢阻肺危险因素中的外因主要指环境因素。

（1）吸烟：是目前公认的慢阻肺已知风险因素中最重要者。吸烟人群同不吸烟人群相比，肺功能异常发生率明显升高，出现呼吸道症状的人数明显增多，肺功能检查中反映气道是否有阻塞的核心指标第一秒用力呼气容积（FEV_1）下降幅度更快。对于已经患有慢阻肺的病人，吸烟病人的病死率明显高于不吸烟病人。

（2）室内空气污染：可由于在通风差的住所燃烧生物燃料烹饪和取暖造成。

（3）室外大气污染：增加肺吸入的颗粒总量，同时会加重慢阻肺病人病情。

（4）职业暴露：有机和无机粉尘、化学物质和废气的吸入都会促进慢阻肺发病。

（5）社会经济地位：社会经济地位较低的人群发生慢阻肺的概率较大，可能与室内外空气污染、居室拥挤、缺乏营养、感染或其他与社会经济地位较低相关联的因素有关。

2. 内因 慢阻肺危险因素中的内因主要指个体易患因素。

（1）遗传因素：流行病学研究显示慢阻肺易患性与基因相关，并涉及多个基因。遗传性 α-1 抗胰蛋白酶缺乏症（AATD）为典型代表，但国内尚未发现病例。

（2）肺生长与发育：任何在孕期和儿童期影响肺生长的因素都可能增加个体慢阻肺的发生风险。如：低出生体重、呼吸道感染等。

（3）哮喘和气道高反应性：哮喘及气道反应性增高者，慢阻肺发病率也明显增高。

（4）慢性支气管炎：会增加病人总体发作频率和重度急性加重发作频率。

（5）感染：已有研究发现，儿童期重度呼吸道感染病史与成人期肺功能下降及呼吸道症状增加相关。对于已经患有慢阻肺的病人，呼吸道感染是导致疾病急性发作的一个重要因素，可以加剧病情进展。

笔记

（二）慢性阻塞性肺疾病的发病机制

【发病机制】

慢阻肺的发病机制可分为：炎症机制；蛋白酶 - 抗蛋白酶失衡机制；氧化应激机制；其他发病机制，如自主神经功能失调、营养不良、气温变化等。以上机制共同作用，产生两种重要病变：小气道病变和肺气肿病变。小气道病变包括小气道炎症、小气道纤维组织形成、小气道管腔黏液栓等，使小气道阻力明显升高。肺气肿病变使肺泡对小气道的正常牵拉力减小，小气道较易坍塌；同时，肺气肿使肺泡弹性回缩力明显降低。这种小气道病变与肺气肿病变共同作用，造成慢阻肺特征性的持续气流受限。

【病理生理】

慢阻肺最重要的病理生理改变是气道阻塞和气流受限，从而引起阻塞性通气功能障碍。其他的病理生理改变包括肺总量、残气容积和功能残气量增多等肺气肿的病理生理改变。大量肺泡壁的破坏导致肺毛细血管大量减少，生理无效腔气量增加；也有部分肺区虽有血流灌注，但肺泡通气不良，导致血液分流。这些改变产生通气与血流比例失调。肺泡毛细血管的丧失使得弥散面积减少，进而引起换气功能的障碍。以上通气和换气的功能障碍可引起缺氧和二氧化碳潴留，随着病情加重，出现不同程度的低氧血症和高二氧化碳血症，最终出现呼吸衰竭。

慢阻肺也可引起全身不良反应，表现为全身氧化负荷异常增高、血液循环中细胞因子浓度异常增高以及炎性细胞异常活化。同时可引起以骨骼肌重量逐渐减轻为特点的骨骼肌营养不良。

四、慢性阻塞性肺疾病的分期

慢阻肺分为稳定期和急性加重期。

慢阻肺的稳定期主要指病人的咳嗽、咳痰和气短等症状稳定或症状轻微的状态。

慢阻肺急性加重期是慢阻肺一种急性的起病过程，病人呼吸道症状超过日常变异范围的持续恶化，并需改变药物治疗方案。在这一过程中，病人常有短期内咳嗽、咳痰、气短和（或）喘息加重，痰量增多，脓性或者黏液脓性痰，可伴有发热等炎症明显加重的表现。

第二节　慢性阻塞性肺疾病的临床表现

一、慢性阻塞性肺疾病的常见症状

慢阻肺起病缓慢，病程较长。主要有以下症状：

（一）慢性咳嗽

随病程发展可终身不愈。常晨间咳嗽明显，夜间有咳嗽或排痰。有少数病例虽有明显气流受限，却无咳嗽症状。

（二）咳痰

一般为白色黏液或浆液性泡沫痰，偶可带血丝，清晨排痰较多。急性发作期痰量增多，可有脓性痰。

（三）气短或呼吸困难

气短或呼吸困难是慢阻肺的标志性症状，最初仅在劳动、上楼或爬坡时有气促，休息后气促可以缓解。随着病变的发展，在平地活动时也可以出现气促。晚期病人进行穿衣、洗漱、进食等日常生活活动时即可发生气促，甚至在静息时也感气促。急性加重期支气管分泌物增多，通气功能障碍加重使胸闷、气促加重。

（四）喘息和胸闷

部分病人特别是重度或急性加重期病人可出现喘息和胸闷。

（五）其他

晚期病人有体重下降，食欲减退、营养不良等表现。

二、慢性阻塞性肺疾病的常见体征

慢阻肺病人早期体征可无异常，随疾病进展可出现阻塞性肺气肿的体征：

（一）视诊

桶状胸：胸廓前后径增大，肋间隙增宽，剑突胸骨下角增宽。部分病人呼吸变浅，频率增快，严重者可有缩唇呼吸等。

（二）触诊

双侧语颤减弱。并发早期肺心病的病人可触及剑突下心脏搏动。

（三）叩诊

肺部过清音，心浊音界缩小，肺下界和肝浊音界下降。

（四）听诊

两肺呼吸音减弱，呼气期延长常提示有气道阻塞和气流受限，与肺功能检测结果有相关性。部分病人可闻及湿性啰音和（或）干性啰音。合并哮喘者可闻及哮鸣音。剑突下心音较心尖明显增强可提示早期肺心病。

全科医生对于出现上述症状和体征的病人，需要认真采集病史，寻找其特点进行分析，进行必要的实验室检查，进而做出初步的诊断和处理。对于诊断不明或危重病病人，应转诊至呼吸专科进行进一步诊治。

三、慢性阻塞性肺疾病的常见合并症

慢阻肺常与其他疾病并存，被称为合并症，会对慢阻肺的预后产生重大影响。常见的合并症如下：

1. 心血管疾病 包括缺血性心脏病、心衰、房颤和高血压，是慢阻肺的主要合并症，也是慢阻肺最常见和最重要的合并症。

2. 肺癌 在慢阻肺病人中很常见。有研究表明，在轻度慢阻肺病人中，肺癌是最常见的死亡原因。

3. 重症感染 重症感染在慢阻肺病人中很常见，特别是呼吸系统感染。

4. 代谢综合征和糖尿病 合并代谢综合征和糖尿病会对病人的预后产生影响。全科医生在对病人慢阻肺进行管理时，也应关注病人其他慢性病的情况。

5. 胃食管反流病（GERD） 是一种全身性合并症，会对肺部病变产生影响。与急性加重风险增加和较差的健康状态有关。

6. 其他合并症 骨质疏松症、焦虑 / 抑郁和认知功能障碍等，属于慢阻肺的常见合并症，但是往往不能被及时识别，缺乏诊断。存在上述合并症会导致病人生活质量下降，往往提示预后较差。

这些合并症会影响慢阻肺的死亡率以及入院率，全科医生在对病人的长期管理过程中，要发挥自身的优势，对病人进行综合管理，注意疾病之间的相互影响，以及治疗过程中不同疾病所选用的药物、非药物治疗之间的联系，为病人制订综合的治疗方案。

第三节 慢性阻塞性肺疾病的诊断及治疗

一、慢性阻塞性肺疾病的诊断及鉴别诊断

【慢阻肺的诊断】

任何有呼吸困难、慢性咳嗽或咳痰，和（或）慢阻肺危险因素暴露史的病人临床上需要考虑慢阻肺诊断。对于确诊或疑似慢阻肺的新病人，必须采集详细病史。确诊慢阻肺需要进行肺功能检查，吸入支气管扩张剂后 FEV_1/ FVC（第一秒用力呼气容积 / 用力肺活量）<70%，可确定存在持续性气流

笔记

受限，除外其他疾病后可确诊慢阻肺。

【鉴别诊断】

作为以气短、呼吸困难为主要临床表现的疾病，慢阻肺的主要鉴别诊断是支气管哮喘。慢阻肺与哮喘关系复杂，主要鉴别点在于：①慢阻肺多于中年后起病，哮喘则多在儿童或青少年期起病；②慢阻肺症状缓慢进展，逐渐加重，哮喘则每日症状变化大，夜间或清晨症状加重；③慢阻肺多有长期吸烟史和（或）有害气体接触史，哮喘则常伴过敏、鼻炎和（或）湿疹及哮喘家族史，可合并肥胖症；④肺功能气道舒张试验检测时，慢阻肺气道阻塞和气流受限的可逆性比较小，哮喘的可逆性比较大。

此外，慢阻肺也应同以下常见慢性疾病进行鉴别：

充血性心力衰竭：胸片显示心脏扩大、肺水肿。肺功能检查提示限制性通气障碍，无气流受限。

支气管扩张：支气管扩张病人常有大量的脓性痰，常伴细菌感染。在胸片或胸部CT显示支气管扩张、支气管壁增厚。

肺结核：肺结核在所有年龄均可发病，胸片检查显示有浸润性病灶。确诊可依靠生物学检查。在结核流行地区发病率高，应注意鉴别。

除哮喘、支气管扩张、肺结核这三种常见疾病外，慢阻肺还应与闭塞性细支气管炎、弥漫性泛细支气管炎等进行鉴别。

二、慢性阻塞性肺疾病的评估

慢阻肺评估目标是明确气流受限的严重程度，对健康状况和未来事件（例如急性加重、住院或死亡）发生风险的影响，最终目的是指导治疗。应综合评价肺功能异常的存在和严重程度、目前症状的性质和程度、急性加重病史和未来发生风险、合并症，以期改善慢阻肺的疾病管理。全科医生对慢阻肺进行管理的过程中，针对不同需求，对病人进行各个层面的评估。

（一）气流受限程度分级

为简明起见，慢阻肺全球倡议指南（GOLD指南）中推荐使用肺功能界值来明确气流受限的程度。在给予至少一种足量的短效支气管舒张剂后进行肺功能检查，以减少变异性（表15-1）。

表15-1　使用肺功能检查评估气流受限严重程度

COPD病人气流受限严重程度分级（以吸入支气管扩张剂后FEV_1值为基础，$FEV_1/FCV<70\%$）		
GOLD1	轻度	$FEV_1\%$预测值≥80%
GOLD2	中度	50%≤$FEV_1\%$预测值<80%
GOLD3	重度	30%≤$FEV_1\%$预测值<50%
GOLD4	极重度	$FEV_1\%$预测值<30%

注：FEV_1为吸入支气管扩张剂之后

（二）症状评估

慢阻肺作为一种以呼吸困难为主要特点的疾病，以呼吸困难为核心的症状评估十分重要。改良英国医学研究委员会量表（mMRC）可对呼吸困难程度进行描述，并且与其他健康状态监测结果有良好的相关性，可预测未来死亡风险（表15-2）。

表15-2　改良版英国医学研究委员会呼吸问卷

呼吸困难评价等级	呼吸困难严重程度
0级	只有在剧烈活动时感到呼吸困难
1级	在平地快步行走或者步行爬小坡时出现气短
2级	由于气短，平地行走时比同龄人慢或者需要停下来休息
3级	在平地行走100m或者数分钟后需要停下来喘气
4级	因为严重呼吸困难而不能离开家或者穿衣服时出现呼吸困难

此外，慢阻肺病人自我评估测试问卷（CAT）也是一种比较常用的方法（表 15-3）。它通过自我评估的方法对呼吸系统症状及全身症状进行了分级评估。

表 15-3 慢阻肺病人自我评估测试问卷（分）

我从不咳嗽	1	2	3	4	5	6	我总是在咳嗽
我一点痰也没有	1	2	3	4	5	6	我有很多很多痰
我没有任何胸闷的感觉	1	2	3	4	5	6	我有很严重的胸闷的感觉
当我爬坡或者上一层楼时，没有气喘感觉	1	2	3	4	5	6	当我爬坡或者上一层楼梯感觉严重喘不过气
我在家里能做任何事情	1	2	3	4	5	6	我在家里做任何事情均受影响
尽管我有肺部疾病，但对外出很有信心	1	2	3	4	5	6	由于我有肺部疾病，对离开家一点信心都没有
我的睡眠很好	1	2	3	4	5	6	由于我有肺部疾病，睡眠相当差
我精力旺盛	1	2	3	4	5	6	我一点精力都没有

注：数字 0～5 表示严重程度，请标记最能反映你当前情况的选项，在数字上打 ×，每个问题只能标记一个选项

（三）慢阻肺的综合评估

细化的 ABCD 评估工具是结合肺功能检查与病人症状和急性加重病史，对于诊断、治疗及预后有着重要意义的综合评估方法。它将肺功能分为基础的 GOLD 分级同病人症状及急性加重病史分别评估（图 15-1）。这一分类方案可以便于考虑个体化治疗，也有助于对病人进行治疗策略的升级或降级指导。

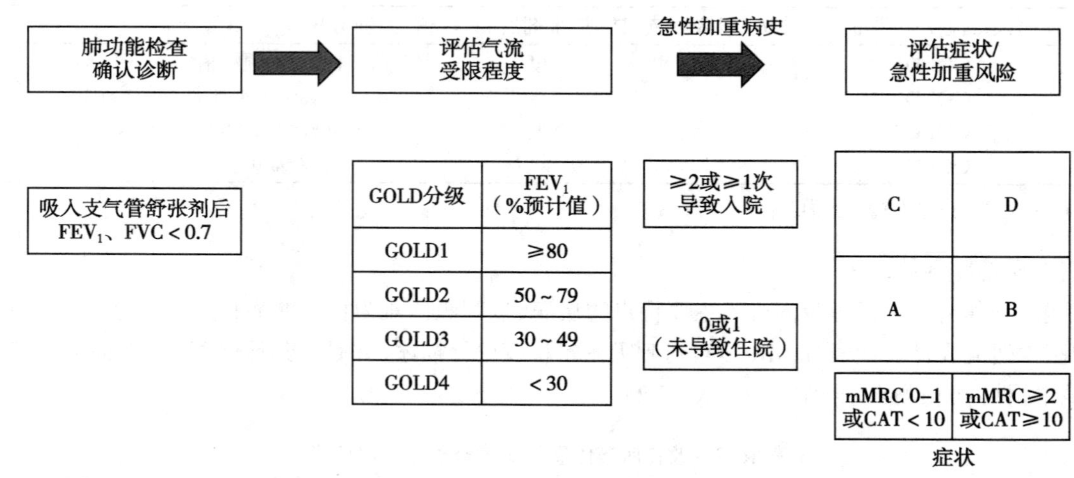

图 15-1 慢阻肺的综合评估

全科医生在对慢阻肺病人进行病情严重程度的综合评估时，应注意对慢阻肺病人的各种全身合并疾病的评估，如心血管疾病、骨质疏松、焦虑和抑郁、肺癌、感染、代谢综合征和糖尿病等，全科医生需要对这些合并疾病的严重程度及对慢阻肺治疗带来的影响进行评估，并应注意药物之间的相互影响，对病人进行综合管理。

（四）慢阻肺的住院指征

对于急性加重期病人，全科医生在接诊病人时，应根据其急性加重的严重程度和（或）基础疾病的严重程度选择门诊或住院治疗。80% 以上的急性加重可以在门诊使用包括支气管舒张剂、糖皮质激素和抗菌药在内的药物治疗处理。但对于就诊时情况严重的病人，应及时转诊至上级医院住院治疗。对于急性加重期的病人，病人住院治疗的指征有：①重度症状：如静息状态下呼吸困难突然加重、高呼吸频率、氧饱和度降低、意识模糊、嗜睡等重度症状；②急性呼吸衰竭；③出现新的体征（如发绀、外周水肿）；④急性加重期起始药物治疗失败；⑤存在严重合并症（如心力衰竭、新发心律失常等）；⑥家庭支持不足以缓解症状。

（五）慢阻肺病人的社区评估

对于初次在社区就诊的疑似慢阻肺病人，全科医生应完成病史采集、体格检查、基本项目及部分推荐项目检查。

由全科医生在社区完成的基本检查项目包括（括号中为必做的检查项目）：①询问病史：咳嗽、咳痰、呼吸困难、喘憋等；吸烟史；职业粉尘等暴露史；儿童时期下呼吸道感染史；家族史（慢阻肺，哮喘，肺气肿）；其他合并疾病史（心血管病，糖尿病及代谢性疾病，肿瘤等）。②体格检查：应对病人进行系统的体格检查并且注意以下体征 口唇、甲床发绀；颈静脉怒张；桶状胸；呼吸频率，心率，心律；胸部语颤、胸部叩诊、肺下界移动度；呼吸音，啰音；双下肢水肿，杵状指（趾）。③实验室检查：血常规；肺通气功能检查（含支气管舒张试验）（不具备能力的基层医疗机构，可将病人转至二级或三级医院完成）；X 线胸片；心电图；经皮脉搏血氧饱和度检测。

三、慢性阻塞性肺疾病的稳定期治疗

对于稳定期的慢阻肺病人，治疗目标是：减轻当前症状，包括缓解症状，改善运动耐力，改善健康状况；降低未来风险，包括防止疾病进展，防止和治疗急性加重，减少病死率。全科医生一旦确诊慢阻肺病人，应当基于目前症状和未来急性加重风险的评估，为病人制定个体化的整体治疗方案，其中应发挥全科医生的优势以及全科团队的力量，不局限于药物治疗，应使用适当的非药物干预措施加以补充。

（一）药物治疗

慢阻肺稳定期治疗药物主要包括以下五种：

1. 支气管舒张药物 支气管舒张药物是控制慢阻肺症状的重要治疗药物，可用于改善 FEV_1 和（或）其他肺功能检查指标，规律使用可以预防或减少病人的症状。主要包括短效 β_2 受体激动剂（SABA），如沙丁胺醇、特布他林等；长效 β_2 受体激动剂（LABA），如福莫特罗、沙美特罗等；短效抗胆碱药（SAMA），如异丙托溴铵；长效抗胆碱药（LAMA），如噻托溴铵；茶碱等。长效 β_2 受体激动剂可较短效制剂更有效控制症状，吸入剂相对于口服副作用更少。

2. 糖皮质激素 吸入糖皮质激素（ICS）的长期、规律吸入，适用于重度和极重度且反复急性加重的病人，可减少急性加重次数、增加运动耐量、改善生活质量。但单独吸入糖皮质激素不能阻止 FEV_1 的下降趋势，还可能增加患肺炎的风险，因此在慢阻肺治疗中不单一使用吸入糖皮质激素。糖皮质激素和长效 β_2 受体激动剂的联合吸入制剂（布地奈德 / 福莫特罗、沙美特罗 / 氟替卡松），疗效优于单一制剂。不推荐长期口服、肌注或静脉应用糖皮质激素治疗。在应用过程中应注意吸入技巧的培训，以及避免局部应用糖皮质激素的副作用。

3. 磷酸二酯酶 -4 抑制剂（PDE-4） PDE-4 抑制剂（罗氟司特）的主要作用机制是通过抑制细胞内的环腺苷降解，减轻气道炎症。能够改善应用 LABA 和（或）LAMA 病人的一秒用力呼气容积。推荐用于慢性支气管炎，重度和极重度气流受限伴有反复急性加重，不能被长效支气管扩张药控制者。

4. 甲基黄嘌呤 甲基黄嘌呤（茶碱或氨茶碱）的有效性和耐受性劣于长效的支气管扩张剂。有证据表明，和安慰剂相比，甲基黄嘌呤类药物能够在一定程度上扩张支气管，改善治疗稳定期慢阻肺

病人症状。但由于茶碱治疗窗较窄且副作用大，除非病人不能够负担长效支气管扩张剂，否则不建议使用甲基黄嘌呤。

5. 其他药物

（1）祛痰药：常用药物有盐酸氨溴索、乙酰半胱氨酸、羧甲司坦、标准桃金娘油等。

（2）抗氧化剂：有证据提示，抗氧化剂如羧甲司坦、N-乙酰半胱氨酸等可降低疾病急性加重次数。

（3）疫苗：主要指流感疫苗和肺炎疫苗，应参考当地的治疗指南推荐。

（4）中医治疗等。

在稳定期管理药物治疗过程中，应根据对病人症状和急性加重风险的个体化评估进行慢阻肺管理起始和后续升级和（或）降级治疗的模式，在评估GOLD分级以及细化的ABCD分组后，根据推荐方案进行初始治疗，随后根据个体化的症状和急性加重风险评估，进行升级和（或）降级治疗（图15-2）。

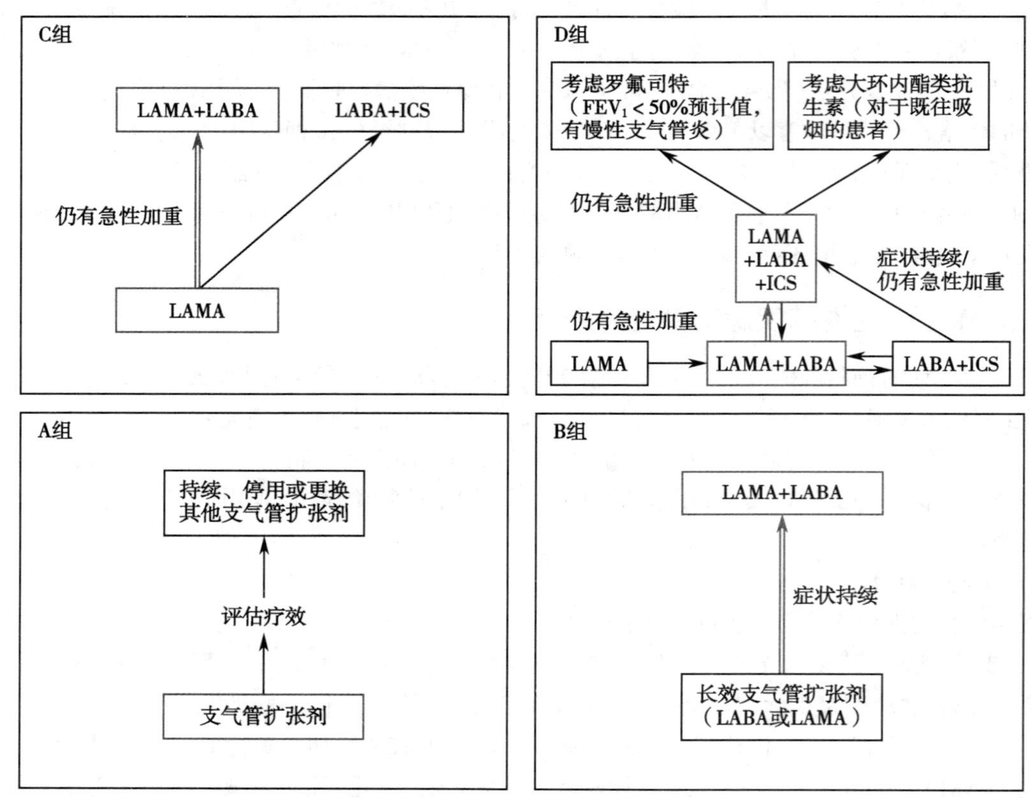

图15-2 慢阻肺稳定期药物治疗方案

全科医生在慢阻肺稳定期管理中的优势也在于可以对病人进行连续性的管理和综合性的治疗，在药物应用的同时配合其他的治疗方法。

（二）慢阻肺的非药物治疗

1. 病人教育 病人教育是由全科医生及其团队为病人提供慢阻肺疾病相关信息和建议，增强病人就医及治疗的依从性。在病人教育过程中，既要增加病人知识，也要提升病人自我管理技巧。病人教育内容包括戒烟、正确使用吸入装置、早期识别急性加重的发作、作出决定、采取行动、何时寻求帮助、外科干预以及其他方面。全科医生可以根据病人的情况设计个体化的连续教育内容，并且通过病人的自我管理干预更好地实现疾病的控制。

2. 减少危险因素暴露 对于病人危险因素的识别和干预是全科医生对于慢阻肺病人的病因的

管理。其中常见的危险因素及干预措施如下：①吸烟是最常见和最易识别的慢阻肺危险因素，应鼓励所有吸烟者戒烟。结合全科医生的特点可以为病人提供实用化咨询、将家属或朋友的社会支持作为治疗的一部分以及治疗以外的社会支持。可以通过以下五步干预程序，指导帮助病人戒烟：询问（ask）：每一次就诊时，系统地识别所有吸烟者，保证每个吸烟者每次随访时的吸烟状态都能得到详细的询问记录。建议（advice）：强烈建议每个吸烟者戒烟，态度要明确坚定、有针对性，鼓励每个吸烟者戒烟。评估（assess）：确定每个吸烟者想戒烟的意愿和根本理由，询问每个吸烟者是否愿意在近期（30 天内）尝试戒烟。帮助（assist）：帮助病人戒烟：帮助病人制定戒烟计划；提供实用可行的咨询服务，提供治疗范围内的社会支持，帮助病人获得治疗范围外的社会支持；建议使用某些特定场合下批准的药物，提供辅助资源。安排（arrange）：安排随访。②帮助识别居住环境中的危险因素，可建议有效通风、无污染炉灶和类似干预措施。③对于职业性粉尘、烟雾、气体进行识别，并且建议病人尽量避免暴露于刺激物质。

3. 长期家庭氧疗（LTOT）慢阻肺稳定期病人长期家庭氧疗，可以维持重要脏器的功能，保证周围组织的氧气供应，提高慢性呼吸衰竭病人的生存率。长期家庭氧疗的适应证为：休息状态下存在动脉低氧血症，即呼吸室内空气时，①动脉血氧分压（PaO_2）<55mmHg 或动脉血氧饱和度（SaO_2）≤88%，有或没有高碳酸血症；②动脉血氧分压（PaO_2）55～70mmHg 或动脉血氧饱和度（SaO_2）<89%，并有肺动脉高压、右心衰竭或红细胞增多症（血细胞比容>0.55）。长期家庭氧疗一般是经鼻导管吸入氧气，流量 1.0～2.0L/min，每日吸氧持续时间>15 小时。目的是使病人在海平面、静息状态下，达到动脉氧分压（PaO_2）≥60mmHg 和（或）动脉血氧饱和度（SaO_2）上升至 90%。对于长期随访的病人，应注意于治疗 60～90 天后再次评估是否仍需要氧疗及其是否有效。

4. 康复治疗 是慢阻肺病人稳定期的重要治疗手段，可以使因进行性气流受限、严重呼吸困难而很少活动的病人改善活动能力、提高生活质量，同时也便于社区范围内开展。根据病人症状及急性加重期分组，B～D 组的病人建议进行肺康复。可通过适当咳嗽、呼吸及体育锻炼，增加呼吸功能，改善生活质量。具体项目包括：①咳嗽和排痰；②缩唇呼吸和腹式呼吸；③扩胸、步行和骑车等运动。

5. 营养支持 营养不良是慢阻肺常见的并发症，病程长、反复感染、呼吸衰竭都会造成高代谢、高分解状态。全科医生应对慢阻肺病人的营养状态加以评估，予以必要的指导，对于需要加强营养的病人提供方法支持。

6. 心理疏导 慢阻肺因长期患病，影响工作和生活，常出现焦虑、抑郁、紧张、恐惧、悲观失望等不良心理，对于疾病本身的治疗和病人的生活质量都带来一定的影响。全科医生在对慢阻肺病人进行综合管理的过程中，应针对病情及心理特征及时给予心理疏导；同时也做好家人和亲友工作，树立共同战胜疾病的信心。

四、慢性阻塞性肺疾病的急性加重期治疗

在慢阻肺急性加重期治疗时，全科医生首先应确定导致病情急性加重的原因，根据病人的既往情况和近期症状变化做出判断。慢阻肺急性加重最常见的原因是细菌或病毒感染，使气道炎症加重，气流受限加重，病人自觉症状加重，严重时可并发呼吸衰竭和右心衰竭。对于慢阻肺急性加重期治疗原则为根据病人临床症状、体征、血气分析和胸部影像学等指标评估疾病严重程度，采取相应治疗措施。治疗目标是尽可能减少当前急性加重的不良影响和预防以后急性加重的发生。80% 以上的急性加重可以在门诊使用包括支气管舒张剂、糖皮质激素和抗生素在内的药物治疗处理。全科医生在处理急性加重的病人时，首先应注意病人的生命体征，评估病人的严重程度，必要时及时转诊。在治疗过程中注意监测病情的动态变化，对于急性期后进入稳定的病人，予以长期的管理。

慢阻肺急性加重的主要治疗手段包括：

1. 控制性氧疗 氧疗是慢阻肺加重期住院病人的基础治疗。无严重并发症的病人氧疗后较容易达到满意的氧合水平（动脉氧分压（PaO_2）≥60mmHg 和（或）动脉血氧饱和度（SaO_2）>90%），但要

注意潜在的二氧化碳潴留可能。一般吸入氧浓度为28%～30%，吸入氧浓度过高引起二氧化碳潴留的风险加大，应注意及时复查动脉血气。

2. 抗生素 由于多数慢阻肺急性加重是由于细菌感染诱发，故抗生素在慢阻肺急性加重治疗中具有重要地位。慢阻肺急性加重病人如果存在呼吸困难加重，痰量增多和脓性痰这三个基本症状；或含脓性痰增多在内的两个基本症状；或需要有创或无创机械通气治疗，就应该接受抗生素治疗。推荐的抗生素的使用疗程为5～7天。抗生素的选择常需根据当地的细菌耐药情况决定。常用的初始经验性治疗可选用阿莫西林克拉维酸，大环内酯类药物，或四环素类。对于频繁急性加重、重度气流受限、和（或）急性加重需机械通气的病人，需进行痰培养或其他肺部标本的培养，因为可能存在对上述药物不敏感的革兰氏阴性菌（如假单胞菌属）或耐药病原体。虽然更倾向于口服抗生素，但给药途径（口服或静脉）还是取决于病人的进食能力和抗生素的药代动力学情况。呼吸困难改善和脓痰减少提示治疗有效。

3. 支气管舒张药物 初始选择单用短效 β_2 受体激动剂（沙丁胺醇），用或不联用短效抗胆碱能药物。应用定量吸入装置每小时1次，共2～3剂，之后可以根据病人的反应每2～4小时1次。对于吸入长效支气管扩张剂（β_2 受体激动剂或抗胆碱能药物或联合制剂）联用或不联用吸入糖皮质激素治疗的病人，在急性加重期可维持这些药物治疗或在出院前尽早地开始治疗。静脉使用甲基黄嘌呤类药物（茶碱或氨茶碱）因其显著的副作用，目前并不建议应用于急性加重病人。

4. 糖皮质激素 慢阻肺急性加重期住院病人宜在应用支气管舒张剂基础上全身应用糖皮质激素（简称“激素”），以缩短康复时间，改善肺功能和低氧血症，降低早期复发及治疗失败的风险，缩短住院时间。推荐应用泼尼松每天40mg治疗5天。口服激素与静脉应用激素疗效相当，首选口服治疗。单独雾化吸入布地奈德对于一些慢阻肺急性加重的病人可以作为替代口服激素治疗的方法。

5. 辅助治疗 根据病人的临床情况，注意维持病人的水及电解质平衡，注意加强病人营养。对于卧床、红细胞增多症或脱水的病人，无论是否有血栓栓塞病史、均需考虑使用肝素或者低分子肝素抗凝治疗。另外还需注意痰液引流，识别和治疗合并症及并发症。

6. 机械通气治疗 通过无创或者有创机械通气治疗，维持呼吸功能，通过药物治疗消除慢阻肺急性加重的原因，从而使呼吸衰竭得以逆转。

第四节 慢性阻塞性肺疾病的基层管理

慢阻肺的基层管理内容主要包括慢阻肺的早期筛查和临床初步诊断；按照上级医院已制定的疾病诊疗方案进行规范诊治，监督病人治疗依从性；建立健康档案和专病档案，做好信息报告工作；实施病人年度常规体检，有条件的可以开展并发症筛查；开展病人随访、基本治疗及康复治疗；开展健康教育，指导病人自我健康管理；实施双向转诊。

一、慢性阻塞性肺疾病的基层诊疗目标、路径、双向转诊标准

（一）慢性阻塞性肺疾病的基层诊疗目标

慢阻肺的基层诊疗目标结合基层的工作范围及全科医生的诊疗特点，目的在于充分发挥团队服务的作用，指导慢阻肺病人合理就医和规范治疗，减轻呼吸道症状，减少疾病急性加重发生，预防、监测并积极治疗并发症，延缓肺功能的下降，改善生活质量。发挥中医药在慢阻肺防治与康复方面的作用。

（二）慢性阻塞性肺疾病的基层诊疗路径

慢阻肺在基层诊疗中，具体路径见图15-3。

（三）慢性阻塞性肺疾病的双向转诊标准

在慢阻肺的社区管理中，把握双向转诊的标准是全科医生工作中不可或缺的内容。具体标准如下：

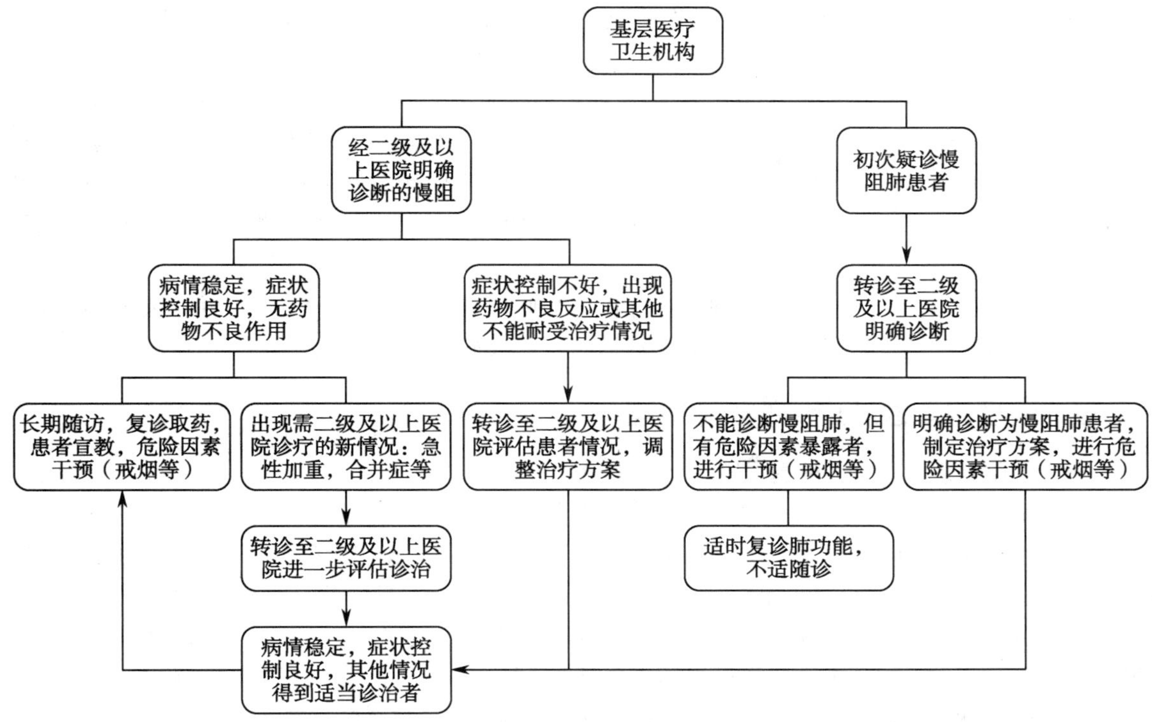

图 15-3　慢阻肺分级诊疗路径

1. 上转至二级及以上医院的标准

（1）初次筛查疑诊慢阻肺病人。

（2）随访期间发现慢阻肺病人症状控制不满意，或出现药物不良反应，或其他不能耐受治疗的情况。

（3）出现慢阻肺合并症，需要进一步评估和诊治。

（4）诊断明确、病情平稳的慢阻肺病人每年应由专科医师进行一次全面评估，对治疗方案进行必要的调整。

（5）随访期间发现出现急性加重，需要改变治疗方案：①呼吸困难加重，喘息，胸闷，咳嗽加剧，痰量增加，痰液颜色和（或）黏度改变，发热等；②出现全身不适、失眠、嗜睡、疲乏、抑郁、意识不清等症状；③ 出现口唇发绀、外周水肿体征；④出现严重并发症如心律失常，心力衰竭，呼吸衰竭等。

（6）医生判断病人出现需上级医院处理的其他情况或疾病。

（7）对具有中医药治疗需求的慢阻肺病人，出现以下情况之一的，应当转诊：

①基层医疗卫生机构不能提供慢阻肺中医辨证治疗服务时。

②经中医辨证治疗临床症状控制不佳或出现急性加重者。

2. 下转至基层医疗卫生机构的标准

（1）初次疑诊慢阻肺，已明确诊断、确定了治疗方案。

（2）慢阻肺急性加重治疗后病情稳定。

（3）慢阻肺合并症已确诊，制订了治疗方案，评估了疗效，且病情已得到稳定控制。

（4）诊断明确，已确定中医辨证治疗方案，病情稳定的病人。

二、慢性阻塞性肺疾病的社区筛查

在慢阻肺的基层诊疗中识别疑似慢阻肺病人尤为重要。在慢阻肺的确诊中，肺功能必不可少。对于以下三类人群建议每年进行一次肺通气功能检测：①有慢性咳嗽、咳痰、呼吸困难、喘息或胸闷症状的首次就诊人群进行肺通气功能检测；②有吸烟史的 40 岁及以上人群首次就诊时建议进行肺通

气功能检测；③有职业粉尘暴露史、化学物质接触史、生物燃料烟雾接触史的40岁及以上人群首次就诊时建议进行肺通气功能检测。

同时，对于40岁以上人群，以下线索也帮助考虑慢阻肺诊断：①呼吸困难：进行性加重（逐渐恶化）；通常在活动时加重；持续存在（每天均有发生）；病人常描述为呼吸费力、胸闷、气不够用、喘息。②慢性咳嗽：可为间歇性或无咳痰。③慢性咳痰：可为任何类型慢性咳痰。④接触危险因素（尤其是）吸烟；职业粉尘和化学物质；家中烹调时产生的油烟或燃料产生的烟尘。⑤家族史：慢阻肺家族史。

这些线索并不是诊断慢阻肺必需的，但如果符合越多，慢阻肺的可能性越大。根据病人的情况，参考这些线索，选择病人进行肺功能检查的评估，根据结果确诊慢阻肺。

三、慢性阻塞性肺疾病的长期管理

（一）慢阻肺病人稳定期的基层管理

对于稳定期的慢阻肺病人，基层管理过程中全科医生应充分发挥团队服务的作用，根据病人的肺功能、症状和既往急性加重情况进行分级管理。目的在于指导慢阻肺病人合理就医和规范治疗，减轻呼吸道症状，减少疾病急性加重发生，预防、监测并积极治疗并发症，延缓肺功能的下降，改善生活质量。对于初诊的慢阻肺病人首先应建立相关健康档案。根据其既往史、现病史、个人史、住院期间治疗情况、目前的治疗方案等资料为其建立标准化的个体健康档案，建立随访记录表，纳入社区长期健康管理。根据其ABCD分组，进行分级管理。具体分级管理可参见表15-4。

表15-4 慢阻肺病人分级管理

项目	一级管理	二级管理
管理对象	A，B组	C，D组
建立健康档案	立即	立即
非药物治疗	立即开始	立即开始
药物治疗（确诊后）	A组按需或酌情使用；B组立即开始	立即开始
随访周期	6个月一次	1～3个月一次
随访肺功能	1年一次	6个月一次
随访症状	6个月一次	3个月一次
随访急性加重（包括住院）	6个月一次	3个月一次
随访合并症	1年一次	1年一次
转诊	必要时	必要时

此外，全科医生应该指导病人学会自我管理。慢阻肺病人可以成立自我管理小组等互助组织，与其他病人交流经验，在专业人员的指导下，认识慢阻肺的危害，学习戒烟、调整饮食、适当运动、保持心情愉快等保健知识，学习吸入药物使用的方法和注意事项。鼓励病人开展肺康复训练，增强防治慢阻肺的主动性及药物治疗的依从性，提高与医生沟通的能力和紧急情况下寻求医疗帮助的能力，从而提高慢阻肺的管理效果。

全科医生对病人自我管理的干预效果，可参考以下指标来考核衡量：①慢阻肺疾病知晓率；②慢阻肺防治知识知晓率；③药物的治疗作用及副作用，药物使用方法知晓率；④病人就医依从性、医嘱执行率；⑤干预行为执行率；⑥慢阻肺中医药防治知识知晓率。

（二）慢性阻塞性肺疾病急性加重期的社区管理

慢阻肺急性加重早期、病情较轻的病人可以在基层医疗卫生机构治疗，但需注意病情变化，一旦初始治疗效果不佳，症状进一步加重，需及时转送二级及以上医院诊治。基层治疗包括适当增加以往所用支气管舒张剂的剂量及频度，单一吸入β_2受体激动剂或联合应用吸入β_2受体激动剂和抗胆碱

药物。对较严重的病例可给予雾化治疗，并加用抗菌药物。

（三）慢性阻塞性肺疾病病人合并症的管理

慢阻肺病人以老年人居多，常合并其他疾病，这些共患疾病对病人预后有显著影响。一些共患疾病可以独立于慢阻肺发生，而另一些共患疾病则与慢阻肺相关。其他疾病也可能具有慢阻肺的特征。这就需要全科医生发挥自身的优势，从各个层面对病人进行综合管理，对共患疾病进行诊断与治疗。具有与慢阻肺相关症状的共患疾病可能被忽视，如心力衰竭、肺癌（呼吸困难）或抑郁症（乏力及体能下降）。在治疗过程中，共患疾病不改变慢阻肺的治疗方案，在治疗共患疾病时，可按照常规治疗，但需要注意药物相互作用。

（四）慢阻肺病人的终末期管理

慢阻肺的疾病特点就是病人健康状况不断恶化、症状不断增加，随疾病急性加重的频繁发生而不断加重慢阻肺病情，死亡风险日益增加。基层医疗卫生机构提供的姑息治疗、临终关怀和养护治疗是慢阻肺晚期病人治疗的重要组成部分。

对于重度慢阻肺病人基层医疗卫生机构的全科医生、护士应该同病人及其家属多交流沟通，应该告知可能发生的各种危急情况及相应的治疗措施和经济负担。姑息治疗是在传统疾病治疗模式基础上的延伸，其目的是尽可能地防止和缓解病人痛苦，保证病人获得最佳生活质量，主要内容是提高病人生活质量、向病人提供情绪和精神支持。姑息治疗可以提高晚期病人生活质量、减少症状、尽可能延长病人生存期。

养护治疗主要是对支气管扩张剂治疗无效、且在休息时即有呼吸困难、住院和急诊就诊次数增加的进行性加重的晚期慢阻肺病人提供的治疗。

四、慢性阻塞性肺疾病的社区预防

全科医生在社区为个人及其家庭提供连续性、综合性、协调性、个体化和人性化的医疗服务，在疾病的不同阶段对人群开展疾病的预防。在慢阻肺的三级预防中，都需要全科医生的参与。

（一）慢阻肺的一级预防

1. 戒烟　可在最大程度上影响慢阻肺的自然病程，也是慢阻肺一级预防中最重要的方面。如果在戒烟中投入有效的资源和时间，长期戒烟成功率可达25%。与自发戒烟相比，医生和其他健康专业人士提供咨询可显著提高戒烟率。即使在简短的咨询（3分钟）中鼓励吸烟者戒烟，也能提高戒烟率。

2. 禁烟　减少二手烟的暴露也是慢阻肺一级预防的环节之一。通过一系列综合性的控烟政策与措施，建立无烟学校、公共场所和学校，鼓励病人不在家中吸烟，可显著减少吸烟带来的相关危害。全科医生具有社区导向的岗位胜任力，也使其在禁烟过程中发挥相应作用。

3. 控制危险因素　全科医生在一级预防的过程中应建议高危人群减少职业性粉尘及有害化学物质暴露，加强室内外空气污染治理。

（二）慢阻肺的二级预防

慢阻肺的二级预防主要包括早期诊断、戒烟以及免疫治疗三个方面。全科医生在识别慢阻肺的高危人群后，无论有无慢阻肺症状，都应进行肺功能的检查。戒烟是慢阻肺二级预防中最主要、最关键性措施。免疫治疗包括流感疫苗及肺炎链球菌的疫苗接种，可预防并减少急性加重。接种流感疫苗可降低慢阻肺病人严重疾病（如需要住院的下呼吸道感染）和死亡的发生率。建议所有≥65岁的病人接种肺炎链球菌（PCV13和PPSV23）疫苗，也有建议有明显合并症（慢性心脏病或肺疾病）的较年轻的慢阻肺病人接种PPSV23疫苗。

（三）慢阻肺的三级预防

对于已经诊断为慢阻肺的病人，三级预防的目的在于减少疾病对人体功能和生活质量的影响。在全科医生层面，对于慢阻肺的长期随访管理也是三级预防的过程。其中包括：继续强化戒烟；重视

慢阻肺稳定期的长期药物治疗；加强慢阻肺病人康复锻炼；对于严重低氧者进行长程家庭氧疗；接种流感疫苗、肺炎链球菌疫苗减少呼吸道感染；对于慢阻肺病人及其家庭成员进行健康教育；对慢阻肺病人进行长期系统管理。

病例第二部分：

体格检查：T 36.4℃，P 80 次 / 分，R 20 次 / 分，BP 130/82mmHg，口唇无发绀，球结膜无水肿，颈静脉无怒张，双侧胸廓对称，胸廓前后径增大，肋间隙增宽，剑突胸骨下角增宽。呼吸活动度双侧对称，双侧触觉语颤对称，未触及胸膜摩擦感。双肺叩诊清音，双肺呼吸音低，双肺散在呼气相哮鸣音，呼气相延长，未闻及湿性啰音。心界不大，心律齐，HR 80 次 / 分，无杂音。腹软，无压痛、反跳痛。双下肢无水肿。

血常规检查：白细胞总数 $18.72\times10^9/L$，中性粒细胞百分比 89.6%，血红蛋白 146g/L，血小板 $188\times10^9/L$。

胸部 X 线：胸腔前后径增长，肋骨走向变平，肺野透亮度增高。

肺功能结果见图 15-4。

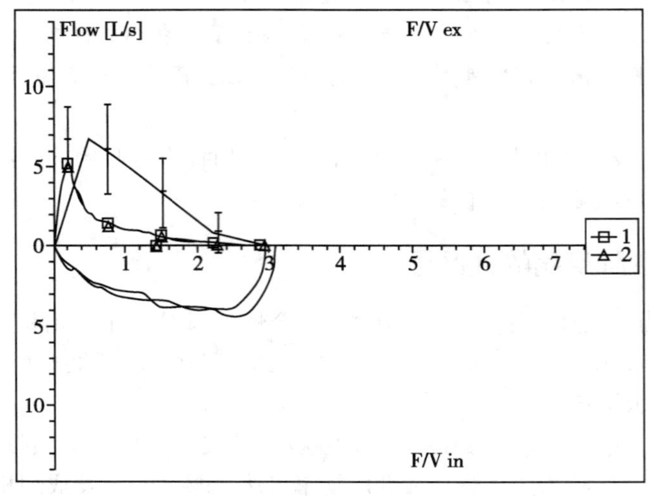

		预计值	前次	前/预	后次	后/预	绝对值	改善率
Date			18-5-25		18-5-25			
Time			14:31:39下		14:48:04下			
VT	[L]	0.41						
BF	[1/min]	20.00						
VC MAX	[L]	3.02	2.95	97.8	3.04	100.8	0.09	3.0
ERV	[L]	0.78						
IC	[L]	2.24						
FVC	[L]	2.94	2.86	97.4	2.92	99.6	0.06	2.2
FEV 1	[L]	2.18	1.42	65.2	1.40	64.1	-0.02	-1.7
FEV 1 % FVC	[%]	83.90	49.78	59.3	47.88	57.1	-1.90	-3.8
FEV 1 % VC MAX	[%]	72.99	48.21	66.1	46.03	63.1	-2.19	-4.5
PEF	[L/s]	6.70	5.18	77.3	5.00	74.6	-0.18	-3.5
MEF 75	[L/s]	6.08	1.43	23.6	1.25	20.6	-0.18	-12.8
MEF 50	[L/s]	3.34	0.58	17.5	0.51	15.3	-0.07	-12.7
MEF 25	[L/s]	0.83	0.21	25.2	0.15	18.0	-0.06	-28.6
FEV 3	[L]		2.16		2.08		-0.08	-3.8
FEV6	[L]		2.61		2.51		-0.10	-3.7
V backextrapol. % FVC	[%]		1.63		1.20		-0.43	-26.5
MVV	[L/min]	90.90						

图 15-4 肺功能检查结果

3. 现根据病人的检查结果如何进行诊断？

4. 待病人症状稳定后，应在社区范围由全科医生随访哪些内容？

参考答案：

3. 该病人老年男性，长期大量吸烟史。反复咳嗽、咳痰 10 年，且症状进行性加重，呼吸道感染为其明确加重诱因。肺功能检查吸入支气管扩张剂后 FEV_1/ FVC 为 64.10%，小于 70%，可确定存在持续性气流受限，行胸部 X 线检查除外其他相关疾病，故可确定该病人慢阻肺诊断。病人近期受凉后出现咽痛、咳嗽、咳黏痰、气促及发热等症状，为急性加重期。

4. 在慢阻肺的随访过程中，全科医生首先要对病人慢阻肺疾病本身进行评估，询问症状变化、是否有急性加重，必要时转诊。同时了解病人药物的使用情况及依从性。病人合并有高血压，在高血压的慢性病管理过程中也应注意药物使用情况，避免使用 β 受体阻滞剂等与慢阻肺治疗相矛盾的药物，协调病人整体用药情况。全科医生还应关注病人的经济能力及行动情况，以及对病人近期的心理状况予以评估。鼓励病人戒烟，并且提供相关帮助，必要时可转诊至戒烟门诊就诊。向病人提供肺康复相关健康教育，对运动方式及运动时间作出具体指导，并建议病人注射流感疫苗及肺炎疫苗。

思考题

1. 在社区应该对哪些人群进行慢性阻塞性肺疾病的筛查？
2. 慢性阻塞性肺疾病稳定期和急性加重期的治疗原则分别是什么？
3. 慢性阻塞性肺疾病病人入院治疗指征包括哪些？
4. 如何从一级预防、二级预防、三级预防三个层面在社区对慢性阻塞性肺疾病进行预防？

（迟春花）

第十六章　常见精神障碍的全科医学处理

学习提要

- 精神障碍的疾病谱广，其中焦虑抑郁障碍比较常见，由于得不到及时的识别和诊治，加重了病人的经济负担和精神上的痛苦，在某些情况下会影响躯体疾病的预后，因此全科医生要意识到抑郁焦虑障碍识别的重要性。
- 全科医生应掌握焦虑抑郁障碍的识别、基本的诊治，在自伤和自杀行为等出现时能给予干预，并及时转诊至专科机构。
- 全科医生应该熟悉抑郁焦虑障碍常见的处理，包括常用的药物剂量等，做好病人和家属的健康教育，提高病人治疗的依从性。督促病人服药，促进社会功能恢复和回归社会。

此外全科医生还可以在社区开展一些健康讲座，普及抑郁焦虑的知识，减少病耻感，让病人能主动求治，减少自伤自杀等不良事件的发生。

精神障碍是指一类具有诊断意义的精神方面的障碍，表现为认知、情绪、行为等方面的改变，可伴有痛苦体验和（或）功能损害，例如阿尔茨海默病具有典型的认知尤其是记忆方面的损害；抑郁症则具有明显病态的情绪低落；而儿童注意缺陷障碍的特征是多动和注意障碍。ICD-10 分类系统把精神障碍分为十一大类，分别是器质性精神障碍；使用精神活性物质所致的精神和行为障碍；精神分裂症、分裂型及妄想性障碍；心境障碍；神经症性、应激性及躯体形式障碍；伴有生理障碍及躯体因素的行为综合征；成人的人格和行为障碍；精神发育迟滞；心理发育障碍；通常发生于儿童及少年期的行为及精神障碍；待分类的精神障碍等。由于精神障碍涉及的疾病谱比较广，从幼儿开始直至老年期均可出现各种精神异常。本章不能一一罗列，抑郁焦虑障碍的患病率较高，但有相当一部分的病人并没有及时到专业的精神机构去就诊，而是就诊于综合医院的其他科室，造成了医疗资源的浪费和增加病人的痛苦感，提高非精神科专业医务人员对抑郁焦虑的识别是当务之急。因此本章节将重点介绍精神科两种较为常见的精神障碍：焦虑障碍和抑郁障碍。

第一节　焦虑障碍的全科医学处理

一、概述

焦虑障碍是指在没有器质性疾病或其他精神疾病的情况下，以精神性焦虑和躯体性焦虑为主要临床表现或以防止焦虑的行为形式为主要特点的一组精神障碍。表现为紧张、担心和恐惧，出现回避的行为及自主神经功能紊乱等。焦虑障碍可给病人造成严重的功能损害和给家庭带来痛苦。通常情况下，如能得到及时有效的治疗，症状会显著改善和社会功能恢复良好。本节将介绍几种比较常见和重要的疾病即惊恐障碍、恐惧症、广泛性焦虑症等。

（一）流行病学

惊恐发作很常见，一年中有超过 1/3 的人发生过，多数无需治疗即康复，少数发展为惊恐障碍，惊恐障碍在人群中的患病率为1%～3%，常发生于成年早期，三十岁年龄段尤其多见，女性的惊恐障碍的发病率高于男性，约是男性病人的两倍。广场恐惧症较惊恐障碍常见，终生患病率约为6%～10%。社交焦虑障碍的终生患病率为5.0%。2017年一项来自于22个不同收入国家对特定恐惧症的研究表明，特定恐惧症的终生患病率为7.4%，12月患病率为5.5%，女性高于男性。

（二）病因与发病机制

1. 遗传因素　遗传因素在各种焦虑障碍的发生中均起着一定的作用。广场恐惧症病人具有家族遗传倾向，尤其影响到女性亲属。某些特定的恐惧症具有明显的遗传倾向，如对血液和注射恐惧，先证者中约有2/3的生物源性亲属患有相同疾病。惊恐障碍也具有家族性，单卵双生子的同病率高于双卵双生子。广泛性焦虑障碍病人的一级亲属患病率远高于一般人群的患病率。

2. 神经生化研究　社交恐惧症病人出现恐惧症状时血浆去甲肾上腺素水平升高，5-羟色胺（5-HT）系统在惊恐障碍中扮演着重要角色，许多主要影响中枢5-HT的药物对焦虑症状有效，表明了5-HT参与焦虑的发生。苯二氮䓬类药物作用于$GABA_A$受体-氯通道-苯二氮䓬受体复合体，具有抗焦虑作用。

3. 心理社会因素　心理动力学理论认为，焦虑源于内在的心理冲突，是童年或少年期被压抑在潜意识中的冲突在成年后被激活，从而形成焦虑。行为主义理论认为焦虑是对某些环境刺激的恐惧而形成的一种条件反射。有学者认为广场恐惧是惊恐障碍的一种形式，广场恐惧常起源于自发的惊恐发作并与相应的环境偶联，逐渐产生期待性焦虑和回避行为，症状的持续和泛化与病人在越来越多的场所产生焦虑有关。

二、临床表现

（一）惊恐障碍的典型临床表现

在无特殊的恐惧性处境时，病人突然感到一种异乎寻常的惊恐体验，伴有濒死感或失控感，且有严重的自主神经功能紊乱症状。病人感觉死亡将至，极度紧张、恐惧、心慌、胸闷、呼吸困难或过度换气、冲动、大声呼救、头痛、头昏、出汗、四肢麻木和感觉异常、全身发抖或全身无力等自主神经紊乱症状，检查发现病人心率明显增快，血压升高等。惊恐发作通常起病急骤，终止迅速，一般在半小时以内，很少超过1个小时，但时隔不久可突然再发。发作期间病人的意识始终清晰，警觉度高，担心再发。多数病人由于担心发病时得不到及时救治而产生回避行为，不敢单独外出，不敢到人多热闹的场所，逐渐发展为广场恐惧症。或者24小时需要有人陪伴在身边，不敢独自一人在家，甚至睡觉时也需要有人守在身边，担心睡过去了不再醒来。

（二）广泛性焦虑障碍的典型临床表现

广泛性焦虑障碍的典型临床表现包括精神性焦虑、躯体性焦虑和自主神经功能紊乱、警觉性增高等，常常缓慢起病。精神性焦虑主要表现为精神上的过度担心，表现为对未来可能发生的、难以预料的不幸事件或某种危险经常担心。有的病人担心的也许是现实生活中可能会发生的事情，但其担心、焦虑和烦恼的程度与现实情况不对称。有的病人不能明确意识到所担忧的对象或内容，而只是一种莫名的担心、惶恐不安感。警觉性增高可表现为对外界刺激敏感，易于出现惊跳反应，注意力难于集中，易受干扰，难以入睡、睡中易惊醒，情绪易激惹等。

躯体性焦虑表现为运动不安与肌肉紧张，可表现为坐立不安、来回走动、搓手顿足、无目的的小动作增多。肌肉紧张表现为主观上肌肉的紧张感，严重时有肌肉抽动或肢体的震颤，紧张性头痛也很常见。

自主神经功能紊乱表现为心动过速、胸闷气短，皮肤潮红或苍白，口干，便秘或腹泻，出汗，尿意频繁等症状，有的病人出现早泄、阳痿、月经紊乱等症状。

广泛性焦虑障碍病人常合并疲劳、抑郁、强迫、恐惧、惊恐发作及人格解体等症状。

（三）恐惧症的典型临床表现

广场恐惧症又称场所恐惧症是恐惧症中最常见的一种，女性多于男性。主要表现为对某些特定环境的恐惧，如广场、密闭的环境和拥挤的公共场所等，病人害怕离家或独处，害怕去人多拥挤的地

方或乘坐公共交通工具，因为病人担心在这些场所出现恐惧感，得不到帮助，无法逃避，因而回避这些环境，甚至不敢出门。

社交恐惧症又称社交焦虑症，常无明显诱因起病，害怕被人注视，一旦发现被别人注意自己就不自然，不敢与人对视，甚至感觉到无地自容。不敢在公共场所演讲，集会时不敢坐在前面，回避社交。常害怕见到的对象是异性、上司和未婚夫（妻）的父母等，或者熟人，与人见面时可出现脸红或者感觉到脸红（实无）、手抖、尿急等症状，症状有时严重到惊恐发作的程度，甚至在公共场所演讲时晕倒。

特定恐惧症病人的恐惧局限于特定的情境，如害怕接近特定的动物，害怕高处、雷鸣、飞行、封闭空间、在公厕大小便、目睹流血或创伤，害怕接触特定的疾病等促发的恐惧。对恐惧情境的害怕一般不波动，导致功能损害的程度取决于病人回避恐惧情境的难易程度。

三、诊断与鉴别诊断

（一）诊断标准（ICD-10）

1. 惊恐障碍的诊断标准

（1）1个月内至少有过3次惊恐发作，或者首次发作后因害怕再次发作而产生的焦虑持续1个月。

（2）惊恐发作须符合以下4项：①发作无明显诱因、无相关的特定情境，发作不可预测；②在发作间歇期除害怕再次发作外，无明显症状；③发作时表现强烈的恐惧、焦虑，及明显的自主神经症状；常伴有濒死感或失控感等痛苦体验；④发作突然开始，迅速达到高峰。发作时意识清晰，事后能回忆。

（3）病人因难以忍受又无法解脱而感到痛苦。

（4）排除其他精神障碍和躯体疾病，如二尖瓣脱垂、低血糖症、嗜铬细胞瘤、甲状腺功能亢进等继发的惊恐发作。

2. 广泛性焦虑障碍的诊断标准

（1）以持续的原发性焦虑症状为主，并符合下列2项：①经常或持续的无明确对象和固定内容的恐惧或提心吊胆；②伴自主神经症状或运动性不安。

（2）病人社会功能受损，因难以忍受又无法解脱而感到痛苦。

（3）上述临床症状至少已持续6个月。

（4）排除躯体疾病、兴奋药物过量、催眠镇静药或抗焦虑药的戒断反应、其他精神障碍伴发的焦虑。

3. 恐惧症的诊断标准

（1）以恐惧为主，同时符合以下4项症状：①对某些客体或处境有强烈的恐惧，恐惧的程度与实际危险不相称；②发作时有焦虑和自主神经紊乱的症状；③出现反复或持续的回避行为；④明知恐惧是过分的、不合理的、不必要的，但仍无法控制。

（2）对恐惧的情景和事物的回避行为必须是或曾经是突出症状。

（3）病程持续1月以上。

（4）导致个人痛苦及社会功能损害。

（5）排除广泛性焦虑障碍、疑病症、抑郁障碍、精神分裂症。排除躯体疾病如内分泌疾病等。

（二）鉴别诊断

1. 某些躯体疾病所致的焦虑　如甲状腺疾病、心脏疾病、某些神经系统疾病如脑炎、脑血管病、系统性红斑狼疮等易于出现焦虑症状。因此，对于年龄大的初诊病人、无心理应激因素、病前个性素质良好，应警惕躯体疾病继发焦虑的可能性。

2. 药源性焦虑　长期使用激素、镇静催眠药、精神活性物质等在减量、停用后可出现焦虑症状，详细询问服药史可以鉴别。

3. 精神疾病所致焦虑　精神分裂症的病人也可能伴有焦虑，但病人的焦虑多继发于精神症状，因此只要发现有分裂症的症状就不考虑焦虑症的诊断。抑郁症是最多伴有焦虑的疾病，当抑郁与焦

虑严重程度主次分不清时，应优先考虑抑郁症的诊断，以防止延误抑郁症的治疗而发生不良后果。其他神经症性障碍伴有焦虑时，焦虑症状在这些疾病中常不是主要的临床相或属于继发症状。

四、基层管理

（一）治疗

1. 治疗原则

（1）惊恐障碍的治疗目标是减少或消除惊恐发作，改善焦虑和回避行为，提高生活质量。在治疗开始前应告诉病人惊恐发作的本质，尽管发作时的症状与心脏病的症状有非常相似之处，但前者的心脏相关检查是正常的，而且反复发作，呈阵发性，间歇期是完全正常的。药物治疗和心理治疗是有效的。

（2）对于恐惧症病人，行为疗法是治疗恐惧症的首选方法。系统脱敏疗法、暴露冲击疗法对恐惧症效果良好，基本原则一是消除恐惧对象与焦虑恐惧反应的条件性联系；二是对抗回避反应。

（3）抗抑郁药物和苯二氮䓬类药物均对焦虑症状有效，苯二氮䓬类药物不宜使用过长，以免造成依赖。

（4）焦虑症病人容易出现认知方面的错误，采用认知疗法改变病人的不良认知或进行认知重建。

2. 药物治疗

（1）苯二氮䓬类药物（BZD）：治疗焦虑症状起效快，临床应用从小剂量开始，逐渐加大到最佳治疗量，维持2～4周左右逐渐减量至停用，以防成瘾。停药不宜过快，以防症状反跳。如阿普唑仑、艾司唑仑、氯硝西泮、奥沙西泮等可以使用。

（2）抗抑郁药物：5-羟色胺再摄取抑制剂（SSRIs）和5-羟色胺和去甲肾上腺素再摄取抑制剂（SNRIs）治疗焦虑障碍有效，药物通常需要2～3周起效，无滥用和依赖倾向。

（3）其他药物：丁螺环酮、坦度螺酮是5～HT_{1A}受体的部分激动剂，因无依赖性，也常用于广泛性焦虑障碍的治疗，但起效慢。

临床上常常是BZD联合SSRIs治疗，因SSRIs起效慢，在急性期需要使用BZD来减轻病人的焦虑症状，3～4周左右逐渐减量BZD至停用，应避免长期使用BZD，以防药物滥用或依赖。

3. 心理治疗

（1）系统脱敏疗法

1）建立恐惧或焦虑的等级层次

①找出所有使病人感到恐惧或焦虑的事件。②让病人对恐惧或焦虑的事件按等级程度由小到大的顺序排列，采用五等和百分制来划分主观焦虑程度，每一等级刺激因素所引起的焦虑或恐惧应小到足以被全身放松所能抵消的程度。

2）系统脱敏

①进入放松状态：首先应选择一处安静适宜、光线柔和、气温适宜的环境，然后让病人坐在舒适的座椅上，让其随着音乐节奏开始进行肌肉放松训练。训练依次从手臂、头面部、颈部、肩部、背部、胸部、腹部以及下肢训练，过程中要求病人学会体验肌肉紧张与肌肉松弛的区别，经过这样反复长期的训练，使得病人能在日常生活中灵巧使用。

②想象脱敏训练：首先应当让病人想象着某一等级的刺激物或事件。若病人能清晰的想象并感到紧张时停止想象并全身放松，之后反复重复以上过程，直到病人不再对想象的对象感到焦虑或恐惧，那么该等级的脱敏就完成了。以此类推，做下一个等级的脱敏训练。一次想象脱敏训练不超过4个等级，如果训练中某一等级出现强烈的情绪，则应降级重新训练，直到可适应时再往高等级进行。当通过全部等级时，可从模拟情境向现实情境转换，并继续进行脱敏训练。

③现实训练：这是治疗最关键的地方，仍然从最低级开始至最高级，逐级放松、脱敏训练，以不引起强烈的情绪反应为止。为病人布置家庭作业，要求病人可每周在治疗指导后对同级自行强化训练，每周2次，每次30分钟为宜。

（2）暴露冲击疗法：暴露冲击疗法是行为治疗的一种重要方法，就是通过直接使病人处于他所恐

惧的情境之中，以收物极必反之效，从而消除恐惧。主要用于恐惧症的治疗。分两种形式，现实冲击疗法是让病人到现实的情景中体验到强烈的恐惧情绪；想象冲击疗法是治疗者口头指示，让病人想象可怕的情景，体验其恐惧情绪。由于冲击疗法是一种较为剧烈的治疗方法，应做详细体格检查和必要的实验室检查，排除器质性疾病后才能进行。此方法简单、疗程短、收效快，但它忽视了病人的心理承受能力，病人痛苦大，实施难。此法不宜滥用和首选。

3. 认知疗法 焦虑症病人容易出现两类逻辑错误；其一是过高地估计负性事件出现的可能性，尤其是与自己有关的事件；其二是过分戏剧化或灾难化地想象事件的结果。焦虑症病人对事物的一些歪曲认知，可造成疾病迁延不愈，治疗者要帮助病人改变不良认知或进行认知重建。

（二）转诊

当病人有严重的焦虑障碍时，建议转诊至精神科专业机构进行诊治，以免造成意外，焦虑障碍者可出现自杀。当焦虑障碍症状继发于躯体疾病或脑器质性疾病时，则需将病人转诊治各专科进行及时诊治，治疗是以其他专科治疗为主，精神科的治疗为辅。当器质性疾病解除后，焦虑也随之消失。

（三）针对病人及家庭成员的健康教育

针对焦虑障碍病人及家庭成员进行焦虑障碍知识的宣教。焦虑障碍是一种精神疾病，并非是现实生活中有让病人焦虑的事情才会出现，所有的躯体检查均可以是正常的。焦虑障碍的病人主观上是痛苦的，让家属充分理解焦虑障碍的实质，这样才能更好地理解和照顾病人。出现焦虑障碍时带病人就医，病情变化时复诊，并能督促病人在医生的指导下规律服药，防止焦虑症状反复出现。

（四）预防及康复

1. 三级预防 保持对已诊断为焦虑障碍的病人进行系统治疗，针对焦虑障碍病人的生理、心理、行为和社会学特点，进行医学、心理社会综合干预，帮助病人减少疾病严重程度及恢复躯体、心理社会功能，降低复发率。

2. 社区康复 当病人经过治疗和病情改善，回到社区后家属要加强看护，随时注意病人的病情变化，及时向社区医生寻求帮助。同时让病人做一些力所能及的事情，多参加一些社会活动，与邻居建立和保持良好的人际关系，适当运动，保证营养和睡眠，促使病人回归社会。

（1）家属评估病人焦虑的程度及伴随的躯体症状，评估病人对压力的感受能力和处理能力。

（2）密切观察病人的面部表情、语言、行为以及对应激刺激的反应。

（3）保持房间里的安静、整洁、舒适，光线柔和避免光、噪声等不良刺激。

（4）鼓励病人表达内心感受，倾听病人的抱怨、挫折感等，并予以同情和理解，但应保持镇静。接纳病人的病态行为，不加限制、批评、指责。

（5）观察病人用药后的病情变化及睡眠情况，要注意保持充足的睡眠。

（6）帮助病人认识焦虑，让病人意识到焦虑并无躯体器官的实质性病变，对各种症状不必恐慌、紧张，这样可以减轻压力，打破“焦虑—躯体不适—加重焦虑”的恶性循环。帮助病人了解疾病的有关知识及压力形成模式。

（7）与病人一起分析压力源，探讨过去成功的调适方法，寻求有效的途径。

（8）引导病人进行一些有意义的活动，分散期注意力，减轻焦虑心理，对焦虑不安，坐卧不宁的人应给予生活上的照顾。

（9）对焦虑伴有自杀企图的病人要严密观察，加强药物的管理，防止意外，及时送病人就医。

（10）帮助病人建立新型的良好人际关系，以便得到支持。

第二节 抑郁障碍的全科医学处理

一、概述

笔记

抑郁障碍是以情绪或心境低落为主要表现的一组疾病的总称。伴有不同程度的认知和行为改变，可有精神病性症状，如幻觉、妄想。此类疾病常反复发作，间歇期可完全缓解，部分病人有残留症状。包括抑郁症、恶劣心境等。

（一）流行病学

抑郁障碍患病率高，据 WHO 统计（2012 年），全球有 3.5 亿抑郁障碍病人，抑郁障碍的年患病率 1.5%，终身患病率为 3.1%。不同类型的抑郁障碍患病率存在差异。一项针对五十万中国成年男性和女性关于重症抑郁的调查表明（2017 年）0.7% 的参与者有重度抑郁发作，其中 2.4% 的参与者有重度抑郁症状，应激事件与重度抑郁发作存在明显相关，在这些重度抑郁发作者中，有 15% 的人寻求医疗帮助或服用了精神科相关的药物，15% 的人有自杀意念，6% 的人自杀未遂。抑郁障碍作为主要的公共卫生问题，为社会带来沉重的经济负担。WHO 预测，到 2020 年抑郁障碍将成为仅次于冠心病的世界第二大疾病负担。

（二）病因与发病机制

抑郁障碍的病因及发病机制尚不清楚，可能涉及遗传、神经生化和神经内分泌以及社会心理因素等。抑郁障碍在女性中的患病率约为男性的两倍，发病年龄多在 21～50 岁，平均 30 岁左右，近年来抑郁障碍的发病有低龄化趋势。低社会阶层患重症抑郁的风险比高社会阶层者高，城市比乡村高。个体焦虑、强迫、冲动等特质较明显的易发生抑郁障碍。丧偶、婚姻不和谐、失业等负性生活事件均可增加抑郁障碍的风险。已婚者的抑郁障碍发生率低，但离婚后抑郁障碍发生率会大大增加。儿童期的负性生活事件是成年期发生抑郁障碍的重要危险因素。患各种躯体疾病如恶性肿瘤、甲状腺功能减退、糖尿病、冠心病、慢性肾病等常常导致抑郁情绪或抑郁障碍，而某些药物也可成为抑郁障碍发病的危险因素。多数情况下，多个危险因素共同发挥作用。

1. 遗传　重症抑郁障碍病人一级亲属患病概率约高出一般人群 2～4 倍，血缘关系越近，患病概率越高，一级亲属的患病率远高于其他亲属。并且抑郁障碍家系遗传具有发病年龄逐代减小和疾病严重程度逐代增加的特征。双生子研究提示重症抑郁障碍的遗传度约为 37%。关于本病的遗传方式，有单基因常染色体显性遗传、性连锁显性遗传、多基因遗传和异质性遗传等假说，但均未获证实。抑郁障碍的发生与个体的遗传素质密切相关，确切的机制尚不清楚。

2. 神经生化因素　抑郁障碍的神经生化机制主要涉及 5- 羟色胺（5-HT）、去甲肾上腺素（NE）和多巴胺（DA）三个主要的神经递质。5-HT 假说认为 5-HT 功能活动降低可能与抑郁发作有关。一些抑郁发作病人脑脊液中 5-HT 的代谢产物 5- 羟吲哚乙酸（5-HIAAA）含量降低，浓度越低，抑郁程度越重，伴自杀行为者比无自杀企图者更低。抑郁障碍自杀病人的尸脑研究也发现 5-HT 或 5-HIAAA 的含量降低；去甲肾上腺素（NE）假说认为 NE 功能活动降低可能与抑郁发作有关。抑郁障碍病人的脑脊液、血液和尿液中 NE 代谢产物 3- 甲基 -4- 羟苯乙二醇的含量均明显降低；多巴胺（DA）假说认为 DA 功能降低可能与抑郁发作有关，抑郁发作时尿液中 DA 降解产物高香草酸的水平下降。新型抗抑郁药如安非他酮的主要作用机制是抑制 DA 的再摄取。另外也有研究表明 γ- 氨基丁酸（GABA）系统可能与抑郁障碍有关。抑郁障碍病人脑脊液内 GABA 浓度降低。抗癫痫药如卡马西平、丙戊酸钠等可通过调节脑内 GABA 含量发挥抗抑郁作用。

3. 神经内分泌异常　抑郁障碍病人下丘脑 - 垂体 - 肾上腺（HPA）轴、下丘脑 - 垂体 - 甲状腺轴、下丘脑 - 垂体 - 性腺轴、下丘脑 - 垂体 - 生长激素轴等的功能异常，尤其是 HPA 轴功能异常。HPA 功能异常表现为血浆、脑脊液和尿液中皮质醇水平升高，其昼夜节律也发生变化，地塞米松抑制试验不能抑制皮质醇分泌，抑郁障碍病人促肾上腺皮质激素释放激素的分泌量也有升高。

4. 脑电生理变化　约有 30% 的抑郁障碍病人存在 EEG 异常，表现为右半球 α 波相对降低、激活性增高。睡眠脑电图研究发现抑郁障碍病人总睡眠时间减少、入睡潜伏期延长、入睡后觉醒时间增加及早醒、快动眼睡眠的潜伏期缩短，慢波睡眠时间和比例减少等。

5. 神经影像学改变　研究发现重症抑郁障碍病人海马体积显著缩小，并与疾病的慢性化程度和病人脱离治疗时间呈负相关。抗抑郁药物治疗一年后认为达到临床缓解的病人，左右海马体积均比

基线水平进一步减少。抑郁障碍的功能影像异常表现提示，抑郁障碍的发生可能与多个脑区的相互作用有关，而不仅仅涉及某个脑区的功能异常。

6. 社会心理因素　应激事件与抑郁障碍的发生关系较为密切。个体经历一些可能危及生命的生活事件后6个月内，抑郁发作危险系数增加6倍。一些负性生活事件如丧偶、离婚、婚姻不和谐、失业、慢性躯体疾病、家庭成员患重病或病故等均与抑郁障碍的发生有关。

二、临床表现

（一）典型的临床表现

情绪低落、兴趣缺乏和快感缺失、精力不济或疲劳感是抑郁障碍的核心症状，还可伴有躯体症状、自杀观念和行为以及社会功能出现不同程度地损害。

1. 情绪低落　临床表现为情绪低沉、压抑郁闷、有时会有度日如年、生不如死之感，自称“高兴不起来”“活着没意思”等，愁眉苦脸、唉声叹气、常有无望感、无助感和无用感。情绪变化有晨重暮轻的特点，即情绪低落在早晨较重，早晨起床后就不知道一天该怎么过，到下午或傍晚时有所减轻。

2. 兴趣减退或缺乏　对以前喜欢的各种活动兴趣减退或丧失，自称“做什么事情都提不起兴趣”，不愿意出门，喜欢独自待着。

3. 快感缺失　不能从平时的活动中体验到快乐，或不能体验到发自内心的快乐。部分病人也能看书、看电视等，但其目的是为了消磨时间，或希望从悲观失望中解脱，毫无快乐可言。

4. 思维迟缓　自觉脑子变笨了，思考问题困难，主动言语减少、语速慢、语音低。自称“脑子生锈了，转不动了”。自觉记忆力下降。

5. 活动减少　自觉变懒了，不爱活动，动作缓慢。严重者可出现木僵或亚木僵状态。

6. 焦虑　表现为莫名其妙地紧张、担心、坐立不安，甚至恐惧等。抑郁发作时常伴随不同程度的焦虑。

7. 自责自罪　病人对自己既往的一切轻微过失或错误横加责备，觉得自己给家庭、社会带来负担，自己一无是处，甚至觉得自己罪孽深重，该受惩罚。

8. 自杀观念和行为　病人感到生活毫无意义，认为死是最好的解脱。可有自杀计划和行动，反复寻求自杀。出现自杀行为是严重抑郁的一个标志。抑郁发作中至少有25%的人有自杀企图或自杀行为。有的甚至出现“扩大自杀”，病人认为活着的亲人也痛苦，在杀死亲人后再自杀。

9. 精神病性症状　可出现幻觉和妄想，内容可与抑郁心境相协调，如罪恶妄想，伴有嘲笑或谴责性质的幻听；有时也与抑郁心境不协调。

10. 躯体症状　主要由食欲减退、睡眠障碍如早醒或入睡困难、性欲减退、体重下降、全身无力、便秘、身体各部位的疼痛感、自主神经功能紊乱等。少数病人出现食欲增加、睡眠增多、体重增加等。

恶劣心境原称抑郁性神经症，是一种以持久的情绪低落为主的轻度抑郁，从不出现躁狂。常伴有焦虑、躯体不适和睡眠障碍，但无明显的精神运动性抑制或精神病性症状。抑郁常持续2年以上，期间无长时间的完全缓解，如有缓解，一般不超过2个月。病人有求治要求，工作和生活不受严重影响。恶劣心境与生活事件和性格有较大关系。

（二）特殊人群的抑郁障碍的临床特点

1. 老年期抑郁障碍　与年轻病人相比，其精神运动抑制和躯体不适主诉更为明显。常伴有明显的焦虑、烦躁，有时还会出现易激惹和敌意。因老年病人思维联想的显著迟缓及记忆力的下降，认知功能损害症状可能更严重，甚至类似痴呆，如记忆力、理解力、计算力和判断力减退，有学者称之为抑郁性假性痴呆。躯体不适主诉中常出现消化道症状，如食欲减退、腹胀和便秘等，心血管系统的症状如心慌、胸闷、胸痛等，易产生疑病观念，反复多次到其他科室就诊和做各种检查以及治疗，效果不佳。一般而言，老年抑郁障碍病人的病程较长，易转为慢性。

2. 儿童抑郁障碍 儿童期的抑郁症状不典型，心理上的“丧失”，如丧失亲人、与父母分离和丧失母爱等对发病影响很大。临床主要表现为情绪低落，兴趣缺失，不愿意参加游戏，退缩，学习成绩下降；自我评价较低，觉得成绩和表现不好，老师和同学不喜欢自己；反应迟钝、言语和动作减少；不愿与同伴玩，孤独；还可出现食欲减退、乏力和睡眠障碍等。

3. 围产期抑郁 围产期抑郁多发生在孕期和产后 4 周以内，达到抑郁症的诊断标准即可诊断。一般来说，妊娠期和产后发生围产期抑郁的比例各半。一般认为围产期抑郁患病率在 3%～6% 之间，并不高于普通人群抑郁症的患病率，但有过围产期抑郁的女性再次妊娠时，其发生围产期抑郁的可能性在 50% 以上，应注意防范。

三、诊断与鉴别诊断

（一）诊断标准（ICD-10）

在 ICD-10 诊断标准中，用于诊断的临床症状分为典型症状和其他常见症状两个维度，典型症状包括情绪低落、兴趣和愉快感丧失、精力不济或疲劳感等；其他常见症状包括注意力降低、自我评价降低、自罪观念和无价值感、认为前途暗淡、悲观、自伤或自杀的观念或行为、睡眠障碍、食欲下降。抑郁障碍的病程持续至少两周。

抑郁发作根据其严重程度分为轻度、中度和重度三种类型，此外重度抑郁发作伴有精神病性症状和不伴抑郁发作两种诊断。

(1) 轻度抑郁：是指具有至少 2 条典型症状和至少 2 条其他症状，且病人的日常工作和社交活动有一定困难，对病人的社会功能有影响。

(2) 中度抑郁：是指具有至少 2 条典型症状和至少 3 条其他症状，且病人的工作、社交或家务活动有相当困难。

(3) 重度抑郁：是指 3 条典型症状都存在，并且至少有 4 条其他症状；病人几乎不可能进行社交、工作或家务活动。

(4) 重度抑郁伴有精神病性症状：是指符合重度抑郁发作的诊断标准，并存在妄想、幻觉或抑郁性木僵等症状。妄想一般涉及自罪妄想、关系妄想等，幻觉多为听幻觉，常为诋毁或指责性的声音。

复发性抑郁障碍的特点是反复出现抑郁发作，且不存在符合躁狂标准的情绪高涨和活动过多等的独立发作。每次的症状符合抑郁障碍各型的诊断标准，至少有两次抑郁发作，每次持续至少两周，且两次发作之间应有几个月无明显心境紊乱。可分为复发性抑郁障碍（轻度、中度、重度伴精神病性症状和不伴精神病性症状、缓解状态）。

（二）鉴别诊断

1. 继发的抑郁障碍 躯体疾病、脑器质性疾病、某些药物和精神活性物质等均可引起继发性抑郁障碍。因此应详细询问病史，并进行全面的检查，以明确诊断，必要时转诊至相关的科室进行处理。

2. 痴呆 老年的抑郁障碍病人经常会出现明显的记忆力下降、思维迟缓、计算力和判断力下降等认知功能改变，被称为“抑郁性假性痴呆”，但老年抑郁障碍与原发的痴呆仍有不同之处。前者有明显的起病期，除了记忆力下降和反应慢等症状外，还有情绪低落、焦虑、躯体不适主诉较为突出。后者早期主要以近记忆下降为主，伴有一些行为上的改变，抑郁情绪不突出。

3. 精神分裂症 精神分裂症病人也可出现情绪低落，但主要表现为幻觉、妄想等精神病性症状，且内容荒谬离奇，不经病人解释，常人无法理解。抑郁障碍在重度抑郁发作时会出现精神病性症状，一般来说是与抑郁心境相协调的一些幻觉妄想，持续时间不长，可以鉴别。

4. 双相抑郁 双相抑郁属于双相情感障碍的范畴，是指曾有躁狂发作和抑郁发作，本次发病以抑郁症状为主；而抑郁障碍病人既往无躁狂发作，发作时主要是抑郁症状为主要临床表现。

5. 居丧反应　居丧反应是指对亲属死亡这一应激事件的反应而导致的悲伤或抑郁状态。一般表现为轻度抑郁状态，持续时间一般不超过3个月。如果达到抑郁症的诊断标准，则诊断为抑郁症。

四、基层管理

（一）治疗原则

1. 药物治疗的原则

（1）抗抑郁药物是治疗抑郁障碍的主要方式，有效率可达60%～80%。一般推荐5-羟色胺再摄取抑制剂（SSRIs）、5-羟色胺和去甲肾上腺素再摄取抑制剂（SNRI）及去甲肾上腺素和特异性5-羟色胺受体拮抗剂（NaSSAs）作为一线药物使用。尽可能单一用药、足量和足疗程；从小剂量开始，逐量递增至有效剂量。经足量足疗程治疗无效时，可考虑换用另一种同类药物或另一种作用机制不同的药，或者联合用药。

（2）抗抑郁药物治疗应该个体化，根据病人的不同情况合理用药，在药物治疗的基础上可辅以心理治疗。

（3）治疗前向病人及家属阐明药物性质、作用和可能发生的不良反应及对策，督促病人按时服药和定期门诊复查，提高治疗的依从性。

（4）抑郁障碍复发率高，提倡足疗程治疗，急性治疗主要是控制症状，尽量达到痊愈。持续8～12周。巩固期治疗是为防止症状复燃，需要持续至少4～6个月，剂量应与急性期治疗剂量相同，过早减药或停药会导致复发。维持期治疗的目的是防止复发，关于维持治疗的时间，目前尚无定论。一般主张首次抑郁发作的维持治疗应为6～8个月；多次复发者主张长期维持治疗

2. 常用的药物治疗　5-羟色胺再摄取抑制剂（SSRIs）代表药物有氟西汀、帕罗西汀、舍曲林、氟伏沙明、西酞普兰和艾斯西酞普兰；5-羟色胺和去甲肾上腺素再摄取抑制剂（SNRI）的代表药物有文拉法辛和度洛西汀；特异性5-羟色胺受体拮抗剂（NaSSAs）代表药物有米氮平；三环类及四环类抗抑郁药代表药有丙米嗪、氯米帕明、阿米替林、多塞平等，这类药物的副作用较大，使用较少，但由于价格因素，有些地区仍在使用。

3. 心理治疗　在药物治疗的同时合并心理治疗，常可取得较好的效果。支持性心理治疗通过倾听、安慰、解释、指导和鼓励等帮助病人正确认识和对待自身疾病，使病人能够主动配合治疗；认知行为治疗，针对抑郁症病人的错误认知进行矫正，能够减轻症状，改善病人应对能力，降低疾病复发。

4. 物理治疗　对于有严重自杀言行或抑郁性木僵的病人，改良电抽搐治疗应是首选治疗，对于药物治疗无效、对药物不良反应不能耐受者等的病人也可采用电抽搐治疗。电抽搐治疗见效快，疗效好，6～12次为一疗程。电抽搐治疗结束后仍需要用药物来维持治疗。

重复经颅磁治疗有中度抗抑郁效果，改善抑郁症状和自杀行为等有一定的疗效。10次为一疗程，一般需治疗1～3个疗程。

深部脑刺激通常用于治疗难治性抑郁症，对于多种药物、心理和电抽搐治疗效果均差的慢性抑郁障碍病人，采用深部脑刺激治疗后，可使1/3的病人症状得到缓解。但此治疗涉及侵入性的脑外科手术，可能存在副作用和并发症的问题，如感染、出血、围手术期头痛和癫痫等。

（二）自杀的危险等级及防范措施

自杀行为的发生并非完全是突然的和不可预测的，大多数自杀行为的发生存在一定的预兆，可以通过对有关因素的分析和评估，提高对自杀行为的预测和防范。自杀的危险等级可分为：低：无望或绝望感，偶尔的自杀闪念；低—中：频繁的想死念头，但无具体计划；中：具体的自杀方式、计划等企图；中—高：防止被发现的措施；高：踩点，或已经有过行动。

在询问病史和进行精神状况检查时应详细询问有无自杀观念、自杀观念出现的频率、自杀所采用的方式、有无自杀未遂行为等。对于诊断明确的抑郁症病人，在评估有中高危自杀风险后，需要立

即采取措施进行防范和积极住院治疗，住院病人如没有电抽搐治疗的禁忌证，在家属签署知情同意后尽快进行，尽可能在短时间内降低自杀的风险，并且留陪护。对于强烈不愿意住院的门诊病人，也可在门诊进行实施改良电抽搐治疗，向家属交代病情的严重性及加强看护，防止发生意外。在做电抽搐治疗的同时也需要服用抗抑郁药物治疗。

（三）转诊

对于重症抑郁障碍病人，尤其是有严重自杀念头的或有过自杀未遂者建议转至精神科专业机构进行诊治，同时向家属交代病情的严重性，在转院过程中要防止意外发生。对于有严重躯体疾病伴发的抑郁障碍应转诊至相应的专科进行治疗，同时治疗抑郁，不能顾此失彼。

（四）针对病人及家庭成员的健康教育

抑郁症是一种常见的精神障碍，如果能得到及时有效的治疗，可让大部分病人恢复到病前的生活工作状态，药物治疗的有效率可达60%～80%，再加上电抽搐治疗和经颅磁治疗等物理治疗，这些治疗方法针对抑郁障碍的疗效是肯定的。由于抑郁障碍的自杀率较高，病人及家属要充分认识到抑郁障碍的危害，一旦发现情绪有问题时，应尽早就医和接受专业治疗，不要讳疾忌医。抑郁障碍的病因及发病机制尚不清楚，可能涉及生物、心理和社会环境等诸多因素。有些家属在发现自己的亲人有抑郁障碍时，不能正确面对，一是认为没有家族遗传病史，自己的亲人不可能患上抑郁症，找各种理由去解释，把抑郁障碍合理化了，不愿意接受治疗，担心药物副作用；二是片面地认为患上抑郁障碍就是“精神病”，担心别人知道，所以不去正规医疗机构去求治，而是求助于迷信或是社会上的一些非专业的心理咨询机构，企图通过这些手段来治病，其结果是可想而知的，有的酿成不可挽回的后果，有的因未能尽早治疗，疗效不佳，严重影响个体的工作和生活。对于接受治疗的病人而言，要坚持足量和足疗程治疗，在医生指导下服药、减药和停药，不要过早停药，以免导致病情反复。家属要严密观察病人的病情变化，督促病人按时服药，定期门诊就诊，有病情变化时随时就医。

（五）预防与康复

1. 三级预防　保持心情愉快，充足的睡眠和适当的运动，多参加户外活动，合理的营养和膳食。一旦发现情绪有问题，应尽早就医和接受治疗。减少抑郁情绪对躯体、对工作和生活带来的影响，恢复病人的社会功能，降低抑郁障碍的复发率，预防和减少自杀的发生，降低自杀死亡率。

2. 社区康复　抑郁症的患病率较高，但只有1/3左右的重症抑郁症病人到专业医疗机构寻求诊治，大部分抑郁症病人在社区没有得到适当的诊断和治疗，同时抑郁症是一种易于复发的心理疾病，50%～60%的首次抑郁发作的病人可能出现第二次发作，复发两次的病人再次出现第三次复发的概率更高。抑郁症病人把心理问题归咎于躯体疾病，表现为多种躯体化的症状，期望在综合性医院中找到躯体疾病的病因，这些病人绝大部分以躯体性主诉在各级综合性医疗机构反复多次就诊，进行许多不必要的检查和治疗，造成医疗资源不必要的浪费，有时还会导致医源性疾病和医患关系的紧张，因为做了很多检查，没有查出病因，病情没有好转。因此抑郁症的社区康复十分重要。

社区康复的主要任务如下：

1. 普及抑郁症的基本知识及相关的心理卫生常识，一旦发现情绪问题，能主动求治。

2. 社区医生能及时发现和处理抑郁障碍病人，不能处理的抑郁障碍病人及时转诊至精神科专业机构。

3. 当抑郁障碍病人回归社区时，应鼓励和督促病人按时服药，嘱咐家属严密观察病情变化和定期带病人去精神科专业机构去复诊，预防和防止抑郁症复发。

4. 调动和发挥各种社会资源，通过各种途径和方法促使病人康复，如开展手工作业、唱歌和跳舞等娱乐活动，做游戏，进行自理能力、社交能力的培训等。

5. 开展抑郁症的流行病学研究，为卫生行政决策提供参考依据。

思考题

1. 试述抑郁症的典型临床表现。
2. 试述抑郁障碍的药物治疗原则。
3. 焦虑障碍包括哪些常见的疾病？
4. 试述惊恐障碍的典型临床表现。
5. 试述焦虑障碍的药物治疗原则。

（向小军）

第十七章　恶性肿瘤的全科医学处理

学习提要

- 全科医生应掌握疾病负担重的恶性肿瘤的筛查、预防和辅助治疗，肿瘤的危险因素和针对危险因素的健康管理。
- 全科医生应该在辅助恶性肿瘤治疗、共同管理恶性肿瘤治疗的并发症、管理恶性肿瘤存活者及其家庭和实施恶性肿瘤的预防方面发挥更大作用。
- 全科医生应该投身于恶性肿瘤临床研究，积累真实世界的证据，更精准管理社区恶性肿瘤人群。
- 全科医生必将在减少我国恶性肿瘤发病率和死亡率，提高恶性肿瘤病人的生存时间和质量方面做出贡献。

【临床病例】

沈某某，男，48岁，中上腹胀痛1个月余。自诉中上腹胀痛，与进食关系不密切，劳累后加重。伴食欲减退，乏力。无恶心、呕吐，无腹泻。

既往史：发现HBsAg阳性10年余，未常规检查。

个人史：有饮酒史，每天黄酒一斤。

家族史：其父死于“肝腹水”，哥哥有肝硬化史。

体格检查：皮肤黝黑，巩膜黄染，消瘦，腹部膨隆，肝肋下3cm，有叩击痛，听诊右上腹有血管杂音。

该病例的临床特点有哪些？初步诊断是什么？

第一节　概　　述

20世纪中期之后，随着社会经济的发展，生活方式的改变，城市化的进展，低生育率和寿命延长，据估计，世界范围内大于60岁以上的老年人可从2010年的7亿增加到2050年的20亿，80和80岁以上的老年人可从2010年的1亿增加到2050年的4亿。大约2/3的老人居住在欠发达国家。大多数老人可能患有高血压或其他心血管疾病、糖尿病、肿瘤、慢性阻塞性肺病和肌肉骨骼系统疾病如关节炎或骨质疏松、神经心理疾病如痴呆或抑郁、感觉系统损害如听力和视力的丧失等其他慢性病，这些都被称为慢性非传染性疾病（Noncommunicable diseases，NCDs）。NCDs是全球老年人死亡的主要原因，每6个老年人中有1个死于恶性肿瘤。全球男性发病肿瘤排名第一是肺癌，其次前列腺癌、结直肠癌、胃癌和肝癌，肿瘤死亡排名第一是肺癌，其次肝癌、胃癌、结直肠癌和食管癌。全球女性发病肿瘤排名第一是乳腺癌，其次宫颈癌、结直肠癌、肺癌和胃癌，肿瘤死亡排名第一是乳腺癌，其次肺癌、宫颈癌、结直肠癌和胃癌。但国家和地区之间有很大不同。如宫颈癌是引起低收入国家妇女死亡的主要肿瘤，但在高收入国家比较少见，主要是由于后者有早期筛查策略，有助于发现癌前疾病和早期癌以及使用HPV疫苗。肿瘤的存活率在不同国家之间也明显不同。发展中国家明显低于发达国家，也与发展中国家没有完善的筛查和诊断策略，不能获得先进的治疗如化疗，精准外科技术和放疗等有关。

在我国，心脑血管疾病与恶性肿瘤也已成为人口死亡的第一、第二位原因。据统计，我国每年新发恶性肿瘤约200万例，死亡约140万例，现有恶性肿瘤病人700万人。2013年，我国肿瘤死亡排名第一是肺癌，其次肝癌、胃癌、食管癌和结直肠癌（表17-1），而在上海市，肿瘤死亡排名第一是肺癌，其次结直肠癌、胃癌、肝癌和胰腺癌（表17-2）。我国男性发病肿瘤排名第一是肺癌，其次胃癌、肝癌、食管癌和结直肠癌，女性发病肿瘤排名第一是乳腺癌，其次肺癌、胃癌、结直肠癌和食管癌。

表17-1 中国癌症流行现状(死亡)，1/10万

序号	总计			男性			女性		
	瘤别	例数	粗率	瘤别	例数	粗率	瘤别	例数	粗率
1	肺癌	597182	44.2	肺癌	421695	3.12	肺癌	175487	12.99
2	肝癌	383203	28.36	肝癌	281802	2.09	胃癌	103688	7.67
3	胃癌	325166	24.07	胃癌	221478	1.64	肝癌	101401	7.51
4	食管癌	197472	14.62	食管癌	140329	1.04	结直肠癌	60342	4.47
5	结直肠癌	139416	10.32	结直肠癌	79074	0.59	食管癌	57143	4.23
6	胰腺癌	63662	4.7	胰腺癌	37775	0.28	乳腺癌	47984	3.55
7	白血病	54719	4.05	白血病	32596	0.24	子宫颈癌	29526	2.19
8	脑、CNS	49942	3.70	脑、CNS	28680	0.21	胰腺癌	25887	1.92
9	乳腺癌	47984	3.55	前列腺癌	22603	0.17	胆囊癌	22475	1.66
10	胆囊癌	41973	3.11	膀胱癌	20058	0.15	白血病	22123	1.64

*来源于2013年全国肿瘤登记年报

表17-2 上海癌症流行现状(死亡)，1/10万

序号	总计			男性			女性		
	瘤别	例数	粗率	瘤别	例数	粗率	瘤别	例数	粗率
1	肺癌	3609	58.39	肺癌	5859	84.09	肺癌	2468	35.36
2	结直肠癌	2163	34.99	胃癌	2811	40.35	结直肠癌	1864	26.71
3	胃癌	20174	33.55	肝癌	2653	38.08	胃癌	1585	22.71
4	肝癌	1593	25.77	结直肠癌	2178	31.26	乳腺癌	1369	19.61
5	胰腺癌	877	14.19	胰腺癌	1133	16.26	肝癌	1074	15.39
6	乳腺癌	791	12.80	食管癌	1046	15.01	胰腺癌	931	13.34
7	食管癌	521	8.43	前列腺癌	819	11.76	胆囊癌	732	10.49
8	胆囊癌	518	8.38	膀胱癌	625	8.97	脑、CNS	435	6.23
9	白血病	429	6.94	白血病	521	7.48	卵巢癌	412	5.90
10	脑、CNS	405	6.55	淋巴瘤	478	6.86	食管癌	380	5.44

*来源于2013年上海肿瘤登记年报

一、肿瘤的危险因素

上述几种常见癌症虽然病因不同，但流行病学调查及其他许多研究资料表明，恶性肿瘤的发生，与人们的不健康行为或生活习惯密切相关。一般认为膳食、吸烟、感染、饮酒和内分泌失调可能是最重要的原因。长期摄入富含亚硝胺类的腌制食品，而又缺少蛋白质与新鲜蔬菜，易患食管癌和胃癌。过多的脂肪饮食，并缺少纤维素类食品，则可使大肠癌的发病率增加。过多的热量和肥胖还会导致乳腺癌、胰腺癌的发生率增高。吸烟不但可导致肺癌，还和口腔癌、食管癌、胃癌和膀胱癌以及心脑

血管疾病有关。电离辐射可引起白血病、乳腺癌和甲状腺癌；骨、造血系统、肺等是对放射线敏感的器官；DNA 病毒中的乙型肝炎病毒（HBV）和丙型肝炎病毒（HCV）、EB 病毒、高危险型的人乳头瘤病毒（HPV）分别是肝癌、Burkitt 淋巴瘤、鼻咽癌、霍奇金淋巴瘤和宫颈癌等的危险因素，乙型肝炎病毒慢性感染者常年饮酒，使原发性肝癌的发病率明显增高。幽门螺杆菌与胃淋巴瘤的发生有关，也是国家癌症基金会公认的 I 类致癌物。早婚、多产、性卫生不良，使宫颈癌的发病率增高。鉴于恶性肿瘤与可以改变的个人不健康行为或生活习惯及环境密切相关，WHO 癌症专家咨询委员会的报告称，1/3 的恶性肿瘤是可预防的。

二、肿瘤的发病机制

肿瘤是人体器官组织的细胞，在外来和内在有害因素的长期作用下所产生的一种以细胞过度增殖为主要特点的新生物。肿瘤发生发展一般可分为 5 个阶段：癌前病变；原位癌（0 期，细胞刚发生恶变，上皮层）；浸润癌（T 代表，已向黏膜下浸润）；局部或区域淋巴结转移（N）；远处播散（M）。在同一病人身上可看到 T、N、M，有时还可看到癌前病变和一些非特异性表现。免疫学和分子生物学使人们从分子水平观察和理解肿瘤，基于肿瘤形态学、分子免疫学、分子遗传学以及基因分子生物学的由宏观到微观的全面认识，近年来对恶性肿瘤的诊断和治疗已取得突破性进展，分子诊断和分子靶向治疗已成为当代肿瘤发展的标志。与癌发生有关的基因异常包括抑癌基因的变异或丢失，或癌基因的激活。与常见肿瘤易感性相关的多态等位基因主要包括：①致癌物代谢酶基因；② DNA 修复基因；③针对感染原的免疫反应相关基因；④细胞凋亡和细胞周期调控基因。遗传性缺陷（染色体异常和基因缺陷）导致肿瘤高度易感性的肿瘤如家族性多发性结肠息肉病所致结肠癌。

第二节　临床表现

一、常见症状

1. 出血　肺癌所致出血常为痰中带血，侵蚀血管造成大出血罕见；上消化道肿瘤的出血常为缓慢、间歇性，可引起缺铁性贫血，呕血或严重的黑便较少见；升结肠肿瘤常出现失血性贫血。

2. 穿孔　原发性或转移性肺癌可引起气胸；胃癌可致胃穿孔；胃癌侵犯横结肠，形成胃 - 结肠瘘；食管癌致食管 - 气管瘘。

3. 疼痛　多数肿瘤开始时无痛，当侵犯、压迫神经，或破溃、感染而刺激神经时，可引起疼痛。梗阻近端肠段的蠕动可致绞痛。

4. 梗阻　空腔脏器如消化道恶性肿瘤腔内生长型，到一定阶段，可引起梗阻性表现，如疼痛、恶心、呕吐、停止排气排便等。呼吸道恶性肿瘤可引起气道梗阻，如呼吸困难、肺不张等。

5. 类癌综合征　某些肿瘤可异位分泌激素，如肾上腺嗜铬细胞瘤可致高血压，肺癌可致 Cushing 综合征。肿瘤亦可引起神经、肌肉、骨骼、皮肤、血液等方面的副癌综合征，如小脑皮质变性、癌性肌病、皮肌炎、杵状指（趾）和红细胞增多症等。

二、体征

1. 淋巴转移（淋巴结肿大）　是恶性肿瘤常见的转移方式，特别是晚期肿瘤。有的可成为肿瘤首发表现，如左锁骨上淋巴结可以是晚期胃癌的首发表现，腋下肿大淋巴结是乳腺癌的首发表现，全身多发淋巴结肿大是血液系统恶性肿瘤的首发表现等。

2. 血行转移　在晚期并不少见。血行转移的转移灶好发于肝、肺、骨、脑等。血行转移的途径主要有：①体循环静脉系统：四肢肉瘤的肺转移；②动脉系统：肺癌的骨转移和脑转移；③门脉系统：胃肠道肿瘤的肝转移；④脊椎静脉系统：前列腺癌的脊椎转移。

3. 种植性转移　胃癌、大肠癌的腹膜腔和盆腔种植转移；肺癌、乳腺癌的种植性转移引起的胸

腔积液。

4. **恶病质** 是晚期肿瘤病人全身衰竭的表现，以消化道肿瘤出现较早。

第三节 诊断与治疗

一、恶性肿瘤的诊断

全面的病史询问和体检可发现恶性肿瘤的早期征象，配合必要的辅助检查可确诊。影像学对于肿瘤诊断和分期是最基本的检查；病理诊断是最关键也是必不可少的检查。必须借助实验室检查、影像学检查，甚至一些侵入性检查。当然各种辅助检查，主要都应由专科医生完成。

1. **病史询问** 包括年龄、病程、既往慢性病史、家族史或遗传史，如胃癌、结直肠癌、食管癌、乳腺癌等可有家族聚集倾向；癌前疾病及相关疾病史，如慢性乙肝病毒携带与肝癌相关，慢性萎缩性胃炎、胃息肉是胃癌的癌前疾病。个人的不良生活方式，如吸烟、嗜酒、久坐不动、空气或饮用水污染等。

2. **体格检查** 包括全身检查如一般情况、精神心理状态和全身浅表淋巴结等和局部检查，如肿块部位，大小、性质和脏器是否肿大或萎缩等。

3. **辅助检查** 包括常规检查如血、尿、粪常规和粪隐血检查，肿瘤标志物检查如甲胎蛋白（AFP）>400μg/L 有助于原发性肝癌的诊断；癌胚抗原（CEA）增高，与消化道肿瘤、肺癌、乳腺癌可能有关；CA-199 增高见于胰腺癌、胃癌等；前列腺特异性抗原（PSA）值明显升高见于前列腺癌。

影像学检查包括超声检查、X 线检查如胸片、钼靶 X 线摄片，造影检查如胃肠道钡餐造影和选择性动脉造影等。X 线电子计算机断层扫描（CT）检查、磁共振成像（MRI）和 PET-CT 等需有机结合。内镜检查有支气管镜、胃镜、肠镜膀胱镜等，可直接观察病变部位、形态，并取组织进行病理学检查，病理学检查是确诊肿瘤的“金标准”。

本章临床病例初步诊断的临床思路如下。

【初步诊断的临床思路】

该病人临床特征：

1. 中上腹胀痛与进食关系不密切，劳累后加重。伴食欲减退，乏力。无恶心、呕吐，无腹泻。

2. HBsAg 阳性 10 年余，且有饮酒史，每天黄酒一斤。

3. 有肝病家族史。

4. 实验室检查：ALT 182U/L，AST 205U/L，GGT 250U/L，血清胆红素 85μmol/L，AFP 1000ng/L，白蛋白 29g/L。

5. B 超右肝内占位，5cm×5cm，脾大。上腹增强 CT 提示右肝内占位，增强后造影剂呈“快进快出”模式，肝硬化，脾大。

由于全科医生的转诊，上述检查在某三级医院完成。综合上述资料，诊断为乙肝后肝硬化，原发性肝细胞癌，门脉高压，脾大。肝脏外科行肝肿瘤切除术，病理诊断：肝细胞癌（Ⅱ～Ⅲ级），肝硬化。同时给以恩替卡韦抗病毒治疗。两周后，病人出院回家，并通知了签约的全科医师范医师。接下来，范医师需要做哪些工作呢？

二、恶性肿瘤的治疗

恶性肿瘤的治疗，无论是手术治疗、放射治疗、化学治疗、生物治疗甚至中药治疗，同样需要由专科医生施行。

1. **综合治疗** 根据病人的机体状况、肿瘤的病理类型、侵犯范围（病期）和发展趋向，有计划地、合理地应用现有的治疗手段，以期较大幅度地提高治愈率（且应当改善病人的生活质量）。手术＋放疗和（或）化疗是应用最为普遍的一种综合治疗方式，如乳腺癌。

2. 综合治疗的主要原则　目的明确、合理安排。

肿瘤局部侵犯超出可切除范围时，如喉癌、食管癌、胰腺癌、子宫颈癌、前列腺癌，放疗常作首选治疗，有时也可用在化疗或内分泌治疗之后。首诊时不可手术的肿瘤，通过化疗或放疗有可能使之变成可手术。对于姑息和缓解疼痛，单纯放疗即可起作用，放疗常可缓解肿瘤侵犯骨骼引起的疼痛。针对细胞受体、关键基因和调控分子为靶点的治疗，称为靶向治疗。包括具有靶向性的表皮生长因子受体（EGFR）阻断剂，针对某些特定细胞标志物的单克隆抗体，针对某些癌基因和癌的细胞遗传学标志的药物，抗血管生成剂最大优点之一是它不会产生肿瘤耐药。

第四节　基层管理

一、全科医疗服务在恶性肿瘤管理中的重要性

即使是肿瘤获得早期诊断，甚至手术治疗成功，对恶性肿瘤病人来说，其身体和心理仍需进行康复治疗，还需防止复发和转移，此类医学照顾甚至需要陪伴终生，肿瘤专科医生事实上不可能为之。对于晚期肿瘤，如何与病人共同制定一个可接受的方案，克服由于对疾病的恐惧带来的不安，对前途的忧虑造成的抑郁等心理问题，较其他疾病的病人更为严重。这种心理问题的解决，更非肿瘤专科医生之长。而且，一部分恶性肿瘤由于诊断太晚或现代医学无法治愈，最终将进入晚期。这类晚期病人多居住在家，非常需要得到全科医生的医疗照顾，以减轻病人及其家属的痛苦，在有限的时间内获得尽可能好的生活质量。全科医生的作用可充分体现在肿瘤的治疗、预防全过程中。

（一）辅助恶性肿瘤治疗

在恶性肿瘤的治疗过程中，虽然治疗方案的制定和执行主要由肿瘤专科医生完成，但全科医生的作用不可或缺，至少表现在以下几方面：

1. 肿瘤病例全程管理者。
2. 保持对肿瘤病人的定期接触。
3. 随时可及。
4. 了解可能对肿瘤病人有用的社区资源和相关服务。
5. 及时了解肿瘤病人的需求。
6. 提供合适的疼痛管理方案。
7. 及时发现肿瘤相关的抑郁和其他心理问题。
8. 可为病人提供治疗选择的咨询。
9. 是病人最直接的交流者和支持者。

（二）共同管理恶性肿瘤治疗的并发症

虽然化疗和放疗由肿瘤专科医生实施，但全科医生必须了解这些治疗方法的潜在的不良反应，必要时与肿瘤科医生共同管理。化疗和放疗的常见不良反应包括恶心、呕吐、发热和白细胞减少。全科医生需了解这些不良反应和治疗方法，辅助肿瘤科医生，减少病人痛苦。

（三）管理恶性肿瘤存活者及其家庭

随着恶性肿瘤治疗技术的提高，肿瘤的存活时间越来越长，对于肿瘤幸存者，不但要预防复发和转移，而且还要做好生活方式管理，预防其他疾病发生，如心脑血管疾病、糖尿病等。对于恶性肿瘤病人的家庭来说，病人在家庭中的实际角色可能需要变换，家庭中的人际关系可能需要调整。家庭成员之中，有的具有血源或遗传上的共同特征，社区的人群之中，有的具有共同的生活方式、环境条件，也都应该注意对此类恶性肿瘤的预防等。这些都需要得到医生的指导与帮助，指导他们进行相关筛查，此非肿瘤专科医生之所能。

（四）实施恶性肿瘤的预防

全科医生可针对社区人群，指导实施确定的肿瘤预防措施。如对吸烟人群除了教育他们吸烟危

害，还要指导如何戒烟。指导对社区慢性肝病家庭、输血史家庭进行乙肝病毒、丙肝病毒筛查，肿瘤家族史家庭进行肿瘤高危筛查等。

二、在恶性肿瘤管理中的全科医学服务内容

（一）恶性肿瘤的预防

1. 恶性肿瘤的一级预防（primary prevention） 全科医生在全科医疗过程中参与恶性肿瘤一级预防的主要任务是行为干预，改变与恶性肿瘤发病相关的不健康行为或生活习惯。全科医生在全科医疗与社区卫生服务工作中，应通过多种途径、多种方式，根据居民或病人的特点，开展恶性肿瘤的一级预防。

（1）社区健康教育：全科医生针对发病和死亡排名在前的恶性肿瘤，根据居民的特点和对相关知识的需求，通过举办讲座、开展咨询、主办专栏、制作展版、印发宣传资料等，在社区居民中普及恶性肿瘤的一级预防知识。对吸烟者予以规范的戒烟干预；建议育龄期妇女接受人乳头瘤病毒感染的检查，并对感染者及时予以治疗；对乙肝病毒慢性感染者，进行戒酒干预，并根据感染者各方面的情况考虑予以抗病毒治疗等。

WHO 专家通过多年调查研究，针对中国居民的饮食和生活特点，于 2010 年向中国居民提出了防癌新建议。这些建议可作为针对个体的健康教育的重要内容，共 9 条：①严格控制体重；②不吃霉变食物；③少吃熏制、腌制、烤制、油炸和过热食物；④洗净果蔬；⑤不酗酒、不吸烟；⑥不长期服用可致癌药物；⑦不使用有毒塑料袋；⑧日晒不宜过度；⑨不要熬夜。

（2）免疫接种：某些恶性肿瘤与病毒、细菌等感染有关，可通过接种相应病毒或细菌疫苗，使个体建立相应的免疫力，预防感染，从而预防恶性肿瘤的发生。例如，肝癌与乙型肝炎病毒（hepatitis B virus，HBV）感染有关，可通过接种乙型肝炎病毒疫苗，防止或减少乙型肝炎病毒感染，从而降低肝癌发病率；宫颈癌与人乳头状瘤病毒（human papillomavirus，HPV）感染有关，可通过接种人乳头状瘤病毒疫苗，减少宫颈癌的发病。全科医生应主动向病人或居民介绍免疫接种预防恶性肿瘤的知识，使有关高危人群更多地接种疫苗。

2. 恶性肿瘤的二级预防 恶性肿瘤的二级预防（secondary prevention），是在致癌因子虽已侵入人体，但肿瘤尚未形成或尚未临床发作时，采取阻断肿瘤发生、发展进程的措施。恶性肿瘤的二级预防通常是指肿瘤的早发现（early detection）、早诊断（early diagnosis）、早治疗（early treatment）。

（1）恶性肿瘤的早发现：全科医生是居民健康的监护人，是病人的首诊医生，具有早期发现肿瘤病人的责任和独特优势，能利用全科医疗的条件做好“早发现”工作。

1）全科医疗应诊中的鉴别与病人随访：在全科医疗日常工作中，面对许多病人缺乏特异性的症状，全科医生应耐心倾听病人的叙述，细心进行分析，特别要注意鉴别可能的恶性肿瘤，并随访一般治疗的效果，必要时将病人转到相关专科医生做进一步诊断，以免恶性肿瘤的误诊或漏诊。同时，还应注意对癌前状态与癌前病变病人的随访，督促病人定期检查，以早期发现可能发生的恶性肿瘤。

2）病例发现：是指在全科医疗应诊过程中，根据病人的特点，有针对性地运用体检或辅助检查，去发现病人就诊直接原因以外的其他疾病。例如，一名 50 余岁男性病人因消化道症状就诊，全科医生在处理其消化系统疾病的过程中，可根据其长期吸烟史和已有很长时间未作检查等情况，安排其接受 X 线胸部检查，以排除或发现较早期的肺癌。

病例发现是有针对性地去检查发现某种疾病，不是“大包围”检查。一般情况下，首先应根据病人所处生命周期、既往病史、生活习惯、个性与职业特点和家族史等，确定其易患肿瘤；然后根据易患肿瘤的特点，选择简便、经济、有效的方法去检查，并做好与病人的沟通，以免误解。

全科医疗过程中发现恶性肿瘤病例，也是全科医生在日常诊疗工作中的经常性二级预防工作。全科医生不仅需要具有较全面的恶性肿瘤知识和较丰富的临床经验，而且还应当有高度的警惕性和责任感，才能使早期恶性肿瘤病人在全科诊疗过程中被“意外”发现。

3）肿瘤筛查：肿瘤筛查（screening）是在某种恶性肿瘤的易患人群中，通过快速、简便、有效的体检和辅助检查，发现未被识别的病人。筛查只是一种初步检查，不是诊断。筛查阳性者应转送相关临床专科进一步确诊。

适合筛查的恶性肿瘤应具有下列特点：

a. 发病率较高，预后较差。

b. 具有可被检测出的临床前期。

c. 有简便、经济、准确（特异性与敏感性皆高）及民众可接受的早期发现方法。

d. 若早期发现并及时诊断与治疗，有治愈的可能性，或者有显著的效果。

筛查的对象应是某种肿瘤的高危人群（high risk population）。例如，40岁以上的乙肝或丙肝病毒感染者为肝癌的高危人群，胃息肉、萎缩性胃炎、经久不愈的胃溃疡病人及胃大部切除术后者为胃癌的高危人群，慢性囊性乳腺病病人及其直系亲属有乳腺癌史者为乳腺癌高危人群等。全科医生应根据社区健康档案，掌握各种恶性肿瘤的高危人员，定期给予检查或督促到有关医疗专科做检查。

目前，被公认有价值的筛查是宫颈脱落细胞涂片法筛查子宫颈癌，乳腺触诊辅以钼靶X线摄影筛查乳腺癌等。粪便隐血试验及阳性者的纤维结肠镜检查筛查大肠癌，以及胃蛋白酶原Ⅰ、Ⅱ和胃泌素G17、幽门螺杆菌筛查胃癌等。这些筛查技术如何实行应参照最新指南推荐。

4）周期性健康检查：周期性健康检查是指根据个体所处生命周期的健康特点，选择、确定检查项目，实施的较全面的健康检查，其目的是早期发现个体所患疾病，并对其健康状况进行全面评估，为进一步诊治及制订预防保健方案提供依据。周期性健康检查不是肿瘤筛查，两者有明显的区别（表17-3）。

表17-3　周期性健康检查与肿瘤筛查的区别

指标	周期性检查体检	肿瘤筛查
对象	生命周期某阶段的个体与群体	具有发生某种肿瘤危险性的群体
目的	发现个体所处生命周期的常见疾病或危险因素	排除或发现特定恶性肿瘤
项目	针对个体的易患疾病和危险因素	针对特定恶性肿瘤

全科医生在社区卫生服务过程中，应根据国家公共卫生服务规范规定的体检项目，结合居民个体的特殊情况和卫生保健需求，实施周期性健康检查，以早期发现疾病或恶性肿瘤，提高健康保障水平。

（2）恶性肿瘤的早诊断：一旦发现或检出可疑病例，全科医生应向病人介绍检查的结果及其含义，并给予安慰。同时根据检查结果，将病人及时导入到相关临床专科去，以使恶性肿瘤得以早诊断或被排除。

当一个病人被怀疑患了恶性肿瘤时，病人及其家属最初的反应必定是紧张、焦虑不安。多数病人及其家属希望到专科医生那里去进一步检查，他们潜在的意识是最好能排除这一怀疑；也有病人自己已经确认是患了恶性肿瘤，并开始寻觅治疗的方法。此时全科医生应该向病人及其家属说明目前的情况和进一步诊断的必要，以及可能需要做的检查。而更重要的是，全科医生应该利用自己所掌握的信息资源，将病人转诊给具有诊治条件的综合医院或专科医院，推荐给对该肿瘤有经验的、技术与服务良好的、病人信赖的专科医生。

转诊时，全科医生应向专科医生介绍病人的病情及治疗经过，说明怀疑恶性肿瘤的依据。诊断过程中，全科医生应通过病人或直接向专科医生了解进一步诊断的情况，以掌握诊断的进展。

如果经专科医生检查已排除恶性肿瘤，则应该向病人及家属说明已排除怀疑肿瘤的理由，使病人与家属从怀疑患肿瘤的阴影中解脱出来。

（3）恶性肿瘤的早治疗

1）协助肿瘤专科治疗：一旦恶性肿瘤诊断确立，全科医生可以与专科医生讨论治疗方案，并向

病人及家属介绍拟采取的治疗方法与措施，争取病人及家属的同意与支持，同时给予病人及家属以安慰。

恶性肿瘤的治疗方法很多，常用的有手术治疗、放射治疗、化学治疗、生物治疗及中医药治疗等。通常手术治疗后，还需辅以放射治疗或化学治疗。而放射治疗与化学治疗的病人，又常需要生物治疗或中医药治疗配合，亦即肿瘤的治疗应该是多学科的综合治疗。治疗肿瘤的专科医生往往是以治疗方法划分专业的。肿瘤外科医生大多对放射治疗与化学治疗难作安排，放疗科医生大多对化学治疗、生物治疗亦只能提出原则性的建议等。所以，在肿瘤的治疗中全科医生应根据专科医生的建议，为病人综合考虑，协助确立治疗方案。而且许多病人在第一阶段的治疗完成后，往往都已出院居家，此时一般已与专科医生失去联系或联系不方便。全科医生为肿瘤病人联系后续治疗，也成为义不容辞的责任。

有些治疗方法如中医药治疗、生物治疗、强度较低的口服化疗等，常常在社区或病人家中进行。全科医生应该了解病人在肿瘤专科的治疗情况，了解专科医生对治疗方法的建议，并向专科医生学习这些治疗方法，以便在社区或家庭为病人实施后续的治疗，并将治疗中发现的问题向专科医生反映，争取专科医生的指导与帮助。

肿瘤的治疗如放射治疗、化学治疗等，大多有一定的毒副作用。全科医生应及时了解病人情况，协助控制或调整治疗剂量，并给予相应的对症处理。如无需停止治疗，则应鼓励病人坚持，完成预定的剂量和疗程，以争取获得预期的治疗效果。

2）协助肿瘤专科随访：恶性肿瘤经治疗后，尤其是手术治疗、放射治疗后，器官的功能常受到一定的影响。例如胃癌手术切除后可能发生倾倒综合征（dumping syndrome），肺癌手术后可有肺功能不全，乳腺癌手术后可有上肢淋巴水肿等；盆腔放射治疗后可有放射性直肠炎，鼻咽癌放射治疗后可有唾液腺萎缩等；肿瘤化疗后可有骨髓造血抑制、免疫功能减弱等。以上由于手术、放疗、化疗产生的后续问题，都需要全科医生给予相应的处理。如果并发症较严重，应及时转到专科治疗。

恶性肿瘤被切除或经治疗后病情缓解后，一部分病人仍有肿瘤复发或转移可能。所以，肿瘤病人治疗后应定期复查或随访，以早期发现其复发或转移，并在发现复发或转移时给予及时处理。此外，恶性肿瘤经治疗后，由于免疫功能的抑制，可有第二，甚至第三原发癌发生，也应定期复查。

一般将以上两种目的结合在一起，对恶性肿瘤病人进行定期随访或复查。通常应根据肿瘤的类别、分期、治疗方式、治疗效果、并发症等，确定随访频率，一般可每2～3个月复查1次。随着时间推移，可逐渐延长随访间隔时间。一般在治疗2年后4～5个月复查1次，5年后可半年至1年复查1次。当然，如果其间病人感到不适或检查发现不能确定的新问题，则应根据病情加紧检查，密切随访。

（二）恶性肿瘤的姑息治疗（palliative care）

WHO关于姑息治疗的定义：是通过对病人疼痛等症状及其他生理、心理和精神方面的早期诊断和正确评估，来缓解和处理病人痛苦的治疗措施。姑息治疗的目的是提高癌症病人生活质量，帮助病人及家属面对与威胁生命疾病相关的各种问题。EAPC关于姑息治疗的定义：是对那些对治愈性治疗不反应的病人完全的主动的治疗和护理，控制疼痛及有关症状，并对心理、社会和精神问题予以重视。姑息治疗需多学科联合干预，覆盖病人及其家庭以及社区，究其根本姑息治疗是最本质概念的医疗，无论在家庭还是医院的任何场所满足病人的需求。NCCN姑息治疗的定义：是一种理念，同时也是针对病人的高度结构化的医疗体系，是一种以病人及家属为中心的特殊健康关怀，关注疼痛和其他症状的有效控制，并按病人和（或）家庭的需要、价值观、信仰和文化提供社会、心理与精神帮助。综上所述，姑息治疗的目标是预防和减轻痛苦，提供所能达到的最佳生存质量，而不受疾病分期或其他治疗的限制。强调姑息治疗应在疾病诊断时开始，与控制疾病及延长生命的治疗同时进行。当控制疾病及延长生命的治疗不能达到预期目标时，姑息治疗应成为主要治疗。

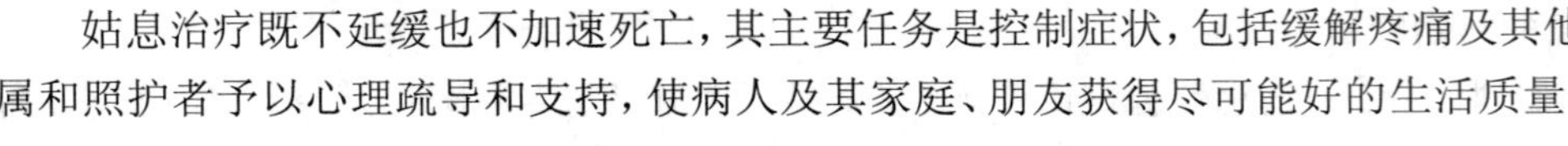

姑息治疗既不延缓也不加速死亡，其主要任务是控制症状，包括缓解疼痛及其他躯体症状，对家属和照护者予以心理疏导和支持，使病人及其家庭、朋友获得尽可能好的生活质量。姑息治疗重视

生命，并将死亡看作一个正常的过程，提供各种支持以帮助病人坦然面对现实。从治疗的作用或目的看，恶性肿瘤的治疗由治愈性治疗和姑息治疗两部分组成，两者之间通常没有明确的界线。早期以治愈性治疗为主，晚期以姑息治疗为主。

全科医生对晚期恶性肿瘤病人，既要给予一定的药物治疗，又要进行心理疏导，以及提供各方面的支持与帮助。其在姑息治疗中的主要任务包括：①通过细致观察和与病人及其亲属的深入交流，全面掌握病情，早期发现病人的症状；②采取有针对性的药物治疗或其他措施，控制可能或已经发生的早期症状；③应用各种策略包括心理疏导、家庭协助、简化治疗方法等，保证病人对药物治疗的依从性；④应用合适的非药物治疗缓解症状，如中医的针灸、按摩等；⑤协调其他专科医生参与对晚期肿瘤病人的姑息治疗。

（三）与恶性肿瘤相关的疾病治疗

1. 癌症疼痛的管理　癌症疼痛（cancer pain），简称癌痛，是由癌症本身或其相关因素导致的疼痛，是癌症病人最常见（70% 左右）和最难以忍受的症状之一，常比死亡更令人恐惧。癌痛会从生理、心理、精神和社会等方面降低病人的生活质量。根据疼痛持续时间和性质，癌痛通常可分为急性、慢性、持续性和爆发性等 4 种类型。

（1）癌痛的评估原则和方法

1）原则：癌痛的评估是治疗的前提。为准确判断病人疼痛的程度，在评估过程中，应坚持以下原则：①相信病人的主诉；②收集全面、详细的疼痛病史；③注意病人的精神状态及心理社会因素；④认真做体格检查，特别是神经系统检查；⑤收集其他辅助检查资料；⑥治疗施行后应进行疼痛再评价。

2）方法：癌痛分度的评估方法有多种，包括主诉疼痛程度分级法（verbal rating scales，VRS）、数字疼痛程度分级法（number rating scales，NRS）等。

①主诉疼痛程度分级法：

0 级：无痛。

Ⅰ级（轻度）：有疼痛但可以忍受，能正常生活，睡眠不受干扰。

Ⅱ级（中度）：疼痛明显，不能忍受，要求服用止痛药，睡眠受干扰。

Ⅲ级（重度）：疼痛剧烈，不能忍受，睡眠受到严重干扰，需要止痛药，可伴有自主神经功能紊乱或被动体位。

②数字疼痛程度分级法：用 0～10 代表不同程度的疼痛，0 为无痛，依次逐步加重，10 为剧痛。评估时，检查者让病人确定自己的疼痛所对应的数字，从而确定疼痛严重程度。

③数字疼痛程度分级与主诉疼痛程度分级的对应关系：两种分级方法的结果有一定对应关系（表 17-4）。在临床上可用两种方法评估同一病人，将评估结果进行对比，使疼痛程度分级更加准确。

表 17-4　主诉疼痛程度分级法与数字疼痛程度分级法的对应关系

主诉疼痛程度分级法	数字疼痛程度分级法
0 级	0
Ⅰ级	1～3
Ⅱ级	4～6
Ⅲ级	7～10

（2）癌痛的治疗方法

癌症三阶梯止痛治疗：WHO 癌症三阶梯止痛治疗（WHO's three-step ladder for cancer pain relief）是一个被全世界广泛认同的药物治疗方案。

1）治疗原则：a. 按非甾体类消炎药、弱阿片类、强阿片类的顺序，逐级给药；b. 尽量口服给药；c. 按时给药；d. 个体化给药；e. 密切观察疗效与不良反应。

2）治疗方法：根据病人疼痛的轻、中、重程度，分别选用第一、第二、第三阶梯止痛药物进行止痛治疗。

第一阶梯：适用于轻度疼痛病人，选用非甾体类消炎药（non-steroid anti-inflammatory drugs，NSAID），如阿司匹林、美洛昔康等。当该类药物治疗效果不佳时，则应升到第二阶梯。

第二阶梯：适用于轻至中度疼痛病人，选用弱阿片类药物，如可待因等，也可与第一阶梯非甾体类消炎药并用。当第二阶梯治疗不能控制疼痛时，则应升到第三阶梯。

第三阶梯：适用于中至重度疼痛病人，选用强阿片类药物如吗啡等，也可与第一阶梯非甾体类消炎药并用。

3）其他止痛方法：对于癌痛的治疗，还有一些其他的方法，可以由相关的专科医生实施，如麻醉科医生施行神经阻滞疗法；神经外科医生施行神经破坏疗法；骨科医生对病理性骨折施行固定术；放射治疗医生施行放射治疗；肿瘤科医生施行化学治疗。全科医生可根据病人的基本情况，采用物理疗法、心理疗法、中药针灸和病人自控镇痛等；也可根据病人疼痛的性质和类型选择治疗方式，如浅表躯体疼痛可用热疗、局部麻醉，内脏阵发性疼痛用解痉药等。

2. 其他症状与问题的处理

（1）对病人其他症状的治疗

1）治疗原则：对晚期恶性肿瘤病人的其他症状进行治疗，既要使用对症治疗药物，也要尽量消除可逆性原因；既要运用现代医学手段，也要根据病人的意愿采用中医药和（或）针灸等治疗。

2）对躯体症状的治疗：对合并感染的病人，应给予抗生素治疗；对周围性呼吸困难的病人，应给予解痉、祛痰或消除气道阻塞治疗；对食欲减退的病人，可给予糖皮质激素及胃肠动力药；对恶心呕吐的病人，可选用止吐药物；对便秘的病人，可使用口服泻药或灌肠；对腹泻的病人，应调整饮食，同时给予抗感染和止泻等治疗；对合并腹水的病人，可给予利尿药、输注白蛋白和腹腔穿刺抽液等治疗；对明显血尿的病人，可应用止血药；对尿失禁的病人，可选用α受体阻滞剂、抗胆碱能药或钙拮抗剂等药物；对排尿困难的病人，可施行导尿术；对水电解质失调的病人，应通过补液予以纠正；对皮肤瘙痒的病人，可应用局部止痒药；对有压疮的病人，应加强护理和局部治疗；对失眠的病人，可选用镇静催眠、抗焦虑或抗抑郁药。

3）心理疏导：晚期肿瘤病人精神障碍比较突出。在姑息治疗中，应加强精神调护。全科医生应用心与病人交流，可坐在床边倾听病人的叙述，以理解的态度接触病人，表明与病人共同对抗疾病的意志，向病人暗示病情将起伏不定，并传达生命预后的信息，同时也要给病人以希望。当病人出现心理障碍时，应进行心理疏导，必要时给予药物治疗，如焦虑者可选用抗焦虑药，对抑郁者可选用抗抑郁药等。

（2）对家属的照顾：在晚期肿瘤阶段，全科医生对家属的调护也是很重要的。应与家属交流，实现医患双方的相互理解与信任。对家属的预期悲叹应予以援助。要让家属能够正确面对现实，在心理上逐步接受病人将死亡的事实。在病人弥留之际，应协助家属与病人诀别。

（四）对恶性肿瘤存活者管理

肿瘤病人治疗后的随访，体现了全科医疗连续性、协调性照顾的基本原则。病人回到社区后，全科医生通过查阅转诊资料和与病人的交流，了解病人在专科的诊治情况，并据此安排随访与康复治疗。在随后的随访或复查中，应注意病人复发或转移迹象，及时给予检查，必要时转到专科医生处复查，并向专科医生介绍病情。

1. 躯体功能康复 恶性肿瘤病人，在大型综合医院或专科医院经手术切除、强烈化疗或其他根治性治疗后，需要回家休养，进一步接受恢复性治疗。

（1）康复护理：长期卧床病人应保持合适体位，定时或经常翻身，以防止压疮；注意皮肤、口腔卫生，以预防感染；叩打或振动背部，促进痰液排出，避免坠积性肺炎。

（2）营养康复：恶性肿瘤病人经手术、化疗或放疗后，营养状况常常较差，表现为显著的消瘦与

体重下降。全科医生应根据病人消化功能和全身情况，合理选择与搭配食物，改善病人营养状况，促进躯体功能恢复。

(3) 运动疗法：根据病人全身情况安排。体质较弱的卧床病人，可在床上做呼吸操、肢体躯干活动，以防止静脉血栓形成、坠积性肺炎等并发症。能下床活动的病人，应多安排户外运动，如散步、打太极拳、慢跑、做健身操等。运动种类、强度、持续时间、频率等，根据治疗后的全身与局部情况和病人的年龄、体力及运动习惯而定，并可循序渐进，加大强度和延长时间，逐步增强心肺功能，增强体力。需要注意的是，病人如果有贫血、血小板减少、白细胞减少、严重骨质疏松等情形，应降低运动强度或只做较轻的运动锻炼。

(4) 作业疗法与职业康复：对恢复较好的病人，应进行日常生活活动能力训练，提高生活自理能力；恶性肿瘤病情稳定、全身状况良好的病人，可进行职业技能训练，以恢复原来的工作或更换其他合适的工作。

2. 心理疏导　恶性肿瘤病人手术或放化疗之后，紧张情绪一般有所放松，尤其是肿瘤已手术切除的病人。但是，他们一旦感到任何不适，则大多会怀疑肿瘤复发或转移，而又呈紧张状态。对于此类病人，全科医生应该多给予解释，将肿瘤诊断与治疗的实际情况向病人详细说明，使病人树立战胜肿瘤的信心，并积极配合医生的治疗。

在对肿瘤病人进行心理疏导的过程中，为病人建立一个良好的心理支持环境也非常重要。肿瘤病人常多疑，容易误解家属、亲友的言行，认为家属、亲友一定对他隐瞒了病情，或者对他产生了厌倦等。病情较重的病人则常有消极悲观的情绪。所以，全科医生除对病人进行心理疏导和必要的治疗外，还需告知病人的家属和亲友，应深入了解病人的心理状况，给予关心和爱护，尽可能减少病人情绪上的不良刺激，尽可能多地给予心理上的支持。此外，心理疏导还可以通过建立病友俱乐部，让病友在娱乐、交流、锻炼中相互支持、相互鼓励，从而树立起战胜癌症的信心和乐观的生活态度。

3. 全程生活方式管理　虽然恶性肿瘤发病后往往病情进展迅速，但治疗后的恢复则往往是一个较长的过程。在这个过程中，全科医生应对其生活给予全面的指导。

(1) 关于饮食：处于康复期、一般情况良好的病人，不宜忌口。除非已经证明某种食物会加重疾病的病情，或吃后发生过敏、产生不适。食物应富含蛋白质、维生素、纤维素等，如鸡蛋、牛奶、鲜肉、新鲜蔬菜及水果等。至于辛辣之物，除非与所服用的中药相冲突，一般也不忌讳。

(2) 关于嗜好：肿瘤病人应戒烟、酒。全科医生应向病人陈述利害，并向病人家属说明，取得家庭的支持，多能得到病人的响应。茶与咖啡不在禁忌之列。

(3) 关于体力活动：一般情况良好的病人可承担较轻体力的家务劳动，如打扫居室卫生、买菜、做饭等。同时，此期病人更应重视日常户外运动，包括散步、打太极拳等，只要自我感觉不太累就是适宜的。户外活动不仅增强体力，而且对改善重要器官功能和调整心情都有显著的效果。

(4) 关于工作：肿瘤病人术后近期和放化疗期间宜休息。术后稍久或放化疗结束之后，可考虑恢复部分或全部工作，这主要取决于工作的轻重及病人对工作熟练与胜任的程度。肿瘤病人的工作，以不过分劳累为宜。

(5) 关于婚姻生活：对于已婚的肿瘤病人，恢复期可以有适度的性生活。当然不宜过频，以免劳累。未婚的病人在手术治疗、放化疗期间和术后、放化疗后的近期，一般不宜结婚，康复之后可以考虑。

(6) 帮助病人重返工作岗位：肿瘤早期诊治的目的是争取病人完全康复和回归社会生活。社会生活包括家庭以外的邻里、亲友之间的交往及所承担的工作。这两者都涉及人们对肿瘤的认识。所以，需要大力宣传恶性肿瘤或是可治愈之症或带瘤生存，一些发现较早的病人可以治愈。肿瘤不是传染病，不要回避肿瘤病人。肿瘤病人需要得到社会的关爱、尊重和一定的照顾。

全科医生除了进行科学普及、健康教育外，还需动员社会各方面的资源，对肿瘤病人回归社会生活、尤其是恢复工作予以支持。

本章临床病例的基层处理如下。

【临床病例的基层处理】

沈某某因右上腹隐痛就医，全科医生了解病史和体格检查后，经过判断为慢性肝病可能，进行了转诊，使病人得到及时诊断和治疗。现该病人出院回到社区，并将出院小结交给签约全科医生。下面，全科医生要做些什么呢?

针对病人：

1. 了解病人治疗方案，目前所用药物，随访间期。

2. 督促定期随访，检查用药情况，恩替卡韦是否漏服，服药时间等。

3. 定期了解病人饮食，身体活动情况和心理精神状态。

4. 指导正确的生活方式，如低盐(病人肝硬化)，适量蛋白，保持大便通畅等。

针对家属：

1. 要求其配偶、子女和其他兄弟姐妹检查乙型肝炎病毒标志物，表面抗原阳性者要求定期检查。如乙型肝炎病毒标志物全部阴性，可安排注射乙肝疫苗，并完成三次接种。

2. 告知营养、运动和心理因素在肝癌术后康复中的作用，减少肝脏额外损伤的风险，如戒烟酒，少吃药和保健品等。

3. 告知可能出现的情况，如肿瘤复发、肝功能衰竭和病毒耐药等，强调定期复查的重要性。

与专科医生沟通：

1. 学习最新肝癌临床实践指南中术后的推荐，与专科医生讨论该病人的可行性。

2. 定期汇报该病人动态。

3. 病人情况变化时，如肝功能指标恶化，出现精神神志变化和腹水、黑便等，及时转诊。

(五)全科医生在恶性肿瘤临床研究中的作用

对全科医师而言，职业生涯必须兼顾临床工作与科学研究，两者紧密联系，使临床医师在工作中不忘初心，勇往直前。首先提出问题，继而尝试回答问题，会成就更加优秀的临床医师，毕竟只有小部分临床问题得到了严格验证。过去，临床医师在肿瘤临床研究中开展的医学研究类型主要包括回顾性研究、治疗性试验和为基础研究提供组织样本等。这么多年以来，临床研究领域飞速扩展，其中生命质量、成本效用、健康经济学、病人决策、系统分析、荟萃分析和转换研究等方面都有涉及。因此，全科医师有多种途径开展肿瘤相关研究。

1. 恶性肿瘤的全程管理需要临床研究 综上所述，全科医疗服务在恶性肿瘤基层管理中具有重要作用，包括辅助恶性肿瘤治疗、与肿瘤专科医师共同管理恶性肿瘤治疗的并发症、管理恶性肿瘤存活者及其家庭和实施肿瘤预防等。在这些工作中，需要先进的手段和模式，克服现有实践中的弊端。这就要求全科医师在实践中利用最新研究成果，对目标人群进行探索，只有这样，才可能给病人提供最好的服务。

(1)临床研究可提高临床实践效率：临床研究常常是团队协作，团队成员包括团队领导、助理医师、执业护士和研究助理等，各自分工不同，把这种模式应用于临床实践，有助于建立一支能有效帮助处理恶性肿瘤管理中出现的问题的医师团队。临床研究拉近了于肿瘤专科医师的差距，可直接与专科医师交流，指导评估与随访，提高了诊疗效率。

(2)临床研究可提供先进的诊疗手段：随着对恶性肿瘤发病机制的研究深入，在肿瘤的诊断和治疗方面取得了许多进展。肿瘤的基因检测、循环肿瘤细胞和其他血清学活检技术提高了肿瘤的早期检出率，为个体化治疗提供了重要依据。恶性肿瘤发病机制的研究带动了抗肿瘤新药研究，一系列新药通过临床试验后进入临床应用。全科医师如能参与其中的某个环节，就能获得恶性肿瘤诊治的最前沿知识，调整诊治理念，并应用于临床实践。

(3)临床研究可提供先进的管理模式：虽然全科医师参与了恶性肿瘤的基层管理的许多工作，但如何针对不同肿瘤提供不同的帮助，并形成管理的路径，提供管理效率，哪些非药物手段对肿瘤的

康复有效等，都需要进行设计良好的研究获得结果。故全科医师在恶性肿瘤的管理中要善于提出问题，这是研究的第一步。

2. 临床研究中的几个理念（循证医学、精准医学和大数据研究） 经典的临床研究强调好的设计，以得到好的证据，用好的证据指导临床决策。最近几年又出现了精准医学和大数据研究等研究理念，它们之间是怎样的关系？全科医师只有了解这些前沿知识，才可能根据不同要求，开展临床研究。也只有掌握了这些理念出台的背景，才可能理解他人做的研究设计。

循证医学呼吁医学实践须基于现有最好的应用型研究证据。没有循证医学的敦促，医学研究就多会停留在理论上；没有循证医学的反馈，医学研究可能会偏离正确的轨道。然而，在肯定证据在医学决策中重要性的同时，还必须强调证据本身并不是决策，决策还必须兼顾现有资源的多寡、病人的需要和价值取向。对循证医学的很多误解和误用，多是因为把证据等同于行动，过度强调了证据在决策中的作用。

如果说循证医学主要是依据价值观的个体化治疗，那么精准医学则是希望在生物学意义上的个体化，但不等于孤注一掷的 DNA 测序。要知道，医学的精准绝不只是基因层面的精准，也绝不是有了基因测量之后才可以精准。精准医学与循证医学是互补关系，不是替代关系，精准医学的研究结果也是循证医学的科学证据。精准医学未必是最好的模式。公共卫生措施多强调共性和标准化，如对抗传染病的排污、供水、消毒、隔离等措施，效果有目共睹，而且具有更高的公益性和公平性。即使是个体干预，针对共性的方法往往也是最有效的，如抗生素和疫苗。

计算机和互联网给数据的储存、处理和分析带来了前所未有的方便，大量常规收集的数据给科学研究带来了极大的方便，大数据时代到来，为循证医学产生证据提供了前所未有的新契机，也成了精准医学赖以发展的重要途径。当样本量足够大时，基于样本的观察就可以准确地推论总体。大数据的确提供了医学研究的新途径，但有人说因为大数据涵盖了总体，只关注关联关系就够了，不需要追究它是否存在真实的因果关系。但是确立病因和疾病以及治疗和效果之间的因果关系是医学研究的重要内容。如果医学防治措施是建立在一堆不知因果本质的关联关系之上，则根本无法保证防治的效果。随机对照试验与大数据研究（或称真实世界研究）的本质区别在于对偏倚和混杂的控制，也就是观察和实验的区别，是科学性高低的区别。换言之，随机对照试验结论的可信性远远高于真实世界研究。因此，从疗效的重要性和研究结果的可信性上看，真实世界的观察性研究终究不能取代实验性的随机对照试验在确认疗效中的根本作用。

3. 全科医师在恶性肿瘤的临床研究中的作用

（1）临床研究的发起者：由于全科医师面对的恶性肿瘤人群与肿瘤专科医师在病种、病程等方面都不同，故可以发现一些专科医师很少有机会涉及的问题，如恶性肿瘤康复过程中生活方式如何影响，如何应用非药物手段管理其健康（与健康人不同），恶性肿瘤对家人健康的影响及如何减少其影响，如何选用合适的筛查策略对社区人群进行肿瘤的筛查及进行风险评估等。全科医师完全可以作为临床研究的发起者，组织、协调多中心研究。

（2）临床研究的参与者：全科医师可直接参与肿瘤专科医师发起的干预性多中心临床研究，探索新型抗肿瘤药物和解除肿瘤病人痛苦的疗法的安全性和疗效，也可为多中心研究提供符合入选和排除标准的受试者，或者帮助研究者观察和随访受试者。帮助协调肿瘤及其危险因素的横面调查，参与一些观察结局事件的队列研究。参与政府组织的区域性肿瘤筛查的组织和协调，确保人群覆盖率。

4. 全科医师可参与的研究领域

（1）恶性肿瘤的流行病学调查：肿瘤流行病学研究调查范围广、调查对象多，收集资料多，需要大量基层医务人员特别是全科医生的参与。全科医生工作并生活在社区，与居民关系亲密，最熟悉社区居民各方面的情况，能够查阅居民健康档案资料，容易开展社区入户调查，自然也就成了此项研究工作的可靠支持力量。全科医生的参与将使流行病学家所获得的资料更全面、更准确，而全科医

生实际上也成了此项研究的主要参与者。

（2）恶性肿瘤的预防和筛查：以肝癌的预防为例。由于肝癌的高危人群为HBV、HCV病毒感染者，大量饮酒者和各种原因引起的肝硬化。可在社区进行这些危险因素排查，发现高危人群，定期进行超声和肿瘤标准物如甲胎蛋白、异常凝血酶原等，形成前瞻性队列研究，除了可达到肝癌的早发现和早治疗，还可研究一些新型标准物的预警和预测作用，研究生活方式的改变如戒酒和锻炼是否可预防肿瘤发生。也可进行结局导向的研究。例如，研究"定期随访能否降低乙肝病毒感染者的死亡率"，可选取乙型肝炎病毒感染但无活动性肝炎的人员（HBV携带者）作为研究对象，将其随机分为随访组与对照组；对随访组人员每6个月作一次甲胎蛋白测定及肝脏超声波检查；观察若干年，随访组定能筛查出一些肝癌病例，治疗后随访他们的生存期；而对照组一定也会发生一些肝癌，同样给予治疗，并随访他们的生存期。结果发现，随访组发现的肝癌病期较早，手术切除后5年生存率较高，自然就证明了定期随访（加上后续的积极治疗）能降低肝癌的死亡率。

（3）恶性肿瘤的康复：由于诊治技术的发展，恶性肿瘤病人的生存率明显延长。故如何进行康复期治疗，提高恶性肿瘤病人康复期的生活质量成为全科医师必须面对的问题。全科医师可研究功能食品、微量元素、维生素和中草药、心理治疗、运动和其他替代治疗对肿瘤康复的影响，其结果对于肿瘤病人准确管理健康具有指导意义。

恶性肿瘤是严重危害人民群众生命健康的常见病。尽管恶性肿瘤诊断和治疗的专科性很强，手术、化疗、放疗等皆需由专科医生施行，但是恶性肿瘤的预防、病人的早期发现、导入有效的专科医疗、后续治疗与康复医疗、随访检查以及帮助病人充分、合理利用社会卫生资源等全面的医学照顾则是全科医生的责任。所以，良好的全科医学服务将是肿瘤病人的福音。

思考题

1. 全科医生如何早期发现恶性肿瘤病人？
2. 晚期恶性肿瘤姑息治疗中全科医生的任务有哪些？
3. 全科医生可进行哪些肿瘤相关研究？

（范竹萍）

笔记

第十八章　社区急症的全科医学处理

学习提要

- 随着社会的不断发展和进步，全球气候变暖、地质灾害频发、交通事故、桥梁和建筑物塌陷、火灾、溺水、触电、急性中毒等灾难性事故和各种意外屡见不鲜，其中大多数为轻度或中度损伤，可用简单的急救技术进行治疗或处理后及时转院。
- 随着各种急危重症和猝死不断发生、各种慢性非传染性疾病的急性发作逐渐增多、院前急救和处理的需求日益增多，全科医生是社区居民健康的维护者和促进者。因此，全科医生理应充分利用社区距离近的优势，必须掌握各种意外伤害和各种急危重症第一时间的识别、院前急救和处理、转诊指征和运送方法，以提高伤者或病人的存活率、减少致残率。
- 全科医生还必须掌握现场处理的常用急救技术如徒手心肺复苏术、止血、包扎、固定、搬运、紧急的各种穿刺术等，以提高救治的成功率。
- 此外，全科医生应通过各种健康教育的专题讲座、公益性广告、媒体宣传等方法，向社区居民普及安全防范措施和急救知识和技术，以提高自救、互救能力。

第一节　常见的社区急症

一、常见社区急症的分类及成因

全科医生平时在社区医疗机构遇到的大多是分散的、少量的急症。如高热、急腹痛、晕厥等急性未分化疾病，各种慢性病急性发作，创伤、中毒、烫伤、冻伤、电击、溺水、异物吸入、蛇咬伤、蜂蜇伤等意外事件，全科医生因地域的关系，往往先于医院的急救人员到达现场。现代医学证实，猝死病人抢救的最佳时间是4分钟内，严重创伤伤员抢救的白金时间是10分钟。一个协调、高效的院前急救体系可使人员的伤亡、受灾所造成的损失及影响减少到最低限度。因此，全科医生必须掌握社区常见急症发生的原因及其处理原则。

常见的社区急症分为以下几类：

（一）创伤

创伤（trauma）是指由于机械致伤因子的作用，导致组织破坏和功能障碍。因暴力、高空坠落、切割、挤压、枪伤、自然灾害或灾难、交通事故等都可引起身体一处或多处部位的创伤，常见于建筑物坍塌、踩踏事件、群体性交通事故、恐怖袭击、自然灾害等。20世纪以来，创伤呈逐年上升趋势。大城市创伤人数占总急诊人数的40%左右，其中交通事故所致者占50%以上，严重多发性创伤占创伤总数的1.0%～1.8%。20世纪60年代以后，发达国家因创伤所致死亡升至死亡原因的第4位，而在34岁以下的人群中，创伤是第1位死因。据不完全统计，我国每年因创伤就医高达6200万人次，每年因创伤致死人数达70万～80万人。

目前在我国创伤救治过程中存在着诸多问题，主要表现为以下四个方面：第一，各城市均缺乏综合救治能力强的区域创伤救治中心及专业的严重创伤救治团队；第二，院前急救响应时间过长，急救队伍救治能力有待提高；第三，院内缺乏专业的创伤救治团队；第四，院前急救与院内急诊之间，以及院内急诊与各专科之间缺乏信息交换。由于分科过细，各学科之间缺乏科学的信息联动机制，在救治病人过程中各自为战，影响了最终的救治效果。严重创伤常涉及多器官、多系统的损伤，需要多学科联合进行科学、规范的整体性救治。

从全球看，每年因创伤致死者约200余万人，伤者达数千万人。严重创伤的致残率高达36.1%，伤后潜在寿命损失年数（years of potential life lost，YPLL），即平均寿命与死亡时年龄之差远超过其他疾病。创伤的YPLL值为10.2，肿瘤、呼吸系统和心血管疾病分别为6.02、5.19和2.33，创伤与脑卒中、心脏病、肿瘤一样，已成为一个不容忽视的全球性公共卫生问题。

在各类创伤中，生活伤和体育伤多为单纯的软组织损伤、四肢骨折或关节脱位，伤情比较简单明确；而在交通伤、工业伤、农业伤、战争伤及自然灾害伤中，多为严重的多发性创伤和复合伤。

1. 单纯软组织损伤、四肢骨折、关节脱位，可仅表现为局部轻至剧烈的疼痛、皮肤或黏膜破坏、因出血及皮下淤血而迅速出现的血肿等。伤员一般神志清楚，能正确提供受伤时间及致伤方式。

2. 多发性创伤（简称多发伤）是指同一致伤因子引起的两处或两处以上的解剖部位或脏器的创伤，且至少有一处损伤是危及生命的。复合伤是指两个或两个以上的致伤因子引起的创伤，如原子弹爆炸产生的物理、化学、高温、放射等因子所引起的创伤是一个典型的复合伤。多发伤和复合伤常有如下特点：

（1）伤情复杂多变：多发伤伤势严重，应激反应剧烈，伤情变化快，其严重程度不仅仅是各专科损伤的简单相加。各部位创伤各有特点，但可能相互掩盖，致某一部位伤情表现不明显。

（2）休克发生率高：由于多发伤损伤范围广，面积大，失血多及隔离于第三间隙的液体量大，创伤的应激反应剧烈，易发生低血容量性休克和创伤性休克，有时可与心源性休克（由于胸部外伤，心脏压塞，心肌挫伤，创伤性心肌梗死所致）同时存在。

（3）严重缺氧：多发伤早期低氧血症发生率很高，可高达90%，尤其是颅脑伤、胸部伤伴有休克或昏迷者，血氧分压（PaO_2）可降至30～40mmHg。

（4）容易发生多脏器功能衰竭：创伤后机体的免疫功能受到抑制，伤口污染严重，肠道细菌移位，以及侵入性导管的使用，使得继发性感染发生率增高。多发伤的感染多为混合性感染。由于休克，感染及高代谢反应，多发伤易并发多器官功能衰竭。器官衰竭的顺序依次为肺、肝、消化系统器官、血液系统（弥散性血管内凝血，DIC）及肾。

（二）意外伤害

由于运动、热量、化学、电或放射线的能量交换，在机体组织无法耐受的水平上，所造成的组织损伤或由于窒息而引起的组织细胞缺氧称为意外伤害（accident injury）。意外伤害的高发年龄为15～59岁，其中男性占2/3，发生率和死亡率均高于女性。全球每年有500多万人死于意外伤害，意外伤害死亡占年龄调整后的死亡率发达国家约7.6%，发展中国家约为10.7%。WHO指出，2020年人类前3位死亡原因将是心血管疾病、意外和神经精神疾病。

1. 淹溺 淹溺（drowning）是指人没于水后呼吸道被水、污泥、杂草等异物堵塞或喉头反射性痉挛、声门紧闭引起窒息、缺氧、肺水肿、意识障碍、低体温、呼吸心跳停止等为主要临床表现的意外伤害。全球每年有45万人死于溺水，在许多国家，溺水都是1～4岁和15～19岁年龄组意外伤害致死的前3位死因。在我国，溺水是意外伤害致死的第3位死因，是0～14岁年龄组的第1位死因，0～14岁儿童占总溺死人数的56%。农村的儿童溺水死亡率比城市高，多发生于夏季。江河发生淹溺占第一位，湖泊和海滨次之，不慎落水、自杀、洪水、海啸、沉船、水上运动或水上作业者居多，血中酒精浓度超标也是淹溺的重要原因之一。国外研究发现，成人溺水者中约40%～50%的人血液中酒精浓度较高。在过去的一个世纪里，意外溺死的发生率在大多数国家有所下降，可能是社会经济模式转变、人口迁移、城市化、更多的室内休闲活动和采取各种干预措施等因素综合作用的结果。

淹溺的病理和病理生理：低氧血症是淹溺最重要的病理生理变化。发生淹溺后因喉头痉挛和屏气，导致窒息和缺氧，气道及肺泡内无水分吸入，又称“干性淹溺”，这部分病人约占10%～20%，经过

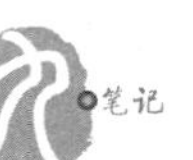
笔记

早期复苏低氧血症可迅速纠正。

屏气到一定程度，由于缺氧和二氧化碳潴留，又开始主动呼吸，大量水、杂草、泥沙等异物吸入又可引起反射性气道关闭，加重气道梗阻，又称“湿性淹溺”。淡水的浸入可破坏肺泡的表面张力，肺泡萎缩影响气体交换、加重低氧血症。吸入海水，氯化钠的浓度约为3.5%，海水进入肺泡后，由于是高渗液，大量的蛋白、水分自肺毛细血管渗透至肺泡腔，占据了肺泡空间，引起通气功能障碍，肺顺应性降低，低氧血症加重。

淡水和海水淹溺发生肺水肿约占淹溺总数的75%。吸入淡水后，由于肺泡表面活性物质破坏，肺毛细血管通透性增加，血浆和蛋白渗入肺泡内；吸入海水后，由于海水的高渗性，血管内的水分和血浆渗入肺泡内，因此淡水和海水的吸入均可导致急性肺水肿。

由于屏气所致的窒息和液体吸入导致的通气功能障碍均可引起动脉血二氧化碳分压（$PaCO_2$）升高，出现呼吸性酸中毒，$PaCO_2$增高和低氧血症又可引起无氧酵解增加，乳酸等酸性产物潴留导致代谢性酸中毒，因此也可同时出现呼吸性酸中毒和代谢性酸中毒。

淡水淹溺时，液体吸收可出现一过性的高血容量，但由于出现肺间质和肺泡水肿以及其他部位的间质水肿，又可使有效循环血量降低，海水高渗液又将血管内液体吸入肺泡内也可引起有效循环血量降低，出现低血压和休克。

低氧血症、酸中毒、休克所致的低灌注可引起蛋白尿、管型尿、甚至出现急性肾功能不全。低氧血症、酸中毒、休克、电解质紊乱均可导致心律失常，较常见的心律失常为室早和房颤，严重者出现室性心动过速、室扑、室颤等，少数病人因液体吸入红细胞破坏而溶血，出现血红蛋白尿和肌红蛋白尿。

2. 烧伤　在发展中国家，烧伤（fire burn）是常见的损伤。烧伤按致伤原因可分为4类：热伤、电烧伤、化学和放射烧伤。热伤最常见，约占各种烧伤原因的85%～90%。习惯上所称的“烫伤”，系指由于沸液（沸水、沸油）、蒸汽等所引起的组织损伤，是热力烧伤的一种。烧伤及烫伤主要累及皮肤与皮下组织，烧伤的组织极易坏死，大面积烧伤使体液、蛋白和电解质大量丢失，可致血压下降、休克乃至衰竭、死亡。烧伤者的创面亦可被细菌感染，导致脓毒性休克（septic shock），危及生命。化学烧伤可引起组织坏死并在烧伤后12小时慢慢扩展，如饮入强酸等化学品可造成胃及食管穿孔。火灾中吸入烟及热空气可烧伤肺部。严重烫伤的皮肤亦会产生瘢痕，甚至影响关节功能。

烧伤深度及病理的识别：烧伤深度的正确认识，除了有利于烧伤严重程度的估计与分类外，也是采取各项医疗措施所必需的。烧伤的分度方法较多，但目前临床上应用最多的是“三度四分法”，即将烧伤分为Ⅰ、浅Ⅱ、深Ⅱ、Ⅲ度。此法简便，较符合临床实际，有利于选择治疗措施。

（1）三度四分法的组织学划分：Ⅰ度、浅Ⅱ度烧伤一般称浅度烧伤；深Ⅱ度、Ⅲ度烧伤则属深度烧伤。现将病理组织学结合临床表现划分如下。

①Ⅰ度烧伤：一般包括表皮角质层、透明层、颗粒层的损伤。有时可伤及棘状层，但基底细胞层健在，故再生能力强，常在3～5天痊愈，不遗留瘢痕。个别病人有色素沉着，但在短期内恢复至正常肤色。

②Ⅱ度烧伤：根据伤及皮肤结构的深浅又分为两类：浅Ⅱ度包括表皮全层，直至基底层，或真皮乳头层的部分损伤。上皮的再生有赖于残存的基底层及皮肤的附件，如汗腺管及毛囊等上皮增殖。若无继发感染，一般经过1～2周左右痊愈，不遗留瘢痕，多数有色素沉着。

深Ⅱ度包括乳突层以下的真皮损伤，但仍残留部分真皮，介于浅Ⅱ度和Ⅲ度之间，深浅不尽一致。因有真皮残存，不需要植皮而愈合。如创伤面在未被增殖的上皮岛被覆以前，则形成一定量的肉芽组织，故愈合后，多遗留由瘢痕，发生瘢痕增生的机会较多。如无感染，一般需3～4周愈合。否则，愈合时间延长，严重时皮肤附件或上皮小岛被破坏，创面则需植皮后方可愈合。

③Ⅲ度烧伤：系全层皮肤以下损伤，甚至达到皮下脂肪、肌肉或骨骼，故Ⅲ度烧伤的含义较广，代表的严重程度也不一致。由于皮肤及其附件全部被毁，创面已无上皮再生的来源，创面修复必须有

赖于植皮或周围皮肤上皮长入。

（2）三度四分法的临床表现

1）Ⅰ度烧伤：又称斑性烧伤。局部干燥、疼痛、微肿而红，无水疱。3～5天后，局部由红转淡褐色，表皮皱缩、脱屑，露出红嫩光滑的上皮面而愈。

2）Ⅱ度烧伤：①浅Ⅱ度局部肿胀明显，有大小不等的水疱形成，内含淡黄色澄清液体或含有蛋白凝固的胶状物。掀开水疱皮，可见湿润的创面，质地较软，疼痛敏感，可见无数扩张、充血的毛细血管网，呈脉络状，伤后1～2天更明显。表现为脉络状血管网。②深Ⅱ度局部肿胀，表皮较白或棕黄，间有较小的水疱。除去坏死表皮后，创面微湿、微红或白中透红，红白相间。质较韧，感觉迟钝，温度降低，并可见针孔或粟粒般大小的红色小点，为汗腺、毛囊周围毛细血管扩张充血所致，或细小血管支凝固，系位于网状层或皮下脂肪交界处的扩张充血或栓塞凝固的深部血管网。它们的出现，常表现深Ⅱ度烧伤。

3）Ⅲ度烧伤：又称焦痂性烧伤。局部苍白、黄褐或焦黄，严重者呈焦灼状或炭化。干燥无水疱，丧失知觉、发凉，质似皮革。透过焦痂常可见粗大血管网，系皮下脂肪层中静脉栓塞所致。多在伤后即可出现，但有时需待1～2天，焦痂稍干燥后方显出。焦痂伤的毛发易于拔除，且无疼痛。沸水所致的Ⅲ度，局部有时有水疱，揭去水疱皮，基底呈白色，质坚韧。

（3）烧伤深度的鉴别诊断与注意事项：在一般情况下，如观察细致，又熟练各度的特点，多可做出较正确的诊断。但由于分度是人为的，各度之间尚有移行与交错部分；同一部位烧伤深浅并非完全均匀一致；其他因素如致伤原因，皮肤厚度等；均可影响临床表现，致使深度的估计有时发生困难或错误，需特别注意，如小儿皮肤较成人薄，女性较男性薄，故往往将深度估计偏浅。又如酸烧伤后，表面蛋白凝固，变色，易估计偏深度；碱烧伤往往有继续加深的过程，若不反复观察，则易估计偏浅度。

3. 冻伤　冻伤（frostbite）是机体遭受低温侵袭所引起的局部或全身性损伤，分为非冻结性冻伤和冻结性冻伤两类。

（1）非冻结性冻伤：是人体接触10℃以下、冰点以上的低温，加上潮湿条件所造成的损伤。目前临床分型包括冻疮、战壕足、水浸足（手）等。包括：①冻疮（chilblain）：冻疮多见于冬季气温低且较为潮湿的地区；好发于手、足、耳廓及鼻尖等处。主要与病损部位反复暴露于冰点以上的低温环境，且保护较差有关。表现为局部有痒感或胀痛的皮肤紫红色斑、丘疹或结节样病变，可伴水肿与水疱。病程中表皮可脱落，出血、糜烂或出现溃疡，最终形成瘢痕或纤维化。②战壕足和水浸足（手）：是手足的非冻结性损伤。战壕足过去多发生于战时，是长时间站立在1～10℃的壕沟所引起。水浸足（手）是长时间暴露于湿冷环境中所致，较多见于海员、渔民、水田劳作以及施工人员。

（2）冻结性冻伤：是由冰点以下低温所造成，包括局部冻伤和全身冻伤（又称冻僵）。局部冻伤在细胞水平上有冰晶形成、是由于细胞脱水及微血管闭塞所致。全身冻伤平时少见，常发生在严寒季节、高海拔地区，或是在雪崩、暴风雪等灾害状况下发生。其病理生理是全身受低温侵袭时，首先发生外周血管收缩和寒战反应，继而体温由表及里逐渐降低，当体温下降至32℃以下，则心、脑、肾、血管等脏器功能均受损；降至28℃以下，则危险加大，如不及时抢救，可直接致死。局部接触冰点以下的低温时形成冻结伤，冻结伤分为两个时相，最初是冻伤，继之是复温后的再灌注损伤。组织温度降至 −2℃时，细胞外冰晶形成。随冰晶加大，间质液渗透压增高，导致细胞内脱水，蛋白变性、酶活性下降、细胞功能障碍。如果快速冷冻则细胞内出现冰晶、导致细胞死亡。毛细血管内皮破坏、红细胞淤积，导致循环停顿。复温冻融后局部血管扩张，微循环中血栓形成，释放的氧自由基、血栓素等介质，可以进一步加剧毛细血管与组织损伤。

（3）局部冻伤后皮肤苍白发凉、麻木或丧失知觉，不易区分其深度。复温冻融后可按其损伤的不同程度分为四级。①Ⅰ°冻伤（红斑性冻伤）：伤及表皮层。为局部皮肤红斑及轻度水肿。解冻复温后：局部皮肤立刻变红或紫红、肿、充血。病人感到局部热，痒或烧灼痛。症状数日后消失恢复，皮肤不留痕迹，功能不受影响。②Ⅱ°冻伤（水疱性冻伤）：伤及真皮。局部明显充血、水肿，12～24小时

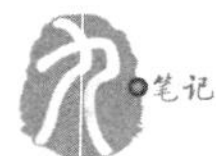

内皮肤有水泡或大疱形成，泡内有黄色黏稠液体或黏稠血浆。解冻复温后：局部较为剧烈的疼痛，并对冷热刺痛不敏感。症状于数日后消失恢复，水疱在2～3周内干燥结痂，以后脱痂愈合，皮肤不留痕迹，功能同样不受影响。③Ⅲ°冻伤（腐蚀性冻伤）：伤及全层皮肤和皮下组织。创面由苍白变为黑褐色，感觉消失，创面周围红、肿、痛并有水疱形成。若无感染，坏死组织干燥成痂，4～6周后坏死组织脱落，形成肉芽创面，愈合甚慢且留有瘢痕。④Ⅳ°冻伤（血栓形成与血管闭塞）　损伤深达肌肉、骨骼，甚至肢体坏死，表面呈暗灰色、无水疱；坏死组织与健康组织的分界在20日左右明显，通常呈干性坏死，也可并发感染而成湿性坏疽。局部表现类似Ⅲ°冻伤，治愈后多留有功能障碍或致残。

（4）全身冻伤时先有寒战、皮肤苍白或发绀，有疲乏、无力等表现，继而肢体僵硬，意识障碍，呼吸抑制、心跳减弱、心律失常，最后呼吸、心跳停止。如能得到及时抢救，病人复温复苏后常出现心室纤颤、低血压、休克，可发生肺水肿、肾衰竭等严重并发症。

4. 电击伤　电击伤（electrical injury）是指一定强度的电流通过人体时引起的组织损伤和功能障碍，重者发生心跳和呼吸骤停，俗称触电。人体与电源直接接触后电流进入人体，电在人体内转变为热能而造成大量的深部组织如肌肉、神经、血管、内脏和骨骼等的损伤。电击伤的严重程度决定于：电压的高低、电流的强弱、直流和交流电、频率高低、通电时间、接触部位、电流方向和环境条件有关。可引起呼吸心脏骤停、电烧伤以及电击引起的坠落伤、溺水等其他损伤。

（1）电烧伤：主要包括电弧烧伤（electric arc burn）和电流通过人体引起的接触烧伤。电弧是由高压电产生的，是两个电极间或电源与人体之间建立起的一种光亮桥带，温度可高达3000～4500℃。因此，当人体接近高压电源到一定距离时，尽管尚未与电源接触，但可被电源与人体之间建立起的电弧烧伤。电弧烧伤的病理和病理生理变化基本上和热力烧伤相同，处理原则同热力烧伤。在人体体表有电流的进出口，在进出口处形成深度的烧伤创面。在关节部位，电流引起的强直性肌肉挛缩使关节屈曲时，关节上下的皮肤接触，电流可在此形成短路，导致关节部位屈曲面皮肤的严重烧伤。

（2）病理生理：电流有直流和交流两种，它们对人体的损伤是不同的。触及直流电仅有温热的感觉；而触及交流电对机体将造成严重的后果，电烧伤就是指交流电引起的机体损伤。电压越高，电流量越大，对人体的损伤越大。小电流量可以有刺痛感，肌肉收缩；中等电流量可以产生肌肉强直性收缩，呼吸困难；大电流量可致心脏骤停。通过机体的电流大小与组织的电阻相关，电阻越大，通过的电流越小。电流在体内一般沿电阻小的组织前行。

人体是电流的导体，但不同组织和器官的电阻不同，骨组织的电阻最大，脂肪、肌腱、皮肤、肌肉、血管和神经则依次递减。不同部位的皮肤电阻也不相同，这主要取决于角质层的厚度，皮肤的干湿程度等。潮湿和油腻的皮肤比干燥清洁的皮肤电阻要小。其他组织电阻的大小与含水量也有关系。当电流通过皮肤时，热量的产生与电流强度，组织的电阻和接触时间成正比，部分的电流在皮肤组织内转化为热能，使皮肤凝固炭化。皮肤凝固炭化后，电阻减小，继续进入机体的电流则进一步造成内部"烧伤"。当然这种损伤的程度受多种因素的影响，诸如电流强度、电压、组织电阻、电流的径路和接触电源时间长短等。通过组织的电流强度决定了损伤的程度，通常将1000V以下的称低电压，1000V以上的称高电压。

（3）全身性损害的特点：病人可立即出现昏迷、呼吸暂停、心搏骤停和脉搏消失，需立即施行心肺复苏术。电流通过脑组织，可以立即失去知觉。脑干损伤可致呼吸停止；心脏损伤可致室颤和停搏。电流通过人体时，由于人体组织的电阻，电能转变为热能，高压电可使局部组织温度高达2000～4000℃。导致大量深部组织的损伤、坏死。并可后遗神经质、遗忘症、癫痫、头痛和语言困难等。

电流的直接作用还可立即出现末梢神经损伤，较常见于尺、桡神经，也可出现立即或延迟性脊髓神经性损伤。电流对心肌纤维和传导系统的损伤可能成为早期的或延迟的结果。早期往往因室颤而死亡。心电图上最常见的变化是心动过速和心动过缓，S-T段和T波倒置改变等。所以对严重电损伤病人应给予持续的心脏监护，一般应持续48～72小时，直至心电图恢复正常。

作为容量导体的躯干，电流很少引起内脏损伤。但是，当躯干直接接触电源时，也可引起内脏损

伤如肠穿孔、局灶性膀胱坏死、胆囊坏死穿孔、腹膜后肌肉坏死伴局灶性胰腺坏死、脾局灶性坏死、局灶性肝脏凝固坏死，有时因第Ⅴ、Ⅹ凝血因子缺乏所致急性凝血病等。

胸部可并发气胸、肺挫伤、横膈膜局灶性坏死等。因此，对电烧伤波及腹部损害者必须进行定期而细致的腹部检查以防漏诊与误诊。电流引起深层组织的大片坏死，大量肌红蛋白进入血循环后，可导致肾小管填塞和急性肾衰竭。

（4）局部损害的特点：电流入口处可显示炭化中心、略凹陷，周边皮肤呈灰白色坚韧的坏死，其外层为黑色或鲜红色狭窄环，伴有略高的边缘。出口可能较小，干燥而呈圆形，好像电流向皮肤外“爆破”。接触点在左臂和左胸应考虑心肌损伤，在头部则经常合并脑、脊髓和眼球晶状体损伤，并可伴有颅骨板的坏死。

四肢的电损伤，作为容量导体其截面直径小，因此损伤严重。此外，肌肉的肿胀，不论是否有活力，都受筋膜的限制，因此由于水肿而产生的继发性肌筋膜腔隙综合征（myofascial lacunar syndrome，MLS），可进一步扩大坏死区域，最后导致缺血性挛缩，临床上必须予以高度重视。电流经皮肤进入体内，即沿电阻小的血液运行，当电流达到一定程度，可损害血管壁，血液凝集和血栓形成，引起肌肉进行性坏死。

5. 急性中毒 急性中毒是社区和急诊科的常见病，也是其重要组成部分。某种物质进入人体，在效应部位积累到一定量而产生损害的全身性疾病称为中毒（poisoning）。引起中毒的外来物质称毒物。毒物的毒性较剧或大量地突然进入人体，使机体受损并发生功能障碍，迅速引起症状甚至危及生命，称为急性中毒（acute poisoning）。若小量毒物逐渐进入人体，在体内蓄积到一定程度方出现中毒症状，称为慢性中毒。现代中毒事件有突发性、群体性、中毒种类多元化、隐匿性的特点，由于发病急，受累人数多，范围广，病情变化快，危害很大。

（1）国内外急性中毒事故应急救援有关组织与网络：由于中毒事件发生的严重性及中毒病人处理上的特殊性，20 世纪 50 年代初得到了国际医学界的关注。1953 年美国芝加哥地区成立了中毒控制项目（Poison Control Program），此后在美国各地相继成立中毒控制中心（Poison Control Centers，PCC），70 年代末 80 年代初美国中毒控制中心协会（American Association of Poison Control Centers，AAPCC）成立，制定了服务规范，建立了覆盖全国的中毒监测系统，有效地提高了全美 PCC 的服务水平。同时起步的有英国 PCC、加拿大 PCC。80 年代日本、荷兰、法国和新加坡等国建立国家中毒信息中心或 PCC。

1980 年联合国、WHO 建立国际化学物品安全署，组织、协调、促进世界各国加强中毒防治知识的普及、毒物管理及中毒防治科学研究等。1986 年联合国环境规划署与环境活动中心提出了“地区性紧急事故意识和防备”计划（阿佩尔计划，awareness and prepare of emergency of local level，APELL）。

我国起步较晚，化学工业部 1990 年在上海建立毒物信息库，1994 年成立化工急性中毒应急救援中心和网络、指挥系统。1995 年中华医学会急诊医学会成立中毒专业组。1999 年 4 月 23 日北京成立由中国预防医学科学院组建的我国首家 PCC，同时，在天津、辽宁、沈阳、河北、广东等全国各地相继成立了 PCC 的分中心，在全国形成中毒控制网络。

（2）病因与发病机制：

1）毒物分类：毒物的概念是相对的，其中剂量是重要因素。例如治病的药物超过极量可引起中毒，而某些微量的剧毒物质可用于治疗。因此，一种物质只有达到中毒剂量时才是毒物。习惯将中毒剂量低、危害性大的物质称为毒物。根据毒物来源和用途，一般分为：①工业性毒物：包括腐蚀性毒物（强酸、强碱）、金属毒物（铅、汞、砷等）、有机溶剂（酒精、甲醇、汽油、苯及化合物等）、有害气体（一氧化碳、硫化氢、氯气等）及窒息性毒物（氰化物、高铁血红蛋白生成性毒物如亚硝酸盐、苯胺、硝基苯等）。②农业性毒物：包括农用杀虫剂（有机磷、有机氯、有机氮、氨基甲酸酯类农药等）、除草剂（百草枯、除草醚）及灭鼠药（敌鼠、安妥、氟乙酰胺、毒鼠强）等。③日常生活性毒物：最常见为药物

（镇静催眠药、抗精神病药、鸦片类、抗心律失常药等），以及洗涤剂、消毒剂、清洁剂等日用化学物。④植物性毒物：如毒蘑菇、棉子、木薯、四季豆、新鲜黄花菜、苦杏仁、变质甘蔗、发芽马铃薯、白果等。⑤动物性毒物：如河豚、鱼胆、毒蛇、毒蜘蛛等。以上前三类通常经化学手段获得，又统称为化学性毒物。

2）中毒原因：①生产与使用过程中意外事故或防护不周：如有机磷农药、汞、砷等，为职业性中毒。②误食、意外接触有毒物质：如误食亚硝酸盐、毒蕈、毒鼠药等；食用河豚、木薯等去毒处理不完全；毒蛇咬伤、毒蜂蜇伤等。③自杀、用药过量等：常见为农药、镇静催眠药、抗抑郁和精神病药物等，以及毒品过量中毒。④投毒：如化学毒物、细菌、毒素等。军用毒剂在战争中应用。

3）毒物体内过程：毒物在体内的吸收、分布、代谢及排泄过程，决定其毒性作用的发生、发展和消除。①吸收：毒物接触机体，通过生物膜进入血循环，即毒物的吸收。常见的吸收途径有呼吸道（气体、烟雾、蒸汽、粉尘）、消化道（固体与液体化学物、动植物毒物）及皮肤黏膜或伤口（如有机磷、汞、苯胺等化学物及蛇毒等）。②代谢：主要在肝脏通过氧化、还原、水解、结合等作用进行代谢，其他如肾、胃、肠、心、肺、胰、肾上腺、甲状腺、脑、脾等和各组织的网状内皮细胞也可进行。大多数毒物经代谢后毒性降低，称之为“解毒”过程，但需注意，有少数毒物在代谢后其毒性反而增加（如对硫磷代谢生成对氧磷、内吸磷形成亚砜、美曲膦酯生成敌敌畏）。③排泄：经肾排泄是最主要的途径。经胆道排泄。④其他：小肠和大肠黏膜可排出一些重金属及生物碱；小量毒物可经汗腺、唾液腺排出体外；肺主要排泄一氧化碳及一些挥发性气体如氯仿、乙醚等；哺乳期有些毒物可分泌至乳汁中。

4）中毒的机制：影响毒物作用的因素很多，包括毒物的化学结构和理化性质、毒物进入机体的途径和速度、毒物的浓度（剂量）及其作用的时间、两种以上毒物中毒时毒物的联合作用、个体的易感性（与病人的性别、年龄、营养、健康状态、生活习惯、有无基础疾病等有关）等。

毒物引起机体中毒的机制主要有：①通过竞争性或非竞争性抑制作用干扰酶系统、抑制酶的活性；②通过生成碳氧血红蛋白、高铁血红蛋白等异常血红蛋白，阻碍氧的吸收、转运和利用，导致组织缺氧；③干扰细胞或细胞器的生理功能；④干扰 DNA 和 RNA 的合成；⑤通过激发人体内各种异常的免疫反应而引起重要器官的损害；⑥通过麻醉作用、阻断神经传导而干扰细胞一般功能以及对组织局部的刺激和腐蚀作用等。

5）诊断思路：①对于突然出现的发绀、呕吐、昏迷、惊厥、呼吸困难、休克而原因不明者，要考虑急性中毒的可能。对原因不明的贫血、白细胞减少、周围神经病、肝病的病人，也要考虑中毒的可能。应详细询问中毒者生活情况、思想动态、职业、工种、工龄，接触毒物的时间、种类、方式、剂量、过程，同工种人员的发病情况等；疑食物中毒者，应询问食物的来源及同餐人的发病情况；了解现场，寻找毒物；询问中毒后治疗经过及既往的健康状况。②体格检查：注意生命体征、心、肝、肺、肾和神经系统的状况，以判断是否需要紧急的支持治疗。还需判断中毒的严重程度。如有上述特征性临床表现有助于诊断。③实验室检查：包括特异性检验（如查血液胆碱酯酶诊断有机磷中毒、测碳氧血红蛋白诊断一氧化碳中毒等）和非特异性检验（血尿便常规、血电解质、肾功能、肝功能、血气分析、心电图、X 线检查等），有条件时可做毒物分析，取材、方法及意义如上述。④治疗性诊断：对特异性解毒剂的反应也有助于中毒的诊断。不同种类毒物急性中毒可有相似症状，但治疗方法尤其是解毒药物的使用常很不相同，因此鉴别十分重要；急性中毒还常需要与其他全身性疾病进行鉴别。

一氧化碳中毒（carbon-monoxide poisoning）是工业生产性中毒与日常生活性中毒的主要原因。一氧化碳吸入体内后，以极大的优势与血红蛋白竞争性结合，形成稳定的碳氧血红蛋白（一氧化碳与血红蛋白的亲和力比氧与血红蛋白的亲和力强 200～300 倍，其解离比氧合血红蛋白的解离慢 3600 倍），严重影响了血液环中氧的输送，使机体组织急性缺氧。如缺氧不能及时纠正，临床上会有严重的脑功能障碍，迅速出现脑水肿、脑疝，继而呼吸停止。

6. 异物吸入　各类异物意外进入气管和支气管往往与在工作中或进食时的不良习惯有关，加之一个突发因素即可发病。

异物吸入(foreign body aspiration)以儿童较为突出。儿童常喜欢玩圆形、光滑的小玩具，并且常把小玩物放入口中玩耍。他们也爱吃自己尚不能用牙齿来咀嚼的果仁类食品。由于儿童生长发育尚不健全，如牙齿未出齐，咀嚼功能不完善，咽喉反射保护功能不健全等，再加上突发因素如哭、笑、跌跤、吵闹等，异物容易落入呼吸道。

成人有时也有不良习惯，如工作中喜欢把牙签、钉及针含在口中，突然开口说话或大笑，而忘记口内有东西，使异物进入气管。老人尤其是老年痴呆、脑卒中后、瘫痪、卧床、晚期肿瘤等的病人等，常于进食时出现食物堵塞或误吸。

7. 自杀 自杀行为分狭义和广义两种；狭义的自杀行为是指有意识，自愿地直接结束自己生命的行为；广义的自杀行为是指包括故意自伤行为和吸毒酗酒等自我毁灭的“慢性自杀”行为。人们通常说的自杀行为常常指狭义的自杀行为，即直接结束自己的生命。自杀的定义：有意自行采取结束自己生命的行为称自杀。

一般将自杀分为：①自杀意念：有寻死的愿望，但没有采取任何实际行动；②自杀未遂：有意采取毁灭自我的行动，但并未导致死亡；③自杀死亡：有意采取毁灭自我的行为，并导致了死亡。

随着社会竞争、就业、就学等压力的加大，近年来自杀(suicide)有上升趋势。2012年全球估计超过80万人死于自杀，每年全球年龄标准化自杀率11.4/10万(男性15.0/10万，女性8.0/10万)。然而，鉴于多种因素，这个数据很可能是被低估的。中国每年有28.7万人死于自杀，200万人自杀未遂，自杀是我国总人口的第5位死因，15～34岁人群的首位死因，由此造成巨大的疾病经济负担。按照世界卫生组织的估计，一个人自杀会使平均六个家人和朋友的生活深受影响，大约160余万人因家人或亲友自杀出现长期的心理创伤，13万以上的未成年人因此失去母亲或者父亲。值得注意的是，近年来的调查发现中国出现了自杀率下降。在许多国家，城市的自杀率高于农村。我国自杀率农村高于城市，中小城市高于大城市，老年人高于年轻人的特点。

相较于自杀死亡，每年自杀未遂的人更多，估计是自杀死亡的10～20倍。在一般人群中，自杀未遂史是自杀的最重要的危险因素。对于自杀死亡和自杀未遂而言，人口动态登记数据的可用性和高质量、以医院为基础的登记系统和调查是有效开展自杀预防工作所需要的。

(1) 自杀的社会人口学特点：①性别特点：在高收入国家，男性自杀死亡是女性的三倍，但在低收入和中等收入国家，男性与女性的自杀死亡比例要远远低于1.5∶1。在全球范围内，自杀占男性所有暴力死亡人数的50%，占女性的71%；我国是少数几个报道女性自杀率高于男性的国家之一，女性自杀率比男性高25%。这一差异主要是由中国农村年轻女性的自杀率较高所致。农村年轻女性的自杀率比年轻男性高66%，但是在其他亚人群中男女的自杀率接近。②年龄特点：年龄段分布上，多数国家的自杀率呈现为15～35岁和65岁以上两个高峰，老年男性人群自杀率最高。在一些国家中，青壮年成为自杀率最高的人群。③婚姻状况：离婚、丧偶以及单身比已婚者有更高的自杀危险。独居和分居者也更易自杀。家庭矛盾冲突者比家庭关系和睦者自杀率高。

(2) 心理学因素：①自杀者的个性心理特征：自杀者有无独特的个性尚无定论。有些学者提出，有以下个性特征者自杀的可能性较大：对社会特别是周围人群抱有敌意；犹豫不决，优柔寡断，缺乏决断力；认识范围狭窄，常采用非此即彼或以偏概全的思维模式来分析处理问题，遇挫折或困难时过高估计困难；社会交往少，从思想和感情上把自己与社会隔离开来；行为具有冲动性；情绪不稳，神经质。②自杀动机：一般将自杀动机分为两类：人际动机，自杀者试图通过自杀行为，促使他人如配偶、家庭成员等改变行动或态度，多见于年青女性，以自杀未遂多见；个人内心动机，主要是表达内心的欲望或需求不能满足，自杀成功的可能性较大。

(3) 社会文化因素：①精神应激：许多精神应激事件如失恋、失业、竞争失败、政治迫害等都可能成为自杀的直接原因或诱因，其特点是这些事件使自杀者失去了不愿失去的或无法得到所需要的，而且事件带来的压力已超出了个体的承受能力。此时就有可能以自杀来摆脱无法承受的痛苦。②社会支持：缺少社会支持可增加自杀的可能性。③社会关系：社会隔离、社会解体、转型、童年期不良

笔记

家庭环境都可能导致自杀率上升。④宗教和文化信仰：天主教、犹太教教规禁止自杀，自杀率低于新教徒和无神论者。文化信仰也对自杀有一定影响，如日本“武士道”精神鼓励自杀，认为剖腹自杀是一种勇敢行为，而增加自杀的可能性。

（4）生物学因素：①躯体疾病：尤其是患有难治愈的躯体疾病（如癌症晚期、慢性肾衰竭、艾滋病等）或患有躯体疾病的老年人自杀的危险性增加。有报道，在自杀死亡者中患有各种躯体疾病者占25%～75%。躯体疾病病人的自杀可能与下述因素有关：因疾病导致的长期功能受限；疾病引起的难以忍受的慢性疼痛及疾病伴发的抑郁情绪。②精神疾病：是与自杀死亡有关的最常见原因之一，以抑郁症和精神活性物质滥用最常见。在自杀未遂者中，精神障碍的诊断率比在自杀死亡者中要低得多，常常与一些心理情绪问题有关。抑郁症的终身自杀危险性约为15%；自杀常发生在抗抑郁治疗前或治疗初期，多数重症抑郁病人还未来得及使用抗抑郁药就已自杀身亡。另外，有自杀倾向的抑郁症病人多年长、单身、独居，并有较多的自杀未遂史。③酒精及镇痛药物滥用：酒精滥用者的自杀危险性仅次于抑郁症，尤其是下列情况危险性更高：饮酒时间长，伴有抑郁和既往有自伤、自残史的老年人；饮酒导致躯体疾病、婚姻解体、职业困难，甚至违法犯罪者。海洛因依赖者的自杀率比一般人群高20倍，尤其是年轻女性，使用静脉注射，伴反社会人格或心境障碍者自杀危险性更大。④人格障碍：自杀者中1/3～1/2原有人格障碍，且他们多年轻且来自于破裂家庭。酒精和药物滥用、社会隔离可增加其自杀的危险性。⑤精神分裂症：精神分裂症病人终身自杀危险性约为10%，占自杀总数的3%左右。其中有自知力的年轻病人或伴有抑郁症状时自杀危险性更高。自杀多发生于疾病早期和病情复发时。

（5）神经生化改变：大量的研究发现，自杀未遂者脑脊液中5-羟色胺（HT）的代谢产物5-HIAA降低；死后尸检研究也发现，自杀死亡者的脑干和前额叶皮质5-HT和5-HIAA均有减低，突触前和突触后5-HT结合点有明显改变。以上提示自杀行为与中枢5 -HT功能下降有关。这与攻击行为的生化研究结果类似，提示自杀行为和攻击行为可能有共同的生物学基础。

（6）遗传因素：家系调查、双生子和寄养子女的研究表明，自杀行为存在遗传倾向。分子遗传学研究提示，自杀行为与色胺酸羟化酶（TPH）基因的多态性有关。进一步分析发现，TPH的L等位基因可增加攻击性酒精依赖者的自杀危险性。其机制可能是TPH的L等位基因降低了TPH酶活性，减少了5-HT的合成，造成中枢5-HT低转运状态，而使得脑脊液中5-HIAA水平下降。

（7）自杀的方法：以服毒（药）占首位，占70%～90%，其他方法包括自缢、溺水、跳楼、制造交通事故、刀伤、枪击、自焚等。在自杀死亡者中，采用暴力性手段者较多，而自杀未遂者相反。

2003年9月10日是世界卫生组织和国际自杀预防协会共同确定的全球第一个“预防自杀日”。为了引起公众对自杀的关注，WHO和国际自杀预防协会呼吁各国政府、预防自杀协会和机构、当地社区、医务工作者以及志愿者们，加入到当天的各项地方性行动中，共同提高公众对自杀问题重要性的认识以及降低自杀率的意识。

8. 跌伤 是常见的意外伤害，每20个跌伤者中就有1人需要急诊抢救，是意外伤害住院的主要原因。各年龄层次的人都可以发生跌伤（get injured by a fall），其中65岁以上老年人占据了跌伤所致死亡的60%。跌伤的危险因素包括地板不平或滑、光线不足等环境因素；骨质疏松、虚弱等抵御伤害的能力下降；以及慢性病的影响，如心、脑血管病、糖尿病、贫血、颈椎病、中耳病变等使身体的平衡性差。此外，药物的影响如降压药、口服降糖药、使用胰岛素、抗抑郁药、抗过敏药等均可引起跌倒，长期服用镇静催眠药也会增加老年人跌伤的危险。

老年人跌倒后容易发生骨折，迫使老人卧床，从而引起肺炎、压疮、血管栓塞及泌尿系统感染等严重并发症，重者可危及生命。

（三）急性未分化疾病

1. 心搏骤停 是世界上很多地区的第一位死亡原因，指在未能估计到的时间内，心脏泵血功能突然停止，导致脑和全身各脏器血流中断、意识丧失、呼吸停止，甚至猝死（sudden death，SD）。电击、

溺水、药物过量、气道异物、颅脑损伤、脑血管意外、各种心脏病（如冠心病、瓣膜性心脏病、心肌病及急性心肌炎等）是引起心搏骤停（sudden cardiac arrest，SCA）的常见原因。美国和加拿大急救医疗系统救治的院外SCA的发生率是50～55/（10万人•年），25%的病人是无脉性心律失常。其中，出现室颤或无脉性室速的心搏骤停病人与出现心室停搏或无脉电活动的病人相比，有更好的预后。

2. 发热 是社区急诊中最常见的就诊原因之一。由于致热原的作用使体温调定点上移而引起的调节性体温升高（超过0.5℃），称为发热，又称发烧。正常人体温为36～37℃。每个人的正常体温略有不同，而且受许多因素（时间、季节、环境、月经等）的影响。因此判定是否发热，最好是和自己平时同样条件下的体温相比较。如不知自己原来的体温，则腋窝体温（检测10分钟）超过37℃可定为发热。

（1）发热的原因：引起发热的原因很多，最常见的是感染（包括各种细菌、病毒、支原体、支原体、真菌、寄生虫等），其次是风湿性（结缔组织）疾病（如风湿热、系统性红斑狼疮、皮肌炎、结节性多动脉炎等）、恶性肿瘤、血液性疾病（如白血病、淋巴瘤等）、物理性及化学性损害（如大手术后、大面积烧伤、热射病、骨折、急性胰腺炎等）、内分泌与代谢障碍（如甲状腺功能亢进、严重失水等）、变态反应（如血清病、药物热等）、体温调节中枢功能异常（如脑外伤、脑出血、中暑等）、中枢性发热（有些发热可能由于下丘脑体温调节中枢直接受损后引起，如肿瘤、炎症、中暑等所致）、某些病理性体温升高（如先天性汗腺缺乏症，病人散热障碍；甲状腺机能亢进癫痫状态或惊厥后机体产热增加；下丘脑退行性变体温调节中枢被破坏，均为体温调节机构调节障碍，这一类体温升高称为过热）等。

（2）发热机制：正常情况下，人体的产热和散热保持动态平衡，由于各种原因导致的产热增加或散热减少，则出现发热。

1）产热增加：多数病人的发热是由于致热源所致，致热源包括外源性和内源性两大类：①外源性致热源：包括微生物、病原体及其产物，炎症渗出物、无菌性坏死组织、抗原抗体复合物等。外源性致热源不能直接作用于体温调节中枢，而是通过激活血液中的中性粒细胞、嗜酸性粒细胞和单核—吞噬细胞系统，使其产生并释放内源性致热源而导致发热。②内源性致热源：又称白细胞致热源，如白细胞分泌的白介素（IL-I），肿瘤坏死因子（TNF）和干扰素等。内源性致热源通过血—脑脊液屏障直接作用于体温调节中枢，使调定点温阈上升。体温调节中枢必须对体温加以重新调节发出冲动，并通过垂体内分泌因素使代谢增加或通过运动神经使骨骼肌阵缩（临床上表现为寒战）使产热增多；另一方面可通过交感神经使皮肤血管及竖毛肌收缩停止排汗，散热减少，导致产热大于散热，使体温升高而发热。

2）非致热源性发热：多见于体温调节中枢直接受损如各种颅脑外伤出血、急性脑血管意外等。引起产热过多的疾病如癫痫持续状态，甲状腺功能亢进等。引起散热减少的疾病如皮肤病等。

（3）发热的分度：腋下温度，低热：37.3～38℃；中度：38.1～39℃；高度：39.1～40℃；超高热：41℃以上。

（4）发热的热型：①稽留热：体温恒定维持在39～40℃以上，可达数天或数周，24小时体温波动范围不超过1℃。②弛张热：体温最高在39℃以上，但波动幅度大，24小时内波动范围超过2℃，全天体温均在正常水平以上。③间歇热：体温骤升达高峰后持续数小时，但又迅速降至正常水平。无热期可持续1～数天，高热期和无热期反复交替出现。④波状热：体温逐渐上升达39℃以上，数天后又逐渐下降至正常水平，持续数天后又逐渐升高。⑤回归热：体温急骤上升至39℃以上，持续数天后又骤然下降至正常水平。高热期和无热期各持续数天后规律性交替一次。⑥不规则热：发热的体温曲线无一定。

发热对人体有利也有害，发热时人体免疫功能明显增强，这有利于清除病原体和促进疾病的痊愈，而且发热也是疾病的一个标志。体温不太高时，可通过多喝水来减少发热带来的不适感。

3. 急性腹痛 亦是社区医生经常遇到的症状之一。起病急、变化快、病因复杂，易误诊、漏诊。急性腹痛（acute bellyache）最常见的病因是：腹壁疾病如腹壁带状疱疹、腹壁脓肿等；腹腔疾病如肠梗阻、急性胃肠炎、胃和十二指肠穿孔、急性胆囊炎、胆石症、胰腺炎、急性阑尾炎、肾及输尿管结石、

腹腔内各种肿瘤、淋巴瘤压迫等；常见妇科疾病如宫外孕、黄体破裂、卵巢囊肿破裂、畸胎瘤蒂扭转、急性盆腔炎等；常见儿科疾病如肠套叠；常见血管性疾病如肠系膜上动脉栓塞综合征等。

4. 上消化道出血　社区诊所常能遇见因呕血和（或）黑便就诊的病人，该症状即为上消化道出血（upper gastrointestinal hemorrhage）。出血部位在十二指肠屈氏韧带以上的消化道（以上的液体呈酸性，以下的则呈碱性），属上消化道出血，胃空肠吻合术后的空肠病变引起的出血亦属此范围之内。出血量在 5～50ml 时可以出现大便潜血试验阳性或黑便；胃内储血量 250～300ml，就可出现呕血；出血量在 500ml 以上者，称为大量出血。

上消化道出血的病因较为复杂，临床上以消化性溃疡、食管胃底静脉曲张破裂、急性胃黏膜病变和胃癌最为常见。剧烈呕吐、情绪不安、酗酒、饮食失调、疲劳过度、受寒、感染及使用肾上腺皮质激素、水杨酸类药物或非类固醇类消炎药等常为其诱发因素。

5. 晕厥　由多种因素引起的脑部缺血、缺氧的一过性意识丧失，伴有肢体的肌张力消失，以致不能维持正常直立体位，称为晕厥（syncope）。此时各种反射仍然存在，意识丧失持续数秒钟或几分钟而能够自行恢复。它既不同于意识始终清楚的眩晕（vertigo），又不同于历时较长意识丧失的昏迷（coma）。大多数晕厥发作前有前驱症状，表现为恶心、胸闷、头晕、面色苍白、出冷汗，此过程仅为数秒至 1～2 分钟，此时如病人立即平卧，片刻即能缓解。

晕厥是社区常见的急症之一，可分为四类：①反射性晕厥（reflex syncope）：为最常见的临床类型，占各类型晕厥总数 90%。由于血压调节、心率反射弧病损及自主神经功能不全导致心排出量骤减、血压急剧下降所致。包括血管迷走性晕厥、颈动脉窦性晕厥、直立性低血压性晕厥、Shy-Darger 综合征、排尿性晕厥、吞咽性晕厥、吞咽神经痛性晕厥、咳嗽性晕厥、仰卧位低血压性晕厥等。②心源性晕厥：运动诱发或卧位时出现的晕厥多提示为心源性晕厥。常易误诊为癫痫，应予注意。包括心律失常（阿 - 斯综合征、病态窦房结综合征、心房纤颤、心动过速及房室传导阻滞）、Q-T 间期延长综合征、冠心病和心肌梗死、原发性肺动脉高压症、左心房黏液瘤与左心房巨血栓形成、主动脉狭窄、原发性心肌病、心包压塞以及先天性心脏病。③脑源性晕厥：原发或继发性脑部病变所致的晕厥。多由主动脉弓综合征、短暂性脑缺血发作、基底动脉型偏头痛、高血压脑病以及脑干病变（肿瘤、炎症、血管病、损伤）引起。④其他：如哭泣性晕厥、过度换气综合征、低血糖晕厥、妊娠期晕厥、一氧化碳中毒性晕厥以及贫血性晕厥等。

晕厥发病机制：正常脑平均血流量为每分钟（53ml±7ml）/100g 脑组织，而维持意识所需脑血流量的临界量为 30ml/（100g·min），当某种致病因素使脑血流量发生骤减时，就会出现脑缺血症状，若减至临界点以下，临床上即可发生晕厥。①心排出量降低或心脏骤停：心脏疾病时心功能不全和心排出量减少或骤停，或因大量失血，血容量严重不足导致脑血流灌注严重不足而发生晕厥。②血压急骤下降：反射性血压急骤降低和直立性体位性低血压，均可造成全脑血流量骤减而发生晕厥。③脑血管病变：脑部血管或主要供应脑部的颅外血管发生闭塞、痉挛等，可引起晕厥。

正常情况下，由于脑血管自动调节功能的存在，全身血压变化并不影响脑血流量改变，如当血压上升时，引起脑血管阻力增加；当血压下降时，则引起脑血管阻力降低，使脑血流保持常数。但当平均动脉压下降到自动调节作用下限时，其自动调节功能丧失，阻力血管明显扩张，迅速导致全脑缺血现象。当此状态继续存在，危及脑桥、延脑的血管运动中枢时，通过颈动脉窦和主动脉弓的压力感受器反射作用，使血管运动中枢抑制冲动降低，交感神经张力增加，引起加压反射，使周围血管收缩，血压上升，心率加快，心肌收缩力增加，心排出量增加，晕厥恢复。

晕厥的诊断主要是病因诊断，社区医生应通过病史、体格检查（包括直立位血压测量）、心电图检查和颈动脉、颈动脉杂音、颅内外动脉的检查对晕厥病人进行初步评估，做出倾向性诊断。

6. 中暑　人们在高温季节、高温环境、烈日暴晒下工作或活动后易引起体温调节功能紊乱、水电解质失衡及神经功能损害，即为中暑（heatstroke）。按病情轻重可分为先兆中暑、轻症中暑和重症中暑。重症中暑根据发病机制和临床表现的不同又可分为热痉挛（heat cramp）、热衰竭（heat

exhaustion)、热(日)射病(heat stroke or sun stroke)三大类型。

(1)病因:对高温环境的适应能力不足是致病的主要原因。在高温环境下(如环境温度>32℃、湿度>60%)长时间工作或强体力劳动,又没有及时采取充分的防暑降温措施时,极易发生中暑。年老体弱、糖尿病病人、肥胖病人、以及汗腺功能障碍病人(如先天性汗腺缺乏、系统性硬化病、全身性瘢痕形成等)即使在室温较高、通风不良、湿度较大的环境中,及穿不透气的衣裤等也极易导致散热障碍,容易发生中暑。此外发热病人、甲状腺功能亢进病人、应用某些药物(如苯丙胺、盐酸苯海索、氯氮平)等病人产热增加,在高温环境下也易发生中暑。

(2)发病机制:正常人体温恒定在37℃左右,是通过下丘脑体温调节中枢的作用,使产热与散热取得平衡的结果。机体产热的主要热量是体内氧化代谢过程产生,其次是肌肉收缩产生的热量。室温在15～20℃以下时,人体的散热主要通过辐射散热。当周围环境温度超过皮肤温度时,散热主要通过出汗、皮肤及肺泡表面的蒸发完成。此外机体的散热还可通过循环血流将深部组织的热量带至皮下组织,通过扩张的皮肤血管散热。如果产热大于散热或散热受阻,导致体内过量热蓄积,即产生高热。

(3)病理:尸检发现,严重中暑病人的神经细胞出现坏死,主要表现在小脑和大脑,特别是浦肯野细胞(Purkinje cell,PC)消失;数日后死亡者,病变区有胶质细胞浸润;休克和循环衰竭病人,脑组织出现充血、水肿以及散在出血点。心肌组织有局灶性溶解、出血、坏死,心外膜、心内膜和瓣膜的心肌组织出血;并伴有不同程度的肝细胞坏死和胆汁淤滞,肝小叶有中心坏死。胸膜、腹膜、小肠有出血点,肾脏有缺血表现和肾小管退行性变。肾上腺皮质可见出血点。剧烈运动的病人可引起肌肉的变性、坏死。

(4)病理生理学:高温中暑主要是由于高热不断地攻击机体,是高热对机体细胞膜及细胞内结构的直接作用的结果。当机体体温高于42℃时,细胞内线粒体氧化磷酸化发生障碍,严重者可引起全身细胞产生不可逆的损伤和衰竭,影响到全身各器官系统,最后引起各器官系统产生病变、乃至衰竭。

(四)其他

1. 药物过敏反应 是指药物通过各种途径进入人体后,引起器官和组织的反应。药物过敏反应(anaphylactic drug reaction)又称药物反应(drug reaction),其中以药疹(drug eruption)或药物性皮炎(dermatitis medicamentosa)最为常见。还有一些表现为恶心、呕吐、腹泻等,重者可突发过敏性休克,如少数病人在应用青霉素等药物或注射血清等异体蛋白后即刻至半小时内,出现面色苍白、呼吸困难、血压下降、意识不清等,严重者可致死亡。

2. 低血糖症 对于非糖尿病病人,血糖<2.8mmol/L;接受药物治疗的糖尿病病人,血糖≤3.9mmol/L,即属低血糖症(hypoglycemia)。其临床表现与血糖水平及血糖下降速度有关,可表现为交感神经兴奋(如心悸、冷汗、饥饿感等)和中枢神经症状(如神智改变、认知障碍、抽搐和昏迷)。需注意,老年人发生低血糖时,常表现为行为异常或其他非典型症状。夜间低血糖常难以发现和及时处理,有些病人屡发低血糖后,可表现为无先兆症状的低血糖昏迷。社区医疗单位中,引起低血糖的常见原因有:①糖尿病病人应用过量的降糖药物;②功能性低血糖;③胰岛β细胞瘤等引起的内分泌疾病。

3. 毒性咬伤和蜇伤 人体被毒蛇、毒虫和黄蜂等动物咬伤或蜇伤后,动物口腔或带刺器官射出的有毒液体渗入皮肤,引起中毒。轻者伤口周围疼痛、肿胀和变色,重者可导致内出血和心脏、呼吸、肾衰竭,造成死亡。

二、社区急症的处理原则

全科医生的工作场所主要是社区卫生服务中心或社区医疗单位,对所在区域的地理位置、居民家庭情况等较为熟悉。若能在灾害事故或发病现场对伤病员进行紧急、简要、合理的处理,建立有效

的呼吸与循环支持以稳定病情，同时尽快将伤病员安全地送抵医院，就能有效地控制死亡及伤残率。社区急症的处理原则如下：

1. 如当地发生地震、火灾等自然灾害，全科医生应协同专业救护人员进行现场急救。

2. 对轻度外伤者，全科医生可判断伤情自行处理后，让病人返回家中随访。随访期间如伤情有变化，即应转诊。

3. 对严重创伤者，经现场初步急救后及时转诊。

4. 对意外受伤者，除现场处理后转诊外，还需通报当地公安部门。

5. 对有自杀倾向的抑郁症病人，除请心理医生治疗外，还要叮嘱家属严密看护，安抚好病人，避免意外事件发生。对已发生自杀行为者，除对病人就地施救外，应及时报告急救中心和公安部门。

6. 一般的急病类或慢性病急性发作者，全科医生应在条件许可的范围内先做一些简单检查及对症处理。如症状不缓解或病情反复者，应及时转诊。

三、社区医疗单位急救的基本装备及医务人员训练

（一）社区医疗单位处理急症的基本配置

1. 人员 为保证急症病人得到及时、有效的救治，社区医疗单位应保证全年昼夜有经过急救技术培训的全科医生，以供有急症病人时随叫随到。

2. 设备

（1）社区医疗单位应配备供500mA以上的X线照片仪、彩色超声仪、心电图机、急救用的氧气瓶、简易面罩式呼吸器、体外自动除颤仪、血气分析仪、生化检测仪、洗胃机、血压计、胸穿包、急救包、急救药品、止血带、消毒敷料等。

（2）社区医疗单位应在电话机旁醒目之处，张贴急救中心、各专科医院急诊室的电话号码。

（3）社区医疗单位应制定急救规程及医生职责，便于值班医生查阅。

（4）社区医疗单位应备有抢救记录单，填写一式两份，一份提供给转诊医院的急诊室；另一份留在社区医疗单位保存，作为后续治疗的参考。

（二）全科医生在急症方面的基本训练

1. 社区医疗单位必须配备有执业资格的全科医生。

2. 全科医生必须定期去综合性医院的急诊室或急救中心接受急救方面的训练，掌握常用的急救方法。

3. 全科医生必须经常进行心、肺复苏的模拟训练，骨折及创伤的清理、止血、包扎、运送等基本操作技术的练习。

4. 全科医生必须经常阅读急救医学和社区急救的医学书籍、报刊，不断提高急救水平。

第二节 现 场 急 救

一、现场急救的原则

近几十年来，随着工业化及生态环境的破坏、自然界气候的变化、城市内高密度的居住环境以及交通和旅游事业的发展，使突发的灾害及伤害事故不断增加。如地震常造成多发伤、感染；洪水造成溺水、眼病、皮肤病、急性胃肠道传染病；火灾造成烧伤、感染、挤压伤及休克；交通事故造成多发性创伤等。对以社区为工作范畴的全科医生来说，有的急症可以在社区处理，但更多的急症必须转运到医院治疗。实施快速有效的院前急救可使人员的伤亡减少到最低限度。

院前急救也称初步急救（first aid），主要包括现场急救和途中运送。

（一）脱离现场

现场急救的主要目的是除去威胁受伤者生命安全的因素，然后再采用其他抢救措施。因此，全

科医生应与救护人员通力合作，帮助伤员迅速离开现场。如火灾的受伤者，可以就地打滚，用身体压灭火苗或用棉被、毯子、大衣等覆盖以隔绝空气灭火。在对电击伤者急救时，必须利用现场不导电的物件，挑开引起触电的线路，或关闭开关及拉下电器设备插头，使伤员脱离电源。而遇 CO 中毒者，应尽快使病人脱离现场，保持呼吸道通畅，让其呼吸新鲜空气等。

（二）时间就是生命

全科医生在现场抢救时应强调时间就是生命的观念。通过病人的症状搜寻和认识致命的问题，发现或预测可能出现的情况，采取紧急措施挽救和维持生命；而不应首先去明确疾病的诊断，寻找支持诊断的依据，然后再施以治疗。

（三）判断伤情

在火灾、交通事故、地震、空难、暴风雨、泥石流、化学事故等大的自然灾害或人为事故时，往往因伤员太多而救护力量不足。全科医生应与急救人员合作，接诊创伤病人后，应根据病人的受伤史、局部症状及全身反应迅速做出初步诊断。首先，判断有无危及生命的紧急情况（呼吸道是否畅通、有无循环功能不足、大出血及休克）；其次，不要因局部伤情而忽视对身体其他部位的检查。为了不遗漏重要伤情，检查时可以“CRASH PLAN”作为指导，C=cardiac（心脏）；R=respiratory（呼吸）；A=abdomen（腹部）；S=spinal（脊髓）；H=head（头颅）；P=pelvis（骨盆）；L=limb（四肢）；A=arteries（动脉）；N=nerves（神经），数分钟内对呼吸、循环、消化、泌尿、脑、脊髓以及四肢骨骼各系统进行必要的检查，然后按各部位伤情的轻、重、缓、急，安排抢救顺序。

一般根据伤情可分 4 类：①绿色为生命体征正常，轻度损伤，能步行；②黄色为中度损伤；③红色为重度损伤，收缩压<8kPa（60mmHg），心率>120 次 / 分，有呼吸困难及意识不清；④黑色为遇难死亡伤员。应分别将红、黄、绿、黑 4 种不同的标记挂在伤员的胸前或绑在手腕上。对轻度损伤者给予就地处理后，可留在社区医疗单位或家中继续观察及随访；对中、重度伤者必须进行初步的现场急救，如心肺复苏、止血、骨折的固定等，再尽快送往附近的专科或综合性医院治疗。

（四）紧急处理

现场急救的关键是心肺脑复苏，保持呼吸道通畅，包扎止血，骨折固定等。全科医生在现场应：

1. 确认现场环境安全 全科医师达到事发现场后，首先需要确认环境是否适合抢救，必须保证医务人员在安全的环境下进行医疗救治。若现场环境存在危险，在能力范围内，全科医师可以将病人转移到安全的环境下再开始救治。但若条件不允许，全科医师可以寻求专业人员帮助，如消防队、警察等，使病人脱离危险环境，避免进一步损伤。

2. 简要、重点询问病史 向伤者及事故目击者询问受伤时间、受力方式、撞击部位、有无昏迷等病史。

3. 迅速判断有无威胁生命的征象 全科医生抵达现场后应先做快速、全面的检查，及时评估伤者神志、瞳孔、呼吸、心跳、血压及出血情况。优先处理下述 3 种凶险情况：呼吸道阻塞、出血和休克。对心跳呼吸停止者，应立即施以心肺复苏；对于昏迷者，保持其呼吸道通畅的同时观察和记录神志、瞳孔、呼吸、脉搏、尿量和血压的变化。

4. 防止窒息，保持气道通畅 及时清除口咽异物，吸净气管、支气管中的血液和分泌物。昏迷病人可用口咽通气管，必要时可气管插管，予以辅助通气。

5. 外出血 立即予以包扎、止血。如面色苍白、皮肤湿冷、脉搏微弱、血压偏低的低血容量性休克，应迅速建立两条静脉通路，快速输入生理盐水或乳酸林格液 1000～2000ml。

6. 骨折的处理 四肢长骨骨折可用小夹板、树枝及木棍、板等固定。固定的范围要超过骨折的上、下关节，以减轻搬运过程中的疼痛及周围软组织、血管、神经的进一步损伤。如社区的条件许可，开放性骨折应尽早清创，以免伤口再污染，增加继发急性骨髓炎的机会。

7. 断指的保存 断指再植具有时限性，一般认为夏季为 6～8 小时，冬季为 10～12 小时，正确及时的保存断指是十分重要的，那么，现场应该如何保存断指呢？下面为专家们处理的共识：①冰桶

法：将断指装入干燥、密封的塑料袋中，再将此袋装入冰桶内，在袋周装填冰块，后盖好桶盖。②冰塑料袋法：将断指（趾）先装入可密封的塑料袋中，然后将此袋再装入有冰块的塑料袋中，扎闭袋口。③包裹法：在冬季可不采用冷存措施，用毛巾或纱布直接将断指包裹。④术中需后续再植保存方法：将已清创完毕待再植的断指，用生理盐水溶液湿纱布包裹，装入无菌手套，再用数层无菌纱布包裹，置4℃冰箱内暂存。

二、常用急救方法

（一）心肺复苏

在许多社区，急救中心从接到报告至抵达现场需要4～5分钟或更久，这就意味着SCA病人最初的生存机会取决于是否得到及时的现场救助。院外室颤所致SCA病人如果在3～5分钟内得到心肺复苏（cardiopulmonary resuscitation，CPR）和除颤（defibrillation），生存率可提高到49%～75%。如果在SCA后4～5分钟或更久仍未能够除颤，则CPR显得更为重要，因为CPR能提供心脏和脑少量但是重要的血流。CPR每延迟1分钟，室颤所致SCA病人的生存率将下降7%～10%。美国心脏病学会（AHA）用将原有的五环的生存链（描述心脏骤停后成功复苏所需要的一整套协调措施：立即识别心脏骤停并启动急救系统→着重胸外按压的早期CPR→快速除颤→有效的高级生命支持→综合的心脏骤停后治疗）进行了更改，把在院内和院外出现心脏骤停的病人区分开来，确认病人获得救治的不同途径（图18-1）。

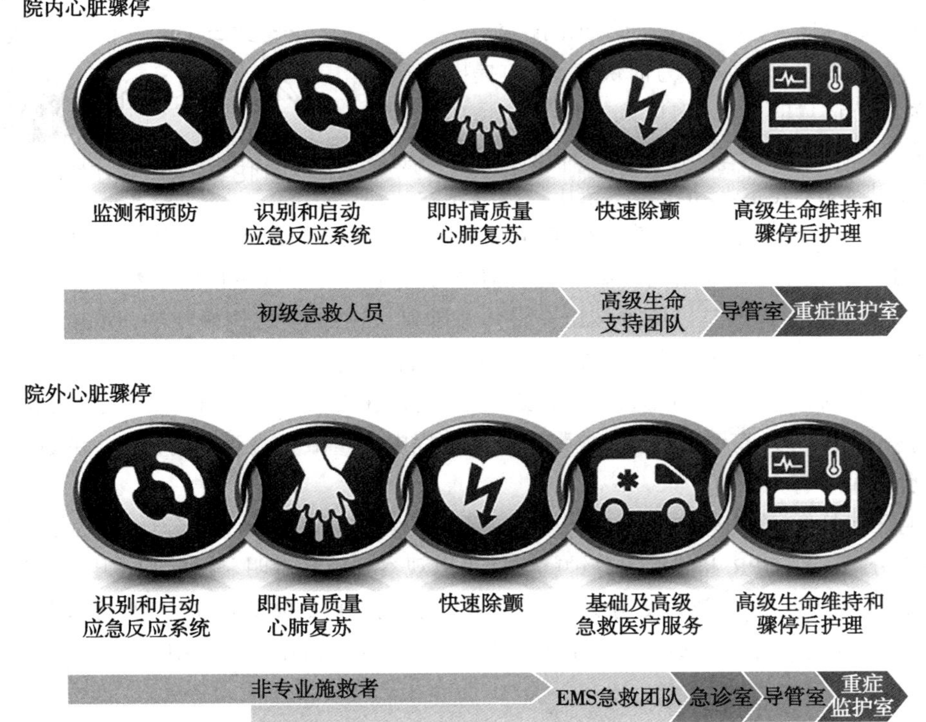

图18-1　2015年院内心脏骤停（IHCA）和院外心脏骤停（OHCA）生存链

目前，CPR的内容包括基本生命支持（basic life support，BLS）和高级生命支持（advanced cardiovascular life support，ACLS）。院外BLS包括识别突发SCA、各类心脏事件（如急性冠脉综合征）、脑卒中、气道异物梗阻等表现，启动急救系统，及早心肺复苏和利用体外自动除颤仪除颤。院内的大多数ACLS技术都不能改善SCA病人的预后，或仅仅延长短期生存率，其对生存率改善的影响

要小于在社区成功推广非专业急救者CPR和自动体外除颤项目所取得的成果。因此，我国的全科医生在努力提高自身急救技术的同时应将在社区范畴内开展心肺复苏教育作为紧要任务，以减少开始心肺复苏和除颤所需要的时间，改善心肺复苏的质量。

那么，何时开始CPR？全科医生到达现场后，首先判断环境是否安全，之后立即判断病人是否为SCA，呼叫病人是否有反应（拍双肩，呼唤双耳），若无反应，应立即启动急救系统。检查病人是否有呼吸（或仅是喘息）和脉搏。呼吸的检查仅需观察胸廓是否起伏及外周发绀情况，脉搏需要触摸大动脉部位，如颈动脉、股动脉，小儿可以检查桡动脉。检查呼吸和脉搏的时间不要超过10秒，如果在该时限内无法明确感觉到脉搏和呼吸，即应开始胸外按压。

院外BLS常用的复苏方法包括C（circulation）建立有效循环、A（airway）开放气道、B（breathing）人工呼吸、D（defibrillation）除颤。在通气前就要开始胸外按压，以C-A-B替代了以往的A-B-C，进一步强调持续有效的胸外按压的重要性。

1. 建立有效循环（C） CPR最基本的要素是通过有效的胸外按压重建人工循环，按压通过提高胸内压和直接按压心脏而引起血液流动。正确地实施胸外按压可使收缩压峰值达到60～80mmHg，舒张压略低，但颈动脉的平均压很少超过40mmHg。尽管如此，这些血流对于脑和心肌的氧供来说是至关重要的。

为达到最好的按压效果，尽可能将病人取仰卧位安置在坚硬的床板或地面上。施救者一只手的掌根放在病人胸部（胸骨的中下部）的中央，另一只手的掌根放在第一只手上面，两手平行重叠，实施连续、规则地按压（图18-2）。按压时，血液由心脏流向肺动脉及主动脉；按压放松时，静脉血又能回流至心脏，使心室充盈，如此反复，可改善重要脏器及组织的缺氧。

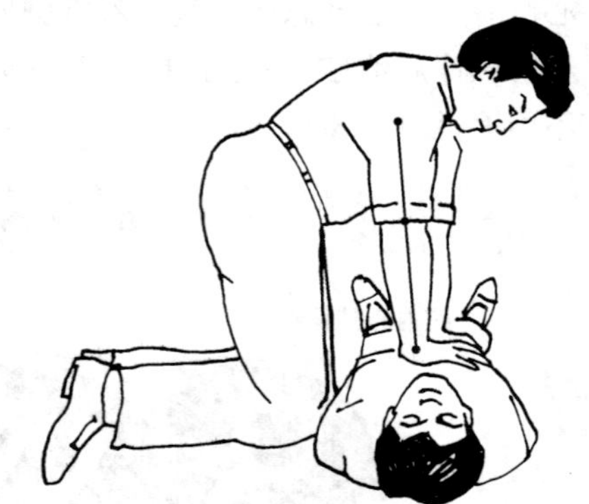

图18-2　胸外按压位置和姿势

为保证按压“有效”，按压应有力而快速，目前提出高质量的胸外按压：为维持适量的血流，对成人的复苏按压100～120次/分，按压深度5～6cm；对婴儿和儿童，深度至少达胸廓前后径的1/3（或婴儿4cm、儿童5cm）；每次按压后胸廓完全回弹（使下一次按压前心脏完全充盈，对有效的CPR是必需的）；保证按压松开与压下的时间基本相等（松开时按压人员的掌根不可完全地抬高而离开病人胸壁）；按压时努力减少按压中断（尽量不超过10秒），判断减少按压中断的标准是以胸外按压在整体心肺复 苏中占的比例确定的，所占比例越高越好，目标比例为至少60%；按压全程上肢不能弯曲，应避免冲击式按压，以防发生肋骨骨折。

既往胸外按压的标准力度用可触及颈动脉或股动脉搏动来衡量，但在CPR中，为防止医务人员可能触及静脉搏动而实际没有动脉血流，故强调复苏过程中尽量减少检查脉搏而中断按压的时间，甚至不去确定自主循环有无恢复。

1个CPR循环包括30次胸外按压和2次人工呼吸，如胸外按压以100次/分计，那么5个循环的CPR大约需要2分钟。在CPR开始后1分钟就常常可以观察到施救者明显疲劳和按压幅度减弱，但如果有两名或更多的救助者，应该每2分钟（或在5个比例为30∶2的按压与人工呼吸周期后）更换按压者，每次更换尽量在5秒内完成。如果有两名救助者位于病人的两边，其中1名应做好准备，每2分钟交替按压操作者。

另外，在成人CPR中仅接受胸外按压而没有人工呼吸者的转归也明显优于没有CPR者。因此，尽管最佳的CPR方式是胸外按压和人工呼吸均有，但由于非专业人员不愿或不能进行人工呼吸，那么应该鼓励其进行只有胸外按压的CPR（Hands-only CPR）。

2. 开放气道（A） 一旦确定心脏骤停，应小心置病人于仰卧位，不要放置在软床上，最好在胸背部放置硬木板或平卧在地上。全科医生应用手指清理病人气道内的异物或分泌物，无明显气道阻塞时，则不必用手指清除异物。取出义齿，采用仰头抬颏手法以开放气道（图18-3）。如果怀疑病人颈

笔记

椎损伤，开放气道应该使用双手托下颌法开放气道。但是，如果托颌手法无法开放气道，则仍应采用仰头抬颏手法。因为在CPR中保持气道开放、提供适当的通气是最重要的。

3. 人工呼吸(B)　口对口人工呼吸是为病人提供空气的有效手法。在室颤所致SCA病人的最初几分钟内，人工呼吸可能没有胸外按压重要，因为此时的血氧含量仍在较高的水平，而心肌和脑的供氧不足主要是由于血流受限，胸外按压可以提供少量但至关重要的血流。血氧耗竭后，人工呼吸与胸外按压对室颤所致SCA病人都十分重要。此外，无论对于成人或儿童，如果发生窒息性心脏骤停(如溺水、药物过量)或心脏骤停时间较长，则人工呼吸与胸外按压亦同等重要。

人工呼吸的具体操作方法为：开放病人气道(仰头抬颏，使口腔、咽喉处于同一轴线)，一手捏紧病人鼻孔，正常吸气(不是深吸气，防止救助者头晕并预防病人的肺充气过度)后，用自己的双唇包绕封住病人的口外部，形成口对口密封状，向病人口内吹气，然后离开病人口唇，松开捏紧的鼻孔，使病人胸廓及肺回缩而被动呼气(图18-4)。此方法主要以人工被动方法使空气到达病人的肺泡，以重建呼吸，减轻机体及组织的缺氧。

图18-3　仰头抬颏手法开放气道

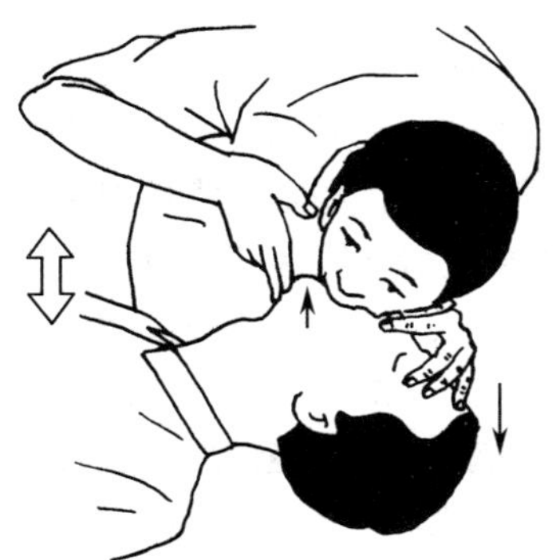

图18-4　口对口人工通气

人工呼吸的具体要求为：①每次人工呼吸的时间在1秒以上。②每次人工呼吸的潮气量足够(成人CPR中，潮气量大约500～600ml，即6～7ml/kg)，能够观察到胸廓起伏。③避免迅速而强力的人工呼吸(降低胃膨胀及其并发症的风险)。④现场急救时，如果全科医生无助手在场，可1人单独施以胸外按压及人工呼吸。成人CPR中按压-通气比值为30∶2，其本意是增加按压次数，减少过度通气且减少因人工呼吸造成的按压中断；婴幼儿和儿童CPR中，两名救助者采用的比值为15∶2。如果已有人工气道(如气管插管)，并且有两人进行CPR，通气频率为10次/分；对于尚有自身循环(如可触及脉搏)的成人病人，频率为10次/分。⑤人工通气期间，胸外按压不应间断。

口对口人工呼吸的禁忌证：病人有艾滋病、开放性肺结核、活动性肝炎等疾病。

人工呼吸中最常见的困难是开放气道，如果病人的胸廓在第一次人工呼吸时未发生起伏，则需确认仰头抬颏手法后再进行第二次呼吸。出于安全考虑，一些医务人员和非专业救助者不愿意进行口对口呼吸，而更愿意通过口对通气防护装置进行人工呼吸。其实，防护装置可能不会减少传染的风险，有些甚至可能增加气流阻力，因此延误人工呼吸。全科医生在进行人工呼吸时应每2分钟重复检查病人脉搏，时间不要超过10秒。

现场若有条件，全科医生应为病人做气管内插管，用气囊面罩组成的简易呼吸器吸氧(氧浓度为40%，最小流量为10～12L/min)，以保证有效的通气。

4. 除颤(D)　早期除颤对于救活SCA者至关重要，因为SCA最常见和最初发生的心律失常是室颤，电除颤是终止室颤最有效的方法，随着时间的推移，成功除颤的机会将迅速下降。如果这些病人在3～5分钟内得到全科医生的CPR和除颤，其生存率最高且神经功能将免于受损。除颤前CPR的作用是延长室颤，推迟心室停搏的发生，延长可以除颤的时间窗。除颤前进行5个循环或者大约2分钟的CPR与立即除颤相比，可以增加病人初期复苏率、出院存活率和1年存活率。使用体外自动

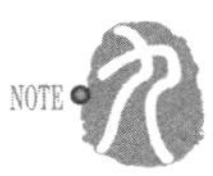

除颤仪时，单相波首次 360J 进行除颤，如果第一次除颤失败，则第二、三次的除颤均应予 360J。相对而言，低能量（≤200J）的双相波除颤不仅安全并且其终止室颤的效率相当或高于用与之相当或更高能量的单相波除颤。放电后，施救者不能因评估病人心律和脉搏而延误再次胸外按压，除颤前后均予 CPR，可成倍提高病人的存活率。单次除颤方案比连续 3 次方案有显著的存活益处，如果 1 次电击不能消除室颤，再次电击则获益不多，继续 CPR 比再次电击有更大价值。

在许多工作场所及大多数的急救医疗系统都需要由团队提供复苏抢救，团队能协调、有序地施行若干救治，例如一名施救者启动急救系统；第二名施救者开始胸外按压；第三名施救者则提供通气或找到气囊面罩以进行人工呼吸；第四名施救者找到并准备好除颤器。

对于已开始 BLS 者，则应持续至出现以下情况之一时才予以终止：①病人恢复有效的自主循环；②病人的治疗转交至更高水平的医疗救助人员手中；③施救者由于体力不支，或环境可能造成施救者自身伤害，或由于持久复苏影响其他人的生命救治；④已出现可靠的不可逆性死亡征象或符合复苏终止的标准。成人院前心脏骤停若考虑终止 BLS，在转运前应同时符合以下 3 项标准：①心脏骤停发生时无急救医疗服务人员或第一目击者；② 3 个周期 CPR 和自动体外除颤（automated external defibrillator，AED）分析后仍无自主循环恢复；③未用 AED 除颤（指复苏时未产生可除颤的心律）。

救治过程中，一旦确认病人死亡，全科医生应富有同情心地向家庭成员通报其亲属的死讯，要尊重死者的家庭、文化和宗教背景，这是全科医生复苏工作的一个重要部分。

（二）急性冠脉综合征的急救

冠心病在美国一直占据死亡原因的第 1 位，每年有近 120 万人患急性心肌梗死（acute myocardial infarction，AMI），50 万人最终死亡。近年来，我国人群冠心病的发病和死亡呈明显上升趋势，目前，中国的冠心病死亡人数已列世界第 2 位。院外的急性心肌梗死病人中，近 52% 的人在症状发作的最初 4 小时内死亡。因此，在症状发作的最初数小时内给予及时救治是最有效的。

急性冠脉综合征（acute coronary syndrome，ACS）通常是心源性猝死最直接的原因，急性心肌梗死和不稳定型心绞痛（unstable angina，UA）均是 ACS 的表现形式。ACS 相关的典型症状是胸部不适，也可能包括眉弓以下、肚脐水平以上其他区域的不适，气短、心悸、出汗，恶心、呕吐、腹部饱胀感，颈肩部疼痛和胀感、头痛、头晕、晕厥，妇女、老年人和糖尿病病人更易表现为不典型或少见症状。为改善 ACS 病人的预后，全科医生必须定期接受相关培训，早期识别 ACS 的症状，立即启动急救系统，尽快到达有条件诊治的医院。在急救车到来前，应稳定病人情绪，予以吸氧（维持血氧饱和度≥94%），尽可能行 12 导联心电图检查，应用阿司匹林和硝酸甘油治疗。如病人未服用过阿司匹林，也无阿司匹林过敏、无活动性或近期消化道出血史，则给予 300mg 非肠溶阿司匹林嚼服。同时应服用硝酸甘油 3 次，每次间隔 3～5 分钟；需注意，若初始收缩压<90mmHg 或比基础血压下降≥30mmHg 的病人以及右心室梗死者，禁用各种类型的硝酸盐类；已知急性下壁心肌梗死者也应谨慎使用，并需加做右心导联的心电图以评估有无右心室梗死。同时，应严密监测病人的生命体征和心律，随时准备进行必要的 CPR 和除颤。

（三）休克的现场急救

多发性创伤、内脏出血、严重感染、药物过敏、心脏泵功能衰竭等常诱发休克（shock）。但无论何种原因引起的休克，全科医生都必须在现场对病人进行妥善的初步处理，尽早去除休克的病因，恢复有效的循环血容量，改善微循环，保证重要脏器的血供。处理方法如下：

1. 体位应取平卧位，对伴有左心衰竭不能平卧者可采用半卧位。
2. 保持呼吸道通畅，予以吸氧。
3. 保持病人安静，避免过多搬动，注意保暖。
4. 补充血容量，常用的液体有：①生理盐水或复方氯化钠；②右旋糖酐；③全血、血浆及白蛋白。
5. 纠正酸碱紊乱，平衡电解质。
6. 经上述处理后血压仍不回升时，可考虑应用血管活性药物，如多巴胺等。

由创伤所致的失血性休克，特别是活动性出血病人，目前不提倡快速、大量的液体复苏，因为大量补液可使血管的容量增加，加大损伤口出血，而主张手术彻底止血前，给予少量平衡盐液，维持机体基本需要，手术止血之后再进行大量复苏。亦不要过早使用血管活性药物、大量平衡盐液或高渗盐液提升血压。

（四）外伤出血的初步处理

对于较小的切割伤只需清洁伤口，一般不必包扎，常在几分钟内自行止血。而较大的创伤引起严重的出血，血液常不能凝结而不断流出，控制严重出血可采取下列方法：

1. 加压包扎法　适用于小动、静脉出血。将厚的无菌敷料压在伤口上，再用绷带或三角巾以适当压力包扎。

2. 指压法　适用于中等动脉出血。以手指用力按压出血部位近心端的动脉，以达到止血的目的。

3. 止血带止血法　由于止血带的潜在不良反应及很难正确使用，所以只在直接压迫无效或无法直接压迫时才使用止血带控制出血。此法一般适用于四肢较大的动脉止血，抬高患肢，在伤口近心端的皮肤上用敷料或布料等垫好，然后用止血带在该处紧缠肢体 2～3 圈。但应注意：①止血带的压力应适宜，以出血停止远端不能摸到动脉搏动、伤口出血刚停止为好；②使用止血带一般不宜超过 3 小时，应每 60 分钟放松一次，每次 1～3 分钟，放松止血带时，采用指压止血法减少出血；③在病人胸前应有明显标记，注明上止血带的时间和部位。

（五）清创

如条件许可，开放性软组织损伤或开放性骨折应尽早清创，以免伤口再污染，增加继发急性骨髓炎或脓毒血症的机会。清创应包括整个肢体的清洗，用大量等渗盐水冲洗伤口、皮肤灭菌、清除异物。其简单步骤如下：

用消毒纱布盖好伤口，以乙醚或汽油清洗周围皮肤的污垢，然后戴上无菌手套，用消毒肥皂水刷洗伤口周围，并用生理盐水冲洗，如此可重复 2～3 次。注意刷洗时不要让肥皂水流入伤口内，每次重复刷洗应更换手套。刷洗完毕后以消毒纱布、无菌布单盖好伤口，及时转运。

如现场无法进行清创，可用无菌敷料或干净的布单包扎外露的骨端，但不可复位及缝合伤口，以免被污染的骨端再污染深部组织。对开放性软组织的损伤，可用消毒纱布或干净敷料加压包扎，不可用未经消毒的水冲洗或敷药物。挫裂伤和刺伤除进行彻底的清创术外，经皮试后给予破伤风抗毒血清（tetanus antitoxin，TAT）1500U 肌内注射。

烧烫伤的病人，立即应用大量冷水（15～20℃）冲洗患处，可迅速降温、减轻烧伤程度，又可清洁创面、缓解疼痛。冷水冲洗一般需持续半小时以上至中断冲洗后不再感到疼痛为止。不能在创面上涂红汞、甲紫等有颜色的药物，以免影响对烧伤深度的观察与判断。也不要将牙膏、油膏等油性物质涂于烧伤创面，否则会增加创面污染的机会。如有水疱，不要将疱皮撕去，可用松软的消毒敷料外敷创面，然后送至专科医院作进一步处理。生石灰烧伤者，冲洗之前必须先除去黏附在伤口处的生石灰颗粒。

（六）洗胃

一般经口中毒者都有必要洗胃，虽然中毒后 6 小时内洗胃效果较好，但由于中毒量大时，部分毒物仍可滞留于胃壁的皱褶内，因此超过 6 小时后仍有洗胃的必要。要选用特制、粗大的胃管，成人胃管经鼻腔入胃的长度应是 60cm 左右。插胃管时要避免误入气管。洗胃时病人应头低位并偏向一侧，以免呕吐物反流或洗胃液被吸入气道，引起吸入性肺炎。每次灌注的洗胃液或温清水量因个体大小而异，一般 300ml 左右，吸出的量应基本相等，如此反复灌注直至胃液澄清为止。每次灌液后尽量吸出，灌入洗胃液总量约 5～10L。但应注意，吞服腐蚀性毒物禁止洗胃。神志不清或昏迷的中毒病人应先行气管插管后再洗胃。

（七）异物的处理

1. 结膜异物的处理　用生理盐水冲洗上、下眼睑，或用蘸生理盐水的湿棉签拭去异物。冲洗毕

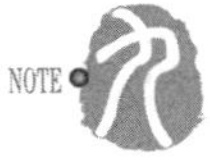

后，滴抗生素眼药水。

2. 鼻腔异物的处理　堵住健侧鼻孔用力呼气，可将较小的异物喷出；用钳子夹取如纸卷、沙条等质地柔软的异物；如没有把握取出较硬的异物，应立即转院。

（八）重危过敏反应的急救

1. 病人取平卧位，注意保暖。

2. 中、高流量吸氧。

3. 0.1% 肾上腺素 0.3ml，皮下注射；重症者给予 0.5ml 加入 10ml 生理盐水中，缓慢静注。18%～35% 有过敏征象的病人在注射首次肾上腺素后症状未缓解或继续发展，应考虑到过敏反应诊断有误，此时再用肾上腺素则存在潜在危害，建议急救人员寻求高级的医疗救助；但特殊情况下，得不到更高级的医疗救助而病人症状持续，可以考虑给予第二次剂量的肾上腺素。

4. 地塞米松 5～10mg，静脉推注；或琥珀酰氢化可的松 200mg 加入 5%～10% 葡萄糖 100ml 静滴。

5. 其他抗过敏的药物：如苯海拉明、葡萄糖酸钙等。

6. 若血压持续不升，可加用血管活性药物，如多巴胺等。

7. 心跳、呼吸骤停者即刻予以心肺复苏。

三、其他现场处理

全科医生除了现场对病人施以救援外，还需学习有关法律方面的知识。

如发现火灾、交通事故、化学毒剂泄漏、工伤、中毒等事故发生，全科医生应立即向地区的应急救援系统报告，包括消防（119）、公安（110）、交警（112）和医疗救护（120）系统。同时保护好现场，阻止闲杂人员进入，以免影响寻找意外事故发生的原因。

如临床上怀疑有中毒可能，应了解病人有无毒物接触史。对于职业性中毒者应询问职业史（工种、生产过程及工业防护条件）；对于非职业性中毒，疑似服毒时，应向病人本人、家属、周围同事或邻居了解病人的生活情况，近期情绪有无变化，服用过药物的种类，身边或家中有无药瓶、药袋，并估计服药的时间及剂量。查体时首先要注意生命体征，判断重要脏器的功能状态；重点检查病人的神志、皮肤、黏膜颜色、瞳孔大小、口腔气味、口腔内有无毒物残渣、肌束有无颤动等，为确定诊断提供依据。社区如有条件，应行三大常规、肝肾功能、血糖、电解质测定、心电图、彩色 B 超及 X 线等基本检查，与疑似毒物相关的特殊检查可待转诊后在专科医院进行。

由于中毒的性质有自杀性、事故性、环境污染中毒和犯罪性中毒，因此全科医生应在现场收集中毒者的呕吐物、病人的排泄物、洗胃液、可能盛放毒物的容器、剩余毒物、可疑食物、染毒的空气等，送交药物检测中心作进一步的毒物分析，有助于明确中毒的途径、毒物的种类及中毒的性质。

第三节　转诊和运送

一、适时转诊

因现场急救和药品的条件有限，全科医生在现场对伤病员进行初步处理及建立有效的呼吸与循环后，应将部分病人转运到就近的医疗单位或专科医院，使病人获得进一步的检查及治疗。转诊指征：

1. 在地震、火灾、车祸等事故中，应按伤情分批转运。

2. 因溺水、重度电击伤及因其他原因引起心脏骤停者，在现场经心肺复苏，生命体征平稳后，宜及时转诊。

3. 休克、意识障碍、呼吸困难、急性冠脉综合征、严重的心脑血管病、大出血和重度烧、烫伤者。

4. 多发性创伤及骨折者。

5. 各种中毒者，经处理后症状好转，但仍需转院明确毒物的性质。其中，中、重度一氧化碳中毒者，应送往专科医院进行高压氧治疗。

6. 被毒蛇、毒虫咬伤者，现场进行伤口处理后（如毒蛇咬伤，立即于肢体近心端5cm处扎止血带，注意每隔15～30分钟放松10秒，以免引起肢体坏死），并紧急转送至综合性医院进一步治疗。

7. 对眼、气管、支气管异物，处理困难者需立即转入专科医院治疗。

8. 原因不明的晕厥、癫痫、咯血、呕血、便血等经全科医生治疗后，症状缓解或消失，仍应转诊以明确诊断。

9. 高热疑为重症感染、烈性传染病者，在给予降温的同时，应积极组织转院。

10. 腹痛原因不明、症状未缓解者，随访过程中腹痛程度发生变化、病情有反复者。

二、重危病人的运送方法

全科医生对重危病人进行现场急救后，应根据伤情不同而合理地送入最近、适合的医疗机构，以便进一步检查及治疗。对某些急症如急性心肌梗死、多发性创伤，气管异物等应送入有处理经验的专科医疗中心，使病人获得更好的诊治。因此，全科医生应对所在省、市、地区综合性或专科医院的专业特点、医疗设施、医疗水平有比较详细的了解，以便在运送伤病员到医院前与接诊人员联系，让伤员到达后能得到及时、有效的治疗。

迅速、安全地运送伤员是成功的院前急救的重要环节，而错误的搬运方法可以造成附加损伤。运送的注意事项包括：

1. 途中既要快速，又要平稳安全，避免颠簸。一般伤者的头部应与车辆行驶的方向相反以保持脑部血供。

2. 伤病员的体位和担架应很好固定，以免紧急刹车时加重病情。

3. 伤病员在车内的体位要根据病情放置，如平卧位、坐位等。

4. 腹腔内脏脱出的伤员，应保持仰卧位，屈曲下肢，腹部保温。

5. 骨盆损伤的伤员，应仰卧于硬板担架上，双膝略弯曲，其下加垫。

6. 疑有脊柱骨折的伤员，应由4人同侧托住伤员的头、肩背、腰臀部及下肢，平放于硬板上。

7. 疑有颈椎骨折及脱位，搬运病人时，应由一人扶持、固定头颈部，保持颈椎和胸椎线一致，切勿过屈、过伸或旋转。伤者应躺在硬板担架上，颈部两侧各放置一沙袋，使颈椎在运送过程中位于较固定的状态。

8. 如果伤者有以下危险因素，应怀疑其可能合并脊髓损伤：①年龄在65岁以上；②司机、乘客、行人、摩托车或自行车撞击；③从超出身高以上的地方坠落；④四肢麻木；⑤颈部或后背疼痛或压痛；⑥包括躯干及上肢的感觉消失或肌肉无力；⑦不完全清醒或极度兴奋；⑧其他的疼痛性损伤，尤其头部和颈部。转运时，要用手固定病人的头部保持限制脊椎的运动，使头、颈及脊椎的运动减到最少。

9. 昏迷、呕吐病人应取头低位且偏向一侧，防止呕吐物吸入呼吸道引起窒息。

10. 鼻腔异物者，应保持低头姿势，以免异物掉入气管中。

11. 如果病人有休克表现，将病人置于仰卧位，腿部抬高大约30°～45°；如果移动或改变体位导致病人不适，则不要抬高腿部。

对于重危病人，全科医生最好护送病人到医院。详细记录现场及途中抢救经过，心脏骤停时间，心肺复苏过程，用药的时间、品种、剂量和出入液量等。途中注意观察血压、脉搏、呼吸等重要生命体征，并继续给予吸氧、补液等支持治疗，并向接诊医生递交抢救记录，作详细的介绍。随车还应备足途中所需氧气、抢救药品及器械。

转运病人前，全科医生应向家属说明转诊的目的及途中可能发生的情况，还应与转诊医院急诊室电话联系，使病人到达后就能得到诊断和治疗。

三、后续的全面照顾

除了上述危重症者需转院治疗外，多数较为稳定的急症伤病员经现场处理后可留在社区继续随

访，如轻度的一氧化碳中毒、单纯的软组织损伤、I度烧烫伤、较轻的电击伤、反射性晕厥、病因明确且病情稳定的上消化道出血等。可在家中设置家庭病床，由全科医生按时更换敷料，定期访视，或建议病人去社区医疗单位就诊。

还有一些重症者，经及时的现场急救和专科医生的积极治疗，生命脱离了危险，但有的因骨折造成高位截瘫或肢体缺失；有的因严重的烧、烫伤而留下瘢痕及畸形，呈不同程度的残疾等，在经专科治疗后常需返回家中由全科医生给予后续的照顾。此时，需注意除了医药方面的处理外，病人由于性格变化、悲观厌世，使整个家庭笼罩在疾病的阴影中，全科医生应充满爱心、耐心、同情心，与心理医生、康复师一起帮助病人进行积极的心理及躯体康复，最大限度地恢复肢体功能和社会功能，为他们重返社会创造基本条件。全科医生还应告知病人的亲属，要充分理解病人的心理感受，避免病人受不良刺激，与医生积极配合，给予病人心理上的支持。

第四节 社区急症的防范和健康教育

一、社区常见急症的预防

急症的三级预防包括预防发生、院前急救和医院治疗、社区康复。此项工作大部分落实在社区。因此，降低危重病的危险因素，增加保护因素，控制意外伤害，已成为全科医生的重要任务之一。

（一）心脏骤停的预防

必须从预防可能的病因着手，最主要的措施是预防心、脑血管疾病。大多数心脏骤停起源于冠心病及各种原因引起的致命性心律失常，对冠心病的危险因素进行一级和二级预防，可明显降低心脑血管意外事件的发生；酌情选用抗心律失常药物，治疗室性心律失常时需注意药物本身也可能导致心律失常；对于严重的室性心动过速病人，埋藏式心内复律除颤器将有较好的预防作用。此外，对于其他可能引起心脏骤停的因素，如电击、溺水、异物吸入、严重的电解质紊乱等，也应采取相应的干预措施和积极的治疗手段，防止发生意外。

（二）上消化道出血的预防

1. 开展健康宣教，提高人群就医、服药的依从性。尽量避免和减少使用甾体类和非甾体类消炎药，对必须长期服用者，建议加用胃黏膜保护剂。

2. 提倡分食制饮食，减少人群的幽门螺杆菌感染率，严格掌握根除治疗的指征和方法。

3. 溃疡病病人及有溃疡病家族史者，秋冬和冬春之交加强个人保健，注意保暖。忌粗糙硬食，少食生冷、油煎、酸辣等刺激性食物，避免饮酒、尤其是烈性酒。

4. 防治病毒性肝炎，肝硬化病人宜早期治疗、定期随访，避免应用损伤肝功能的药物。

（三）晕厥的预防

晕厥是一组疾病的共同症状，其预防比治疗更为重要，因为病人多在发病后或发病间期前来就诊，处理的重点在于寻找引起晕厥的病因及诱因，以利于对因治疗防止再发。各种反射性晕厥平卧后多能迅速恢复，一般无需药物治疗；心源性晕厥应由专科医师对心脏病变进行治疗，酌情予以抗心律失常药物治疗或安装起搏器、心内复律除颤器；脑源性晕厥重点在于对原发病的防治。

血管迷走性晕厥的预防在于避免精神紧张、恐吓、疲劳、站立过久、闷热环境等。对直立性低血压应鼓励病人加强体育锻炼，避免长期卧床和突然的体位变动，睡眠时头部抬高，忌用镇静药、安眠药等。咳嗽性晕厥应首先治疗呼吸道伴发病，消除咳嗽，并减少吸烟、受寒等诱发因素。排尿性晕厥的预防是：避免膀胱潴尿过多，排尿时应避免屏气或取蹲位排尿。颈动脉窦性晕厥病人应避免衣领过高、过紧、过硬，转颈及仰视动作宜轻缓。

（四）烧、烫伤的预防

1. 沐浴时应先放冷水后放热水，勿把幼儿单独留在浴缸内，以免开启水龙头而烫伤。

2. 切勿在做饭中途离家外出或睡觉，以免点燃的火烧着附近可燃物品造成火灾。

3. 切勿在床上及沙发上吸烟，以免烟蒂燃着床铺或沙发，引致火灾。

4. 建筑物的安全通道应保持畅通，勿堆放杂物。

5. 夏季外出应戴草帽遮阳。野外操作人员应穿长袖上衣、长裤，避免晒伤和蚊虫叮咬。

（五）溺水的预防

1. 在社区内广泛宣传游泳常识，配合中、小学校做好初学游泳人员的安全教育。

2. 下水的个人应熟知水域情况和救护设施，并尽量在有他人在场的情况下下水。下水前要作准备活动，以防下水后发生肌肉抽搐。一旦腓肠肌痉挛，应及时呼救，同时将身体抱成一团，浮出水面，深吸一口气，将脸浸入水中，将痉挛下肢的趾用力往前上方拉，使脚趾翘起来，持续用力直至剧痛消失。反复吸气和按摩痉挛疼痛部位，慢慢向岸边游。

3. 教育孩子不要在河边、池塘边玩耍，尤其是学龄前儿童。

4. 不会游泳者一旦落水，保持冷静、设法呼吸，等待他人救治的机会。具体方法：采取仰面体位，头顶向后，尽量使口鼻露出水面，切不可将手上举或挣扎，否则更易下沉。

5. 发现有人溺水时，若救护者不谙水性，可迅速投下绳索、竹竿等，让溺水者抓住，再拖上岸；谙熟水性者应从挣扎的溺水者背后游近，用一只手从背后托住其头颈，另一只手抓住其手臂游向岸边。救护时防止被溺水者紧紧抱住，如已被抱住，应放手自沉，使溺水者手松开，再进行救护。

6. 有关机构入夏前应检查游泳池，江、河、湖、海边浴场的深、浅水情况，应竖立标牌，对救生员应进行技术培训。

7. 针对水上作业人员的作业特点，进行安全教育，严格遵守操作规程；对水上作业人员进行心肺复苏的基本抢救训练，能有效地防范因溺水身亡。

（六）意外中毒的预防

1. 加强中毒预防的宣传教育，向社区居民宣传防范各种生活源性意外中毒的知识。

2. 正确贮存家庭中潜在致毒物，如家用洗涤剂、化学品、药物、灭鼠药等，防止儿童误食；家中备一瓶催吐剂（如吐根糖浆）并掌握使用方法；电话机旁预留急救电话号码，可使婴幼儿误食而致中毒的死亡率明显下降。

3. 保持厨房空气流通，夜间睡眠时厨房内可开一扇窗。

4. 通风不良的空调车内汽车尾气产生的CO亦可使人中毒，应定时打开车窗，以使空气流通。

5. 冬季沐浴时小心使用燃气热水器，宜选择对流平衡式，老人体弱者应当在家中有人时洗澡。

6. 室内用煤炉取暖，要设置外排废气的烟道。

（七）一般外伤、多发性创伤的预防

1. 普及交通安全知识，严格遵守交通规则。乘机动车应使用安全带，骑摩托车者应戴头盔；切勿疲劳及酒后驾车，避免在出现睡意、24小时内睡眠时间不足5小时、凌晨2：00至5：00这三种情况下驾车，车祸发生率可以减少19%。

2. 高空作业要遵守安全生产，勿违规操作机器。

3. 严格执行各种工、农业安全生产制度及措施，防止发生工伤。

4. 有视、听功能障碍、行动不便、痴呆及70岁以上的高龄老人，外出应有人陪同。

5. 卫生间、厨房地面及浴盆应防滑，浴盆应设有扶手。

6. 不让婴幼儿及儿童单独留在家中，阳台及窗户应设防护栏。

（八）电击伤的预防

1. 普及安全用电知识，家庭或单位的电器用品应由专业人员正确安装，应有可靠的接地及短路保护装置线路并定期维护。

2. 雷电时不要在露天场地或荒郊野外站立或工作，不要在大树下或金属顶棚下停留，应寻找室内避雨。

3．幼儿应有专人看管，不要让儿童接触电线、插座，接上电源的电器尽可能放在儿童不能触及之处。

二、全科医生在防范社区急症中的作用

灾害和外伤严重威胁了人类的健康和生命安全。世界各国伤害的发生率、致残率、致死率均逐年上升。全球每年有3亿人遭受伤害，700万人死亡，1500万人遗留功能障碍，800万人终生残疾。因伤害造成的经济损失和社会负担巨大，例如美国因伤害的医疗支付占医疗总支出的12%。

伤害在我国已升至第4位死亡原因，是1～34岁年龄段的第1位死因。全国每年有7000万人发生伤害，不少于4000万人因伤害需要急诊或医治，最终有近200万人遗留功能障碍，190万人终生残疾，80万人死亡。伤害所致的经济损失和社会负担远远超过任何一种传染病或慢性病，因伤害死亡的寿命损失也大于任何一种疾病。为减少因天灾人祸给家庭及个人带来的不幸，让社区居民防患于未然，全科医生责无旁贷。因此，全科医生既是院前急救的处理者和社区康复的施行者，又是伤害预防的宣传教育者和安全促进者。充分发挥全科医生的作用，是防范某些伤害和急症的有效途径。

全科医生在平时可通过社区专题讲座、公益广告、印刷和分发宣传资料、行为展示，对社区居民进行防范某些急症的健康教育（health education）。向社区居民普及急救知识，使他们学会如何应付突发性灾害和外伤，提高自救、互救能力。如在火灾现场切忌奔跑、喊叫，应用湿毛巾捂住口鼻，禁乘电梯，用绳索或撕被单连接成绳索，然后绑在窗架上逃生的自救方法。全科医生应定期组织、指导居民进行心肺复苏模拟操作，以便在紧急情况下自行或协助急救人员对他人施救。全科医生亦应向社区居民倡导良好的生活方式、宣传勿滥用药物的知识，教育居民提高安全和自我保护意识，减少某些急症的人为危险因素。

思考题

1．简述院外BLS的复苏方法。
2．什么是高质量的胸外按压？
3．社区急诊的处理原则有哪些？
4．院前急救中转运病人的注意事项有哪些？
5．如何进行多发创伤现场的伤情分类？基本的现场创伤急救技术包括哪些？
6．如何预防外伤及多发伤？

（马中富）

第十九章　重点人群的全科医疗服务

在日常医疗活动中，全科医生应重视对重点人群的保健服务。本章节介绍的重点人群包括儿童、妇女、老人等。女性因有特殊的生理特点、生理周期及生育功能，各时期的生理心理变化较大。本章概述了女性一生不同时期的生殖生理和心理的特点，以及相关的保健措施。

儿童较之成年人而言更容易患病与死亡。根据不同年龄段儿童生长发育过程中所表现的不同特点，可将儿童分为胎儿期、新生儿期、婴儿期、幼儿期、学龄前期和学龄期，各期儿童的身心发育特点及卫生问题有所不同。

老年人健康是一个相对概念，其衰老、疾病和健康并无明显界限。老年人健康问题往往是长期的、复杂的，但其中又有很多规律和特征。本章通过对老年人生理、心理特点的论述，介绍了如何为这一重点人群提供更好的医疗保健工作。

第一节　全科医疗与重点人群保健

一、社区卫生服务中的重点人群

社区重点人群是指在社区中具有特殊的生理、心理特点或处于一定的特殊环境中、容易受各种有害因素的作用、患病率较高的人群，也称特殊人群或脆弱人群。因为医疗预防工作的重点首先应放在这些弱势人群上，故将其称为“重点人群”。

在以社区为基础的全科医疗服务中，全科医疗服务的对象是社区中的全部人群。为了提高工作效率，全科医生通常对社区进行诊断，以确定其所服务社区中的重点人群及其社区人群的主要健康问题。在不同的文献或教科书中，对于重点人群有着不同的界定或定义。如以性别界定，则女性因有特殊的生理特点、生理周期及生育功能，在这些特定时期较之男性有更多的健康危险因素，故被列为重点人群。若以年龄界定，则儿童与老年人具有更大的生理弱点与危险性，较之成年人而言更容易患病与死亡，所以要将其纳入重点保护的对象。若以职业界定，某些特定工种的职工经常处于某种伤害或危险的威胁之下，如光、电、化学、微波、烟尘乃至塌方等，他们的生命与健康更容易受到侵害，因此他们是劳动保护的重点人群。若以病人群界定，则一些主要慢性病病人为终生带病群体，预期将受到身体多器官损害的影响乃至死亡的威胁，是需要医护人员长期精心照护的重点。若以心态或社会情境界定，在社会转变时期经历了生活巨变、承受着多种压力的人易发生精神障碍，他们应该成为精神心理卫生的重点干预人群。

社区卫生服务是为基层全体民众服务的，其服务人群的主要健康问题（包括危险和压力）就是服务的中心目标。在一个社区中对社区人群的界定，需要具体问题具体分析。如在生活社区中，居民成分涵盖了各个性别与年龄段，则妇女、儿童和老年人往往人数最多，他们自然就是该社区卫生服务的重点人群；如在功能社区中，则根据功能社区中人口的生理、心理、工作环境中的健康危险因素等来确定功能社区中的重点人群。如功能社区为学校，其重点人群可能是师生双方。

二、全科医疗与重点人群保健

在社区卫生服务中，全科医生在做好临床医疗工作的同时，需要特别重视本社区重点人群的卫生服务需要与需求，并据此随时调整自己的工作计划。在社区中，妇女、儿童、老年人是人数最多的重点人群，也就是社区保健的重点服务对象，做好这部分人群的社区保健工作，有利于提高整个社区人群的健康水平。此外，还有其他人群的重点问题需要去发掘。全科医生通过采取以下策略来主动做好重点人群的保健。

（一）个体-群体结合

全科医生在日常诊疗过程中，经常可以通过个体病人发现其背后的群体的健康问题；或通过病人个体对于社区人群整体情况的了解，更加有效地促进个体病人“知、信、行”的改变。如在诊治高血压病人的过程中，发现其中一些认为无症状则不必测量血压的病人，以及一些长期服药方法不正确的病人，究其原因，是因为缺乏保健知识或存在错误观念所致。了解这些信息，就会对全科医生提供针对性的健康教育有所帮助。全科医生如能在个体病人照顾中保持对群体问题的敏感性，主动发现群体问题，用与此相关的个体案例及时进行人群健康教育，则易于形成社区中人人关心健康、保护健康的氛围，从而提高个体健康照顾的效率和质量。

（二）完善现行保健工作

政府部门所规定的重点人群保健内容是对人群的健康危险因素和有限的经济投入进行通盘考虑的结果，对于人群提高了的卫生保健服务需求并不一定能够完全满足。例如妇女保健中的围绝经期问题、儿童保健中的心理行为评价与干预问题、青少年的不良行为问题，乃至空巢老年人的孤独与家庭护理等问题，现行常规保健项目对这些问题的关注程度可能会显得不够。全科医生要善于评价重点人群的各种保健需求，如有可能应组织团队、通过科学评估，制订针对性的服务计划，来满足这些新出现的服务需求，并在实践中不断充实完善现行保健工作的内容。

（三）强化社区参与

社区参与是社区卫生服务与全科医疗成功实施的一个不可缺少的重要因素，对于重点人群保健更是如此。实施重点人群保健需要各种社区资源，如医疗保健及其他服务机构，包括社区卫生服务中心（站）、老年病医院、护理院、养老院、临终关怀院、托儿（老）所、助残机构、营养餐厅等；还有其他涉及社区居民生活质量的服务内容，如营养咨询、心理咨询、家庭护理、送餐服务、环境改良服务等。此外，由居民自发组织起来的自助与互助式的各种志愿者组织、病人俱乐部等，也是吸引或动员社区积极参与卫生保健活动的重要形式。我国社区卫生服务发展时间不长，目前上述社区资源发育尚不健全，亟待在短时期内发展完善；全科医生应在社区资源建设中发挥积极的引导与支持作用。

（四）建设合作团队

重点人群保健涉及医疗、预防、教育、康复、心理、营养、环境、劳动保护等方面，仅靠全科医生是不可能实施的。即使是以医疗为主的问题，例如慢性病病人的规范化管理，也有许多保健和日常生活管理的知识、技能需要通过生动细致的教育为病人及其家庭进行指导。对于此类问题的判断与处理，护士往往比医生更加娴熟。而其他与人群健康状态评估和健康干预相关问题，除了需要全科医学生、专科医生外，也可能需要动员公共卫生人员到现场参与相关活动。同时，社区团队中社会工作者的作用有时是不能忽视的，他们在社会学和公共关系方面具有专长，无论对病人个体、家庭还是社区人群参与健康活动，都将可能起到非常重要的宣传、发动、协调和促进作用。我国过去社区卫生服务工作人员构成相对简单，目前在社区第一线工作的主要是临床医生和公卫医生，高素质社区护士十分匮乏；其他各类人员的工作领域就更显稀缺。因此，如何根据实际需要和需求调整卫生人力，使之真正适合于开展和促进社区重点人群保健，是我国社区卫生服务领域值得研究和解决的问题之一。

第二节 社区妇女保健与计划生育指导

妇女是指 15 岁以上的女性。妇女保健（women’s health care）是妇幼卫生工作的重要组成部分，它针对女性一生不同时期的生殖生理和心理的特点，以预防保健为中心，保健和临床相结合，收集有关影响妇女健康的各种高危因素的信息，并进行分析、研究，采取相应的对策；降低妇女因生育、节

笔记

育或生殖功能紊乱而引起的发病率、伤残率和死亡率，提高妇女的身心健康。妇女的一生保健主要包括：女童期保健、青春期保健、围婚期保健、围生期保健、围绝经期保健、生殖调节期保健。

一、妇女各生殖阶段分期

1. 女童期 女童期指从新生儿期到青春期（通常为婴儿期到10岁）的阶段，女童期一般包括婴儿期（出生到1周岁前）、幼儿期（1～2岁）、学龄前期（3～5岁）、学龄期（6～10岁）。

2. 青春期 世界卫生组织（WHO）规定，青春期（adolescence）的年龄范围从10岁开始到19岁末。女孩的青春期比男孩早1～2年，一般可分为早、中、晚三期，每期约持续2～4年。青春早期是指月经初潮前的生长发育突增阶段，伴随性器官和第二性征开始发育。青春中期以第二性征迅速发育为特点，多数女孩出现月经初潮。青春晚期体格发育缓慢到逐渐停止，骨骺倾向完全愈合，性腺发育接近成熟，第二性征发育也仅是成人具有生殖能力，进入成人期。

3. 孕产期 是指从生命的准备阶段即受孕前的准备阶段开始，到新生儿的早期阶段，包括孕前、妊娠期、分娩期和产褥期。

4. 围绝经期 围绝经期系指从绝经前一段时间卵巢功能衰退表现出绝经有关的内分泌、生物学改变及临床特征至绝经后1年内。围绝经期以卵巢功能衰退为主要表现，卵巢功能衰退致雌激素水平下降，引起此时期的妇女从生育功能旺盛走向衰退的过渡时期，是一个逐渐变化的过程，一般可以分为绝经前期、绝经期以及绝经后期。目前，我国学者一般将40～60岁定为围绝经期的年龄范围，通常围绝经期的全过程约为8～12年。围绝经期是妇女一生中必然的生理过渡过程，而不是一种性激素紊乱的疾病。

二、妇女不同时期的生理和心理特点

1. 青春期 此期的心理特点主要是由于生理的巨大改变，可能导致的恐惧、羞怯、焦虑等反应，思想情绪也常不稳定，家庭和学校应注意其身心健康。

2. 孕产期 是妇女一生中生理和心理变化较大的时期，也是使妇女暴露于与妊娠和分娩有关的各种危险因素和疾病的时期。由于妊娠期妇女生理变化较大，妊娠期妇女心理状态可分为3个时期：较难受期、适应期和过度负荷期。妊娠期孕妇常见的心理问题为焦虑和抑郁状态。

3. 围绝经期 妇女在生殖生理上主要特征是性腺功能逐步衰退，主要生理变化是卵巢内卵泡明显减少，导致排卵减少、停止排卵，卵巢合成的性激素减少或停止，引起月经周期紊乱、经量减少，最终进入绝经期。妇女进入围绝经期，多年的心理平衡被打乱，而尚未建立新的心理平衡，势必带来心理上的重大变化，加之体内激素的改变，使这一时期的妇女常发生精神状态的改变，如出现悲观、忧郁、烦躁不安、失眠、神经质等围绝经期综合征。

全科医师及其他社区卫生保健人员在提供健康服务时应重视妇女人群的健康。在重视女童期、女性青春期、围婚期、围生期、围绝经期、生殖调节期等主要时期生殖保健服务的同时，还应注意各时期之间的衔接。

三、妇女不同时期的主要健康问题

1. 青春期 青春期主要的健康问题为由于缺乏经期卫生保健知识，没有良好的卫生习惯，而发生月经病，甚至妇科感染性疾病等问题。随着性功能的发育，此期的少女朦胧地产生了性意识，并渴望探究其中的奥秘；若缺乏必要的性知识及道德法制观念，不能控制自己的性冲动，容易发生不正当的性行为，甚至触犯法律导致性犯罪，影响健康及今后的生育功能。

2. 孕产期 妊娠期孕妇常见的心理问题为焦虑和抑郁状态。孕期妇女全身器官负担加重，易发生各种妊娠并发症，孕妇原有的一些疾病也会因妊娠而加重。由于孕期生理的改变有可能导致孕妇情绪上的相应改变，而孕妇的情绪对胎儿的发育有很大的影响。例如，当孕妇的情绪过度紧张，肾上

腺皮质激素就会分泌过多，就可能阻碍胎儿上颌的发育而形成腭裂；长期处于忧郁状态的孕妇，血液中营养成分不足，常会引起早产或造成胎儿瘦小体弱。妇女严重的生理和心理的改变甚至可能发生流产、早产、死胎，甚至难产等异常结局。因此一定要注意孕期的卫生保健工作。分娩期常见的心理问题是不适应心理、焦虑紧张心理、恐惧心理和依赖心理。分娩时易发生的问题包括难产、产道的撕裂伤、产后大出血、产后感染等。在产褥期，产妇既要进行自身的恢复，又要担负起哺育和照看新生儿的重任。心理上可能因角色由青春期女性成为母亲的这种突然转变、照顾和哺养儿童的负担而容易出现心理障碍，如产后抑郁症。在澳大利亚，妇女的产后抑郁症发生率高达20%左右，国内报道的产后抑郁症的发生率与国外相似。此外，这个时期还容易发生生殖道的感染、出血、乳腺炎等。

3. 围绝经期 妇女围绝经期由于激素水平的变化，可能出现自主神经功能紊乱，血管舒缩异常，雌激素的减少可能导致骨质疏松、骨折；多年的心理平衡被打乱，心理上会出现重大变化，加之体内激素的改变，使这一时期的妇女常发生精神状态的改变；心脑血管疾病、恶性肿瘤的发病率都有增高。

四、社区妇女的保健与计划生育指导

（一）妇女在各阶段的保健重点

1. 青春期保健 女性青春期是由儿童发育到成人的过渡期。这个时期的特点是：①迅速的体格生长与身心发育，但体格、社会与心理的成熟不相一致；②性成熟与开始性活动，尝试第1次的经验；③常常缺少知识与技能来作出健康的选择，考虑问题的方法侧重于近期和眼前；④开始的行为可能成为终生的习惯而导致几年后的疾病。营养问题、精神卫生问题、性与生殖健康问题和物质滥用是这个时期少女的常见健康问题。

全科医生应为这些10～19岁年龄段的少女提供保密、不加评判、热情关爱的服务。在有条件的社区可开设“亲情服务门诊”，在单独房间、特殊的服务时间、方便的地理位置、适当的私密性、舒适的周围环境和同伴咨询者，由懂得尊重年轻人、保护私密和值得信任的经培训的专业人员提供服务，保证适当的交流时间。总之要能吸引并留住人，适宜、舒适并能满足需求。

女性青春期保健的内容为：培养良好的生活习惯、营养指导及经期卫生指导和性知识教育。青春期保健应重视健康与行为方面的问题，以加强一级预防为重点，主要包括：

（1）自我保健：加强健康教育，使青少年了解自己生理、心理上的特点，培养良好的个人生活习惯，注意劳逸结合。

（2）营养指导：注意营养成分的搭配，提供足够的热量，定时定量，三餐有度。

（3）心理卫生指导：根据青春期少女的生理心理特点，针对具体问题进行积极的教育引导，培养她们健康的心理、健全的性格和积极乐观的心态，并鼓励她们进行适量的体育锻炼。

（4）卫生指导：正确认识月经期可能出现的小腹胀痛、疲劳嗜睡等生理现象，注意经期卫生，注意经期保暖和营养。

（5）性教育：应包括性生理教育、性心理教育、性道德教育及性疾病的知识教育。通过性教育使少女了解基本性生理和性心理卫生知识，正确对待和处理性发育过程中的问题，减少非意愿妊娠率，预防性传播疾病。

2. 孕产期保健 凡确诊为怀孕的孕妇应填写孕产妇系统管理保健手册，定期到所属医院或社区保健机构进行产前检查、保健。产前检查要求至少7次，时间分别为妊娠6～13周、14～16周、20～24周、24～28周、30～32周、33～36周、37～41周。孕晚期及有高危因素者，酌情增加次数。妊娠到期后持保健手册到医院住院分娩，出院后母婴一同转入社区保健机构进行产后3、7、14、28、42天随访检查登记，发现问题及时预防和处理。如发现孕妇有高危因素时，按高危妊娠专案管理，应酌情增加产前检查次数。其具体管理工作包括：

（1）健康教育：采用多种形式开展健康教育工作，普及围生期保健知识，使群众懂得和掌握各期

的保健要求，提高孕产妇的自我保健能力，动员社会和家庭都来关心和支持孕期保健工作。

（2）早孕保健：做到早发现、早检查、早确诊，如发现高危孕妇应及时转诊和处理，避免病毒感染和接触有害物质，避免乱服药打针，建立孕产妇保健卡或围生期保健卡。

（3）产前检查：健全产前检查制度，提高孕12周前检查1次的初检率，直至分娩。提高产前检查的质量，加强对孕妇健康和胎儿生长发育的观察指导，进行必要的化验检查，防治妊娠期高血压疾病、胎位异常等。认真填写有关的登记表、卡。

（4）高危妊娠筛查、监护和管理：通过产前检查及时筛出高危孕妇，进行专门登记和重点监护，按其危险程度及早转到上级医疗保健单位诊治，并全面衡量其危险程度，选择最有利的分娩方式，属妊娠禁忌证者，应尽早终止妊娠。

（5）产日保健：严格执行接产操作常规，加强产程观察，预防和正确处理难产，提高接产质量，严格掌握手术指征；进行床边教育、端正心态，减少不必要的手术产。防治滞产感染、出血、窒息、冻伤，加强高危产妇的分娩监护等。

（6）新生儿保健：掌握新生儿健康状况，对急危重症新生儿进行重点监护严密观察。正常新生儿要早吸吮、促进母乳喂养。严格消毒隔离制度，防止交叉感染。儿科医师应进产房协助抢救新生儿，产前产后对母亲传授新生儿喂养和护理知识。

（7）产褥期保健：严格执行产褥期护理常规，防止产褥感染。开展产后访视，做到产后和出院后初访，半个月和满月时再各访视一次，产后42天全面检查一次。指导产褥期卫生，进行新生儿卡介苗初种。

（8）建立孕产妇死亡及围生儿死亡评审制度：定期对社区内的孕产妇死亡、围生儿死亡情况及原因进行调查分析，找出围生保健工作的薄弱环节，明确工作的努力方向，制定改进措施，促进工作发展。

3. 围绝经期保健

（1）健康教育：全科医生及社区工作团队，通过病人教育和群体宣教，使围绝经期妇女了解妇女此时期的卫生保健知识，重视自我保健，消除无谓的恐惧忧虑，培养开朗的性格，对生活、工作充满信心；积极参加各项社会工作及增加人际交往；饮食适当，生活规律；坚持体格锻炼，保持充沛的精力等。通过心理辅导和咨询等使她们顺利度过这段时期。也要向家属及社会宣传普及围绝经期保健知识，使家庭和社会都能给予更年期妇女更多地关心、安慰、理解、支持和鼓励，使她们能顺利地渡过这个阶段。

（2）围绝经期综合征的医疗照顾：根据症状的类型、程度和机体状态，制订治疗方案。①非激素类药物治疗：对于仅仅出现较轻的一般症状如心悸、头痛、头晕、乏力及失眠、烦躁等的妇女，在辅以心理指导同时可服用谷维素、维生素及安定等药物，对多数症状轻微者都是有效的；②激素替代疗法：激素替代疗法仍为治疗绝经期雌激素水平低下所致症状的最佳方法，它可以帮助妇女顺利度过围绝经期，并可有效地预防老年期的骨质疏松，有利于胆固醇的代谢等。从国际范围来看，绝经期使用激素替代的妇女约占此期妇女的10%～20%，且大多数以短期用药治疗绝经期的近期症状为主，一般用药多在1年以内。长期应用激素有可能增加乳癌和子宫内膜癌等发病风险，可在补充雌激素的同时加用孕激素，对抗雌激素刺激增生的作用，降低癌症风险。对于激素替代疗法国际上尚存在争议，全科医生应发挥个体能动性，利用循证医学手段，实现病人的知情选择。激素替代治疗的禁忌证包括：①有恶性肿瘤史；②有雌激素依赖性疾病，如子宫肌瘤、子宫内膜异位症、卵巢肿瘤等；③严重肝、肾功能不良；④胆石症；⑤脑血管意外；⑥严重乳腺增生症。

（二）妇女社区保健措施

1. 建立和健全社区妇幼保健网　妇幼保健网是指由妇幼保健专业机构形成的组织系统，是进行社区妇幼保健工作的组织保障，是开展社区妇幼保健工作的组织基础。中国原有的城乡三级卫生保健网可以作为社区妇幼保健的网络，尚不健全的应该健全。

2. 开展社区调查　通过社区调查了解所在社区妇女的人口数、年龄构成、健康状况、主要危险

因素及卫生保健需求，以便制订社区妇女保健工作计划，有针对性地开展社区妇女保健工作。

3. 提供社区妇女保健服务 根据社区调查的结果，针对社区妇女的健康状况和卫生问题以及卫生保健的需求，提供相应的服务。服务的内容应该包括有关妇女预防保健知识的宣传教育和健康咨询；开展青春期性教育与咨询；婚前检查与咨询；计划生育咨询与技术服务；计划免疫；定期健康检查；妇女疾病的防治等。也包括对妇女开展系统健康管理。

4. 建立非政府支持组织 社区保健强调社区群众的有效参与，可以在社区中成立一些非政府组织，如妇女小组等，以促进社区妇女的有效参与。世界卫生组织指出：没有一个国家能够提供政府的卫生保健及社会服务足以取代非政府支持系统的作用，即使它想做也做不到。妇女小组等非政府组织是社区专业保健机构与社区群众的中介，是社区保健活动中的骨干力量，在传播卫生保健知识、转变人们的行为方面具有重要的作用。

5. 在全科诊疗中注重妇女健康 全科医生应强化妇女保健意识，提高对于妇女不同生理时期常见疾患的诊疗能力；并熟悉必要的筛检咨询项目与内容，清楚特定的疾病状况，如发现高风险性怀孕，包括未成年怀孕、高龄初产妇女等，或孕期贫血、血压高、蛋白尿、体重增长过快、尿糖阳性、早破水等问题，一经发现就应及时联系会诊或转诊，以确保孕妇与胎儿健康。

（三）妇女的生育期保健与计划生育

妇女的生育期一般可持续30年左右，少生优生是现代社会的趋势，也是我国的基本国策。因此，我国妇女生育期的绝大部分时间处于节育期，此期是妇女一生中工作、生活和性活动最积极、活跃的阶段，对妇女健康意义重大。开展计划生育咨询，普及节育科学知识，以妇女为中心，大力推广以避孕为主的综合节育措施。人工流产只能作为避孕失败后的最后补救手段，不应作为常规避孕措施。指导育龄夫妇选择安全有效的节育方法，以减低人工流产率，而且屏障式避孕措施还能预防性病的传播。

1. 节育期保健内容

（1）节育方法的咨询、指导与服务：深入社区、家庭进行生育调节方法的主动服务，详细了解服务对象的要求与问题，帮助其对节育方法进行“知情选择”，并指导正确使用，做好随访与反馈。对社区群体中推行各种节育方法的可接受性、安全性及副作用进行流行病学调查研究，为保健服务提供理论依据。对高危人群如哺乳期妇女、剖宫产术后、多次人工流产史，有子宫手术史、子宫畸形、严重全身性疾病者等，及时提供重点服务，避免意外妊娠所造成的不良后果。对各种节育方法进行技术服务和技术质量管理。

（2）健康教育：传播有关生育调节的科学知识，改变不科学的生育观、不正确的态度和行为，提高自我保健能力，及时评估教育效果。

（3）节育期保健系统管理：技术质量与服务质量的管理；计划生育手术并发症的管理；节育期保健人员的培训与质量管理及效果评估；统计数据的收集、整理、分析、利用和信息交流。应掌握所管辖社区内的育龄妇女人数、年龄结构、节育措施、使用方法及并发症等情况，并应有专项档案记录。

2. 女性常用节育方法的适应证

（1）宫内节育器（intrauterine devices，IUD）：IUD主要作用于子宫局部，使子宫内膜产生非细菌性炎症反应，不利于精子的生存和受精卵着床；对全身没有影响。适应证为要求放置宫内节育器避孕而无禁忌证的育龄妇女。其禁忌证包括：月经过多、过频或不规则阴道出血；生殖道急、慢性炎症；生殖器官肿瘤或畸形；宫颈口过松；重度陈旧性宫颈裂伤及子宫脱垂；贫血及严重全身性疾患。

（2）甾体激素避孕药：主要有人工合成的雌激素、孕激素和孕激素单方制剂，分短效、长效和速效三大类。避孕原理为抑制排卵，改变子宫内膜状况，不利于孕卵着床；改变宫颈黏液性状，不利于精子进入宫腔。适应证为育龄健康妇女。禁忌证：严重心血管疾病，如心脏病、高血压病；血液病及血栓性疾病；急、慢性肝炎，肾炎；内分泌疾病如糖尿病或有糖尿病家族史；子宫、乳房肿块或患恶性肿瘤；哺乳期或产后半年以内；月经过稀或年龄>45岁；精神病生活不能自理者。同时，年龄大于35

岁的吸烟妇女不宜长期使用。

（3）紧急避孕法：是一种特殊的避孕方法，仅适用于无保护性交后的妇女，当未及时采用任何避孕措施，避孕套滑脱、破裂，或被强暴后可采用此法。市售药称毓婷（左炔诺酮），医院尚有米非司酮。性交后72小时内服用上述任一种药物1片，12小时后可再服1片。此法不宜作为长期的避孕方法。

3. 避孕失败的补救措施

（1）人工流产：适用于妊娠14周以内者。禁忌证：生殖道炎症；各种疾病急性期；身体状况不良，不能承受手术；体温超过37.5℃。术后一般应休息2周，禁盆浴及性生活1个月。人工流产后出现出血过多、下腹痛明显等症状时，应尽快寻求医疗服务，以免发生危险。

（2）药物抗早孕：妊娠早期使用药物致胚胎自行排出，达到流产的目的，即为药物流产，可免去手术对子宫的创伤和产生的疼痛。目前使用的药物为米非司酮及前列腺素。适用于妊娠7～8周以内，惧怕手术，多次宫腔手术操作史、手术困难或危险较大者。有青光眼、哮喘、心肌疾病者禁用。缺点是成功率为90%左右，不成功者仍需手术流产。此外，药物流产后，可能出血时间较长，增加感染机会，应同时服用抗感染和止血药，无效时应行清宫手术，不可一味保守治疗。应提醒病人：此法务必在专科医生严密监视下使用，以免发生大出血等危险。

（3）中期引产：指妊娠12～27周，通过各种方法，使胎儿胎盘自然娩出。禁忌证同人工流产术或药物抗早孕。若流产后出血时间长，分泌物有异味，下腹痛或发热，应考虑有宫腔组织残留或感染的可能，应予及时诊治，最好转专科医院。出现闭经可能为内分泌紊乱、无排卵、宫腔粘连或再次怀孕，也应转专科医院治疗。

4. 女性绝育术 女性绝育术是指通过阻断输卵管以实现长期不生育的目的。其适应证为自愿接受绝育手术且无禁忌证者。禁忌证：各种疾病的急性期；全身情况不良不能耐受手术者；腹部皮肤感染或患急、慢性盆腔炎者；患严重的神经症者；24小时内2次体温在37.5℃以上者。主要方法有2类，包括腹部小切口输卵管结扎术和腹腔镜输卵管上夹或套扎术。禁忌证同人工流产术。手术时间多为月经干净后3～7天，也可于人工流产术后即刻，分娩及中期引流产24小时后及自然流产转经后。术后过程一般顺利，如出现伤口红肿、溢液、裂开，应考虑感染，行局部热敷、红外线理疗、抗生素治疗；已化脓者应切开扩创，排出脓汁，引流换药。出现下腹痛者，应注意急性盆腔炎、腹膜炎及肠梗阻的可能，需尽快鉴别诊断，正确处理，以免延误时机。

5. 育龄夫妇不同时期节育方法的选择 在节育期保健服务中，医师应十分注意运用人际交流和咨询技巧帮助育龄夫妇做到对节育措施的“知情选择”，即通过宣传教育、培训、咨询、指导等途径，使育龄夫妇了解常用避孕方法的避孕原理、适应证、禁忌证、正确使用方法、常见副作用及其防治方法，在医疗保健人员的帮助下，选择满意的、适合自己的避孕方法。

（1）新婚夫妇：其避孕工具可选择短效避孕药；婚后2～3个月，可选用外用杀精剂、引导避孕药环、阴道隔膜等。不宜选择IUD以及采用长效口服避孕药或长效避孕针。

（2）产后、哺乳期：可选择IUD，可于分娩后立即放置，也可于产后42天放置；亦可选择单纯孕激素长效避孕针、皮下埋植剂；哺乳闭经避孕法或自然避孕法；屏障避孕法及某些易溶解的外用杀精剂等。不宜使用复方口服避孕制剂。

（3）生育后阶段：可选择IUD、皮下埋植剂、长效或短效避孕药及各种屏障避孕法和外用杀精剂。

（4）围绝经期：原使用IUD无副作用者，可继续使用至绝经后1年左右取出。此外，还可选择屏障避孕法、阴道避孕药环以及自然避孕法。

（5）分居夫妇：可选择探亲避孕药、短效口服避孕药、安全套、杀精剂等。不宜使用自然避孕法。

（6）不同健康状况下的人群包括：①经量过多、周期不规则或痛经者，可选用短效口服避孕药；②子宫肌瘤或乳房肿块的妇女可选用单纯孕激素类避孕方法；③有心、肝、肾等内科疾病病人，宜用屏障避孕法，外用杀精剂、自然避孕法或绝育术、IUD等；④有生殖道炎症、盆腔感染史者可选用安全套、口服避孕药或皮下埋植剂等。

第三节　社区儿童保健

儿童是指0～14岁（或0～12岁）的人群，从胎儿、新生儿、婴儿、幼儿、学龄前儿童发展到学龄儿童，形体上、生理上和心理上不断发生变化，是一生中生长发育最快的阶段，也是奠定身心健康的基础阶段。

儿童的免疫功能尚不健全，缺乏独立生活和保护自己的能力。因此，儿童作为社区重点人群，必须通过全面系统的保健工作，才能保障他们的身心健康，提高健康水平。

一、儿童的生理、心理和社会特点及其常见健康问题

根据不同年龄段儿童生长发育过程中所表现的不同特点，可将儿童分为胎儿期、新生儿期、婴儿期、幼儿期、学龄前期和学龄期，各期儿童的身心发育特点及卫生问题有所不同。

1. 胎儿期　从受精卵形成直到小儿出生统称为胎儿期。胎儿期完全依靠母体生存，以组织与器官的迅速生长和功能渐趋成熟为主要生理特点，尤其妊娠早期是机体各器官形成的关键期，此时如果受各种不利因素的影响，便可影响胎儿的正常分化，从而造成流产或各种畸形。因此孕期保健必须从妊娠早期开始。

2. 新生儿期　自出生后脐带结扎起至生后28天内称为新生儿期。此时是小儿开始独立生活适应外界环境的阶段。由于生理调节和适应能力不够成熟，受内、外环境的影响较大。因此，此期小儿的发病率、死亡率高，常有产伤、感染、窒息、出血、溶血及先天畸形等疾病发生。

3. 婴儿期　从出生到满1周岁为婴儿期。此期是小儿生长发育最迅速的时期，需要摄入的热量和营养素非常高，但由于婴儿大脑皮质功能不成熟，全身各器官系统的功能不完善，对高热、毒素及其他有害因素的抵抗力弱，容易发生抽搐、呕吐、腹泻、呼吸道感染、营养不良等问题。婴儿期是整个儿童期死亡率较高的时期。

4. 幼儿期　从满1周岁到满3周岁称为幼儿期。此期儿童生长速度稍减慢，但智能发育较前突出，语言、思维和交往能力增强。这一时期由于自身的免疫功能尚未完善，幼儿期的儿童容易发生传染病和寄生虫感染；由于活动范围的加大，而又缺乏自我照顾的能力，因此容易在家庭和社区环境中发生意外事故或伤害；如喂养不当，可能发生营养不良、贫血等健康问题。

5. 学龄前期　3周岁以后到6～7周岁内为学龄前期。本期儿童抵抗力比幼儿期又有所增强，此期生长速度减慢，但智能发育更趋完善，但仍然易发生传染性疾病和寄生虫病、意外事故；如果教养不当可能出现行为异常。

6. 学龄期　从6～7岁到12～13岁间为学龄期。此期身体的生长发育稳步增长，除生殖系统外其他器官的发育到本期末已接近成人水平；智能发育也更加成熟，是接受文化科学教育的重要时期。此期发病率较前有所降低，但近视和龋齿发病率较高。

二、儿童期各阶段的保健重点

1. 胎儿期　胎儿期保健以孕母保健为重点。保证营养，合理安排生活工作；积极预防感染、妊娠期高血压疾病、流产、早产、异常产等情况；妥善处理孕母心、肺、肾等慢性病；慎用药物，以免对胎儿发育产生不良影响。通过遗传咨询、产前诊断、新生儿期先天性代谢病筛查、补充叶酸等手段，降低异常产、早产、宫内生长迟滞、新生儿窒息和感染等的发生率。

2. 新生儿期　新生儿期保健特别强调护理，尤其要重视第1周内新生儿的护理，护理重点强调合理喂养、保暖及预防感染。如：居室保持空气新鲜；提倡母乳喂养；新生儿的用具每日煮沸消毒；做听力筛查，尽可能早地发现有先天性听力障碍的新生儿等。

3. 婴儿期　婴儿期是死亡率较高的时期，半岁后因来自母体获得的被动免疫力逐渐消失，而自

身免疫功能尚未成熟，易患感染性疾病，故应提倡母乳喂养。科学育儿，同时应做好计划免疫。

4. 幼儿期　幼儿活动范围大，但对危险事物识别能力差，故此期在做好生长发育监测的同时，更应注意防止发生意外创伤和中毒；断乳和添加其他食物应在幼儿早期完成，因此要注意保证营养，防止营养不良；预防感染，仍是这个时期的重点保健内容之一，如注意早期发现中耳炎、泌尿生殖系感染等。同时，教育幼儿家长注意弱视、斜视的早期症状，及时就医。

5. 学龄前期　此期儿童好奇多问，求知欲旺，具有较大的可塑性，因此要注意培养其良好的道德品质生活习惯，为入学做好准备。学龄前期儿童易患肾炎，风湿热等疾病，应注意防治。此外，应对此期儿童进行视敏度筛检，包括弱视和斜视检查，因为幼儿不能用言语表达其视力情况，家长不易发现，主观视力检查很困难，造成发现不及时，错过最佳治疗和康复时机的时有发生。如弱视的儿童其平时表现与一般近视、远视等症状很相似，不易被发现，常被家长疏忽。而弱视的危害极大，如能在 4 周岁以前能及时发现，就能达到较为满意的治疗效果。但如果错过了最佳治疗时期（10 岁以前未能治疗），将对孩子今后的视功能造成严重的影响。目前普遍认为婴幼儿视力的定性检查较定量检查更具有临床意义，常用定性方法有遮盖法、主导眼观察法、拣豆法和摄影验光法等。

6. 学龄期　此期保健应注意保证营养，创造良好的生活学习环境，养成良好生活和学习习惯，养成正确的坐、立、行走、阅读姿势，加强体育锻炼，预防疾病和意外损伤，注重德、智、体、美全面发展。特别要注意健康人格的形成。

三、儿童保健系统管理

为了更好地保证社区儿童的健康，需要对儿童保健进行主动的系统管理。在国内开展了主要针对 7 岁以内的儿童、重点是新生儿和 3 岁以下婴幼儿的儿童保健系统管理。

儿童保健系统管理的运行程序，在城市是以街道或居委会为单位，由所在辖区的医疗保健机构承担工作，并根据其能力大小实行就近划片包干责任制。在农村依靠三级妇幼保健网络，以乡为单位，实行分级分工负责制，乡村配合，共同做好儿童保健系统管理工作，疑难病儿转县（市）级以上医疗保健机构处理。其保健系统管理措施包括：

1. 在医院儿童保健科建立儿童保健卡（手册）　婴儿出生后即建立系统保健卡（册），做到一人一卡（册），并交由承担系统保健的机构管理。

2. 开展新生儿访视　婴儿出生并返家后，由妇幼保健人员到产妇家中随访，做好记录，填写系统保健卡（册）。在新生儿期要求访视 3～4 次，至少应访视 2 次（初访、满月访），对体弱儿应酌情增加随访次数，并专案管理。访视中，除了解和观察一般情况外，要进行全身检查，指导合理喂养和护理。

3. 定期健康体检　儿童保健系统管理要求对 0～6 岁儿童，重点是 3 岁以下婴幼儿进行定期的健康体检。时间为 1 岁以内每季度 3 次，1～2 岁每半年 1 次，3～6 岁每年 1 次，体检时填写保健卡（册、表）。有条件的地方可适当增加体检次数和项目。体弱儿应专案管理。

4. 生长发育监测　为了及早发现生长缓慢现象，适时采取干预措施，保证儿童健康成长，儿童保健系统管理要求根据实际情况推广使用小儿生长发育监测图来进行生长发育监测。这种方法指标单一，简便易行，只需连续地测量小儿体重，绘出体重曲线，可动态观察婴幼儿生长发育趋势。要求 1 岁以内测体重 5 次，1～2 岁测 3 次、2～3 岁测 2 次。近年来各地兴起的对 0～2 岁儿童心理行为能力发育的评价和干预项目，虽然不属于政府规定的儿童保健计划，但已经得到广大家庭的参与和肯定，将形成一个有潜力的儿童保健市场。

5. 体弱儿的管理　对儿童保健门诊和系统管理中发现和筛选出的体弱儿要进行专案管理。体弱儿是指低体重儿（出生体重小于 2500g）、早产儿、弱智儿、佝偻病病活动期、Ⅱ度以上营养不良、中度以上缺铁性贫血、反复感染，以及患先天性心脏病、先天畸形、遗传代谢病等疾病的儿童。对体弱儿要采取针对性措施，定期访视，指导家长正确护理喂养，注意保暖，防治感染等。要督促患儿就医，建立专案病历，制订治疗方案，定期复诊治疗。待恢复正常情况和疾病治愈后，转入健康儿童系统管理。

6. **健康教育**　在儿童保健特别是系统管理中，健康教育是必不可少的，要采取多种形式，利用各种媒介大力宣传优生、新生儿护理、科学喂养、营养、疾病防治、健康行为等儿童保健知识和儿童优教知识，提高广大群众的保健意识，养成良好的卫生习惯，适时利用医疗保健服务，促进儿童健康成长。

四、全科医疗中的儿童保健

1. **儿童疾患诊疗**　儿童疾患的诊疗是全科医疗的重要内容，因此全科医生要熟练掌握各类常见儿科疾患的诊治，特别是对于儿科急诊急救知识技能的运用，以保证第一线服务到位。

2. **有针对性的预防保健**　熟悉社区家庭情况是全科医生预防儿科疾病、提供儿童保健的优势。要选择适宜的题材与方式，有针对性地对儿童、特别是家长进行个体与群体相结合的健康教育；协助专职儿童保健人员进行儿童各阶段体格、精神智力筛查与免疫接种（表 19-1）；以便有效地预防社区儿童常见病、多发病。

表 19-1　疫苗免疫程序

疫苗	接种对象月(年)龄	接种剂次	接种部位	接种途径	接种剂量/剂次	备注
乙肝疫苗	0、1、6 月龄	3	上臂三角肌	肌内注射	酵母苗 5μg/0.5ml CHO 苗 10μg/1ml、20μg/1ml	出生后 24 小时内接种第 1 剂次，第 1、2 剂次间隔≥28 天
卡介苗	出生时	1	上臂三角肌中部略下处	皮内注射	0.1ml	
脊灰疫苗	2、3、4 月龄，4 周岁	4		口服	1 粒	第 1、2 剂次，第 2、3 剂次间隔均≥28 天
百白破疫苗	3、4、5 月龄，18～24 月龄	4	上臂外侧三角肌	肌内注射	0.5ml	第 1、2 剂次，第 2、3 剂次间隔均≥28 天
白破疫苗	6 周岁	1	上臂三角肌	肌内注射	0.5ml	
麻风疫苗	8 月龄	1	上臂外侧三角肌下缘附着处	皮下注射	0.5ml	
麻腮风疫苗	18～24 月龄	1	上臂外侧三角肌下缘附着处	皮下注射	0.5ml	
乙脑（减毒）疫苗	8 月龄，2 周岁	2	上臂外侧三角肌下缘附着处	皮下注射	0.5ml	
流脑 A 疫苗	6～18 月龄	2	上臂外侧三角肌附着处	皮下注射	30μg/0.5ml	第 1、2 剂次间隔 3 个月
流脑 A+C 疫苗	3 周岁，6 周岁	2	上臂外侧三角肌附着处	皮下注射	100μg/0.5ml	第 1 剂次与 A 群流脑疫苗第 2 剂次间隔≥12 个月
甲肝（减毒）疫苗	18 月龄	1	上臂外侧三角肌附着处	皮下注射	1ml	
出血热疫苗（双价）	16～60 周岁	3	上臂外侧三角肌	肌内注射	1ml	接种第 1 剂次后 14 天接种第 2 剂次，第 3 剂次在第 1 剂次接种后 6 个月接种

续表

疫苗	接种对象月(年)龄	接种剂次	接种部位	接种途径	接种剂量/剂次	备注
炭疽疫苗	炭疽疫情发生时，病例或病畜间接接触者及疫点周围高危人群	1	上臂外侧三角肌附着处	皮上划痕	0.05ml（2滴）	病例或病畜的直接接触者不能接种
钩端螺旋体病疫苗	流行地区可能接触疫水的7～60岁高危人群	2	上臂外侧三角肌附着处	皮下注射	成人第1剂0.5ml，第2剂1.0ml	7～13岁剂量减半，必要时7岁以下儿童依据年龄、体重酌量注射，不超过成人剂量1/4 接种第1剂次后7～10天接种第2剂次
乙脑灭活疫苗	8月龄（2剂次），2周岁，6周岁	4	上臂外侧三角肌下缘附着处	皮下注射	0.5ml	第1、2剂次间隔7～10天
甲肝灭活疫苗	18月龄，24～30月龄	2	上臂三角肌附着处	肌内注射	0.5ml	2剂次间隔≥6个月

注：①仓鼠卵巢细胞重组乙肝病毒疫苗（简称CHO苗）用于新生儿母婴阻断的剂量为20μg/ml；②未收入药典的疫苗，其接种部位、途径和剂量参见疫苗使用说明书

3. 主动发现个案　全科医生对儿童及其家庭的密切接触，有利于及时发现各种生理、心理、社会方面的异常情况，并及时进行调适。如在诊疗中发现患病儿童家庭中“真正的病因”，或从儿童生理疾患的表象中觉察背后的精神心理社会问题，包括父母失和、虐待儿童、“留守儿童孤独”问题等，并通过与有关部门联系及时解决这些问题，都将对社区儿童健康成长极为有益。

第四节　社区老年保健

一、老年、老龄化与健康老龄化的概念

（一）老年的界定

关于老年人的标准，目前世界上尚未统一。WHO建议亚太地区和发展中国家用60岁作为老年人标准。我国人口学上将老年人不同年龄阶段分为：45～59岁为老年前期（中老年人）、60～79岁为老年期（老年人）、80岁以上为高龄期（高龄老人）、90岁以上为长寿期（长寿老人）、100岁以上为百岁老人。也有专家界定为，69岁以下者为低龄老人，70～79岁者为中龄老人，80岁以上者为高龄老人。

（二）老龄化的概念

根据联合国划分人口老龄化程度的标准，人口老龄化基本的内涵是：总人口数中60岁以上的人口所占的比例超过10%，或者65岁以上的人口所占的比例超过7%，总人口年龄中位数超过30岁，0～14岁的少儿人口占总人口的比例低于30%，老年人口与少儿人口的比值在30%以上。

我国在2000年60岁以上人口占总人口的比重达到了10%，就已经进入老龄化社会。预计到2020年全国60岁以上人口将超过2.4亿，到2050年将达到峰值4.4亿，约占全国总人口的1/4。我国人口老龄化与其他国家特别是经济发达国家相比具有以下特征：

1. 老年人口规模巨大，老龄化发展迅速。2016年底，中国60岁及以上老年人口为2.3亿，2026年将达3亿，2037年超过4亿，2051年达到最大值，之后一直维持在3亿～4亿的规模。根据联合国预测，21世纪上半叶，中国一直是世界上老年人最多的国家。

2. 地区发展不平衡，城乡倒置。中国人口老龄化发展具有明显的由东向西的区域梯次特征，东部沿海经济发达地区明显快于西部经济欠发达地区。在最早进入人口老龄化行列的上海（1979 年）和最迟进入人口老龄化行列的宁夏（2012 年）之间，时间跨度长达 33 年。发达国家人口老龄化的特征是城市人口老龄化水平一般高于农村，而中国的情况则不同。目前，农村的老龄化水平高于城镇 1.24 个百分点；据预测，这种城乡倒置的状况将一直持续到 2040 年。

3. 女性老年人口数量多于男性。目前老年人口中女性比男性多出 4.4 百分点。

4. 人口老龄化速度大于社会经济发展速度。发达国家进入老龄社会时人均国内生产总值一般都在 5000 到 1 万美元以上。截止 2015 年底，中国人均国内生产总值为 8016 美元，但地区之间发展不均衡，最富裕的省和最穷的省差距 4.35 倍，应对人口老龄化的经济实力与其他国家相比仍较为薄弱。

据预测，中国人口老龄化将伴随 21 世纪始终，2030—2050 年是中国人口老龄化最严峻的时期，重度人口老龄化和高龄化将日益突出，中国将面临人口老龄化和人口总量过多的双重压力。

因此，如何提高老年人的生活质量，如何建立健全各层次老年卫生保健康复体系，如何将我国政府给予老年人的关怀落实到每个老年人身上，是社区全科医生面临的新课题，也是义不容辞的社会责任。

（三）健康老龄化

1992 年联合国第 47 届大会提出了“健康老龄化”（healthy aging）的概念，其强调长寿和健康并重，生存的质和量统一，并将此作为全社会的奋斗目标。健康老龄化的外延包括老年人的个体健康、老年人群体的整体健康和老龄化社会人文环境的健康等内容。

人们希望长寿的美好愿望，通过社会的发展和科学的进步，在逐步地得到实现。然而只有长寿是不够的，老年人应该健康、快乐地享受生活。一个全失去了生活自理能力老人，不仅自己承受痛苦，也会给家庭和社会带来沉重的负担。因此，健康老龄化就是伴随着健康的长寿，不仅延长了生物学的年龄寿命，而且延长精神和身体的生理功能寿命，即提高长寿者生活的质量。

二、老年人生理和心理特征及主要健康问题

老年人健康是一个相对概念，其衰老、疾病和健康并无明显界限。老年人健康问题往往是长期的、复杂的，但其中又有很多规律和特征，全科医生只有对老年人的生理、心理特点有充分的了解才能为这一重点人群提供更好的医疗保健工作。

（一）老年人生理特征

老年期生理上的变化表现有：毛发变白、脱发、皮肤皱纹增多、弹性减弱等体表外形改变；体内主要器官实质细胞数目减少，引起器官萎缩，功能下降；机体调节控制作用降低。全身各系统如皮肤感官、呼吸系统、循环系统、消化系统、泌尿系统、内分泌系统、生殖系统、免疫系统、肌肉骨骼系统、神经系统等的系统功能出现不可逆转的退行性改变，人体免疫功能明显下降，罹患各类感染性疾病的概率大大增加。

（二）老年人心理特征

老年人的心理健康状况随着生理功能的衰弱、生活环境和社会角色的变化而变化，由于个体的家庭环境、教育背景、经济状况和健康状况的差异，表现出比生理健康更为复杂多样的变化。一般表现为感知觉下降、智力衰退、记忆思维能力下降、人格特征和情感的改变等。丰富的生活经历使他们在漫长的生活中形成了一些对事物的固定看法，晚年可能由于家庭及社会环境的变迁等因素影响，会表现出一些不同性质的精神行为障碍，如孤独、多疑、自卑、抑郁以及情绪不稳、脾气暴躁等。随着步入高龄，表现出记忆力减退，注意力、判断力、计算力等都有所下降，定向力发生障碍。同时，有些老人还伴有人格丧失和异常行为等，构成老年人的社会和家庭问题。

（三）老年期患病特点

老年期个体差异很大，适应性和代偿能力、反应性等各不相同，所以在临床上表现有所不同。但

是从老年人的整体患病特点上来看，具有以下特征：①临床症状不典型：很多老年人没有疾病典型的临床症状，常表现为全身不适，乏力表情淡漠，甚至昏迷等，容易造成漏诊。②老年人整体反应力低下，在很多疾病的发生发展过程中，疾病的临床体征不典型，主观感觉与客观体征不一致，易发生误诊。老年人虽发病隐匿，病情却发展迅速。③易出现多脏器衰竭：老年人尤其是高龄老人很多脏器功能都处于边缘状态，稍有应激就会出现脏器功能失代偿，而出现多脏器功能衰竭，出现危象。④治愈率低：老年人各脏器功能衰退，神经内分泌调节机制减弱，应激能力下降，疾病的治愈率明显降低，且不易恢复。如老年慢性支气管炎是最好的例子。⑤多种疾病共存：衰老和疾病造成了老年人病情复杂，涉及多系统。多种疾病共存是老年病人的重要特点之一，给疾病的诊断、治疗都带来困难；老年人脏器功能老化，处于边缘状态的特点，使他们在治疗过程中容易出现各种并发症。比如感染容易引起某一主要脏器的功能衰竭。

（四）老年人的主要健康问题

有调查显示，在老年人中约70%的老年人同时患有2种或2种以上的疾病。老年人2周因病持续天数是全人口平均值的1.23倍；半年活动受限率（81‰）和受限天数（12.4天）也分别是全人口平均值的2.6倍和1.3倍。尽管老年人存在着个体差异，但是老年人的健康问题主要集中在常见慢性病及其急性合并症，所患疾病涉及全身各个系统。

老年所患的慢性疾病或健康问题，多见于：骨关节病变、高血压、心脑血管病、恶性肿瘤、糖尿病、伤害与意外事故的不良影响、慢性肝病与肝硬化、眩晕、听力障碍、视力障碍、白内障、尿失禁、静脉曲张、动脉硬化、慢性肺部疾病、痔疮、便秘、慢性肾病、甲状腺功能低下、帕金森征，精神疾病如抑郁症与痴呆、皮肤炎症，以及各种功能障碍。老年人常患的急性问题，多见于：脑卒中、急性心肌梗死、急腹症、流感、肺炎、伤害与意外事故、骨折、腹泻等。此外，跌倒、药物不良反应、功能老化、高龄等情况，均可导致急慢性病况的发生，故也应列为其健康问题。全科医生应做好老年人的健康和疾病的评估、治疗、适当转诊、随访等工作。

三、全科医疗中的老年保健

老年期的生理、心理和社会特点，决定了老年人群复杂多样的医疗保健需求，既包括预防保健、医疗、护理和康复需求，也包含了心理服务需求，给社区老年卫生保健工作提出了挑战。社区全科医生应该在对社区老年人群科学评估的基础上，充分利用社区资源和相关医疗卫生资源，做好老年保健工作。

老年人的预防保健服务包括：疾病预防、自我保健、健康教育、周期性健康检查、营养与膳食指导等。如：

1. 开展社区老年综合功能评估　老年综合健康功能评估（comprehensive functional assessment，CFA）是从躯体、精神、社会心理、自理能力等多个维度测量老年人整体健康功能水平的一种健康测量方法。它能鉴定出老年人医疗、社会心理、自理能力丧失等多方面的问题，反映出老年人的保健需求。通过评估使全科医生的工作更全面、科学和有针对性。

2. 健康教育　老年人的适应能力、抗病能力和代谢能力都有明显的降低，有必要接受有关专业人员的指导。通过健康教育，使老年人自己能制订合理的生活方式，如保持适量的活动。生活要有规律；保持充分的睡眠；平衡膳食，注意营养素的搭配；适量饮茶；保持心情舒畅平静，不宜过于激动等。

3. 健康检查　老年人要定期做身体检查，每年至少一次。全科医生应根据周期性健康检查的要求，对老年人开展体检。发现问题并及时采取保健措施，必要时向上级医院转送。

4. 日常活动管理　全科医生应对老年人的日常生活给予必要的指导。

（1）饮食：由于老年人胃肠功能减退以及营养不良、偏食等原因，进食量逐渐减少，同时代谢量及运动量也逐渐减少，所以老年人饮食宜清淡，应减少盐的摄入量，每天不超6g。此外，还应多吃蔬

菜、水果，增加钙的摄入，宜多吃一些海藻、小虾、牛奶等含钙量丰富的食物。

（2）排便：老年人常因食量减少，纤维素摄入不足，胃肠功能低下以及腹肌收缩力降低等原因而引起便秘。为防止便秘，可适当多吃一些富含纤维素的食物，也可以采用清晨饮一杯水、果汁或蜂蜜水等通便措施。多鼓励老人在有便意时排便，必要时可采取栓剂或灌肠。

（3）排尿：部分老年人肾功能减退，膀胱颈部硬化或患有神经性膀胱炎、前列腺增生而易引起排尿障碍，常出现尿少、尿频、夜间尿频、尿失禁以及尿线变细等症状，应采取措施加强指导，如控制晚餐后摄入过多的水分，注意保暖，床边备有夜间使用的便壶等。

（4）控制体重：肥胖是影响健康和长寿的重要因素，还会给支持体重的关节增加负担。减轻体重的原则有两条：一是降低摄取的热量，控制碳水化合物以及脂肪的摄入量，但不应减少蛋白质的摄入；二是增大运动量，但注意运动要适当，应根据老年人的特点和每个人的具体情况进行指导，并注意运动过程中的安全。

5. 医疗服务 人在老年期患病特点尤其具有特殊性，全科医生应熟悉老年病人的特点，掌握正确判别疾病和疾病的严重程度，根据病情提供适当的诊疗服务。尤其要根据病人的病情需要组织以病人为中心的医疗照顾团队，为病人提供针对性的医疗服务。

6. 护理与康复服务 在疾病或失能的情况下需要得到清洁卫生、饮食、起居、药物护理等，促进疾病的早期康复对疾病等引起的机体病残与失能，需要有效的康复服务和指导。

7. 心理健康服务 在老年期，老人的社会地位、人际关系、经济状况、健康状况会发生不同程度的变化，除了有对疾病诊疗的医疗服务需求外，还需要保持健康状态的心理健康咨询、学会自我调节。在人际关系和人际交往、社会适应方面也需要给予心理辅导，在疾病状态下需要提供心理护理等。

8. 临终关怀服务 临终关怀服务不仅强调支持性和缓解性的治疗和照护，而且还包括心理咨询、死亡教育、社会支援和居丧照顾等多层面的综合性服务；另外对临终病人的家属进行的心理咨询和安慰也是临终关怀服务的重要内容，这一特殊情绪中的群体，他们既有照料病人的劳累，又有即将失去亲人的心理压力，病人的离世，使他们久久地留在悲痛的情绪里。帮助临终病人的家属最有效的办法是和他们保持真诚的关系，倾听他们的诉说、由衷地宽慰，帮助他们走过悲伤的日子，克服消极的情绪，开始新的生活。

四、老年人社区保健的主要措施

我国正面临着人口老化给卫生保健带来的挑战，面对日益扩大的老年人群，要在社区范围内做好老年保健工作，满足其卫生保健服务的基本需要与需求，就必须建立一个较为完善的老年保健体系，制订可以实施的老年保健计划。目前，我国的老年保健体系尚未健全，社区卫生服务机构在老年保健中担当着重要角色。全科医生如何能够在现有经济、保健体系条件下做好对老年人的长期照顾工作、满足老年人卫生保健需求，让老年人的健康有最大的保障，是非常值得研究的问题。

1. 建立和健全老年社区保健网 社区开展老年保健系统管理工作需要社会、社区各部门的支持和配合。因此，社区医师作为开展社区老年保健系统管理工作的主角，需要与社区内卫生及非卫生部门通力协作，建立和健全老年社区保健网，共同做好社区老年人的医疗保健工作。除卫生部门外，中国的老年保健组织行政机构还有老龄委员会，从中央到省、市、县、乡各级都建立了老龄工作办事机构；以及民政部门，从中央民政部到省市级民政厅局、县级民政局、乡镇民政干事，组成了负责管理老年人福利事业的机构。

2. 建立健全老年人健康档案 老年人社区保健的服务对象是社区内所有老年人，每个老年人因健康状况和生存质量的差异，所需的服务项目和内容是不同的。因此，必须对老年人的健康状况、生存质量以及潜在的卫生服务需求进行调查，并对调查获得的资料进行科学的分析和评价，在此基础上建立老年人健康档案，为开展社区老年人的分级管理及制订社区医疗保健计划提供依据。

3. 开展社区老年人的系统管理工作　不同年龄的老人生理功能的衰退程度不同，不同老年人在生命活力、患病情况、生活自理能力上各有差异。有必要将社区内的老年人，根据其生活自理能力、年龄、患病情况等方面的差异，逐个进行分析，分为不同的类型，分别给予不同的医疗保健监护，实行分级的系统管理；并提供从健康教育、心理咨询到住院、门诊治疗、日常生活护理等一系列系统的、连续性的卫生保健服务，才能真正达到主动服务、预防为主、适宜服务、避免浪费、提高效率的社区保健宗旨。

4. 建立社区非政府支持组织　社区非政府支持组织是指社区内的一些对老年人具有帮助和支持作用的群众组织。因为，对老年人的照料不能仅限于疾病，而应包括整个老年幸福生活。要考虑物质、精神、社会、自然环境等因素相互依存的关系。老年社区保健也不应仅限于提供医疗卫生服务，还应包括其他社会服务。社区非政府支持组织通过组织老年人开展各种有益于身心健康的文体活动、互助互济活动等，在老年人社区保健工作中发挥巨大的作用。

思考题

1. 儿童期的生理、心理特点和常见健康问题有哪些？儿童期的保健重点是什么？

2. 妇女保健的重点是什么？

3. 老年的生理、心理特征有哪些？老年的患病特点是什么？如何为老人进行全科医疗保健服务？

（方力争）

推荐阅读

[1] Philip DS. Essentials of Family Medicine. 5th ed. Philadelphia: Lippincott Williams & Wilkins, 2008.

[2] Ian RM, Thomas F. Textbook of family medicine. 3rd ed. New York: Oxford University Press, 2009.

[3] World Health Organization/Convention on Biological Diversity, Connecting Global Priorities: Biodiversity and Human Health. A State of Knowledge Review (2016). [R/OL]. [2016-08-01]. http: //www.cbd.int/ en/ health/ state of knowledge.

[4] World Health Organization. Achieving health equity form root causes to fair outcomes. The Interim Statement of the Commissionon Social Determinants of Health. Geneva: World Health Organization, 2007.

[5] Hales RE, Yudofsky SC, Roberts LW. The American Psychiatry Publishing Testbook of Psychiatry. 6th ed. Washington, DC: American Psychaitric Publishing, 2014.

[6] Gelder MG, Andreasen NC, Lopez-Ibor Jr JJ, et al. New oxford Textbook of Psychiatry. 2nd ed. New York: Oxford University Press, 2009.

[7] World Health Organization. Noncommunicable diseases. Geneva: World Health Organization, 2015.

[8] Taylor RBZ. 全科医学实习教程. 2 版. 李慎廉，吴春容，译. 北京：华夏出版社，2000.

[9] Murtagh J. 全科医学. 4 版. 梁万年，译. 北京：人民军医出版社，2013.

[10] 杨秉辉. 全科医学概论. 2 版. 北京：人民卫生出版社，2004.

[11] 梁万年，郭爱民. 全科医学基础. 北京：人民卫生出版社，2009.

[12] 祝墡珠. 全科医学概论. 4 版. 北京：人民卫生出版社，2013.

[13] 路孝琴. 全科医学导论. 北京：人民卫生出版社，2009.

[14] 于晓松，季国忠. 全科医学. 北京：人民卫生出版社，2016.

[15] 梁万年，路孝琴. 全科医学. 2 版. 北京：人民卫生出版社，2018.

[16] 国家卫生和计划生育委员会. 国家基本公共卫生服务规范（第三版）.（2017-03-28）. http: //www.nhfpc.gov.cn/jws/s3578/201703/d20c37e23e1f4c7db7b8e25f34473e1b.shtml.

[17] 郭清. 健康管理学. 北京：人民卫生出版社，2015.

[18] 彭晓霞，唐迅. 临床研究设计. 4 版. 北京：北京大学医学出版社，2017.

[19] 王福彦. 医学科研方法. 2 版. 北京：人民军医出版社，2013.

[20] 国家卫生和计划生育委员会. 涉及人体的医学科学技术研究管理办法（征求意见稿）. [2013-07-12]. http: //www.nhfpc.gov.cn/qjjys/s3580/201307/8e75cb9998f44ffd8b4c8be6efecb4b7.shtml.

[21] 王吉耀. 循证医学与临床实践. 4 版. 北京：科学出版社，2006.

[22] 万学红，卢雪峰. 诊断学. 8 版. 北京：人民卫生出版社，2013.

[23] 王锦帆，尹梅. 医患沟通. 北京：人民卫生出版社，2013.

[24] 王岳. 医事法. 北京：人民卫生出版社，2013.

[25] 中华人民共和国国务院. 中华人民共和国国务院令（第 149 号）——医疗机构管理条例.（1994-02-26）. http://www.nhfpc.gov.cn/zwgkzt/wsbysj/200804/18304.shtml.

[26] 全国人民代表大会常务委员会. 中华人民共和国执业医师法（中华人民共和国主席令第 5 号）. [1998-06-26]. http://www.nhfpc.gov.cn/zwgk/falv/200804/76281ca1a30a4c6ab667faa6ef860100.shtml.

[27] 国家基本公共卫生服务项目基层高血压管理办公室、基层高血压管理专家委员会. 国家基层高血压防治管理指南. 中国循环杂志，2017，32（11）：1041-1048.

[28] 中华医学会全科医学分会慢性病管理学组. 中国成人动脉粥样硬化性心血管疾病基层管理路径专家共识(建议稿). 中国全科医学，2017，20(3)：251-261.

[29] 葛均波，徐永健. 内科学. 8版. 北京：人民卫生出版社，2013.

[30] 贾建平，陈生弟. 神经病学. 7版. 北京：人民卫生出版社，2013.

[31] 中华医学会神经病学分会，中华医学会神经病学分会脑血管病学组. 中国急性缺血性脑卒中诊治指南2014. 中华神经科杂志，2015，48(4)：246-257.

[32] 杨秉辉，祝墡珠. 全科医学概论. 3版，北京：人民卫生出版社，2011.

[33] 中华医学会糖尿病学分会. 中国2型糖尿病防治指南(2017年版). 中国糖尿病杂志，2018，10(1)：4-67.

[34] 李凌江，陆林. 精神病学. 3版. 北京：人民卫生出版社，2015.

[35] 黄子通. 急诊医学. 2版. 北京：人民卫生出版社，2014.

[36] 于晓松. 全科医生临床操作技能训练. 北京：人民卫生出版社，2017.

[37] 乐杰. 妇产科学. 7版. 北京：人民卫生出版社，2008.

[38] 中华医学会妇产科学分会产科学组. 孕前和孕期保健指南. 中华妇产科杂志，2011，46(2)：150-153.

[39] 国家卫生和计划生育委员会. 中国卫生和计划生育统计年鉴2016年. 北京：中国协和医科大学出版社，2016.

中英文名词对照索引

Z